U0948998

司馬溫公

資治通鑑

柏杨 著

第六部

八王之乱

大分裂

五胡乱华

石虎肆暴

人民东方出版传媒
東方出版社

八王之乱

导读

“八王之乱”，包括三世纪九〇年代和四世纪〇〇年代，中国人的大祸，开始临头。比较起来，过去呈现在记录上的一些灾难，简直微不足道。

“八王之乱”实际上并不只有八个亲王，卷进这场内斗，杀人或被人杀的，至少有六十个亲王之多，只因为《晋书》把其中八位亲王，容纳在一卷之中（《列传第二十九》），传统史学家遂定下这个名词，我们完全接受，因为也只有这八位亲王，曾经完全控制过中央政府，烜赫一时。

“八王之乱”的前奏曲是皇后贾南风女士发动的诛杀杨骏先生的政变，这个泼妇在吃到喋血的甜头之后，接着如法炮制，诛杀司马亮，“八王之乱”遂起。贾南风不属于“八王”，但她却是一个大愚若智的疯婆娘，作为“八王”的导师。“八王”踏着她走向死亡的脚迹，一步一步，坚决无畏，前仆后继，直奔屠场，连上帝都阻挡不住。

一群姓司马的，为了权力，骨肉相残，幕幕可惊，中国人被迫去杀人或被人杀，自己却无法主宰自己的命运，真是可恸。

面对“八王之乱”的悲惨景象，请不要哀痛，因为以后的景象，将更悲惨。

柏杨　一九八五·五·一五

目录

三世纪九〇年代

二九〇—二九九年

晋王朝

- 司马炎逝世。
- 皇后贾南风当权。
- 杨太后囚死金墉城。
- “八王之乱”爆发。
- 大水、饥馑、匈奴叛变。
- 贾南风诬太子司马遹谋反。

- 罗马帝国设副皇帝二人，称“凯撒”，罗马遂分割为四。
- 波斯击败罗马凯撒加利利斯。不久反胜为败，割阿美尼亚给罗马。
- 马西林尼斯担任罗马主教。

二九〇年 庚戌

晋 太熙 元年
永熙 元年

1 春季，正月一日，晋王朝（首都洛阳〔河南省洛阳市东白马寺东〕）改年号太熙。

2 正月九日，晋王朝政府任命安东将军王浑当宰相（司徒）。

3 最高监察长（司空），兼高级咨询官（侍中），兼国务院总理（尚书令）卫瓘，他的儿子卫宣，娶晋帝（一任武帝）司马炎（本年五十五岁）

的女儿繁昌公主。卫宣酗酒，常犯过失。皇后杨芷的老爹杨骏，讨厌卫瓘，打算把他逐出政府；于是跟禁宫侍从宦官（黄门），联合打小报告诋毁卫宣，建议司马炎下令离婚。

卫瓘既羞惭又恐惧，以年纪老迈为理由，请求退休。司马炎批准，下诏擢升卫瓘当太保（上三公之三），以公爵的身份（卫瓘封菑阳公），返回私宅。

4 剧阳子爵（康子）魏舒逝世（年八十二岁）。

5 三月五日，擢升右特级国务官（右光禄大夫）石鉴当最高监察长（司空）。

6 司马炎病势转重，但仍没有准备遗诏。元老级的开国功臣，大多数已经死亡，只有皇后杨芷的老爹、高级咨询官（侍中）、车骑将军杨骏，单独在寝殿照顾汤药，高级官员都不准留在左右。杨骏遂依照他自己的心意，改换亲近侍从，安置心腹。稍后，司马炎病势稍微转轻，看到杨骏所任命的一些新面孔，严肃的质问杨骏："你怎么这样做！"当时，汝南王司马亮，还没有出发（去年〔二八九〕十一月派司马亮出镇许昌〔河南省许昌市东〕），司马炎吩咐立法院（中书）缮写诏书，命司马亮跟杨骏，共同辅政；又打算在政府中遴选几位有名望的官员，作司马亮、杨骏的助理。杨骏去立法院（中书）要求借看一下诏书，乘主管官员不注意，把诏书藏到口袋里告辞。总立法长（中书监）华廙（音yì〔异〕）发觉之后，吓得浑身冷汗，亲自找杨骏索取，杨骏不肯交还。而恰恰就在这时候，司马炎神志又陷昏迷，皇后杨芷请求由她老爹杨骏辅政，司马炎已不能言语，只点点头。

7 夏季，四月十二日，皇后杨芷召见总立法长（中书监）华廙，跟最高立法长（中书令）何劭，口头传达司马炎的命令，教他们发布诏书：任命杨骏当全国武装部队总司令（太尉），兼太子师傅（太子太傅），兼全国各军区总司令长官（都督中外诸军事），兼高级咨询官（侍中），主管政府机要（录尚书事）。诏书缮写完竣后，杨芷当着华廙、何劭的面，呈递给司马炎过目，司马炎呆呆的看着，不说一句话。华廙，是华歆的孙儿（华歆，参考一八八年六月）。何劭，是何曾的儿子（何曾，参考二七八年十二月）。

诏书发布后，杨骏催促汝南王司马亮立刻上道。而司马炎回光返照，忽然清醒，问一声："汝南王（司马亮）来了没有？"左右侍从说："还没有！"而司马炎已人事不省。

四月二十日，司马炎在含章殿逝世（年五十五岁）。司马炎胸襟恢宏，禀性敦厚，聪明豁达而有谋略，能接受直率的批评和建议，从没有对人发过脾气，板过面孔。当天（四月二十日），太子司马衷（本年三十二岁）登极继位（二任惠帝），大赦，改年号（之前是太熙元年，之后是永熙元年）。尊皇后杨芷为皇太后，封太子妃贾南风当皇后。

8 杨骏入宫，住太极殿。司马炎的棺木从含章殿抬到太极殿，皇太后杨芷率后宫数千美女，出来哭别；而杨骏却不出殿门，由虎贲武士一百人，严密戒备。

司马衷下诏，命最高监察长（司空）石鉴及中央军事总监（中护军）张劭，负责司马炎墓园工程（皇帝如果是无能之辈，无论是年幼、白痴，或权力被剥夺，"诏书"都另有主人。此时诏书，可称之为杨骏诏书；稍后则可称之为贾南风诏书）。

汝南王司马亮，畏惧杨骏的庞大势力，不敢进宫，只敢到最高指挥部（大司马府）门外哭祭，然后把大营撤出洛阳，在城外驻扎。上书晋帝司马衷，请准许他在丧事过后，再动身前往许昌（河南省许昌市东）任所。有人告诉杨骏：司马亮可能发动武装政变。杨骏大为恐慌，禀告他的皇太后女儿杨芷，教司马衷亲笔写诏，下令石鉴、张劭，率领修建墓园的工兵部队，攻击司马亮。张劭，是杨骏的外甥；接到圣旨，立即集结部众，并催促石鉴迅速出发。石鉴不认为司马亮会发动政变，拒绝行动。司马亮已得到消息，征求司法部长（廷尉）何勖的意见。何勖说："而今，无论政府跟民间，都以你马首是瞻，你为什么不去攻击别人，反而怕被别人攻击？"司马亮胆小，不敢反应，连夜奔向许昌（河南省许昌市东），才免掉一场变乱。杨骏的老弟杨济，跟外甥、首都洛阳市长（河南尹）李斌，都劝杨骏把司马亮留下来，杨骏拒不接受。杨济对国务院左秘书长（尚书左丞）傅咸说："我老哥如果征召司马亮回京（首都洛阳），自己辞职退避，杨家可能保全。"傅咸说："皇帝家族跟皇后家族，和平共存，互相牵制，家国都会平安。只要征召司马亮回京（首都洛阳），共同辅佐君王就够了，不必逃避责任！"杨济又命高级咨询官（侍中）石崇，规劝杨骏。杨骏仍不接受。

9 五月十三日，把司马炎（晋王朝一任帝，世祖武皇帝）安葬峻阳陵。

10 杨骏知道自己没有美好的声望，打算仿效曹魏帝国二任帝（明帝）曹叡刚即位时的手段，对政府官员普遍加官晋爵，希望博取大家好感。左军将军傅祗，写信给杨骏说："从来没有君王刚死，臣属就论功行赏的怪事。"杨骏不理。傅祗，是傅嘏的儿子（傅嘏，参考二三七年）。

五月十八日，晋帝司马衷下诏：无论中央或地方，所有官员，都擢升一级；参与治理丧事的，则擢升二级。郡长级（二千石）以上官员，都晋封关中侯（没有采邑的爵位），免除田赋捐税一年。散骑侍从官（散骑常侍）石崇、散骑顾问官（散骑侍郎）何攀，联名上书，认为：“陛下（司马衷）在东宫当皇太子二十余年，而今继承帝位，所作的升官晋爵，幅度之广，远超过王朝建立之初和削平吴国（东吴帝国）之时，轻重厚薄，对比强烈。王朝政府，将传递千年万世，永远不衰，今天首先开此先例，势将作为后世的法则。如果所有爵位，一律晋级，则几代之后，大家全都成了公爵侯爵，不复再有平民。”奏章呈上后，没有下文。

晋帝司马衷下诏（杨骏诏），擢升全国武装部队总司令（太尉）杨骏当太傅（上三公之二）、总司令官（大都督），赐予诛杀专用铜斧（假黄钺），主管政府机要（录朝政），督导任免全体文武百官。傅咸对杨骏说：“闭口不言（谅暗）的守丧制度，早就不能实行。而今，圣上（司马衷）谦虚，把政府大权，托付给你，天下人心不服，阁下面对这种局势，恐怕不容易承当。姬旦（周公）是伟大的圣人，还引起谣言，何况，圣上（司马衷）的年龄，并不像当年姬诵（周王朝二任王成王）那么幼小（姬诵登极时才十二岁，司马衷本年已三十二岁）。我心里忖量，等到先帝（司马炎）的丧事过了之后，阁下最好审慎的考虑自己的进退。如果能够体会到我的忠心，就用不着我再多言。”杨骏不理。傅咸不断规劝，杨骏渐渐不胜其烦，打算把傅咸逐出中央，派到地方上担任郡长。李斌说：“如果贬谪正直的人，恐怕伤害你的声望。”杨骏才停止。杨济写信给傅咸，威胁说：“有一句谚语不晓得你知不知道：‘生个儿子是白痴，可以一辈子不吃官司。’其实，不吃官司谈何容易？恐怕你头破血流，所以先行通知。”傅咸复信说：“卫公（其人不详）有言：‘醇酒美女，杀人之多，远超过言行正直。’可是，死于醇酒美女，虽死也不后悔；却一味担心言行正直招来灾祸，只因为自己并不正直，只求苟且偷生，明哲保身。自古以来，凡是言行正直招来灾祸的，往往由于疾恶太深，反应太强，或者连自己都不敢肯定自己，故意厉声高叫，出出气、泄泄愤罢了。岂有一片赤诚，反而受到仇视之理？”

杨骏因皇后贾南风阴险凶悍，富于权术，对她深为忌惮。所以任命自己的外甥段广，当散骑侍从官（散骑常侍），负责处理宫廷及政府机密；再任命另一外甥张劭，当中央军事总监（中护军），控制首都所有禁卫部队。所有诏书，晋帝司马衷批准后，再呈递皇太后杨芷批准，才可颁布。

杨骏当权以来，严厉苛刻，做事琐碎，独揽大权，而又刚愎自用，无论中央及地方，对他都十分厌恶。冯翊郡（陕西省大荔县）郡长孙楚，对杨骏说：“阁下以皇亲国戚的身份，居于跟伊尹、霍光相同的高位，应该大公无私，至诚至信，虚心谦让。而今，皇族力量强大，阁下却不跟他们共同主持政府，对内猜疑嫉妒，对外树立亲信私党，大祸临头，指日可待。”杨骏不理。孙楚，是孙资的孙儿（孙资，参考二二七年三月）。

弘训宫供应官（弘训少府）蒯钦，是杨骏姑妈的儿子，屡次冒犯杨骏，言语直率，别人都替蒯钦担心。蒯钦说：“杨骏虽然昏庸，仍然知道不可以妄杀无罪之人。他最多不过跟我疏远而已。我能跳出他的是非圈，才可以逃出灾祸。不然的话，跟他一起灭族。”

杨骏延聘匈奴东部（左部，山西省汾阳市）人王彰当军政官（司马），王彰逃避，不肯接受。他的朋友新兴郡（山西省忻州市）人张宣子奇怪，问他原因，王彰说：“从古到今，一家出了两个皇后，没有不失败的前例。何况杨骏亲近小人，疏远正直人士，独揽大权，随他兴之所至，想干什么，就干什么，失败就在眼前。我穿洲过海逃到塞外躲开他，还恐怕灾难降临到我头上，怎么会接受他的邀请。而且，武皇帝（司马炎）没有想到国家的百年大计，继承人（司马衷）没有能力承担国家的重大责任，辅佐大臣又不是适当的人选，天下动乱，站在这里就可等到。”

杨骏的败亡，人人皆知，只杨骏不知。凶险的人总是把凶险当成祥瑞（凶人吉其凶），莫非就是指此。

凡是凶人，一定会“吉其凶”，坐在炸弹上猛敲雷管的大愚若智之辈，对他得心应手的翻云覆雨，和因翻云覆雨而铸成的灿烂局面，连自己都佩服自己的聪明。却不知道每一次得心应手，都是对雷管的一记猛敲。谁劝阻他不要再敲了，谁就是别有居心的叛徒，诛杀不赦。

然而，并不如胡三省先生所说的：“人人都知。”事实上，除了当事人不知外，摇尾系统也不知；不但不知，反而帮助主子猛敲，他敲得越卖力，主子越高兴，直到轰然一响。这种场面，历史上不断重复演出。嬴胡亥、项羽、刘濞、霍显、刘贺、王莽、公孙述、隗嚣、梁冀、董卓、孙晧……车载斗量，而以后更大量涌出，使人掩卷叹息。

11 秋季，八月二十六日，晋帝司马衷封广陵王司马遹当皇太子。任命总立法长（中书监）何劭当太子太师（太子三师之一），皇城保安司令（卫尉）裴楷当太子少师（太子三少之一），国务院文官部长（吏部尚书）王戎当太子太傅（太子三师之二），前任祭祀部长（太常）张华当太子少傅（太子三少之二），首都卫戍司令（卫将军）杨济当太子太保（太子三师之三），国务院执行官（尚书）和峤当太子少保（太子三少之三。以上合称“东宫六傅”）；擢升司马遹娘亲谢玖当“淑媛”（小老婆群第五级）。皇后贾南风为了隔绝他们的母子之情，常把谢玖赶到别的宫殿，不准跟司马遹见面。

最初，和峤曾经从容不迫的告诉司马炎，说：“皇太子（司马衷）有古代纯厚朴实的气质，可是到了现代，处处奸诈虚伪，恐怕办不了陛下的家事。”司马炎沉默不作回答。后来，和峤跟荀勖一同在司马炎左右，司马炎说：“太子（司马衷）近来入朝见面，看他的样子，多少有点进步，你们可去看看他，谈谈世事。”二人回来后，荀勖等一帮人异口同声，称赞司马衷见解高明，气度优雅，跟皇上所昭示的，完全相同。和峤却说：“太子（司马衷）的气质还是跟从前一样。”司马炎大不高兴，起身而去。等到司马衷登极，和峤随从太子司马遹入朝，皇后贾南风教司马衷问话：“你从前认为我办不了家事，今天怎么说？”和峤说：“我侍奉先帝（司马炎）时，确实说过这话，如果我说错了，正是国家之福。”

12 冬季，十月六日，擢升石鉴当全国武装部队总司令（太尉），陇西王司马泰当最高监察长（司空）。

13 擢升匈奴北部司令官（都尉）刘渊，当建威将军，兼匈奴五部总司令官（大都督）。

二九一年 辛亥

晋 永平 元年
元康 元年

1 春季，正月一日，晋王朝（首都洛阳〔河南省洛阳市东白马寺东〕）改年号永平。

2 最初，皇后贾南风当太子妃时，因妒火中烧，曾经亲手砍杀了几个人。又用铁戟投掷怀孕的美女，刀刃划破肚腹，胎儿立即随着哀号和崩血落地。晋帝（一任武帝）司马炎得到报告后，怒火冲天，下令整修金墉城（洛阳城西北角离宫），打算囚禁贾南风，并撤除

三世纪·二九一年二月　三王进京

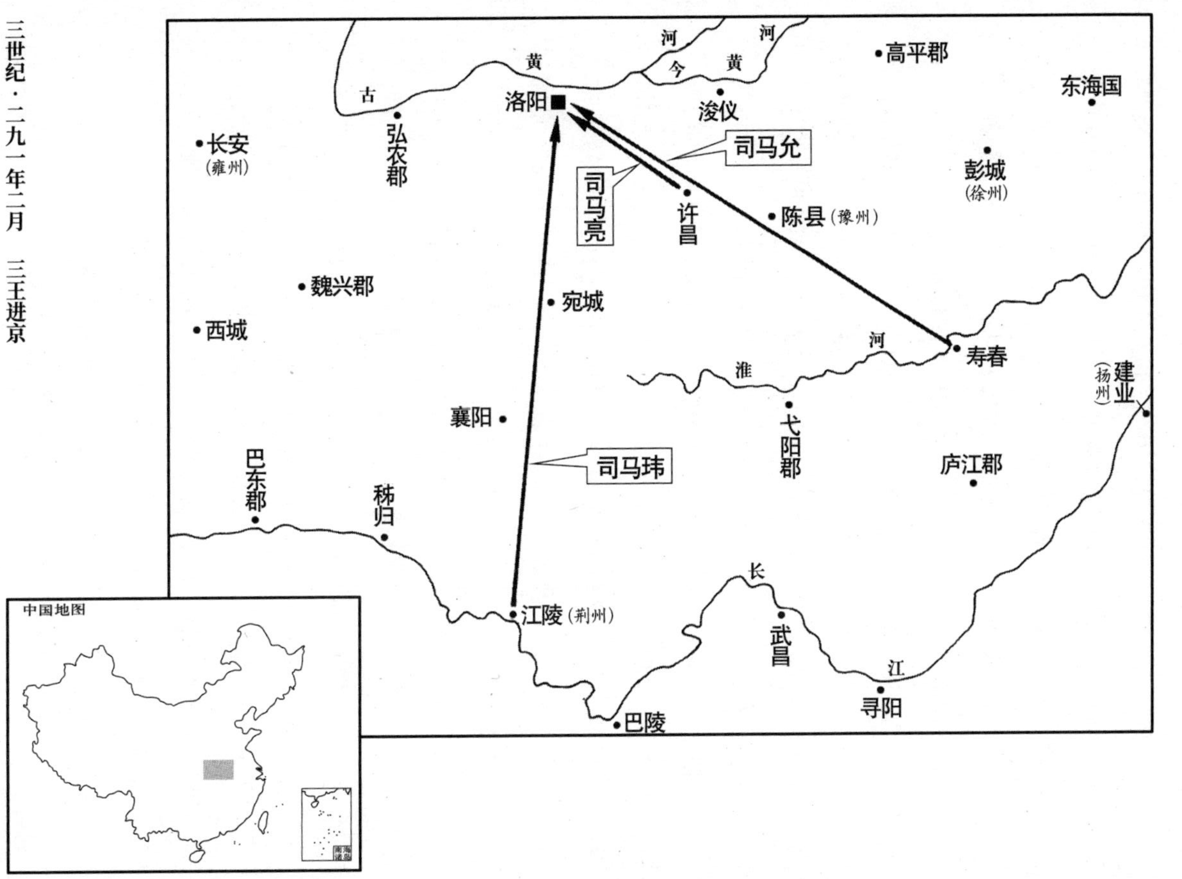

她太子妃的封号。荀勖、冯统、杨珧，以及充华（小老婆群第十二级）赵粲，共同求情营救，说："贾南风年纪还小，嫉妒是女人们的正常心态，等年龄大一点，自会改过。"皇后杨芷也说："贾充对国家建立大功，贾南风是他的亲生女儿，不过年纪太轻，容易吃醋罢了，怎么可以忘记她先人的恩德！"贾南风才没有被废。

杨芷很多次严厉的告诫贾南风，贾南风不知道这位婆母帮助自己，反而认为杨芷在公公司马炎面前，说自己的坏话，所以对杨芷十分痛恨。等到司马衷即位，贾南风当了皇后，不肯尽儿媳的本分，事奉皇太后杨芷。打算干预政治，而又受到太傅（上三公之二）杨骏的压制，更怒不可遏。宫廷警卫官（殿中中郎）勃海郡（河北省南皮县）人孟观、李肇，杨骏对二人一向轻视，态度傲慢，二人私下向贾南风抨击杨骏，坚称杨骏将危害国家。禁宫侍从宦官（黄门）董猛，过去在东宫（太子宫）供职，担任宦官总管（寺人监），贾南风秘密命董猛跟孟观、李肇，阴谋诛杀杨骏，罢黜皇太后杨芷。又命李肇通知豫州（河南省东部）军区司令官（督豫州诸军事）汝南王司马亮（时驻许昌〔河南省许昌市东〕），命司马亮起兵讨伐杨骏，司马亮认为不可以这么做。可是，当李肇通知荆州（湖北省及湖南省）军区司令长官（都督荆州诸军事）楚王司马玮（时驻襄阳〔湖北省襄阳市〕）时，司马玮大为高兴，满口承诺；于是，请求进京（首都洛阳）朝见。杨骏一向畏惧司马玮勇敢生猛，打算夺取他的兵权，召他回京，却一直不敢，唯恐怕激起变故。因之在得到司马玮请求进京的奏章后，心中大喜，立刻批准。

二月二十日，司马玮跟扬州（安徽省中部及江南地区）军区司令长官（都督扬州诸军事）淮南王司马允（时驻寿春〔安徽省寿县〕），抵达首都洛阳。

3 三月八日，政变爆发。孟观、李肇，报告晋帝（二任惠帝）

司马衷（本年三十三岁），诬称杨骏谋反，深夜写下诏书：宣布首都洛阳城内外，全部戒严。派人把诏书送给杨骏，撤销他所有官职，而仍保留侯爵（临晋侯）的爵位，返回私宅。一面下令东安公司马繇，率金殿禁卫军四百人，向杨骏发动攻击。楚王司马玮驻防司马门。任命淮南国（安徽省寿县）郡长（相）刘颂当国务院法务部长（三公尚书），率军保护金殿。散骑侍从官（散骑常侍）段广（杨骏外甥），跪在皇帝司马衷面前，求情说："杨骏孤孤单单，一个老翁，而又没有儿子，岂有谋反之理？但愿陛下深思！"司马衷不作回答。

当时，杨骏住曹爽的故宅，位于皇家军械库之南，得到皇宫发生变化消息，紧急召集文武官员会议，太傅府主任秘书（太傅主簿）朱振，劝杨骏说："皇宫突然有军事行动，目标是谁，不问可知。定是一些宦官小人之辈，替皇后（贾南风）设计阴谋，对你不利。你最好纵火焚烧云龙门（皇宫南门），用火势威胁，要他们交出主谋。再打开万春门（皇宫东门），率领东宫（太子宫）卫士及驻防城外的警备部队，拥护皇太子（司马遹）进宫，搜捕奸党，宫内震动恐惧，一定斩杀主谋，送出人头。不这样的话，无法逃出此难。"杨骏胆小懦弱，不能立即决定，推托说："云龙门是曹叡（曹魏帝国二任帝）建造的，富丽堂皇，花了不少工夫不少钱，怎么能烧掉它！"高级咨询官（侍中）傅祗知道杨骏不能成事，立即报告杨骏，请准许他跟国务院执行官（尚书）武茂，一同进宫观察形势，遂对在座官员说："皇宫不该成为没有人的真空！"作揖行礼，走下台阶。大家一看大势已去，也跟着走出来。只武茂还呆坐在那里，傅祗回头叫他："你难道不是天子的臣属？如今，宫内宫外，受到隔绝，不知道皇上在什么地方，你怎么心安理得，坐着不动？"武茂蓦地一惊，才一跳而起。

金墉城
大夏门
广莫门
太子宫
宫
城
建春门
阊阖门
西明门
东阳门
铜驼街
广阳门
清明门
建阳门
宣阳门
平昌门
开阳门
灵台
明堂
辟雍

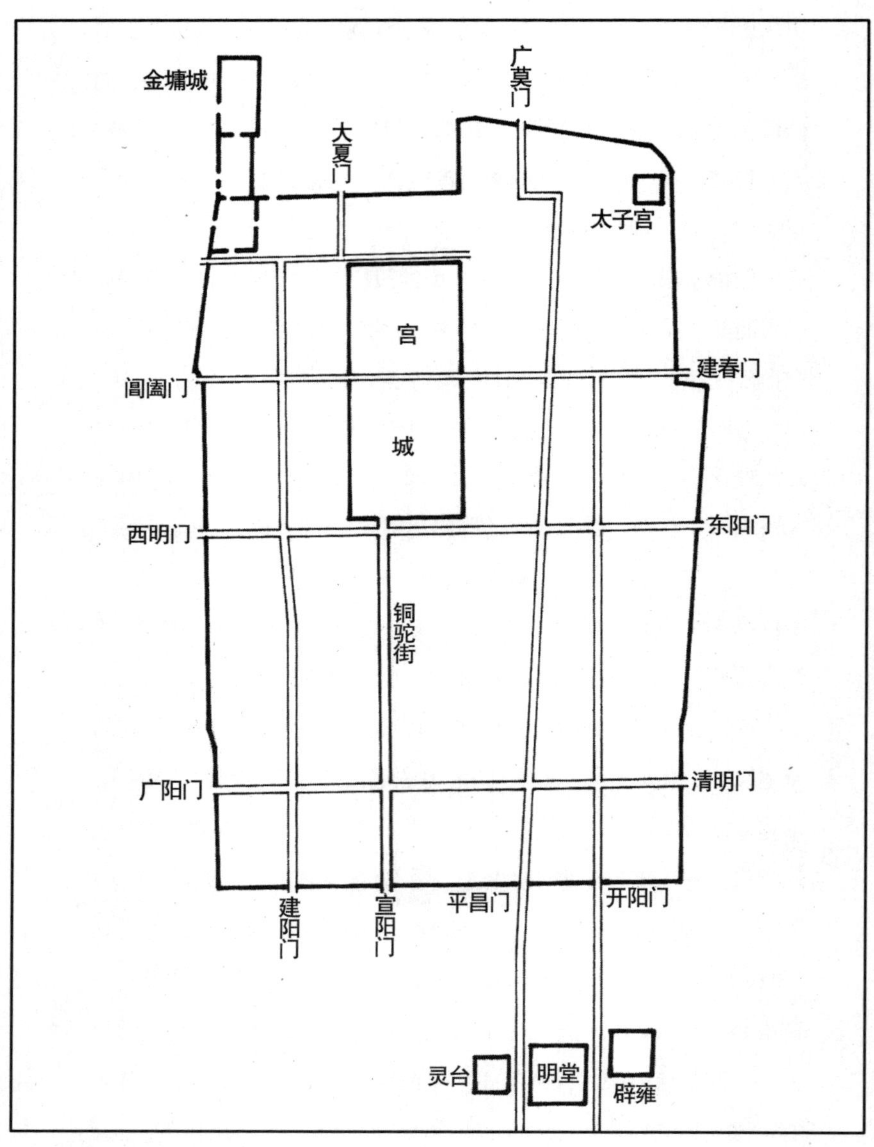

晋王朝洛阳城

杨骏住在曹爽的旧宅，事隔四十三年，历史重演。当年，桓范叹息曹爽兄弟是一群猪猡（参考二四九年正月）。想不到杨骏兄弟，也是一群猪猡；而猪猡不安于猪猡，却要“猪扮老虎”，徒供老虎吞食，牵累多少无辜。既可哀，又可恨。

杨骏的党羽左军将军刘豫，在门外布防，遇到右军将军裴頠（音wěi〔伟〕），刘豫问杨骏在哪里，裴頠骗他说：“我刚才在宫城西掖门碰到他，坐着一辆小车，带着两个人从西门出去了。”刘豫说：“我怎么办？”裴頠说：“最好是去司法部（廷尉）报到。”刘豫听裴頠的话，放弃军队逃走。不久，晋帝司马衷下诏：命裴頠兼任左军将军，驻屯万春门（皇宫东门）。裴頠，是裴秀的儿子（裴秀事，参考二六四年十月）。皇太后杨芷把诏书写在丝缎上，射出宫中，说：“救太傅（杨骏）的有赏。”贾南风遂宣布：“皇太后谋反！”

顷刻之间，皇宫集结的军队，开始出动攻击，焚烧杨骏住宅，又命弓箭手在附近楼上作威力镇压，交叉射击。杨骏的卫队被封锁，不能出战。杨骏惊慌失措，逃到马厩里躲藏，被发现后，当场诛杀。主角既死，形势一泻而下，孟观等遂逮捕杨骏的老弟杨珧、杨济，以及张劭、李斌、段广、刘豫、武茂，以及散骑侍从官（散骑常侍）杨邈、最高立法长（中书令）蒋俊、东夷保安司令（东夷校尉）文鸯，全都屠灭三族；一夜之间，杀戮数千人。杨珧临斩首时，报告东安公司马繇说：“我的奏章，收藏在皇家祭庙石柜（参考二七六年十月），可以查问张华。”大家都认为应该援照钟毓前例，为他请求宽恕（钟会叛变，老哥钟毓家属不受连坐。参考二六四年正月）；司马繇深恨杨家班，拒不接受，而贾家班人员又在一旁催促行刑。杨珧挣扎哀号，刽子手无法砍准脖颈，遂用刀直劈头颅，杨珧遂脑浆崩裂而死。司马繇，是诸葛诞的外孙，所以也深恨文鸯，硬把文鸯列入杨家班名单中，予以诛杀（诸葛诞、文鸯事，参考二五八年正月）。当天（三月八日）夜晚，奖赏、诛杀，全由司马繇一人独断独行，权威震撼首都内外。王戎对司马繇说："办完这件大事之后，最好远离权势。"司马繇不理。

三月九日（政变次日），赦天下，改年号（之前是永平元年，之后是元康元年）。

贾南风用皇帝名义下诏：命后军将军荀悝，押送皇太后杨芷到永宁宫；特别饶恕杨芷娘亲、高都君（男封"侯"，女封"君"）庞女士一命，准许她跟女儿同住。然而，贾南风衔恨至深，不久，就教三公级高官跟主管单位，上书弹劾："皇太后（杨芷）奸谋，一直暗中进行，打算危害国家，用飞箭传书，招募将士，跟杨骏共同作恶，自己斩断上天的照顾。从前，姬同（鲁国十六任国君庄公）放逐娘亲文姜，受到《春秋》的赞扬（鲁国十五任国君桓公姬允，娶齐国十四任国君襄公姜诸儿的妹妹文姜〔古代女子的名字，跟现代不同，她如生在现代，便是姜文〕。前六九四年，姬允夫妇回齐国，文姜跟姜诸儿，兄妹私通，奸情泄露，姬允大怒，立即启程回国。姜诸儿决心杀他灭口，派公子姜彭生，就在车上，猛击姬允的肋骨，姬允号叫惨死。文姜的儿子姬同继位，文姜不敢回国，就留在齐国。《公羊传》前六九三年，对文姜加以贬斥）。只因尊奉祖宗，用大公对待天下人民，陛下虽然心怀无尽的孝思，但我们做臣下的，不敢遵奉诏令。"晋帝司马衷下诏说："这是一件大事，应慎重讨论。"主管单位遂奏称："应罢黜皇太后，当峻阳平民（峻阳陵，司马炎墓园）。"总立法长（中书监）张华的意见是："皇太后并没有得罪先帝（司马炎），而今她跟她的亲人，结成党羽，在盛世中做出不应该是母亲应该做出的事。最好是依照西汉王朝罢黜皇太后赵飞燕的前例（参考前一年八月），贬降皇太后的名号，仍称'武皇后'，送她居住离宫，使恩情有始有终。"国务院左执行长（左仆射）荀恺，

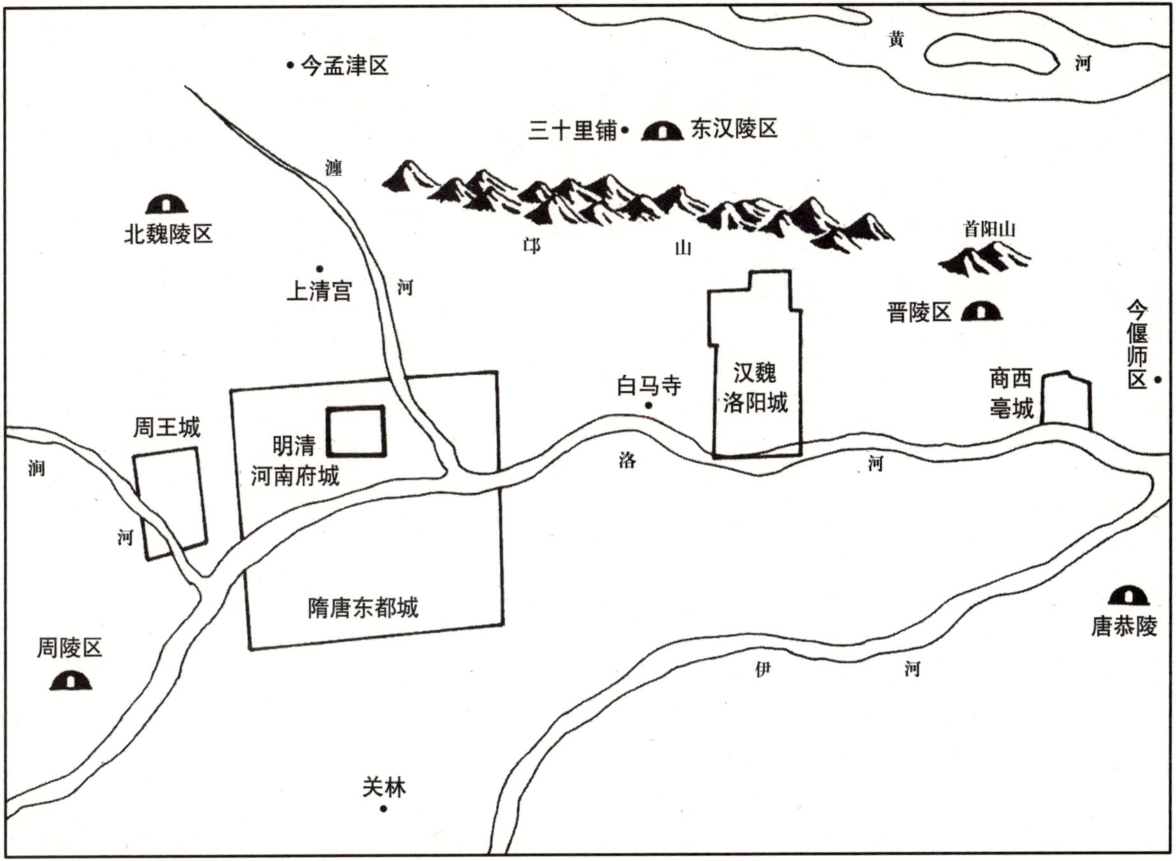

历代洛阳城及附近皇陵位置图

跟太子少师（太子三少之一）下邳王司马晃等的意见是："皇太后阴谋伤害国家，不可以再匹配先帝（司马炎），应撤销所有的尊贵绰号，囚禁金墉城（洛阳城西北角离宫）。"主管单位复奏，认为应采纳司马晃等的意见："把皇太后贬成平民。"皇帝批准。主管单位又奏称："杨骏叛国，家属应该受连坐诛杀，在此之前，颁下圣旨，饶恕他妻子庞女士一命，用以安慰皇太后之心。现在，皇太后既被贬作平民，庞女士已没有活命的理由，请准许把庞女士交付司法部（廷尉）行刑。"皇帝下诏不许。主管单位坚决要求，皇帝这才批准。

庞女士被绑赴刑场斩首时，太后杨芷抱住娘亲哭号哀叫，剪下头发，在地上叩头，上书给皇后贾南风，自称"小妾"，恳求保全娘亲一命。贾南风不理，遂斩庞女士。浚仪（河南省开封市）隐士董养，正在国立大学进修，登上讲台，叹息说："政府兴建讲台，目的何在？（胡三省原注："学校在于教导孝悌，而今摧毁母子天伦！"）每次看到赦书，谋反叛乱的大逆重罪，都可赦免，独对杀祖父母、杀父母的，却不赦免，因为圣王的法律不容许有这种恶行。既已决定诛杀，为什么还交给三公级以及部长级官员讨论？表面文章，竟做到如此地步，天理人情，全被灭绝，大乱将起。"（董养后来跟妻子挑着行李，进入益州〔四川省中南部及云南省〕，不知下落。）

有关单位逮捕杨骏的部属，打算全都处死。高级咨询官（侍中）傅祗上书说："从前，鲁芝当曹爽的军政官（司马），砍开城门，投奔曹爽（参考二四九年正月），宣帝（司马懿）却任命鲁芝当青州（山东省北部）州长（刺史）。杨骏的部属，不可以全部定罪。"司马衷下诏赦免。

4 三月十九日，晋帝司马衷征召汝南王司马亮当太宰（上三公之一），跟太保（上三公之三）卫瓘，同时主管政府机要（录尚书事），掌权辅政。任命秦王司马柬当最高统帅（大将军），东平王司马楙当抚军大将军，楚王司马玮当首都卫戍司令（卫将军），兼中央禁军总监（北军中候），下邳王司马晃当国务院总理（尚书令），东安公司马繇晋升王爵（东安王），当国务院左执行长（尚书左仆射）。司马楙，是司马望的儿子（司马望，一任帝司马炎的堂伯父）。封董猛当武安侯，三位老哥也都封三等侯爵（亭侯）。

司马亮为了收买人心，评定诛杀杨骏的功劳，司令官（督）、将军，晋封侯爵的，多达一千零八十一人。总监察官（御史中丞）傅咸，写信给司马亮，抗议说："这次因功而升官晋爵的，人数之多，多到震动天地，从古到今，从来没有看到过这种事情。没有功劳而受赏赐，人们谁不喜欢国家发生灾乱？是培养无穷的灾乱之源。这些措施，都是东安公司马繇出的主意。人人都认为，殿下（司马亮）抵达京师后（首都洛阳），自会纠正，纠正合乎正道，大家怎么会忿怒？而大家所以忿怒，在于不能公平。而今奖赏之滥，比司马繇所做的，更加两倍，没有人不感到失望。"司马亮掌握权势，有时独断独行，傅咸再劝告他："杨骏拥有使人主震动的威望，因为只信任亲戚，所以天下哗然，人心离散。而今，殿下身负国家重任，最好是一切跟杨骏相反。平常清心寡欲，遇到严重的大事，才亲自裁决；其他种种小节，不妨交付别人。可是，近来我经过你的门前，戴官帽的人和华丽的车马，塞满大街小巷。这种奔走钻营的风气，最好消除。而且，夏侯骏没有一点功劳，竟旱地拔葱，突然跃到宫廷供应部长（少府）高位，大家都说：因为他是你的姻亲，所以才有此奇迹。谣言传播四方，并不是一件好事。"司马亮拒不接受。

5 皇后贾南风的族兄、车骑将军府军政官（车骑司马）贾模，堂舅父首都西区卫戍司令（右卫将军）郭彰，妹妹贾午的儿子贾谧（音mì〔密〕），楚王司马玮，跟东安王司马繇，共同参与中央政府决策。贾南风凶暴乖戾的程度，一天比一天升高。司马繇阴谋罢黜贾南风，贾家班深为畏惧。司马繇老哥东武公司马澹，素来讨厌司马繇，不断向太宰（上三公之一）司马亮打小报告说："司马繇想杀便杀，想赏就赏，打算独霸政府。"

三月二十七日，晋帝司马衷下诏，撤销司马繇所有官职。又有人指控司马繇口出恶言，遂放逐司马繇到遥远的带方郡（朝鲜半岛沙里院城）。于是，贾谧、郭彰，权势膨胀，宾客盈门。贾谧虽然骄傲奢侈，但是喜爱读书，喜爱结交士大夫（高级知识分子及现任官员和退休士绅）；郭彰、石崇、陆机、陆机的老弟陆云、和郁、荥阳郡（河南省荥阳市）人潘岳、清河国（山东省临清市）人崔基、勃海郡（河北省南皮县）人欧阳建、兰陵郡（山东省兰陵县西南兰陵镇）人缪徵、京兆郡（陕西省西安市）人杜斌、挚虞、琅邪国（山东省临沂市）人诸葛诠、弘农郡（河南省灵宝市东北）人王粹、襄城郡（河南省襄城县）人杜育、南阳郡（河南省南阳市）人邹捷、齐国（山东省淄博市临淄区）人左思、沛国（安徽省淮北市）人刘瓌、周恢、安平国（河北省衡水市冀州区）人牵秀、颍川郡（河南省许昌市东）人陈昣（音zhěn〔枕〕）、高阳国（河北省博野县东南）人许猛、彭城国（江苏省徐州市）人刘讷、中山国（河北省定州市）人刘舆、刘舆的老弟刘琨，都奉承贾谧，号称"二十四友"。和郁，是和峤的老弟（和峤，参考二八五年正月）。

石崇、潘岳，尤其谄媚贾谧，每每故意等到贾谧，跟贾谧祖母、广城君郭槐外出时，来到门前，跳下车子，躲到道路一侧，望着贾谧等车后卷起的尘土，当街叩拜。

6 太宰（上三公之一）司马亮、太保（上三公之三）卫瓘，认为楚

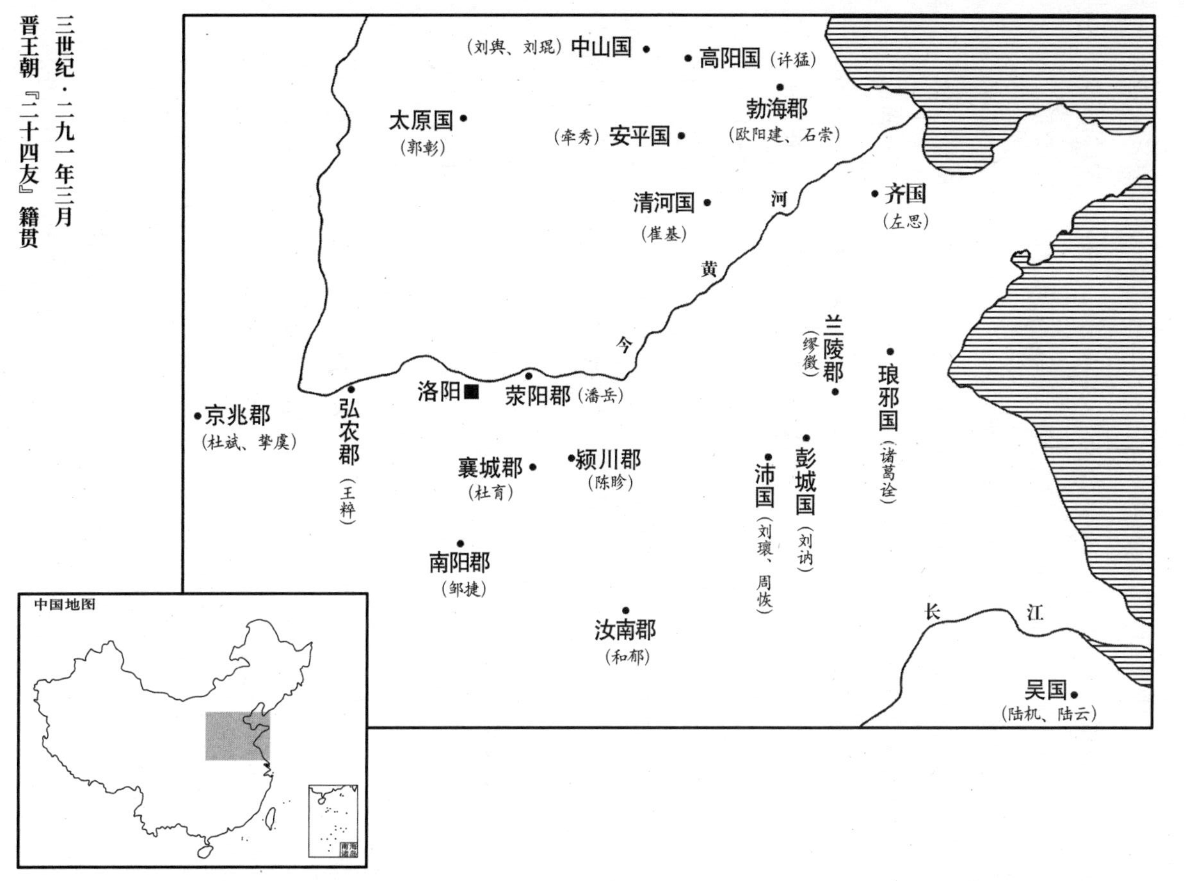

三世纪·二九一年三月

晋王朝『二十四友』籍贯

王司马玮刚愎横暴，喜爱诛杀，十分讨厌，打算剥夺他的军权。遂任命临海侯裴楷，接替司马玮的中央禁军总监（北军中候）。司马玮暴跳如雷，裴楷得到消息，不敢受命。司马亮再跟卫瓘商议，采取全面性解决策略，命各亲王一齐离开京师（首都洛阳），返回各人的封国；司马玮更大怒如狂。司马玮的秘书长（长史）公孙宏、随从官（舍人）岐盛（岐，姓）都受司马玮的宠信，于是劝司马玮主动向皇后贾南风靠拢，贾南风凭空得到一个亲王助手，大为高兴，遂留下司马玮担任太子少傅（太子三少之二）。岐盛一向跟杨骏交情很好，现在又帮助司马玮图谋卫瓘，卫瓘对这个反复无常的小人，至为厌恶，打算逮捕他。岐盛遂跟公孙宏秘密定计，通过积弩将军李肇，假称奉司马玮之命，向贾南风打小报告，诬陷司马亮、卫瓘，说二人打算罢黜皇帝，另立新君。贾南风一直怨恨卫瓘（参考二七八年十月），而且对二人主持政府，使自己不能随心所欲，也感到难以忍耐。于是，决定发动第二次政变。

夏季，六月，贾南风教她的丈夫皇帝司马衷亲手写下诏书，下达司马玮："太宰（司马亮）、太保（卫瓘），打算效法伊尹、霍光。你可宣布诏令，命淮南王（司马允）、长沙王（司马乂）、成都王（司马颖），率军驻屯各宫门。司马亮及卫瓘的官职，全部撤销。"当天夜晚，派禁宫侍从宦官（黄门），把诏书送给司马玮。司马玮对这项造成巨变的诏令，认为事体重大，打算再行奏报，加以证实，禁宫侍从宦官（黄门）说："那样做可能使消息走漏，就不是密诏本意。"而司马玮正好也想利用这项密诏，公报私仇，遂紧急动员中央禁军（北军），再假传圣旨，召集首都城内城外三十六军，宣布："司马亮、卫瓘，阴谋叛逆，我奉命担任全国各军区总司令长官（都督中外诸军），正在岗位上值班的警卫，加强戒备，其他所有武装部队，立即前来指挥部报到，讨伐叛逆。”再假传圣旨说：“司马亮、卫瓘部属，一概不问，全体解散，各回私宅。如果抗拒诏书，便军法从事。”命公孙宏、李肇，率军包围司马亮王府，命高级咨询官（侍中）、清河王司马遐逮捕卫瓘。

司马亮的作战官（帐下督）李龙，急向司马亮报告：“外边有变，请火速调兵抵抗。”司马亮不肯。转眼之间，公孙宏、李肇军队已攀上院墙，大声呼喊。司马亮惊骇说：“我没有二心，为什么这样相待，如果有诏书，请把诏书见示！”公孙宏不理，督促军队攻击。司马亮的秘书长（长史）刘准，对司马亮说：“看情形定是一场奸谋，王府中英雄才俊，多如树林，仍可以一决生死。”司马亮仍不肯，遂被李肇生擒，叹息说：“我一颗赤心，可以剖给天下人看。”连同他的世子（王位合法继承人）司马矩，同被斩首（当时天气炎热，士兵们把司马亮拖到一辆车子底下，其他人怜悯这位王爷的下场，用扇子给他扇凉，直到第二天，还没有人敢向他下手，司马玮下令：“砍下司马亮人头的，赏布一千匹。”才有人挥刀。人头被抛到宫门北墙外，胡须头发、耳朵鼻子，全部损毁。“八王之乱”第一王结束，司马亮自本年〔二九一〕三月入京，直到六月，当权四个月）。

卫瓘那里也同样情况，当司马遐率军包围时，卫瓘左右也疑心诏书有假，要求拒抗，上书分辩，等到证明诏书是真的时候，再死不迟，卫瓘不接受。最初，卫瓘当最高监察长（司空）时，所属作战官（帐下督）荣晦，犯法有罪，卫瓘诟骂他，逐出最高监察府（司空府）。而今，荣晦随司马遐前来逮捕，利用机会，报复过去羞辱，遂斩卫瓘（年七十二岁），并斩卫瓘的儿子跟孙儿九人；司马遐禁止不住。

岐盛建议司马玮，说：“正可以利用现在的形势，诛杀贾谧、郭彰，保护皇家，安定天下。”司马玮犹豫不决。而这时天色已亮，另一个同样无情的阴谋，也在进行，太子少傅（太子三少之二）张华，透过董猛，建议贾南风，说："楚王（司马玮）一连诛杀二位上公，天下权威将全到手，人主怎么能够平安？最好乘他的权力还没有稳固，指控他擅自杀戮，把他除掉。"贾南风也正打算利用这个机会排除司马玮；对张华的建议，完全同意。这时内外乱成一片，政府民间，人人恐惧，不知道如何才好。张华报告皇帝，于是开始行动，派殿中将军王宫，手举"驺虞幡"，出宫向司马玮集结的部队宣布："楚王（司马玮）假传圣旨，大家不要受他欺骗。"（驺，音zōu〔邹〕。幡，音fān〔翻〕。晋王朝皇帝符节中，有"白虎幡"和"驺虞幡"。幡，是一种长条形状的旗帜，上面绣白虎，称"白虎幡"，用来督战。驺虞，又名"驺吾""驺牙"，是古代民间传说中一种奇异的野兽，长得像老虎，身上有黑色条纹，尾巴比身子还长，性情仁慈，不吞吃有生命的东西，不践踏青草。旗帜上绣驺虞，称"驺虞幡"，用来化解及阻止战争。）将士们看到"驺虞幡"出动，大为震动，放下武器，一哄而散。霎时间，只剩下司马玮一个人，左右侍从卫士也都逃光，他窘困紧张，手足失措，不知道应该如何。不久，军队包围，捆绑起来，送到司法部（廷尉）。

六月十三日，斩司马玮（年二十一岁）。临刑之前，司马玮从怀中拿出皇帝司马衷亲笔写在青纸上的诏书，痛哭流涕，请监斩官、国务院执行官（尚书）刘颂过目，说："我有幸是先帝（一任帝司马炎）的亲生之子，而竟受到这种冤枉！"（司马玮要求刘颂代向皇帝申诉，刘颂伤感唏嘘，不能抬头。"八王之乱"第二王结束，司马玮自本年〔二九一〕三月诛杀杨骏，直到六月，当权四个月。）公孙宏、岐盛，同时屠灭三族。

司马玮出动军队时，陇西王司马泰集结部队，打算帮助司马玮，王府总监（祭酒）丁绥劝阻说："你身为宰相级官员（司马泰当时任最高监察长〔司空〕），不可以轻率行动。而且事情发生在深夜，行动仓猝情况不明，应先派人查问清楚。"司马泰才停止。

7 故太保（上三公之三）卫瓘的女儿，写信给政府各高级官员，说："我父亲身后的绰号（谥），还没有公布。奇怪的是，以全国之大，竟没有一人发言。《春秋》所指责的过失，责任在谁身上？"（《公羊传》："《春秋》上说：君王被杀，叛徒不受制裁，没有资格当臣下。"）于是，太保府主任秘书（太保主簿）刘繇等，手拿黄幡（为什么拿黄幡，意义不明），擂动"登闻鼓"（古代放在皇宫、司法部〔廷尉〕，以及各地方政府门前的皮鼓，遇有紧急事件〔像检举叛逆〕，鼓声一响，主管官员必须上堂审问。现代法院门口"按铃申告"，似乎仍是古意），上书说："最初，假传圣旨的人到达，卫瓘立刻呈上印信，只身一人，听候命令。即令像假诏书上所说的，也不过只免除官职而已。可是，过去在帐下当差的荣晦，却逮捕卫瓘父子以及孙儿，一律斩首。请求查明真伪，公平处罚。"皇帝下诏：屠灭荣晦全族，恢复司马亮爵位，绰号文成。追封卫瓘当兰陵郡公，绰号成。

8 皇后贾南风大权独揽，所有障碍都被排除，把政府完全置于自己控制之下，遂大肆委派亲信党羽，担任重要官职。任命堂兄贾模当散骑侍从官（散骑常侍），兼高级咨询官（侍中）。贾谧跟姨妈贾南风密商，认为张华出身平民，没有威胁在上位人的力量，而且温文柔雅，又富有谋略，大家对他都十分敬佩，打算教他主持政府；但犹豫不能决定。询问裴𬱟意见，裴𬱟赞成。于是，皇帝下诏，任命张华当高级咨询官（侍中），兼总立法长（中书监）；裴𬱟当高级咨询官（侍中）。又任命安南将军裴楷当最高立法长（中书令），兼高级咨询官（侍中）；跟国务院右执行长（右仆射）王戎，共同主管政府机要。

张华尽忠皇家，弥补缺失；贾南风虽然凶恶奸险，但仍知道敬重张华。贾模跟张华、裴𬱟，同心合力，处理政务。所以，数年之

三至四世纪之间　八王之乱关系位置

	曹魏帝国京兆尹司马防													
第一代	宣帝司马懿										曹魏东武城侯司马馗			安平王司马孚
第二代	文帝司马昭						①汝南王司马亮	琅邪王司马伷	③赵王三任帝司马伦	梁王司马肜	高密王司马泰		范阳王司马绥	太原王司马瓌
第三代	一任帝司马炎					齐王司马攸		东安王司马繇			⑧东海王司马越	南阳王司马模	嗣王司马虓	⑦河间王司马颙
第四代	二、四任帝司马衷 皇后贾南风	②楚王司马玮	⑤长沙王司马乂	淮南王司马允	⑥成都王司马颖	④嗣王司马冏						嗣王司马保		

间，虽然皇帝昏庸，但政府和民间，都能平静无事，全是张华等的功劳。

9 秋季，七月，分割荆州（湖北省及湖南省）及扬州（安徽省中部及江南地区）共十个郡（豫章郡〔江西省南昌市〕、鄱阳郡〔江西省鄱阳县东北〕、庐陵郡〔江西省吉水县〕、临川郡〔江西省抚州市临川区〕、南康郡〔江西省于都县〕、安成郡〔江西省安福县〕、建安郡〔福建省建瓯市〕、晋安郡〔福建省福州市〕、武昌郡〔湖北省鄂州市〕、桂阳郡〔湖南省郴州市〕），设立江州（福建省及江西省。州政府设豫章〔江西省南昌市〕，之后迁至武昌〔湖北省鄂州市〕；三四〇年，迁至寻阳〔江西省九江市〕）。

10 八月二十日，封陇西王司马泰的世子司马越当东海王。

11 九月十四日，秦王（献王）司马柬（一任帝司马炎的儿子）逝世。

12 九月二十一日，征召征西大将军、梁王司马肜（音róng〔融〕）当首都卫戍司令（卫将军），主管政府机要（录尚书事）。

二九二年 壬子

晋　元康　二年

1 春季，二月一日，晋王朝（首都洛阳〔河南省洛阳市东白马寺东〕）前皇太后杨芷，在金墉城（洛阳城西北角离宫）逝世（年三十四岁）。

最初，杨芷左右还有侍奉她的婢仆十余人，皇后贾南风把她们全部调走，并断绝所有供应，杨芷没有饮食八天，饿死。贾南风恐怕这位婆母死后有灵，可能向先帝（一任武帝）司马炎控诉，就把她面部朝下入棺，连同种种镇压鬼魂的符咒、药物，一同埋葬，使她在地下万劫不复。

2 秋季，八月七日，赦天下。

二九三年 癸丑

晋　元康　三年

1 夏季，六月，弘农郡（河南省灵宝市东北）天降冰雹，厚达三尺。

2 鲜卑宇文部落（内蒙古老哈河上游）酋长宇文莫槐，被他的部属刺死，老弟宇文普拨继位。

3 鲜卑索头部落（王庭设盛乐〔内蒙古和林格尔县〕）酋长拓跋绰逝世，儿子拓跋弗继位。

二九四年 甲寅

晋　元康　四年

1 春季，正月一日，晋王朝（首都洛阳〔河南省洛阳市东白马寺东〕）全国武装部队总司令（太尉）、安昌公（元公）石鉴逝世。

2 夏季，五月，匈奴部落酋长郝散叛变，进攻上党郡（山西省黎城县西南），击斩郡长。

秋季，八月，郝散率领部众归降，冯翊郡（陕西省大荔县）郡政府民兵司令（都尉）诛杀郝散。

3 本年（二九四），全国大饥荒。

4 京畿总卫戍司令（司隶校尉）傅咸逝世（年五十六岁）。

傅咸性情刚正直爽，品格高尚，初当京畿总卫戍司令（司隶校尉）时，上书说：“贿赂贪污，成为风气，应该彻底根绝。”当时政令松弛，权贵豪门，公开作奸犯科，毫无顾忌。傅咸弹劾首都洛阳市长（河南尹）司马澹等，司马澹等免职；京师（首都洛阳）耳目一新。

5 鲜卑慕容部落（王庭设青山〔辽宁省义县东〕）酋长慕容廆（音wěi〔伟〕）迁居大棘城（辽宁省义县西）。

6 鲜卑索头部落（王庭设盛乐〔内蒙古和林格尔县〕）酋长拓跋弗逝世，叔父拓跋禄官继位。

二九五年 乙卯

晋　元康　五年

1 夏季，六月，晋王朝（首都洛阳〔河南省洛阳市东白马寺东〕）东海国（山东省郯城县）降下冰雹，深达五寸。

2 荆州（湖北省及湖南省）、扬州（安徽省中南部及浙江省）、兖州（山东省西部）、豫州（河南省东部）、青州（山东省北部）、徐州（江苏省北部）等六州大水成灾。

3 冬季，十月，皇家军械库（武库）失火，历代珍藏的宝物，全都焚毁（《晋书·张华传》：赵王司马伦深恨张华，军械库失火时，张华恐怕司马伦乘火发动政变，下令部队布防戒备，然后救火；以至历代累积的宝物，如刘邦斩白蛇的剑、王莽的人头、孔丘的木屐等，全成灰烬）。可以供应二百万人的武器，也都焚毁。

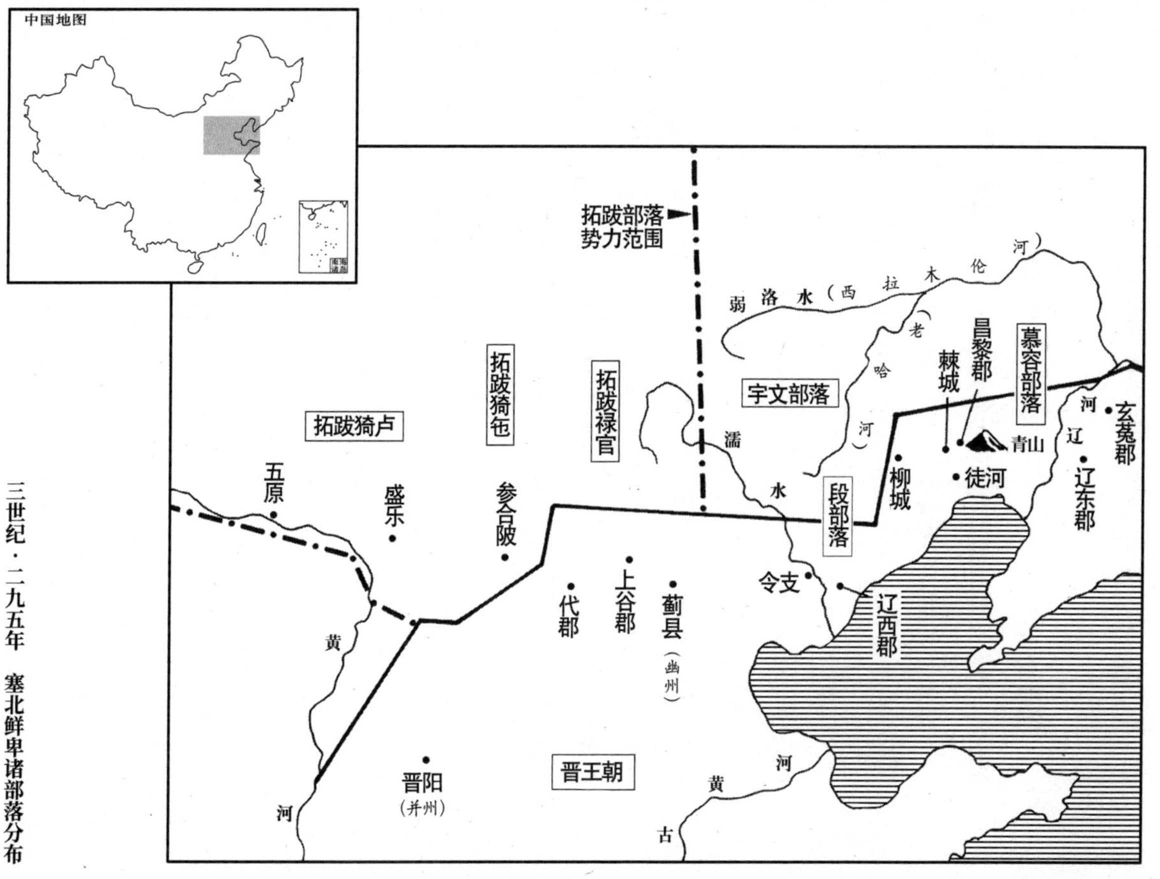

三世纪·二九五年　塞北鲜卑诸部落分布

十二月一日，重建皇家军械库（武库），再造兵器。

4 鲜卑索头部落（王庭设盛乐〔内蒙古和林格尔县〕）酋长拓跋禄官，把他的国土，分成三部：一部住上谷郡（河北省怀来县）之北，濡源（濡水〔滦河〕源头，河北省沽源县）之西，由自己直接统治。一部住代郡（河北省蔚县）参合陂（山西省阳高县东北）之北，由他的老哥拓跋沙漠汗的儿子拓跋猗㐌（猗㐌，音yī yí〔衣移〕）统治。一部住定襄郡（西汉王朝故定襄郡）盛乐县（内蒙古和林格尔县）故城，由拓跋猗㐌的老弟拓跋猗卢统治。

拓跋猗卢精于武略，勇敢善战，向西攻击匈奴诸部落及乌桓诸部落，把他们击败。代郡（河北省蔚县）人卫操，跟侄儿卫雄，以及同郡人箕澹（箕，姓），前往投靠，说服拓跋猗㐌、拓跋猗卢，使他们接纳汉人。拓跋猗㐌大为高兴，把部落中大事，委任他们，汉人归附的逐渐增多。

二九六年 丙辰

晋　元康　六年
（皇帝齐万年元年）

1 春季，正月，晋王朝（首都洛阳〔河南省洛阳市东白马寺东〕）赦天下。

2 最高监察长（司空）、下邳王（献王）司马晃（安平王司马孚的儿子）逝世。擢升总立法长（中书监）张华当最高监察长（司空）；全国武装部队总司令（太尉）陇西王司马泰，兼代国务院总理（尚书令），改封高密王。

3 夏季，匈奴部落酋长郝散（参考前年〔二九四〕五月）的老弟郝度元，跟冯翊郡（陕西省大荔县）、北地郡（陕西省铜川市耀州区）马兰羌部落、卢水胡部落，一齐起兵叛变，击斩北地郡郡长张损，击败冯翊郡郡长欧阳建。

征西大将军赵王司马伦，宠信出身卑贱的琅邪国（山东省临沂市）人孙秀；跟雍州（州政府设长安〔陕西省西安市〕）州长（刺史）济南郡（山东省济南市章丘区）人解系（解，姓），为了军事上的歧见，互相向中央控告；冯翊郡（陕西省大荔县）郡长欧阳建，也上书皇帝，指控司马伦种种罪行。中央政府认为司马伦在关右（陕西省中部）只能制造混乱，遂调司马伦回首都洛阳，担任车骑将军。改派梁王司马肜（音róng〔融〕）当征西大将军，兼雍凉二州军区司令长官（都督雍凉二州诸军事）。解系跟老弟、总监察官（御史中丞）解结，都上书请求诛杀孙秀，用以安抚被逼反的氐人羌人。张华告诉梁王司马肜，命他诛杀孙秀，司马肜承诺。可是孙秀的朋友辛冉游说司马肜说："氐人羌人是自己要造反，跟孙秀何干？"孙秀遂免一死。

司马伦抵达首都洛阳，用孙秀的策略，倾心结交贾谧、郭彰，皇后贾南风对司马伦大为欣赏，十分信任。司马伦遂要求主管政府机要（录尚书事），又要求当国务院总理（尚书令）。张华、裴頠坚决认为不可以，司马伦、孙秀由于这些原因，心怀怨恨。

秋季，八月，雍州（陕西省中部）州长（刺史）解系，被匈奴酋长郝度元击败；于是，一时之间，秦州（甘肃省南部）、雍州（陕西省中部）各地氐人、羌人，全部叛变，拥立氐部落酋长齐万年当皇帝，包围泾阳（甘肃省平凉市西北）。总监察官（御史中丞）周处，对犯法的权贵豪门，毫不留情。梁王司马肜曾经犯法，周处调查清楚，提出弹劾。

冬季，十月，皇帝下诏，任命周处当建威将军，跟振威将军卢播，隶属安西将军夏侯骏，讨伐齐万年。最高立法长（中书令）陈准，向中央警告说："夏侯骏和梁王（司马肜），都是皇亲国戚（司马师的第一任正妻，是夏侯尚的女儿夏侯徽，夏侯骏当是外戚），并不是大将元帅的材料；胜利，声名不能增高；败退，也不畏惧刑罚。而周处，原是东吴（东吴帝国）臣民（参考二七四年七月），忠直勇敢，人单势孤；在政府之中，只有仇人，没有援手。最好是命积弩将军孟观，率精锐部队一万人，当周处的先锋，就一定可以消灭贼寇（齐万年）。不然的话，梁王（司马肜）命周处当先锋，而故意不发援军，把他陷于死地，结果一定失败。"中央批驳（孟观在诛杀杨骏政变中，担任主要角色，是皇后贾南风的宠信，如当先锋，司马肜不敢不倾全力保护，而对周处的用心，昭然若揭，却无法阻止，当权官员竟公开允许一个权贵把国家军队、人民生命，当作私人报仇工具，晋王朝的衰机，已入内脏）。齐万年听到周处前来消息，说："周处先生曾当过新平郡（陕西省彬州市）郡长，文武全才，如果他能全权指挥，势不可当。如果受到别人牵制，不过送死。"

4 关中（陕西省中部）饥馑，瘟疫流行。

5 最初，略阳郡（甘肃省天水市东）清水（甘肃省清水县）氐民族部落酋长杨驹，定居仇池（甘肃省西和县南）。仇池，是一个庞大而高耸天际的台地，面积平方一百顷（一万亩），四面悬崖绝壁，只有一条羊肠小道，盘旋三十六次，才到达顶端；台地之下，二十余里，一片平原。（《仇池记》："仇池百顷，周围九千零四十步，天然的成四方形，突出地面，高达七千尺，关隘凶险，敌人却步。东西二门，鸟道盘旋〔言山径窄险，人不能行，只飞鸟能行〕，由下到上，长达七华里。上面丘陵起伏，泉水清澈，沟渠纵横，用来灌溉；煮当地泥土，蒸发之后，便结晶成盐。”）杨驹的孙儿杨千万，归附中国（曹魏帝国），曹魏政府封他百顷王。杨千万的孙儿杨飞龙时，力量逐渐强大，移住略阳郡（甘肃省天水市东）；杨飞龙领养外甥令狐茂搜当儿子。

齐万年战乱发生后，杨茂搜（令狐茂搜）为了逃避灾祸，十二月，从略阳郡率部众四千余家，再返仇池，自称辅国将军、右贤王。关中（陕西省中部）人士逃难，很多前往投奔，杨茂搜欢迎安抚接纳；凡是要求回去的，也都赠送旅费，派人护送。

6 本年（二九六），晋王朝政府擢升扬烈将军、巴西郡（四川省阆中市）人赵廞（音xīn〔欣〕），当益州（州政府设成都〔四川省成都市〕）州长（刺史）；征调益州（四川省中南部及云南省）、梁州（四川省东北部及陕西省南部）军队及粮秣，帮助雍州（陕西省中部）讨伐氐民族叛变部落及羌民族叛变部落。

二九七年 丁巳

晋　元康　七年
（皇帝齐万年二年）

1 春季，正月，自称皇帝的齐万年，驻屯梁山（陕西省乾县西北），部众有七万人。晋王朝（首都洛阳〔河南省洛阳市东白马寺东〕）梁王司马肜（音róng〔融〕）、安西将军夏侯骏，命建威将军周处率五千人攻击。周处说："孤军深入，没有后继部队，一定失败，不但身死，而且给国家带来羞辱。"司马肜、夏侯骏不理，强迫周处进军。

正月四日，周处跟振威将军卢播、雍州（陕西省中部）州长（刺史）解系，挺进到六陌（陕西省乾县东）。周处士兵还没有吃饭，司马肜下令迅速前进，周处不得已，发动攻击，从早晨血战到傍晚，杀伤敌人很多，而自己部队的弓弦折断，箭矢已尽，而救兵不到。左右劝周处撤退，周处手握剑柄，说：“这正是我尽忠报国之日。”力战，被杀。

中央政府虽然责备司马肜，但没有任何处分。

2 秋季，七月，雍州（陕西省中部）、秦州（甘肃省南部）大旱成灾，瘟疫流行，谷米一斛值一万钱。

3 七月丁丑日（本月丁未朔，没有丁丑），宰相（司徒）、京陵公（元公）王浑逝世（年七十五岁）。

九月，擢升国务院右执行长（尚书右仆射）王戎当宰相（司徒），太子太师（太子三师之一）何劭当国务院左执行长（尚书左仆射）。

王戎身为三公，随波逐流，跟着时世浮沉，对国家大事，从不提一点意见，全都推给僚属，只喜爱到外面游逛。而性情却十分吝啬，田产林园，遍布全国；经常自己摊开账簿，拿起算盘，夜以继日的筹划计算，好像他的财富仍然不够。家里有棵好李树，果实鲜美，摘下来贩卖，又怕别人得到树种，所以就把李核钻坏。对于任命官员，不管实际能力，只看对方的知名度。阮咸（“竹林七贤”之一。参考二六二年）的儿子阮瞻，曾经晋见王戎。王戎问：“圣人尊重名教（儒家学派的名分和人伦规范），李耳（老子）、庄周（庄子）则提倡自然，意义是不是相同？”阮瞻说：“似相同！”王戎赞叹不已，遂延聘他担任宰相府秘书（掾），当时人称：“三字秘书”。

那时候，王衍当国务院总理（尚书令），而南阳郡（河南省南阳市）人乐广当首都洛阳市长（河南尹），都精于“清谈”（穷嚼蛆），对他们职务上的工作，全不关心，认为那是“俗事”，而把所有精力，用到“俗事”之外。但名望震动天下，不论政府官员和乡野小民，对他们都十分敬慕，争相仿效。王衍跟他的老弟王澄，喜爱批评人物，全国一致认为是公平的定论。王衍一表人才，眉清目秀，小时候，山涛看到他，感叹很久，说：“谁家老太婆，生下这么漂亮的儿子！可是，误尽天下苍生的，可能也就是他。”乐广性情谦让，从不跟人争执。每次谈论，都用最简单的言辞，分析事理，使人心服。但对于自己所不知道的事，则从不发言。批评别人时，一定先称赞对方的优点，则对方的缺点，自然显示。

王澄跟阮咸、阮咸的侄儿阮脩、泰山郡（山东省泰安市东）人胡毋辅之（胡毋，复姓）以及陈国（河南省周口市淮阳区）人谢鲲、城阳郡（山东省莒县）人王尼、新蔡郡（河南省新蔡县）人毕卓，都认为放荡任性，就是开朗豁达；甚至狂醉闹酒，赤身露体，也不觉得不正常。胡毋辅之曾经大饮特饮，他儿子胡毋谦之从门缝往里偷瞧，厉声高叫老爹的别名：“彦国（胡毋辅之），你年纪已老，不准再喝。”胡毋辅之大笑，把儿子叫进去共饮。毕卓曾经当过国务院文官部助理官（吏部郎），邻居刚酿出新酒，毕卓乘着三分醉意，半夜爬进邻居酒窖，偷喝个够，被看管酒窖的人捉住，捆绑结实；第二天天亮查问他，才知道是文官部的助理官。乐广听到这些消息，笑说：“名教（儒家学派的名分和人伦规范）之中，也有乐趣，何必非那么干不可！”

4 最初，何晏（参考二四九年正月）等遵奉《老子》《庄子》哲学，理论基础是：“天地万物，全来自‘虚无’；‘虚无’产生天地万物，没有一个地方不存在‘虚无’。阴和阳靠‘虚无’调和生命，贤能的人用‘虚无’肯定自我。‘虚无’发展到巅峰时，即令没有官爵，也照样尊贵。”王衍之辈，对这种理论，十分崇拜。于是，政府士大夫（高级知识分子及现任官员和退休士绅），一致认为浮夸怪诞才是美德；敬业的和脚踏实地苦干的精神，遂全被破坏。

高级咨询官（侍中）裴頠（音wěi〔伟〕），对这种现象，深为忧虑，特撰写《崇有论》一文，抨击他们的弊端，说：

“利禄和私欲，可能把程度减低，但不可能根绝。国家行政和世间事务，可以使它简单，但不可能全部铲除。有些人为了美化‘清谈’（穷嚼蛆），特别指出许多外在形体的拘限，强调‘虚无’是一种高尚的境界。外在拘限是明显的事实，而‘虚无’是不是一种高尚的境界，谁也拿不出证据。巧妙辩论的文章，使人欢愉；似是而非的言论，使人迷惑。大家听得太多，头晕目眩，久而久之，遂觉得他们的话也有道理。虽然有人洞察到其中荒谬；可是，却因不善于表达，而又被整个风气所笼罩，只好屈服，承认无法跟‘虚无’理论抗衡。

“于是，一唱百和，好像掉到泥沼之中，越陷越深，没有能力拔出双腿。大家就再也不管国家大事和人民疾苦，瞧不起职务上的工作，不再尽职务上的责任；反而认为天下最高贵的行为，就是高谈阔论，最卑贱的事业，就是尽忠职守。人情的趋向如此，名利自然紧随在后。活跃的人阐扬发挥，内向的人由衷赞成；发表言论时，不切实际，称为‘玄妙’；担任官职的，不接触他的业务，称为

‘高雅’；不顾清白之身，贪污败德的，称为‘豁达’。互相勉励，严守善良风气节操的人，遂被片片摧毁。放荡的人，甚至颠倒婚丧大事的礼仪，改变行为举止，亵渎长辈和晚辈之间的人伦关系，混淆尊贵和卑贱之间的阶层分别。有的更脱光衣服，游戏打闹，无所不为。知识分子的德行，受到伤害。

“天下万物，虽然都来自‘虚无’，然而天下万物诞生之后，‘虚无’被扬弃，二者就有了分别。所以对于已经发生了的‘存在’，‘虚无’已无能为力。治理‘存在’的民众，不能依赖‘虚无’的手段。‘构想’不是‘实践’，而‘实践’必然先有‘构想’，不可以说‘构想’就是‘虚无’。工匠不是器物，但制造器物，必须工匠，不可以说工匠就是‘虚无’。要想捕捉藏在深山里的鱼，躺着不动，绝捕捉不到。要想猎取栖在高墙上的鸟，双手不动，绝猎取不到。由此观察，对于‘存在’，必须‘实践’，‘虚无’怎么能有益于已经‘存在’的人群？”

然而，“清谈”（穷嚼蛆）已成为社会风气，裴頠的言论，不能扭转。

5 鲜卑索头部落（王庭设盛乐〔内蒙古和林格尔县〕）酋长拓跋猗㐌（音yī yí〔衣移〕），穿过瀚海沙漠群，向北方发展，并再向西侵略，前后五年，征服多达三十余国。

二九八年 戊午

晋　元康　八年
（皇帝齐万年三年）

1 春季，三月十九日，晋王朝（首都洛阳〔河南省洛阳市东白马寺东〕）赦天下。

2 秋季，九月，荆州（湖北省及湖南省）、豫州（河南省东部）、徐州（江苏省北部）、扬州（安徽省中南部及浙江省）、冀州（河北省中部南部），五个州大水成灾。

3 最初，张鲁在汉中郡（陕西省汉中市）时，賨部落（賨，音cóng

〔从〕）中的李姓部众，自巴西郡（四川省阆中市）的宕渠县（四川省渠县东北三汇镇），前往投靠。曹操克复汉中后（参考二一五年七月），李姓部众族长（佚名）率五百余家归降，曹操委任他当将军，迁到略阳郡（甘肃省天水市东）之北，号称巴氐。他的孙儿李特、李庠、李流，都有才干武略，精于骑马射箭，豪爽侠义，乡里纷纷归附。

等到齐万年起兵（参考前年〔二九六〕八月），关中（陕西省中部）饥馑，略阳郡（甘肃省天水市东）、天水郡（甘肃省甘谷县）等六郡饥民，向有粮食的地方逃亡，进入汉川（陕西省南部）的，有数万家。沿途有患病、贫苦的，李特兄弟常常照顾帮助他们，遂受到大家拥护。这批饥民到了汉中郡（陕西省汉中市），上书中央，要求前往巴蜀（四川省）谋生，中央不准，派执法监察官（侍御史）李苾（音bì〔闭〕），“持节”（二级权力），慰劳安抚，同时监视并阻止他们进入剑阁（四川省剑阁县北剑门关镇）。

李苾到汉中郡（陕西省汉中市）之后，接受饥民的贿赂，上书说：“饥民十余万口，不是汉中一个郡所能养活。巴蜀（四川省）仓库存有粮秣，而又逢丰收，最好准许他们前往谋生。”中央批准。从此，饥民散布在梁州（四川省东北部及陕西省南部）、益州（四川省中南部及云南省）各地，政府不能禁止。李特经过剑阁（四川省剑阁县北剑门关镇）时，叹息说：“刘禅（蜀汉帝国二任帝）有这样的地方，而竟被人双手捆绑，岂不是蠢材。”听到这话的人，对李特都另眼相看。

4 最高监察长（司空）张华、最高立法长（中书令）陈准，认为赵王司马伦、梁王司马肜（音róng〔融〕）相继镇守关中（陕西省中部），态度悠闲，骄傲蛮横，出兵已久，却毫无功绩。遂推荐积弩将军孟观：沉着坚毅，有文武方略。中央命孟观讨伐齐万年，孟观勇往直前，身先士卒，不避弓箭飞石，大战十数回合，一连击破变民。

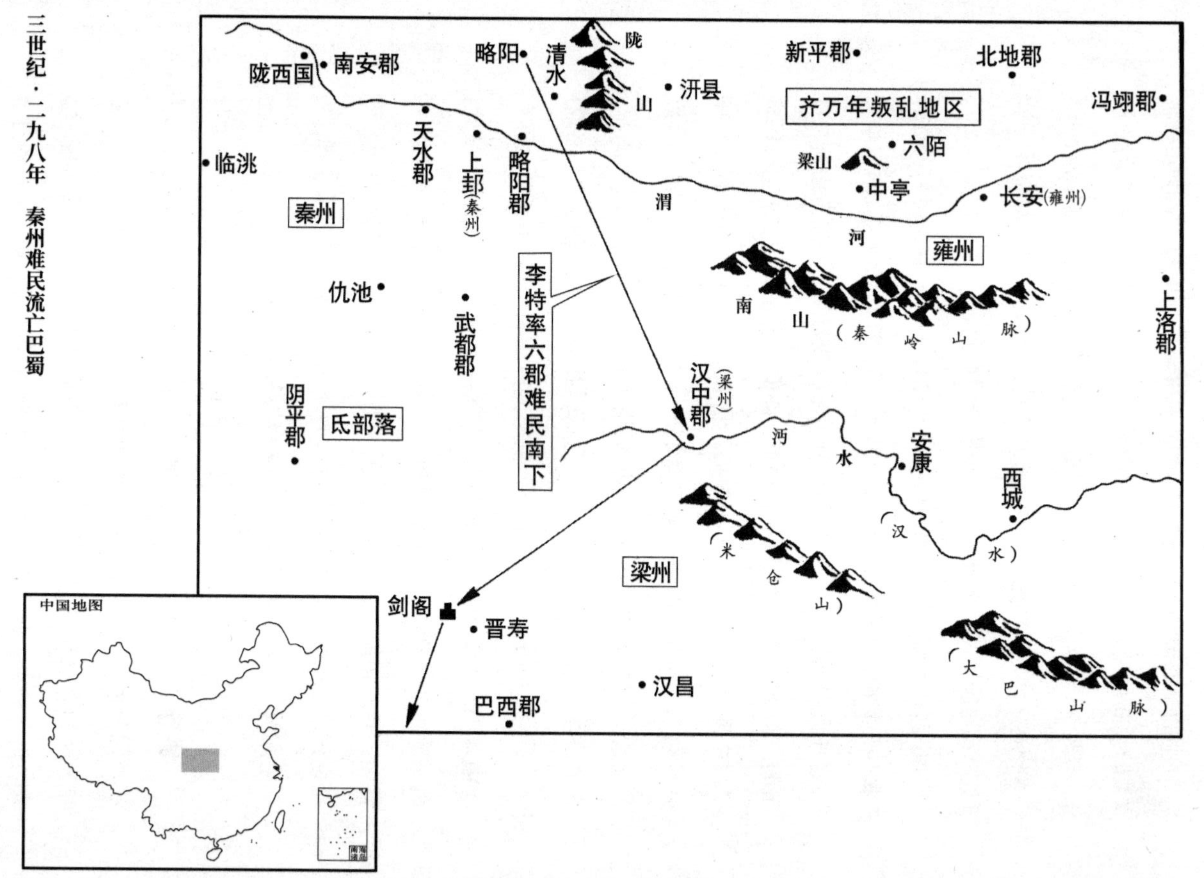

三世纪・二九八年　秦州难民流亡巴蜀

二九九年 己未

晋 元康 九年
（皇帝齐万年四年）

1 春季，正月，晋王朝（首都洛阳〔河南省洛阳市东白马寺东〕）积弩将军孟观在中亭（陕西省武功县西）大破齐万年的氐部落军，生擒齐万年。

2 太子宫图书管理官（太子洗马）陈留郡（河南省开封市东）人江统，认为蛮夷扰乱中原，应该早日断绝根源，把他们从内地迁出。遂撰写《徙戎论》，向政府提出警告，说：

“夷人、蛮人、戎人、狄人（《周礼》：东方蛮夷称“夷”，南方蛮夷称“蛮”，西方蛮夷称“戎”，北方蛮夷称“狄”），都居住在距中国本土三千里外的‘荒服’地带（参考二三三年十二月）。姒文命（禹）平定九州，而四方蛮夷归服（上古时代的全国疆域，分为九州：青州、兖州、冀州、雍州、徐州、豫州、梁州、扬州、荆州。疆界不明，因《书经·禹贡》上，记载此九州名称，所以又称“《禹贡》九州”），蛮夷性情贪婪，凶悍残忍，而四方蛮夷之中，尤以西方蛮夷（戎）和北方蛮夷（狄），更为卑贱。势力弱的时候，对中国敬畏臣服；势力强的时候，即行背叛侵扰。当他们强大之际，刘邦（西汉王朝一任帝高祖）被困于白登（参考前二〇〇年十二月）、刘恒（西汉王朝五任文帝）被迫在霸上驻防军队（参考前一五八年）。等到他们衰弱，正是刘奭（西汉王朝十一任元帝）、刘骜（西汉王朝十二任成帝）在位，西汉国势中落，可是匈奴的单于，却到西汉朝见（参考前三三年正月、前二五年正月），这是明显的例证。所以圣明的君王，对待蛮夷，唯一的方法是：使我们一直处于警戒状态，经常严密防守，即令他们叩头臣服，进贡宝物；而沿边要塞城镇的备战行动，也不放松（侯应反对匈奴取代边防军事，参考前三三年正月）。蛮夷对周王朝攻击，仅只把他们击退，周王朝，从不穷追（指周王朝十一任宣王姬靖，讨伐北方蛮夷，把他们驱逐出太原〔山西省太原市〕边境之后，即行班师。参考前七九四年），只盼望国境平安，边疆不受侵扰，就心满意足。

“等到周王朝瓦解，各封国国君纷纷独立，疆界不能固定，而利害又不相同，蛮夷遂利用这种机会，深入中国本土。有时候，中国也招抚他们，作为自己的力量。从此，四方蛮夷，纷纷入侵，跟中国原住民——汉人，混合杂居。后来，秦王朝统一天下，军力远达四方，北方击败胡人（匈奴人），南方征服越人，在那个时候（纪元前三世纪八〇年代），中国四方，再没有蛮夷（指蛮夷全部并吞入中国）。一世纪三〇年代东汉王朝时，任命马援当陇西郡（甘肃省临洮县）郡长，击败叛变的西羌人，把他们迁移到关中（陕西省中部）开垦冯翊郡（陕西省西安市高陵区）、河东郡（山西省夏县）一带空地荒田（参考三五年十月）。若干年后，人口繁衍，既仗恃自己的强大，又不能忍受汉人对他们迫害的痛苦。二世纪〇〇年代，西羌各部落遂起兵叛变，政府官员被杀，军队溃散，城池不断陷落，人民遭到屠戮。邓骘之败（参考一〇八年冬季），叛羌兵锋，进入河内郡（河南省武陟县），十年混战，蛮夷跟汉人，力量同时耗尽；任尚、马贤仅能使他们平静一阵而已（任尚事，参考一一七年九月；马贤事，参考一二六年二月）。从此之后，蛮夷的残余力量仍在，只要遇到机会，即行背叛侵扰，东汉王朝中叶的灾难，以羌人的反抗最为严重。

"曹魏帝国兴起之时，跟巴蜀（四川省）分隔，西方蛮夷（戎）的压力，由两国分摊（曹魏帝国及蜀汉帝国）。曹操把武都郡（甘肃省成县）的氐人部落，迁移到秦川（陕西省中部及甘肃省东南部。参考二一九年五月），为的是要减少敌国（蜀汉帝国）的人口，加强本国的实力，并用以捍卫边疆。这只是一时的变通之计，没有考虑到它的后遗症。到了今天（三世纪九〇年代），我们正承受这项后果。

"关中（陕西省中部）地区，土地肥沃，物产丰富，历代帝王（周王朝、秦王朝、西汉王朝、新王朝）都在那里建都，从没有听说蛮夷适合那片土地。不是我们的族类，永不会跟我们同心（非我族类，其心必异）。前人乘他们衰弱之际，强迫他们迁移到首都一千华里之内的'京畿'地区，政府官员和普通平民，都轻视他们、欺侮他们，认为是一种天经地义的正常现象，使他们的愤恨和怨毒，深入骨髓。等到他们人口够多，力量够大之时，不可避免的，自会产生反抗之心。以他们贪婪凶悍的本性，加上累积已久的忿怒，一旦爆发，就不可收拾。他们身在国家的心脏地带，没有关卡要塞的阻拦，袭击毫无防备的人民，抢夺散布在田野间的仓库粮食，所以才会造成广大的灾害，发生不测的暴行，这是必然的后果，前例俱在，斑斑可考。

“目前最紧急的事是，应乘政府的军事力量，正达高峰，军事措施，还没有懈怠，把冯翊（陕西省大荔县）、北地（陕西省铜川市耀州区）、新平（陕西省彬州市）、安定（甘肃省镇原县东南屯字镇）各郡的西羌蛮夷，迁徙到先零部落（大小榆谷一带，今青海省贵德县至尖扎县一段黄河河谷）、罕部落、幵部落（幵，音jiān〔坚〕）、析支部落故地（黄河上游，直至赐支河首一带，今青海省玛多县）。把扶风（陕西省眉县）、始平（陕西省兴平市）、京兆（陕西省西安市）等郡的氐民族，迁徙到陇山以西，安置在阴平（甘肃省文县）、武都（甘肃省成县）两郡之间。发给迁徙途中所需的粮秣，足够他们到达目的地，使他们回到祖先的故土。命移民区驻军司令（属国都尉）跟安抚军事总监（抚夷护军）就近照顾。蛮夷跟汉人不再混杂在一起，各族住在各族土地之上，则蛮夷纵然有侵略汉人的野心，纵然想掀起战争，但距中国太远，中间隔着千山万水，即令有凶恶的行动，伤害的程度也不可能太大。

“反对的人会说：‘氐民族部落的叛乱刚刚平息，关中（陕西省中部）正逢饥馑，又瘟疫流行，人民愁苦，都盼望得到休息安静，却忽然驱使这些疲惫憔悴的部众，迁移这些心里仍猜疑恐惧的叛徒，恐怕我们的力量不够，功业不能完成。前面的大祸还没有完全平定，后面的大祸又跟着爆发。’我的回答是：‘你认为现在屈服的氐民族部落，还有潜在的反抗能力？他们后悔过去作恶，放下武器，难道是感谢政府的恩德，诚心降服？或者是不能再战，走投无路，智慧和力量全都枯竭，恐怕我们的大军屠杀，才不得不归顺？’回答说：‘当然是不能再战，走投无路之故。’那么，我们既可以控制他们的生命，自可以控制他们的进退。欢喜他所从事工作的人，不会改变他的工作；欢喜他居住地方的人，不会考虑搬家。现在，我们正是要利用他们疲惫憔悴和猜疑恐惧的心理，用兵威震慑，使他们听从我们的指使，而不敢违抗。现今，他们死的死、散的散，流亡各地的蛮夷，还没有全部集结，关中（陕西省中部）人民，家家户户，对他们都怨毒入骨，所以要他们迁往远处时，他们不会留恋脚下乡土。

“圣贤计划一件事情，要在事情还没有发生前，就看到事情发生；要在变乱还没有爆发前，使它不会爆发。看不出任何痕迹，道路已经修平；看不出惊天动地的举动，事情已经完成。其次，也能转祸为福，反败为胜，使难关得以渡过，艰苦可以突破。现在，我们面对一场大难的终局，却不去筹划一个好的开始。畏惧改变车道的困难，而坚持仍在翻过车的旧路上奔驰，这是为什么？关中（陕西省中部）人口，多达一百余万，大约估计，蛮夷占有一半，让他们留下来也好，要他们迁出去也好，都必须有充分的粮食。如果粮食缺乏，不能供应，必须搜索关中（陕西省中部）所有的储存，去保全他们活命；这样做，他们才不会为了恐惧饿死，而出来抢掠。而今，政府命他们迁移，沿途供应饮食，让他们回到祖先故土，依附他们的同族，互相照顾。秦地（陕西省中部及甘肃省东部南部，均是秦王国故地）汉人，还可以得到蛮夷留下的粮食——占平常总收入的一半（因蛮夷占全人口的一半），这正是给行人谷米，给居民仓储，减轻关中（陕西省中部）所受的压力，肃清盗匪的来源；免除不断侵害，建立永久和平的方案。如果畏惧短时间的辛劳，而抛弃可以使万世太平的良策，只不过不愿付出几天几月的代价，反而留下几代都逃不脱的灾难。这可不是所谓开创大业，留传万世，为子孙打算的长程谋略。

“并州（山西省中部）蛮夷，本是凶恶的匈奴贼寇，本世纪（三）一

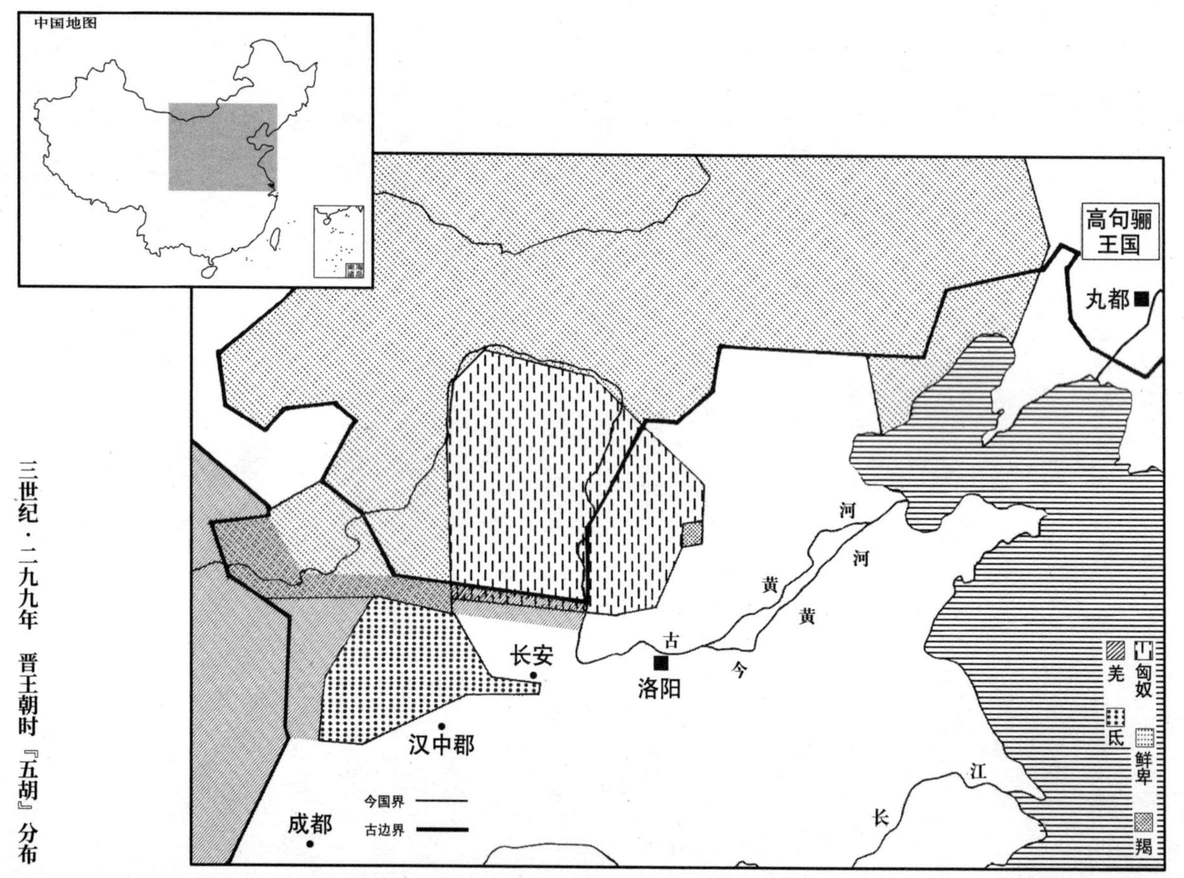

三世纪·二九九年 晋王朝时『五胡』分布

三世纪·二九九年 江统《徙戎论》

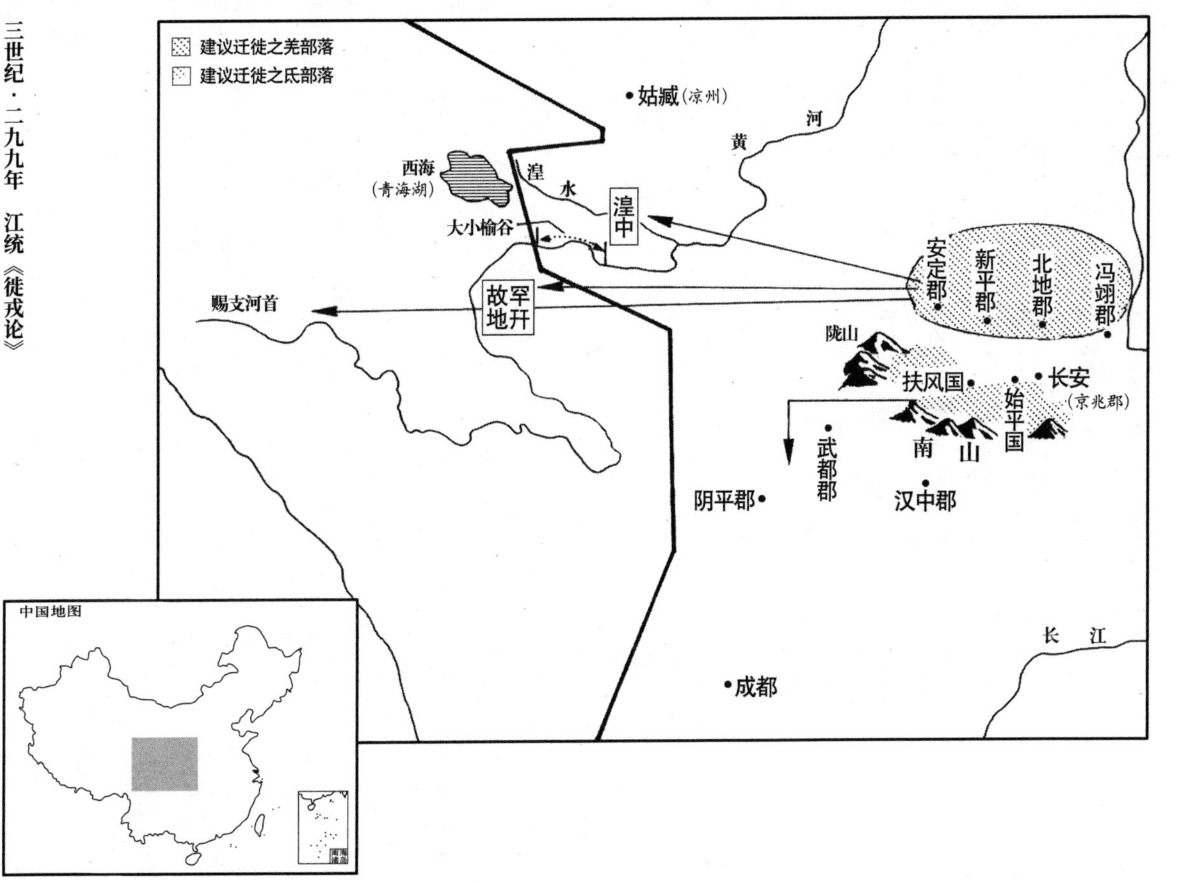

〇年代，当时东汉王朝的魏王曹操，命右贤王挛鞮去卑，引诱单于（四十二任）挛鞮呼厨泉到邺城（河北省临漳县邺城镇），因而被留作人质，遂分割他的部众，散布六个郡之内（参考二一六年七月。六郡：平阳郡〔山西省临汾市〕、西河郡〔山西省吕梁市离石区〕、太原郡〔山西省太原市〕、新兴郡〔山西省忻州市〕、上党郡〔山西省黎城县西南〕、乐平郡〔山西省和顺县西北〕）。到了六〇年代初叶（曹魏帝国末年），因为'部'太强大，每'部'遂再分为三支。王朝建立之后（六〇年代中期），增加到四支。于是，右贤王刘猛叛变，结合其他民族的叛徒（参考二七一年十一月）。最近又有郝散起兵，在穀远（山西省沁源县）发难（参考二九四年五月）。而今，五部加在一起，已有数万户，人口之多，超过西方蛮夷（戎），而匈奴人天性骁勇，精于骑马射箭，战斗力之强，远超过氐人和羌人。如果不认清有一天终有掀起战火的可能性，则并州（山西省中部）区域使人寒心。

"本世纪（三）四〇年代，毌丘俭攻击高句骊王国（参考二四六年二月），把高句骊人民，强迫移居荥阳（河南省荥阳市），开始时候，不过数百户人家，子孙繁衍，而今已多到以千为单位计算。再过几代，人口将更兴盛。百姓一旦失去土地，不能耕种，还要反叛逃亡；狗和马一旦肥胖强壮，还要咬人；何况蛮夷，能不发生变化？目前只是不够茁壮，力量不允许他们如此而已。

"主持国家大计的人，所面对的事，不应只忧虑国家贫困，而应忧虑国家不安。中国有四海之大，人民富庶，难道非把蛮夷留在国内，然后才能立国？对这些蛮夷，政府应明白宣布，耐心解释，送他们返回故土，一方面解除他们的思乡之苦，一方面也解除中国内部的小忧。《诗经》说：'爱护中国／安抚四方。'（《大雅·民劳》）。功德永留于世，在谋略中应属最好的计策。"

然而，政府不能采用。

柏杨曰

江统的《徙戎论》，是历史上考虑最周密，计划最详尽，又最切实可行的一个伟大方案。晋王朝政府如果能够执行，将呈现划时代的民族大迁移的景观。以当时种种条件，一定可以完成。可是，晋政府的权力，这时握在以皇后贾南风为首的贾家班之手，贾南风不过一个泼妇，贾谧和郭彰，更是纨绔少年，三个目光如豆的颟顸男女，只知道享受荣华富贵，连他们屁股底下坐的是一个火药库都不知道，又焉能知道国家百年大计。然而，也只有这时候才是千年难逢的良机，有力量执行这项伟大的任务。时机一眨眼便永远消失，过了这个村，便没有这个店。

不过，江统把灾难全部归罪于蛮夷，根本没有触及问题核心；只看见疯子杀人，而没有看见是谁把致疯的毒药放到对方碗里；强迫蛮夷喝下致疯的毒药，而痛责他们发疯，诟骂他们性情贪婪、凶悍残忍，是把事情本末倒置。恰恰相反，蛮夷比汉人朴实得多、纯洁得多，没有暴君暴官"性情贪婪，凶悍残忍"的迫害虐待，蛮夷不会武装抗暴。这项虐待不除，纵然把蛮夷全体驱逐，留下来的全是"善良"的汉人，难道就可平安无事？黄巾集团的变民，岂是东夷西戎北狄南蛮？暴君和贪官污吏，是封建文化没有能力铲除的死结，此结不解，血脉不通。而此结偏偏五千年来都无法解，所以血脉也就五千年来没有几天通过！因而也就灾难不绝，武装抗暴不断。政治行为来自文化规范，舍去在文化上探讨，其他都是枝枝节节，又何况连枝枝节节，也因国家领导人非暴即昏之故，无法实施。

3 散骑侍从官（散骑常侍）贾谧（音mì〔密〕），在东宫（太子宫）担任讲书工作。但贾谧根本瞧不起太子司马遹（音yù〔遇〕），对司马遹的态度，十分傲慢。成都王司马颖曾亲眼看到，向贾谧厉声呵责。贾谧大怒，报告他的姨妈皇后贾南风，贾南风遂即加给司马颖一个“平北将军”的官衔，逐出京师（首都洛阳），前往镇守邺城（河北省临漳县邺城镇）。又征召正在西部的梁王司马肜回京（首都洛阳）当最高统帅（大将军），主管政府机要（录尚书事）。又任命河间王司马颙当镇西将军，接替司马肜的职位，镇守关中（陕西省中部）。

最初，一任帝（武帝）司马炎在皇家祭庙密室（石函）中，留下秘密诏书，规定：除非是皇帝的至亲，不可以镇守关中（陕西省中部）。司马颙血缘疏远（司马颙是司马孚的孙儿、皇帝司马衷的堂叔），但他对财富毫不吝啬，出手大方，待人慷慨，喜爱结交有才能的人士，中央政府官员认为他有干才，所以委以重任。

4 夏季，六月，全国武装部队总司令（太尉）、高密王（文献王）司马泰（司马懿老弟司马馗的儿子）逝世。

5 皇后贾南风，淫荡暴虐，一天比一天升高。跟御医管理官（太医令）程据等通奸，仍不能满足，又把街上年轻人装入竹篓，运进皇宫，享乐取欢；事后，怕他们泄露机密，都不再送回，而杀人灭口。国务院执行长（尚书仆射）贾模深怕一旦有事，将牵连自己，感到忧惧。高级咨询官（侍中）裴𬱟（音wěi〔伟〕）跟贾模，以及最高监察长（司空）张华，秘密讨论罢黜贾南风，另立淑妃（小老婆群第四级）谢玖（太子司马遹生母）当皇后，但贾模、张华说：“主上（司马衷）自己没有罢黜的意思，我们专断专行，万一主上不同意，我们怎么办？那可是闯下滔天大祸。而且，各亲王的力量十分强大，互相结党，立场不同，一旦有人反对，灾难就要临头。身死国危，对国家毫无裨益。”裴𬱟说：“你分析的完全正确。问题是，宫里的人（指贾南风），随心所欲，无恶不作，变乱爆发，就在眼前。”张华说：“你们二位，跟皇后都是至亲（贾模是贾南风堂兄，裴頠是贾南风表兄），所作建议，或许能被采纳，最好是不断陈述祸福的契机，盼望她不要犯下太大错误，则天下可能不会大乱，使我们优游岁月，度过这一辈子，如此而已。”裴頠遂日夜向姨妈郭槐，分析利害，请郭槐转嘱女儿贾南风，教她好好对待太子司马遹。贾模也经常向贾南风进言，谈论做人做事的道理，劝她克制自己。贾南风对这些意见，全听不进去，反而认为贾模吃里扒外，对她诽谤，因而跟贾模开始疏远。贾模不能完成志愿，忧虑恚恨而死。

柏杨曰

世界上最大的危险行为之一，就是皇后跟人通奸，贾南风之平安无事，原因很简单，丈夫皇帝司马衷是个白痴，而权柄又握在她自己之手。她如果是皇帝，解决床上问题，易如反掌，偏偏她是皇后，就得稍费周章。首都洛阳一带，年轻人遂一个接连一个，不断失踪，就好像被地球吞没，没有留下可以寻觅的线索。于是有一天，洛阳南区警察局（尉部）的一个小职员，在一连十几天音信全无之后，突然现身。可是，他却完全变了模样，衣裳华丽，举止阔绰。而就在这个时候，贾南风的一位远亲，被贼偷了一批金银财宝，向警察局报案。警察局逮捕这个年轻人，要他说出财富的来源。

原来，这个年轻人在路上遇见一位老太婆，老太婆声称女儿患病，那是一种鬼神附体的邪症。巫师指点她，只要在南城找到某一类型青年，秘密去她家走一趟，就能把鬼神赶走。年轻人慨然应允，上了一辆密封的轿车，为了避免法术失灵，再把他装进一个竹篓。走了十余华里，轿车停住，他被抬下来，觉得抬过六七道门槛，然后竹篓打开，举目一瞧，亭台楼阁，金碧辉煌，接着洗了一个香喷喷的澡，换上最华贵的衣服，大吃一顿山珍海味，再把他带到一个豪华盖世的房间里。黄昏之后，一位年龄约三十五六岁的中年妇女，身材矮小，皮肤黝黑，眉毛尾端有一颗黑痣，面貌平常，陪他上床。这样过了十余天，又照原路，把他送回。

当贾南风的远亲听到这番口供后，大吃一惊，而且羞愧难当，不敢追究。警察局长也发现他已永远无法破获一连串的失踪奇案。贾南风一向都是用诛杀手段回报那些男士的，但她爱这位年轻人奇紧，所以独独饶他一命，而也正因为如此，使这段宫廷秘闻，泄露人间。

6 秋季，八月，任命高级咨询官（侍中）裴頠当国务院执行长（尚书仆射）。裴頠虽然是皇后贾南风的亲属（贾南风的表兄），然而，拥有很高声望，人们唯恐他不居高位，不掌大权。不久，皇帝又下诏，命裴頠专门主持“门下”事务（“门下”第一次出现，此时“门下”仍设有“侍中省”及“散骑省”，参考二六五年十二月注。至于中央政府权力机构的三省：“尚书省”“中书省”“门下省”，要到下下世纪〔五〕南北朝中叶，才算完备，译“尚书省”为“国务院”，名实俱符，译“中书省”为“立法院”、“门下省”为“监督院”，就十分勉强，但想不出更切近的名词），裴頠上书坚决辞让，认为：“贾模逝世不久，又教我接替他的职位，使皇后娘家人的声势，更为增高，显示私心，已成为圣明王朝的污点。”皇帝下诏不准。有人对裴頠说：“你有什么建议，应该全部告诉皇后，皇后如果不接纳，就应该辞去官职，保持距离。如果这两件事，一件都办不到，即令上十次奏章，一旦大局生变，并不能救你逃出灾难。”裴頠感慨叹息很久，竟不能听从。

7 晋帝（二任惠帝）司马衷（本年四十一岁）是一位智商不足的白痴。有一次，在华林园（御花园之一）听见青蛙叫声，问左右说：“这些乱叫的东西，是别人要它叫，还是它自己高兴叫？”当时，天下灾荒饥馑，人民大批饿死，司马衷知道了之后，大惑不解，说：“没有树皮吃，为什么不吃肉？”因为如此，国家大权，握在群臣之手，每人都可以发号施令。权势豪门，互相推荐拜托，跟菜市场上做生意买卖一样。贾谧、郭彰，随心所欲，对什么人都不在乎，贿赂贪污，完全公开。

南阳郡（河南省南阳市）人鲁褒，遂作《钱神论》，讥讽当时的政治黑暗，说：“钱的模样（古代钱币，为了便利绳索穿起来携带或储存，中间有一圆孔或方孔，后来，圆孔的被淘汰〔但日本硬币，一直保留圆孔〕，而只剩下方孔），有天地阴阳两面，人们亲它爱它，把它当作老哥，所以称它‘孔方’。它没有丝毫德行，但地位尊贵；它没有一点权势，但碰到它却浑身发烧。它的力量可以直闯宫门，抵达内庭。危险的，可以使之平安；死亡的，可以使之复生；尊贵的，可以使之卑贱；应该活的，可以使之丧命。所以，官司诉讼，有理还不行，非钱不能取胜；埋没下层，有才干还不行，非钱不能擢升；深仇大恨，靠法律还不行，非钱不能申雪；声名令誉，靠品德还不行，非钱不能建立。洛阳高官贵爵、当权人士，亲我爱我，把我当作家兄，索求没有止境。握住我的手，拥到怀抱之中，始终不变。当今之世，只要有钱，什么人都可收买。”

8 政府官员，对所管辖的事务，都认为必须严苛挑剔，才能显示自己高明。于是，每遇到疑难诉讼，各人有各人的意见，各人有各人的论断，刑法不能一贯，官司纠缠，层出不穷。国务院执行长（尚书仆射）裴頠上书说：

“从前，圣明君王们制定刑法，使惩罚跟奖赏对称，轻重一致，所以法官审理案件，有一定的规章，可以遵循。二九四年，首都洛阳曾起狂风，皇家祭庙屋瓦，掉下几片，祭祀部长（太常）荀寓，遂被免职。事情如此轻微，处罚如此严重，违背正常法典。二九五年二月，首都洛阳，又有狂风，总监察署（兰台）负责人，恐怕再受到惩罚，在屋顶的一个角落里，找到十五个地方，瓦片有点歪斜，立刻禁制祭祀部长（太常）的行动，再兴大狱。

今年（二九九）八月，皇家墓园荆树上，有一根粗约七寸二分的枝干，被人偷砍，宰相（司徒）、祭祀部长（太常），调查复调查，在路上狼狈奔走；虽然明明知道，这不过是一件小事，可是担心有人作无限上纲的指控，后患难以预测，就不得不东奔西跑，想尽办法使自己不负责任。直到今天，禁制祭祀部长（太常）的命令，还没有解除。刑法条文有限，违犯刑法条文的原因，却千千万万，所以政府规定，可以临时由有关官员会议决定，并不是每个案件，都要如此。这种会议制度，并不恰当，为的是有些奸恶的官员，利用会议的机会，造成轻重不平的判决。”

可是，会议制度仍不能废除，国务院法务部长（三公尚书）刘颂上书说：

“近世以来，法令规章越来越多，互相冲突矛盾，不能划一。法官不知道应该执行哪一条，人民不知道什么行为才能不触犯法律。贪官污吏乘机满足私欲，居上位的遂难以考察部属。事情完全相同，判决却不相同；司法诉讼，遂不能公平。君王和臣僚，各有职掌；法律必须实施，所以要求法官严格执行；而执行有违背常理之处，所以要求大臣解释疑难；而疑难有政治的或社会的因素，所以领袖有权作最后裁决。

“法官执行法律，像张释之处罚惊犯圣驾的人（参考前一七七年）；大臣解释疑难，像公孙弘审理郭解的大狱（参考前一二七年）；领袖最后裁决，像刘邦（西汉王朝一任帝）之诛杀丁公（参考前二〇二年五月）。天下千事万事，除非这三种情形，对其他的事，不应该随便发表议论，都应依照法律行事。然后法律才可以树立权威，人民才可以不再困惑，官员才不能玩法弄权。这样的话，才可以治理国家。”

皇帝下诏：“国务院助理官（郎）及初级助理（令史），如果再有人超出法律范围，批驳刑事案件，有关单位应列举事实，随时纠举。”然而，并不能革除。

刘颂不久调任国务院文官部长（吏部尚书），建立九级官阶制度，打算使全体官员了解升迁调补的顺序和工作考绩的标准，使赏罚分明。然而，贾谧、郭彰掌握实际大权，任用官员，不愿受任何约束；九级官阶制度，竟不能实行。

9 国务院执行长（尚书仆射）裴頠，推荐平阳郡（山西省临汾市）人韦忠给最高监察长（司空）张华，张华延聘韦忠任职；韦忠声称有病，拒绝。有人问他缘故，韦忠说：“张华华而不实，裴頠贪得无厌，舍弃礼义，阿附奸诈的贾南风，岂是大丈夫行径？裴頠总是盼望结交我，可是我却一直怕他掉到深海淹死时，波浪把我吞没；怎么能够使我反而拉起长袍，飞奔到他那里？”

关内侯敦煌郡（甘肃省敦煌市）人索靖，知道天下将要大乱，指着洛阳皇宫门前的铜骆驼（曹魏帝国二任帝曹叡把铜骆驼、铜人等，从长安运到洛阳事，参考二三七年），叹息说：“我会看见你埋到荆棘之中。”

10 冬季，十一月一日，日蚀。

11 最初，皇后贾南风的娘亲、广城君（女侯爵）郭槐，因为贾南风没有儿子，所以时常劝她爱护太子司马遹（音yù〔遇〕）。然而，贾谧骄横傲慢，放纵任性，压根没把司马遹看到眼里，不断给他侮辱。郭槐对这个孙儿，一直严厉的教导责备。郭槐想化解太子的仇恨，打算把韩寿的女儿（贾谧的妹妹）许配给司马遹当太子妃，而司马遹也盼望这场婚事成功，使自己的地位稳固。可是韩寿的妻子贾午（贾谧的娘亲），跟皇后贾南风，坚决反对，替司马遹聘娶国务院总理（尚书令）王衍的幼女当太子妃。之前，司马遹听说王衍的长女美艳超群，可是贾南风却替她侄儿贾谧聘娶长女，司马遹感到委屈，常为这件事表示不满。后来，郭槐患病，临死之前，握住女儿贾南风的手，一再叮咛：要善待她的庶子司马遹；心情沉重，言语恳切。警告贾南风说："赵粲（一任帝司马炎的小老婆，参考二九一年正月）、贾午（贾南风的妹妹），定把你的家事搞乱；我死之后，不要再听她们摆布，切记！切记！"（胡三省原注："郭槐心狠手辣，但在临死之时，告诫女儿的话如此，因她历事多而谋略深，可看到长程利益。"）贾南风不但不能接受娘亲的遗言，反而更进一步，跟赵粲、贾午，谋害司马遹。

司马遹自幼就有美好声誉（参考二八九年），可是，年龄稍长，不肯求学，只喜爱跟左右游戏。贾南风又命禁宫侍从宦官（黄门）之辈，故意引诱他挥金如土，作威作福。美好的声誉遂告衰退，越来越骄傲怠慢，恶名四处传播，甚至早上也不出席金銮宝殿上的朝会，专事欢乐游宴。并在太子宫中，做起生意买卖，命人切肉卖酒；只需用手称量，便知道几斤几两，分毫不差。因他的娘亲谢玖，本是屠户家的女儿，所以司马遹特别喜爱这个调调。（用父母的职业，认定子女的品质，应是一大惊奇。流氓之子刘邦当皇帝，皇帝之子司马衷是个白痴，贵族之女贾南风更凶悍昏暴，不知又有何解释？）太子宫每月预算五十万钱，司马遹常在一个月中，消耗两个月的用度，而仍不够挥霍。又命太子宫御花园（西园）向民间出售葵菜、蓝菜（菜汁可以作蓝色染料）、鸡鸭、面粉等，收取钱财。又喜爱算命卜卦，阴阳巫术，所以禁忌特多。太子宫图书管理官（太子洗马）江统，上书司马遹，规劝五件事：

“一、虽然有小的病痛，仍应勉强入朝侍奉。二、应常常召见太子太傅（太子三师之二）等，请教做人道理。三、停留画室的时间，应尽量减少；后花园雕刻等工匠的事务，应立即停止（可看出司马遹对绘画、雕刻爱好的艺术气质）。四、御花园（西园）出售葵菜、蓝菜之类，伤害国家体面，有损你美好的声誉。五、修墙盖瓦，不必听信巫术。”

司马遹都不听从。太子宫贴身侍从官（中舍人）杜锡，恐怕司马遹不能保持他的位置，每每尽心直言，劝他砥砺品德，保持声誉，言语至为恳切。司马遹对他讨厌到极点，有一次把针藏在杜锡常坐的毛毯之中，针尖向上，杜锡坐下去，屁股鲜血直流。杜锡，是杜预的儿子（杜预，参考二六四年正月）。

司马遹性情刚烈，深知贾谧仗恃皇后贾南风的支持，不会宽容自己。贾谧当高级咨询官（侍中），每次到太子宫，司马遹看见他就逃掉，躲到后院游戏。太子宫总管（詹事）裴权规劝说：“贾谧，是皇后至爱的亲信，一旦跟他结怨，你就陷入险境。”司马遹不理。贾谧果然在贾南风面前，陷害司马遹，说：“太子聚敛金银财宝，结交不三不四的小人，箭头恐怕正对准我们贾家。如果皇上（司马衷）逝世，他坐上宝座，依照我们对付杨家班的手段（参考二九一年三月），把我诛杀，把你罢黜，囚禁金墉城（洛阳城西北角离宫），可是易如反掌。不如早日下手，另行选立性情温顺的，才能保护自己。”贾南风认为他的考虑周密深远。于是，开始宣传司马遹的缺点短处，使远近皆知。而贾南风又诈称她已怀了身孕，下令供应稻草等以及其他分娩时的用具（民间生子，怕血污床铺，所以都生在稻草之上；皇宫是否也用稻草，使人怀疑）。然后暗中把妹夫韩寿的婴儿韩慰祖，抱进皇宫，打算接替太子地位。

这时，文武百官，全都看出贾南风要害死太子。中央军事总监（中护军）赵俊，密请太子司马遹罢黜皇后，司马遹不接受。太子宫左翼卫队长（左卫率）、东平国（山东省东平县西北）人刘卞，把所听到的阴谋，询问张华，张华说："我一点都不知道。"刘卞说："我本是须昌县（东平国首府）一个小小雇员，受你的提拔，才有今天的官职。感激知遇之恩，所以毫不隐讳，难道你还疑心我？"张华说："假定有这回事，你准备怎么办？"刘卞说："太子宫豪杰像树林一样多，四翼卫队（四率）拥有精兵万人。你身居伊尹（阿衡）高位，如果你能够同意，则皇太子就可以利用朝会时机，发动政变，接管政府机要（录尚书事）；至于把皇后送到金墉城囚禁，只要两个禁宫侍从宦官（黄门）就够了。"张华说："如今，皇帝在位；太子，是皇帝的儿子。而又从没有对我有伊尹（阿衡）的诏命，忽然鼓励太子做此大事，不但违背君王，复又违背父亲，岂不是向天下显示忤逆不孝？何况贵族豪门，以及皇亲国戚，布满政府，我的威望和权柄，两者都缺，岂能一定成功？"贾南风常使她的党羽，在宫外布置密探，明察暗访，消息灵通。对这件事稍稍听到风声，遂调任刘卞当雍州（陕西省中部）州长（刺史）。刘卞知道事情泄露，服毒自杀。（胡三省原注："贾南风凶悍，假使她听到刘卞曾经跟张华磋商，而张华没有检举，张华必死在贾南风之手。而张华竟平安无事，猜测是张华告密。"）

12 十二月，太子司马遹的长子司马虨患病，司马遹请求封司马虨一个王爵，皇帝下诏不准。司马虨病势沉重，司马遹为儿子请巫师向上天祈祷求福。贾南风得到消息，认为下手的时机已到，声称皇帝老爹司马衷身体不适，命司马遹进宫请安。司马遹进宫之后，见不到贾南风，却被引导到一个房间。贾南风派宫女陈舞，说是奉皇帝老爹之命，送来美酒三升，要司马遹全部喝光。司马遹告诉陈舞说，他没有三升的酒量。陈舞施加压力说："你是不是忤逆不孝？老爹赏赐你酒，你竟然抗拒，难道酒里有毒？"司马遹不得已，只好勉强饮下，遂酩酊大醉。贾南风命禁宫咨询官（黄门侍郎）潘岳拟就一份草稿，派宫女承福，带着笔墨纸砚，乘司马遹半昏迷状态，说是奉皇上指令，教司马遹照抄一遍。潘岳拟就的草稿是："陛下应自己了断，不自己了断，我当进去了断；皇后也应自己了断，不自己了断，我当亲手了断。并跟谢妃（娘亲谢玖）共同约定日期，同时发动。不要再犹豫不决，以免招来后患，吞毛饮血，在日月星三光之下，上苍已准许扫除祸害，立道文（司马虨乳名）当王，蒋俊保林当皇后（"保林"是太子小老婆称号，蒋俊是司马虨的娘亲。写出这么多人，是要一网打尽），愿望达成，杀猪牛羊，祭谢北君（北帝神衹）。"司马遹神志不清，不能分辨，遂照抄一遍；字迹歪斜潦草，一半不能成形，贾南风把它修补之后，呈送给晋帝司马衷过目。

十二月三十日，司马衷驾临式乾殿，召集文武百官，命禁宫侍从署总管（黄门令）董猛，拿出司马遹照抄的信笺，跟已在青纸上写妥的皇帝诏书，说："这是司马遹的信笺，内容如此，应该处死！"把信笺交给出席的亲王、公爵跟高级官员传阅；大家目瞪口呆，没有人敢说话。张华说："这是国家最大的灾难，自古以来，常因为罢黜嫡子，引起变乱。而且，晋王朝建立的日子还短，请陛下三思。"裴頠认为，应先查明传递这份信笺的人，又请对照司马遹平常的字迹，不然的话，可能有假。贾南风遂拿出司马遹平常所写的报告启事十余张，大家对照之下，没有人敢说不是司马遹的笔迹（张华、裴頠显然并无预谋，裴頠提出“查明传递书信的人”，击中要害，但贾南风既一手遮天，遂含糊过去，裴頠大概发现内幕，不敢坚持）。贾南风命董猛出面，宣称长广公主（一任帝司马炎的女儿，嫁给甄德）有话：“事情应马上决定，文武百官却在你一言、我一语！有不接受诛杀诏书的，应军法从事。”然而，大家仍议论纷纷，直到太阳西下，不能做出结论。

贾南风看张华等不肯屈服，恐怕事情发生变化，遂改变手段，建议撤销死刑，仅罢黜太子，成为平民，司马衷批准。于是，派国务院执行官（尚书）和郁等，“持节”（二级权力）前往太子宫，把太子贬作平民。司马遹遂改穿平民服装，叩拜诏书，步行走出太子宫承华门，然后乘上一辆破旧的牛车。贾南风命东武公司马澹，率武装部队护送司马遹，跟太子妃王女士，三个儿子：司马虨、司马臧、司马尚，一齐囚禁金墉城（洛阳城西北角离宫）。国务院总理（尚书令）王衍上书跟司马遹断绝姻亲关系，皇帝允许，太子妃王女士放声恸哭，辞别司马遹而回。于是，诛杀司马遹的娘亲谢玖跟司马虨的娘亲蒋俊。

四世纪

“八王之乱”在本世纪初叶结束，局势已不可收拾，“大分裂时代（三〇四—五八九）”来临。“大分裂时代”分前后两期，前期“五胡乱华十九国时代（三〇四—四三九）”，后期“南北朝时代（四三九—五八九）”。本世纪（四）是五胡乱华十九国世纪。

匈奴民族、鲜卑民族、羯民族、氐民族、羌民族，以及汉民族，英雄豪杰，纷纷起兵反抗八王之乱引起的混乱暴政。晋王朝两个皇帝被他们生擒之后诛杀。晋王朝政府只好退守到淮河之南，迁都建康（江苏省南京市），成为一个区域性的地方政府。中国全境陷于历史上从来没有过的大规模激烈内战，人命不如猪狗，使人落泪。

晋帝国

- “八王之乱”惨杀更烈。
- “大分裂时代”来临。
- 成汉建国。
- 汉赵建国。
- 晋惠帝司马衷被毒死。
- 石勒崛起。

- 罗马皇帝戴克里先辞职，退隐故乡萨罗那，帝座之争又起。
- 罗马驻不列颠军团司令君士坦都逝世，部将拥立他的儿子君士坦丁为帝，渡海入高卢，进军罗马城。

晋　永康　元年
（大都督赵廞太平元年）

1 春季，正月一日，晋王朝（首都洛阳〔河南省洛阳市东白马寺东〕）赦天下，改年号（永康）。

2 西戎保安司令部（西戎校尉）军政官（司马）阎缵，带着棺木，前往皇宫上书，认为："西汉王朝戾太子刘据，起兵背叛，抗拒皇命，进言的人仍认为罪状不过打一顿板子（参考前九一年、前九○年）。而今太子司马遹（音yù〔遇〕），受到责罚的时候，不敢有违礼的行为，他的过失，远轻于刘据。现在要做的是，为他慎重的选择师傅，再严加教诲，如果仍不能悔改，再摒弃不晚。”奏章呈上之后，没有下文。阎缵，是阎圃的孙儿（阎圃是张鲁的智囊，参考二〇一年）。

3 皇后贾南风命一个禁宫侍从宦官（黄门）向政府自首，自动招认打算跟太子司马遹，阴谋杀害皇帝。皇帝下诏，把禁宫侍从宦官（黄门）的口供笔录，送给部长级以上高级官员传阅；命东武公司马澹率武装部队一千人，押解司马遹前往许昌（河南省许昌市东）行宫囚禁；又命诉讼监察官（持书御史）刘振，“持节”（二级权力），严密看守；下令司马遹上道之日，任何官属，都不准送别。太子宫图书管理官（太子洗马）江统、潘滔，太子宫随从官（太子舍人）王敦、杜蕤（音ruí〔绥〕）、鲁瑶等，冒犯禁令，远到伊水（洛水在首都洛阳之南，伊水又在洛水之南），向司马遹哭泣送别。

京畿总卫戍司令（司隶校尉）满奋，逮捕江统等，分别羁押洛阳市监狱（河南狱）跟洛阳县监狱（洛阳狱）。羁押洛阳市监狱的，首都洛阳市长（河南尹）乐广，立即把他们全部释放；羁押洛阳县监狱的，仍继续囚禁。京畿总卫戍司令部纠察官（都官从事）孙琰劝贾谧（音mì〔密〕）说：“所以罢黜太子，放逐许昌，只因为他犯法有罪。太子宫官属冒犯禁令，送行告别，也是人情之常，如果加以重刑，消息传播四方，恐怕反而显示太子的德行深厚，岂不是反而为他宣传，不如宽恕！”贾谧遂命洛阳县长曹摅释放，乐广因之也没有受到处分。王敦，是王览的孙儿（王览是王祥的异母弟，参考二五六年十月）。曹摅，是曹肇的孙儿（曹肇受曹爽排斥事，参考二三八年十二月）。太子司马遹被押解到许昌（河南省许昌市东）后，写信给被迫离婚的太子妃王女士，细述被诬陷经过，但是岳父王衍不敢为他奏报申雪。

司马遹《致妻书》曰

我虽然愚昧顽劣，但全心全意，盼望改过向善，竭尽忠孝，并没有罪恶叛逆之念。虽然不是皇后（贾南风）亲生，但我侍奉皇后，如同亲母。自从被封太子，诏书令我约束行为，不准探望娘亲（谢玖）；然而广城君（贾南风的娘亲郭槐）逝世，我遂失去怜悯同情；空屋之中，每天只有呆坐。去年（二九九年）十二月，道文（司马遹儿子司马虨的乳名）患病，情势沉重，父子之情，深感哀怜，当时曾上书皇上（老爹司马衷），请求加给孩子一个封号，没有蒙恩准许，孩子病情更为恶化，我们为他祈求上天，去祸赐福，并没有一点邪恶主意。自从道文有病，皇后（贾南风）共派三次使节，前来探视，说："皇上叫你快去。"二十八日傍晚，更发下一函，封面上写："东宫开拆"，信笺上写："皇上想你。"遂即呈递奏章，请求进宫。二十九日一早，进宫晋见父皇；稍后，父皇命我晋见皇后，皇后左右侍女陈舞告诉说："皇后早上有点呕吐，身体不适。"教我到一间空房中坐候，一会工夫，皇后派陈舞告诉说："听说你上书陛下，替道文乞求王爵，所以没有批准，是遵守国家的体制。"这时，皇后在远处遥呼陈舞："昨天，不是教你送给太子美酒、红枣？"陈舞遂送来美酒三升、红枣一盘，命我全部吃下，我从来不饮酒，我向陈舞陈述我没有三升之量。皇后在远处遥呼说："你平常在皇上面前，还饮两杯，使人欢喜，现在怎么拒绝？父皇赐给你酒，是祝福道文的病好转。"我回禀皇后："陛下朝会的时间内，不敢推辞，但是从来没有一天之内，饮下三升。而且又没有早餐，恐怕无力承受，到现在还没有晋见殿下（贾南风），如果一口气饮下三升，可能神志不清。"陈舞又传话说："你真是忤逆不孝，教你饮酒，你不饮酒，难道酒中下了毒？"迫不得已，只好饮下二升，剩下一升，请求带回东宫（太子宫）再饮，然而仍然逼迫，终于全饮下肚。酒入胃肠，身热心躁，迷惘慌乱，身不由己。一会工夫，一个小宫女拿来一张信笺，说：“皇上教你抄写这份文件。”我惊疑的坐起来，看那张信笺，一张白纸之外，又有一张青纸，小宫女催促说：“陛下在那里等待。”另一宫女承福，送来纸笔，在一旁研墨，命立刻书写，急迫之间，没有再看内容，而初看之下，并看不出纸上用语有什么不妥，只因父母是骨肉至亲，毫不猜疑。事情经过如此，实在是受到陷害，请求昭雪。

4 正月十四日，皇孙司马虨逝世。

5 三月，尉氏（河南省尉氏县）降雨，色红如血。南方天际，发现彗星。金星（太白星）白昼出现；中台二星忽然分开（古天文学家称：彗星出，战火起，国君丧。金星昼出，跟太阳争明，女主当权。中台星位置移动，君臣冲突）。最高监察长（司空）张华的幼子张韪（音wěi〔伟〕）劝老爹张华辞职，张华不接受，说：“天象幽暗遥远，高深莫测，不如静观发展。”

6 太子司马遹被罢黜后，全国人心，一片怨恨愤怒。皇城保安部队右卫司令（右卫督）司马雅、近卫司令（常从督）许超，都曾在太子宫任职，跟宫廷警卫官（殿中中郎）士猗等，阴谋罢黜皇后贾南风，扶立太子司马遹复位。因张华、裴頠安于常态，只知道保全官位，不可能领导震撼天下的大事。认为右军将军赵王司马伦，这时掌握军权，性情贪婪，可以借他的手，达到目的，于是向司马伦的亲信孙秀建议：“皇后（贾南风）凶恶嫉妒，行事邪恶，跟贾谧等共同诬害太子。而今，皇帝没有合法的继承人，国家势如累卵，高级官员中，将有人起事。而赵王（司马伦）事奉皇后（贾南风），天下皆知，又跟贾谧、郭彰亲善友好，太子（司马遹）之被罢黜，人们都认为赵王（司马伦）也曾经参与，一旦发生变化，大祸一定波及，为什么不自己安排，先行动手？”孙秀承诺，报告司马伦，司马伦接受，告诉立法院初级助理官（通事令史）张林（黑山变民集团首领张燕〔褚飞燕〕的曾孙〔张燕，参考一八五年二月〕）跟国务院秘书（省事）张衡等，命他们作为内应。

政变就要发动，孙秀告诉司马伦说：“太子（司马遹）聪明而性情刚猛，如果返回东宫（太子宫），恐怕不会接受别人的控制。明公（司马伦）一向是皇后（贾南风）的亲信党羽，关系亲密，连路上行人都知道。现在虽然为太子（司马遹）建立大功，太子（司马遹）可能认为你受到人民的压力，翻云覆雨，只不过为自己脱祸罢了。即令克制对你的忿恨，但对你也绝不会有感恩报德之情。万一有小的差错，恐怕难逃诛杀。不如稍稍向后延期，依我的观察，皇后（贾南风）终于要害死太子（司马遹）。到那时候，你再号召起事，罢黜皇后（贾南风），为太子（司马遹）报仇。这不仅仅是免掉灾难而已，更可以达到掌握大权的目的。”司马伦同意。

孙秀遂用反间计，散布谣言说：金殿禁卫军打算罢黜皇后贾南风，迎接太子（司马遹）复位。贾南风不断派出宫女，改穿平民服装，到民间打探消息，听到这项传闻后，十分恐惧。司马伦、孙秀乘机建议贾谧等，早日除掉司马遹，根绝人民的盼望。

三月二十二日，贾南风命情夫御医管理官（太医令）程据，配制毒药。以皇帝名义，命禁宫侍从宦官（黄门）孙虑，前往许昌（河南省许昌市东）毒杀司马遹。司马遹自放逐后，深恐受到谋害，常在床前自己煮饭。孙虑把来意告诉负责看守的诉讼监察官（持书御史）刘振，刘振遂把司马遹迁移到一个小院，断绝饮食，希望把他活活饿死，但宫女仍在暗中从墙上递进饭菜。孙虑不能等待，直接强迫司马遹服毒，司马遹不肯，孙虑遂用捣药的铁杵，把司马遹击毙（这是一件撼人心弦的谋杀，孙虑乘司马遹在洗手间时，突然闯入，用铁杵猛击司马遹，哀号之声，传到墙外）。主管单位请求以平民的身份埋葬司马遹，贾南风上书，请用广陵王的王礼安葬（司马遹未当太子前，封广陵王〔参考二八九年十一月〕。死年二十三岁）。

7 夏季，四月一日，日蚀。

8 赵王司马伦、孙秀，将发动政变，密邀宫廷右卫佽飞司令（佽飞督）闾和参加（佽飞，古代善于射箭的勇士，西汉王朝以来，作为卫士称号），闾和应许。定于四月三日夜三更，第一声鼓响时起事（在时钟还没有普及前，甚至二十世纪四〇年代，人们仍把一夜分为五段：二十一时至二十三时，称“初更”；二十三时至一时，称“二更”；一时至三时，称“三更”；三时至五时，称“四更”；五时起称“五更”，直到天亮。宫廷用滴漏或击鼓分辨，民间用敲锣的声音或两根木板相击的声音分辨。初更一声，二更二声，五更五声。打更人除了在深夜走遍大街小巷，为晚睡中乡民报时外，还等于安全巡逻，用“更声”向人传报平安信息），到时候，由闾和在宫中击鼓作为信号，外军即行攻击。事发的当天（四月三日），孙秀仍作最后努力，命司马雅秘密禀告张华，说：“赵王（司马伦）打算跟阁下共同拯救国家，为天下除害，教我向你报告。”张华拒绝。司马雅怒气冲冲说：“钢刀已砍到脖子上，你还和稀泥！”不理张华的挽留，站起来就走。

三更时候（午夜一时）已到，行动开始。司马伦把假的皇帝诏书，下达给京师“二卫”（皇城保安部队〔卫尉所辖〕及首都卫戍军〔卫将军所辖〕）所属皇城三区禁卫营（三部司马。即：前驱禁卫营、由基禁卫营、强弩禁卫营）：“皇后（贾南风）跟贾谧等，谋杀我的太子。今天，命车骑将军（司马伦）入宫，罢黜皇后。各将领应听从命令，事情完毕后，晋封关中侯，如果拒绝，诛杀三族。”大家遵从。司马伦再假传圣旨，打开宫门；武装部队在夜色掩护下入宫，御道之南布防。命翊军指挥官、齐王司马冏，率一百人，击破宫门，冲入后宫，华林园管理官（华林令）骆休在内接应，把皇帝司马衷迎奉到东堂。用诏书召见贾谧，贾谧来到殿前，发现事情有变，挣脱武士包围，狂奔到西厢之下，哀叫：“姨妈，救我！”武士追及，砍下人头。

贾南风突然看到齐王司马冏，大吃一惊，问说：“你来有什么事？”司马冏说：“奉到诏书，逮捕皇后。”贾南风说：“只有我才可以下诏书，你哪里来的诏书？”然后跑到楼上，向晋帝（二任惠帝）司马衷（本年四十二岁）遥遥呼喊：“陛下的妻子，被人废掉，你不久就会废掉自己！”当时，梁王司马彤也参与阴谋，贾南风问司马冏：“起事的是谁？”司马冏说：“梁王（司马彤）、赵王（司马伦）。”贾南风说：“拴狗当拴脖子，我却去拴尾巴，怎么会不到这种地步？”（后悔全副精力对付司马遹，不知大祸另有所在。）司马衷下诏，把贾南风贬作平民，羁押建始殿。逮捕赵粲、贾午等，交付宫廷监狱（暴室），就在狱中诛杀。司马衷下诏国务院执行官（尚书）搜捕贾家班党羽；传唤总立法长（中书监）、高级咨询官（侍中）、禁宫咨询官（黄门侍郎）、八座（国务院八位高官，参考二八三年正月），乘夜在金銮宝殿集合。国务院（尚书）起初疑心诏书是假的，助理官（郎）师景用不封口的奏章，上书请求皇帝亲笔写下诏令；司马伦等斩师景，宣告全国。

司马伦跟孙秀密商夺取帝座，因之必须先扫除政府中有声望的官员，并且也借机报复私仇，遂逮捕张华、裴𬱟、解系、解结等（司马伦、孙秀跟各人结怨事，参考二九六年），到金殿审问。张华对立法院初级助理官（通事令史）张林说："你们打算谋害忠臣，是不是？"张林以皇帝名义质问："你身居宰相高位，太子被罢黜，不能死节，什么原因？"张华说："式乾殿上，我的言论，以及我所上的奏章，事实俱在，可以查考。"张林说："进谏不被接受，为什么不辞职？"张华回答不出。于是一律斩首，屠灭三族（张华年六十九岁，裴頠年三十四岁）。解结的女儿跟裴家有婚约，第二天（四月四日）就要结婚，裴家打算承认她已经结婚，救她一命，女儿说："一家人都成这个样子，我为什么独活？"拒绝营救，也被斩首。因此，在稍后，政府修正传统刑法，女儿不再连坐（古代女子以结婚后的夫族为所属之家族，参考二五五年闰正月）。

四月四日（天亮之后），司马伦亲自坐镇端门（皇宫正南门），派国务院执行官（尚书）和郁，"持节"（二级权力），押送贾南风到金墉城（洛阳城西北角离宫）；又斩刘振、董猛、孙虑、程据等。宰相（司徒）王戎以及中外官员，受牵连被指控为张华、裴頠亲党，罢黜免职的很多。阎缵抚着张华的尸体，恸哭说："我早劝你辞职，你硬是不肯，今天果然不能避免，只能归诸天意！"

司马伦下达皇帝诏书，赦天下。自己"使持节"（一级符节，权最重，平时可杀部长、州长）兼全国各军区总司令长官（都督中外诸军事）、相国、高级咨询官（侍中），完全依照司马懿、司马昭从前辅佐曹魏帝国皇帝前例。相国府直属部队一万人；命他的世子（王位合法继承人）散骑侍从官（散骑常侍）司马华，兼禁宫护卫执行官（冗从仆射）；其他儿子：司马馥当前将军，封济阳王；司马虔当禁宫咨询官（黄门郎），封汝阴王；司马诩当散骑顾问官（散骑侍郎），封霸城侯。孙秀等也都封大郡，同时掌握军权。文武百官封侯爵的有数千人之多，全听命司马伦。而司马伦一向昏庸愚劣，一切又全听命孙秀。孙秀当最高立法长（中书令），威势权力，震撼政府，天下人奔走孙秀之门，对司马伦反而并不理会。

9 晋帝司马衷下诏，恢复故太子司马遹的官位和尊贵绰号，派国务院执行官（尚书）和郁，率东宫（太子宫）旧有官属，前往许昌（河南省许昌市）迎接司马遹灵柩。追封司马遹的儿子司马虨当南阳王，封司马虨的弟弟司马臧当临淮王、司马尚当襄阳王。

有关单位奏称："国务院总理（尚书令）王衍，身负国家重任，而太子（司马遹）被诬陷时，王衍缩头缩尾，只求苟且偷生（指断绝姻亲关系，又不敢转奏司马遹的申辩书），请剥夺政治权利终身。"批准。

相国司马伦为了收买人心，尽量选拔海内知名的有品德的人士。任命前平阳郡（山西省临汾市）郡长李重、荥阳郡（河南省荥阳市）郡长荀组，分别担任左、右秘书长（左右长史）。任命东平国（山东省东平县西北）人王堪、沛国（安徽省淮北市）人刘谟，分别担任左、右军政官（左右司马）。任命国务院助理官（尚书郎）阳平郡（河北省大名县东北）人束皙，担任记录官（记室）。任命淮南王王府教育官（文学）荀崧、宫廷事务助理官（殿中郎，尚书省三十五郎之一）陆机，当军事参议官（参军）。荀组，是荀勖的儿子（荀勖，参考二六二年）。荀崧，是荀彧的玄孙（荀彧，参考一九二年正月）。

李重知道司马伦有篡夺帝位的野心，遂以患病为理由，推辞不肯就职。司马伦不停逼迫，李重忧愁愤怒，竟真的生出病来，扶着手杖接受任命，数日之后，逝世。

10 四月七日，任命梁王司马肜当太宰（上三公之一），擢升左特级国务官（左光禄大夫）何劭当宰相（司徒），右特级国务官（右光禄大夫）

刘寔当最高监察长（司空）。

11 当初，太子司马遹被罢黜时，本来准备封皇弟淮南王司马允当皇太弟（帝位合法继承人），因有人反对，遂作罢论。正巧，赵王司马伦罢黜皇后贾南风，遂任命司马允当骠骑将军，开府仪同三司（宰相级），兼中央军事总监（中护军）。

12 四月九日，相国司马伦假传圣旨，派国务院执行官（尚书）刘弘，携带羼有黄金碎末的毒酒（金屑苦酒），到金墉城（洛阳城西北角离宫）强迫贾南风喝下，贾南风遂死（年四十四岁）。

13 五月九日，皇帝下诏，封临淮王司马臧当皇太孙，命太子妃王女士返回太子宫（去年〔二九九年〕十二月王衍奏准离婚），以嫡母身份抚养他。太子宫原有官属，全都转任太孙宫。相国司马伦代理太孙太傅（太孙三师之二）。

14 五月十九日，定故太子司马遹绰号愍怀太子。

六月十三日，把司马遹安葬在显平陵（今地不详）。

15 清河王（康王）司马遐（皇帝司马衷老弟）逝世。

16 中央军事总监（中护军）淮南王司马允，性情稳重，宫廷禁卫将士，对他都敬畏佩服。司马允看出相国司马伦跟孙秀，野心勃勃，于是，秘密集结可以同生共死的武士，打算对付。司马伦、孙秀深感恐惧。

秋季，八月，晋帝司马衷下诏：擢升司马允当全国武装部队总司令（太尉）。外表看起来特别优待，实际上是把他架空，剥夺军权。司马允宣称有病，不肯到职。孙秀派监察官（御史）刘机，强迫司马允交出印信，并逮捕司马允的官属，上书弹劾司马允抗拒诏令，犯“大逆不敬”之罪。司马允拿起诏书过目，发现竟然是孙秀笔迹，不禁大怒，囚禁刘机，将行诛杀，刘机觑空溜掉，于是司马允斩刘机初级助理（令史）二人，对左右咆哮说：“赵王（司马伦）要摧毁我家！”遂率淮南兵团（封国军队）及司令部卫士七百人，冲出大门，大声呼叫：“赵王（司马伦）谋反，我要讨伐叛乱，听我的跟我来！”一时集结很多人。司马允将入皇宫，国务院左秘书长（尚书左丞）王舆，关闭左右旁门，司马允不能进入，遂包围相国府。司马允部队精悍善战，相国府卫队屡战屡败，死亡一千余人，势不能支持。而太孙宫左翼卫队长（左率）陈徽，率东宫（太孙宫）卫队，在相国府内擂动战鼓，高声呐喊，声援司马允（时司马伦把东宫当作相国府），司马允在承华门（太孙宫东门）前布置阵地，万箭齐发，如倾盆大雨，直射司马伦住处。文书官（主书司马）眭秘（眭，姓，音suī〔虽〕），用身体遮蔽司马伦，背部中箭死亡。司马伦官属都躲在大树之后，每棵树都被射中数百箭。

攻防战自早上六时僵持到下午二时，最高立法长（中书令）陈准，是陈徽的老哥，打算响应司马允，报告晋帝司马衷说：“应该用白虎幡，使他们解斗。”（“白虎幡”用以督战，此时应用“驺虞幡”才对。胡三省原注：“司马衷白痴，陈准打算骗得白虎幡支援司马允，使司马伦军自行崩溃。”）遂命宫廷保安指挥官（司马督护）伏胤，率骑兵四百人，持白虎幡出宫。而司马伦的儿子、高级咨询官（侍中）、汝阴王司马虔，正在“门下”（咨询署〔侍中省〕及顾问署〔散骑省〕），跟伏胤秘密盟誓说：“荣华富贵，你我同享！”伏胤遂身怀一份空白诏书出宫，宣称：“皇帝有诏，协助淮南王（司马允）作战。”司马允毫不提防，大开营门迎接，下车拜受诏书，伏胤手起刀落，斩司马允（年二十九岁），并斩司马允的儿子秦王司马郁、汉王司马迪。受司马允牵连灭族的有数千人。事后，皇帝下诏赦首都洛阳。

17 最初，孙秀当一个低级雇员，服侍禁宫咨询官（黄门郎）潘岳，潘岳屡次鞭打孙秀（潘岳的老爹潘芘当琅邪国〔山东省临沂市〕郡长〔内史〕，潘岳仗恃老爹的权势，对孙秀屡次殴打，殴打倒地后，还用脚猛踢，把孙秀当成犬马）。皇城保安司令（卫尉）石崇的外甥欧阳建，一向跟相国司马伦有仇（欧阳建弹劾司马伦事，参考二九六年）。石崇有一位最心爱的小老婆，名梁绿珠（广西博白县双角山下，有绿珠井。梁家女儿绿珠，美丽盖世。石崇曾出使交州〔州政府设龙编，越南河内市东北北宁省〕，用珍珠三斛，买梁绿珠而回。井在梁家庭院，传说：凡饮井水的，一定生下美女。后来乡里人士发现美女并没有好处，遂用石块把井填平）。孙秀派人索取梁绿珠，石崇拒绝。

等到淮南王司马允失败，孙秀乘机扩大打击面，指控石崇、潘岳、欧阳建，拥戴司马允为主，共同叛乱。于是，全体逮捕（石崇正在楼上欢宴，军队抵达大门时，石崇对梁绿珠说：“我为了你，犯下大罪。”梁绿珠哭泣说：“我当死在你之前。”跳楼丧生）。石崇叹息说：“那些奴才，只是贪图我的家产！”逮捕他的军官说：“既知道财富是祸根，为什么不早散掉它？”石崇不能回答（石崇任荆州〔湖北省及湖南省〕州长〔刺史〕时，时常抢劫来往旅客商贩，又杀人灭口，财产遂上比王侯）。

最初，潘岳的娘亲，总是讥诮呵责他的儿子：“你应该知道满足，为什么搜括没有止境？”等到被捕，潘岳向娘亲忏悔说：“辜负阿母。”遂跟石崇（年五十二岁）、欧阳建，全族被屠，石崇家产全部没收（潘岳的娘亲、潘岳的老哥执法监察官〔侍御史〕潘释、老弟燕县〔河南省延津县东北〕县长潘豹、宰相府秘书〔司徒椽〕潘据、潘据的老弟潘诜，以及他们的儿子，甚至已出嫁的女儿，不论男女老少，全体诛杀。只有潘释的儿子潘伯武，逃亡在外。潘豹的女儿，跟娘亲拥抱哭号，行刑队怎么拉都拉不开，这时候恰恰赦令颁布，也逃一死。当初潘岳殴打一个下贱的小吏，认为他绝没有反击力量，怎会想到竟有如是之酷的回报！怨毒于人，深入骨髓）。

相国司马伦，逮捕淮南王司马允同一个娘亲的老弟吴王司马晏，打算诛杀。特级国务官（光禄大夫）傅祗，在金銮宝殿上，据理力争，大家一齐劝阻；司马伦遂把司马晏贬为宾徒县王。

18 齐王司马冏，因功擢升到游击将军（第四品）；司马冏大不满意，愤恨之情，形于脸色。孙秀察觉，而且畏惧他留在京师（首都洛阳）的危险性，遂再擢升司马冏当平东将军，派出镇守许昌（河南省许昌市东）。

19 擢升特级国务官（光禄大夫）陈准当全国武装部队总司令（太尉），主管政府机要（录尚书事）。不久，逝世。

20 孙秀提议，皇帝应赏赐司马伦“九锡”（即“九赐”，参考四年）。文武百官没有一人表示反对。国务院文官部长（吏部尚书）刘颂说：“从前，东汉王朝把‘九锡’赏赐给曹家，曹魏帝国把‘九锡’赏赐给晋王朝，都是一时的过渡措施，并不是国家正常的制度。周勃、霍光，功业都十分盛大（指罢黜皇帝，另立新君），可是从没有听说他们受到‘九锡’的赏赐（二人事，参考前一八〇年、前七四年）。”立法院初级助理官（通事令史）张林，对刘颂的新怨旧恨，一齐爆发，认为刘颂是张华的同党，打算斩刘颂。孙秀说：“诛杀张华、裴頠，已伤害了大家对我们的信心，不可以再诛杀刘颂。”张林才罢手。遂调任刘颂当特级国务官（光禄大夫）。于是，皇帝下诏，赏赐司马伦“九锡”，擢升司马伦的儿子司马华当抚军将军，司马虔当中央禁军总监（中军将军），司马诩当高级咨询官（侍中）。又擢升孙秀当高级咨询官（侍中）、辅国将军、相国府军政官（相国司马），仍兼任太孙宫右翼卫队长（右率）。张林等也同时居于显要高位。相国府直属部队增加到二万人，数目跟皇宫禁卫军相等。如果加上没有公开的隐秘部队，数目超过三万人。

九月，取消宰相（司徒），改称丞相；命梁王司马肜担任，司马肜坚不接受。

司马伦跟他的儿子们，顽劣愚昧，没有见识。唯一的智囊孙秀，狡猾多端，贪财淫乱；在一起共事的，不过一群邪恶的马屁精，只知道追求眼前荣华富贵，没有深远的谋略，而各人又只为各人打算，互相嫉妒憎恨，乱成一团。孙秀的儿子孙会，当射击兵团指挥官（射声校尉，第四品），身材短小，容貌丑陋，连最卑贱奴仆的长相，都比他好。孙秀通过司马伦，使孙会娶皇帝司马衷的女儿河东公主（孙会本年二十岁，正跟一群富家子弟在洛阳西城买马，民间忽然听到公主下嫁给孙会消息，大为震惊）。

21 冬季，十一月七日，晋帝司马衷娶羊献容当皇后，赦天下。

羊献容，是国务院助理官（尚书郎）泰山郡（山东省泰安市东）人羊玄之的女儿，外祖父是平南将军、乐安国（山东省邹平市东长山镇）人孙旂。孙旂跟孙秀感情至好，所以孙秀从中做主，选中羊献容。擢升羊玄之当特级国务官（光禄大夫），“特进”（朝会时位置仅次三公）兼散骑侍从官（散骑常侍），封兴晋侯。

22 皇帝下诏，征调益州（四川省中南部及云南省）州长（刺史）赵廞（音xīn〔欣〕），返京（首都洛阳）当皇后宫总管（大长秋）；擢升成都国（四川省成都市）郡长（内史）、中山国（河北省定州市）人耿滕，继任益州州长（刺史）。赵廞，是皇后贾南风的亲戚，接到征召返京的诏书，十分恐慌。而且，眼看晋王朝已经衰乱，心里也正打算盘踞蜀中（四川省），创立一番事业。遂发放仓库所有储存的粮食，赈济流亡难民，用心收买人心。秦州（甘肃省南部）难民首领李特兄弟，勇敢而有才能，而李特兄弟祖籍又是巴西郡（四川省阆中市）人（李特部众由巴西而汉中，由汉中而略阳，由略阳而折回祖居地，参考二九八年），跟赵廞同郡。赵廞遂特别优待李特，作为自己强有力的党羽。李特等也仗恃赵廞的势力，集结群众，四处抢劫，蜀中（四川省）原居民深为痛恨忧虑。耿滕几次秘密奏报中央，说：“流亡的难民，刚愎强悍，而蜀中（四川省）原居民软弱；主人如果不能约束宾客，一定发生变乱，应命令难民返回他们原居留地（略阳郡〔甘肃省天水市东〕、天水郡〔甘肃省甘谷县〕等六郡）。如果使他们长久逗留在有险要可以据守的地方，恐怕秦州（甘肃省南部）、雍州（陕西省中部）的灾祸，会蔓延到梁州（四川省东北部及陕西省南部）、益州（四川省中南部及云南省）。”赵廞得到消息，顿起杀机。

益州州政府接到耿滕继任州长（刺史）的诏书，派出文武官员及武装部队共一千余人，迎接耿滕。当时，成都国政府在成都少城，益州州政府在成都太城（二城相连，都在成都城中，东是太城，西是少城。太城是成都子城，少城今已成少城公园）。赵廞仍留在太城，没有离开。耿滕打算进太城接管州政府。人事官（功曹）陈恂劝阻说：“现在，州和郡之间，怨仇已深，一进太城，必有大祸。你不如仍留少城，观察变化（看赵廞下一步做什么）。一面传令各县，使各村落严密组织起来，用以防备秦氏难民的攻击（李特本是巴氐〔巴西郡氐人〕，但因来自秦州〔甘肃省南部〕，所以也称为秦氐）。西夷保安司令（西夷校尉）陈总，不久就要抵达（西夷保安司令部设汶山〔四川省茂县〕），应该等他，不然的话，我们不妨撤退到犍为郡（四川省眉山市彭山区），向西渡过江源（四川省崇州市东南），以防备非常事变。”耿滕不接受。当天，耿滕率领文武官员及部队进入太城。赵廞派军迎击，在太城西门混战，耿滕兵败，被杀，郡政府官员四散逃生。只剩下陈恂，反绑双手，晋见赵廞，请求发还耿滕尸首安葬；赵廞嘉勉他的义气，允许。

赵廞又派军迎击西上的西夷保安司令（西夷校尉）陈总，陈总已抵达江阳郡（四川省泸州市），听到赵廞行将叛变的消息。主任秘书（主簿）蜀郡（即成都国，四川省成都市）人赵模说：“州郡冲突，一定激起巨变，应该火速进军。等你接任之后，手握强兵，协助政府官员，讨伐叛逆，谁敢乱动！”陈总不但不接受，反而一路走走停停。等到抵达南安县（四川省乐山市）鱼涪津（青衣江渡口），前锋已跟赵廞军接触。赵模向陈总建议：“拿出金银财宝，招募壮士，抵抗叛徒。如果能击败州政府的部队，就可夺回益州；如果不能战胜，我们就顺着长江向后撤退，毫无危险。”陈总说：“赵廞深恨耿滕，才把他杀掉，跟我之间，有什么纠葛，何必这样？”赵模说：“赵廞已经起兵，一定会用你的人头，建立他的声威。你虽然不作战，也不能自保。”言到痛切处，声泪俱下，但陈总不听。于是，部众霎时崩溃。陈总逃到草丛中躲藏，赵模换穿陈总的官服，挺身格斗，被杀。赵廞军检查尸体，发现不是陈总，展开地毯式搜索；终于找到陈总，斩首。

赵廞遂宣布自己是总司令官（大都督）、最高统帅（大将军）、益州（州政府设成都）全权州长（牧），设立官署，选派僚属，撤换郡长县长（并改本年年号“太平元年”）。晋王朝政府任命的官员，奉到赵廞征召，没有一个人敢拒绝不往。

秦州难民首领李特的老弟李庠，率妹夫李含、天水郡（甘肃省甘谷县）人任回、上官晶、扶风郡（陕西省眉县）人李攀，始平国（陕西省兴平市）人费他、氐人苻成、隗伯等，四千骑兵部队，归降赵廞。赵廞任命李庠当威寇将军，封阳泉亭侯，当作心腹；命他招募集结秦州（甘肃省南部）六郡逃亡难民中的勇士，多达一万余人，在北部布防，切断南下的道路。

三〇一年 辛酉

晋　永康　二年
　　建始　元年
　　永宁　元年
（大都督赵廞太平二年）

1 春季，正月，晋王朝（首都洛阳〔河南省洛阳市东白马寺东〕）政府任命散骑侍从官（散骑常侍）安定郡（甘肃省镇原县东南屯字镇）人张轨，当凉州（甘肃省中部西部）州长（刺史）。张轨因为国家多难，暗中有盘踞河西（甘肃省中部西部，河西走廊）的计划，所以请求派到凉州（州政府设姑臧〔甘肃省武威市〕）。当时，州境之内，盗贼匪寇，遍地都是；而鲜卑部落（指河西鲜卑，散布在今内蒙古西部及甘肃省中西部境内），更不断侵扰。张轨到任之后，用宋配、氾瑗（氾，姓。音fàn〔范〕）当自己的智囊，把盗匪以及鲜卑部落，全部击破，声威震撼西土（甘肃省）。

2 相国司马伦篡夺帝位。

司马伦跟高级咨询官（侍中）孙秀，命营门官（牙门）赵奉，宣称梦见司马懿（宣帝）传话："司马伦应早日入主皇宫（司马伦是司马懿的儿子、皇帝司马衷的叔祖父）。"散骑侍从官（散骑常侍）、义阳王司马威，是司马望的孙儿，一向谄媚司马伦；司马伦命司马威兼任高级咨询官（侍中），负责夺取晋帝（二任惠帝）司马衷（本年四十三岁）的玉玺，并撰写禅让诏书。又命国务院总理（尚书令）满奋，"持节"（二级权力），代表皇帝把玉玺呈献给司马伦，正式让出宝座。首都西区卫戍司令（右卫将军）王舆、前军将军司马雅等，率武装部队进入金銮宝殿，向皇城三区禁卫营（三部司马）宣布禅让经过，并明确表示如何赏罚，没有人反抗。张林等率军驻防宫城各门。

正月九日，司马伦乘坐皇帝专用的车队（法驾）入宫，正式登极（三任帝），赦天下，改年号建始（之前是永康二年，之后是建始元年）。被罢黜的二任帝司马衷，从华林园西门出宫，居住金墉城（洛阳城西北角离宫），司马伦派张衡率军看守。

正月十日，司马伦尊称司马衷为太上皇，改金墉城为永昌宫，罢黜皇太孙司马臧，改封濮阳王。擢升世子司马华当皇太子，改封其他儿子：司马馥当京兆王、司马虔当广平王、司马诩当霸城王，全被任命为高级咨询官（侍中），并掌握军权。又任命梁王司马肜当"宰衡"（合"太宰"与"阿衡"，位更高过太宰、相国），何劭当太宰（上三公之一），孙秀当高级咨询官（侍中）、总立法长（中书监）、骠骑将军、仪同三司（宰相级），义阳王司马威当最高立法长（中书令），张林当首都卫戍司令（卫将军）。其他党羽，都当高级官员，超越官阶和超越官位升迁的，数都数不完。甚至最卑微的奴仆士兵，都享有爵位。每天金銮宝殿上朝会时，帽上绣着蝉形图案，帽侧挂着貂尾的高级亲信官员，黑压压坐满座位（原文：“貂蝉盈座。”貂，音diāo〔刁〕。古代皇帝对特准进宫的亲信官员，在冠帽上绣一蝉形图案，并在帽侧悬挂一条貂尾，高级咨询官〔侍中〕在左侧，散骑侍从官〔散骑常侍〕在右侧）。当时人们有句谚语说：“貂尾不够，狗尾代替。”（当时，高级咨询官〔侍中〕及散骑侍从官〔散骑常侍〕，共九十七人。）

本年（三○一），各州郡所保荐的“贤良”“秀才”“孝廉”，一律免除考试，全体录用。各郡各封国雇员及国立大学学生，超过十六岁的，全体委任官职。大赦令颁布之日，仍在岗位上的郡长、县长，全体晋封侯爵。郡政府主任秘书（纲纪）全体入选“孝廉”，县政府主任秘书（纲纪）全体入选“廉吏”。政府仓库储存，不能供应庞大的赏赐。封侯爵的人数太多，来不及铸造印信，就发给他们一张空白诏书，教他们自己填写。

最初，平南将军孙旂（时驻襄阳〔湖北省襄阳市〕）的儿子孙弼，侄儿孙髦、孙辅、孙琰，逢迎攀附，走孙秀的路线，跟孙秀家合成一族，所以，不到一月时间，每人都登上明显的高位。等到司马伦称帝，四位子侄，全晋升将军，封郡侯；擢升孙旂当车骑将军（一级上将），开府（开府仪同三司）。孙旂认为子侄们接受司马伦的官爵，超过正常制度，一定会为家族招来大祸；派幼子孙回，去责备他们，孙弼等不接受，孙旂无法制止，只有痛哭而已。

3 正月十七日，诛杀濮阳王（哀王）司马臧（生在帝王之家，身不由主，父子先后毙命）。

4 总立法长（中书监）孙秀，完全控制中央政府，皇帝司马伦所颁布的诏书，孙秀认为不合适时，经常更改，或者把司马伦的诏书作废，自己在诏书专用的青纸上，另写诏书。有时候，早上颁布的命令，晚上就加以更改，文武官员职位，变动之快，好像流水。首都卫戍司令（卫将军）张林，跟孙秀结怨已久，而又不满足赏赐，埋怨自己没有享到“开府仪同三司”（宰相级），遂写密函给太子司马华，说：“孙秀独断专行，违反大家愿望，不得民心。而所谓的功臣，不过一群无赖小人，扰乱政府，应该全部诛杀。”司马华把密函呈送给老爹司马伦，司马伦拿给孙秀过目，孙秀建议逮捕张林。司马伦遂斩张林，屠灭三族。

孙秀认为齐王司马冏、成都王司马颖、河间王司马颙，每人都拥有强大的军队，独当一面（司马冏镇守许昌〔河南省许昌市东〕、司马颖镇守邺城〔河北省临漳县邺城镇〕、司马颙镇守长安〔陕西省西安市〕），心中不安，十分厌恶，遂派自己的亲信党羽，当三位王爷的助理官员。一面擢升司马冏当镇东大将军，司马颖当征北大将军，都开府仪同三司（宰相级），作为对他们的安抚。

5 益州（四川省中南部及云南省）局势续有变化，秦州（甘肃省南部）难民首领李庠，骁勇善战，深受部众爱戴。已经脱离中央的总司令官（大都督）赵廞，对他渐渐猜忌，但一直闷在心里。州政府秘书长（长史）蜀郡（四川省成都市）人杜淑、军政官（司马）张粲，建议赵廞，说：“将军刚刚起兵，就不假思索，委任李庠在外掌握重兵。不是我们一类的人，心理一定不同。这是把刀柄送到别人手里的措施，应该早日把他除掉。”

正巧，李庠奉劝赵廞登极当皇帝。杜淑、张粲建议抓住这个口实行动。赵廞遂指控李庠“大逆不道”，斩李庠，并屠杀他的儿子及侄儿十余人。这时，李庠的老哥李特、老弟李流，都率军驻屯成都城外，赵廞派人宣慰安抚，说：“李庠说出他不应该说出的话，罪状应该处死，但再大的罪，不会牵连到兄弟。”仍任命李特、李流当司令、将军。李特、李流自不接受这项说辞，对赵廞深为怨恨，率军回到绵竹（四川省德阳市北黄许镇）。

赵廞的营门官（牙门将）涪陵郡（贵州省沿河县西北）人许弇（音yǎn〔眼〕），要求当巴东郡（重庆市奉节县东）监军官（监军），杜淑、张粲坚决反对；许弇怒火上冲，就在赵廞面前，抽刀击斩杜淑、张粲。杜淑、张粲左右部属，再击斩许弇。这三个人都是赵廞的智囊，一天之内全死，赵廞势力遂告衰退。

赵廞派新任秘书长（长史）犍为郡（四川省眉山市彭山区）人费远、蜀郡（四川省成都市）郡长李苾、大营指挥官（督护）常俊，率一万余人，出发北方阻断道路，驻防绵竹（四川省德阳市北黄许镇）石亭水（德阳市西南石亭江）。李特秘密集结七千余人，乘夜袭击费远大营，纵火焚烧，费远军被杀十分之八九。李特遂进攻成都；费远、李苾，以及参谋主任（军咨祭酒）张微，半夜砍开城门逃亡，文武官员霎时尽散，只剩下赵廞一人，惊恐中带着妻子儿女，登上小船，逃到广都（四川省成都市双流区），被他的部下诛杀。

李特进入成都，放纵部众，大肆抢劫。一面派人到京师（首都洛阳）陈述赵廞罪行。

最初，梁州（州政府设南郑〔陕西省汉中市〕）州长（刺史）罗尚，听到赵廞叛变消息，上书中央说：“赵廞不是英雄材料，巴蜀（四川省）人心不服，败亡指日可待。”皇帝下诏任命罗尚当平西将军，兼益州州长（刺史）。罗尚遂率营门官（牙门将）王敦、蜀郡（四川省成都市）郡长徐俭、广汉郡（四川省射洪市南沱牌镇）郡长辛冉等，武装部队七千余人，进入巴蜀（四川省）。李特听说罗尚大军将到，大为恐惧，派他的老弟李骧在道路旁边恭迎，呈献珍贵宝物，罗尚大为高兴，任命李骧当骑兵司令（骑督）。李特、李流，更在绵竹（四川省德阳市北黄许镇）准备丰盛的牛肉、美酒，慰劳罗尚的军队。王敦、辛冉劝罗尚说："李特等专干盗匪勾当，最好是在他晋见你时，当场诛杀。不然，定有后患。"罗尚不同意。辛冉跟李特原是老朋友，对李特说："老朋友再见重逢，不是吉，就是凶！"李特惊恐不安。

三月，罗尚抵达成都（益州州政府所在县，四川省成都市）。汶山郡（四川省茂县）羌人部落起兵，罗尚派王敦讨伐，羌部落斩王敦。

6 齐王司马冏准备用武力讨伐篡夺帝位的司马伦，还没有发动，正巧，离狐（河南省濮阳市东南）人王盛、颍川郡（河南省许昌市东）人王处穆，在浊泽（河南省临颍县）招兵买马，集结部众，人民前往投靠的，每天都以一万为单位计算。司马伦任命他的部将管袭，当司马冏的参谋长（军司），管袭攻击，斩王盛、王处穆。司马冏立即逮捕管袭，处死。遂跟豫州（河南省东部）州长（刺史）何勖、龙骧将军董艾等起兵。派使节分别通知成都王司马颖、河间王司马颙、常山王司马乂，以及南翼警卫指挥官（南中郎将）新野公司马歆，并通报全国四征四镇（四征：征南、征北、征东、征西将军。四镇：镇南、镇北、镇东、镇西将军），以及各州、各郡、各县、各封国，宣布："逆贼孙秀，迷惑误导赵王（司马伦），当共同出兵讨伐，如有抗命，屠灭三族。"

使节抵达邺城（河北省临漳县邺城镇），成都王司马颖召见邺县（邺城）县长卢志，共商对策。卢志说："赵王（司马伦）篡夺帝座，地上人民和天上神祇，同感愤怒。殿下（司马颖）集结英雄贤能，顺从人民盼望，依仗大义，讨伐叛逆，人民用不着征召，都会加入战斗，卷

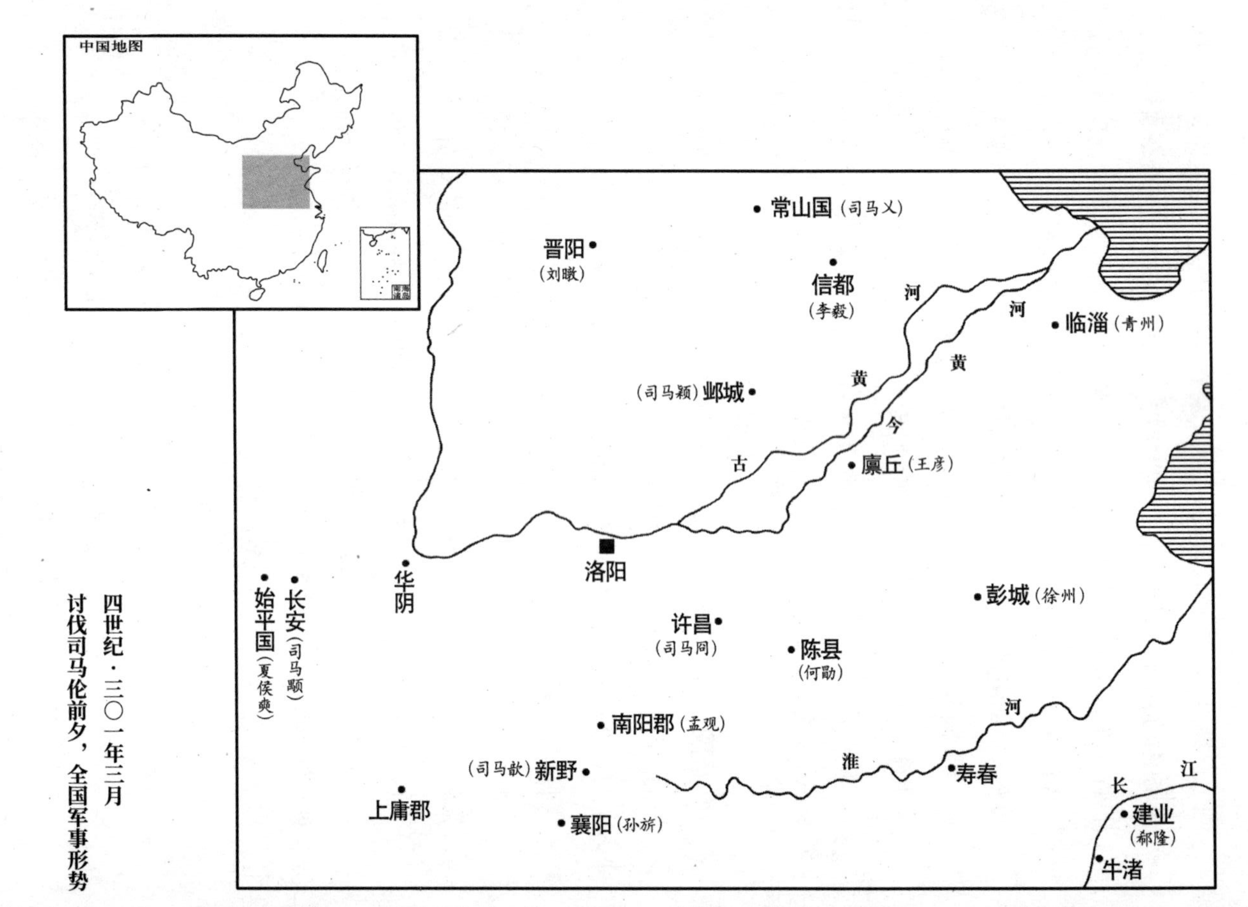

四世纪·三〇一年三月

讨伐司马伦前夕，全国军事形势

起袖子，高举手臂，奋勇争先，没有不可以克服的事。”司马颖同意。任命卢志当首席军事参议官（咨议参军），仍兼左秘书长（左长史）。卢志，是卢毓的孙儿（卢毓事，参考二三七年）。司马颖再任命兖州（山东省西部）州长（刺史）王彦、冀州（河北省中部南部）州长（刺史）李毅、大营指挥官（督护）赵骧、石超等当前锋。消息传出，远近响应。军队到了朝歌（河南省淇县），部众已达二十余万。石超，是石苞的孙儿（石苞事，参考二六八年九月）。

常山王司马乂，在他的封国（常山国，河北省正定县），跟太原国（山西省太原市）郡长（内史）刘暾，各率军队南下，作司马颖成都兵团的后援。

新野公司马歆，接到司马冏的文告后，不知道如何决定，亲信王绥说：“赵王（司马伦）血缘最亲，而且强大；齐王（司马冏）血缘疏远，而又微弱，你应该拥护皇上（司马伦）。”（司马伦是司马歆的亲叔父，司马冏则是司马歆的堂侄。）军事参议官（参军）孙询在大庭广众中公开质问：“司马伦是一个凶恶的叛逆，天下人应当联合起来把他诛杀，谈什么亲疏强弱？”司马歆才决定响应司马冏。

前安西将军府军事参议官（安西参军）夏侯奭，在始平国（陕西省兴平市）集结数千人，响应司马冏，派人邀请河间王司马颙同举义兵。司马颙接受秘书长（长史）李含的建议，命振武将军河间国（河北省献县）人张方，出军攻击，生擒夏侯奭跟他的党羽，腰斩。不久，司马冏文告送到，司马颙逮捕司马冏的使节，用囚车送往中央，派张方率军东下，支援皇帝司马伦。张方抵达华阴（陕西省华阴市），司马颙得到情报：司马冏、司马颖军力强大；于是，立即改变立场，召回张方，转为响应司马冏、司马颖。

司马冏文告传到扬州（州政府设建业〔江苏省南京市〕），州政府官员都打算响应。州长（刺史）郗隆，是郗虑的玄孙（郗虑，参考二〇八年八月），因为他的儿子和侄儿郗鉴，都在首都洛阳，恐怕受到屠杀，疑惧交集，不敢决定，召集全体官员共同磋商。主任秘书（主簿）淮南郡（安徽省寿县）人赵诱、前秀才虞潭，都说："赵王（司马伦）篡夺帝位，四海之内，无不痛恨，而今，勤王军四面八方起事，他一定失败。为阁下（郗隆）设计，亲自率领精锐部队，直指许昌（司马冏根据地，河南省许昌市东），是上策。派将领率军前往许昌会师，是中策。酌量派出象征性的军队，观看形势，哪一方面获胜，就帮助哪一方面，是下策。"散会后，郗隆跟总务官（别驾）顾彦秘密商量，顾彦说："赵诱等的下策，恰恰是上策！"人事官（治中）留宝、主任秘书（主簿）张褒、行政管理官（西曹）留承，得到消息，请求觐见郗隆，说："不知道你现在怎么决定？"郗隆说："我身受二位皇帝厚恩（二帝，指二任帝司马衷及三任帝司马伦），所以不偏不倚，对谁都不帮助，只求保全本州（扬州）。"留承说："晋王朝政权，是世祖（一任帝司马炎）创业。太上皇（司马衷）在位已久，今上皇帝（司马伦）篡夺到手，事理至不公平（帝位应传子孙，而司马伦是司马炎的叔父）。齐王（司马冏）顺应天心人事（司马冏是司马炎的侄儿），成功失败，显而易见。阁下如果不出军响应，推托搪塞，灾变会随时发生，本州怎保得住？"郗隆不回答。虞潭，是虞翻的孙儿（虞翻，参考一九六年八月）。郗隆把司马冏的文告，搁置六天，还不表明态度，将领们愤怒怨恨。军事参议官（参军）王邃（音suì〔岁〕）镇守石头城（建业城西北），将领们纷往投奔。郗隆派参谋官（从事）在牛渚（安徽省马鞍山市西南采石矶）拦截（牛渚更在石头城之西南，地理位置似误），但不能阻止。将领们遂奉王邃为主，攻击郗隆，斩郗隆父子跟顾彦，砍下人头，呈送给司马冏。

安南将军、沔北军区司令（监沔北诸军事）孟观（时驻宛县〔河南省南阳市]），夜观天象，发现代表皇帝的紫宫星，毫无变化。认为司马伦一定不会失败，遂决心固守。

晋帝（三任）司马伦、总立法长（中书监）孙秀，听到三位亲王起兵消息（三王：齐王司马冏、成都王司马颖、河间王司马颙），大为恐惧，遂伪造一份司马冏的奏章，说："不知道从什么地方来的盗匪，突然向我进攻，我力量有限，不能自保，请求派中央禁卫军援救，我只盼回到封国（齐国，山东省淄博市临淄区），接受死刑。"司马伦把这份伪造的奏章，正式公布。派上军将军孙辅、折冲将军李严，率军七千人出延寿关（河南省洛阳市偃师区东南）；征虏将军张泓、左军将军蔡璜、前军将军闾和，率军九千人出崿阪关（河南省登封市东南）；镇军将军司马雅、扬威将军莫原，率军八千人，出成皋关（河南省荥阳市西北汜水镇）；以上三路兵马，南下抵抗司马冏。又派孙秀的儿子孙会，统御将军士猗、许超，率中央禁卫军三万人，北上抵抗司马颖。征召东平王司马楙（司马孚的孙儿，司马颙的堂兄，皇家血统疏远），当首都卫戍司令（卫将军）、全国各军区总司令长官（都督诸军）。又派皇子京兆王司马馥、广平王司马虔，率军八千人，作为后援部队。

司马伦、孙秀，日夜祈祷上天，用种种诅咒、法术，压制敌人，祈求赐下福祉，又命巫法师选择作战的日子，又派人登上嵩山（河南省登封市北），身穿飞鸟羽毛编成的衣服，宣称：得到神仙姬乔写的书笺，指出司马伦帝位长久，用以迷惑人心（姬乔，又名姬晋，刘向《列仙传》称王子乔，是周王朝二十七任王〔灵王〕姬泄心的儿子，时当纪元前六世纪。姬乔好吹笙，口中能发出凤凰叫声，游逛伊水、洛水之间，一位名叫浮丘公的有道之士，把姬乔接上嵩山。三十年后，姬乔突然在山顶出现，对游客桓良说："告诉我的家人，七月七日，在缑氏山头〔河南省洛阳市偃师区东南〕等我。"届时，姬乔乘坐白鹤，从天际飞来，向家人挥手，再行飞走）。

7 闰三月一日，日蚀。从正月到闰三月，五星（金木水火土）于白昼穿过天际，纵横交错，失去正常秩序（太阳代表皇帝，诸星代表臣属）。

8 中央政府军征虏将军张泓，推进到阳翟（河南省禹州市），跟司马冏的齐兵团接触，击败齐兵团，齐兵团向后撤退。司马冏返抵颍阴（河南省许昌市）。

夏季，四月，张泓乘胜攻击，司马冏派军迎战。中央其他部队在旁袖手不动，而上军将军孙辅、徐建所统的部队，忽然发生夜惊（军中夜惊情形，参考一九二年五月），二人遂逃回首都洛阳，向皇帝司马伦自首说："齐王（司马冏）兵力强盛，勇不可当，张泓等已经阵亡。"司马伦惊恐失措，秘而不宣，只命皇子司马虔跟许超，急速回军保卫京师（首都洛阳）。正好张泓击败司马冏的捷报传到，司马伦遂再派司马虔返防。张泓率各路兵马，渡过颍水，向司马冏发动总攻。司马冏反击张泓的侧翼，负责侧翼的将领孙髦、司马谭等抵挡不住，张泓只好跟着撤退。孙秀诈称："已经击破齐兵团，生擒司马冏。"命文武百官向皇帝司马伦祝贺。

司马颖的成都兵团抵达黄桥（河南省淇县西南）。中央政府军孙会、士猗、许超迎击，成都兵团大败，死伤一万余人，全军震恐。司马颖准备退保朝歌（河南省淇县），首席军事参议官（咨议参军）卢志、兖州（山东省西部）州长（刺史）王彦劝阻说："我们军队出师不利，而敌人刚刚获胜，对我们有轻视之意，如果撤退，士气沮丧，恐怕再不能作战。何况，任何战争，都有胜有败，失利并不稀奇。不如挑选精锐，乘夜急行进军，兼程南下，出敌人意料之外，这才是军事上的奇计。"司马颖同意。司马伦对黄桥有功将士，颁发赏赐，孙会、士猗、许超，都分别"持节"，于是，谁都不听谁的命令，互相不服，

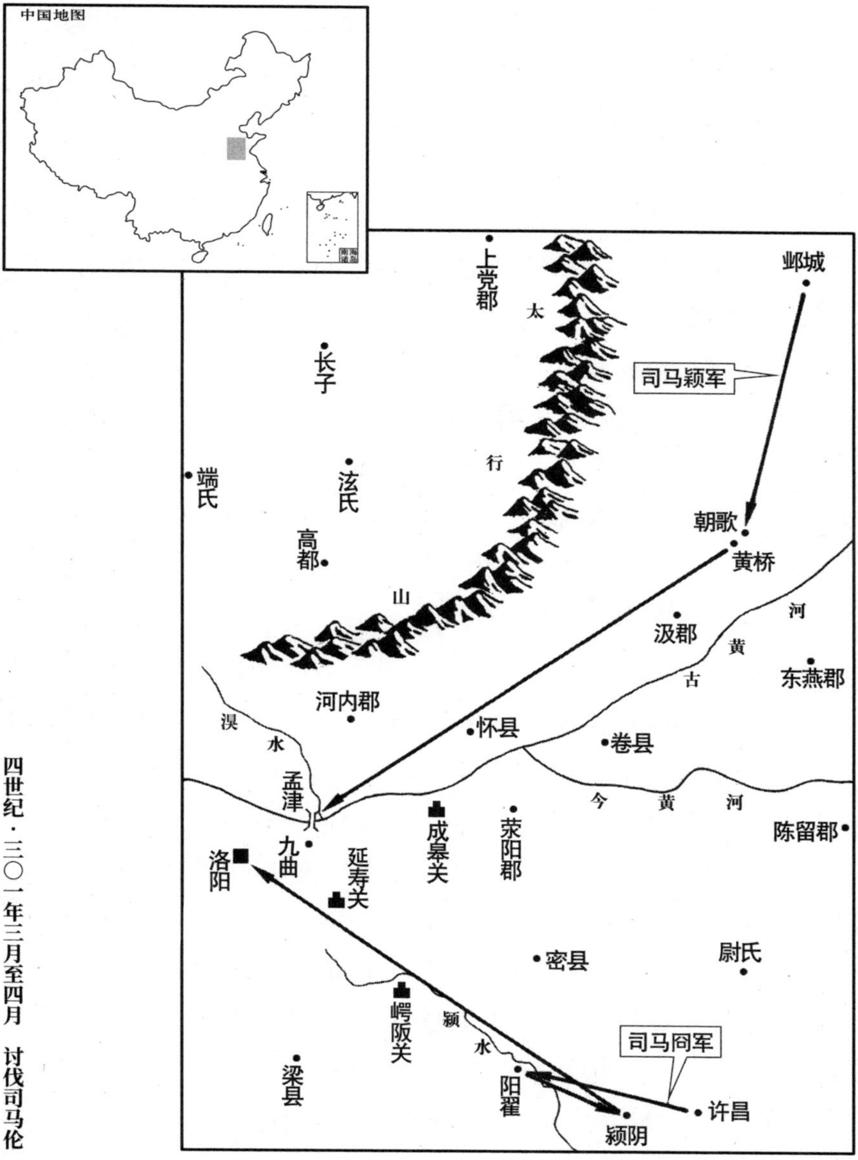

四世纪·三〇一年三月至四月　讨伐司马伦

中国地图
南海诸岛

上党郡
太
行
山
邺城
司马颖军
长子
端氏
泫氏
高都
朝歌
黄桥
汲郡
河
黄
古
东燕郡
河内郡
溴
水
怀县
卷县
孟津
今
黄
河
成皋关
荥阳郡
陈留郡
九曲
洛阳
延寿关
密县
尉氏
轘辕关
颍
水
司马冏军
梁县
阳翟
颍阴
许昌

军令紊乱，而且仗恃胜利，瞧不起已被击败的成都兵团，不作戒备。司马颖率军反攻，在湨水会战（湨，音ㄐㄩˊ〔菊〕。湨水，源出河南省济源市，流经孟州市，注入黄河），孙会等大溃，抛弃军队，向南逃亡。司马颖乘胜渡过黄河。

自从司马冏等起兵，中央政府文武百官，都打算乘机诛杀司马伦及孙秀，孙秀恐惧，不敢出立法院（中书省）一步，等到接获大军溃败消息，忧愁愤怒，不知道如何是好。孙会、许超、士猗等从黄河之北逃回，跟孙秀会商对策。有的主张集结残兵败将，作最后一战；有的主张纵火焚烧宫殿，诛杀不肯归附自己的人，然后挟持司马伦南下，投奔孙旂（时驻襄阳〔湖北省襄阳市〕）、孟观（时驻宛县〔河南省南阳市〕）；有的主张乘船舰东下，走入东海；议论纷纷，不能决定。

四月七日，首都东区卫戍司令（左卫将军）王舆，跟国务院执行官（尚书）广陵公司马漼，率所属部队七百余人，从南掖门（南侧门）进入皇宫，三区禁卫营（三部司马）在内响应，攻击立法院（中书省），逮捕孙秀、许超、士猗，一齐斩首，并诛杀孙奇、孙弼，以及前将军谢惔等。司马漼，是琅邪王司马伷的儿子。王舆驻军云龙门（皇宫南门），召集“八座”进殿（八座：国务院部长级以上八位官员，参考二八三年正月），命司马伦写下诏书：“我受到孙秀的误导，触怒三位亲王。而今孙秀已经伏诛，应该迎接太上皇（司马衷）复位，我将回到乡里，度过晚年。”派人传布这项诏书，并用“驺虞幡”命各路将领停止战斗。

禁宫侍从宦官（黄门）押解司马伦从华林园东门出宫，连同太子司马华，一齐送回洛阳汶阳里司马伦的私宅。另派武装部队数千人，到金墉城（洛阳城西北角离宫）迎接前任（二任惠帝）皇帝司马衷，人民夹道欢呼万岁。司马衷从端门（皇宫南门）入宫，升金銮宝殿（在顺序上，司马衷此时已是第四任帝），文武官员叩头请罪。司马衷下诏：逮捕司马伦、司马华，送金墉城。司马伦的儿子广平王司马虔，从黄河北回军，抵达九曲（河南省巩义市西南），得到政变消息，抛弃军队，率数十人奔回洛阳私宅。

四月九日，赦天下，改年号（之前是建始元年，之后是永宁元年）。特准全国人民大吃大喝五天，分别派出使节慰劳三位亲王（齐王司马冏、成都王司马颖、河间王司马颙）。梁王司马肜等上书说："赵王司马伦父子，凶恶叛逆，应该伏诛。"

四月十三日，中央政府派国务院执行官（尚书）袁敞，"持节"（二级权力），命司马伦自杀（司马伦被迫饮下金屑苦酒，羞愧难当，用手帕盖到脸上，连连叹息："孙秀害我，孙秀害我！""八王之乱"第三王结束，司马伦自去年〔三〇〇〕四月诛杀贾南风，到本年〔三〇一〕四月服毒，当权一年零一月）。逮捕司马伦的儿子司马华、司马馥、司马虔、司马诩，全部诛杀。文武百官，凡司马伦任用的，一律免职，国务院（尚书）、总监察署（御史台）、皇家礼宾署（谒者台。以上称"台"）；"门下"（咨询署〔侍中省〕及顾问署〔散骑省〕）、立法院（中书）、皇家图书馆（秘书。以上称"省"），以及三公府、皇城保安司令部（卫尉）、首都卫戍司令部（卫将军。以上称"二卫"），几乎全空，留下的官员绝无仅有。当天（四月十三日），成都王司马颖入城。

四月十五日，河间王司马颙抵达。司马颖派赵骧、石超，率军南下阳翟（河南省禹州市）协助齐王司马冏攻击张泓等，张泓等投降。自从起兵，混战六十余日，死亡将近十万人。遂把张衡、闾和、孙髦绑赴洛阳东街，斩首；蔡璜自杀。

五月，再诛杀义阳王司马威（司马威本来不会死，但新复位的皇帝司马衷，对他印象深刻，指控说："就是这个人逼我退位，夺取玉玺〔参考本年正月〕，把我的手指都弄伤了。"遂不得不死。这恐怕是司马衷自当皇帝以来，唯一的一项出于自己意志的命令）。襄阳郡（湖北省襄阳市）郡长宗岱，执行司马冏的命令，斩孙旂。

永饶（河南省南阳市南）矿务总监（冶令）空桐机（空桐，复姓）斩孟观。孙旂、孟观的人头都被送到首都洛阳，屠灭三族。

9 封襄阳王司马尚（故太子司马遹子）当皇太孙（帝位合法继承人）。

10 六月二日，齐王司马冏，率大军进入洛阳，在皇宫通章署前，举行检阅。战士数十万，威震京师（首都洛阳）。

11 六月十五日，赦天下。

12 恢复宾徒县王司马晏的吴王封爵（司马晏贬爵事，参考去年〔三〇〇〕八月）。

13 六月二十一日，晋帝（四任惠帝）司马衷下诏，擢升齐王司马冏当最高指挥官（大司马），加授“九锡”（即“九赐”，参考四年），一切器物和制度，比照司马懿、司马师、司马昭、司马炎当初辅佐曹魏帝国皇帝时前例。成都王司马颖当最高统帅（大将军）、全国各军区总司令长官（都督中外诸军事），“假黄钺”（皇帝专用的诛杀铜斧），主管政府机要（录尚书事），也加授“九锡”，朝见时不用碎步慢跑，入殿时可穿鞋袜，仍带佩剑（入朝不趋，剑履上殿）。河间王司马颙当高级咨询官（侍中），全国武装部队总司令（太尉），加授“三赐”（《礼记·王制》：“对封国国君，赏赐弓箭，然后有权出征。赏赐刀斧，然后有权诛杀。赏赐璧玉，然后可以饮酒。”赏赐给司马颙的，当是弓箭、刀斧、璧玉）。常山王司马乂当抚军大将军，统领左军将军所辖部队。晋封广陵公司马漼当广陵王兼国务院执行官（尚书），加授高级咨询官（侍中）。晋封新野公司马歆当新野王，担任荆州军区司令长官（都督荆州诸军事），加授镇南大将军。齐王府、成都王府、河间王府，都拥有官属四十余人，而以武官为主，文官不过充数而已。有远见的人士，知道战乱还不可能停止。

六月二十六日，任命梁王司马肜当太宰（上三公之一），兼宰相（司徒）。

特级国务官（光禄大夫）刘蕃的女儿，嫁给前太子司马华当太子妃。所以，刘蕃跟他的两个儿子：散骑顾问官（散骑侍郎）刘舆、冠军将军刘琨，都受司马伦的信任。最高指挥官（大司马）司马冏，因为刘琨父子有才干和声望，特别赦免；任命刘舆当立法院主任立法官（中书侍郎），刘琨当国务院左秘书长（尚书左丞）；又起用前任宰相（司徒）王戎当国务院总理（尚书令），刘暾当总监察官（御史中丞），王衍当首都洛阳市长（河南尹）。

新野王司马歆，将往他的任所（荆州军区司令部设襄阳〔湖北省襄阳市〕），跟司马冏同乘一车，晋谒皇家墓园，乘机劝司马冏说："成都王（司马颖）是今上皇帝（司马衷）的亲弟，跟你共同建立伟大勋业，现今应留他在中央，跟你同时辅佐皇上。如果你办不到，就应该剥夺他的军权。"而在另一辆也是晋谒皇家墓园的车上，常山王司马乂跟成都王司马颖在一起，司马乂对司马颖说："王朝政府，是先帝的大业（先帝，指一任帝司马炎，司马乂跟司马颖同父异母），你应该保护它。"消息传出，听到这些话的人，都预料到将会再生灾难，无不忧虑恐惧。成都兵团首席军事参议官（咨议参军）卢志对司马颖说："齐王（司马冏）部队，号称百万。可是跟张泓等在战场上僵持，不能取胜。大王（司马颖）却抢先渡过黄河，功劳之大，天下没有匹敌。而今，齐王（司马冏）打算跟你共同辅佐皇上，我听说：两位英雄不能同时存在。最好用太妃（司马颖娘亲程才人。才人，小老婆群第十四级）患病作为理由，请求返回邺城（河北省临漳县邺城镇），早晚侍奉。把责任全推给齐王（司马冏)，用来收揽四海人心，这是上等计谋。”司马颖同意。

不久，晋帝司马衷在皇宫东堂，接见司马颖，慰劳他的勤王功劳，司马颖叩谢说：“这都是最高指挥官（大司马司马冏）的贡献，我并没有份。”遂上书称赞司马冏的功德，建议最好委任他处理国家大事。并报告说娘亲有病，请求回去侍奉。奏章呈上之后，即辞别出宫，不回司令部，直到皇家祭庙晋谒，然后出东阳门（洛阳东城中门），返回邺城（河北省临漳县邺城镇），仅留一封信给司马冏道别。司马冏大吃一惊，急奔出送行，赶到七里涧（洛阳城东）才赶上。司马颖停下车子，跟司马冏告辞，泪流满面，悲不自胜，只念念记挂娘亲病势，没有半句话谈到时事。于是，高级知识分子跟一般平民，对司马颖称誉备至。

14 司马冏延聘新兴郡（山西省忻州市）人刘殷，当参谋主任（军咨祭酒）；洛阳县长（洛阳令）曹摅，当主任记录官（记室督）；国务院助理官（尚书郎）江统、阳平郡（河北省大名县东北）郡长河内郡（河南省沁阳市）人荀晞，当军事参议官（参军事）；吴国（江苏省苏州市）人张翰当人事管理官（东曹掾）；孙惠当民政秘书（户曹掾）；前任司法部大法官（廷尉正）顾荣跟顺阳郡（河南省淅川县东南）人王豹，当主任秘书（主簿）。孙惠，是孙贲的曾孙（孙贲是东吴帝国一任帝孙权的堂兄，参考一九一年十月）；顾荣，是顾雍的孙儿（顾雍，东吴帝国丞相，参考二二五年六月）。刘殷自幼孤苦，家庭贫寒，奉养曾祖母，以孝行闻名于世。人们赠送他谷米布匹，刘殷全都接受，从不拒绝，爽快的说：“等我富贵，再作回报。”等到成长，学问渊博，深通儒家学派经典及历史书籍，性格豁达，心怀大志（刘殷后来在大分裂时代的汉赵帝国，位居太保〔上三公之三〕，参考三一二年六月）。节俭而不吝啬，清廉而不固执，看到他的人都会发现他心有主见，不可侵犯。司马冏任命何勖当中央禁军总监（中领军），董艾主管机要。有功劳的将领葛旟（音yú〔鱼〕）、路秀、卫毅、刘真、韩泰，都封二等公爵（县公），当作自己的心腹跟手臂，号称“五公”（葛旟牟平公，路秀小黄公，卫毅平阴公，刘真安乡公，韩泰封丘公）。

15 成都王司马颖回到邺城（河北省临漳县邺城镇），皇帝司马衷派使臣前来，重申封爵诏令。司马颖仅接受最高统帅（大将军），而辞让“九锡”等特别礼遇；上书论列勤王功臣，皇帝都封他们公爵侯爵。司马颖再上书，说：“最高指挥官（大司马司马冏）前在阳翟（河南省禹州市），跟贼寇（张泓等）发生拉锯战，人民贫穷困苦，请准许把黄河以北政府仓库存粮，运送十五万斛，前往赈济饥饿的农民。”又制造八千多副棺木，用成都国（四川省成都市）官员的俸禄，缝制衣服，收殓安葬黄桥（河南省淇县西南）阵亡将士的尸体，褒扬他们的遗族，比照阵亡将士抚恤条例规定，加两级优待。又命温县（河南省温县西）拨出土地，掩埋司马伦所属阵亡将士一万四千多人（溴水战役）。这一切都是卢志的建议。

司马颖容貌英俊，但智商不足，神志混浊，不喜读书，知识有限，不过性情敦厚，把封国大事，全交给卢志，所以博得全国一致称道的美好名誉。皇帝司马衷再派使臣前来催促司马颖到中央辅政，并接受“九锡”殊荣。司马颖亲信孟玖不想去洛阳，而程太妃（司马颖的娘亲）又留恋邺城（河北省临漳县邺城镇），所以司马颖始终不接受诏令。

最初，最高指挥官（大司马）司马冏，怀疑立法院主任立法官（中书郎）陆机，替司马伦撰写禅让帝位的诏书（司马伦禅让诏书，在王舆及“八座”监视下写出，当时是不是陆机执笔，十分明确，用不着怀疑。如指司马伦登极诏书，则不应称禅让。原文说不清楚），遂逮捕陆机，打算处死。最高统帅（大将军）司马颖出面替陆机申辩，陆机才被释放。司马颖向中央推荐并任命陆机当平原国（山东省平原县）郡长（内史），又任命陆机的老弟陆云当清河国（山东省临清市）郡长（内史）。陆机的朋友顾荣跟广陵国（江苏省淮安市淮阴区）人戴渊，看出中原本土多难，劝陆机回他的故乡吴郡（江苏省苏州市），陆机顾念身受司马颖救命之恩，而且认为司马颖拥有当时极高声望，正可借此建功业，遂留下来任职。

16 秋季，七月，皇帝下诏，恢复常山王司马乂的长沙王封爵（楚王司马玮被诬杀〔参考二九一年六月〕，司马乂因跟司马玮是同一娘亲所生，贬常山王），擢升司马乂"开府"（宰相级）、骠骑将军。

17 东莱王司马蕤（音ruí〔绥〕。司马冏的老哥），性情凶暴，而又酗酒，平常总是凌辱司马冏，又向司马冏要求"开府仪同三司"（宰相级），受到拒绝，大为怨恨。遂秘密上书皇帝，指控司马冏专权横行；又跟首都东区卫戍司令（左卫将军）王舆，阴谋罢黜司马冏，事情泄露。

八月，皇帝下诏：司马蕤贬作平民，屠灭王舆三族。

又把司马蕤放逐到上庸郡（湖北省竹山县西南上庸镇），上庸郡郡长（内史）陈钟，执行司马冏命令，把司马蕤秘密处死（司马冏失败后，诛杀陈钟）。

18 赦天下。

19 东武公司马澹，被指控不孝，放逐辽东郡（辽宁省辽阳市）。

九月，晋政府召回他的老弟司马繇，恢复东安王爵位（司马繇被贬带方郡〔朝鲜半岛沙里院城〕事，参考二九一年三月），当国务院左执行长（尚书左仆射）。司马繇推荐东平王司马楙（司马望的儿子）当徐州军区司令长官（都督徐州诸军事），镇守下邳（江苏省睢宁县北古邳镇）。

20 益州（四川省中南部及云南省）大乱。

最初，中央政府下令秦州（甘肃省南部）、雍州（陕西省中部），命两州州政府召回流亡到巴蜀（四川省）的难民；又派监察官（御史）冯该、张昌，前往监督执行。难民首领李特的老哥李辅，刚从略阳郡（甘肃省天水市东）抵达巴蜀（四川省），告诉大众：中原祸乱正烈，不可以回去。李特同意，屡次派天水郡（甘肃省甘谷县）人阎式，觐见益州（州政府设成都〔四川省成都市〕）州长（刺史）罗尚，请求延期。到了秋季，事情紧迫，李特贿赂罗尚、冯该；罗尚、冯该应允。中央政府奖赏讨伐赵廞的有功将领，任命李特当宣威将军，李特的老弟李流当奋武将军，都封侯爵。诏书下达益州州政府，命调查秦州（甘肃省南部）六郡（难民故乡）难民中追随李特一同讨伐赵廞的，列出姓名呈报，作为赏赐的根据。广汉郡（四川省射洪市南沱牌镇）郡长辛冉，打算包揽击灭赵廞的全部功劳，把中央命令，暗中搁置，不据实呈报，难民全都怨恨。

罗尚派参谋官督促难民迁移，下令：七月动身。当时，难民遍布梁州（四川省东北部及陕西省南部）、益州（四川省中南部及云南省），充当奴仆工匠，听说州政府及郡政府强迫驱逐出境，人人惶恐，满腹悲怨。而且雨水过多，稻米还没有收割，无法筹措路费。李特再派阎式觐见罗尚，请求延期到冬季。辛冉跟犍为郡（四川省眉山市彭山区）郡长李苾，坚持不可以。罗尚曾推荐总务官（别驾）杜弢（音tāo〔涛〕）充当“秀才”，阎式向杜弢分析强迫驱逐难民出境的严重后果，杜弢也同意延期一年。然而，罗尚接受辛冉、李苾的建议，坚持必须维持政府威信。杜弢遂退回发给他的“秀才证明书”，辞职回家（杜弢是蜀郡〔四川省成都市〕人）。辛冉贪婪而又残暴，打算诛杀难民首领，夺取他们的金银财宝，遂联合李苾，报告罗尚说：“难民在攻击赵廞那场大乱中，抢劫太多的东西，遣送回家中途，应设立关卡，严加搜查，不准他们带走！”罗尚遂下令梓潼郡（四川省梓潼县）郡长张演，在所有重要关口设立检查站，搜查难民携带的金钱宝物。

李特不断代表难民申请居留，难民对他十分感激，很多人前后相继，前往投靠。李特遂在绵竹（四川省德阳市北黄许镇）建筑一连串庞大营寨，收容归附的难民，并直接向辛冉请求宽限日期，辛冉大发雷霆，派人在大街小巷，张贴布告，悬赏高额奖金，通缉捉拿李特兄弟归案。李特派人把它统统撕下来，跟老弟李骧，改动上面词句，说：“能斩送六郡（难民故乡秦州〔甘肃省南部〕六郡）难民头目李、任、阎、赵、上官，以及氐部落、叟部落（叟，蛮夷一支）酋长人头的，一颗人头，赏布一百匹。”于是难民大为恐惧，投靠李特的更多，不到一个月，已有二万人。李流也另行集结数千人。

李特再派阎式觐见罗尚，请求延期。阎式沿途看到军警林立，要塞戒严，正准备洗劫难民，叹息说：“民心浮动，现在更刺激它，大乱恐怕就要爆发。”又知道辛冉、李苾态度坚决，不可能动摇，再正当的理由都没有用，遂向罗尚告辞回绵竹（四川省德阳市北黄许镇），罗尚说：“你现在把我的意思转告难民，已准他们延期！”阎式说：“明公（罗尚）受到邪恶意见的迷惑，不可能延期。天下最软弱，但也最不可以轻视的，就是人民。而今，却无理的驱逐他们，应知道众怒难犯，所制造的恐怕不是小小灾难。”罗尚说：“你说得对，我绝不骗你，你只管回去。”阎式回到绵竹（四川省德阳市北黄许镇），告诉李特说："罗尚虽然如此承诺，但不能信任。为什么？罗尚的威信不够，辛冉等又各拥有强大的部队，一旦发生变化，罗尚也控制不住，我们最好严加戒备。"李特同意。

冬季，十月，李特把部众分开，建立两个基地。李特守北大营，李流守东大营；赶制盔甲，磨利武器，全体进入紧急状态，等待即将来临的突击。

辛冉、李苾互相商议说："罗先生贪婪而没有决断，一天一天拖下去，使难民们的奸计得以实现。李特兄弟都有才干，我们一定栽到他手上，应该一战解决。罗先生那里，不必理他。"遂派广汉郡（四川省射洪市南沱牌镇）民兵司令（都尉）曾元、营门官（牙门）张显、刘并，秘密集结步骑混合兵团三万人，向李特难民营发动奇袭。罗尚得到消息，也派大营指挥官（督护）田佐，协助曾元。曾元军已到营门，李特仍睡在床上，不动声色，等到曾元军进入一半，难民营伏兵突起，曾元军陷于重围，死亡惨重。李特击斩田佐、曾元、张显，砍下人头，送给罗尚、辛冉。罗尚紧张，对将领们说："这些匪徒（难民）已经决定要走，辛冉不听我的命令，反而使匪徒（难民）的势力更强，现在怎么办？"

于是，秦州（甘肃省南部）六郡难民，共同推举李特代理镇北大将军，代表皇帝任官封爵（承制封拜）。李特遂任命他老弟李流代理镇东大将军，称"东大营指挥官"（东督护），共同统御部众。又任命老哥李辅当骠骑将军，老弟李骧当骁骑将军。向辛冉所在的广汉郡（四川省射洪市南沱牌镇）发动攻击。罗尚派李苾、费远，率军援救辛冉；李苾、费远畏惧李特的难民军强大，不敢前进。辛冉出城迎战，屡战屡败，只好突围，投奔德阳（四川省遂宁市东南），李特遂占领广汉郡（四川省射洪市南沱牌镇），任命李超当郡长，再率军进攻成都（益州州政府所在县)；罗尚震惊，写信给阎式，阎式答复说："辛冉邪恶奸巧，曾元卑鄙小人，李苾不是将帅材料。我从前曾向阁下，以及杜弢，反复讨论留住或迁移，应如何做法。人心都怀念故乡，谁不愿回去？但是，当难民初来时，为了一饱，到处为人出力做工，一个家庭，往往分散五地，现在又逢秋天，雨水不停，只盼望等冬季，庄稼收割。而这个请求，始终不蒙听从。逼迫太厉害时，小鹿都会抵抗老虎，难民不肯伸出脖子，承受刀斧，才激起变乱。如果采纳我的建议，放宽难民治装的期限，最多九月间可以集合完毕，十月间就可以上道，使他们返回乡里，何至弄到今天这种地步！"

李特任命老哥李辅、老弟李骧、儿子李始、李荡、李雄，以及李含、李含的儿子李国、李离，任回、李攀、李攀的老弟李恭，上官晶、任臧、杨褒、上官惇等，担任将军；阎式、李远等担任幕僚。罗尚贪赃枉法，性情残暴，成为益州(四川省中南部及云南省)人民的一大灾难。李特与巴蜀(四川省)人民约法三章，赈济施舍，发掘被埋没压制的贤能人才，尊敬礼遇，无论军队风纪和行政措施，都十分严肃，人民一片欢悦。

罗尚不断被李特击败，于是，构筑长墙，沿着郫水(郫江)设营布防，连绵七百里(自都安〔四川省都江堰市〕到犍为郡〔四川省眉山市彭山区〕，二地航空距离九十公里)，跟李特抗拒，一面向梁州(州政府设南郑〔陕西省汉中市〕)及南夷保安司令(南夷校尉。司令部设味县〔云南省曲靖市〕)求救。

21 十二月，颍昌公(康公)何劭(何曾的儿子)逝世。

22 封最高指挥官(大司马)司马冏的儿子：司马冰当乐安王、司马英当济阳王、司马超当淮南王。

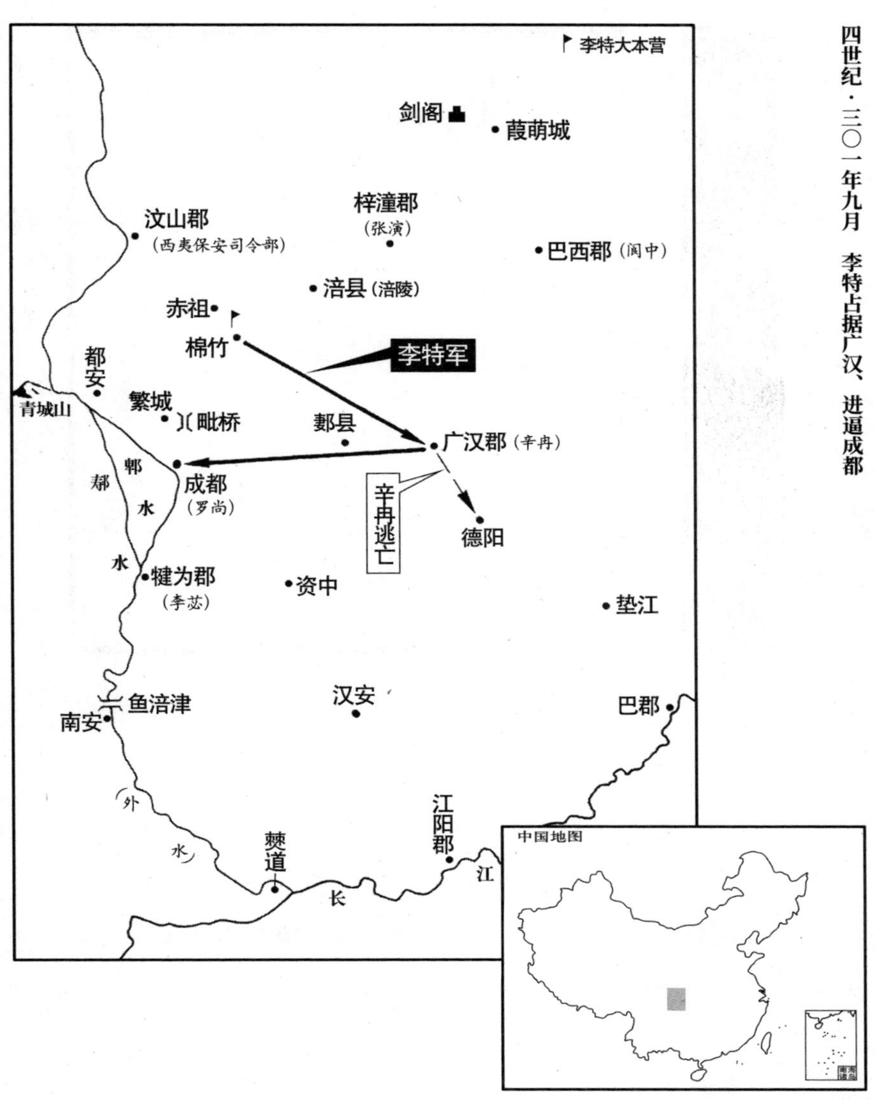

四世纪·三〇一年九月　李特占据广汉、进逼成都

三〇二年 壬戌

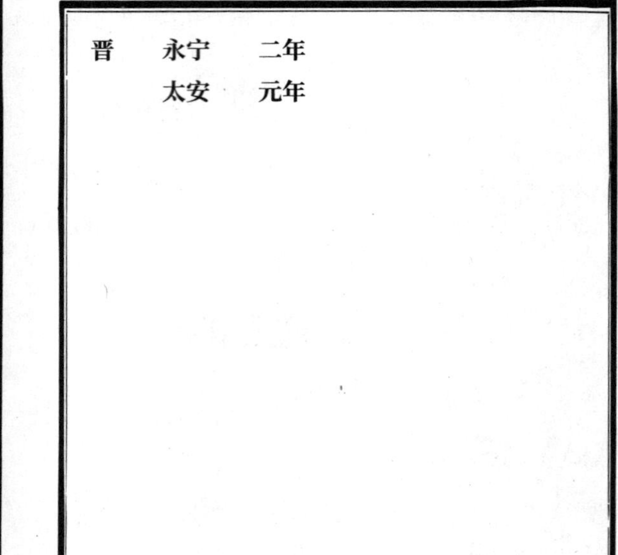

晋 永宁 二年
太安 元年

1 春季，三月，晋王朝（首都洛阳〔河南省洛阳市东白马寺东〕）皇太孙（冲）司马尚逝世。

2 夏季，五月七日，太宰（上三公之一）兼宰相（司徒）、梁王（孝王）司马肜（音róng〔融〕）逝世。

3 擢升右特级国务官（右光禄大夫）刘寔当太傅（上三公之二）；

不久，因老病免职。

4 河间王司马颙（时驻长安〔陕西省西安市〕），派大营指挥官（督护）衙博（衙，姓），南下讨伐秦州（甘肃省南部）难民首领李特，进抵梓潼郡（四川省梓潼县）。中央政府再任命张微当广汉郡（四川省射洪市南沱牌镇）郡长，驻防德阳（四川省遂宁市东南）。益州（四川省中南部及云南省）州长（刺史）罗尚，派大营指挥官（督护）张龟，驻防繁城（四川省成都市新都区）。李特命他的儿子镇军将军李荡，袭击衙博；而自己袭击张龟，大破张龟军。李荡也在阳沔（四川省梓潼县北），大破衙博军；梓潼郡（四川省梓潼县）郡长张演，放弃城池逃走；巴西郡（四川省阆中市）郡政府主任秘书（丞）毛植，献出郡城，投降。李荡追击衙博，逼近葭萌（四川省广元市西南），衙博逃走，所率领的军队，全数投降李荡。河间王司马颙更任命许雄当梁州（州政府设南郑〔陕西省汉中市〕）州长（刺史）。李特在大胜后，宣称他是最高统帅（大将军）、益州全权州长（牧）、梁益军区司令长官（都督梁益二州诸军事）。

5 最高指挥官（大司马）司马冏，打算长期控制中央政府。因晋帝（四任惠帝）司马衷（本年四十四岁）的子孙全都死亡（儿子司马遹、孙儿司马彪、司马臧、司马尚，都已逝世），而最高统帅（大将军）司马颖（司马衷的老弟），依照顺序，可能成为帝位的合法继承人。而清河王司马覃，是司马遐（皇帝司马衷的老弟）的儿子，年才八岁，这是一个容易摆布的年龄。于是，司马冏上书，请求指定司马覃当法定继承人。

五月二十五日，封司马覃当皇太子，任命司马冏当太子太师（太子三师之一）。再任命东海王司马越当最高监察长（司空），兼总立法长（中书监）。

6 秋季，八月，秦州难民首领李特进攻据守德阳（四川省遂宁市东南）的张微；张微反击，大破李特军，乘胜进攻李特营垒；李荡率军援救李特，山路窄狭，而且凶险，李荡苦战而前，击退张微攻势。李特打算撤退到涪县（四川省绵阳市），李荡及军政官（司马）王幸劝阻说："张微失败，智谋和勇气，全部枯竭，我们最好乘胜攻击，定可把他活捉。"李特遂发动反攻，斩张微，生擒张微的儿子张存；李特把张微的棺木交给张存运回安葬。

李特命他的将领蹇硕（蹇，姓。音jiǎn〔剪〕）镇守德阳（四川省遂宁市东南）；老弟李骧驻屯毗桥（四川省成都市新都区南毗河河桥）。益州（州政府设成都〔四川省成都市〕）州长（刺史）罗尚派军攻击，每次都被李骧击败；李骧遂大举进攻成都，纵火焚烧城门；李流在成都北门外筑营，准备围困。罗尚派出一万人精锐部队，攻击李骧，李骧跟李流联合应战，大破罗尚军，罗尚军逃命回去的只十分之一二。梁州（陕西省南部及四川省东北部）州长（刺史）许雄屡次派军进攻李特，屡次失败。李特势力更盛。

建宁郡（云南省曲靖市）豪族首领李叡、毛诜，逐走郡长许俊；朱提郡（云南省昭通市）豪族首领李猛，逐走郡长雍约，响应李特，各有部众数万。南夷保安司令（南夷校尉）李毅讨伐，斩毛诜；李猛上书投降，但措辞傲慢，李毅引诱李猛出面，斩李猛。

冬季，十一月十一日，中央政府下令恢复宁州（云南省。撤销宁州事，参考二八四年），任命李毅当宁州（州政府设滇池〔云南省昆明市晋宁区〕）州长（刺史）。

7 齐王（武闵王）司马冏既掌握权柄，可以随心所欲，不受丝毫约束，遂骄傲奢侈，专横独断，更大肆兴建房舍，铲平公私建筑物数百栋，使齐王府规模之大，跟皇宫相等；无论中央及地方人士，都大感失望。高级咨询官（侍中）嵇绍，上书给皇帝司马衷说："生存的人，不忘死亡，是《易经》提出的最好劝告。我盼望陛下不忘金墉城（洛阳城西北角离宫）的屈辱，最高指挥官（大司马司马冏）不忘颍上（河南省禹州市一带）的苦战，最高统帅（大将军司马颖）不忘黄桥（河南省淇县西南）的失败，则祸乱的嫩芽，就不可能产生。"又写信给司马冏，说："从前，伊祁放勋（唐）、姚重华（虞）用茅草搭建房屋，姒文命（夏禹）居住最简陋的宫殿。而今，却大兴土木，又给三位亲王（指司马冏三个刚封亲王的儿子，参考去年〔三〇一〕十二月）兴建私宅，这岂是当前的急务？"司马冏道歉，但不能接受。

司马冏沉湎在欢宴淫乐之中，从不到金銮宝殿参加朝会、觐见皇帝，而只坐在齐王府内，接受文武百官参拜。任何决定，从不奏请皇帝批准，而直接交付"三台"执行（三台：国务院〔尚书台〕、总监察署〔御史台〕、皇家礼宾署〔谒者台〕）。用人行政，纯出私心，选拔不公，亲信的弄臣当家做主。金殿监察官（殿中御史）桓豹，向皇帝呈递奏章，事先没有呈报齐王府核定，司马冏命逮捕桓豹，就在监狱中诛杀。南阳郡（河南省南阳市）隐士郑方，上书司马冏，规劝说："而今，大王身处平安之地，从不考虑会有危险之时，荒淫欢宴，都超过限度，是第一失策；皇族都是骨肉至亲，相互间应该没有丝毫芥蒂才对，现在却不然，是第二失策；蛮夷变乱纷起，可是大王却认为功成名就，不把它放在心上，是第三失策；兵荒马乱之后，人民穷困，政府从没有办过救济，是第四失策。大王当初起义时，跟起义官员，曾有誓言：事情过去之后，立刻奖赏，可是到今天为止，仍有建立功勋的人，得不到回报，是第五失策。"司马冏致谢说："若不是你，我不知道我的错误。"

民政秘书（户曹掾）孙惠上书司马冏，说：“天下有‘五项危 116
难’‘四种不可’，而明公全部兼备。冲锋陷阵，一难；招揽英雄豪杰，二难；跟将士同甘共苦，三难；弱小战胜强敌，四难；使君王由退隐而复出，五难。盛大的名望不可长期享有，伟大的功业不可长期独占，最高的权力不可长期掌握，强有力的威势不可长期保持。大王面对危难，并不认为危难；面对不可，却认为没有什么不可，我心中深感不安。明公应精密考虑功成身退的道理，推荐跟皇上血缘亲近的官员，把重责大任，转移给长沙王（司马乂）、成都王（司马颖），然后辞别中央，回到自己封国（齐国，山东省淄博市临淄区）。则姬太伯、曹欣（子臧）的谦虚让国的美名，将不会没有匹配（姬太伯事，参考二五二年闰四月注。曹欣故事发生在春秋时代曹国，详情不明）。而今，如果忘记高位的危险性，贪恋权力威势，继续被人猜疑，虽然游逛于高台之上，逍遥在层层墙垣之中，我认为危亡的程度，远超过在颍川（许昌，河南省许昌市东）、阳翟（河南省禹州市）战场之时。”司马冏不能接受，孙惠遂声称有病，辞职而去。司马冏问主任记录官（记室督）曹摅说：“有人劝我放弃权力，返回封国，你以为如何？”曹摅说：“事物的发展，最好不要达到巅峰。大王如果真的能够在高位上，想到高位所面临的危险性，提起衣襟就走，这是美好智慧中最美好的智慧。”司马冏听不进去。

人事管理官（东曹掾）张翰、主任秘书（主簿）顾荣，都忧虑到一旦变化发生，将大祸临头。正逢秋风初起，张翰思念故乡（吴国，江苏省苏州市）的茭白菜、睡莲粥和肥嫩的鲈鱼，叹息说：“人生，不要太勉强自己，何必一定富贵？”遂即辞职。顾荣故意酗酒，沉醉不省人事，不能处理公务。秘书长（长史）葛旟（音yú〔鱼〕）认为他不能胜任工作，报告司马冏，把顾荣逐出齐王府，去当立法院主任立法官（中书侍郎）。颍川郡（河南省许昌市东）隐士庾衮，听到司马冏一年之久都不朝见皇帝，叹息说：“晋王朝已经没落了，大乱将起。”带着妻子儿女，逃到林虑山中（林虑山，河南省林州市西）。

另一主任秘书（主簿）王豹，向司马冏提出一份备忘录，说：“自从三世纪九〇年代以来，在位的宰相，没有一个自然离世，全都死于非命（指杨骏、卫瓘、司马亮、张华、裴頠），形势逼人如此，并不一定因为他们都有什么恶行。明公（司马冏）削平内乱，安定国家，却又走到翻车的老轨道之上，而竟希望保持长治久安，岂不太难？现在，河间王（司马颙）把关右（陕西省中部）当作根本，成都王（司马颖）在曹魏帝国当年基地（邺城，河北省临漳县邺城镇）建立权力中心，新野王（司马歆）位于长江、汉水之间，拥有广大疆土（司马歆任荆州军区司令长官，驻守襄阳〔湖北省襄阳市〕）。三位亲王正是血气方刚的年纪，而同时手握重兵，身处有险可守的要地。而阁下功劳太高，高到无法再赏，权威太大，大到足以使君王震动，单独留在京师（首都洛阳），控制中枢，进一步‘亢龙有悔’（《易经·乾卦》：“亢龙有悔，盈不可久也。”即令是一条神龙，趾高气扬，处于巅峰太久，也会后悔），退一步‘据于蒺藜’（《易经·困卦》：“困于石，据于蒺藜，入于其宫，不见其妻，凶。”困在满是针刺的蒺藜之中，进屋不见家人，凶险）。希望求得平安，恐怕是永远没有这种福分。”遂建议遣送所有亲王回到各自封国，依照周王朝初期姬旦（周公）、姬奭（召公）分割王国的前例，命司马颖当“北方总督”（北州伯），驻防邺城（河北省临漳县邺城镇）；司马冏当“南方总督”（南州伯），驻防宛县（河南省南阳市）。以黄河为界，分别统御所属的亲王和公爵侯爵，共同辅佐皇帝。司马冏写信答复，嘉许他的见解。可是不久，长沙王司马乂看到这份备忘录，大为愤怒，对司马冏说：“这小子花言巧语，离间我们兄弟骨肉之情，为什么不拖到铜驼下面扑杀！”司马冏遂上书皇帝，检举王豹谗言挑拨，离间内外，制造猜忌嫌疑，不忠不义。司马衷下令用皮鞭活活打死。王豹断气时，说："把我的人头挂在最高指挥部门上，使我看见外军进攻齐王（司马冏）。"（王豹遗言模仿昔日伍子胥。）

司马冏认为河间王司马颙本来依附司马伦，心里一直对此痛恨。最初，梁州（州政府设南郑〔陕西省汉中市〕）州长（刺史）安定郡（甘肃省镇原县东南屯字镇）人皇甫商，跟司马颙的秘书长（长史）李含，素不和睦。后来，中央政府征召李含当翊军指挥官（翊军校尉）。当时，皇甫商已早回中央，担任司马冏的军事参议官（参军事）；而夏侯奭的老哥也在齐王府供职（夏侯奭被李含害死事，参考去年〔三〇一〕三月）；李含深感不安。不久，又跟司马冏的右军政官（右司马）赵骧结怨，更加恐惧，遂单人匹马，从首都洛阳逃出，投奔司马颙，诈称带来皇帝司马衷的密诏，命司马颙起兵讨伐司马冏，李含劝司马颙说："成都王（司马颖）是皇上亲弟，建立大功，却有功不居，返回防地（邺城），得到天下称赞。齐王（司马冏）越过皇上亲弟，手执大权，政府每人都对他十分痛恨。我们传达密诏，命长沙王（司马乂）讨伐司马冏，司马乂力量单薄，司马冏一定诛杀司马乂，我们就用此当作司马冏的罪状，起兵讨伐，一定可以胜利。排除齐王（司马冏），拥戴成都王（司马颖），解脱逼迫，树立近亲，安定国家，可是一件大功。"司马颙同意。

当时，一任帝（武帝）司马炎的族弟范阳王司马虓（音xiāo〔消〕）当豫州军区司令长官（都督豫州诸军事。司令部设许昌）。司马颙遂上书皇帝，指控司马冏罪行，宣称："集结大军十万，准备跟成都王司马颖、新野王司马歆、范阳王司马虓，同在洛阳会师。现在，请长沙王司马乂，罢黜司马冏，使他返回私宅，由司马颖代替司马冏的官位，在中央辅政。"司马颙动员武装部队，任命李含当司令官（都督），率振武将军张方等，向首都洛阳出发，一面再派出使节，邀请司马颖参与。司马颖打算响应，卢志劝阻，司马颖不接受。

十二月二十二日，司马颙奏章抵达首都洛阳，司马冏大为惊恐，紧急召集文武百官会商，说："我首先倡导勤王，发动义军，做臣属的节操，可以请神明作证。两位亲王（司马颙、司马颖）听信谗言，兴风作浪，我们将如何因应？"国务院总理（尚书令）王戎说："阁下建立的勋业，诚然伟大。可是，应该奖赏的人，却得不到奖赏，所以人心不服。两位亲王的兵力强盛，不可抵挡，如果能以王爵身份返回私宅，把政府大权推让给别人，或许可以平安。"参谋指挥官（从事中郎）葛旟咆哮说："'三台'主管中枢，不处理国家大事（国务院是"三台"中主要的一台，反驳王戎），延误对有功人员的奖赏，责任不在王府。奸人挑拨离间，犯上作乱，应当共同讨伐诛杀，怎能凭空接受一份伪造的诏令，就放弃权力，返回私宅？两汉王朝和曹魏帝国以来，无论王爵或侯爵，回到私宅，有谁能保住妻子？发表这种言论的，应该斩首。"文武百官面无人色，浑身发抖。王戎恐惧过度，在洗手间里，假装药性发作，掉到粪坑之中，得逃一死。

李含推进到阴盘（陕西省西安市临潼区），张方率军二万人抵达新安（河南省渑池县），传令长沙王司马乂，要他就在京师（首都洛阳）行动，讨伐司马冏。司马冏先发制人，派部将董艾袭击司马乂；司马乂率左右一百余人，飞奔进入皇宫，关闭所有宫门，把皇帝司马衷请出来，反攻最高指挥部（大司马府）。董艾军队集结在皇宫西边，放火烧千秋神虎门（皇宫西门）。司马冏派人手拿"驺虞幡"（用作停战的符节，参考二九一年六月），大声号召："长沙王（司马乂）假传圣旨。"司马乂则宣布："最高指挥官（司马冏）谋反。"

当天（十二月二十二日），入夜之后，首都洛阳城内，巷战惨烈，箭如雨下，火光直冲云霄。皇帝司马衷登上皇城上东门，流箭和飞石，就落到他面前，左右陪驾的官员，被击中死亡的前后相接。天亮之后，巷战更烈，一连三天三夜，司马冏部众崩溃。最高指挥部秘书长（大司马长史）赵渊，格杀中央禁军总监（中领军）何勖，生擒司马冏，投降。司马冏被押解到金銮宝殿，皇帝司马衷哀怜他的狼狈，打算赦免一死。但司马乂呵责左右："快拉出去！"遂在阊阖门（洛阳西城北头第一门）外斩首（"八王之乱"第四王结束。司马冏自去年〔三〇一年〕四月推翻司马伦，到本年〔三〇二〕十二月被杀，当权一年零九个月）。砍下司马冏人头，传递各军；党羽全部屠灭三族，被杀的有二千余人。刚封王爵的司马冏的儿子司马超、司马冰、司马英，囚禁金墉城（洛阳城西北角离宫），撤销司马冏老弟北海王司马寔的王爵。

赦天下，改年号（之前是永宁二年，之后是太安元年）。李含等接到司马冏已被斩首的消息，率军返回长安（陕西省西安市）。

8 中央政府大权落到长沙王司马乂之手，但事情不论大小，全送到邺城（河北省临漳县西南邺城镇），请最高统帅（大将军）司马颖裁决。司马颖任命孙惠当军事参议官（参军），陆云当右军政官（右司马）。

9 本年（三○二），陈留王曹璜（曹奂，曹魏帝国末任〔五〕帝）逝世（年五十八岁），晋王朝政府尊称他为曹魏帝国元皇帝。

10 鲜卑宇文部落（内蒙古老哈河上游）酋长（单于）宇文莫圭，部众强盛，派他的老弟宇文屈云，攻击鲜卑慕容部落酋长慕容廆（音wěi〔伟〕。慕容廆迁住棘城事，参考二九四年），慕容廆躲开主力，反击别部将领宇文素怒延，大破宇文素怒延。宇文素怒延羞愤交加，动员武装部队十万人，包围慕容廆所在的棘城（辽宁省义县西），慕容廆部属恐慌，慕容廆说：“他们的兵虽多，却是一盘散沙，没有法纪，我已把他们弄得清清楚楚，你们只要作战，不必忧虑！”出城攻击，大破宇文素怒延，追赶一百华里，俘虏及斩杀将近一万人。

辽东郡（辽宁省辽阳市）人孟晖，从前流亡到宇文部落，现在率他的部众数千家，归降慕容廆。慕容廆任命孟晖当建威将军。

慕容廆的部属慕舆句，勤劳清廉，慕容廆命他管理财务仓库。慕舆句记忆力特强，用不着看文件账簿，仅靠记忆，始终没有遗漏。另一位慕舆河（二慕舆关系不详）聪明谨慎；慕容廆命他负责司法诉讼，慕舆河处理案件，公正无私。

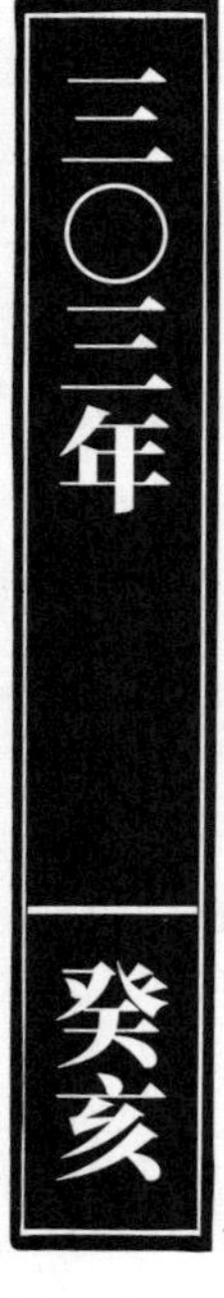

晋　太安　二年
（李特建初元年）
（汉帝刘尼神凤元年）

1 春季，正月，流亡益州（四川省中部）的秦州难民首领李特，渡江（不知道什么江）攻击晋王朝政府（首都洛阳〔河南省洛阳市东白马寺东〕）任命的益州（州政府设成都〔四川省成都市〕）州长（刺史）罗尚，罗尚江防部队全部逃走。蜀郡（郡政府同设成都）郡长徐俭，献出郡政府所在的少城，投降；李特遂入少城，只征收马匹供给军队，其他一切维持原状，没有任何侵扰，赦免他所控制地区的罪犯，改年号建初。

罗尚仍据守太城（郡政府设少城，州政府设太城，二城相连，都在今成都市

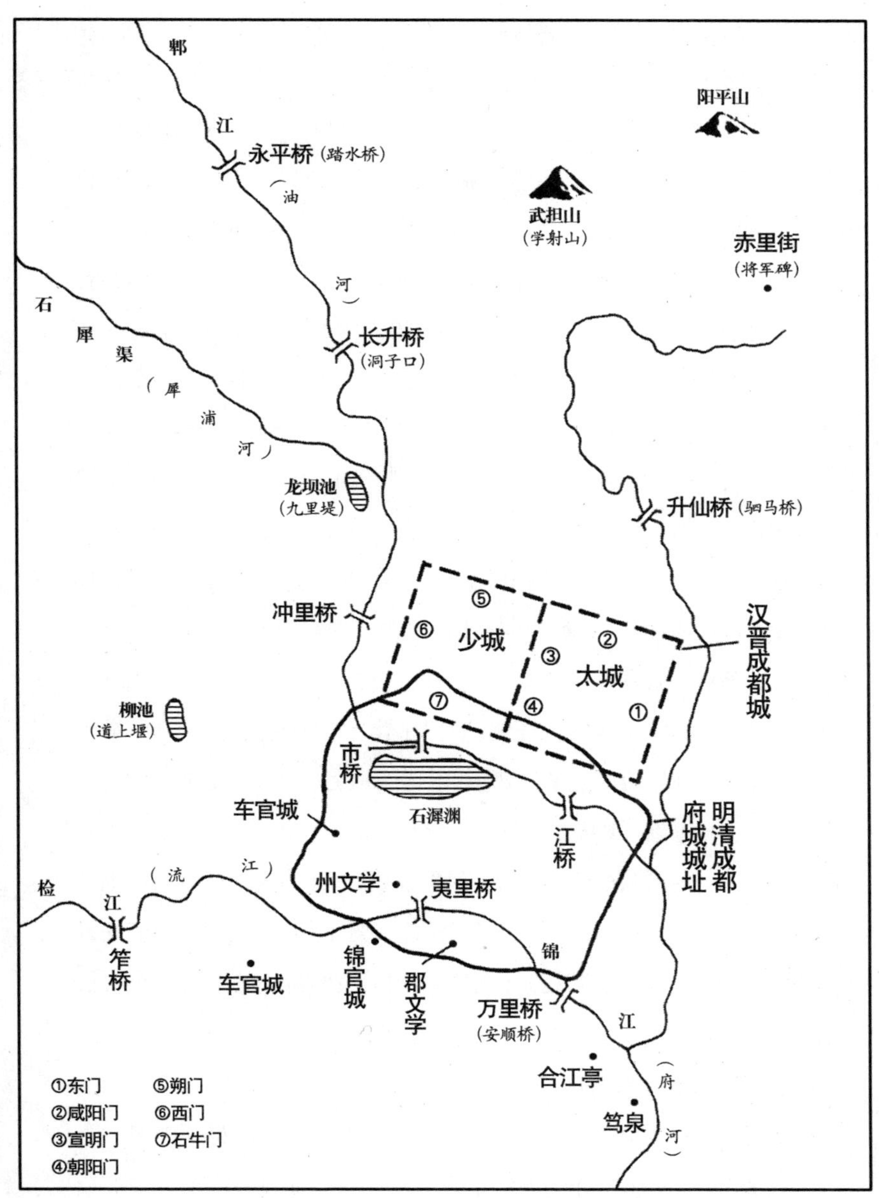

四世纪·三〇三年正月　成都近郊图

境），派人觐见李特，要求和解。巴蜀（四川省）原住民纷纷集结，构筑堡寨自保，都向李特归附，李特也派人前往各堡寨安抚，因军粮不足，遂把来自秦州（甘肃省南部）六郡的难民，分别安置到各堡寨，谋生果腹。李流向李特建议说："各堡寨新近归附，向心力并不稳固，应该教他们的豪门大姓，送子弟作为人质，派军保护，防备不测事变。"又写信给李特的军政官（司马）上官惇说："接受敌人投降，犹如接受敌人挑战，不可以把它看得太容易。"前将军李雄，也强调这件事，李特发脾气说："大事已定，我们所需要做的事是怎么样使人民安定，为什么这般怀疑猜忌，岂不是逼他们背叛！"

中央政府派荆州（州政府设江陵〔湖北省江陵县〕）州长（刺史）宗岱、建平郡（重庆市巫山县）郡长孙阜，率江防部队三万人，西上援救罗尚；宗岱命孙阜当先锋，进逼德阳（四川省遂宁市东南）。李特派李荡及蜀郡（四川省成都市）郡长李璜，率军支援德阳郡郡长任臧，联合抵御。宗岱、孙阜兵力强大，各堡寨对李特的信心动摇。益州军事官（兵曹从事）蜀郡（四川省成都市）人任叡，对罗尚说："李特把他的部众分散到各堡寨谋生，而自己又骄傲懈怠，没有戒备，上天注定他灭亡的时刻，已经来到。最好派人跟各堡寨秘密约定日期，同时发动，内外夹攻，一定可以把他们击破。"罗尚在夜间用绳索把任叡从城上悄悄送到城外，传达罗尚的决定，约定二月十日，同时攻击。而任叡顺势投奔李特，假装投降，李特询问太城虚实，任叡说："粮食快要吃完，只剩下绸缎布匹。"任叡要求出营探望家人，李特应允。任叡遂回来报告罗尚。

二月，罗尚派军袭击李特大营，霎时间各堡寨群起响应，李特难民军大败。罗尚军遂斩李特、李辅、李远，全部焚毁尸首，把人头送往首都洛阳。难民听到败讯，如同晴天霹雳，大为惊恐。

李荡、李雄，收集残兵败将，退到赤祖（四川省绵竹市东），李流自称最高统帅（大将军）、总司令官（大都督）、益州全权州长（牧），据守东大营，李荡、李雄据守北大营。孙阜攻陷德阳（四川省遂宁市东南），生擒守将蹇硕（蹇，姓，音jiǎn〔剪〕），德阳郡郡长任臧，退保涪陵（涪城，四川省绵阳市）。

三月，罗尚派大营指挥官（督护）何冲、常深，攻击李流；涪陵（涪城，四川省绵阳市）人药绅（药，姓），也聚众起兵，攻击李流。李流跟李骧合军抵抗药绅，而何冲乘虚而入，攻击李流的北大营，北大营留守氐民族部队长苻成、隗伯，就在营内叛变，响应何冲。李荡的娘亲罗女士，也在营中，听到消息，身披铠甲，率军抗拒，隗伯挥刀进击，砍中罗女士一只眼睛，罗女士血流满面，而豪气更高，奋战更勇。正巧，李流击败常深、药绅，率军回营，夹击何冲，何冲大败。苻成、隗伯，率领他们的党羽，突出重围，投奔成都。李流等乘胜追击，直抵成都城下，罗尚再度闭城自守。李荡骑马奔驰，追逐败军，被矛刺中身死。

中央政府派高级咨询官（侍中）刘沈，“假节”（三级权力），统率罗尚、许雄等军（罗尚率益州军，许雄率梁州军），讨伐李流；路过长安（陕西省西安市），河间王司马颙（时驻长安）留下刘沈当总参谋长（军师），另派席薳（音wěi〔伟〕）代替前往。

李流因李特、李荡，相继死亡，而荆州大军宗岱、孙阜，即将抵达，心中恐惧不安。妹夫李含建议：不如投降；李流同意。李骧、李雄苦苦劝阻，李流拒不采纳。

夏季，五月，李流派他的儿子李世，跟李含的儿子李胡，到孙阜大营充当人质。李胡的老哥李离，这时是梓潼郡（四川省梓潼县）郡长，得到消息，从梓潼飞马奔回，打算劝阻，而人质已经动身，无法改变。李离告辞出来，跟李雄等密谋袭击孙阜军营。李雄说：“当前生路，只此一条，可是两位老人家（李流、李含）不听我们的，如何是好？”李离说：“强迫他们听！”李雄大喜，于是分别说服难民：“我们杀了多少当地人！一旦放下武器，赤手空拳，就成了一堆鱼肉，随他们宰杀，唯一生路是，袭击孙阜大营，夺取富贵。”大家都愿追随。李雄遂跟李离，向孙阜发动奇袭，大破孙阜的荆州兵团。正巧，宗岱在垫江（重庆市合川区）逝世，孙阜撤退。

李流十分惭愧，但从此对李雄的才干谋略，十分欣赏，把军事全都委任李雄。

2 新野王（庄王）、荆州军区司令长官（都督荆州诸军事）司马歆（时驻襄阳〔湖北省襄阳市〕），法令严苛急迫，失去境内蛮夷对他的信心。义阳郡（河南省信阳市）蛮夷首领张昌，集结党羽数千人，准备起事。正逢荆州州政府（设江陵〔湖北省江陵县〕）接到“壬午诏书”（正月八日颁布的诏书），命征召民兵前往益州（四川省中南部）讨伐李流，号称“壬午兵”。民兵恐惧长途远征，都不愿前往，而诏书严厉，强迫立即出发。沿途经过的地方，逗留五天以上的，郡长免职；郡县政府首长官员，都亲自出马，督促催逼。民兵勉强上道，一面走一面逃亡，再分别聚集，成为强盗。当时，江夏郡（湖北省云梦县）庄稼丰收，谋生的难民有数千人。张昌遂从中运用，百般引诱；改姓名为李辰，在安陆县石岩山（湖北省安陆市南），招兵买马，逃荒的难民跟逃避兵役差役的住民，多来投奔。江夏郡郡长弓钦（弓，姓），派军讨伐，不能取胜。张昌遂反击郡城（安陆，湖北省云梦县），弓钦大败，跟部将朱伺，逃奔武昌（湖北省鄂州市）。

新野王司马歆派骑兵司令（骑督）靳满，讨伐张昌，靳满也被击败。张昌遂占领江夏郡（湖北省云梦县），制造谣言说："当有圣人出，当人的主。"物色到山都（湖北省谷城县东南）县政府雇员丘沈，改姓名为刘尼，说他是两汉王朝刘家皇族的后裔，遂拥戴他当皇帝，宣称："他就是圣人！"张昌（李辰）自己当相国，假造凤凰、玉玺等祥瑞，改年号神凤；郊外祭祀天地仪式，以及官员衣服颜色，都依照两汉王朝规定。有拒绝征集的，全族处死，无论知识分子或一般平民，不敢不接受命令。张昌又散布谣言说："长江、淮河以南地区，全都叛变，政府军大批出动，将全部诛杀。"互相传播，人心惶恐，长江、沔水（汉水）一带，很多地方聚众起兵，响应张昌，不到一个月，部众聚集到三万人，都头戴红帽，用马尾巴当作假胡须。晋帝（四任惠帝）司马衷（本年四十五岁）下诏，派监军官（监军）华宏讨伐，在障山（湖北省孝昌县西）被张昌击败。

新野王司马歆上书："妖贼狗羊之辈，以万为单位计算，头上发红，脸上满是毛发，舞刀弄戟，锐气不可抵挡，请国务院（台）下令各军，分三道救助！"中央政府任命骑兵指挥官（屯骑校尉）刘乔，当豫州（时州政府应在陈县〔河南省周口市淮阳区〕）州长（刺史），宁朔将军沛国（安徽省淮北市）人刘弘，当荆州（湖北省及湖南省）州长（刺史）。皇帝又下诏，命河间王司马颙派雍州（陕西省中部）州长（刺史）刘沈，率州政府武装部队一万人，跟征西将军府（司马颙是征西将军）直属武装部队五千人，出蓝田关（陕西省蓝田县东南二十五公里，秦王朝时代的峣关），讨伐张昌；司马颙对诏令拒不接受。刘沈率军走到蓝田（陕西省蓝田县），司马颙阻止他，逼他交出军队。于是，援军只有：刘乔驻屯汝南郡（河南省息县），刘弘跟前将军赵骧、平南将军羊伊驻屯宛县（河南省南阳市）。张昌派他的将领黄林，率二万人进攻豫州（河南省东部），被刘乔击退。

最初，司马歆跟齐王司马冏友善，司马冏失败被杀（参考去年〔三〇二〕十二月），司马歆震恐，转向最高统帅（大将军）司马颖靠拢，倾心结交。等到张昌起兵，司马歆上书中央，请求讨伐；这时长沙王司马乂已跟司马颖，暗中不睦，疑心司马歆跟司马颖共同进行阴谋，因之禁止司马歆出兵。而张昌的势力越来越大，参谋指挥官（从事中郎）孙洵，对司马歆说："你的地位，类似古代的'岳牧'（上古时代，"四岳"是中央派赴四方统御各封国的贵族，"十二牧"是中央派赴十二个地区治理人民的高官。后人遂用以称呼独当一面的大员），受皇家委托，负责一个地区的安全。奏章一旦发出，接着就立即行动，有什么不对？而今，叛逆动乱，不断扩张，灾难发展到什么程度，不可预测，这岂是保护皇家，安定中国的大义？"司马歆准备亲自出征。亲信王绥说："张昌等不过一撮小偷，派一个将领去就足够了，何必违抗诏令，亲自去冒乱箭飞石？"于是，一直拖到张昌进攻樊城（湖北省襄阳市汉水北岸），司马歆才出城迎战，所统军队溃散，司马歆被张昌击斩（司马歆是死于变民之手的第一个亲王）。

晋帝司马衷下诏，命宁朔将军刘弘接任司马歆的镇南将军、荆州军区司令长官（都督荆州诸军事）。

六月，刘弘任命南蛮保安司令部秘书长（南蛮长史）陶侃，当大营总指挥官（大都护）；军事参议官（参军）蒯恒，当民兵大营指挥官（义军督护）；营门官（牙门将）皮初，当总指挥（都战帅），据守襄阳（湖北省襄阳市）。张昌集结所有部队，包围宛县（河南省南阳市），击败前将军赵骧，斩平南将军羊伊。刘弘退守梁县（河南省汝州市），张昌乘胜进攻襄阳（荆州军区司令部所在地，湖北省襄阳市），不能攻克。

3 流亡益州（四川省中部）难民首领李流的侄儿李雄，击斩汶山郡（四川省茂县）郡长陈图，乘势攻取郫城（四川省成都市郫都区。郫，音pí〔皮〕。跟成都〔益州州政府所在县〕航空距离二十公里）。

秋季，七月，李流把大营迁移到郫城。巴蜀（四川省）原住民纷纷据守险要，构筑堡寨；或者向南逃亡到宁州（云南省），向东逃亡到荆州（湖北省及湖南省）。城池村落，全都成空，千里无人，看不到灯火炊烟（四川省号称“天府之国”，景象如此），李流难民军，抢不到粮食，开始饥馑。这时，只剩下涪陵（涪城，四川省绵阳市）居民一千余家，依靠青城山（岷山山脉经四川省都江堰市西南，有青山峰，被称岷山第一峰）隐士范长生。平西将军府军事参议官（平西参军）涪陵（此应指涪陵郡，今贵州省沿河县西北）人徐舆，请求益州州长（刺史）罗尚，派他当汶山郡（四川省茂县）郡长，联络范长生，讨伐李流，罗尚拒绝。徐舆大怒，出城归降李流。李流任命徐舆当安西将军，徐舆遂劝范长生供应李流粮秣；范长生许诺，李流军威由此再振。

4 最初，李含的计划是（参考去年〔三〇二〕十一月）：长沙王司马乂孤单微弱，一定会被齐王司马冏诛杀，然后用这件事作为司马冏的罪名，出动大军讨伐，等大军进入首都洛阳，就罢黜晋帝司马衷，拥戴成都王司马颖登极，由河间王司马颙当宰相，而李含也可以乘机掌权。想不到司马冏却被司马乂诛杀，司马颖和司马颙仍停留在地方岗位上；希望全部落空，一时想不出来用什么方法突破这个困局。

司马颖仗恃他诛杀司马冏的功劳，突然间，骄傲不可一世，奢侈浪费，更无限度；国家机能，几乎全部瘫痪，比司马冏时代，还要腐败黑暗。虽司马乂大小事件都呈报他裁决，但司马颖仍嫌司马乂身在中央，碍手碍脚，不能称心如意，打算把司马乂排除。这

四世纪·三〇三年三月至七月　张昌民变

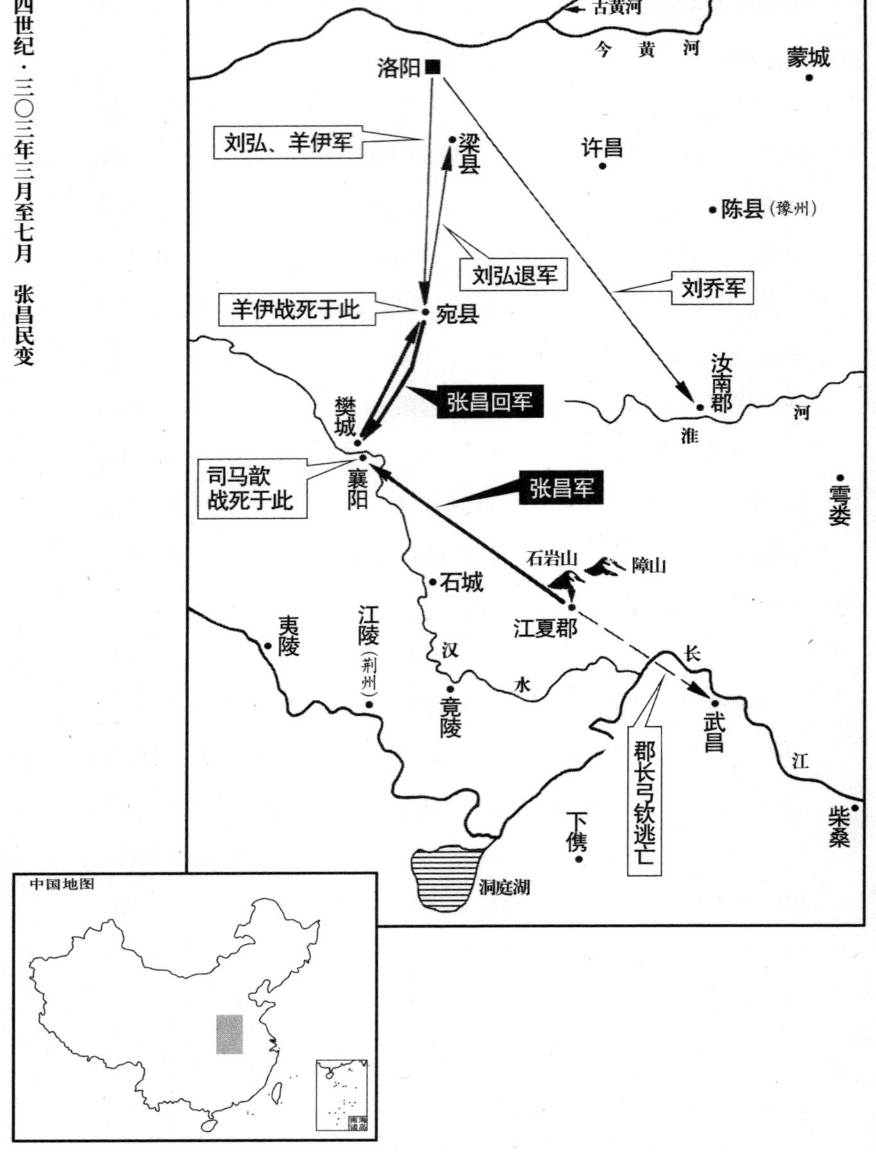

时，原来当司马冏军事参议官（参军）的皇甫商（皇甫商跟李含之间不睦事，参考去年〔三〇二〕十一月），转任司马乂军事参议官（参军），皇甫商的老哥皇甫重，当秦州（甘肃省南部）州长（刺史）。李含向河间王司马颙建议说："皇甫商正受司马乂信任，皇甫重自然不会听你的差遣，应该早日下手消灭。不妨上书皇帝，推荐调升皇甫重到中央任职，等他前往洛阳上任，经过长安（陕西省西安市）时，把他逮捕。"

皇甫重得到消息，先发制人，向国务院（尚书）呈递一份不封口的紧急控告书（所以不封口，希望事情公开），一面动员秦州（甘肃省南部）武装部队，指名讨伐李含。司马乂因战乱刚刚平息，不希望事态扩大，派使节携带皇帝的诏书，命皇甫重复员，并征召李含出任首都洛阳市长（河南尹）。李含接受诏书，而皇甫重不接受。司马颙命金城郡（甘肃省兰州市东）郡长游楷、陇西郡（甘肃省陇西县）郡长韩稚等，集结四郡的兵力，攻击皇甫重（时秦州州政府设冀县〔甘肃省甘谷县〕）。

司马颙密令李含，跟高级咨询官（侍中）冯荪、最高立法长（中书令）卞粹，谋杀司马乂。皇甫商警告司马乂，司马乂遂逮捕李含、冯荪、卞粹，一齐诛杀。骠骑将军府参谋官（骠骑从事）琅邪国（山东省临沂市）人诸葛玫、前宰相府秘书长（司徒长史）武邑郡（河北省武邑县）人牵秀（"二十四友"之一，参考二九一年三月），逃出洛阳，投奔邺城（司马颖根据地，河北省临漳县邺城镇）。

5 已称汉帝国相国的变民集团首领张昌，所属将领石冰，攻击扬州（安徽省中南部及浙江省），击败扬州（州政府设建业〔江苏省南京市〕）州长（刺史）陈徽，各郡全被占领，又攻陷江州（州政府设豫章〔江西省南昌市〕）。另一将领陈贞，一连攻陷武陵郡（湖南省常德市）、零陵郡（湖南省永州市）、豫章郡（江西省南昌市）、武昌郡（湖北省鄂州市）、长沙郡（湖南省长沙市)。临淮郡(江苏省盱眙县)人封云，聚众起兵，攻击徐州(江苏省北部)，响应石冰。于是，荆州(湖北省及湖南省)、江州(江西省及福建省)、徐州(江苏省北部)、扬州(安徽省中南部及浙江省)、豫州(河南省东部)，五州境内，大多数郡县，都被张昌占领。张昌改派州长郡长，全是一些强盗匪徒小人，只知道抢劫掠夺。镇南将军、荆州军区司令长官(都督荆州诸军事)刘弘，命大营总指挥官(大都护)陶侃等，攻击张昌所在地竟陵郡(湖北省钟祥市)；豫州(州政府陈县)州长(刺史)刘乔，派他的将领李杨等，攻击江夏郡(湖北省云梦县)。陶侃等屡次跟张昌会战，大破张昌，前后斩杀数万人；张昌逃到下儁山(湖北省通城县境)，所有部众，全都投降。

最初，陶侃孤苦贫寒，在本郡庐江郡(安徽省舒城县)郡政府当视察官(督邮)。长沙郡(湖南省长沙市)郡长万嗣，经过庐江郡，对陶侃十分欣赏，命自己的儿子跟他结交。后来，陶侃被保荐当“孝廉”，到首都洛阳参加考试。豫章国(江西省南昌市)王府禁卫官司令(豫章国郎中令)杨晫，把他介绍给顾荣(曾任齐王司马冏的主任秘书，参考前年〔三〇一〕六月)，从此知名度渐高。等到击败张昌，刘弘对陶侃说：“我从前当羊祜(参考二七八年十一月)的军事参议官(参军)，羊先生说我以后会坐上他的座位。现在告诉你，你也会坐上我的座位(陶侃终于担任荆州州长，参考三一三年八月)。”

刘弘当初退守梁县(河南省汝州市)时(参考本年〔三〇三〕六月)，征南将军范阳王司马虓(音xiāo〔消〕。时驻许昌)，派前任外籍兵团指挥官(长水校尉)张奕，兼任荆州(湖北省及湖南省)州长(刺史)。刘弘击败张昌后，前往就职，张奕拒不接受，率军攻击刘弘，刘弘反击，斩张奕(一个亲王竟可以任命州长，并攻击中央任命的州长，晋王朝政治混乱的程度，已不可收拾)。当时，荆州各郡各县的首长，大都空缺，刘弘上书请求由州政府选派，皇帝下诏批准。刘弘奖励有功劳的人，物色有德行的人，依照他们的才能任官，大家佩服他的公正。刘弘上书中央，推荐皮初当襄阳郡（湖北省襄阳市）郡长，中央政府认为皮初虽然有功，可是资历跟声望，都还不够，另行改派刘弘的女婿、前任东平郡（山东省东平县西北）郡长夏侯陟当襄阳郡郡长。刘弘下令说："治理一国的人，当为全国人民尽心，如果是亲戚才可以用，则荆州有十个郡，去哪里找十个女婿，担任郡长？"再上书中央："夏侯陟是我的姻亲，依照旧时规定，不可以互相监督，皮初的贡献，应该获得酬劳。"下诏批准。

刘弘于是鼓励耕田种桑，刑罚宽大，田赋捐税轻微，政府和民间，逐渐富足，人民欢腾。

6 河间王司马颙（时驻长安）得到李含等被杀消息，立即起兵，讨伐长沙王司马乂。最高统帅（大将军）司马颖（时驻邺城）上书请求南下讨伐张昌，中央政府批准；不久，张昌之乱平定，司马颖遂打算联合司马颙，共同攻击司马乂。智囊卢志劝阻说："殿下从前建立伟大的勋业，却抛弃权力，辞让荣耀，声望美好。现在如果把军队驻扎城外，身穿文官衣服，前往中央，这是霸主的事业。"军事参议官（参军）魏郡（河北省临漳县邺城镇）人邵续说："人之有兄弟，犹如左手之有右手，殿下的目标是天下，却先砍下一手（司马颖跟司马乂是同父兄弟，而司马颙不过疏远的族兄），怎么可以？"司马颖听不进去。

八月，司马颙、司马颖，联合上书皇帝司马衷，指控说："司马乂处理功劳，偏私不公，跟国务院右执行长（右仆射）羊玄之、左将军皇甫商，横行专断，把持中央政权，杀害忠良（指李含等）。请诛杀羊玄之（皇后羊献容的老爹）、皇甫商，遣送司马乂返回他的封国（长沙国，湖南省长沙市)。”司马乂迅速反应，命皇帝司马衷下诏:“司马颙竟敢擅自兴起大军，侵犯京师(首都洛阳)，我当亲率六军，诛杀奸逆叛徒！兹任命司马乂当全国武装部队总司令(太尉)，兼全国各军区总司令长官(都督中外诸军事)，率军抵御。”

司马颙任命振武将军张方当司令官(都督)，率精锐部队七万人，出函谷关(河南省新安县)，向东直指首都洛阳。司马颖率军，进驻朝歌(河南省淇县)，任命平原国(山东省平原县)郡长(内史)陆机当前将军、前锋司令官(前锋都督)，统御北翼警卫指挥官(北中郎将)王粹、冠军将军牵秀、中央军事总监(中护军)石超等，率军二十余万，向首都洛阳推进。陆机以一个流亡寄居的客卿地位，忽然间作为统帅，位在旧有将领之上，王粹等人心中不服。白沙(邺城东南)防卫司令(督)孙惠，跟陆机感情亲密，劝陆机把司令官(都督)让给王粹，陆机说:“那样做，他们可能抨击我摇摆不定，不敢挺身而出，恰恰使大祸提前爆发。”遂率军南下。司马颖从朝歌(河南省淇县)列军到黄河富平津(即孟津，河南省洛阳市孟津区东黄河渡口)大桥，战鼓不绝，声闻数百华里。

八月二十四日，晋帝司马衷御驾到十三里桥(首都洛阳城西六公里)，全国武装部队总司令(太尉)司马乂，命皇甫商率军一万余人，西上宜阳(河南省宜阳县西)，抵抗张方。

八月二十八日，司马衷御驾返宣武场(首都洛阳城北)。

八月二十九日，司马衷御驾住宿石楼(宣武场东)。

九月六日，司马衷御驾率军进驻黄河富平津(河南省洛阳市孟津区东黄河渡口)大桥。

九月十一日，张方袭击皇甫商，大胜。

九月十三日，司马衷御驾住芒山(洛阳城与黄河之间的小山脉)。

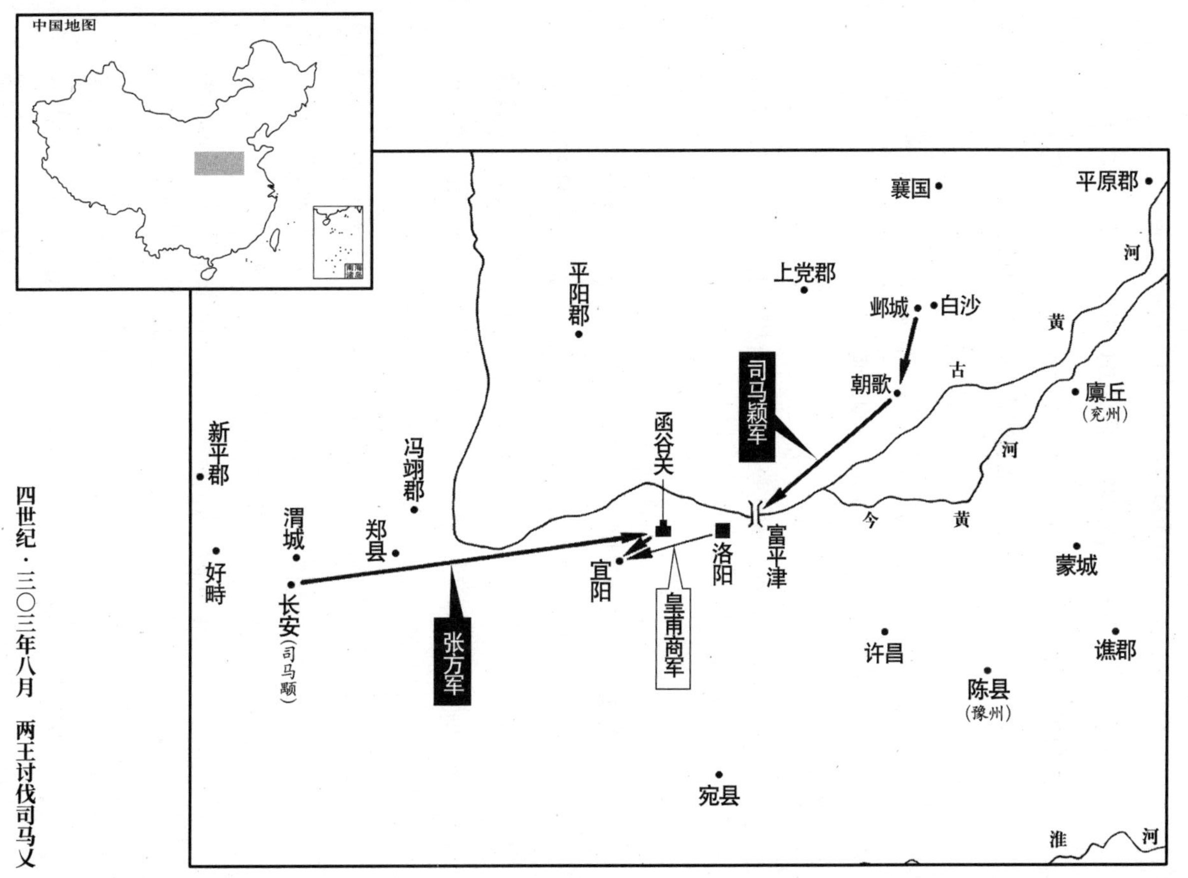

四世纪·三〇三年八月　两王讨伐司马乂

九月十六日，司马衷御驾前往偃师（河南省洛阳市偃师区）。

九月二十日，司马衷御驾住宿豆田（洛阳城东）。最高统帅（大将军）司马颖抵达黄河南岸，面对清水（河南省洛阳市孟津区东）构筑营垒。

九月二十二日，羊玄之忧愁恐惧，逝世；司马衷御驾返回洛阳城东。

九月二十五日，司马衷前往缑氏（河南省洛阳市偃师区东南。缑，音gōu〔钩〕），反击成都兵团将领牵秀，逐退攻势。

司马衷下诏大赦天下。

河间兵团司令官（都督）张方，突入首都洛阳，奸淫烧杀，大肆抢掠，杀人以万为单位计算。

7 流亡益州（四川省中部）难民首领李流病重，对各将领说："李骧仁爱聪明，固然可以建立伟大事业，然而李雄英雄盖世，大概就是俗语说的：上天所赐，你们应请他领导。"李流逝世，部众遂共推李雄继任总司令官（大都督）、最高统帅（大将军）、益州全权州长（牧），就在郫城（四川省成都市郫都区）建立根据地。

李雄命武都郡（甘肃省成县）人朴泰（朴，姓。音piáo〔瓢〕），向固守成都（四川省成都市）的罗尚（晋政府益州州长）诈降，引诱罗尚袭击郫城，向罗尚承诺届时在郫城城内纵火，作为内应。罗尚命隗伯率军进攻，而李骧已在道旁布妥埋伏，朴泰从城上递下长梯等候。霎时间郫城城内火光冲天，隗伯军攀梯而上。李骧伏兵突起，大破隗伯军，追击到成都城下，时正半夜，李骧命军中齐喊："万岁！"宣称："已取得郫城！"守城军大开城门迎接，李骧一直闯进少城，这时罗尚才发觉情势有变，急退保太城。隗伯受伤很重，被生擒活捉，李雄赦他不死（隗伯背叛事，发生于本年〔三〇三〕三月）。李骧攻击犍为郡（四川省

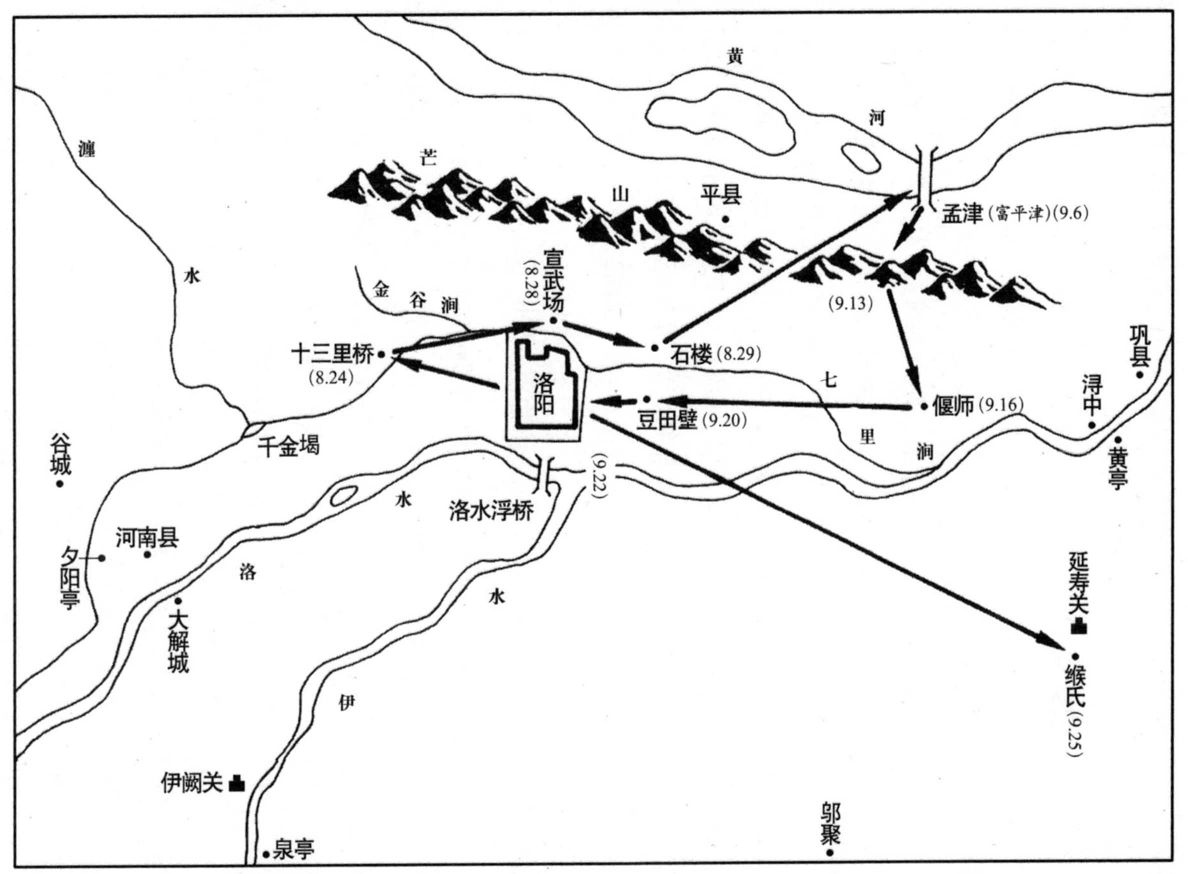

四世纪·三〇三年八月至九月　皇帝司马衷移驻京郊

眉山市彭山区)，切断罗尚补给品供应，俘虏犍为郡郡长龚恢，斩首。

8 成都兵团将领石超，逼近缑氏(河南省洛阳市偃师区东南)。

冬季，十月二日，晋帝司马衷回宫(张方既已入京，司马衷怎能回宫，前项记载恐有错误)。

十月七日，中央部队在洛阳东阳门(东城中门)外，击败成都兵团将领牵秀。最高统帅(大将军)司马颖派将军马咸，协助陆机。

十月八日，全国武装部队总司令(太尉)司马乂，陪同晋帝司马衷，在洛阳建春门(东城北门)外，迎战陆机，司马乂军政官(司马)王瑚，派出数千骑兵，在战马两侧，捆绑长戟，突击马咸阵地，马咸军大乱，马咸被俘，斩首。陆机军大败，逃向七里涧(洛阳城东)，尸首堆积如山，涧水被阻，不能下流。中央军斩成都兵团大将贾崇等十六人，石超逃走。

最初，宦官孟玖，受最高统帅(大将军)司马颖的宠爱(参考前年〔三〇一〕六月)；孟玖打算用他的老爹当邯郸(河北省邯郸市)县长，左秘书长(左长史)卢志等，都不敢违抗。右军政官(右司马)陆云，坚决反对，说："当过这样大县县长，就具有宰相府秘书的资格，岂可以用宦官之父？"孟玖心中怀恨。孟玖的老弟孟超，领一万人，担任部队长，还没有跟敌人接触，孟超就放纵他的手下，大肆抢掠，陆机逮捕肇事士卒，孟超得到消息，率强悍骑兵一百余人，一直冲进陆机司令部，把犯人抢走，回头诟骂说："狗蛮子，看你这司令官能干几天？"陆机的军政官(司马)吴郡(江苏省苏州市)人孙拯，劝陆机诛杀孟超，陆机不能接受。孟超遂向大家宣布："陆机就要叛变。"又写信给他老哥孟玖，指控陆机脚踏两条船，观望风向，所以无法迅速取得胜利。建春门会战时，孟超不接受陆机命令，轻率的单独前进，兵败身死。孟玖疑心陆机杀害，遂在司马颖面前诬陷说："陆机跟长沙王（司马乂）勾结，已有二心！"冠军将军牵秀，一向谄媚孟玖，而将军王阐、郝昌、作战官（帐下督）阳平郡（河北省大名县东北）人公师藩（公师，复姓），都是孟玖引荐任用，遂一同挺身作证。司马颖大发雷霆，命牵秀率军逮捕陆机。军事参议官（参军事）王彰劝阻说："今天的事，强弱相差太大，连傻子都知道我们一定胜利，何况陆机通晓事理？可是，陆机是南方人（陆机是故东吴帝国将领，参考二七四年七月），殿下突然把他擢升到统帅高位，北方旧有将领，由嫉妒而生怨恨，都不肯服从，不过如此而已。"司马颖不理。

陆机听到牵秀率军抵达，脱下军服，戴上素色白帽，接见牵秀，写信向司马颖告辞，一切完毕后，叹息说："华亭（上海市松江区西）白鹤叫声，会不会再听到？"牵秀遂斩陆机（年四十三岁）。

司马颖又逮捕陆机的老弟清河国（山东省临清市）郡长（内史）陆云、平东将军府总监（平东祭酒）陆耽、军政官（司马）孙拯，全下监狱。记录官（记室）江统、陈留郡（河南省开封市东）人蔡克、颍川郡（河南省许昌市东）人枣嵩等，上书司马颖，认为："陆机谋略差错，招致失败，诛杀他已经足够。至于说他叛逆，所有的人，都知道并无其事。应该先列举出陆机叛逆的证据，如果有证据，再诛杀陆云等不晚。"江统等恳求不已，司马颖迟疑不决，拖了三天。正巧，蔡克觐见，走到司马颖面前，叩头流血，说："孟玖把陆云痛恨入骨，远近无人不知，而今果然遭到毒手，深替明公惋惜。"僚属随蔡克觐见的有数十人，都哭泣落泪，坚决恳请。司马颖也感到悲伤，脸上呈现宽恕陆云的表情。孟玖正在一旁侍奉，立刻把司马颖扶进去，出来后催促火速诛杀陆云（年四十二岁）、陆耽，屠灭陆机三族。

审问官对孙拯苦刑拷打数百次，血肉模糊，脚踝骨都露到外面，而孙拯誓言陆机冤枉。审问官知道孙拯壮烈，对他说："两位陆先生冤枉，谁不知道？先生怎么能够不爱惜自己的身子？"孙拯仰天长叹，说："陆家兄弟，是当世奇才，我受他们信任爱护，虽然不能救他们一命，但我不忍心对他们诬陷！"孟玖等知道孙拯不可能屈服，遂命审问官撰写一份假的口供。司马颖既诛杀陆机，常感到后悔，等见到孙拯自动招认、坦承不讳的笔录，大喜，对孟玖等说："要不是你这么忠心，追究不出来这件邪恶勾当。"下令屠灭孙拯三族。孙拯的门徒费慈、宰意二人，前往监狱为孙拯呼冤，孙拯教他们快走，说："我执着正义，为了不辜负二位陆先生，死自应该，你们为的什么？"费慈、宰意说："你不辜负二位陆先生，我们又怎么可以辜负你？"坚持为孙拯申辩，孟玖又斩费慈、宰意。

柏杨曰

陆机既陷入鲨鱼之口，纵有天大本领，也难逃生，孙拯身受苦刑，而仍不屈，只为了证明别人的清白，费慈和宰意，面对白刃，坚持立场，只不过为别人申冤。他们最后终于全被屠杀，但忠烈正直的行为，震撼史册。

使人痛心的正是这种忠烈正直，它永远是暴行之下的产物。几乎每一个忠烈正直的中国人，遭遇都要如此坎坷悲惨，原因何在？一个社会，忠烈正直所付出的血肉模糊代价，会使这个社会再没有人去追求是非善恶，强梁就成了公理。暴君诬杀忠良，暴官诬杀无辜，暴政诬杀异己，不仅摧毁法律，而且摧毁道德。道德瓦解后造成的森林性的生存律，将把全民驱入禽兽世界。

任何一个诬陷事件中，唯一的获益者是鲨鱼，他们自有能力把掌握权力资源的头目，玩弄于股掌之上，当司马颖正有点后悔不该大肆诛杀时，看见孙拯自动招认和坦承不讳的口供，对巨鲨孟玖感谢说："要不是你忠心，追究不出来邪恶勾当。"当初嬴胡亥也曾这么感谢过赵高。千载之下，我们似乎仍可听到鲨鱼心里的喊声："你这个猪！"

冤狱，不纯是政治问题，症结埋在我们传统文化的深处。

9 全国武装部队总司令（太尉）司马乂，在击败北方成都兵团后，陪同皇帝司马衷，回军攻击西方河间兵团司令官（都督）张方，河间兵团看见皇帝御驾亲征，全部向后退走，霎时大败，死亡五千余人。张方退守十三里桥（洛阳城西六公里），大家恐惧，打算乘夜撤退。张方说："胜败是兵家常事，卓越的指挥官可以利用失败造成的形势，转为胜利。我们要向前推进，构筑工事，会大出敌人意料之外，这是奇计。"在夜色掩护下，向洛阳挺进，逼近距城池七华里的地方，构筑营垒，一连很多层，夺取城外仓库，供应军粮。司马乂既然战胜，对张方已不再担心，等得到情报，张方的营垒已快筑成。

十一月，司马乂率军进攻张方，失利。中央政府高阶层官员认为：司马乂、司马颖，是骨肉兄弟，可以用言辞调停，遂派最高立法长（中书令）王衍等觐见司马颖，建议二人把全国分为两部，各统一部，司马颖拒绝。司马乂托他们带信给司马颖，分析祸福利害，要求和解。司马颖复书："请斩皇甫商等，我就率军返回邺城（河北省临漳县邺城镇）。"司马乂又不能接受。

司马颖遂再进攻京师（首都洛阳），张方更破坏千金坝（千金堨，洛阳城西），于是洛阳缺水，河川、水井，以及磨坊用的水源，全都枯竭。司马乂不得已，发动各亲王、各公爵，以及三公级官员家中的奴仆婢女，手捣谷米，供给军营，一品（最高等级）以下官员，身不在军营中的，家里十三岁以上的男子，都要担任战斗任务；又征调奴仆参加军队，公私都陷入毫无希望的绝境，谷米每石价格高达一万钱。皇帝诏书所及，只不过限于洛阳城里。骠骑将军府主任秘书（主簿）范阳国（河北省涿州市）人祖逖（司马乂当时任骠骑将军），对司马乂说："雍州（州政府设长安〔陕西省西安市〕）州长（刺史）刘沈，忠义果敢，而他所拥有的兵力，又足以控制司马颙。最好是请皇上下诏给刘沈，命刘沈出兵袭击司马颙，司马颙为了自救，一定召回张方，这是上策。"司马乂同意。刘沈接到诏书后，向四方传达这项命令，很多郡县起兵响应。刘沈共集结七个郡的兵力，约一万余人，进攻司马颙所在的长安（陕西省西安市）。

司马乂派皇甫商暗中西行，携带皇帝的诏书，命金城郡（甘肃省兰州市东）郡长游楷等，停止对皇甫重攻击，并命皇甫重进军讨伐司马颙。皇甫商化装成普通平民，已走到新平郡（陕西省彬州市），遇见他的一位堂甥，而这位堂甥素来憎恨这位堂舅，就报告司马颙。司马颙遂逮捕皇甫商，斩首。

10 变民首领张昌虽然逃亡，但部将石冰的势力，仍然强大（时石冰占据建业〔江苏省南京市〕）。

十二月，参议官（议郎）周玘（音qǐ〔启〕）、前南平郡（湖北省公安县）郡长（内史）、长沙郡（湖南省长沙市）人王矩，先后在江东（江苏省南部太湖流域）聚众起兵，讨伐石冰，公推前吴兴郡（浙江省湖州市）郡长、吴郡（江苏省苏州市）人顾秘，当扬州九郡军区司令长官（都督扬州九郡诸军事），号召各郡，命斩杀石冰所派任的官员。于是，前执法监察官（侍御史）贺循，在会稽郡（浙江省绍兴市）起兵，庐江郡（安徽省舒城县）郡长（内史）

广陵郡（江苏省淮安市淮阴区）人华谭，以及丹阳郡（江苏省南京市）人葛洪、甘卓，也都先后起兵，响应顾秘。周玘，是周处的儿子（周处之死，参考二九七年正月）。贺循，是贺卲的儿子（贺卲，参考二七五年）。甘卓，是甘宁的曾孙（甘宁，参考二〇八年正月）。

石冰派他的将领羌毒（羌，姓），率军数万抵御周玘，周玘击斩羌毒。石冰从临淮郡（江苏省盱眙县）向寿春（安徽省寿县）推进，驻防寿春的征东将军刘准，得到情报，惊慌恐惧，不知道如何是好。广陵郡（江苏省淮安市淮阴区）粮运官（度支）庐江郡（安徽省舒城县）人陈敏，正巧率后勤部队在寿春，对刘准说："石冰的部众，都因为不愿长途远征之故，才被迫当盗贼，不过一群乌合之众，容易瓦解，我愿率后勤部队，替你破敌。"刘准更增加陈敏的部众，命他迎击石冰。

11 闰十二月，流亡益州（四川省中部）难民首领李雄，向困守成都（益州州政府所在县，四川省成都市）太城的益州州长（刺史）罗尚，发动猛烈攻击。罗尚军粮食已尽，留下营门官（牙门）张罗特续守，罗尚乘夜深人静，从牛鞞水（郫水）向东逃走，张罗特遂大开太城城门，投降。李雄完全占领成都，但部众们饥饿不堪，只好再退出来，前往郪县（四川省三台县南郪江镇）寻求粮食，挖掘山芋维生。

梁州（陕西省南部及四川省东北部）州长（刺史）许雄，被指控不能进军讨伐贼寇，调回京师（首都洛阳），问罪处罚。

12 安北将军，兼幽州军区司令长官（都督幽州诸军事）王浚，眼看天下大乱，打算结交夷狄，作为外援，遂把一个女儿嫁给鲜卑段家部落（河北省东北部）酋长段务勿尘，另一个女儿嫁给鲜卑另一酋长宇文素怒延（属宇文部落〔内蒙古老哈河上游〕，参考去年〔三〇二〕十二月）。又上

四世纪·三〇三年十二月
江淮一带反抗石冰

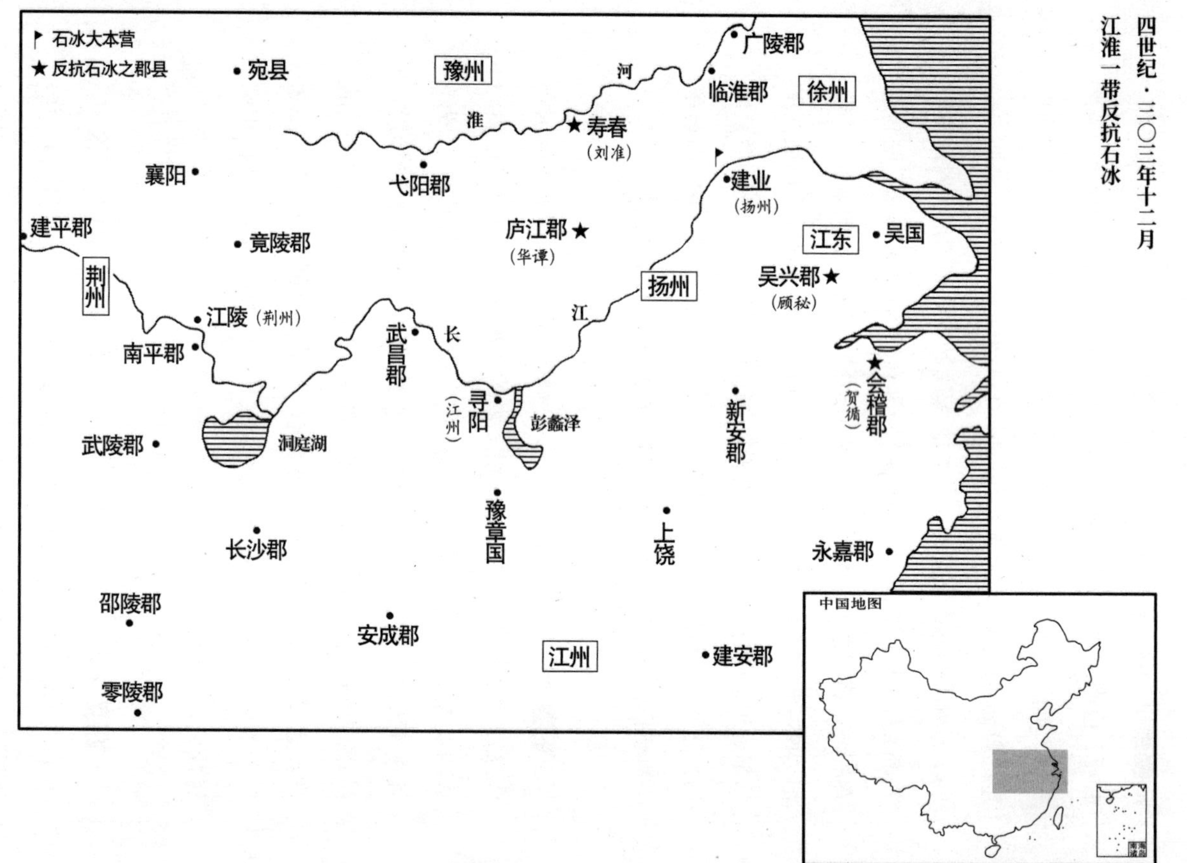

书中央，封段务勿尘当辽西公（首府令支〔河北省迁安市〕），把辽西郡（河北省卢龙县）作为采邑。王浚，是王沈的儿子（王沈出卖曹魏帝国四任帝曹髦事，参考二六〇年五月）。

13 宁州（云南省）豪门首领毛诜（音shēn〔身〕），因起兵响应李特被杀（参考去年〔三〇二〕八月）；一同起兵的李叡，投奔蛮夷五苓部落酋长于陵丞，于陵丞觐见宁州（州政府设滇池〔云南省昆明市晋宁区〕）州长（刺史）李毅，代李叡求情，李毅承诺宽恕李叡不死。可是，等李叡前来觐见，李毅竟斩李叡。于陵丞怒不可遏，率各蛮夷部落叛变，攻击李毅。

14 国务院总理（尚书令）乐广的女儿，是成都王司马颖的王妃。有人向全国武装部队总司令（太尉）司马乂打小报告，司马乂询问乐广，乐广神色镇定，从容不迫说："我岂能用五个儿子，换一个女儿（意指：如果归附司马颖，五男必被诛杀）！"但司马乂仍然疑心。

三〇四年 甲子

晋	太安	三年
	永安	元年
	建武	元年
	永兴	元年
成汉	建兴	元年
汉赵	元熙	元年

（汉帝刘尼神凤二年）

1 春季，正月八日，晋王朝（首都洛阳〔河南省洛阳市东白马寺东〕）国务院总理（尚书令）乐广忧虑过度，逝世。

2 长沙王（厉王）司马乂（音yì〔易〕）不断击破最高统帅（大将军）司马颖的攻势，前后斩杀六七万人，在战况最紧张之时，司马乂对皇帝（四任惠帝）司马衷（本年四十六岁）的礼敬，一点都没松懈，首都洛阳城中粮食日渐缺乏，可是士卒毫无离心。河间兵团司令官（都督）

张方，认为不可能攻陷洛阳，打算回军长安（陕西省西安市），而洛阳城内突然发生政变。东海王司马越（皇帝司马衷的堂叔）认为这场战争不可能获得胜利。

正月二十五日，司马越暗中跟金殿禁卫军将领，突入大营逮捕司马乂，送到其他处所羁押。

正月二十六日，司马越报告皇帝司马衷，下诏免除司马乂所有官职，囚禁金墉城（洛阳城西北角离宫），大赦，改年号（之前是太安三年，之后是永安元年）。可是等打开城门，发现攻城军疲惫凌乱，根本不是对手，将领们大为后悔，打算救出司马乂，重新对抗。司马越恐怕司马乂出狱后的报复，决定诛杀司马乂，断绝大家的念头。禁宫咨询官（黄门侍郎）潘滔说："你不必亲自动手，自会有人替你把障碍肃清。"遂派人秘密通知张方。

正月二十八日，张方到金墉城带走司马乂，回到大营，燃起烈火，把司马乂活活烤死（年二十八岁），哀哭之声，传播营外，连张方的士兵都痛哭流涕（"八王之乱"第五王结束。司马乂自前年〔三〇二〕十二月取代司马冏，到本年〔三〇四〕正月被杀，当权一年零二个月）。

中央政府三公级及部长级以上官员，都到邺城（河北省临漳县邺城镇）向成都王司马颖请罪，司马颖遂入京师（首都洛阳），但立即又回邺城。晋帝司马衷下诏，任命司马颖当丞相，加授东海王司马越代理国务院总理（守尚书令）。司马颖派奋武将军石超等，率军五万人，把守洛阳十二个城门（洛阳东城：建春门、东阳门、清明门；西城：广阳门、阊阖门、西明门；南城：开阳门、津阳门、平昌门、宣阳门；北城：大夏门、广莫门）。金殿禁军将士，司马颖从前所忌恨的，全部诛杀，剩下的也都调走，由成都兵团接替。推荐并任命（表）卢志当总立法长（中书监），但仍留邺城（河北省临漳县邺城镇），负责主持丞相府业务。

河间王司马颙驻军郑县（陕西省渭南市华州区），作为张方的声援。听到雍州（陕西省中部）州长（刺史）刘沈起兵消息（参考去年〔三〇三〕十一月），回军渭城（陕西省咸阳市），派大营指挥官（督护）虞夔，进抵好畤（陕西省乾县东好畤村）迎战，大败；司马颙惊慌失措，退入长安，急命张方回军。张方掳掠洛阳官府的和私人的奴仆婢女约一万余人西返，中途，粮食告尽，就用人代替，杀人之后，把人肉羼杂在牛肉、马肉中吞吃（杀什么人？如果不是沿途居民，定是掳掠的奴仆婢女，一恸）。

刘沈渡过渭水攻击，司马颙屡战屡败。刘沈命安定郡（甘肃省镇原县东南屯字镇）郡长衙博、人事官（功曹）皇甫澹，率精锐部队五千人袭击长安，突入城门，奋战而前，直冲到司马颙营帐之下。可是，约定的刘沈援军，却不能及时抵达会师。冯翊郡（陕西省大荔县）郡长张辅，发现突击部队无以为继，率军拦腰攻击，斩衙博、皇甫澹，突击部队大败，收拾残兵，退出长安。当晚，张方派他的将领敦伟（敦，姓）夜袭，刘沈军崩溃。刘沈跟他的部属，向南逃亡，被追兵拿获。刘沈告诉司马颙说："知遇之恩轻（司马颙留刘沈当总参谋长〔军师〕，继作雍州〔陕西省中部〕州长〔刺史〕事，参考去年〔三〇三〕三月），君臣之义重，我不能违背天子的诏书，盘算强弱利害，以求活命。起兵之日，已知道必死，纵然被剁成肉酱，心甘情愿。"司马颙气得发狂，下令先施鞭打，然后腰斩。新平郡（陕西省彬州市）郡长、江夏郡（湖北省云梦县）人张光，是刘沈的智囊，屡次向刘沈提供计策。司马颙搜捕到他，向他责问，张光说："刘沈不用我的谋略，大王才有今天。"司马颙佩服他的胆量，请他饮酒欢宴，向中央推荐并任命（表）他当右翼皇城城门护卫官（右卫司马）。

3 益州（四川省中部）州长（刺史）罗尚，逃到江阳郡（四川省泸州市），派人奏报中央。皇帝下诏，命罗尚暂时统御梁州（四川省东北部及陕西省南部）所属的巴东（重庆市奉节县东）、巴郡（重庆市）、涪陵（贵州省沿河县西南部）三郡，对前方战斗部队作后勤支援。罗尚派总务官（别驾）李兴，前往襄阳（湖北省襄阳市）觐见镇南将军刘弘，要求粮秣，刘弘部属认为道路既远而又崎岖难行，不容易运输；而且，荆州（湖北省及湖南省）本州粮秣，也十分缺乏，只打算把零陵郡（湖南省永州市）郡政府仓库稻米，拨付五千斛，刘弘说："全国是一个整体，彼此没有分别，我们供应他粮秣，就不必忧虑西方灾难。"遂拨付三万斛，罗尚靠这些粮食，得以自保。李兴愿留在襄阳当刘弘的军事参议官（参军），刘弘夺过李兴的手版（即"笏"，部属参见长官，臣僚拜见君王，唯恐怕临时遗忘，把陈述要点，记在一块长板上；同时也是一种尊敬的表示），把他送回江阳郡（四川省泸州市）。刘弘又派人事官（治中）何松，率军进驻巴东郡（重庆市奉节县东），支援罗尚。

这时，各地流亡到荆州（湖北省及湖南省）的难民，有十余万户，异乡无依无靠，贫苦穷困，多数都去当强盗。刘弘尽量供给他们土地，以及播种用的种子。擢升他们中间的贤能人才，依照资格经历，命他们当官，难民遂渐渐安定。

4 二月十七日，丞相司马颖，上书罢黜皇后羊献容（第一次罢黜）囚禁金墉城（羊献容当皇后事，参考三〇〇年十一月）；罢黜皇太子司马覃（参考前年〔三〇二〕五月），仍当清河王。

5 广陵国（江苏省淮安市淮阴区）粮运官（度支）陈敏（时驻寿春〔安徽省寿县〕），攻击变民首领石冰（参考去年〔三〇三〕十二月），石冰部众十倍于陈敏的后勤部队，陈敏连战连捷，最后，跟参议官（议郎）周玘所率的人民自卫军，联合进攻石冰所占领的建业（扬州州政府所在县，江苏省南京市）。

三月，石冰向北逃走，投奔另一变民首领封云；封云的军政官（司马）张统，斩石冰、封云，归降。扬州（安徽省中南部及浙江省）、徐州（江苏省北部）全部平定。

人民自卫军首领周玘、贺循，都解散他们的部众，返回家宅，口中从不提他们的功劳，更不提政府没有给他们奖赏。中央调升陈敏当广陵国（江苏省淮安市淮阴区）郡长（相）。

6 河间王司马颙上书皇帝司马衷，请封司马颖为皇太弟，当帝位合法继承人。

三月十一日，司马衷下诏，封司马颖为皇太弟、全国各军区总司令长官（都督中外诸军事），仍兼丞相。大赦。皇帝专用的车辆、轿舆、服装，以及御用器物，全部迁到邺城（河北省临漳县邺城镇），一切依照东汉王朝末年魏王曹操前例。又任命司马颙当太宰（上三公之一）、总司令官（大都督）、雍州（陕西省中部）全权州长（牧）。再任命前太傅（上三公之二）刘寔当全国武装部队总司令（太尉）；刘寔因年纪太老（本年八十五岁），坚决辞让，不肯接受。

7 皇太弟司马颖，骄傲奢侈，一天比一天严重，亲信弄臣们当权，全国大失所望。最高监察长（司空）东海王司马越，跟首都洛阳西区卫戍司令（右卫将军）陈眕（音zhěn〔诊〕），以及长沙王司马乂旧部上官巳等，密谋反抗。

秋季，七月一日，陈眕率军突入云龙门（皇宫南门），用皇帝诏书，征召三公、文武百官，及金殿禁卫军将士，下令戒严，讨伐司

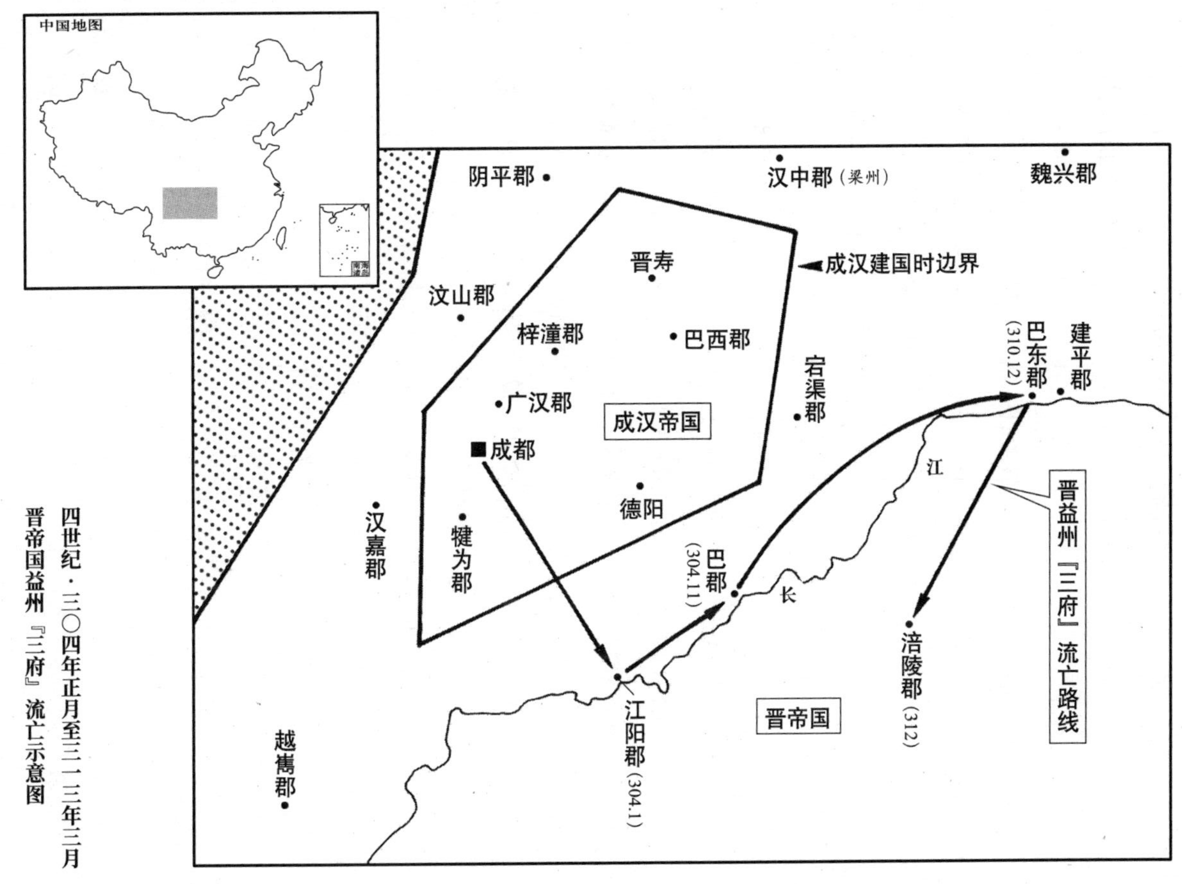

四世纪·三〇四年正月至三一三年三月
晋帝国益州『三府』流亡示意图

马颖。奋武将军石超逃回邺城（河北省临漳县邺城镇）。

七月三日，中央政府大赦天下，恢复皇后羊献容、皇太子司马覃原位。

七月四日，司马越陪同皇帝司马衷，御驾亲自北征。任命司马越当总司令官（大都督）；征召前高级咨询官（侍中）嵇绍，前往御营（行在）报到。另一高级咨询官（侍中）秦准对嵇绍说："此去前线，安危难以预料，你有没有好马？"嵇绍严肃回答说："身为臣属，护卫圣驾，生死不变，要好马干什么？"

司马越通令全国，征召四方兵马，各地军队像浓云涌起般，越集越多，抵达安阳（河南省安阳市），已集结十余万人，邺城震恐。司马颖召集文武百官，商讨对策，东安王司马繇说："天子御驾亲征，就应该解除武装，改穿素色衣服，出城迎接认罪。"司马颖拒绝，派石超率军队五万人拒战。折冲将军乔智明也劝司马颖出城迎接，司马颖大怒说："你号称明白事理，投靠于我，今天，主上被一群宵小之辈逼迫，你怎么打算教我自己绑住双手，去受诛杀？"

陈昣的两位老弟陈匡、陈规，从邺城逃奔御营（行在），说："邺城人心已经离散。"司马越的戒备，因之松懈。

七月二十四日，石超大军突然发动攻击，司马越不能抵挡，撤退到荡阴（河南省汤阴县），全军崩溃。皇帝司马衷脸部受伤，被射中三箭，文武百官和左右侍卫，各自逃命，只剩下嵇绍。嵇绍身穿正式官服，跳下马背，登上司马衷的坐车，用身体阻挡士兵的攻击，士兵抓住他，抓到辕下，挥刀就砍，司马衷呼叫："他是忠臣，不要杀！"士兵说："皇太弟（司马颖）有令，只不冒犯陛下一人。"遂斩嵇绍（年五十二岁），鲜血溅到司马衷衣服上。司马衷受到惊骇，从车上跌下，滚到路旁乱草之中，惊恐过度，以致身上所携带的六颗皇帝印信，全都遗失。

石超终于找到司马衷，把他带回大营。司马衷又饥又渴，石超端上一杯水，左右端上已过时的秋桃。司马颖派卢志迎接司马衷。

七月二十五日，司马衷抵达邺城（河北省临漳县邺城镇）。大赦天下，改年号建武（之前是永安元年，之后是建武元年）。左右准备洗司马衷的衣服，司马衷说："上面有嵇绍的血，不要洗掉。"

陈眕、上官巳等，拥戴太子司马覃，固守首都洛阳。司马越逃到下邳（江苏省睢宁县北古邳镇），徐州（江苏省北部）军区司令长官（徐州都督）东平王司马楙，拒绝他入城，司马越只好逃回他的封国（东海国，山东省郯城县）。皇太弟司马颖认为司马越兄弟（司马腾、司马略、司马模），在皇族中都具有声望，下令征召前往行宫，司马越不理。前奋威将军孙惠，上书建议司马越：尽量结交其他亲王和独当一面的军政大员，共同效忠皇家。司马越任命孙惠当记录军事参议官（记室参军），共同策划。中央禁军总监（北军中候）苟晞，投奔征南将军（将军府设许昌〔河南省许昌市东〕）范阳王司马虓（音xiāo〔消〕），司马虓代表皇帝任命（承制）苟晞兼代兖州（山东省西部）州长（刺史）。

8 最初，三位亲王起兵讨伐篡夺帝位的司马伦时（参考三〇一年三月），安北将军、幽州（河北省北部）军区司令长官（都督幽州诸军事）王浚，手握重兵，却站在一旁观望风向，不表明立场，而且禁止辖区人民响应三位亲王的号召投效从军。皇太弟司马颖早就打算讨伐他，一直不能实现；而王浚同样的也一直打算图谋铲除司马颖。司马颖派他的右军政官（右司马）和演，当幽州（州政府设蓟县〔北京市〕）州长（刺史），密令和演谋杀王浚。

和演跟乌桓单于审登密谋：陪同王浚到蓟县（北京市）南方的清

泉出游（清泉河，流经蓟县城南），就在出游时，击斩王浚。想不到那天忽然大雨倾盆，武器弓弦，全被雨水沾湿，无法发动，空手而回。审登认为王浚得到上天神灵帮助，敬畏交集，遂把密谋告诉王浚。王浚转而跟审登结盟，联合并州（山西省中部）州长（刺史）东嬴公司马腾，共同包围和演，诛杀，自己接管幽州州政府军队。司马腾，是司马越的老弟。皇太弟司马颖教皇帝司马衷下诏，征召王浚返回中央。王浚遂跟鲜卑段家部落（首府令支〔河北省迁安市〕）酋长段务勿尘（王浚女婿）、乌桓酋长羯朱，以及东嬴公司马腾，共同起兵，讨伐司马颖。

司马颖派北翼警卫指挥官（北中郎将）王斌，以及石超，率军迎击。

9 司马颖对东安王司马繇（司马颖的堂叔父）前次所作迎接皇帝御驾的建议，痛恨至深。

八月三日，逮捕司马繇，斩首。

最初，司马繇的老哥琅邪王（恭王）司马觐逝世，儿子司马睿继承王位。司马睿稳重沉着，反应敏捷，而又有气度，被任命当左将军，跟东海王司马越的军事参议官（参军）王导，十分友好。王导，是王敦的堂弟，有见识、有远见；因中央政府不断发生惨剧，建议司马睿返回他的封国（琅邪国，山东省临沂市）。正巧，叔父司马繇被杀，司马睿侍奉皇帝司马衷，留在邺城（河北省临漳县邺城镇），恐怕灾难临到自己头上，打算逃走。司马颖早已下令各地关卡渡口，严禁贵族或高官通过。所以司马睿逃到河阳（河南省孟州市）时，被检查人员拦住。随员宋典从后面赶到，用鞭梢照司马睿身上轻轻一抽，大笑说：“看房子的！人家禁止贵官，你什么时候也成了贵官啦？”检查人员遂放他过去。司马睿到了洛阳，带着娘亲太妃夏侯女士，一同回到封国。

10 丞相府参谋指挥官（丞相从事中郎）王澄，揭发宦官孟玖作奸犯科事实，劝司马颖诛杀孟玖。司马颖批准。

11 留守洛阳的上官巳，凶暴残忍，随心所欲。代理首都洛阳市长（守河南尹）周馥，是周浚的堂弟（周浚，参考二八〇年三月），跟京畿总卫戍司令（司隶校尉）满奋等，阴谋诛杀上官巳。事机不密，消息走漏，满奋等身死，周馥逃走，得以免此一难。

最高监察长（司空）司马越讨伐皇太弟司马颖时，太宰（上三公之一）司马颙派右将军、冯翊郡（陕西省大荔县）郡长张方，率军二万人赴援。后来听到皇帝已被俘虏到邺城（河北省临漳县邺城镇），遂命张方镇守首都洛阳。上官巳跟另一将领苗愿，出兵抗拒，大败，撤退回城。皇太子司马覃乘夜袭击上官巳、苗愿，上官巳、苗愿出洛阳逃走。

张方进入洛阳，皇太子司马覃，亲自到广阳门（洛阳西城南门）迎接，望见张方，就在路旁参拜；张方下车扶起。

罢黜皇后羊献容（第二次罢黜）及皇太子司马覃。

12 最初，皇太弟司马颖，推荐并任命（表）匈奴左贤王刘渊，当冠军将军，兼匈奴五部军区司令（监五部军事），率军驻防邺城（河北省临漳县邺城镇。晋王朝二任帝司马衷初即位时，任命刘渊当建威将军，兼匈奴五部总司令官〔五部大都督〕，参考二九〇年十月。三世纪九〇年代末期，因部众叛变，逃出塞外，撤除官职）。刘渊的儿子刘聪，骁勇超过常人，对经典史籍，阅读广博，精于写作文章，可以拉动三百斤的巨弓。二十岁时，前往京师（首都洛阳）留学，当时的知名之士，都跟他结交。司马颖命刘聪当积弩将军。

刘渊的堂祖父、右贤王刘宣，对他的亲族说："自从汉王朝（东汉王朝）覆亡，我们匈奴单于，不过一个虚名，连一寸土地都没有。王爵侯爵，跟平民没有差别。今天，我们的部众虽然衰弱，但仍不少于二万，为什么一直低头听命，被人呼来喝去！可是，我们却安于这种委屈，匆匆过了一百年。左贤王（刘渊）英明盖世，上天如果没有意思教匈奴复兴，绝不会使这种人降生。现在，姓司马的骨肉之间，互相残杀，全国像滚水一样沸腾。恢复呼韩邪单于（匈奴汗国十四任单于挛鞮稽侯栅）当年勋业（参考前五一年），时机已经成熟。"于是，互相磋商，共同推举刘渊当大单于。派他的亲信呼延攸，前往邺城（河北省临漳县邺城镇）禀告。

刘渊向司马颖请假回去主持一项族人的葬礼，司马颖不准。刘渊遂命呼延攸先返，告诉刘宣："召集匈奴五部的战斗部队，跟其他支派或其他民族的壮士，宣称协助司马颖。"当然，他最后的目的是背叛司马颖。等到安北将军王浚（时驻蓟县）、东嬴公司马腾（时驻晋阳）起兵，刘渊乘机向司马颖提出建议："如今，两个军区（二镇）强梁跋扈，军队十余万之多，皇家禁卫军和附近各郡将士，恐怕不能阻止。我请求为殿下回去一趟，说服五部，共赴国难。"司马颖说："五部的兵力，能不能召集？即令可以召集，鲜卑、乌桓兵马，不容易抵挡。我打算陪同皇帝，回到首都洛阳，躲避他们的锐气。然后号召天下，用中央政府的威力，克制他们，你以为如何？"刘渊说："殿下是武皇帝（一任帝司马炎）的儿子，对皇家有伟大的功勋，声威和德行，远近传播；四海之内，谁不愿意为殿下尽忠效死？匈奴五部兵力，有什么困难不能召集？王浚不过一个蠢材，司马腾更是疏远的皇族（司马腾，是司马懿老弟司马馗的孙儿），岂有力量跟殿下一较长短？殿下一旦离开邺城（河北省临漳县邺城镇），就显示衰弱，根本到不了洛阳。即令到了洛阳，权威也不会仍在你手。盼望殿下，安抚激励你的部众，用镇静的态度，稳定人心。我为殿下，用两部的兵力摧毁司马腾，三部的兵力摧毁王浚。两个宵小的人头，可指日悬挂高竿。”司马颖大为高兴，封刘渊“北单于”，兼丞相府军事参议官（参丞相军事）。

刘渊返抵左国城（山西省吕梁市离石区北），刘宣等上刘渊“大单于”尊贵绰号，二十天之间，集结五万人，遂把离石（西河郡郡政府所在县，山西省吕梁市离石区）作为基地。刘渊任命他的儿子刘聪当鹿蠡王；派左于陆王刘宏，率精锐骑兵五千人，前去跟司马颖的将领王粹会师，阻截并州（山西省中部）州长（刺史）东嬴公司马腾。然而，王粹已被司马腾击败，刘宏来不及赶到，遂撤退回来。

王浚、司马腾联军攻击成都兵团北翼警卫指挥官（北中郎将）王斌，大破王斌。王浚命主任秘书（主簿）祁弘当先锋，在平棘（河北省赵县）击败石超，大军乘胜南下，斥候抵达邺城（河北省临漳县邺城镇），邺城震动，文武官员纷纷逃走，士兵也四分五散。智囊卢志劝司马颖陪同皇帝司马衷，早日前往首都洛阳。当时，全副武装的战斗部队，还有一万五千人。卢志彻夜调度，预定天色拂晓时出发。可是，司马颖娘亲程太妃留恋邺城，不肯离开，司马颖也犹豫不能决定。于是，顷刻之间，军队崩溃（以汉人为主的军队，畏惧蛮夷的战斗力，被恐怖气氛抓住，心胆俱碎）。司马颖仓猝出奔，率左右骑兵数十人，会同卢志，带着皇帝司马衷，坐上牛车，逃向洛阳。行动急迫，没有人携带路费粮食。禁宫高级侍从宦官（中黄门）的被套中藏有私蓄三千钱，皇帝用正式诏书向他借用。靠这三千钱，在途中买饭。晚上，皇帝就盖这位禁宫高级侍从宦官（中黄门）的被套；买来的食物装在瓦盆里，皇帝手捧瓦盆进餐。

好不容易逃到温县（河南省温县西），打算晋谒皇家祖宗坟墓（司马懿是河内郡温县人，老爹司马防以上祖先，全葬温县），司马衷穿的木屐都丢掉了，只好穿侍从人员的木屐，在墓前叩拜，哭泣流泪。渡过黄河后，张方从洛阳派他的儿子张罴，率骑兵三千人，带着张方平常所乘的车辆，迎接司马衷。越过芒山（洛阳城北），抵达山麓时，张方亲率一万余人的庞大部队前来侍奉御驾。张方正准备参拜，司马衷已从车上跳下来阻止。进入洛阳后，司马衷回宫，四散逃亡的人，才陆陆续续的回来，文武百官阵容，大略齐备。

八月十六日，大赦。

13 安北将军王浚，进入邺城（河北省临漳县邺城镇），部众奸淫烧杀，掠夺抢劫，凶恶残暴，人民死亡惨重。王浚派乌桓部落酋长羯朱，追击司马颖，直追到朝歌（河南省淇县），没有追上，才回。王浚班师回蓟县（幽州州政府所在县，北京市），发现鲜卑士兵大多数都掠夺有汉人妇女，下令："胆敢隐藏，斩首。"鲜卑士兵惊死，把妇女推到易水淹死的，有八千余人（人间惨事）。

14 并州（山西省中部）州长（刺史）、东嬴公司马腾，向鲜卑索头部落（王庭设盛乐〔内蒙古和林格尔县〕）酋长拓跋猗㐌（音yī yí〔衣移〕），请求派军援助，攻击匈奴大单于刘渊。拓跋猗㐌跟老弟拓跋猗卢，在西河郡（山西省吕梁市离石区）击败刘渊的匈奴兵团，跟司马腾在汾河东岸结盟，始行班师。

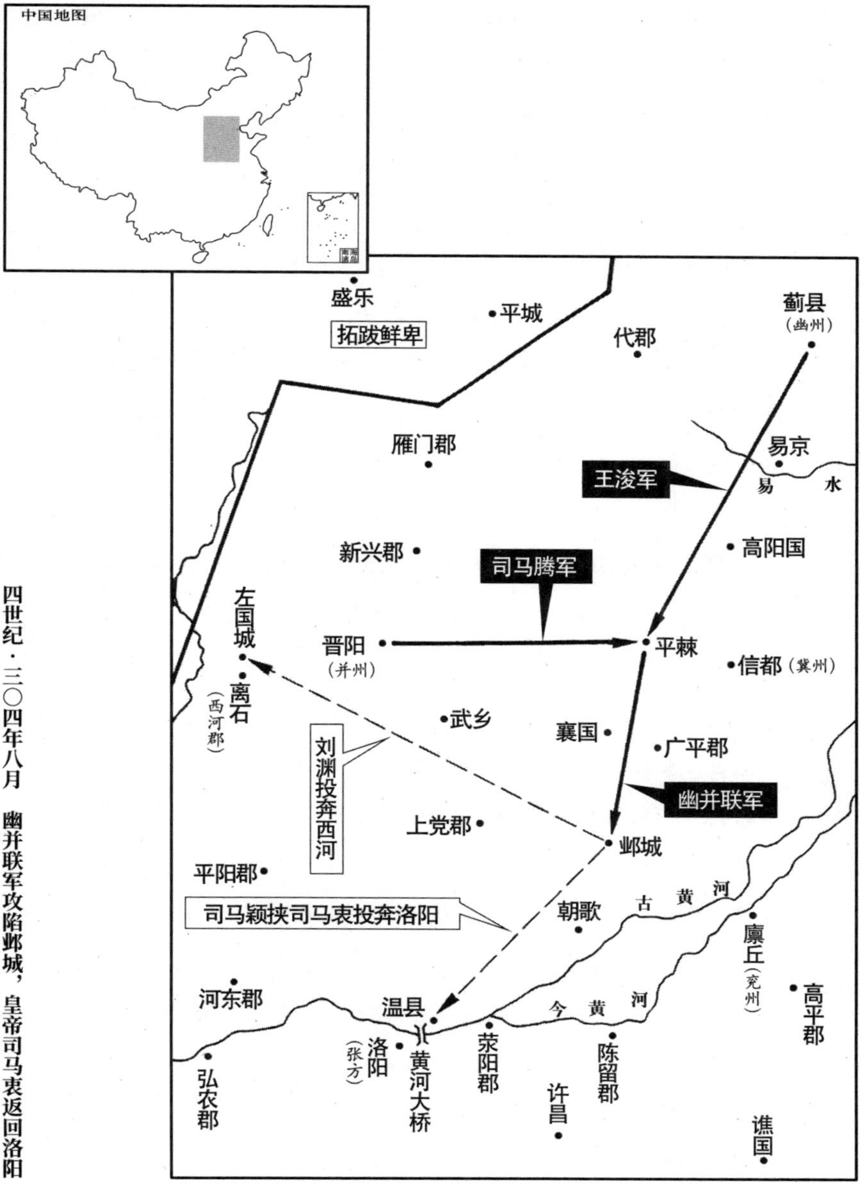

四世纪·三〇四年八月　幽并联军攻陷邺城，皇帝司马衷返回洛阳

中国地图
南海诸岛
盛乐
平城
拓跋鲜卑
代郡
蓟县
（幽州）
雁门郡
易京
王浚军
易水
新兴郡
司马腾军
高阳国
左国城
晋阳
（并州）
平棘
信都（冀州）
离石
（西河郡）
武乡
襄国
广平郡
刘渊投奔西河
幽并联军
上党郡
邺城
平阳郡
司马颖挟司马衷投奔洛阳
古黄河
朝歌
廪丘
（兖州）
河东郡
温县
今黄河
高平郡
洛阳
（张方）
黄河大桥
荥阳郡
陈留郡
弘农郡
许昌
谯国

刘渊听到司马颖放弃邺城（河北省临漳县邺城镇）的消息，叹息说："不听我的建议，反而自己逃散，真是奴才。然而，我对他有过承诺，不可以不救。"准备出兵攻击鲜卑、乌桓。刘宣等劝阻说："晋政府把我们素不当人，奴役虐待，而今他们骨肉自相残杀，是上天遗弃他们，赐给我们恢复呼韩邪单于（匈奴汗国十四任单于挛鞮稽侯栅）大业的机会。何况，鲜卑、乌桓，跟我们本是一类（指受汉人歧视程度而言，汉人把他们全当作蛮夷），可以作我们的后援，为什么攻打？"刘渊说："对极，大丈夫建立功业，应该当刘邦（西汉王朝一任帝）、曹操，至于呼韩邪单于，有什么可效法的。"刘宣等叩头说："我们从没有想到这一点。"

15 荆州（湖北省及湖南省）州政府军，擒斩变民首领张昌（张昌逃下儁山事，参考去年〔三〇三〕七月）；同党全都屠灭三族。

16 益州（四川省中南部）难民首领李雄，认为隐士范长生（参考去年〔三〇三〕七月）有名望德行，受巴蜀（四川省）人士尊敬，打算拥戴他当君王，而自己当臣属；范长生拒绝。各将领遂坚持请李雄登极。

冬季，十月，李雄（本年三十一岁）在成都（四川省成都市）正式坐上宝座（一任武帝），称成都王，大赦，改年号建兴（改年号就是宣布独立）。废除晋王朝政府颁布的法令，而只约定法令七项。任命叔父李骧当太傅（上三公之二），老哥李始当太保（上三公之三），李离当全国武装部队总司令（太尉），李云当宰相（司徒），李璜当最高监察长（司空），李国当太宰（上三公之一），阎式当国务院总理（尚书令），杨褒当国务院执行长（仆射）。尊娘亲罗女士为王太后，追尊老爹李特为成都王（景王）。李雄因为李国、李离有智慧谋略，所有事情，一定先向他们请教后实行。而李国、李离，事奉李雄，也越发恭敬谨慎（“八王之乱”引起的大分裂时代，正式揭幕，直到二百八十五年后的五八九年，中国才再归统一。在这漫长的二百八十六年间，中国国土上，最少时两个国家并立，最多时十一个国家并立，支离破碎，一团混乱。李雄建立的政权，本年〔三〇四〕还没有国号，两年后〔三〇六〕才称成帝国，而于三三八年，又改称汉帝国，为了叙述方便，从本年〔三〇四〕开始，就称之为成汉帝国。对晋王朝，也改称晋帝国，因它已降为一个地方性的政权，不能涵盖中国整体。成汉帝国君王是氐民族的缘故，大分裂时代前期的“五胡乱华十九国时代”，也同时于本年开始，直到四三九年，再进入大分裂时代后期的南北朝时代。在前期的一百三十六年中，共建立了十九个独立政权。成汉帝国是五胡乱华十九国的第一国）。

17 匈奴大单于刘渊，再从离石（山西省吕梁市离石区）迁回左国城（离石区北），投靠他的越来越多。刘渊对他的部众说：“从前，汉王朝（两汉王朝）维持的时间最久，对人民有深厚的恩德。而我，是汉王朝的外甥，情同兄弟，老哥死亡，老弟继承，难道不可以！”遂正式建国，称汉帝国（五胡乱华十九国的第二国。这个国号于十五年后的三一九年，改称赵帝国，为了叙述方便，从本年开始，称之为汉赵帝国。因有人勇于改国号、改地名，徒使后人不胜其烦）。

刘宣等请刘渊索性称皇帝，刘渊说：“天下还没有完全平定，暂且依照高祖（西汉一任帝刘邦）的前例，先当汉王。”遂称汉王（一任光文帝），大赦，改年号元熙。追封蜀汉帝国末任（二任）帝、国亡后被晋王朝封安乐公的刘禅绰号孝怀皇帝，另建三座称“祖”、五座称“宗”的皇家祭庙（三“祖”祭庙：刘邦〔西汉一任帝高祖〕、刘秀〔东汉一任帝世祖〕、刘备〔蜀汉一任帝，不知道称什么祖〕。五“宗”祭庙：刘恒〔西汉五任帝太宗〕、刘彻〔西汉七任帝世宗〕、刘病已〔西汉十任帝中宗〕、刘阳〔东汉二任帝显宗〕、刘炟〔东汉三任帝肃宗〕）。刘渊封正妻呼延女士当王后，任命右贤王刘宣当丞相，崔

四世纪·三〇四年十月

成汉、汉赵分别建国·三国并立

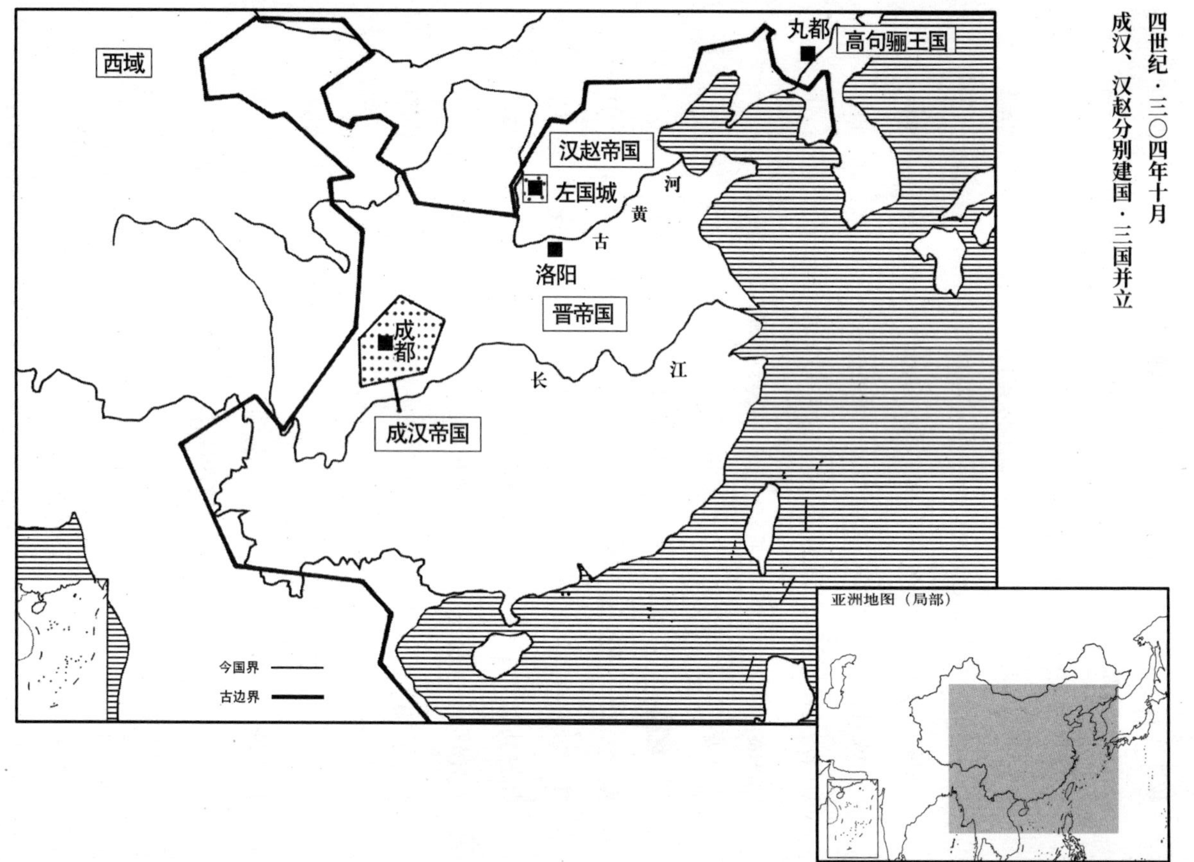

游（刘渊的教师）当最高监察长（御史大夫），左于陆王刘宏当全国武装部队总司令（太尉），范隆当藩属事务部长（大鸿胪），朱纪当祭祀部长（太常）；上党郡（山西省黎城县西南）人崔懿之、匈奴北部（新兴郡，山西省忻州市）人陈元达，都当禁宫咨询官（黄门郎）。又命侄儿刘曜当建武将军（刘渊因强调是两汉王朝的合法继承人，所以尽量恢复两汉王朝官制，如“御史大夫”之设立便是）。崔游坚决辞让，不肯就职。

陈元达从小有志向操守，刘渊曾经召见他，陈元达不理。等到刘渊坐上汉王宝座，有人对陈元达说：“你害怕了吧！”陈元达笑说：“我早知道他是一个什么样的人，他也早体谅我的处境。恐怕就在这两三天，驿马车就会把他的书信送到。”当天晚上，刘渊果然征召陈元达。陈元达事奉刘渊，屡屡贡献忠言，但每次都把奏章草稿销毁，自己家的子弟，都不知道他说什么。

刘曜相貌奇特，生下来就有两条白色眉毛，眼睛露出红光，从小聪明，而有胆量。老爹早亡，刘渊抚养他长大。成年后，仪态魁梧，性情豁达，跟常人不同，喜爱读书，文笔优雅，臂力强壮，一寸厚的铁板，一箭就能射穿。常把自己比作乐毅、萧何、曹参，可是当时的人却认为他自命不凡，只有堂兄刘聪敬重他，说：“刘曜，是世祖（东汉一任帝刘秀）、曹操之流；乐毅、萧何、曹参，又算什么？”

18 晋帝国皇帝司马衷既回洛阳，河间兵团司令官、右将军张方，手握重兵，完全控制政府，皇太弟司马颖被冷落在一旁，不能过问政治。豫州（河南省东部）军区司令长官、范阳王司马虓（音xiāo〔消〕。时驻许昌），徐州（江苏省北部）军区司令长官、东平王司马楙（时驻下邳）等，联合上书皇帝司马衷，说：“司马颖显然没有能力担负国家大任，应该取消皇太弟封号，贬降一等，封给他一个采邑，饶他不死。至于太宰（上三公之一）司马颙，最好是把关右（函谷关以西）地区，交付给他负责；州郡以下官员的选拔任用，由他全权处理。中央政府重大事情，应兴应废，应增应减，都要询问他的意见。张方为国尽忠，但不知道应变；逗留洛阳，竟没有立刻班师，应命他回到他的本郡（张方是冯翊郡〔陕西省大荔县〕郡长，参考本年〔三〇四〕八月），加给张方的官位，请全部保留。宰相（司徒）王戎、最高监察长（司空）司马越，都谨慎尽忠，最好命他们处理机要事务，把中央政府，委任二人。安北将军王浚，有安定国家的功勋（指讨伐司马颖），应该特别奖赏，命他镇抚北方（幽朔），长久的作为国家屏障。我们更会竭尽心力，保卫疆土，捍卫皇家，则陛下只要坐在那里，全国自然成为清平世界。”

19 晋帝国河间兵团司令官、右将军张方，控制首都洛阳的时间已够长久（八月迄今〔十月〕），士兵奸淫烧杀，抢夺劫掠，洛阳民穷财尽，士兵们满载金银财宝，急于返回乡里，享受抢劫的成果，开始喧哗争闹，不愿继续停留。张方打算把皇帝司马衷迁到长安（司马颙根据地，陕西省西安市），可是又怕三公和部长级高阶层官员反对，准备等司马衷出城时，劫持他动身。于是，请求司马衷祭祀皇家祭庙，司马衷不肯。张方决定强制执行。

十一月一日，张方率军直闯金銮宝殿，用自己的座车强迫司马衷启程。司马衷大吃一惊，向后宫御花园逃走，躲在竹林之中，张方命士兵作地毯式搜索，终于把司马衷找到，不顾这位皇帝的挣扎抗议，把他硬抬架上车，司马衷悲痛流泪，只好放弃抵抗。张方在马上叩头说：“现在，遍地都是盗贼，中央禁卫部队太少，请求陛下驾临我的营帐，我当尽我的死力，保卫陛下平安。”这时所有官员都逃走一空，只有总立法长（中书监）卢志，陪伴司马衷，劝司马衷说：“陛下，今天的事，只有听从右将军（张方）的安排。”司马衷只好前往张方大营，命张方用车辆去皇宫运载姬妾、美女、宝物。士兵乘着运载的机会，纷纷抢夺宫中妇女作为妻子，又抢夺皇家御用宝藏，把珍贵的珠帘（流苏）和御帐，割下来作为马身上的泥障。三世纪二〇年代以来，曹魏帝国及晋王朝累积八十余年的奇物珍宝，被抢掠一空。张方还打算放火焚烧皇家祭庙和皇宫，断绝人们重返洛阳的盼望。卢志说：“董卓暴虐无道，火烧洛阳（参考一九〇年二月），怨毒的声音，虽隔一百余年，仍可听到，何必重蹈他的覆辙。”张方才停止。

司马衷在张方大营停留三天，张方遂带着皇帝，以及皇太弟司马颖、豫章王司马炽（司马衷老弟）等，前往长安（陕西省西安市）。宰相（司徒）王戎，逃到郏县（河南省郏县）。太宰（上三公之一）司马颙率所有官属跟步骑兵三万人，前往霸上（陕西省西安市东灞河畔）迎接。司马颙向前叩见，司马衷下车阻止。既进入长安，把征西将军府（司马颙时是征西将军）改作行宫。这时，洛阳只剩下国务院执行长（尚书仆射）荀藩、京畿总卫戍司令（司隶校尉）刘暾、首都洛阳市长（河南尹）周馥，组成的留守政府，代表晋帝发号施令（承制行事），称“东台”。晋帝司马衷在长安组成的中央政府，称“西台”。荀藩，是荀勖的儿子（荀勖，参考二六二年）。

十一月七日，洛阳留守政府（东台），下诏皇后羊献容复位。

十一月十二日，洛阳留守政府（东台）再下诏，大赦，改年号，仍用永安（之前是建武元年，之后恢复永安元年）。

20 晋帝国益州（四川省中部）州长（刺史）罗尚，移驻巴郡（重庆市。罗尚原驻江阳郡，参考本年〔三〇四〕正月），派出部队攻击巴蜀（四川省）中部，生擒成汉帝国（首都成都）太傅（上三公之二）李骧的妻子昝女士（昝，姓。音zǎn〔攒〕），跟她的儿子李寿。

21 十二月二十四日，晋帝司马衷下诏：撤销司马颖皇太弟封号，仍保持成都王封爵，返回私宅。更封豫章王司马炽当皇太弟。司马衷兄弟二十五人，这时仍在人世的，只有司马颖、司马炽跟吴王司马晏。司马晏天性愚劣，而司马炽谦虚，喜爱求学，所以太宰（上三公之一）司马颙遴选他当帝位合法继承人。

晋帝司马衷更下诏：擢升最高监察长（司空）司马越当太傅（上三公之二），跟司马颙共同辅佐皇家；任命宰相（司徒）王戎主持中央政府，掌理机要。又任命特级国务官（光禄大夫）王衍，当国务院左执行长（尚书左仆射）。高密王司马略，当镇南将军，兼京畿总卫戍司令（司隶校尉），暂时镇守洛阳。东翼警卫指挥官（东中郎将）司马模当宁北将军，兼冀州（河北省中部南部）军区司令长官（都督冀州诸军事），镇守邺城（河北省临漳县邺城镇）。文武百官，各回各人岗位。令各州郡撤销苛政，爱护人民，推广农耕，等到天下太平，道路畅通之后，当返回东京（洛阳）。大赦，改年号（之前是永安元年，之后是永兴元年）。司马略、司马模，都是司马越的老弟。安北将军王浚从邺城（河北省临漳县邺城镇）

撤退后，司马越命司马模前往接替。

司马颙因为四方纷纷背叛离散，灾祸结束无期，所以下达这项诏书，和解各方争端，希望获得暂时安定。司马越不接受太傅（上三公之二）的任命。

司马衷又下诏，任命太宰（上三公之一）司马颙兼全国各军区总司令长官（都督中外诸军事）；任命张方当中央禁军总监（中领军），主管政府机要（录尚书事），兼西都长安市长（京兆太守）。

22 晋帝国并州（山西省中部）州长（刺史）东嬴公司马腾，派将军聂玄，攻击新建立的汉赵帝国（首都左国城），在大陵（山西省文水县）跟汉赵王刘渊会战，聂玄大败。

汉赵王刘渊，命他的侄儿建武将军刘曜，攻击晋帝国太原郡（山西省太原市），一连夺取泫氏（山西省高平市）、屯留（山西省长治市屯留区南）、长子（山西省长子县）、中都（山西省平遥县）。又命冠军将军乔晞，攻击晋帝国的西河郡（山西省吕梁市离石区）的介休县（山西省介休市）。介休县长贾浑拒绝投降，乔晞斩贾浑，并打算收贾浑的妻子宗女士当老婆，宗女士一面啼哭，一面诟骂，乔晞又斩宗女士。刘渊得到报告，大怒说：“假使上苍有知，乔晞难道能有后裔？”召回乔晞，贬降四等；收殓贾浑尸首安葬。

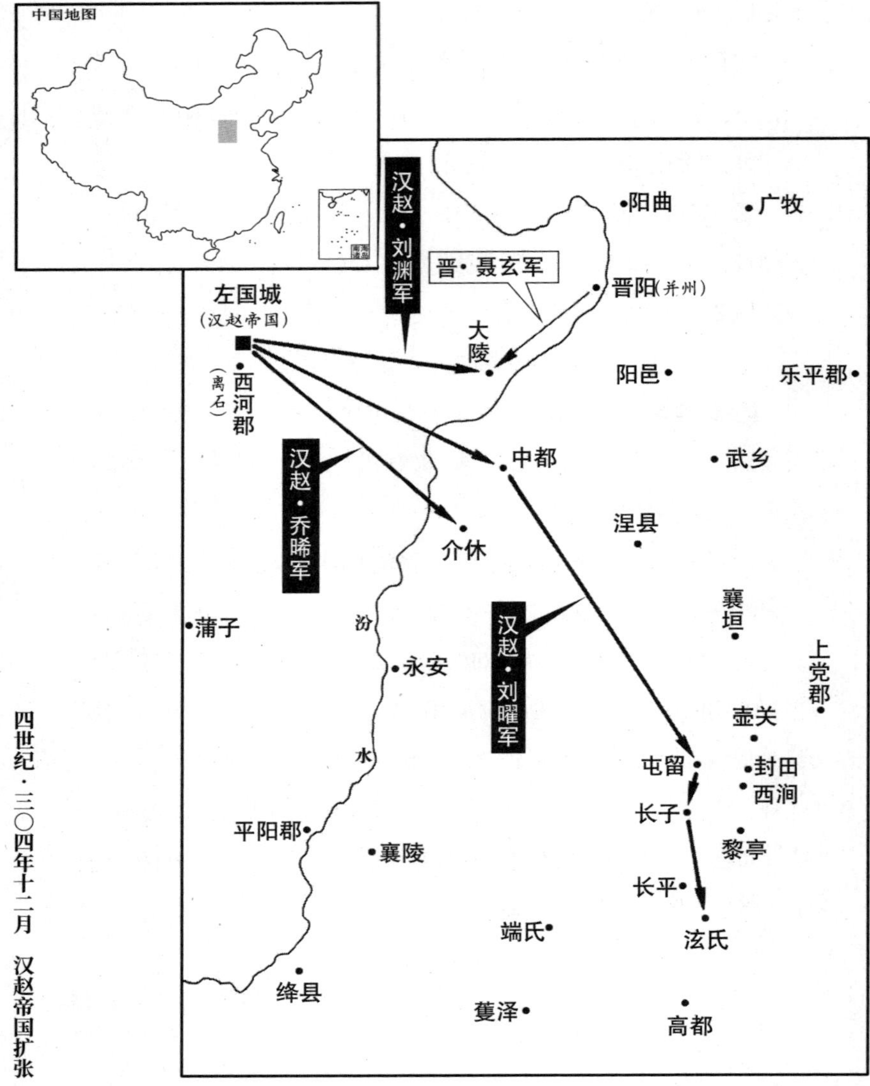

四世纪·三〇四年十二月　汉赵帝国扩张

三〇五年 乙丑

晋 永兴 二年
成汉 建兴 二年
汉赵 元熙 二年

1 夏季，四月，晋帝国（首都长安〔陕西省西安市〕）中央禁军总监（中领军）张方，再罢黜皇后羊献容（第三次罢黜）。

2 晋帝国金城郡（甘肃省兰州市东）郡长游楷，攻击秦州（州政府设冀县〔甘肃省甘谷县〕）州长（刺史）皇甫重，首尾三年（参考前年〔三〇三〕七月），不能攻克。皇甫重派他的养子皇甫昌外出寻觅救兵。皇甫昌觐见最高监察长（司空）司马越，司马越因太宰（上三公之一）司马颙正跟山东（崤山以东）和解（指去年〔三〇四〕十二月所发布的一连串任命司马越老弟等的诏书），不肯支援。皇甫昌遂跟曾在金殿禁卫军供职的杨篇，宣称：奉司马越之命，把皇后羊献容从金墉城（洛阳城西北角离宫）接入皇宫复位，入宫后，再用皇后诏令，命全国起兵讨伐张方，迎接晋帝（四任惠帝）司马衷（本年四十七岁）御驾回京（故都洛阳，河南省洛阳市东白马寺东）。事情仓猝爆发，文武百官全部听命。可是不久就发现其中有诈，遂联合反击，诛杀皇甫昌。

司马颙派监察官（御史）向皇甫重宣布皇帝诏书，命他投降，皇甫重拒不接受。之前，守城将士一直不知道长沙王（厉王）司马乂跟皇甫商，已经死亡。这次，皇甫重获得监察官（御史）的马夫，问说："我弟弟（皇甫商）的救兵，已到什么地方？"马夫说："他们已被河间王（司马颙）害死。"皇甫重脸色大变，立刻诛杀马夫灭口。但城中已经知道再没有外援，遂击斩皇甫重，向司马颙投降。司马颙擢升冯翊郡（陕西省大荔县）郡长张辅当秦州（甘肃省南部）州长（刺史。酬庸张辅击破刘沈之功，参考去年〔三〇四〕正月）。

3 六月四日，晋帝国宰相（司徒）、安丰侯（元侯）王戎，在郏县（河南省郏县）逝世（年七十二岁。王戎逃奔郏县，参考去年〔三〇四〕十一月）。

4 晋帝国秦州（甘肃省南部）州长（刺史）张辅，抵达秦州（州政府设冀县〔甘肃省甘谷县〕），诛杀天水郡（郡政府同设冀县）郡长封尚，用以树立权威。又征召陇西郡（甘肃省陇西县）郡长韩稚；韩稚恐惧，韩稚的儿子韩朴，为了自救，突击张辅；张辅战败，被杀。

凉州（州政府设姑臧〔甘肃省武威市〕）军政官（司马）杨胤，向州长（刺史）张轨建议说："韩稚擅自杀掉一州之长，明公是独当一面的大员，不可以袖手旁观。”张轨同意，派中央大营指挥官（中督护）汜瑗，率军二万人讨伐韩稚，韩稚向张轨投降。

不久，鲜卑部落酋长若罗拔能，攻击凉州（甘肃省中部西部），张轨派军政官（司马）宋配迎战，斩若罗拔能，俘虏十余万人，威名大振。

5 汉赵帝国（首都左国城〔山西省吕梁市离石区北〕）首领（一任光文帝）汉王刘渊，攻击晋帝国（首都长安）东嬴公司马腾（时在晋阳〔山西省太原市〕）。司马腾再向鲜卑索头部落（王庭设盛乐〔内蒙古和林格尔县〕）酋长拓跋猗㐌（音yī yí〔衣移〕）求救。智囊卫操，劝拓跋猗㐌支援。拓跋猗㐌率轻装备骑兵数千人南下，斩汉赵帝国将军綦毋豚（綦毋，复姓）。

晋帝国皇帝下诏，擢升拓跋猗㐌代理“大单于”，加授卫操官衔“右将军”。

六月二十四日，拓跋猗㐌逝世，儿子拓跋普根继位。

6 晋帝国东海国（山东省郯城县）首府郯县警备区司令（中尉）刘洽，因张方劫持皇帝，强迫迁都，建议最高监察长（司空）东海王司马越，起兵讨伐，司马越接受。

秋季，七月，司马越号召勤王，传令山东（崤山以东）征（四征将军）、镇（四镇将军）、州、郡，宣布：“准备集结义军，迎接天子，返回旧京（洛阳）！”东平王、徐州（江苏省北部）军区司令长官司马楙（时驻下邳〔江苏省睢宁县北古邳镇〕），得到消息，大为恐惧，秘书长王修进言说：“东海王（司马越）在皇族中拥有最高威望，而今号召勤王，你应该把徐州（江苏省北部）推让给他，这样不但可以免祸，还可以享受谦让的美名。”司马楙接受。司马越遂兼徐州军区司令长官（徐州都督）。司马楙宣布自己是兖州（山东省西部）州长（刺史）；皇帝司马衷即派使节刘虔，授予这个职位。这时，司马越兄弟，都是独当一面的大员。范阳王司马虓（音xiāo〔消〕。时驻许昌〔河南省许昌市东〕）、安北将军王浚（时驻蓟县〔北京市〕）等，共推司马越当盟主。司马越对州长（刺史）以下官员，都直接任命，没有前往长安（陕西省西安市）的政府官员，很多人投靠。

7 晋帝国成都王司马颖，既被罢黜，黄河以北很多人士，对他既怜又惜（司马颖镇守邺城〔河北省临漳县邺城镇〕初期，在智囊卢志辅导下，享有好评，参考三〇一年六月）。司马颖的旧部公师藩（参考前年〔三〇三〕十月）等，自称“将军”，在赵、魏地区（河北省南部及河南省北部）聚众起兵，部众有数万人。

最初，上党郡（山西省黎城县西南）武乡县（山西省榆社县）羯人石勒，有胆量勇力，精于骑马射箭。正逢并州（山西省中部）大饥馑，建威将军阎粹，建议东嬴公司马腾，大肆搜捕蛮夷民族，押运到山东（太行山以东），贩卖给民间当奴隶，来换取军队粮食。石勒也被掳掠，卖给茌平（山东省东阿县西北）人师欢，师欢发现石勒容貌奇异不凡，让他恢复自由。师欢邻近有一个牧马场，石勒遂跟牧马场首领汲桑结交，集结一群年轻壮士，当起强盗来，等到公师藩起兵，汲桑跟石勒率骑兵数百人投靠。这时，汲桑才教他的伙伴姓“石”名“勒”。公师藩一连攻陷郡县，诛杀郡长县长，转战而前，进攻邺城。驻防邺城的冀州（河北省中部南部）军区司令长官（都督冀州诸军事）、平昌公司马模，大为恐惧。范阳王司马虓（时驻许昌）派他的部将苟晞，援救邺城，苟晞跟广平郡（河北省曲周县东北）郡长、谯国（安徽省亳州市）人丁绍，联合击退公师藩。

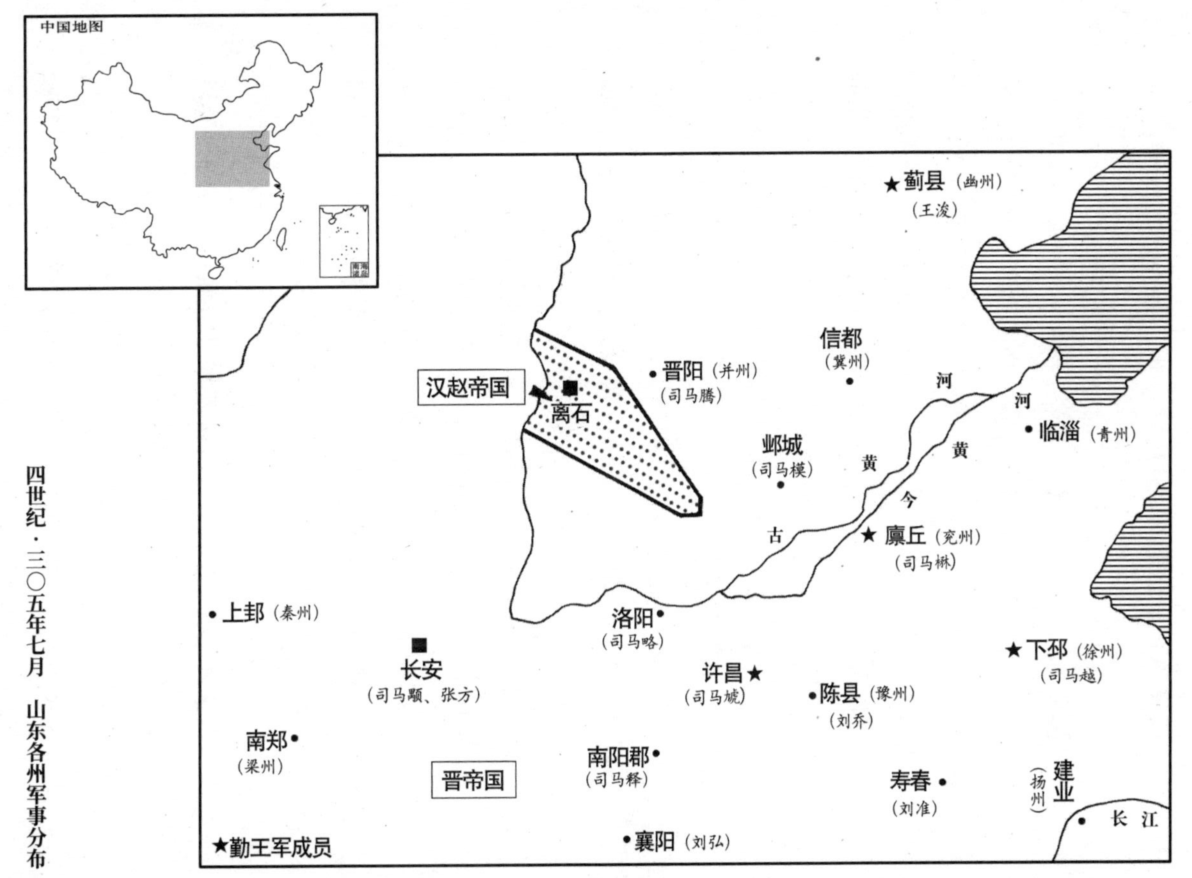

四世纪·三〇五年七月　山东各州军事分布

8 八月辛丑日（八月庚申朔，没有辛丑），晋帝国大赦。

9 晋帝国最高监察长（司空）司马越（时驻下邳），任命琅邪王司马睿，当平东将军、徐州（江苏省北部）军区司令（监徐州诸军事），驻防下邳（江苏省睢宁县北古邳镇）。司马睿延请王导当军政官（司马），负责军事。司马越率战斗部队三万人，进驻萧县（安徽省萧县）。范阳王司马虓从许昌（河南省许昌市东）进驻荥阳（河南省荥阳市）。司马越代表皇帝（承制）下诏：命豫州（河南省东部）州长（刺史）刘乔当冀州（河北省中部南部）州长（刺史）；范阳王司马虓兼豫州州长（刺史）。刘乔认为这不是天子的诏令，出动军队抗拒。

司马虓命刘琨当军政官（司马）；司马越命刘蕃当淮北军事总监（淮北护军），刘舆当颍川郡（河南省许昌市东）郡长。刘乔上书国务院（尚书），列举刘舆兄弟种种罪状，率军进攻许昌（当时豫州州政府设陈县〔河南省周口市淮阳区〕）；派他的长子刘祐，率军在萧县的灵壁（安徽省濉溪县西）布防筑营，司马越军不能前进。东平王司马楙在兖州（山东省西部），横征暴敛，郡县无力承担。范阳王司马虓遂派苟晞，前往兖州接替司马楙，而命司马楙当青州（山东省北部）军区司令长官；司马楙拒绝，遂背叛山东（崤山以东）勤王军，跟刘乔联合。

10 晋帝国太宰（上三公之一）司马颙听到山东（崤山以东）勤王军纷纷起事消息，十分恐惧。因公师藩宣称是为了成都王司马颖的缘故。

八月二十三日，司马颙上书皇帝，推荐司马颖当镇军大将军、河北（黄河以北）军区司令长官（都督河北诸军事），拨付给司马颖军队一千人；命卢志当魏郡（郡政府设邺城）郡长，随同司马颖返回邺城（河北省临漳县邺城镇），打算安抚公师藩。司马颙又派建武将军吕朗，驻

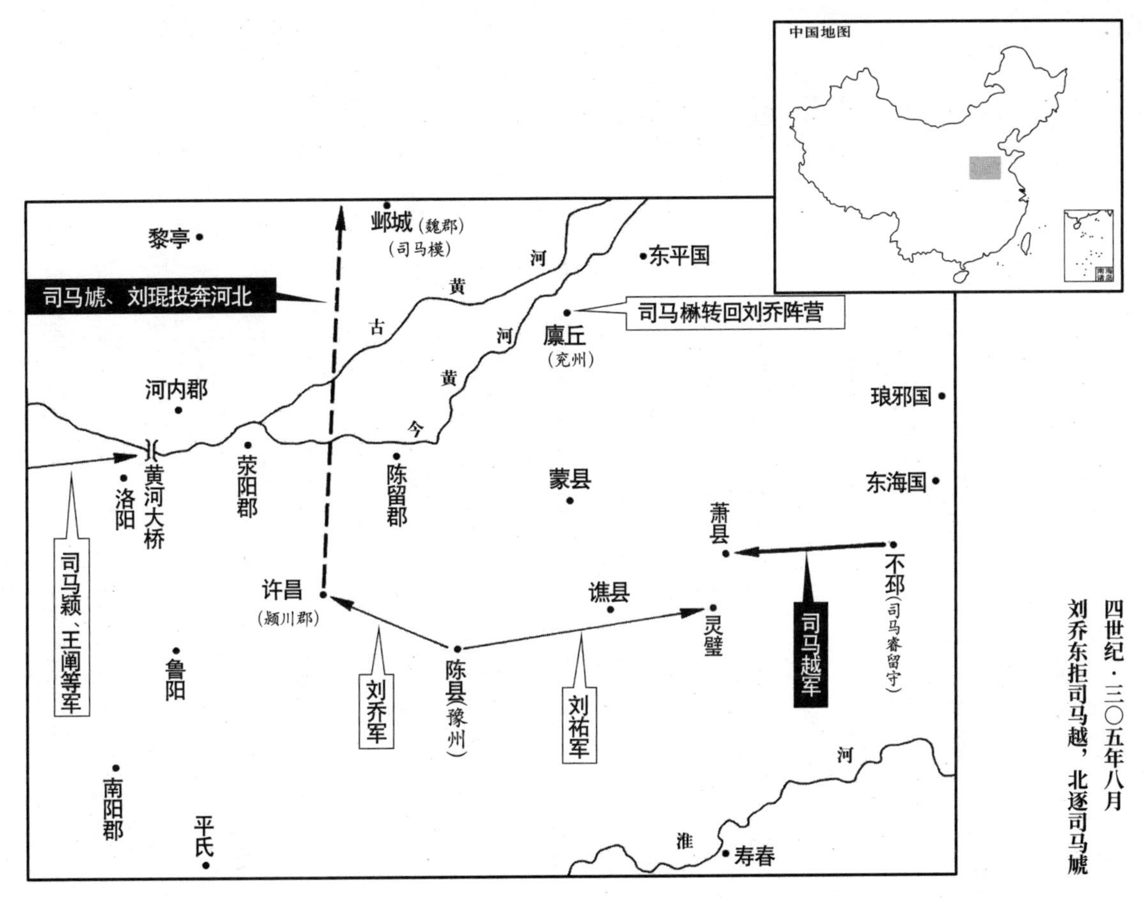

四世纪·三〇五年八月

刘乔东拒司马越，北逐司马虓

防洛阳。

司马颙命皇帝司马衷颁发诏书，令东海王司马越等各亲王，反自己的封国；司马越等当然不理。而豫州州长（刺史）刘乔关于抗拒司马越的奏章，正巧送到长安（陕西省西安市），司马颙胆量顿时壮大。

冬季，十月十八日，司马颙命皇帝司马衷再下诏，说：“刘舆逼迫范阳王司马虓，叛逆作乱。命镇南大将军刘弘（荆州军区司令长官。时驻襄阳）、平南将军彭城王司马释（时驻宛县〔河南省南阳市〕）、征东大将军刘准（扬州军区司令长官。时驻寿春），各率所属武装部队，跟刘乔同心合力。命张方当总司令官（大都督），率精兵十万，跟建武将军吕朗，在许昌（河南省许昌市东）会师，诛杀刘舆兄弟。”司马释，是司马懿侄儿彭城（穆）王司马权的孙儿。

十月十九日，司马颙命成都王司马颖率将军刘褒等，前车骑将军石超率北翼警卫指挥官（北中郎将）王阐等，进军防卫洛阳北黄河大桥，支援刘乔。加授刘乔镇东将军，“假节”（三级权力）。

镇南大将军刘弘（时驻襄阳），写信给豫州（州政府设陈县）州长（刺史）刘乔，跟最高监察长（司空）司马越，盼望他们能化解怨仇，停止战争，共辅皇家；二人都不接受。刘弘又上书晋帝司马衷说：“近来兵连祸结，猜忌造成嫌隙。各亲王受到挑拨，疑惧横生，灾难蔓延到皇族子弟身上。今天还是忠臣，明天却成了叛逆，反复无常，互相指控对方是战事的罪首。自从人类历史有记载以来，皇家骨肉之间的残杀，从来没有今天这么惨重，我内心感到无限悲怆。而今，边疆没有应变的准备，国内连织布机轴上，都空无一物。政府负责官员，从不考虑国家体制，只去争取几尺几寸的小利，互相剥削吞食。万一四方蛮夷乘机叛变，可正是猛虎交斗，自己把自己送给卞庄（卞庄刺虎事，参考前二〇四年十二月注）。我认为：陛下应颁发诏书，下令司马越等，使双方消除猜忌，各自遵守本分职责。从今以后，凡是违背诏书，擅自出动兵马的人，天下共同诛杀。”但太宰（上三公之一）司马颙正跟关东（函谷关以东）勤王军对抗，倚靠刘乔的军力，不能接受这项建议。

刘乔乘虚攻击范阳王司马虓驻守的许昌（河南省许昌市东），城池陷落。司马虓的军政官（司马）刘琨，率军驰援，已来不及，遂跟老哥刘舆、范阳王司马虓，逃亡到黄河之北；刘琨的老爹和娘亲，被刘乔俘虏。镇南大将军刘弘，因张方性情残暴，知道司马颙定会失败，遂决定参加勤王军；命军事参议官（参军）刘盘当大营总指挥官（都护），率各军接受司马越命令。

这时，天下已经大乱，全国混战，刘弘负责长江、汉水一带治安，威信普及南方。事情有成就时，刘弘说：“某人的功劳。”事情如果失败，刘弘就自责说：“是我这个老头领导无方。”每遇到兴师动众，征调赋税，都亲笔写信给郡长（守、相），一条条一件件，规定严密，反复叮咛。所以人心感动欢欣，争着为他效力，都说：“刘先生一封信，力量大过十个州政府的参谋官（从事）的督促。”前任广汉郡（四川省射洪市南沱牌镇）郡长辛冉（辛冉激起民变事，参考三〇一年七月），建议刘弘割据称霸，刘弘大怒，斩辛冉。

11 北斗星旁，出现孛星。

12 晋帝国平昌公司马模（时驻邺城），派将军宋胄进兵黄河大桥（针对王阐的军事行动）。

13 十一月，晋帝国洛阳（河南省洛阳市东白马寺东）留守政府立节将军周权，诈称接到勤王军命令，晋升自己为平西将军，再迎接皇后羊献容复位。洛阳县长何乔，击斩周权，再罢黜羊献容（第四次罢黜）。太宰（上三公之一）司马颙决定斩草除根，假传诏书，认为羊献容这个皇后，屡次被反对派利用，特派国务院执行官（尚书）田淑，送达命令给洛阳留守政府（留台），强迫羊献容自杀。接着又颁下一连串诏书，催促立即执行。京畿总卫戍司令（司隶校尉）刘暾等，上书反对，态度坚决，认为：“平民羊献容，家门残破，软禁空旷的离宫，警卫森严，根本不可能跟奸人勾结作乱。无论愚蠢之辈或智慧之士，都异口同声，称她冤枉。现在，诛杀一个走投无路、困苦无告的女子，而使普天之下都感到悲惨，对国家的安全，有什么帮助？”司马颙勃然大怒，命驻防洛阳的建武将军吕朗，逮捕刘暾。刘暾遂逃往青州（山东省北部），投靠高密王司马略（此时司马略在封国高密国，今山东省高密市西南）。但经此周折，羊献容也逃过一死。

十二月，吕朗向东推进，驻防荥阳（河南省荥阳市）。成都王司马颖抵达洛阳。

14 刘琨说服冀州（州政府设信都〔河北省衡水市冀州区〕）州长（刺史）太原郡（山西省太原市）人温羡，把官位让给范阳王司马虓。司马虓遂兼冀州（河北省中部南部）州长（刺史），派刘琨到幽州（州政府设蓟县〔北京市〕），请求安北将军（将军府同设蓟县）王浚，派遣援军。王浚拨付骑兵突击部队（“突骑”，天下精兵；刘秀就依靠突骑平定黄河以北。参考二四年），攻击据守黄河大桥的王阐，斩王阐。刘琨遂跟司马虓率军再回黄河以南，挺进到荥阳（河南省荥阳市），斩石超。刘乔不能抵挡，从考城（河南省民权县东）撤退。司马虓派刘琨，跟大营指挥官（督护）田徽，攻击东平王、兖州（山东省西部）州长（刺史）司马楙所据守的廪丘（山东省郓城县西北，兖州州政府所在县)，司马楙逃回他的封国(东平国，山东省东平县西北)。

刘琨、田徽率军东进，迎接司马越(时驻萧县〔安徽省萧县〕)，在谯县(安徽省亳州市)攻击刘乔的儿子刘祐，刘祐大败，阵亡。于是刘乔的部队完全溃散，刘乔投奔平氏(河南省桐柏县西北)。

最高监察长(司空)司马越进抵阳武(河南省原阳县)，王浚再派他的部将祁弘，率骑兵突击部队中鲜卑兵团和乌桓兵团，充当司马越的先锋。

15 最初，晋帝国广陵郡(江苏省淮安市淮阴区)粮运官(广陵度支)陈敏，击败变民首领石冰(参考去年〔三〇四〕二月)，遂自认为勇力盖世，谋略万无一失，有割据江东(江苏省南部太湖流域)的野心。他老爹愤怒说："屠灭我们满门的，一定是这个孩子。"忧愁而死。陈敏因父丧之故，离职(这就是儒家系统坚持的"守三年之丧"，一旦直系血亲尊亲属死亡，当事人就得有官辞官，有职辞职，回到家中，披麻衣、穿孝服，三年不说一句话)。

最高监察长(司空)司马越征召陈敏当右将军、前锋司令官(前锋都督)。司马越被刘祐击败，不能前进时，陈敏要求回东方集结军队，遂占领历阳(安徽省和县)叛变。吴王府侍从官(吴王常侍·当时吴王是司马晏)甘卓，辞职东回(从何处来？回何处去？说不清楚)，抵达历阳。陈敏替儿子陈景，娶甘卓的女儿，命甘卓诈称奉皇太弟(司马炽)的命令，任陈敏当扬州(安徽省中南部及浙江省)州长(刺史)。陈敏命老弟陈恢，跟将领钱端等，南下夺取江州(江西省及福建省)，另一老弟陈斌，东下夺取其他郡县。晋帝国扬州州长(刺史)刘机、丹阳郡郡长王旷，放弃州郡政府所在的秣陵(即建业，江苏省南京市)，逃亡。陈敏遂占领江东(江苏省南部太湖流域)。

陈敏任命顾荣当右将军，贺循当丹阳郡(江苏省南京市)郡长(内

四世纪·三〇五年十二月　司马虓、刘琨南下反攻，击溃刘乔

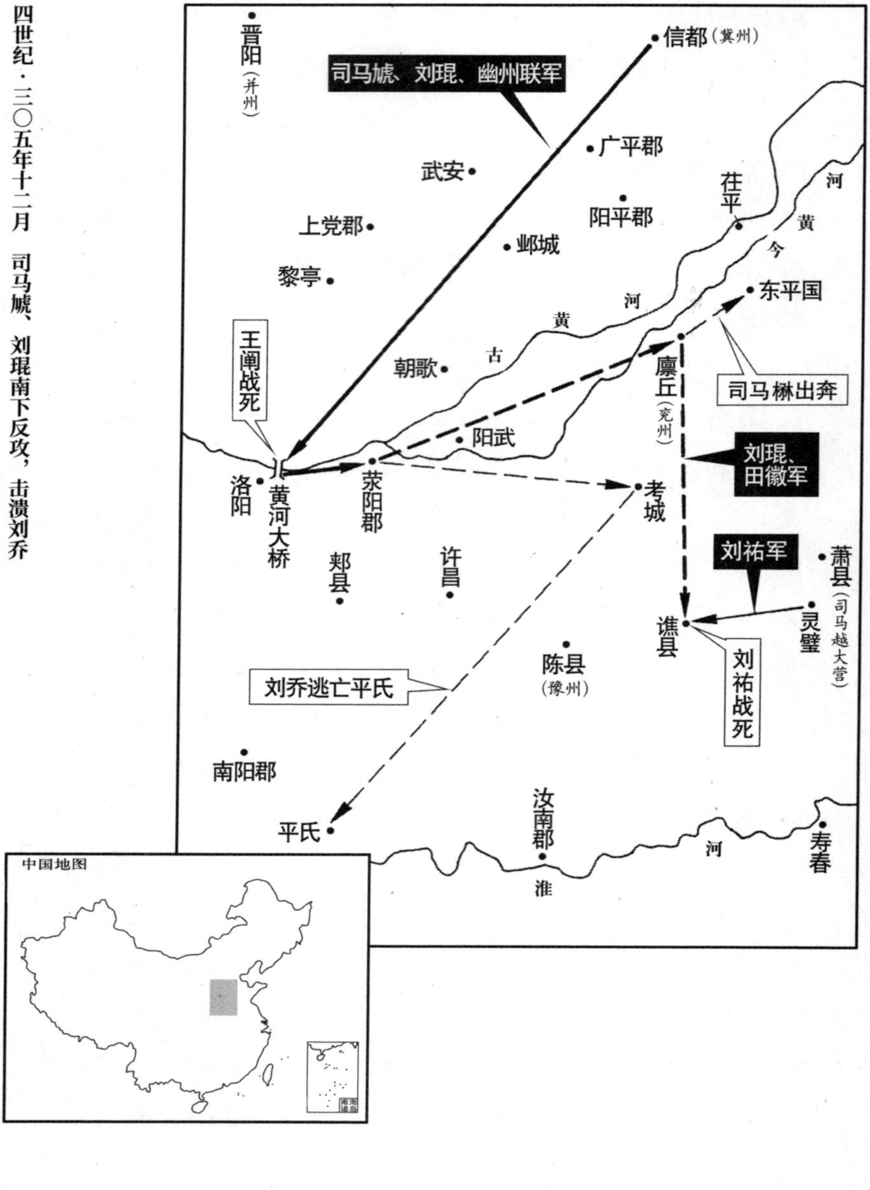

晋阳（并州）
信都（冀州）
司马虓、刘琨、幽州联军
广平郡
武安
上党郡
阳平郡
茌平
邺城
黎亭
东平国
黄河
古黄河
今黄河
王阐战死
朝歌
廪丘（兖州）
司马楙出奔
阳武
洛阳
黄河大桥
荥阳郡
考城
刘琨、田徽军
郏县
许昌
刘祐军
萧县（司马越大营）
灵璧
谯县
刘祐战死
陈县（豫州）
刘乔逃亡平氏
南阳郡
平氏
汝南郡
淮河
寿春
中国地图
南海诸岛

史），周玘当安丰郡（安徽省寿县西南）郡长。江东（江苏省南部太湖流域）英雄豪杰、知名之士，全都招揽，十分敬重。当将军、郡长等，有四十余人。对于年老多病的，就增加俸禄和官位。贺循假装疯癫，得以免除当官。陈敏遂命顾荣兼任丹阳郡（江苏省南京市）郡长。周玘也说他有病在身，不能前往郡长任所。陈敏开始感觉到不可能获得知名之士的效忠，打算全部屠灭。顾荣劝阻说："中国祸乱不断，蛮夷已欺负到中国心脏（指氐人建立的成汉帝国和匈奴人建立的汉赵帝国），观察今天形势，中国已没有能力复兴，人民恐怕要死亡罄尽。江南（长江以南）虽然经过石冰的骚乱（参考去年〔三〇四〕二月），可是社会的核心人物，还都保全。我常常感叹，遇不到孙权（东吴帝国一任帝）、刘备（蜀汉帝国一任帝）那样的领袖，拯救苍生。而今，将军（陈敏）英明神武，盖世无双，显著的勋业，已经建立，战斗部队数万，船舰像重重山峦，如果能够亲信正人君子，使他们尽量贡献才能，化解细微的误会，堵塞挑拨离间的厉口，则长江上游各州，可以靠一纸文告平定。不然的话，恐怕不能完成大业。"陈敏命他的部属推举自己当江东（江苏省南部太湖流域）军区司令长官（都督江东诸军事）、最高指挥官（大司马）、楚公，加九锡，联名呈报国务院（尚书）。陈敏声称，他接到皇后羊献容颁发的诏书，将从长江西上，进入沔水（汉水上游）、汉水，到长安（陕西省西安市）迎接晋帝司马衷圣驾。

太宰（上三公之一）司马颙任命张光当顺阳郡（河南省淅川县东南）郡长，率步骑混合兵团五千人，前往荆州（湖北省及湖南省）报到，讨伐陈敏。镇南大将军、荆州军区司令长官（都督荆州诸军事）刘弘（时驻襄阳），派江夏郡（湖北省云梦县）郡长陶侃、武陵郡（湖南省常德市）郡长苗光，进驻夏口（湖北省武汉市）；又命南平郡（湖北省公安县）郡长、汝南郡（河南省息县）人应詹，统御长江舰队，作为后援。

陶侃跟陈敏同郡（都是庐江郡〔安徽省舒城县〕人），又在同一年被保荐当官，同往京师（首都洛阳）。随郡（湖北省随州市）郡长（内史）扈怀，警告刘弘说："陶侃身居大郡（江夏郡），手握强兵，万一怀有二心，荆州（湖北省及湖南省）就没有了东门！"刘弘说："陶侃忠贞干练，我早就知道，绝对没有这回事。"陶侃听到消息，派他的儿子陶洪、侄儿陶臻，觐见刘弘，留作人质，博取信任。刘弘任命二人当军事参议官（参军），送给很多礼物，教他们回去，说："你（陶臻）叔父出征远行，你们祖母年纪已老，应该亲自奉养。一介匹夫相交，还不忘恩负义，何况大丈夫！"

陈敏命他的老弟陈恢当荆州州长（刺史），攻击武昌（湖北省鄂州市）；刘弘擢升陶侃当前锋大营指挥官（前锋督护）阻截。陶侃把运粮船改建成战舰，大家都认为不可以，陶侃说："用国家的船只，攻击国家的贼寇，有什么不可以！"两军接战，陶侃不断击破陈恢。又跟皮初、张光、苗光在长岐（湖北省武汉市黄陂区西南）联合击破陈敏部将钱端。

南阳郡（河南省南阳市）郡长卫展，警告刘弘说："张光是太宰（上三公之一）司马颙的心腹，阁下既倾心东海王（司马越），站在勤王军这一边，最好诛杀张光，表明立场。"刘弘说："太宰（司马颙）的行为，岂是张光的罪状。杀别人而谋求自己安全，正人君子不会做这种事。"上书皇帝，赞扬张光的贡献，请求擢升。

16 本年（三〇五），汉赵帝国首都离石（左国城，山西省吕梁市离石区北），发生饥馑。汉赵王（一任光文帝）刘渊迁都黎亭（山西省壶关县西南），就近取食政府仓库粮秣。命全国武装部队总司令（太尉）刘宏留守离石，由农林部长（大司农）卜豫，运输粮秣维持。

四世纪·三〇五年十二月至三〇七年二月
陈敏叛变

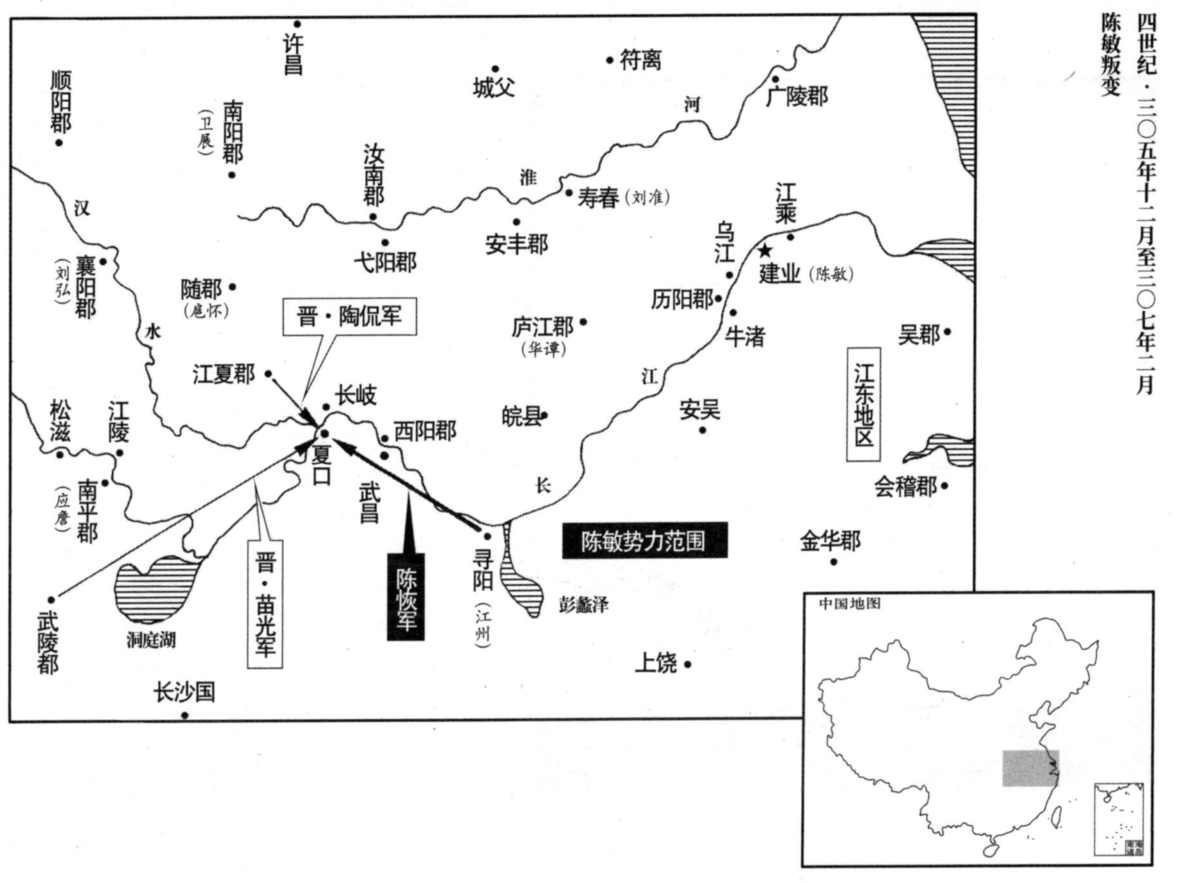

三〇六年 丙寅

晋	永兴	三年
	光熙	元年
成汉	建兴	三年
	晏平	元年
汉赵	元熙	三年

1 春季，正月一日，日蚀。

2 最初，晋帝国（首都长安〔陕西省西安市〕）皇太弟宫顾问官（太弟中庶子，第五品）兰陵郡（山东省兰陵县西南兰陵镇）人缪播（缪，姓。音miào〔妙〕），受最高监察长（司空）司马越的宠爱信任。缪播堂弟、太弟宫右翼卫队长（右卫率，第五品）缪胤，是太宰（上三公之一）司马颙亡妻的老弟。司马越起兵勤王时，派缪播、缪胤，前往长安（陕西省西安市），劝说司马颙把皇帝（四任惠帝）司马衷（本年四十八岁）送回洛阳（河南省洛阳市东白马寺东），司马越愿跟司马颙，以陕县（河南省三门峡市）为界，平分中国。司马颙素来敬重缪播兄弟，有意接受这个建议。可是，中央禁军总监（中领军）张方，知道自己罪恶深重，恐怕放走皇帝后，自己首当其冲（胡三省原注：“张方了解大掠洛阳和强迫皇帝西迁所造成的伤害。”柏杨按：既知道这两件事的严重性，当初为什么去做？对一个小人物而言，权力在手，一定发烧；直到有了祸事，才能清醒），对司马颙说：“我们据守险要地区，国富兵强，用天子的名义发号施令，谁敢反抗？为什么伸出双手，受人控制？”司马颙遂不接受。可是，等到豫州（河南省东部）州长（刺史）刘乔战败消息传来，司马颙恐惧（他面对与天下为敌的局面），打算停止战争，跟山东（崤山以东）的勤王军和解；但又恐怕张方反对，迟疑不敢确定。

张方平常跟长安富翁郅辅，交情深厚，特命郅辅当作战官（帐下督。张方初到长安时，贫贱无依，郅辅不断帮助他。等到张方地位尊贵，对郅辅仍很亲昵）。司马颙的军事参议官（参军）河间国（河北省献县）人毕垣，曾受张方侮辱，时时准备报复，向司马颙打小报告说：“张方把军队一直驻扎在霸上（陕西省西安市东灞河畔），听说山东（崤山以东）勤王军强盛，故意逗留，不肯前进。在祸乱还没有萌芽的时候，就应该阻止。他的亲信郅辅，知道他的阴谋。”缪播、缪胤，也劝司马颙，说：“最好是除掉张方，向天下请罪，山东（崤山以东）的战乱，不必劳动军队，自会平息。”司马颙派人召见郅辅；毕垣先在外面等候，问郅辅说：“张方打算叛变，有人说你知道。大王如果问你，你怎么回答？”郅辅大惊说：“我实在没有听说张方打算叛变，要我怎么办？”毕垣说：“大王问你的时候，你最好打马虎眼，只回答：‘啊！啊！’才能救你一命。否则的话，大祸临头。”郅辅进去后，司马颙问说：“张方谋反，你可知道？”郅辅说：“啊！”司马颙说：“教你取他性命，你可愿意？”郅辅说：“啊！”司马颙于是派郅辅送一封信给张方，乘机行事。郅辅既跟张方情同骨肉，所以，虽然带刀进府，守门的侍卫也不疑心。张方在灯光下拆信，郅辅在旁，挥刀砍下张方人头。回报司马颙，司马颙任命郅辅当安定郡（甘肃省镇原县东南屯字镇）郡长，而把张方人头送给司马越，请求和解，司马越拒绝。

成都王司马颖进据洛阳（参考去年〔三〇五〕十二月）后，命将军楼褒驻防黄河大桥。勤王军将领宋胄，袭击黄河大桥，楼褒向西撤退，平昌公司马模（时驻邺城）派前锋指挥官（前锋督护）冯嵩，从邺城（河北省临漳县邺城镇）南下，跟宋胄会师，进逼洛阳。司马颖不能抵挡，向西投奔长安，走到华阴（陕西省华阴市），听到司马颙诛杀张方，跟山东（崤山以东）勤王军和解消息，不敢前进。建武将军吕朗驻防荥阳（河南省荥阳市。参考去年〔三〇五〕十二月），勤王军刘琨把张方人头拿给吕朗观看，吕朗遂投降。最高监察长（司空）司马越派祁弘、宋胄、司马纂等，率鲜卑兵团，西上迎接晋帝司马衷。任命周馥当京畿总卫戍司令（司隶校尉），“假节”（三级权力），兼军区司令长官（都督诸军），驻屯渑池（河南省洛宁县西北）。

3 三月，晋帝国惤县（惤，音jiān〔坚〕。山东省龙口市东南）县长刘柏根叛变，有部众一万余人，自称惤公。变民首领王弥，率家人童仆，前往投靠。刘柏根命王弥当秘书长（长史）。王弥堂弟王桑当东翼警卫指挥官（东中郎将）。刘柏根攻击临淄（青州州政府所在县，山东省淄博市临淄区），青州军区司令长官（青州都督）高密王司马略，派刘暾率军抗拒，刘暾大败，逃向洛阳，司马略撤退到聊城（山东省聊城市）自保。幽州（河北省北部）军区司令长官王浚派军讨伐，斩刘柏根。王弥逃亡到长广山（山东省莱阳市东）当强盗。

4 晋帝国宁州（云南省），连年饥馑，瘟疫流行，死亡以十万为单位计算（可哀），五苓夷部落酋长于陵丞势力日益强盛，州政府屡战屡败（五苓蛮夷被逼反事，参考三〇三年闰十二月），官员人民，很多逃亡到交州（越南），蛮夷遂包围州政府所在地（滇池县，云南省昆明市晋宁区）。宁州州长（刺史）李毅患病，而外援断绝，上书说："我不能阻止贼寇的暴虐，坐等毙命，如果不能蒙受怜悯，请求派遣大员莅临，乘我一息尚存，把我斩首。如果我已死亡，尸首仍在，请求斩尸。"中央政府正陷混乱，没有答复。这样拖了好几年，他的儿子李钊，从洛阳前往探望老爹，走到中途，李毅已经逝世。李毅的女儿李秀，聪明通达，有老爹风范。大家遂推举李秀主持宁州州政府。李秀奖励将士，坚守城池，城中粮食吃完，人民捕捉老鼠烤熟，或挖掘野草，用来充饥。乘变民稍微懈怠，李秀率军出城，击破围城军。

五苓蛮夷部落之叛，叛于李毅之背信食言（参考三〇三年闰十二月）。官场人物狡狯成性，认为背信食言算不了什么；蛮夷朴实，对堂堂国家高官竟毁掉自己承诺，认为应予处罚。一个人的罪恶，引起人民以十万为单位的悲惨遭遇，李毅死有余辜。

5 成汉帝国（首都成都〔四川省成都市〕）隐士范长生前往成都，成汉帝国首领（一任武帝）、成都王李雄（本年三十三岁），亲自到城门迎接，手执笏板（晋见上级或君王时用的手板），任命范长生当丞相，尊称范贤。

6 夏季，四月十三日，晋帝国最高监察长（司空）司马越，率军进驻温县（河南省温县西）。

最初，太宰（上三公之一）司马颙认为张方既死，山东（崤山以东）勤王军一定可以和解。想不到勤王军听到张方死讯，继续挺进，争先入关（函谷关），司马颙大为后悔，遂斩郅辅。派弘农郡（河南省灵宝市东北）郡长彭随、北地郡（陕西省铜川市耀州区）郡长刁默，率军在湖县（河南省灵宝市西）筑垒布防，阻截勤王军祁弘等。

五月七日，祁弘等进攻，大破彭随、刁默，遂进关（此关应是潼关），抵达灞水（灞河，流经陕西省西安市东），再击败司马颙部将马瞻、郭伟。司马颙惊恐，单身独马，逃入太白山（秦岭山脉主峰，陕西省眉县南）。祁弘等遂进入长安（陕西省西安市），鲜卑兵团大肆奸淫纵火，抢夺劫掠，杀二万余人，文武百官四散逃命，投奔秦岭群山之中，捡橡树果实吞食。

五月十四日，祁弘迎接皇帝司马衷，乘坐牛车东还。

司马衷任命太弟太保（太弟三师之三）梁柳，当镇西将军，镇守关中（陕西省中部）。

六月一日，皇帝司马衷抵达首都洛阳，迎回皇后羊献容。

六月十六日，大赦，改年号（之前是永兴三年，之后是光熙元年）。

太宰（上三公之一）司马颙部将马瞻等，攻入长安，斩梁柳；跟始平郡（陕西省兴平市）郡长梁迈，共同到南山（秦岭）迎接司马颙回长安。弘农郡（河南省灵宝市东北）郡长裴廙、秦国（即扶风郡，陕西省眉县）郡长（内史）贾龛、安定郡（甘肃省镇原县东南屯字镇）郡长贾疋等，联合起兵，攻击司马颙，斩马瞻、梁迈。贾疋，是贾诩的曾孙（贾诩，参考一九二年五月）。最高监察长（司空）司马越，派大营指挥官（督护）麋晃，率军攻击司马颙，抵达郑县（陕西省渭南市华州区），司马颙命平北将军牵秀，

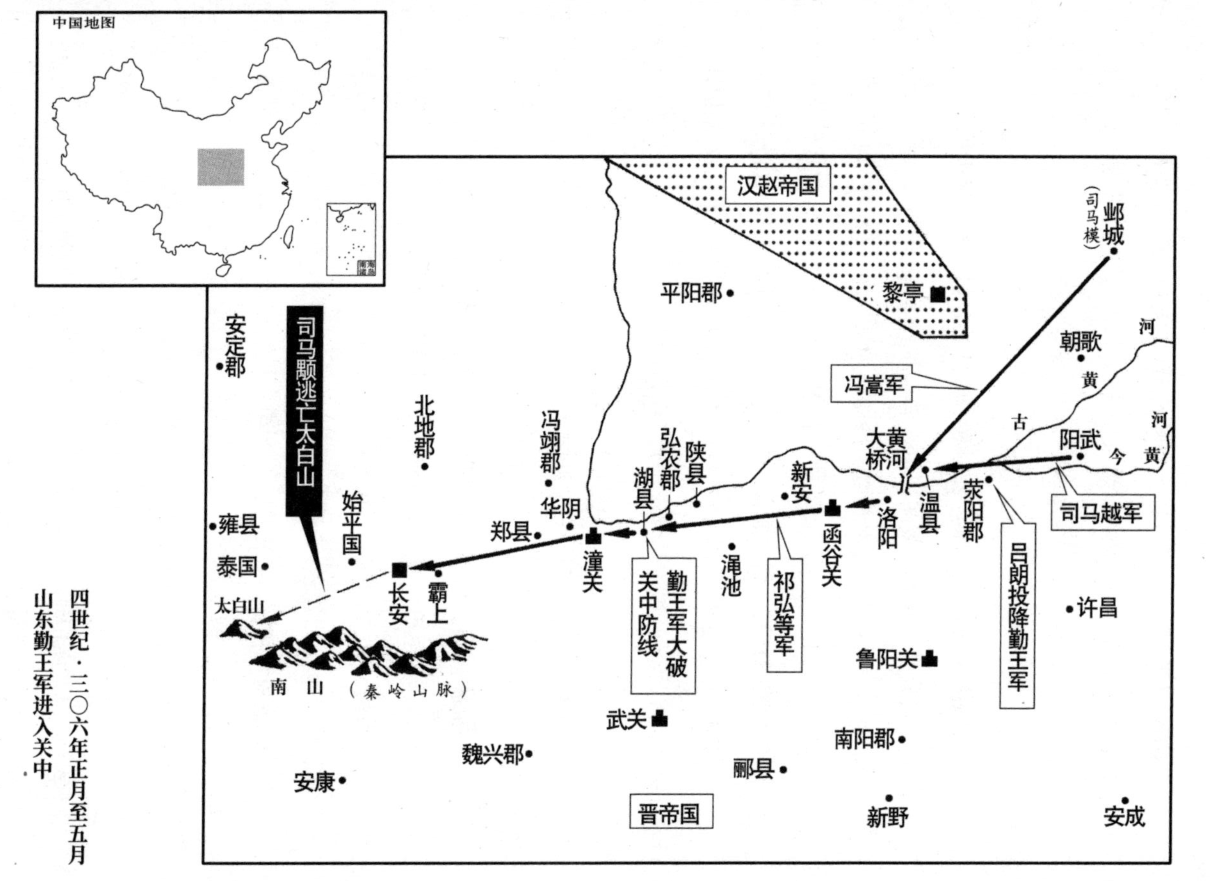

四世纪·三〇六年正月至五月
山东勤王军进入关中

驻防冯翊郡（陕西省大荔县）。司马颙秘书长（长史）杨腾，诈称奉司马颙之命，使牵秀停止战斗，遂乘机诛杀牵秀。关中地区（陕西省中部）遂全都归附司马越，司马颙仅保长安一城。

7 成汉帝国（首都成都）首领、成都王李雄，正式登极称帝（一任武帝）。大赦，改年号晏平（之前是建兴三年，之后是晏平元年），国号大成（本年才正式确定国号）。追称老爹李特绰号为景皇帝，祭庙称始祖；尊王太后罗女士当皇太后；任命范长生为“天地太师”，免除他所属部众的田赋捐税。各将领仗恃恩宠，互相争夺朝会时的排列位置，吵闹不休。国务院总理（尚书令）阎式，奏请查考两汉王朝及晋王朝前例，建立文武官员制度。李雄批准。

8 秋季，七月一日，日蚀。

9 八月，晋帝国擢升最高监察长（司空）司马越，当太傅（上三公之二）、主管政府机要（录尚书事）；范阳王司马虓（音xiāo〔消〕。时驻信都），当最高监察长（司空），镇守邺城（河北省临漳县邺城镇）；平昌公司马模（时驻邺城），当镇东大将军，镇守许昌（河南省许昌市东）；王浚（时驻蓟县）当骠骑大将军、东夷河北军区司令长官（都督东夷河北诸军事），兼幽州（河北省北部）州长（刺史）。

司马越任命国务院文官部文官司助理官（吏部郎）庾敳（音ái〔挨〕），当参谋主任（军咨祭酒）；前太弟府顾问官（太弟中庶子）胡母辅之（胡母，复姓），当参谋指挥官（从事中郎）；禁宫咨询官（黄门侍郎）郭象，当主任秘书（主簿）；藩属事务部主任秘书（鸿胪丞）阮修，当副军事参议官（行参军）；谢鲲当秘书（掾）。胡母辅之向司马越推荐乐安郡（山东省邹平市东长山镇）人光逸（光，姓），司马越也予以延聘。

庾敳等都崇尚玄虚，不关心国家社会，而只拼命饮酒，行为怪诞。庾敳对财货的追求，永不厌倦。郭象没有品格，喜爱抓权。但司马越因为他们在当时都有很高的知名度，所以全都授给官职。

10 晋帝国勤王军将领祁弘西入函谷关（河南省新安县）时，成都王司马颖从武关（陕西省商南县西南）逃到新野（河南省新野县）。正巧，镇南大将军、荆州军区司令长官（都督荆州诸军事）、新城公（元公）刘弘（时驻襄阳）逝世，军政官（司马）郭劢兵变，打算迎接司马颖，奉他为主。人事官（治中）郭舒，拥戴刘弘的儿子刘璠，发动反击，斩郭劢。

晋帝司马衷下诏，命南翼警卫指挥官（南中郎将）刘陶，逮捕司马颖。司马颖不敢停留，向北逃亡，渡过黄河，逃到朝歌（河南省淇县），召集过去部属将士，集结数百人，打算投奔公师藩。顿丘郡（河南省清丰县）郡长冯嵩，把司马颖生擒，送到邺城（河北省临漳县邺城镇），范阳王司马虓（时驻邺城）不忍诛杀，只把司马颖囚入监狱。公师藩在白马津（河南省滑县东古黄河渡口）打算渡黄河南下，兖州（州政府设廪丘〔山东省郓城县西北〕）州长（刺史）苟晞截击，斩公师藩。

11 晋帝国政府擢升东嬴公司马腾（时驻晋阳）当东燕王；平昌公司马模（时驻许昌）当南阳王。

12 冬季，十月，晋帝国最高监察长（司空）、范阳王司马虓（时驻邺城）逝世（年三十七岁）。秘书长（长史）刘舆，因司马颖素来受邺城（河北省临漳县邺城镇）人民爱戴，恐怕发生变化，对司马虓之死，保守秘密，不敢发布。命人假扮钦差大臣，宣称诏书下达；当夜，命司马颖自杀（年二十八岁），两个儿子，一并处死（“八王之乱”第六王结束，司马颖自前年〔三〇四〕正月当丞相，到八月逃到洛阳，当权八个月。后经两年流浪，于本年〔三〇六〕被诛）。司马颖部属早已逃散，唯有卢志始终追随左右，直到司马颖死，都不懈怠，收殓司马颖尸首，暂时安葬。太傅（上三公之二）司马越延聘卢志当参谋主任（军咨祭酒）。

司马越将要召见刘舆，有人警告说：“刘舆好像油垢，接近他会受到污染。”所以刘舆到洛阳后，司马越对他的态度冷淡。刘舆利用这段闲散时间，秘密查考政府档案，对全国兵马名册，仓库位置容量，牛马分布，武器供应，以及山川道路形势，一一默记在心。当时全国混乱，事多如麻，每次会议，包括秘书长（长史）潘滔在内，没有人了解所面对的问题。只有刘舆，分析事理，计划因应，十分精密周详；司马越不知不觉跟他促膝长谈，命他担任左秘书长（左长史），军中事务以及国家决策，完全委托给他。刘舆说服司马越，派他的老弟刘琨去镇守并州（州政府设晋阳〔山西省太原市〕），作为北方屏障；司马越上书推荐并任命（表）刘琨当并州（山西省中部）州长（刺史）；原镇守并州的东燕王司马腾，升车骑将军，兼邺城（河北省临漳县邺城镇）军区司令长官（都督邺城诸军事），镇守邺城。

13 十一月十七日，夜，晋帝国皇帝司马衷，吃饼中毒。

十一月十八日，司马衷在显阳殿逝世（年四十八岁）。皇后羊献容认为，皇太弟司马炽如果登极，她以嫂嫂的身份，恐怕不能当皇太后，打算改立侄儿清河王司马覃（司马覃曾是太子，参考三〇二年五月）。高级咨询官（侍中）华混劝阻说：“皇太弟（司马炽）在东宫，为时已久（前后三年），天下皆知，人民对他深具盼望，今天怎么能够变更？”立即用没有封套的文书，火速通知太傅（上三公之二）司马越，征召皇太弟司马炽入宫。这时，清河王司马覃接到皇后诏书，已经抵达国务院（尚书阁），发现情形不对劲，疑心发生变化，声称发病，即行退出。

十一月二十一日，司马炽（本年二十三岁）登极（五任怀帝），大赦，尊皇后羊献容当惠皇后，住弘训宫；追称亡母王才人（小老婆群第十四级）为皇太后；封太弟妃梁女士当皇后。

司马炽恢复传统制度，在太极殿东堂举行御前会报；在宴会的时候，跟文武官员讨论政务，研究经典。禁宫咨询官（黄门侍郎）傅宣叹息说："今天，才再看到武帝（一任帝司马炎）时代的盛事。"

14 十二月一日，日蚀。

15 晋帝国太傅（上三公之二）司马越，用皇帝诏书，征召河间王司马颙，回京（首都洛阳）担任宰相（司徒），司马颙接受，走到新安（河南省渑池县），南阳王司马模（司马越老弟），派他的部将梁臣，拦住车队，就在车上，用手扼住司马颙的咽喉，活活扼死，同时诛杀司马颙的三个儿子（"八王之乱"第七王结束。司马颙自前年〔三〇四〕八月强迫皇帝迁都，到本年〔三〇六〕五月勤王军攻入长安，当权一年零十个月，而于七个月后被诛）。

16 十二月二十日，晋帝国任命总立法长（中书监）温羡当左特级国务官（左光禄大夫），代理宰相（领司徒）；国务院左执行长（尚书左仆射）王衍当最高监察长（司空）。

17 十二月二十八日，晋帝国把司马衷（惠帝）安葬太阳陵（河南省洛阳市北邙山南麓）。

18 晋帝国并州（山西省中部）州长（刺史）刘琨，前往任所（州政府设晋阳〔山西省太原市〕），抵达上党郡（山西省黎城县西南）；东燕王司马腾已从井陉（太行山八陉之一，河北省井陉县西）东下。当时并州（山西省中部）灾荒饥馑，又不断受到汉赵帝国（首都黎亭〔山西省壶关县西南〕）军民的抢劫，郡县没有自卫能力。州政府将领：田甄、田甄老弟田兰、任祉、祁济、李恽、薄盛等，以及官员人民等，约一万余人，全数跟随司马腾前往冀州（河北省中部南部）寻求食粮，这批人称"山西（太行山以西）难民"（乞活）。于是，残留下来的，不满二万户人家，而又遍地盗匪，路断人绝。刘琨在上党郡（山西省黎城县西南）招兵买马，集结五百人，一路战斗前进，到州政府所在的晋阳（山西省太原市）时，发现政府机关房舍，都被焚毁，田野城池，一片荒凉。 194

刘琨安抚居民，招徕远方，逃亡的人稍稍返回家园。

三〇七年 丁卯

晋	光熙	二年
	永嘉	元年
成汉	晏平	二年
汉赵	元熙	四年

1 春季，正月二日，晋帝国（首都洛阳〔河南省洛阳市东白马寺东〕）大赦，改年号永嘉（之前是光熙二年，之后是永嘉元年）。

2 晋帝国国务院文官部文官司助理官（吏部郎）周穆，是太傅（上三公之二）司马越姑妈的儿子，周穆跟妹夫总监察官（御史中丞）诸葛玫，建议司马越："主上（司马炽）之所以当皇太弟，是张方的主意。清河王（司马覃）本是皇太子，明公应考虑恢复。"司马越不答应。二人一再进言，司马越大怒，诛杀周穆、诸葛玫。

3 二月，晋帝国东莱郡（山东省莱州市）变民首领王弥（参考去年〔三〇六〕三月），攻击青州（山东省北部）、徐州（江苏省北部），自称征东大将军，斩杀郡长。太傅（上三公之二）司马越，派宫门接待官（公车令）东莱郡（山东省莱州市）人鞠羡当本郡（东莱郡）郡长，讨伐王弥；王弥击斩鞠羡。

4 占领江东（江苏省南部太湖流域）的变民首领陈敏，行政司法，杂乱无章，英雄豪杰多不肯归附；陈姓子弟又十分凶暴，所到之处，都带给人民灾难；被陈敏任命当丹阳郡（江苏省南京市）郡长的顾荣和当安丰郡（安徽省寿县西南）郡长的周玘等，十分忧虑。晋帝国庐江郡（安徽省舒城县）郡长华谭，写信给顾荣等，说："陈敏盘踞吴会（江东），性命像早上的露珠。各位先生，有的被皇帝分封著名的大郡，有的名列皇帝亲信，而今，竟沦落成为盗匪党羽，岂不可羞！东吴帝国孙坚父子都是英雄俊杰，才能继承大业。试看陈敏的凶暴狡狯，七个弟弟的顽劣，却打算效法孙策的事迹，遵循孙权（东吴帝国一任帝）的轨道，我想你们心里，也不会认为他们有此能力。皇上（司马炽）已回到洛阳，俊杰人才，充满政府，势将动员六军，扫荡建业（江苏省南京市），各位还有什么颜面，再见中原人士？"顾荣一直有背叛陈敏的想法，接到华谭的信，十分惭愧，遂派密使觐见征东大将军刘准（时驻寿春〔安徽省寿县〕），请刘准出动大军，逼近长江，自己则作为内应，剪下头发，作为信誓。刘准命扬州（州政府设建业）州长（刺史）刘机，率军攻击历阳（安徽省和县），讨伐陈敏。

陈敏派他的老弟广武将军陈昶，率数万人驻防乌江（安徽省和县东北乌江镇），历阳郡（安徽省和县）郡长陈宏，驻防牛渚（安徽省马鞍山市西南采石矶）。陈敏老弟陈处，知道顾荣怀有二心，建议老哥诛杀顾荣，陈敏不肯。

陈昶的军政官（司马）钱广，是周玘的同郡（吴兴郡，浙江省湖州市）人。周玘密令钱广袭斩陈昶，宣称："建业（江苏省南京市）已诛杀陈敏，胆敢乱动的，屠灭三族。"钱广率军在朱雀桥（建业城南，秦淮河上）备战。陈敏命他的儿女亲家甘卓，讨伐钱广，把所有锋利武器和精锐部队全部交付给他。顾荣恐怕陈敏疑心，故意觐见陈敏，陈敏说："你应该到各地安抚镇压，岂可以逗留在我身边？"顾荣退出后，跟周玘共同劝说甘卓："如果江东（江苏省南部太湖流域）大业可以建立，我们当同心完成。然而，你观察当前形势，还有没有希望？陈敏不过一个普通人才，政令反复无常，没有固定的奋斗目标，而子弟们个个骄傲自负，结局必然失败。我们安安稳稳地坐在这里，接受他的官职俸禄，等到瓦解的那天，使江西（巢湖流域）各军，把我们的人头装到匣子里送到首都洛阳，上面写：'逆贼顾荣、甘卓首级。'这可是万世的羞辱。"甘卓同意，遂假装有病，派人把女儿接回（甘卓女嫁陈家事，参考前年〔三〇五〕十二月），然后破坏朱雀桥，把船舰全部调到秦淮河南岸集结，跟周玘、顾荣，以及前松滋国（安徽省霍邱县东）县长（相）、丹阳郡（江苏省南京市）人纪瞻，联合攻击陈敏。

陈敏既悲又愤，亲率一万余人，讨伐甘卓，甘卓部下士卒，隔秦淮河向陈敏部众高喊："我们所以效忠陈公，正因为有顾荣、周玘领导。现在情势大变，你们还想干什么？"陈敏部众迟疑不决，顾荣挥动白羽毛扇，教他们逃走，全军遂一哄而散。陈敏单身匹马北走，在江乘（江苏省南京市东北）被捕，叹息说："大家误了我，以至到了今天。”对老弟陈处说：“我辜负你，你没有辜负我。”（指不听陈处之劝杀顾荣。）陈敏被押回建业（江苏省南京市）处决，屠灭三族。会稽郡（浙江省绍兴市）等郡把陈敏所有的弟弟全都诛杀。

当时，平东将军周馥，代替征东大将军刘准，镇守寿春（安徽省寿县）。

三月九日，周馥把陈敏的人头，送到京师（首都洛阳）。晋帝（五任怀帝）司马炽（本年二十四岁）下诏：任命顾荣当高级咨询官（侍中），纪瞻当国务院助理官（尚书郎），征召进京（首都洛阳）。太傅（上三公之二）司马越延聘周玘当军事参议官（参军），陆玩当秘书（掾）。陆玩，是陆机的堂弟（陆机之死，参考三〇三年十月）。顾荣等走到徐州（州政府设彭城〔江苏省徐州市〕），看到北方战乱越发扩大，迟疑不再前进，司马越大不高兴，通知徐州州长（刺史）裴盾，说：“如果顾荣等观望，用军礼护送。”顾荣等恐惧，逃回故乡（吴县，江苏省苏州市）。裴盾，是裴楷的侄儿，司马越正妻裴妃的老哥。

5 西阳（湖北省黄冈市黄州区）蛮夷部落攻击江夏郡（湖北省云梦县），郡长杨珉，召集军事会议，将领们纷纷提供意见，只有骑兵司令（骑督）朱伺，不发一言。杨珉说：“朱将军怎么不说话？”朱伺说：“大家都用舌头攻击盗贼，我只知道用武力。”杨珉说：“你从前攻击盗匪，怎么一直保持常胜纪录？”朱伺说：“双方敌对僵持，只有忍耐。他们不能忍，而我能忍，所以常胜。”杨珉十分欣赏。

6 晋帝国皇帝司马炽下诏：恢复皇太后杨芷的尊贵绰号（距杨芷被罢黜已十七年，参考二九一年三月）。

三月十七日，改葬杨芷，绰号称武悼皇后。

7 三月二十日，晋帝国封清河王司马覃的老弟豫章王司马诠当皇太子。

三月二十一日，大赦。

8 晋帝国皇帝（五任怀帝）司马炽亲自处理国家大事，留心政令。太傅（上三公之二）司马越大不高兴，坚决要求出巡地方。

三月三十日，司马越离开首都洛阳，镇守许昌（河南省许昌市东）。

9 晋帝国任命安北将军、高密王司马略（时驻聊城〔山东省聊城市〕）当征南大将军，兼荆州军区司令长官（都督荆州诸军事），镇守襄阳（湖北省襄阳市）；镇东大将军、南阳王司马模（时驻许昌〔河南省许昌市东〕）当征西大将军、秦雍梁益军区司令长官（都督秦雍梁益四州诸军事），镇守长安（陕西省西安市）；安北将军、东燕王司马腾改封新蔡王、当司冀军区司令长官（都督司冀二州诸军事），仍镇守邺城（河北省临漳县邺城镇）。

10 晋帝国变民首领公师藩既死（参考去年〔三○六〕八月），部将汲桑逃回茌平（山东省东阿县西北）牧马场，再集结部众，劫掠附近郡县，自称最高统帅（大将军），声言替成都王司马颖复仇，命石勒担任先锋，所向无敌，遂封石勒讨虏将军，进攻邺城（河北省临漳县邺城镇）。

当时，邺城仓库枯竭，粮秣金钱，都没有积蓄，但新蔡王（武哀王）司马腾的财富，却十分可惊，不过他生性吝啬，平常对人毫无恩义，等汲桑大军压境，事到临头，才赏赐将士：谷米每人数升、布匹每人一丈数尺，军心离散。

夏季，五月，汲桑大破魏郡（郡政府设邺城）郡长冯嵩军队，长驱直入，司马腾轻装备逃走，被汲桑的部将李丰诛杀。

汲桑掘出成都王司马颖的棺木，放到车上，遇到事情，先向棺木禀告，然后施行；遂纵火焚烧邺城宫殿，大火十几天不灭（袁绍于一九一年据守邺城，开始建立宫殿。曹操更加扩充，经营一百一十七年，本年全化灰烬），屠杀官民一万余人，大肆抢劫，然后撤退。从延津（河南省卫辉市东古黄河渡口）渡过黄河，攻击兖州（山东省西部）。太傅（上三公之二）司马越大为恐惧，命兖州（州政府设廪丘〔山东省郓城县西北〕）州长（刺史）苟晞，跟将军王赞，讨伐汲桑。

11 秦州（甘肃省南部）流亡难民首领邓定、訇氏等（訇，姓；氏，名。訇，音hōng〔轰〕），占据成固（陕西省城固县），劫掠汉中郡（陕西省汉中市）。梁州（州政府设南郑〔陕西省汉中市〕）州长（刺史）张殷，派巴西郡（四川省阆中市）郡长张燕讨伐。邓定等饥饿缺粮，向张燕诈降，又用金银财宝贿赂张燕，张燕遂停止前进。

邓定命訇氏担任密使，前往成汉帝国（首都成都〔四川省成都市〕）求救。成汉帝（一任武帝）李雄（本年三十四岁）派全国武装部队总司令（太尉）李离、宰相（司徒）李云、最高监察长（司空）李璜，率军二万人北上援救邓定；大破张燕。张殷跟汉中郡郡长杜孟治，放弃城池逃走。十多天之后，李离才撤退，把汉中郡所有居民，全部强迫迁入成汉国境。

汉中郡（陕西省汉中市）人句方、白落，率残留下来的官民，回到南郑（梁州州政府及汉中郡郡政府所在县）固守。

12 晋帝国变民首领讨虏将军石勒，跟兖州（山东省西部）州长（刺史）苟晞，在平原郡（山东省平原县）、阳平郡（河北省大名县东北）一带对峙，数月之间大小三十余战，互有胜负。

秋季，七月一日，太傅（上三公之二）司马越，进驻官渡（河南省中牟县东北），作为苟晞的声援。

13 七月十一日，晋帝国任命琅邪王司马睿当安东将军、扬州江南军区司令长官（都督扬州江南诸军事），“假节”（三级权力），镇守建业（扬州州政府所在县，江苏省南京市）。

14 八月一日，苟晞在东武阳（山东省莘县南），大破变民首领汲桑。汲桑败逃，固守清渊（山东省临清市）。

15 晋帝国从荆州（湖北省及湖南省）、江州（江西省及福建省），分出八郡，建立湘州（湖南省。州政府设临湘〔湖南省长沙市〕）。

16 九月一日，晋帝国琅琊王司马睿，抵达建业（江苏省南京市）。司马睿用安东将军府军政官（安东司马）王导，作为智囊，推心置腹，每件事都跟他磋商。司马睿根本没有知名度，江东（江苏省南部太湖流域）人士，对他深怀轻视，内心不服。所以司马睿到职很久之后，东吴（江东）士大夫（高级知识分子及现任官员和退休士绅），没有人前来觐见，王导十分忧虑。正巧，司马睿到水边祭祀鬼神（禊），王导命司马睿坐在没有篷盖的大轿上，卫队壮观森严，而王导以及中原来的知名之士，都骑马随从。纪瞻、顾荣等看见，大为震惊，纷纷在道旁参拜。王导遂劝司马睿说：“顾荣、贺循，在本地享有声望，应该跟他们结交，凝聚民心。只要他们二位肯来，其他的人也都肯来。”

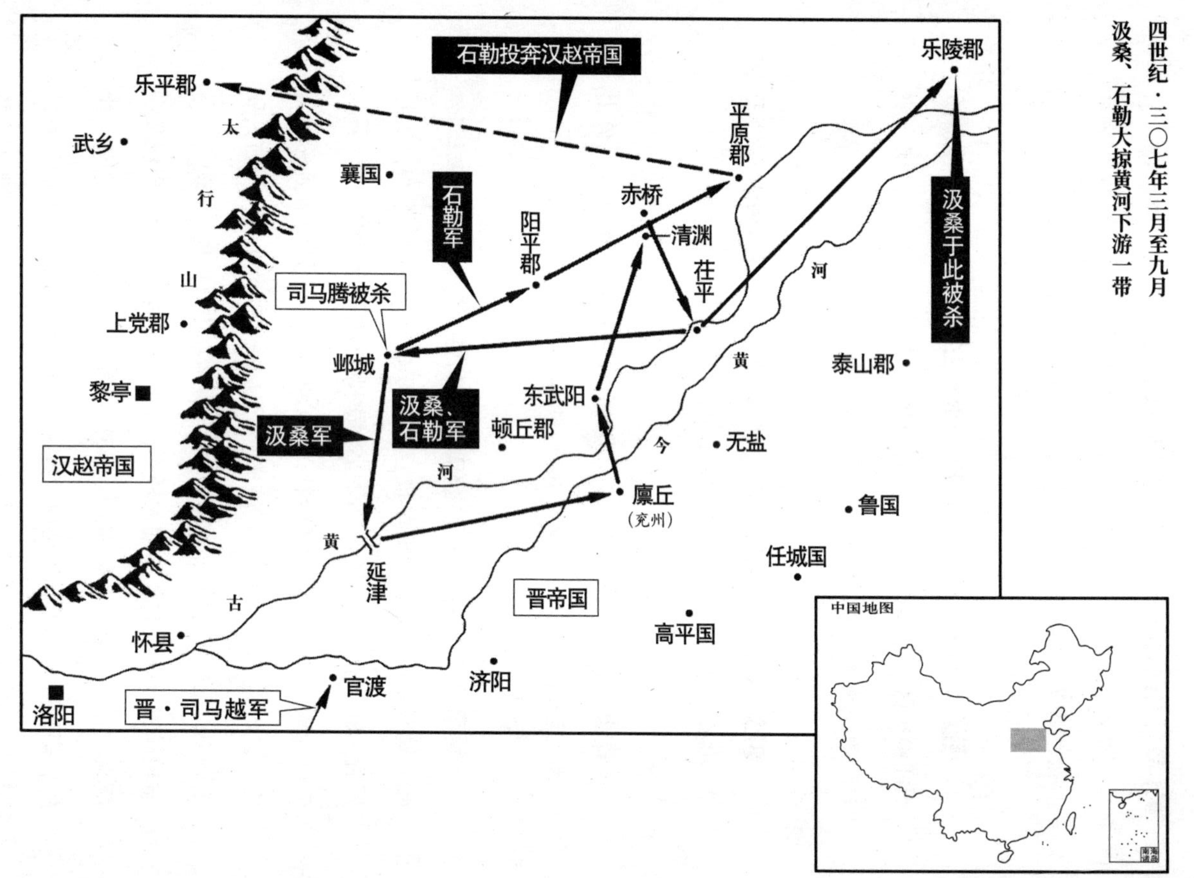

四世纪·三〇七年三月至九月
汲桑、石勒大掠黄河下游一带

司马睿使王导亲自拜访贺循、顾荣，二人都接受延聘。司马睿遂任命贺循当吴国（江苏省苏州市）郡长（内史），顾荣当参谋长（军司），加授散骑侍从官（散骑常侍），凡有关安东将军府及扬州（安徽省中南部及浙江省）州政府的事情，司马睿都跟顾荣磋商。司马睿又任命纪瞻当参谋主任（军咨祭酒），卞壶当参谋指挥官（从事中郎），周玘当粮食助理官（仓曹属），琅邪国（山东省临沂市）人刘超当随从官（舍人），张闿、鲁国（山东省曲阜市）人孔衍，当军事参议官（参军）。卞壶，是卞粹的儿子（卞粹谋杀司马乂事，参考三〇三年七月）。张闿，是张昭的曾孙（张昭，参考一九五年十二月）。

王导再建议司马睿："结交贤士要谦恭，开支消耗要节俭，政治措施要清静无为，用来安抚原住民的乡土人士和渡长江投奔而来的客卿。"所以江东（江苏省南部太湖流域）人民，对司马睿从内心归附。司马睿初到时，常常因为贪杯饮酒，荒废政事。王导向他进言，司马睿命人把酒杯斟满，泼到地上，作为誓约，从此戒绝。

17 晋帝国兖州（山东省西部）州长（刺史）苟晞，追击变民首领汲桑，一连攻破八座营垒，死亡一万余人。汲桑跟石勒，收拾残兵败将，打算投效汉赵帝国（首都黎亭〔山西省壶关县西南〕），晋帝国冀州（河北省中部南部）州长（刺史）谯国（安徽省亳州市）人丁绍，在赤桥（山东省临清市境）阻截，再大破汲桑。汲桑再逃回茌平（山东省东阿县西北）牧马场，石勒则逃向乐平（山西省昔阳县）。变民集团既溃散，太傅（上三公之二）司马越遂回许昌（河南省许昌市东）；加授苟晞抚军将军、青兖军区司令长官（都督青兖诸军事）；加授丁绍宁北将军、冀州军区司令（监冀州诸军事）；全都"假节"（三级权力）。

苟晞屡次击破强大的变民集团，威名震动远近，而又精力过人，能精确的处理繁重的事务，可是，用法严峻惨苛。他的姨妈投靠他，荀晞奉养她十分丰厚。姨妈替自己的儿子要求当一名将领，荀晞不答应，说：“我从来不会枉法饶人，将来你会后悔！”姨妈坚持要求，荀晞遂任命她儿子当大营指挥官（督护）。后来他犯了军法，荀晞请出皇帝符节（“持节”的“节”），加以诛杀；姨妈下跪叩头营救，荀晞拒绝。既斩之后，荀晞换穿素色服装祭悼，大哭说：“杀你的，是兖州州长（刺史）；哭弟的，是你表哥荀晞。”

18 匈奴部落酋长张訇督、冯莫突等，拥有部众数千人，驻屯上党郡（山西省黎城县西南），变民首领汲桑的部将石勒前往投靠，劝说张訇督等：“刘单于（刘渊）起兵反抗晋政府，你拒绝听从他的命令，自认为能一直独立存在？”张訇督说：“不能。”石勒说：“那么，怎么可以不隶属某一方面？而今，部属们都已接受单于（刘渊）的赏赐和招募，往往聚集在一起，议论纷纷，恐怕是打算背叛你而去归附单于（刘渊）。”张訇督接受石勒建议。

冬季，十月，张訇督等，偕同石勒，单身独马，投靠汉赵帝国（首都黎亭）。汉赵帝国首领（一任光文帝）、汉王刘渊封张訇督当亲汉王，命冯莫突当营主司令（都督部大），封石勒当平晋王、辅汉将军，统御张訇督等部众。

乌桓酋长张伏利度，率部众二千人，驻屯乐平（山西省昔阳县），刘渊屡次征召，张伏利度都不接受。石勒于是假装犯罪逃亡，投靠张伏利度，张伏利度大喜，二人结拜成兄弟，命石勒率部众劫掠，石勒勇不可当，所向无前，部众畏惧敬佩。石勒知道已掌握军心，遂找一个机会，逮捕张伏利度，向部众询问：“今天我们要创立大业，我跟张伏利度，谁有资格当首领？”部众全推石勒。石勒释放张伏利度，率部众返回汉赵帝国。

汉赵王刘渊加授石勒：山东（崤山以东）军区征剿司令官（督山东征讨诸军事），命他率领张伏利度的部众。

19 十一月二日，日蚀。

20 十一月八日，晋帝国政府任命国务院右执行长（尚书右仆射）和郁，当征北将军，镇守邺城（河北省临漳县邺城镇）。

十一月二十九日，任命王衍当宰相（司徒）。王衍说服太傅（上三公之二）司马越："全国混乱，必须依靠方面大员，最好是选择文武全才的人员担任。"遂任命王衍老弟王澄，当荆州（湖北省）军区司令长官（荆州都督）；堂弟王敦，当青州（山东省北部）州长（刺史）；王衍告诉二人说："荆州有长江、汉水的屏障，青州有大海的险阻，你们二人在外，我在中央，狡兔三个洞穴，而今具备。"

王澄前往司令部所在（襄阳，湖北省襄阳市）就职，任命郭舒当总务官（别驾），交给他全权。王澄却日夜酗酒，从不过问军政事务，虽然变民贼寇，不断崛起，情势日渐紧急，王澄全不放到心上。郭舒常恳切规劝，认为应该爱护人民，建立战斗部队，保护州界，王澄不理。

王澄所以对战乱日逼而不在意，并不是他不怕死，也不是他有奇计良方，而是他认为自然会有人为他洒热血、抛头颅，保护他的安全。这类人物一厢情愿的思考结论是："自然会有人！"永远想不到："自然不会有人！"所以才出现颟顸的场面。

21 十二月二日，晋帝国山西难民（乞活）首领田甄、田兰、薄盛等，组成战斗部队，声称替新蔡王司马腾报仇，在乐陵郡（山东省阳信县东南）击斩汲桑，把成都王司马颖的棺材，投到已经作废的枯井中；司马颖的旧部把它捞出来安葬。

22 十二月十八日，晋帝国任命前太傅（上三公之二）刘寔，当全国武装部队总司令（太尉），刘寔因年老而且患病，坚决辞让，中央政府不准。

十二月二十四日，任命特级国务官（光禄大夫）高光当国务院总理（尚书令）。

23 晋帝国前中央禁军总监（北军中候）吕雍、粮运指挥官（度支校尉）陈颜等，阴谋拥立清河王司马覃当皇太子，事机泄露，太傅（上三公之二）司马越假传圣旨，把司马覃送入金墉城（洛阳城西北角离宫）囚禁。

24 最初，晋帝国太傅（上三公之二）司马越，跟兖州（山东省西部）州长（刺史）苟晞，感情亲密，互相拜见对方的娘亲（“升堂拜母”是一种最深的友情），结拜为异姓兄弟。军政官（司马）潘滔警告司马越说：“兖州位居天下要冲，曹操当初就是用兖州作为根据地，创立大业（参考一九二年四月）。苟晞野心勃勃，不是一个愿意永远做臣属的人，教他停在兖州太久，恐怕成为心腹大患。如果把他调到青州（山东省北部），提高他的名位，他一定高兴。然后由你亲自管理兖州，控制全国，捍卫中央，这正是在还没有变乱的时候，就加以预防。”司马越同意。

十二月二十七日，司马越自任丞相，兼兖州全权州长（牧）、兖豫司冀幽并军区司令长官（都督兖豫司冀幽并诸军事）。擢升苟晞当征东大将军、开府仪同三司（宰相级）、高级咨询官（侍中）、“假节”（三级权力）、青州军区司令长官（都督青州诸军事），兼青州州长（刺史），封东平郡公。苟晞跟司马越之间，感情从此恶化。

苟晞到了青州（州政府设临淄〔山东省淄博市临淄区〕）之后，用严厉苛刻、流别人血的手段，建立权威，每天都要杀人，州人称他“屠夫”。顿丘郡（河南省清丰县）郡长魏植，被流亡的难民逼迫，起兵叛变，拥有部众五六万人，进入兖州（山东省西部），大肆抢掠。苟晞进驻无盐（山东省东平县东十公里），准备讨伐；命老弟苟纯代理青州（山东省北部）州长（刺史）；苟纯比苟晞更为残暴。（当时民谣说：“小狗凶过大狗。”）苟晞攻击魏植，击破魏植所率变民集团。

最初，阳平郡（河北省大名县东北）人刘灵，从小贫穷微贱，但力大无穷，可以制止奔跑中的牛马。当时人虽然感到奇异，却没有人推荐他。刘灵常抚胸叹息说：“上帝，你什么时候才使天下大乱！”等到公师藩起兵，刘灵也聚集青年壮士，自称将军，劫掠赵魏地区（河北省南部及河南省北部）。后来，变民首领王弥被苟纯击败，刘灵也被王赞击败，二人都派人到汉赵帝国（首都黎亭），上书投降。汉赵政府任命王弥当镇东大将军，青州、徐州全权州长（牧），兼沿海军区司令长官（都督缘海诸军事），封东莱公；任命刘灵当平北将军。

25 晋帝国宁州（云南省）前州长（刺史）李毅的儿子李钊，终于抵达宁州（州政府设滇池县〔云南省昆明市晋宁区〕，参考去年〔三〇六〕三月）。州政府请李钊代理州长（刺史）。人事官（治中）毛孟，辗转前往京师（首都洛阳），请求中央政府派遣正式州长（刺史）。奏章呈上很多次，没有反应。毛孟悲愤说：“我们的长官死亡，亲友丧生，我们的子弟被禁闭在孤城之中，穷途末路，奔波万里（晋宁到洛阳，航空距离一千四百公里，中隔横断山脉及成汉帝国），前来哭诉苦情，一片赤心，不能使人感动，不如一死。”打算刎颈自杀。政府官员怜悯他的遭遇，遂任命魏兴郡（湖北省郧西县西北）郡长王逊，继任宁州州长（刺史）。

晋帝司马炽下诏：命交州（越南北部）派军援救李钊。交州（州政府设龙编〔越南河内市东北北宁省〕）州长（刺史）吾彦，派他的儿子吾咨，率军出发。

26 鲜卑慕容部落（王庭设棘城〔辽宁省义县西〕）酋长慕容廆（音wěi〔伟〕），自称鲜卑汗国大单于。

27 鲜卑索头部落（王庭设盛乐〔内蒙古和林格尔县〕）酋长拓跋禄官逝世，老弟拓跋猗卢，合并三部，跟慕容廆和解（拓跋禄官分所属为三部事，参考二九五年）。

晋	永嘉	二年
成汉	晏平	三年
汉赵	元熙	五年
	永凤	元年

1 春季，正月一日，日蚀。

2 正月二日，晋帝国（首都洛阳〔河南省洛阳市东白马寺东〕）大赦。

3 汉赵帝国（首都黎亭〔山西省壶关县西南〕）首领（一任光文帝）、汉王刘渊，派抚军将军刘聪等十位将领，南下占据太行山；辅汉将军石勒等十位将领，东下攻击赵魏地区（河北省南部及河南省北部）。

4 二月十六日，晋帝国太傅（上三公之二）司马越，诛杀囚禁金墉城（洛阳城西北角离宫）的清河王司马覃（年十四岁）。

5 二月二十五日，汉赵帝国辅汉将军石勒，攻击常山郡（河北省正定县），晋帝国东夷河北军区司令长官（都督东夷河北诸军事）王浚（时驻蓟县〔北京市〕），击败石勒。

6 晋帝国凉州（州政府设姑臧〔甘肃省武威市〕）州长（刺史）张轨，中风瘫痪，不能说话，命他的儿子张茂，代理主持州政府。陇西郡（甘肃省陇西县）郡长（内史）、晋昌郡（甘肃省瓜州县东南）人张越，是凉州（甘肃省中部西部）名门大族，打算驱逐张轨，夺取州长（刺史）位置，遂跟他老哥酒泉郡（甘肃省酒泉市）郡长张镇，及西平郡（青海省西宁市）郡长曹祛（音qū〔区〕），秘密派人去长安（陕西省西安市），禀告南阳王司马模，说明张轨已经残废，请派秦州（州政府设上邽〔甘肃省天水市〕）州长（刺史）贾龛接替。贾龛将要接受，他的老哥责备他说："张轨是当世知名之士，声威震慑凉州，你何德何能，去接替他！"贾龛遂停止。张镇、曹祛上书中央，请另派州长（刺史）。中央还没有批示，二人即行通告有关单位，罢黜张轨，拥戴参谋长（军司）杜耽，代理州政府事务；再由杜耽上书中央，推荐张越当凉州州长（刺史）。

张轨发布文告，表示辞职，回到他年轻时隐居过的宜阳（河南省宜阳县西），终老天年。秘书长（长史）王融、军事参议官（参军）孟畅，一脚把张镇等的通知踩断（文告写在木板上），闯进张轨卧室房门，对张轨说："帝国一直发生灾难，只阁下安抚西夏（凉州），保持平安。张镇兄弟竟敢犯上作乱，我们当擂动战鼓，讨伐诛杀。"转身出去，下令戒严。正巧，张轨的长子张寔，从京师（首都洛阳）回来，遂命张寔担任中央大营指挥官（中督护），率军攻击张镇。在发动攻击之前，先派张镇的外甥、司令长官部（太府）主任秘书（主簿）令狐亚，前往探望张镇，分析利害。张镇流泪说："我受人欺骗！"遂觐见张宴请罪，张寔南下攻击曹祛，曹祛逃走。

中央政府接到张镇、曹祛的奏章，任命高级咨询官（侍中）袁瑜当凉州（甘肃省中部西部）州长（刺史）。凉州人事官（治中）杨澹，飞马前往长安（陕西省西安市），向南阳王司马模指出张轨被诬陷情形，割下一只耳朵，放到盘子上呈递，作为誓证。南阳王司马模感动，上书中央，请撤销袁瑜的任命。武威郡（甘肃省武威市）郡长张琠，也上书中央，挽留张轨。晋帝（五任怀帝）司马炽（本年二十五岁）下诏，批准司马模的建议，下令诛杀曹祛。张轨于是命张寔率步骑兵三万人进攻西平郡（青海省西宁市），斩曹祛。张越逃到邺城（河北省临漳县邺城镇），凉州平定（从此，凉州完全置于以张轨为首的张姓家族控制之下，奠定前凉王国基础）。

7 三月，晋帝国太傅（上三公之二）司马越，把大本营从许昌（河南省许昌市东）迁移到鄄城（山东省鄄城县北）。

8 汉赵帝国（首都黎亭）镇东大将军王弥，集结残兵败将，声势大振；分别派出将领攻击劫掠青州（山东省北部）、徐州（江苏省北部）、兖州（山东省西部）、豫州（河南省东部），大军所过之处，攻破郡县城池，多半诛杀郡长县长，部众有数万人。晋帝国征东大将军苟晞，跟王弥作一连串会战，无法阻挡。

夏季，四月十三日，王弥攻陷许昌（河南省许昌市东），军锋直指洛阳。

晋帝国太傅（上三公之二）司马越，派军政官（司马）王斌，率战斗部队五千人赶赴首都洛阳，保卫京师；凉州（甘肃省中部西部）州长（刺史）张轨，也派大营指挥官（督护）北宫纯，率军东下，抵达首都洛阳，加强保卫力量。五月，王弥进入轩辕（河南省洛阳市偃师区南），在伊水之北，击败晋帝国军队，首都洛阳震动，人心惊恐，连皇宫城门，白天都紧急关闭。

五月十九日，王弥抵达洛阳，在津阳门（洛阳南城东头第一门）外扎营，构筑工事。晋帝国政府任命宰相（司徒）王衍当征剿司令官（都督征讨军事）。北宫纯招募敢死队一百余人，发动突击，王弥大败。

五月二十二日，王弥纵火焚烧建春门（洛阳东城北头第一门），向东撤走。王衍派首都东区卫戍司令（左卫将军）王秉追击，在七里涧（洛阳城东）追到，再击败王弥。

王弥渡黄河北上，跟王桑会合，从轵关（河南省济源市西）抵达平阳（山西省临汾市）。汉赵王刘渊，派高级咨询官（侍中）、最高监察长（御史大夫），在首都黎亭（山西省壶关县西南）郊外迎接，转告王弥："我亲自到将军下榻的宾馆，拂拭座席，洗净酒杯，恭候驾临。"王弥到后，任命他当京畿总卫戍司令（司隶校尉），加授高级咨询官（侍中），"特进"（朝会时位置仅次于三公）；任命王桑当散骑顾问官（散骑侍郎）。

晋帝国凉州大营指挥官北宫纯，进军河东郡（山西省夏县），击败汉赵帝国抚军将军刘聪。

9 晋帝司马炽，封张轨当西平郡公，张轨拒不接受。京师（首都洛阳）危急时，没有一个州郡派遣使臣或援军，只张轨进贡，四季不断。

10 秋季，七月二日，汉赵帝国（首都黎亭）汉王刘渊，攻击晋

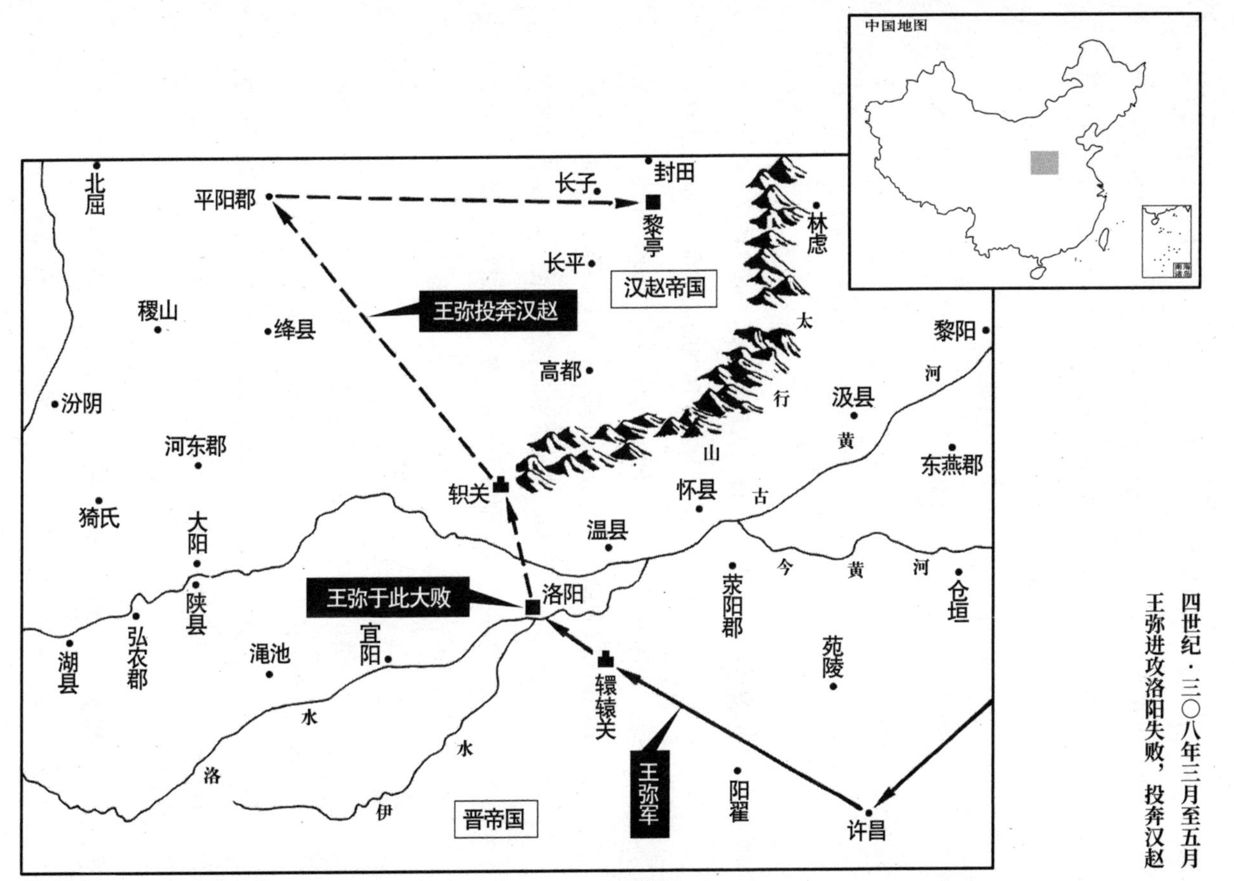

四世纪·三〇八年三月至五月
王弥进攻洛阳失败，投奔汉赵

帝国平阳郡（山西省临汾市）；平阳郡郡长宋抽，放弃城池逃走；河东郡（山西省夏县）郡长路述战死。刘渊把首都迁到蒲子（山西省隰县）。晋帝国上郡（陕西省韩城市）鲜卑部落酋长陆逐延、氐民族部落酋长单征，一起归附汉赵帝国。

11 八月十五日，晋帝国太傅（上三公之二）司马越，把大本营从鄄城（山东省鄄城县北）迁到濮阳（河南省濮阳市西南。鄄城城墙突然崩塌七十余丈，司马越认为是不祥之兆）。不久，再迁到荥阳（河南省荥阳市）。

12 九月，汉赵帝国镇东大将军王弥、辅汉将军石勒，攻击邺城（河北省临漳县邺城镇），晋帝国镇守邺城的征北将军和郁，放弃城池逃走。晋帝国皇帝司马炽下诏：命豫州（河南省东部）州长（刺史）裴宪，进屯白马（河南省滑县东），防备王弥；命车骑将军王堪，进屯东燕郡（河南省延津县东北），抗拒石勒；命平北将军曹武，进屯大阳（山西省平陆县），监视汉赵帝国首都蒲子（山西省隰县）。裴宪，是裴楷的儿子（裴楷，参考二六八年正月）。

13 冬季，十月三日，汉赵王刘渊，正式称皇帝（一任光文帝），大赦，改年号永凤（之前是元熙五年，之后是永凤元年）。

十一月，刘渊任命皇子刘和当最高统帅（大将军），刘聪当车骑大将军，皇侄刘曜当龙骧大将军。

14 十一月一日，晋帝国并州（山西省中部）州长（刺史）刘琨，命上党郡（山西省黎城县西南）郡长刘惇，率鲜卑兵团攻击壶关（山西省长治市北），汉赵帝国镇东将军綦毋达战败，逃走。

15 十一月五日，汉赵帝国（首都蒲子）全国各军区总司令长官（都督中外诸军事），兼丞相、右贤王刘宣逝世。

辅汉将军石勒、平北将军刘灵，率军三万人，攻击魏郡（郡政府设邺城）、汲郡（河南省卫辉市）、顿丘郡（河南省清丰县），大军所到之处，人民为了自卫所建立的堡寨，望风归附的五十余座，对堡寨首领，都送给他们“将军”或“司令”印信，征集强壮青年五万人，组成正规军；对其他老弱妇孺，毫不骚扰，社会秩序安定如初。

十一月八日，石勒攻陷邺城（河北省临漳县邺城镇），在“三台”生擒魏郡郡长王粹，斩首（三台，位于邺城〔河北省临漳县邺城镇〕西北，中央铜雀台，高十丈，房舍一百零一间，称“中台”；南方金雀台，高八丈，房舍一百零九间，称“南台”；北方冰井台，也高八丈，房舍一百四十五间，称“北台”。曹操于二一〇年兴建，落成之日，命他的儿子们登台，写作诗赋纪念）。

16 十二月一日，晋帝国大赦。

17 十二月五日，汉赵帝国皇帝（一任光文帝）刘渊，任命皇子、最高统帅（大将军）刘和，当最高指挥官（大司马），封梁王；国务院总理（尚书令）刘欢乐，当宰相（大司徒），封陈留王；皇后呼延女士的老爹、总监察官（御史大夫）呼延翼，升任最高监察长（大司空），封雁门郡公（御史大夫与司空不并存，并存时则司空是最高监察长，御史大夫是总监察官，如取消御史大夫，则御史中丞是总监察官）。刘姓皇族，以血缘亲疏远近作为标准，分别封郡王县王；非刘姓皇族，则以功劳大小，分别封郡侯县侯。

18 成汉帝国（首都成都〔四川省成都市〕）国务院总理（尚书令）杨褒

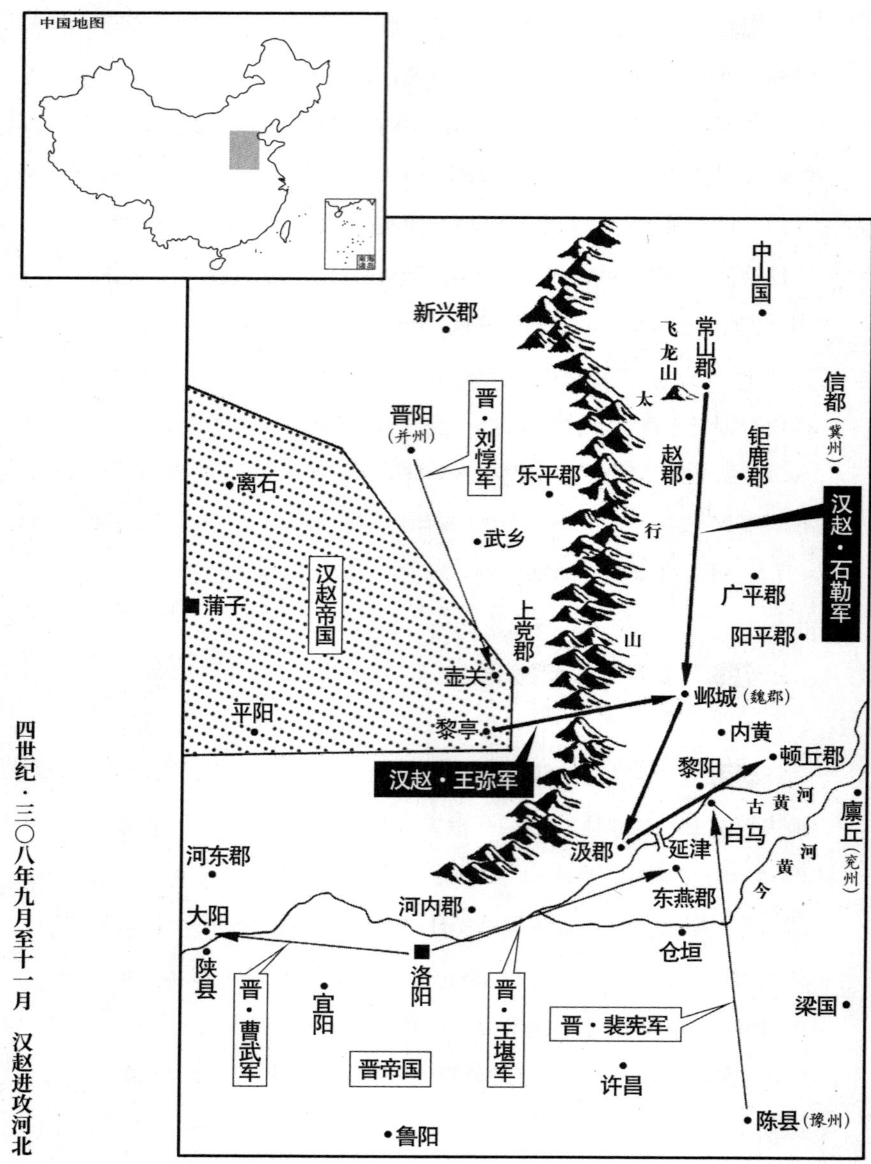

四世纪·三〇八年九月至十一月　汉赵进攻河北

逝世。

杨褒一向直言直语，成汉帝（一任武帝）李雄刚建立帝国，财政困难，很多将领，往往因呈献金银财宝，获得官职。杨褒规劝说：“陛下设立官职爵位，应该网罗天下的英雄豪杰，怎么用来做生意卖钱？”李雄道歉。李雄曾经酩酊大醉，强迫最高立法长（中书令）棍打御厨房管理官（太官令），杨褒劝阻说：“天子庄严肃穆，封国国君冠冕堂皇，哪有身当天子，却喝酒闹事？”李雄惭愧，停止。

19 成汉帝国平寇将军李凤，驻防晋寿（四川省广元市西南），不断进攻晋帝国的汉中郡（陕西省汉中市）；汉中居民生命财产失去保障，遂向东逃亡，进入荆州（湖北省）。晋政府任命张光当梁州（州政府设南郑〔陕西省汉中市〕）州长（刺史）。荆州（湖北省）盗贼横行，晋政府任命刘璠当顺阳郡（河南省淅川县东南）郡长（内史），长江、汉水一带人民，全都归附（刘璠，是刘弘的儿子，参考前年〔三〇六〕八月）。

三〇九年 己巳

晋　永嘉　三年
成汉　晏平　四年
汉赵　河瑞　元年

1 春季，正月一日，荧惑星犯紫微星。汉赵帝国（首都蒲子〔山西省隰县〕）天文台长（太史令）宣于修之，报告汉赵帝（一任光文帝）刘渊说：“不出三年，一定攻克洛阳（晋首都，河南省洛阳市东白马寺东）。蒲子（山西省隰县）地势崎岖不平，难以久居，平阳（山西省临汾市）气象旺盛，最好迁都。”刘渊接受，遂迁都平阳。大赦，改年号河瑞。

2 三月九日，晋帝国（首都洛阳）征南大将军、高密王（孝王）

司马略逝世。任命国务院左执行长（尚书左仆射）山简，当征南将军、荆湘交广军区司令长官（都督荆湘交广四州诸军事），镇守襄阳（湖北省襄阳市。接替司马略遗缺）。山简，是山涛的儿子（山涛以《山涛启事》闻名，参考二七四年七月）；喜爱饮酒，对军政大事，毫无兴趣，上书中央说："顺阳郡（河南省淅川县东南）郡长（内史）刘璠，深受人民爱戴，恐怕人民强迫刘璠生变。"于是把刘璠召回京师（首都洛阳），担任南越兵团指挥官（越骑校尉），南方各州遂陷于混乱，年长的父老，都思念当初刘弘时代（参考三〇五年十月）。

3 三月十八日，晋帝国太傅（上三公之二）司马越，从荥阳（河南省荥阳市）突然返回京师（首都洛阳）。总立法长（中书监）王敦对他的亲信说："太傅（上三公之二）司马越独断独行，权高势重，但任用官员时，仍上书奏请，可是国务院（尚书）仍坚持平时的旧有规章，加以批驳限制。今天进京（首都洛阳），恐怕有所行动。"

晋帝（五任怀帝）司马炽（本年二十六岁）当皇太弟时，跟太弟宫顾问官（中庶子）缪播，感情深厚。等到司马炽当上皇帝，任命缪播当总立法长（中书监），缪胤当交通部长（太仆卿），推心置腹。司马炽的舅父散骑侍从官（散骑常侍）王延、国务院执行官（尚书）何绥、天文台长（太史令）高堂冲，同时参与决策。司马越疑心中央政府官员跟他对抗，智囊刘舆（被称为油垢的人）、潘滔，劝司马越把缪播等全部诛杀，司马越同意，遂诬称缪播等谋反。

三月二十六日，司马越派平东将军王秉，率武装部队三千人，闯入皇宫，就在晋帝司马炽面前，逮捕缪播等十余人，交付司法部（廷尉）审讯，全部处死。（胡三省原注："司马越因缪播兄弟，瓦解河间王司马颙，而今又杀缪播兄弟，权力斗争，可怕。"）司马炽只有叹息流泪而已。

何绥，是何曾的孙儿（何曾奢侈，参考二七八年十二月）。最初，何曾参加一任帝（武帝）司马炎的宴会，回家后，对他的儿子们说："主上（司马炎）开创王朝，建立大业。可是，我每次参加御前宴会，从来没有听见有人谈论国家大计方针，而只说些日常生活的小事小节，不是替子孙谋求太平的方法。看情形这一代还没有关系，下一代恐怕就要发生问题。你们或许能逃过浩劫！"指着孙儿们说："你们一定会受到苦难。"等到何绥处死，他老哥何嵩大哭说："祖父莫非是圣人！"何曾，每天仅伙食费用就要一万钱，仍抱怨连值得下筷子的菜都没有。儿子何劭，较老爹更加倍奢侈，每天伙食费用二万钱。何绥，以及老弟何机、何羡，尤其浪费，给人写信，态度傲慢。河内郡（河南省沁阳市）人王尼，曾看到何绥写的信，对人说："何绥身居乱世，而竟骄傲到如此程度，怎么能逃脱毒手？"朋友说："何绥听到你对他批评，定会害你。"王尼说："何绥听到我这段批评时，他已经死了。"到本世纪（四）一〇年代，何家全被杀光。

何曾抨击司马炎懒惰偷安，苟且度日，过一天算一天，没有远见远虑，知道天下将要大乱，子孙必有忧患，是何等的明智！然而自己奢侈过度，使子孙继承他的作风，终于因骄傲奢侈，满门尽死，则明智又在哪里？而且，身为宰相，知道君王的过失，不当面规劝，却在自己家发牢骚，不是忠臣。

任何一个王朝的建立，初期掌权的官员，大多数都会是一代英雄豪杰；只晋王朝例外，满朝文武，不过一群阴险卑鄙的官场毛虫；在形势的推动下，各据要津。他们的言论行为，《资治通鉴》记载得至为明白。何曾，只是其中之一，并不特别突出，如果说他以奢侈傲慢闻名于世，晋王朝初期，谁不奢侈？谁不傲慢？

何曾对时政的批评，不过普通常识。假如他确是真知灼见，自会稍微收敛。司马光责备他不当面规劝君王，却在背后议论。噢，他如果不混世而去直言，岂能登上高位？既登上高位，又怎能苛求他不继续混世！必须软骨头才可以通过鼠洞，通过之后，骨头又怎能硬得起来？

4 晋帝国太傅（上三公之二）司马越，任命王敦当扬州（安徽省中南部及浙江省）州长（刺史）。

全国武装部队总司令（太尉）刘寔，连年以来，一直因为年纪太老，请求辞职，中央政府一直不准。国务院左秘书长（尚书左丞）刘坦上书说："古代，对于老人，不教他工作，就是最优厚的奉养，也不因为他身居官位，才对他尊重，我认为最好接受刘寔坚持的意见。"

三月二十八日，皇帝下诏：刘寔以侯爵身份，返回私宅；任命王衍当全国武装部队总司令（太尉）。

太傅（上三公之二）司马越，解除兖州（山东省西部）全权州长（牧）职务，但仍兼任宰相（司徒）。司马越认为，近来每一次政变，都由金殿禁卫军发动（诛杀杨骏，罢黜贾南风，反抗司马伦、司马冏，讨伐司马颖，囚禁羊献容、司马覃，都是金殿禁卫军下手）。于是，奏准：金殿禁卫军官中有侯爵爵位的，一律免职，以侯爵身份，返回私宅；当时，金殿禁卫军官，全封侯爵，于是几乎是全被逐出宫廷，大家流泪而别。司马越命首都西区卫戍司令（右卫将军）何伦、首都东区卫戍司令（左卫将军）王秉，率东海国（司马越的封国）战士数百人，负责宫廷警卫（从此，皇帝完全孤立，左右全是司马越的人）。

5 晋帝国左积弩将军朱诞，投奔汉赵帝国（首都平阳），详尽报告洛阳空虚情形，建议汉赵帝刘渊出兵。刘渊任命朱诞当前锋司令官（前锋都督），灭晋大将军刘景当总司令官（大都督），率军先攻黎阳（河南省浚县），夺取城池；又在延津（河南省卫辉市东古黄河渡口）击败晋帝国车骑将军王堪（王堪进屯东燕郡，抵御石勒，参考去年〔三〇八〕九月），驱逐男女老幼三万人投入黄河淹死（人间惨事）。刘渊得到消息，大怒说："刘景还有什么面目见我！天道岂能容许？我所想铲除的，只限于姓司马的一家一族，平民有什么罪？"贬降刘景当平虏将军。

6 夏季，大旱，严重缺水，长江、汉水、黄河、洛水，全都枯竭，徒步可以通过。

7 汉赵帝国（首都平阳）安东大将军石勒，攻击晋帝国（首都平阳）的钜鹿郡（河北省宁晋县西南）、常山郡（河北省正定县），部众多达十余万人，收容投靠他的士大夫群（高级知识分子以及在职官员和退休士绅），设立一个庞大的招待所，名"君子营"。用赵郡（河北省高邑县）人张宾作为智囊，刁膺作为主要干部，夔安、孔苌、支雄、桃豹、逯明，作为将领（夔、支、桃、逯，均是姓）。并州（山西省中部）各蛮夷部落（胡〔匈奴〕、羯），大多数都愿跟随。

最初，张宾喜爱读书，胸襟开阔，怀有大志，常把自己比作张良。等到石勒夺取山东（太行山以东）城池，张宾对亲友说："我考察所有带兵官，没有人能超过这位蛮夷将军，可以跟他共建大业。"于是，携带佩剑，前往石勒大营，大声呼喊，要求接见，但石勒也并不觉得他跟平常知识分子有什么不同。但张宾不断贡献计谋策略，结果都不出他的预料，石勒这才感到惊奇，任命张宾当大营人事官（军功曹），一举一动，都征求他的意见。

8 汉赵帝刘渊，任命王弥当高级咨询官（侍中），兼青徐兖豫荆扬军区司令长官（都督青徐兖豫荆扬六州诸军事）、征东大将军、青州（山东省北部）全权州长（牧）；配合楚王刘聪，由石勒当前锋司令官（前锋都督），进攻晋帝国的壶关（山西省长治市北）。晋帝国并州（山西省中部）州长（刺史）刘琨，派军事总监（护军）黄肃、韩述救援壶关。刘聪在西涧（长治市西）击斩韩述，石勒在封田（长治市稍北）击斩黄肃。

晋帝国太傅（上三公之二）司马越，派淮南国（安徽省寿县）郡长（内史）王旷，将军施融、曹超，率军阻截刘聪等。王旷渡黄河抵达北岸，打算长驱而前，施融说："敌人据守险要，在有利的时机出击，我们虽有数万大军，事实上不能全部投入战场，仍是一支孤军，承受压力。应该依靠黄河的保护，斟酌形势，再决定行动。"王旷暴跳如雷说："你竟想扰乱军心！"施融退出后说："敌人精于用兵，而王旷却不了解他所面对的是什么情势，我们这些人，是死定了。"王旷等越过太行山，跟刘聪南下的兵团接触，在长平（山西省高平市）附近会战，王旷军大败，连同施融、曹超，一起阵亡。

刘聪乘胜前进，一连攻陷屯留（山西省长治市屯留区）、长子（山西省长子县），斩杀及俘虏一万九千人。晋帝国上党郡（山西省黎城县西南）郡长庞淳，献出壶关（山西省长治市北）投降。晋帝国并州（山西省中部）州长（刺史）刘琨，另行任命司令（都尉）张倚，当上党郡郡长，郡政府设襄垣（山西省襄垣县）。

最初，匈奴部落右贤王刘猛被杀（刘猛二七一年叛变出塞，二七二年被杀；各参考该年）。新任右贤王挛鞮去卑的儿子刘诰升爰，接管他的部众。刘诰升爰逝世，儿子刘虎继位，居住新兴郡（山西省忻州市），称铁弗部落（后裔于下世纪〔五〕建胡夏帝国，参考四〇七年六月），跟鲜卑民族的白部落，都归降汉赵帝国。晋帝国并州（山西省中部）州长（刺史）刘琨，亲自率军攻击刘虎。汉赵帝国楚王刘聪，派军攻击刘琨基地晋阳（并州州政府所在县，山西省太原市），不能攻克。

9 五月，汉赵帝刘渊，封皇子刘裕当齐王、刘隆当鲁王。

10 秋季，八月，汉赵帝国皇帝刘渊，派楚王刘聪等进攻晋首都洛阳。晋帝司马炽命平北将军曹武阻截，被刘聪击败。刘聪遂长驱直入，进抵宜阳（河南省宜阳县西），自认为刚取得一次决定性的胜利，戒备松懈。

九月，晋帝国弘农郡（河南省灵宝市东北）郡长垣延，假装投降，利用夜色掩护，发动袭击，刘聪大败而回。

晋帝国骠骑大将军、幽州（河北省北部）州长（刺史）王浚，派部将祁弘，配合鲜卑段家部落酋长、辽西公（首府令支〔河北省迁安市〕）段务勿尘，在飞龙山（河北省元氏县西北）攻击石勒，石勒大败，撤退到黎阳（河南省浚县）。

11 冬季，十月，汉赵帝国皇帝刘渊，再派楚王刘聪、征东大将军王弥、始安王刘曜、汝阴王刘景，率精锐骑兵部队五万人，进攻晋帝国首都洛阳；由最高监察长（大司空）、雁门郡（山西省代县）人、刚公（穆公）呼延翼，率步兵作为后援。

十月二十一日，刘聪等挺进到宜阳（河南省宜阳县西），晋帝国政府认为汉赵兵团刚被击退，想不到竟会这么快卷土重来，大为震恐。

十月二十六日，刘聪进逼洛阳西明门（洛阳西城南头第二门）。晋帝国凉州兵团大营指挥官（督护）北宫纯等，率敢死队一千余人，乘夜出城攻击，斩汉赵帝国征虏将军呼延颢。

十月二十七日，刘聪向南撤退，沿洛水扎营。

十一月一日（原文误置于十月），已进抵大阳（山西省平陆县）的汉赵兵团，内部发生叛变，最高监察长（大司空）呼延翼被部下诛杀，军队溃散，逃回京师（首都平阳）。

刘渊命刘聪班师。刘聪上书指出：晋军衰弱，不可以受呼延翼、呼延颢死亡的影响，即行撤退；坚决请求留下来继续进攻，刘渊批准。洛阳城中，太傅（上三公之二）司马越亲自登城固守。

十一月十四日，刘聪前往嵩山（洛阳城东南航空距离四十公里），向神明祈福，命平晋将军、安阳王（哀王）刘厉、冠军将军呼延朗，留守大营。晋帝国太傅府军事参议官（太傅参军）孙询，说服司马越，乘虚出击，斩呼延朗，刘厉投水而死。

王弥对刘聪说："我们既然失利，而洛阳（晋首都）守备仍然坚固。粮秣从陕县（河南省三门峡市）转运，中途处处受到截击，现在仅只能维持几天。殿下不如跟刘曜先回京师（首都平阳），重新准备粮秣，再征大军，等待下一次出动。我也率领部队，积蓄谷米，在兖州（山西省西部）、豫州（河南省东部）一带，等待命令，是不是可以？"刘聪因为是自己主动要留下来的，不敢请求撤退。天文台长（太史令）宣于修之报告汉赵帝刘渊说："我夜观天象，要到三一一年，才能得到洛阳。现在晋国（晋帝国）的气势仍盛，大军如果不回，定有大败。"刘渊遂命刘聪等班师。

12 天水郡（甘肃省甘谷县）人訇琦（訇，音hōng〔轰〕）等，击斩成汉帝国（首都成都）全国武装部队总司令（太尉）李离、国务院总理（尚书令）

阎式，献出梓潼郡（四川省梓潼县），归降驻屯巴郡（重庆市）的晋帝国（首都洛阳）益州州长（刺史）罗尚。成汉帝（一任武帝）李雄（本年三十六岁），派太傅（上三公之二）李骧、宰相（司徒）李云、最高监察长（司空）李璜，反击訇琦等，不能取胜；李云、李璜战死。

最初，蜀汉帝国特级国务官（光禄大夫）谯周（谯周建议刘禅投降，参考二六三年十月），有一个儿子住在巴西郡（四川省阆中市）。成汉帝国巴西郡郡长马脱，把他诛杀。他的儿子谯登，觐见晋帝国荆州军区司令长官（都督荆州诸军事）刘弘（时驻襄阳），请派军复仇。刘弘上书中央，任命谯登当梓潼郡郡长（内史，空头官衔），使他自行招募流亡在荆州（湖北省）的巴蜀（四川省）难民，集结二千人，西上还乡。先到巴郡（重庆市），请求罗尚拨付一部分部队，罗尚不肯。谯登遂单独进军，攻陷宕渠（四川省渠县东北三汇镇），斩马脱，挖出马脱肝脏吞食。正巧，梓潼郡归附晋帝国，谯登遂占领涪城（四川省绵阳市）。成汉帝李雄，御驾亲自进攻，被谯登击败。

13 十一月二十日，汉赵帝国楚王刘聪、始安王刘曜，回到首都平阳（山西省临汾市）。征东大将军王弥从轩辕（河南省洛阳市偃师区东南）东下，各地逃亡到颍川郡（河南省许昌市东）、襄城郡（河南省襄城县）、汝南郡（河南省息县）、南阳郡（河南省南阳市）、河南郡（郡政府设首都洛阳）各郡的难民，有数万家之多，平常受尽当地原住民的压迫虐待，苦不堪言，现在一齐暴动，烧毁城池，诛杀郡长县长，响应王弥。

14 汉赵帝国（首都平阳）安东大将军石勒，攻陷信都（河北省衡水市冀州区），斩晋帝国（首都洛阳）冀州（州政府设信都）州长（刺史）王斌。晋帝国幽州（河北省北部）州长（刺史）王浚，遂自行兼任冀州（河北省中部南部）州长（刺史）。晋帝司马炽下诏，命车骑将军王堪、北翼警卫指挥官（北中郎将）裴宪，率军讨伐石勒，石勒回军迎战。晋帝国魏郡（邺城，河北省临漳县邺城镇）郡长刘矩，献出城池，投降石勒。石勒抵达黎阳（河南省浚县）；裴宪紧张恐惧，抛弃军队，逃奔淮南郡（安徽省寿县）；王堪撤退到仓垣（河南省开封市东北）固守。

15 十二月，汉赵帝国皇帝刘渊，任命陈留王刘欢乐当太傅（上三公之二），楚王刘聪当宰相（大司徒），江都王刘延年当最高监察长（大司空）。命都护大将军、曲阳王刘贤，配合征北大将军刘灵、安北将军赵固、平北将军王桑，向东驻防内黄（河南省内黄县）。

征东大将军王弥上书推荐他的左秘书长（左长史）曹嶷，代理安东将军，前往青州（山东省北部）夺取土地，并迎接家属；刘渊批准。

16 最初，晋帝国东夷保安司令（东夷校尉。司令部设襄平〔辽宁省辽阳市〕）勃海郡（河北省南皮县）人李臻，跟幽州（河北省北部）州长（刺史）王浚，互相约定，共同辅佐皇家政府。可是，王浚心里却另有打算，李臻对王浚深为痛恨。前幽州州长（刺史）和演被杀时（参考三〇四年七月），总务官（别驾）昌黎郡（辽宁省义县）人王诞，投奔李臻，说服李臻讨伐王浚。李臻派他的儿子李成，率军对王浚攻击。而辽东郡（辽宁省辽阳市）郡长庞本，跟李臻之间，素有怨恨，庞本遂发动突袭，斩杀李臻，派人追到无虑（辽宁省北镇市），再斩杀李成。王诞遂再逃亡，投奔鲜卑慕容部落（王庭设棘城〔辽宁省义县西〕）大单于慕容廆（音wěi〔伟〕）。

晋帝国政府任命勃海郡（河北省南皮县）人封释，接替李臻的东夷保安司令（东夷校尉），庞本又阴谋诛杀封释，封释的儿子封悛，说服老爹，布置伏兵，邀请庞本相见，当场逮捕处决，屠灭庞本全族。

大分裂

导读

《大分裂》，只容纳四世纪一〇年代的十年史迹，在这十年中，血肉横飞，中国人遭受到更空前的天崩地裂巨变，神圣不可侵犯的皇帝，平常时候，到他爹墓上抓一把土，都要全家处斩，其中却一个被不明不白毒死，两个被敌人生擒活捉，虽然甘愿受辱，仍免不了诛杀。一些大义凛然，口口声声忠君爱国之辈，除了表演慷慨外，没有行动。而努力挣扎，想报效国家的真正英雄豪杰，如刘琨等，纵欲任性，奢侈糜烂，也不过是想用别人的血，作为他的红毯。并不是他真想如此，而是他认为纵欲任性、奢侈糜烂，是一种当然。清谈（穷嚼蛆）误国，事实俱在，谁都无法改革，一种无力感，跃然纸上，扼腕不止。

柏杨　一九八五·六·一五

四 世 纪

四世纪 一〇年代

三一〇—三一九年

- “八王之乱”结束。
- 洛阳、长安先后陷落。
- 晋皇帝司马炽、司马邺先后被俘、被杀。
- 祖逖击楫渡江。
- 晋帝国迁都建康。
- 汉赵帝国内部大屠杀。

- 罗马皇帝君士坦丁跟士兵共见天上悬十字架，上有“佩此者胜”，于是取消军旗上传统鹰徽，改为十字架，遂陷罗马城。
- 君士坦丁颁《米兰诏书》，宣布人民信教自由。

三一〇年 庚午

晋	永嘉	四年
成汉	晏平	五年
汉赵	河瑞	二年
	光兴	元年

1 春季，正月一日，晋帝国（首都洛阳〔河南省洛阳市东白马寺东〕）大赦。

2 汉赵帝国（首都平阳〔山西省临汾市〕）皇帝（一任光文帝）刘渊，封单征的女儿当皇后（单征是上郡〔陕西省韩城市〕氐民族酋长，归降汉赵，参考前年〔三〇八〕七月）。皇子梁王刘和当皇太子，大赦。又封皇子刘乂为北海王；任命长乐王刘洋当最高指挥官（大司马）。

3 汉赵帝国镇东大将军石勒，北上渡黄河，攻陷白马（河南省滑县东）。征东大将军王弥率三万人，跟石勒会师，联合攻击徐州（江苏省北部）、豫州（河南省东部）、兖州（山东省西部）。

二月，石勒袭取鄄城（山东省鄄城县北），斩晋帝国兖州州长（刺史）袁孚；攻陷仓垣（河南省开封市东北），斩晋帝国车骑将军王堪。再北上渡黄河，攻击冀州（河北省中部南部）各郡，人民追随他的有九万余人。

4 成汉帝国（首都成都〔四川省成都市〕）全国武装部队总司令（太尉）李国，镇守巴西郡（四川省阆中市）。作战官（帐下）文石，击斩李国，献出巴西郡，归降晋帝国（首都洛阳）益州州长（刺史）罗尚（罗尚此时驻巴郡，重庆市）。

5 晋帝国太傅（上三公之二）司马越，召回建威将军吴兴郡（浙江省湖州市）人钱璯、扬州（州政府设寿春〔安徽省寿县〕）州长（刺史）王敦。钱璯打算谋杀王敦后叛变，王敦逃到建业（江苏省南京市），报告琅邪王司马睿。钱璯遂公开起兵，攻击阳羡（江苏省宜兴市）；司马睿命将军郭逸等讨伐，民间领袖周玘（音qǐ〔启〕）集结乡里丁壮，跟郭逸等联合进击，斩钱璯。周玘前后三次，平定江南（三〇四年击石冰，三〇七年击陈敏，本年〔三一〇〕击钱璯），司马睿任命周玘当吴兴郡（浙江省湖州市）郡长，并特别在周玘故乡设义兴郡（郡政府设阳羡，江苏省宜兴市），用以表扬他的品德和贡献。

6 汉赵帝国（首都平阳）安东将军曹嶷，从大梁（河南省开封市）率军向东推进，势如破竹，攻陷东平郡（山东省东平县西北），进击琅邪郡（山东省临沂市）。

7 夏季，四月，晋帝国幽州（河北省北部）州长（刺史）王浚的将领祁弘，在广宗（河北省威县东）击败汉赵帝国冀州州长（刺史）刘灵大军，斩刘灵。

8 成汉帝国（首都成都）皇帝（一任武帝）李雄（本年三十七岁），对他的部将张宝说："你如果能夺回梓潼（四川省梓潼县），我就把李离的官位赏给你。"（全国武装部队总司令〔太尉〕李离被訇琦杀害事〔訇，音hōng·轰〕，参考去年〔三〇九〕十一月。）张宝遂先杀人逃亡，投奔梓潼，訇琦等对他十分信任，当作心腹。正巧，晋帝国益州（州政府设巴郡〔重庆市〕）州长（刺史）罗尚，派使节前来，訇琦等出城迎接；张宝在背后关闭城门，訇琦等无力反击，遂投奔巴西郡（四川省阆中市）。

李雄任命张宝当全国武装部队总司令（太尉）。

9 晋帝国所属幽州（河北省北部）、并州（山西省中部）、司州（河南省中部）、冀州（河北省中部南部）、秦州（甘肃省南部）、雍州（陕西省中部）等六州，蝗虫成灾，草木吃尽之后，连牛马身上的毛也吃尽（可怕的灾荒已临）。

10 秋季，七月，汉赵帝国（首都平阳）楚王刘聪、始安王刘曜、镇东大将军石勒、安北大将军赵固，把晋帝国河内郡（河南省沁阳市）郡长裴整，包围在怀县（河南省武陟县）。晋帝国派征虏将军宋抽前往救援。石勒跟平北大将军王桑，联合迎战，斩宋抽。河内郡人民群起逮捕裴整，开城投降。汉赵帝刘渊任命裴整当国务院左秘书长（尚书左丞）。河内郡郡政府将领郭默，集结裴整的残兵败将，构筑城寨（坞）坚守，自任城主。晋帝国并州（山西省中部）州长（刺史）刘琨，命郭默担任河内郡郡长。

11 晋帝国益州州长（刺史）罗尚，在巴郡（重庆市）逝世。晋帝（五任怀帝）司马炽（本年二十七岁）下诏，命长沙郡（湖南省长沙市）郡长、下邳郡（江苏省睢宁县北古邳镇）人皮素接任。

12 七月九日，汉赵帝国皇帝刘渊患病。

七月十日，刘渊任命陈留王刘欢乐当太宰（上三公之一），长乐王刘洋当太傅（上三公之二），江都王刘延年当太保（上三公之三）；楚王刘聪当最高指挥官（大司马）、大单于；以上官员同时主管政府机要（录尚书事）；在首都平阳（山西省临汾市）城西兴筑"单于台"。任命齐王刘裕当宰相（大司徒），鲁王刘隆当国务院总理（尚书令），北海王刘乂当抚军大将军兼京畿总卫戍司令（司隶校尉），始安王刘曜当征剿总司令官（征讨大都督），兼单于左翼助理（单于左辅）；司法部长（廷尉）乔智明当冠军大将军，兼单于右翼助理（单于右辅）；特级国务官（光禄大夫）刘殷当国务院左执行长（左仆射），王育当国务院右执行长（右仆射），任觊当国务院文官部长（吏部尚书），朱纪当总立法长（中书监），军事总监（护军）马景兼首都东区卫戍司令（左卫将军），永安王刘安国兼首都西区卫戍司令（右卫将军），安昌王刘盛、安邑王刘钦、西阳王刘璿，都兼武卫将军，分别掌握皇家禁卫军。

最初，刘盛幼年时，书读得不多，只读《孝经》《论语》，说："看了这两部书，能够照着去做，就足够了，何必读得那么多，而不肯实践！"晋帝国总监察官（御史中丞）李熹看见他，叹息说："最初相处时他很随便，可是等到跟他结交，才发现他态度严正，这就是我们所说的'君子'。"刘渊认为他忠实诚恳，所以在临死前，交付给他重大责任。

七月十六日，刘渊命太宰（上三公之一）刘欢乐等进宫，接受遗诏，辅佐执政。

七月十八日，刘渊逝世（年不详），太子刘和继位（二任帝）。

刘和性格嫉妒猜疑，待人刻薄寡恩。皇族事务部长（宗正）呼延攸，是呼延翼的儿子（呼延翼被杀，参考去年〔三〇九〕十月）；刘渊因呼延攸品德败坏，所以在位期间，始终不准他升官，也不让他做别的事；高级咨询官（侍中）刘乘，一向讨厌楚王刘聪；而皇城保安司令（卫尉）、西昌王刘锐，对自己竟没有被列入托孤大臣，感到是一种羞辱。三人遂结成一个小圈圈，警告刘和说："先帝（刘渊）没有细心考虑到轻重形势，使三个亲王，在京师（首都平阳）拥有强大部队（三王：齐王刘裕、鲁王刘隆、北海王刘乂）；又使最高指挥官（大司马刘聪）统御十万大军，驻防近郊，陛下（刘和）的宝座岂不是暂时借坐？最好早作决定。"刘和，是呼延攸的外甥；刘和对这位舅父，十分信任。

七月二十日夜，刘和召见安昌王刘盛、安邑王刘钦等，把决定告诉他们。刘盛说："先帝（刘渊）的棺木，还停在堂上，四位亲王（包括刘聪）并没有叛逆的行为，一旦自己人把自己人当作鱼肉一样宰杀，天下人将对陛下（刘和）有什么评论？而且帝国大业，不过刚刚开始，陛下千万不要相信进谗言的人，从中挑拨离间，怀疑自己兄弟！兄弟还不能相信，难道别的人反可相信？"呼延攸、刘锐大吼说："今天的决定，没有商量余地，你说的是什么话？"喝令动手，当场砍死刘盛。刘钦震恐，说："完全听陛下（刘和）命令。"

七月二十一日，刘锐率部将马景，攻击楚王刘聪大营所在的单于台（首都平阳城西）；呼延攸率永安王刘安国，攻击齐王刘裕所在的宰相府（司徒府）；刘乘率安邑王刘钦，攻击鲁王刘隆；命国务院执行官（尚书）田密、武卫将军刘璿，攻击北海王刘乂。田密、刘璿出发之后，反而奉戴刘乂，劈开城门，投奔刘聪，刘聪下令备战。刘锐知道刘聪已有准备，立即撤回，跟呼延攸、刘乘，联军攻击鲁王刘隆、齐王刘裕。呼延攸、刘乘怀疑刘安国、刘钦不肯同心协力，另有打算，遂斩刘安国、刘钦。当天（七月二十一日），斩刘裕。

七月二十二日，斩刘隆。

七月二十三日，刘聪反攻，入西明门（首都平阳城门，都用洛阳城门名）。刘锐等逃到南宫，刘聪军的前锋，尾随而入。

七月二十四日，在南宫光极殿西室，斩刘和（年龄不详。刘和在位七日）。逮捕刘锐、呼延攸、刘乘，绑到大街之上，砍下人头。

文武百官请求刘聪登极称帝，刘聪认为北海王刘乂，是单太后所生，所以把帝位让给刘乂（刘乂是嫡子，刘聪是庶子）。刘乂坚决拒绝，甚至痛哭流涕。刘聪考虑了很久之后，才表示接受，说："刘乂跟各位国家领导人，只因灾难仍然严重，看我年纪较大罢了。国事为重，我怎敢不担起这项责任。等到刘乂长大之后，我再把宝座交还给他。"遂登极（三任昭武帝）。大赦，改年号光兴（之前是河瑞二年，之后是光兴元年）。尊嫡母单女士当皇太后，娘亲张女士当帝太后，封刘乂当皇太弟，兼大单于、宰相（大司徒）。封正妻呼延女士当皇后。呼延皇后，是刘渊前妻呼延皇后的堂妹。封皇子刘粲当河内王、刘易当河间王、刘翼当彭城王、刘悝当高平王。任命刘粲当抚军大将军、全国各军区总司令长官（都督中外诸军事）。

任命石勒当并州（山西省中部）州长（刺史），封汲郡公。

13 晋帝国（首都洛阳）略阳郡（甘肃省天水市东）临渭县（略阳郡郡政府所在县）氐民族部落酋长蒲洪，骁勇善战，而又有谋略，氐人对他无不服从敬畏。汉赵帝国皇帝刘聪派使节前往任命蒲洪当平远将军，蒲洪拒不接受，而自称氐民族保安司令（护氐校尉）、秦州（甘肃省南部）州长（刺史）、略阳公。

14 九月十一日，汉赵帝国把一任帝刘渊安葬永光陵（山西省洪洞县东南），缔号光文皇帝，祭庙称高祖。

15 晋帝国雍州（陕西省中部）逃荒难民，多数流落南阳郡（河南省南阳市），中央政府命他们返回乡里。难民因关中（陕西省中部）残破，无以为生，都不愿归去。征南将军山简、南翼警卫指挥官（南中郎将）杜蕤（音ruí〔绥〕），分别派出军队，强迫押送，限期出发。京兆郡（陕西省西安市）人王如，暗中结交壮士，乘夜袭击，大破山简、杜蕤，于是难民纷纷起兵，冯翊郡（陕西省大荔县）人严嶷、京兆郡（陕西省西安市）人侯脱，各率部众，攻击城池，诛杀郡长县长，响应王如。不久，部众聚集到四五万人。王如遂自称最高统帅（大将军），兼司州、雍州二州全权州长（牧），归降汉赵帝国（首都平阳），作为藩属。

16 冬季，十月，汉赵帝国河内王刘粲、始安王刘曜，及征东大将军王弥，率军四万人，进攻晋帝国首都洛阳；镇东大将军石勒，率军二万人，跟刘粲在大阳（山西省平陆县）会师；先行进攻渑池（河南省洛宁县西北），击败晋帝国监军官（监军）裴邈。大军遂长驱直入洛川（洛水流域，河南省黄河以南心脏地带）。刘粲穿过轘辕（河南省洛阳市偃师区东南），大掠梁国（河南省商丘市睢阳区）、陈留郡（河南省开封市东）、汝南郡（河南省息县）、颍川郡（河南省许昌市东）各地。石勒穿过成皋关（河南省荥阳市西北汜水镇）。

十月十三日，石勒包围陈留郡（河南省开封市东）郡长王赞驻屯的仓垣（河南省开封市东北），被王赞击败，退回文石津（河南省滑县西南古黄河渡口）。

17 晋帝国并州（山西省中部）州长（刺史）刘琨，亲自率军攻击据守新兴郡（山西省忻州市）的匈奴铁弗部落酋长刘虎，及白部落（参考去年〔三〇九〕四月），派使节前往鲜卑索头部落（王庭设盛乐〔内蒙古和林格尔县〕），用谦卑的言辞和丰厚的礼物，向酋长拓跋猗卢请求援军（拓跋猗卢事，参考三〇七年十二月），拓跋猗卢命老弟拓跋弗的儿子拓跋郁律，率骑兵二万人协助，遂击破铁弗部落及白部落，屠灭两部落大营。刘琨跟拓跋猗卢，结拜为异姓兄弟，刘琨上奏中央，推荐拓跋猗卢当大单于；并把代郡（河北省蔚县）作为采邑，封他代公。当时，代郡属于幽州（河北省北部），幽州（州政府设蓟县〔北京市〕）州长（刺史）王浚不允许拓跋猗卢进入，派军阻截，拓跋猗卢击破王浚军，王浚从此怨恨刘琨。

拓跋猗卢因代郡（河北省蔚县）距他的王庭（盛乐，内蒙古和林格尔县）太远（两地航空距离二百七十公里），跟人民势将脱幅，遂放弃代郡，率部众一万余家，从云中（内蒙古托克托县），南下进入雁门郡（山西省代县），要求改封陉北（句注山〔陉岭〕以北）地区。刘琨无力阻挡，而且又要依靠他作为外援；遂把楼烦（山西省宁武县）、马邑（山西省朔州市）、阴馆（山西省朔州市东南）、繁畤（山西省浑源县西南）、崞县（山西省浑源县）五县人民全部撤到陉南（句注山〔陉岭〕以南），而把五县土地，拨付拓跋猗卢。从此，索头部落势力更为强盛。

刘琨派使节到京师（首都洛阳），向太傅（上三公之二）司马越提出建议，请出军共同讨伐汉赵帝国（首都平阳）皇帝刘聪及镇东大将军石勒。但司马越对青州（山东省北部）州长（刺史）苟晞及豫州（河南省东部）州长（刺史）冯嵩，深怀戒心（司马越用小动作使苟晞生怨，参考三〇七年十二月。冯嵩为什么也跟司马越不睦，原因不明），恐怕在背后下手，所以拒绝刘琨的计划。刘琨只好向拓跋猗卢道谢他的帮助，送他返回封国。

刘虎收拾残兵败将，西渡河（不知道什么河），驻屯朔方（指山西省北部）肆卢川（山西省忻州市一带）。汉赵帝刘聪，因刘虎身属皇族（参考三〇四年夏季），封他楼烦公。

18 十月二十三日，晋帝国政府擢升刘琨当平北大将军，王浚当最高监察长（司空），加授鲜卑段家部落（首府令支〔河北省迁安市〕）酋长段务勿尘当大单于。

19 晋帝国京师（首都洛阳）饥馑，一天比一天严重，太傅（上三公之二）司马越派出使节，用紧急军令，征召全国武装部队，入援中央。晋帝司马炽对使节说："代我告诉各地独当一面的大员（征、镇），今天来救，还来得及，再迟就来不及了！"然而，没有人理会。征南将军山简派大营指挥官（督护）王万，率军入援，前进到涅阳（河南省镇平县南），被雍州（陕西省中部）难民首领王如击败。王如乘机大掠沔水（汉水上游）、汉水地带，进逼襄阳（征南将军府所在，湖北省襄阳市）；山简闭城固守。荆州（州政府设江陵〔湖北省江陵县〕）州长（刺史）王澄，亲自率领军队北上，打算援救京师（首都洛阳），抵达沶口（湖北省南漳县东南，沶水注入夷水〔蛮河〕处。沶，音yí〔姨〕），听到征南兵团被王如击败消息，军心动摇，霎时四散逃命，王澄只好奔回江陵。

中央政府官员多数主张放弃洛阳，迁都逃避灾难，全国武装部队总司令（太尉）王衍，坚决反对，并卖掉他的座车和驾车的牛，

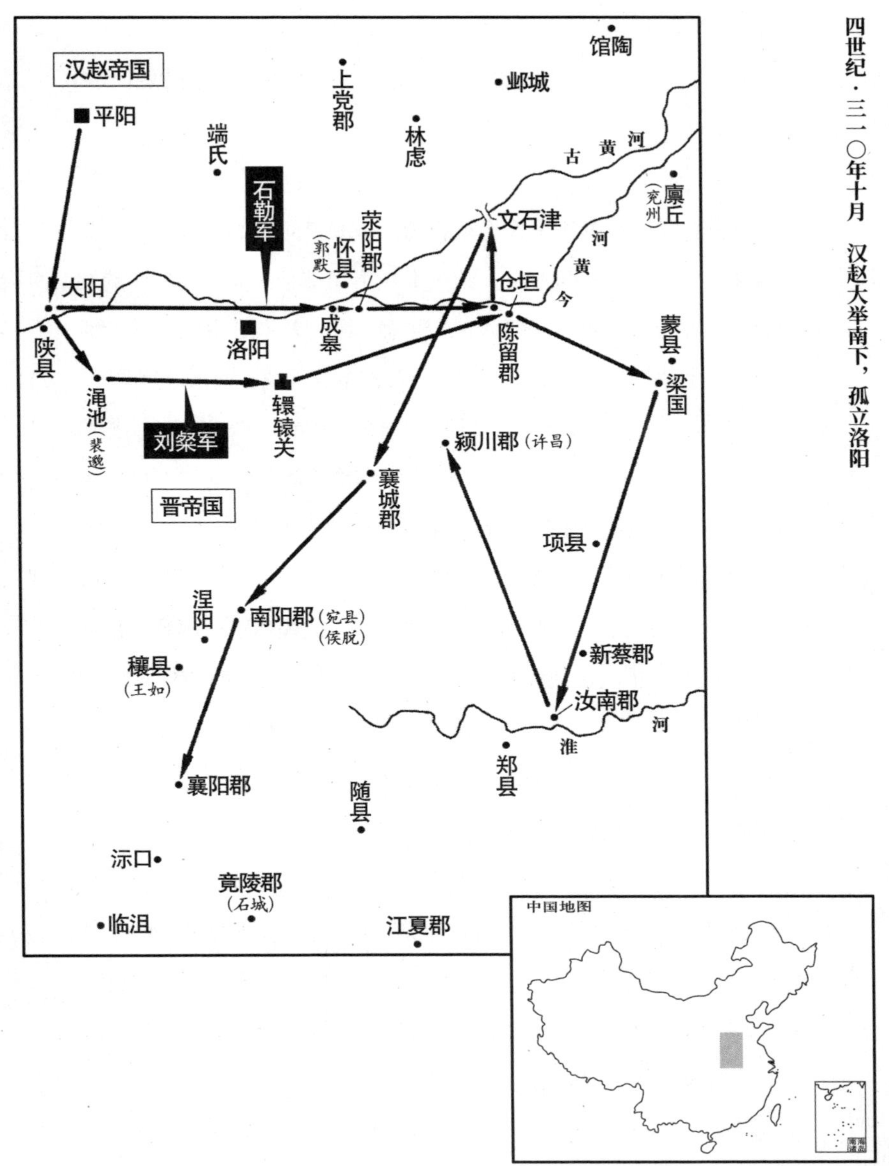

四世纪·三一〇年十月　汉赵大举南下，孤立洛阳

安抚动荡的人心。

山简被雍州难民另一首领严嶷逼迫，放弃襄阳，移防夏口（湖北省武汉市）。

20 汉赵帝国镇东大将军石勒，率军渡河（此河不知什么河），兵锋直指南阳郡（河南省南阳市）。雍州难民集团首领王如、侯脱、严嶷等，得到消息，不愿石勒侵入他们地盘，派一万人进屯襄城郡（河南省襄城县）阻截。石勒发动攻击，把一万人全部俘虏，遂抵达宛县（南阳郡郡政府所在县）之北。当时，侯脱据守宛县（南阳郡政府所在县），王如据守穰县（河南省邓州市）。王如跟侯脱一向都不和睦，遂派人送厚重礼物给石勒，跟石勒结拜异姓兄弟，劝石勒攻击侯脱。石勒遂攻宛县，夺到城池。严嶷率军援救，已来不及，遂投降石勒。石勒斩侯脱，把严嶷装上囚车，押送京师（首都平阳），把雍州难民部众，完全并吞。接着南下攻击襄阳（湖北省襄阳市），一连攻陷江西（湖北省武汉市以西）军事基地三十余处，然后班师，打算北返襄城（河南省襄城县）。雍州难民首领、石勒新结盟的异姓兄弟王如，派他的老弟王璃，袭击石勒，石勒迎头痛击，斩王璃，再回江西（湖北省武汉市以西）。

21 晋帝国太傅（上三公之二）司马越，既诛杀晋帝司马炽的舅父王延等（参考去年〔三〇九〕三月），大失众望，民心已去。又因汉赵帝国（首都平阳）压力更重，司马越内心不安，遂改穿军服，进宫觐见司马炽，请求出军讨伐石勒，并集结兖州（山东省西部）、豫州（河南省东部）部队。司马炽说："现在，蛮夷逐渐逼近京畿，没有人敢肯定自己可以保全，政府和国家，完全靠你领导，怎么可以远离京师（首都洛阳），使根基孤立？"司马越说："我这一趟出去，如果幸运的可以剿灭盗匪（指石勒），则中央政府威望，可以重振，总比坐在这里，等待穷困要好。”

十一月十五日，司马越率战斗部队四万人，出发前往许昌（河南省许昌市东）。把他的正妻裴妃、世子司马毗（音pí〔皮〕），跟龙骧将军李恽、首都西区卫戍司令（右卫将军）何伦，留下来保卫京师（首都洛阳），并监视宫廷。任命潘滔当首都洛阳市长（河南尹），负责主持留守政府（留台）。司马越上书，要求另组流动政府，随军行动（行台）。任命全国武装部队总司令（太尉）王衍当大营参谋长（军司）；把政府和民间素有声望的人士，全部收容，当大营助理；有名的将领和精锐部队，都编入战斗序列。于是，洛阳的防卫能力，全被剥夺。宫廷以及政府机关，没有士卒警戒，灾荒饥馑越发严重，金銮宝殿上都有人倒毙，尸体纵横，盗贼匪徒，公开杀人抢劫，政府各机关的官员差役，都自行武装，在四周挖凿壕沟，构筑碉堡，对抗攻击。

司马越进驻项县（河南省沈丘县），任命豫州（河南省东部）州长（刺史）冯嵩当大营左军政官（左司马），而自己兼任豫州全权州长（牧）。

留在京师（首都洛阳）的竟陵王司马楙，由晋帝司马炽批准，派军袭击司马越的留守部队何伦，不能取胜。司马炽否认事先知情，把责任全推到司马楙身上，司马楙逃亡，得免一死。

22 晋帝国扬州（安徽省中南部及浙江省）军区司令长官（扬州都督）周馥，认为首都洛阳，已陷孤立，情势危急，上书请迁都寿春（扬州军区司令部所在县，安徽省寿县）。太傅（上三公之二）司马越对于周馥竟敢不先行禀告自己，而直接禀告皇帝，大怒若狂，下令征召周馥跟淮南郡（郡政府同设寿春）郡长裴硕。周馥不接受征召，只命裴硕率军，先行出发。裴硕诈称奉到司马越要他逮捕周馥的密令，对周馥发动奇袭，被周馥击败，退保东城（安徽省定远县东南）。

23 晋帝国政府加授凉州（甘肃省中部西部）州长（刺史）张轨官位：镇西将军、陇右（陇山以西）军区司令长官（都督陇右诸军事）。特级国务官（光禄大夫）傅祗、祭祀部长（太常）挚虞，写信给张轨，告诉他京师（首都洛阳）饥馑困乏情形。张轨派军事参议官（参军）杜勋，进贡战马五百匹、绒布三万匹。

24 成汉帝国太傅（上三公之二）李骧，攻击谯登（参考去年〔三〇九〕十一月）据守的涪城（四川省绵阳市）。晋帝国前任益州（四川省中部）州长（刺史）罗尚的儿子罗宇，跟左右军官，都讨厌谯登，所以，不供给他粮秣。新任益州州长（刺史）皮素，申斥罗宇，打算给他惩罚。

十二月，皮素到达巴郡（益州州政府所在郡，重庆市），罗宇派人在夜间刺杀皮素；建平郡（重庆市巫山县）民兵司令（都尉）暴重（暴，姓），又击杀罗宇，巴郡（重庆市）陷于混乱。

李骧知道谯登粮食已尽，援军又绝，对涪城（四川省绵阳市）的攻击更为猛烈。守城官民用烟火把洞穴中的老鼠熏出来，拿来烤熟吞食，饿死的人很多，但没有人叛离。李骧的儿子李寿，早就在涪城（李寿母子被俘事，参考三〇四年十一月），谯登把李寿送回给李骧。

“三府”所属官员（三府：平西将军府、益州刺史府、西戎校尉府，罗尚身兼三职），联名上书晋帝国中央政府，推荐巴东郡（重庆市奉节县东）监军官（监军）、南阳郡（河南省南阳市）人韩松，接任益州州长（刺史）；州政府设巴东郡（重庆市奉节县东）。

25 最初，晋帝国皇帝司马炽，因汉赵帝国王弥、石勒大军，逼近京师（首都洛阳），下诏命青州（山东省北部）州长（刺史）苟晞，率州郡地方部队讨伐。正巧，汉赵帝国安东将军曹嶷，击破琅邪郡（山东省临沂市。参考本年〔三一〇〕二月），北上夺取战国时代齐王国（山东省）故地（包括山东半岛），兵势强大，代理青州州长（刺史）苟纯（参考三〇七年十二月），紧闭城门自守（青州州政府设临淄〔山东省淄博市临淄区〕）。苟晞回军救青州，跟曹嶷作一连串会战，击破曹嶷攻势。

26 本年（三一〇），晋帝国所属宁州（州政府设滇池〔云南省昆明市晋宁区〕）州长（刺史）王逊到职，保荐李钊（前州长〔刺史〕李毅的儿子）当朱提郡（云南省昭通市）郡长。这时，宁州（云南省）外有成汉帝国（首都成都）的压迫，内有蛮夷的变乱，城池村落，都成废墟。王逊克勤克俭，穿粗衣、吃蔬菜，招集逃亡，安抚回归人士，数年之间，州境之内，稍稍安定。又诛杀十余家犯法违纪的土豪劣绅，因五苓部落曾经领导过叛乱（参考三〇三年闰十二月），出军把他们消灭；内外震动畏服。

27 汉赵帝国皇帝刘聪，知道依照宗法顺序，他不该继承帝位，对他的嫡兄刘恭，深为猜忌。于是，乘刘恭睡觉时，派人凿开墙壁，把刘恭刺死。

28 汉赵帝国单太后（一任帝刘渊继妻）逝世，汉赵帝刘聪尊娘亲张女士当皇太后。

单太后年轻貌美，刘聪遂跟这位嫡母通奸。单太后生的儿子、身为皇太弟的刘乂，屡次劝阻娘亲，单太后羞愧而死。刘聪对刘乂的宠信，遂迅速减退，但仍因单太后之故，没有罢黜刘乂。刘聪的正妻呼延皇后，开始为自己的儿子刘粲，夺取继承人地位，对刘聪说:“老爹死亡,事业由儿子继承,是古今以来正常道理。陛下宝座,是继承高祖(一任帝刘渊),跟皇太弟(刘乂)有什么关系?陛下百年之后,刘粲兄弟,恐怕连种都不会留。”刘聪说:“我知道,等我慢慢想一个办法。”呼延皇后说:“事情一拖延,就可能发生变化。太弟(刘乂)眼看到刘粲兄弟渐渐长大,内心一定不安。万一有宵小人物在中间挑拨,发生灾祸,未必不由于你今天不能决断。”刘聪动心。

刘乂的舅父、特级国务官(光禄大夫)单冲,对刘乂流泪劝告,说:“疏远的人永远无法隔绝亲近的人,主上(刘聪)有意把帝位传给他的亲生儿子刘粲,你为什么不让开?”刘乂说:“七月政变,主上(刘聪)自己考虑到嫡庶的分别,要把宝座让给我,我因为主上年长,所以推奉他即位。天下是高祖(一任帝刘渊)的天下,老哥传位给老弟,有什么不可以?刘粲兄弟长大后,跟今天的情形,会完全一样。而且,弟弟跟儿子,亲疏又差得了多少?主上怎么会有这种想法?”

三一一年 辛未

晋	永嘉	五年
成汉	晏平	六年
	玉衡	元年
汉赵	光兴	二年
	嘉平	元年

1 春季，正月十四日，晋帝国（首都洛阳〔河南省洛阳市东白马寺东〕）青州（山东省北部）州长（刺史）苟晞，被汉赵帝国（首都平阳〔山西省临汾市〕）安东将军曹嶷击败，放弃城池（州城临淄〔山东省淄博市临淄区〕），投奔高平郡（山东省巨野县东南大谢集镇）。

2 汉赵帝国镇东大将军石勒，打算在长江、汉水地区（湖北省中部），建立基地，军事参议司令官（参军都尉）张宾反对。正巧，大军粮食缺乏，瘟疫流行，死亡人数，超过一半。石勒遂渡沔水（汉水），攻击晋帝国江夏郡（湖北省云梦县）。

正月十五日，石勒攻陷江夏郡。

3 正月十七日，成汉帝国（首都成都〔四川省成都市〕）太傅（上三公之二）李骧，攻陷涪城（四川省绵阳市），生擒晋帝国守将谯登。太保（上三公之三）李始攻陷巴西郡（四川省阆中市），斩晋帝国守将文石。成汉帝（一任武帝）李雄（本年三十八岁）下诏大赦，改年号玉衡（之前是晏平六年，之后是玉衡元年）。

谯登被押解到首都成都，李雄打算宽恕他，谯登不肯屈服，李雄遂斩谯登。

4 巴蜀（四川省）流亡到荆州（湖北省）、湘州（湖南省）一带的逃荒难民，不断受到原住地居民的迫害。蜀郡（四川省成都市）人李骧（非成汉帝国太傅），遂在乐乡（湖北省松滋市东北）聚众起兵。晋帝国南平郡（湖北省公安县）郡长应詹，跟醴陵（湖南省醴陵市）县长杜弢（音tāo〔涛〕），共同击败李骧。晋帝国荆州（州政府设江陵〔湖北省江陵县〕）州长（刺史）王澄，命成都国（湖北省潜江市西南）郡长（内史）王机（益州〔四川省中部〕大乱之后，晋政府割荆州南郡的华容〔湖北省潜江市西南〕、州陵〔湖北省洪湖市东北〕、监利〔湖北省监利市〕三县，作成都王司马颖的采邑，称成都国），讨伐李骧。李骧请求投降，王澄承诺赦免一死，但在李骧投降后，却诛杀李骧，把李骧的妻子儿女当作奴隶婢女，赏赐给别人，投降的难民八千余人，全部驱逐到长江中淹死（人间惨事），巴蜀（四川省）难民怨恨愤怒，更如火如荼。

于是，蜀郡（四川省成都市）人杜畴等，再聚众起兵。湘州（州政府设临湘〔湖南省长沙市〕）军事参议官（参军）冯素，跟巴蜀（四川省）人汝班（汝，姓），早不和睦，冯素警告州长（刺史）荀眺说：“巴蜀（四川省）难民都要叛变！”荀眺相信，打算把所有的难民全部诛杀。难民们大为惊恐，四五万人家，霎时之间，一齐武装起来。难民们因醴陵（湖南省醴陵市）县长杜弢，是益州（四川省中部）乡里有重望的人士（杜弢，蜀郡〔四川省成都市〕人，任罗尚总务官〔别驾〕，反对强迫遣返秦州难民。参考三〇一年九月），就共同推举杜弢领导。杜弢遂自称梁州（四川省东北部及陕西省南部）、益州（四川省中部）二州全权州长（牧）兼湘州（湖南省）州长（刺史）。

5 晋帝国淮南郡（安徽省寿县）郡长裴硕，被扬州（安徽省中南部及浙江省）军区司令长官（扬州都督）周馥击败后（参考去年〔三一〇〕十一月），向驻守建业（江苏省南京市）的琅邪王司马睿求救；司马睿派扬威将军甘卓等，攻击周馥所在地寿春（安徽省寿县）。周馥的部队溃散，投奔项县（河南省沈丘县）。豫州（河南省东部）军区司令长官（豫州都督）新蔡王司马确（时驻许昌〔河南省许昌市东〕），逮捕周馥，周馥忧愁愤怒而死。司马确，是司马腾的儿子（司马腾被杀，参考三〇七年五月）。

6 晋帝国扬州（州政府设建业〔江苏省南京市〕）州长（刺史）刘陶逝世。琅邪王司马睿，命安东将军府参谋主任（安东军咨祭酒）王敦，再任扬州州长（刺史）；不久，加授扬州征剿司令长官（都督征讨诸军事）。

7 正月二十二日，晋帝国平原王司马幹（司马懿的儿子）逝世（年八十岁）。

8 二月，汉赵帝国镇东大将军石勒，攻击新蔡郡（河南省新蔡县），夺取南顿（河南省项城市西南顿镇），斩晋帝国新蔡王（庄王）司马确，再陷许昌（河南省许昌市东），斩晋帝国平东将军王康。

9 氐部落酋长苻成（苻成叛李流归降罗尚事，参考三〇三年三月）、隗文，再叛晋帝国，从宜都（湖北省宜都市）进攻巴东郡（重庆市奉节县东），晋帝国建平郡（重庆市巫山县）民兵司令暴重迎战；利用出军机会，暴重击斩益州（州政府设巴东郡）州长（刺史）韩松，自己担任"三府"总部执行官（领"三府"事。三府：平西将军府、益州刺史府、西戎校尉府，参考去年〔三一〇〕十一月）。

10 晋帝国东海王（孝献王）司马越，既跟青州（山东省北部）州长（刺史）苟晞结怨（参考三〇七年十二月），首都洛阳市长（河南尹）潘滔、国务院执行官（尚书）刘望等，更从中谗言陷害，苟晞忿恨恚怒，一时爆发，上书晋帝（五任怀帝）司马炽（本年三十八岁），要求交出潘滔人头。公开声明说："司马越当宰相，偏私不公，使天下大乱，我，苟晞，怎么能接受这种不仁不义的人驱使！"于是向各州发布文告，宣扬自己的功劳，指控司马越的罪行。

晋帝司马炽也厌恶司马越的蛮横专权，处处违背旨意。而留守京师（首都洛阳）的将领何伦等，更行为凶暴，抢夺三公部长们的家产，奸淫侮辱皇帝的姐妹女儿（公主）。司马炽下密诏给苟晞，命苟晞讨伐司马越。苟晞跟皇帝之间，使节不断来往，引起司马越的疑心，派出巡逻队在洛阳、成皋（河南省荥阳市西北汜水镇）之间，盘查行旅，果然捕获苟晞的使节，搜出皇帝密诏。司马越怒火如烧，下令宣布苟晞罪状，任命参谋指挥官（从事中郎）杨瑁，当兖州（山东省西部）州长（刺史），配合徐州（江苏省北部）州长（刺史）裴盾，共同讨伐荀晞。荀晞派骑兵部队突入京师（首都洛阳），搜捕潘滔，潘滔乘夜逃走，得免一死。骑兵部队遂生擒国务院执行官（尚书）刘曾、高级咨询官（侍中）程延，斩首。司马越得到报告，焦虑加上愤怒，患病卧床，把后事交付全国武装部队总司令（太尉）王衍。

三月十九日，司马越在项县（河南省沈丘县）逝世（司马越是“八王之乱”第八王，自三〇六年八月至三一一年三月，当权四年八个月）。大本营封锁死讯，不对外发布。

晋王朝是一个充满了神秘宝藏的史料库，留待史学家发掘。最有趣的一件事是，姓司马的皇帝和晋王朝的亲王，大多数都智商不足，二任帝司马衷不过是个会走路的马铃薯，在君主立宪国家中，是位最好的君王，可惜他生在君主专制时代，事事必须亲自裁决。三任帝司马伦跟成都王司马颖，史书已指明“不慧”，不当权时，不过一个糊糊涂涂的荷花大少，一旦当权，便惹祸生灾。被称为一代豪杰的河间王司马颙，竟诛杀张方，用以证明自己的愚不可及，但还可以把他跟东海王司马越，同归一类。十六任帝司马德宗，比司马衷还糟，连衣服都不会穿，连吃饭都不知道饥饱。

我们怀疑司马家族的血液中，可能有痴呆性的遗传基因，国家落到白痴之手，人民就要付出代价。

大本营官员共同推举王衍当最高司令官（元帅），王衍推辞不敢担负这项重任，而愿让给襄阳王司马范；司马范也不接受。司马范，是司马玮（“八王之乱”第二王楚王）的儿子。于是大军在没有统帅的情况下，由王衍等一群高级官员集体领导，护送司马越的棺木，前往他的封国（东海国，山东省郯城县）安葬。留守首都洛阳的东海国部队何伦、李恽，得到司马越的死讯，立刻带着司马越的妻子裴妃，跟世子司马毗，撤出洛阳，向东逃走。京师（首都洛阳）里的官民大起恐慌，争相跟随。

晋帝司马炽追贬司马越为县王，任命苟晞（时驻仓垣〔河南省开封市东北〕）当最高统帅（大将军）、总司令官（大都督）、青徐兖豫荆扬军区司令长官（都督青徐兖豫荆扬六州诸军事）。

11 晋帝国所属益州（州政府设巴东郡）各将领，合力诛杀暴重。上书中央政府，推荐巴郡（重庆市）郡长张罗，当“三府”（平西将军、益州刺史、西戎校尉）总部执行官（行“三府”事），张罗迎击氐部落酋长隗文等，战死。隗文等裹挟官吏人民，向西进发，投降成汉帝国（首都成都）。“三府”文武官员再上书中央政府，推荐平西将军府军政官（平西司马）蜀郡（四川省成都市）人王异当“三府”总部执行官（行“三府”事）兼巴郡（重庆市）郡长（空头官衔）。

12 最初，晋帝国梁州（陕西省南部及四川省东北部）州长（刺史）张光（三〇八年接任，参考该年十二月），在魏兴郡（陕西省安康市）召集所属各郡郡长，举行军事会议，商讨州政开展事宜。巴西郡（四川省阆中市）郡长张燕公开宣称：“汉中郡（陕西省汉中市）已一片荒凉，残破不堪，而且受到强大盗贼（指成汉帝国）逼迫，要想收回它，我认为我们办不到，应该等待真正的英雄出现。”张光认为：正是张燕接受难民首领邓定的贿赂，才使汉中郡陷落（参考三〇七年三月），而今又故意散布失败论调，打击士气。于是，喝令把张燕推出辕门，斩首。率军西进，苦战好几年，才算抵达汉中郡（陕西省汉中市），救助饥民，安抚创伤，人民心悦诚服。

13 夏季，四月，汉赵帝国（首都平阳）镇东大将军石勒，亲自率领轻装备骑兵，追击晋帝国（首都洛阳）护送司马越灵柩的庞大兵团，追到苦县（河南省鹿邑县）宁平城（河南省郸城县东宁平镇），终于追到。石勒发动攻击，晋军大败，在石勒指挥下，骑兵把晋军团团围住，箭下如雨，晋军十余万人，号叫奔跑，冲不出重围，只好互相践踏，尸首堆积如山，晋帝国最后一支最强大的主力部队，霎时瓦解，不是被杀，就是被俘，没有一人逃脱。

石勒生擒晋帝国全国武装部队总司令（太尉）王衍、襄阳王司马范、任城王司马济、武陵王（庄王）司马澹、西河王司马喜、梁王（怀王）司马禧、齐王司马超（司马冏〔“八王之乱”第四王〕的儿子），以及国务院文官部长（吏部尚书）刘望、司法部长（廷尉）诸葛铨、豫州（河南省东部）州长（刺史）刘乔、太傅府秘书长（太傅长史）庾敳（音ái〔挨〕）等。石勒命他们坐在大营的帐幕之下，询问晋帝国所以弄到这种地步的缘故和往事。王衍详尽的报告灾难的来龙去脉，分析其中原因，强调身不由己；并且声称，他自幼就无心做官，从不过问国家大事。乘机建议石勒早日顺应天命，登上皇帝宝座。希望借着这项谄媚，使自己能逃一死。石勒说：“阁下年轻时，就进入政府（参考二七二年十二月），盛名传播四海，身居国家高官，担负重大责任，怎能说你从小就没有做官的心意？摧毁帝国政府，使天下残破，不是你是谁？”命左右侍卫，押解他们出去。大家恐惧死亡，纷纷陈述自己清白，跟当权派无关。只有襄阳王司马范仍保持冷静，回头喝阻说：“事情到了今天，说有什么用？”石勒问他的大将孔苌说：“我走遍天下，到过很多地方，还没有看见过像他们这样一表的人才，是不是

四世纪·三一一年二月至四月　苦县之役

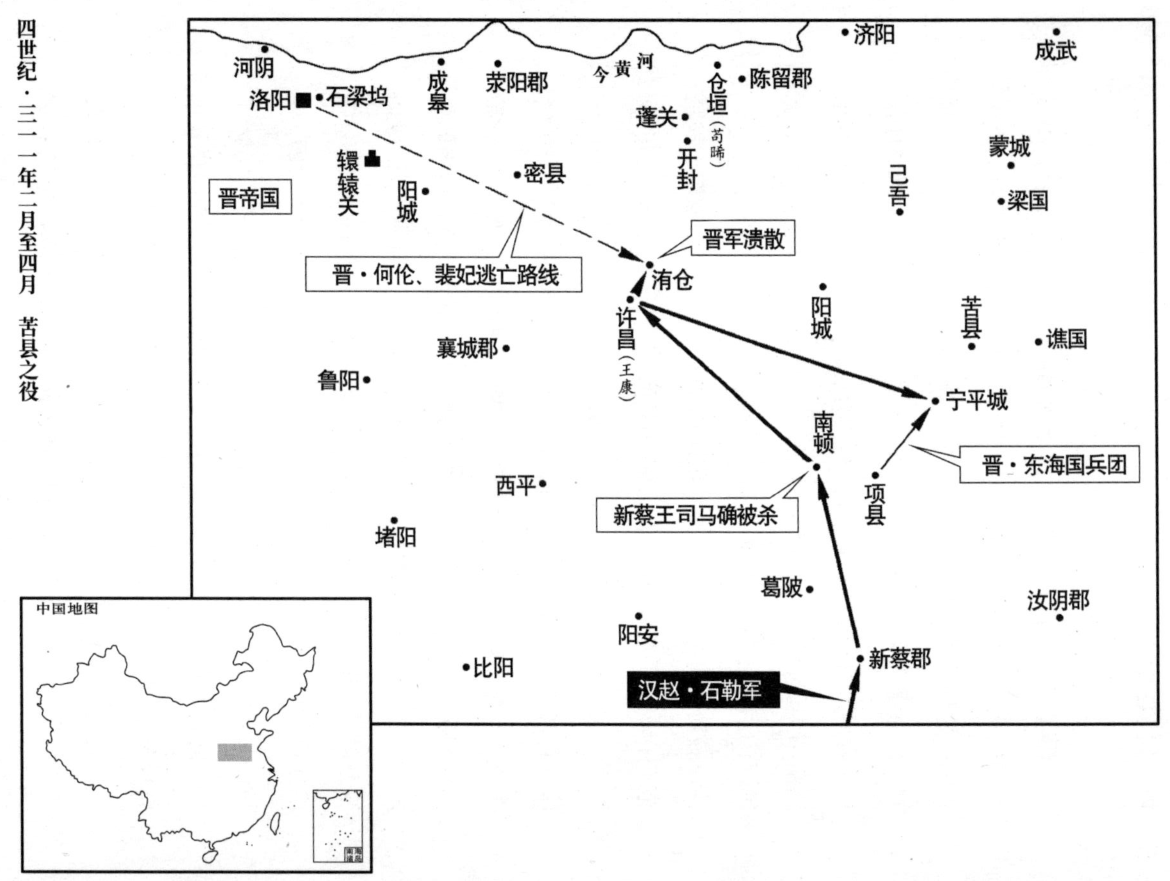

可以留下来？”孔苌说：“他们都是晋国（晋帝国）的亲王、公爵，永不可能对我们效忠。”石勒说：“也罢，但不必动刀。”深夜，命人推倒屋墙，全部压死（王衍年五十六岁，刘乔年六十九岁，庾敳年五十岁）。司马济，是司马懿老弟司马通子任城王（景王）司马陵的儿子；司马禧，是司马澹的儿子。石勒命劈开司马越的棺材，拖出尸首，纵火焚化，说：“扰乱天下的，就是这个家伙。我代替天下人报仇，烧毁他的骨骸，昭告天地！”

柏杨曰

王衍将死之前，在囚室之中，曾向那些身价高贵的难友叹息，说：“我们虽然不如古人，可是，如果过去不崇尚浮华虚无，而尽心尽力辅佐皇家，治理天下，至少不会落到今天这种下场。”人之将死，其言也哀，为什么哀？因为人之将死，已没有必要躲闪逼面而来的残酷事实，所以说的往往都是真实话，世界上只有真实话，才感人至深。然而，人总是到了后悔已来不及的时候，才会后悔，又岂只王衍一人而已。

何伦等逃到洧仓（洧，音wěi〔伟〕。河南省鄢陵县），跟石勒的大军遭遇，自不堪石勒一击；战败之后，军队四散。司马越的世子司马毗，以及司马皇族四十八个亲王，全被石勒俘虏。何伦逃往下邳郡（江苏省睢宁县北古邳镇），李恽逃往广宗（河北省威县东）。裴妃流落民间，被人掳掠贩卖。很久之后，才辗转逃到江南（长江以南）。最初，琅邪王司马睿之能够镇守建业（江苏省南京市），是裴妃的主意（参考三〇七年七月），因此司马睿对她心怀感激。裴妃逃到江南后，司马睿特别厚待，并把自己的儿子司马冲，过继到她膝下，作为司马越的后裔，继承东海王的爵位。

柏杨曰

当一个中国人，无论被侮辱、被拷打、被诛杀，都没有什么稀奇，不但大分裂时代没有什么稀奇，纵是到了二十世纪，又有什么稀奇？然而，一个王妃有裴妃这种遭遇时，即令是在大分裂时代，也不平凡。裴妃，这位高高居于上位的贵妇，突然间沦落成一个女奴，除了被人娱乐蹂躏外，还要被人当作商品卖来卖去，当中曲折，如果有人记载，当字字悲恸。而跟裴妃同一命运的，还有贾南风的女儿临海公主，她在首都洛阳陷落后，也流落民间，被辗转卖到吴兴郡（浙江省湖州市）钱温家，钱温把她送给他的女儿，而这位钱小姐认为：这位一口北方口音、无依无靠的弱女，是一株无根的草，打死都没有关系，因而对她百般虐待。我们不知道虐待的细节，只知道史书上记载："甚酷！"这已经够了。临海公主终于逃出魔掌，投奔吴兴郡郡政府。结果是传奇的，琅邪王司马睿下令，钱温和他的女儿，同时绑赴街市，砍下人头。

裴妃和临海公主两位金枝玉叶，总算以喜剧收场，但还有多少金枝玉叶，委顿尘土。野心家挑起大乱时，对别人的痛苦漠不关心。再没有想到这痛苦会反弹到自己和自己亲人头上。司马越如果预见他的妻子被人掠卖，贾南风如果预见女儿被人拷打，可能会减低不少凶性。问题就在于，上帝不允许暴君暴官，有这项智慧。否则，天下就再没有暴君暴官。

14 汉赵帝国安北大将军赵固、平北大将军王桑，攻击晋帝国徐州（江苏省北部）州长（刺史）裴盾据守的彭城（江苏省徐州市），斩裴盾。

15 晋帝国巴蜀逃亡难民首领杜弢（音tāo〔涛〕），进攻长沙郡

（湖南省长沙市）。

五月，湘州（州政府与长沙郡郡政府同设临湘）州长（刺史）荀眺放弃城池逃走，打算投奔广州（州政府设番禺〔广东省广州市〕），杜弢尾追，生擒荀眺，于是一连攻陷零陵郡（湖南省永州市）、桂阳郡（湖南省郴州市），再向东劫掠武昌郡（湖北省鄂州市），大批诛杀郡长、县长。

16 晋帝国皇帝司马炽任命太子太傅（太子三师之二）傅祗当宰相（司徒），国务院总理（尚书令）荀藩当最高监察长（司空）。加授幽州（河北省北部）州长（刺史）王浚当最高指挥官（大司马）、高级咨询官（侍中）、总司令官（大都督）、幽冀军区司令官（督幽冀诸军事）。命南阳王司马模当全国武装部队总司令（太尉）、总司令官（大都督）。加授凉州（甘肃省中部西部）州长（刺史）张轨车骑大将军；琅邪王司马睿任镇东大将军，兼扬江湘交广军区司令官（督扬江湘交广五州诸军事）。

最初，太傅（上三公之二）司马越，因南阳王司马模（司马越的老弟），不能安定关中（当时关中饥荒、瘟疫、盗匪公行，司马模束手无策），征调司马模回京师（首都洛阳）担任最高监察长（司空）。司马模部将淳于定建议司马模拒绝，司马模同意，上书保荐他的世子司马保当平西警卫指挥官（平西中郎将），镇守上邽（甘肃省天水市）。秦州（州政府设上邽）州长（刺史）裴苞，拒绝司马保到任，司马模派作战司令官（帐下都尉）陈安，攻击裴苞，裴苞投奔安定郡（甘肃省镇原县东南屯字镇），安定郡郡长贾疋收容他。

17 晋帝国最高统帅（大将军）苟晞，上书晋帝司马炽，请迁都仓垣（苟晞根据地，河南省开封市东北），派参谋指挥官（从事中郎）刘会，率船舰数十艘、卫士五百人，食米数千斛，逆黄河西上，迎接司马

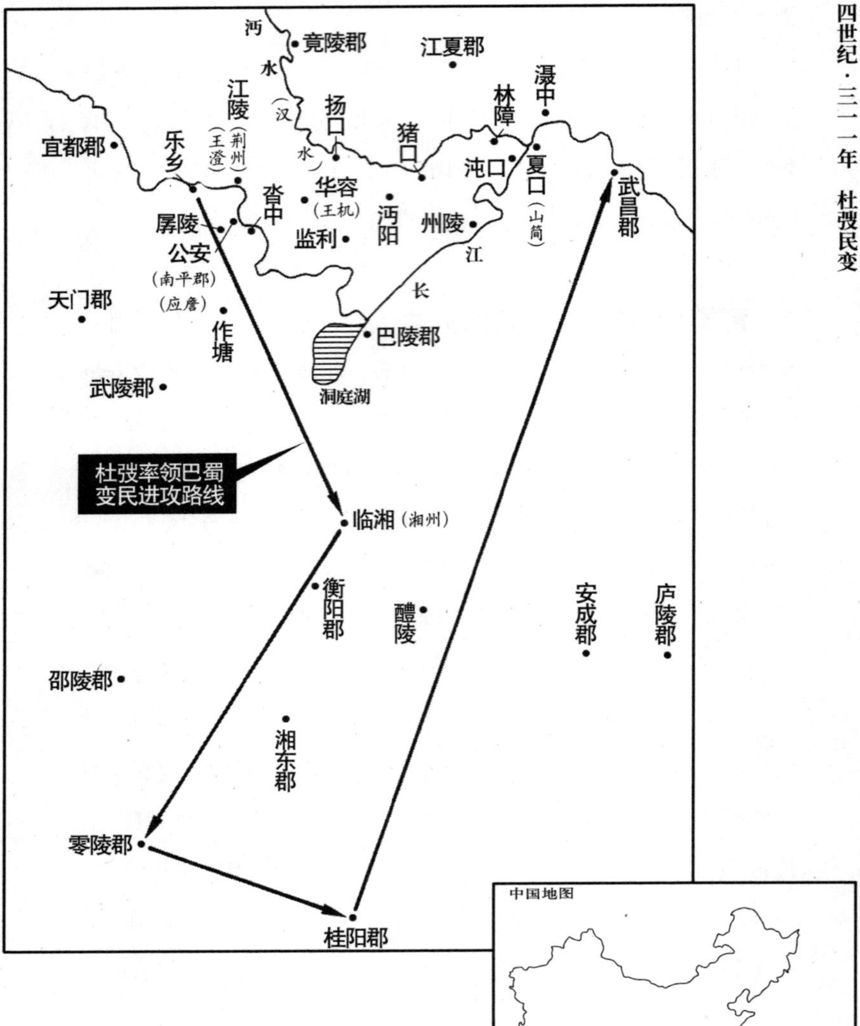

沔水（汉水）
竟陵郡
江夏郡
江陵（荆州）（王澄）
扬口
猪口
林障
滠中
宜都郡
乐乡
沌口
夏口（山简）
武昌郡
华容（王机）
沔阳
孱陵
公安（南平郡）（应詹）
沓中
监利
州陵
长江
天门郡
作塘
巴陵郡
洞庭湖
武陵郡
杜弢率领巴蜀变民进攻路线
临湘（湘州）
衡阳郡
醴陵
安成郡
庐陵郡
邵陵郡
湘东郡
零陵郡
桂阳郡
中国地图
南海诸岛

炽。司马炽打算接受，可是三公、部长级高阶层官员，都犹豫不决，左右侍从官员，贪恋已有的财产，不愿白白抛弃，遂打消原意。然而，不久，洛阳饥馑更重，人与人之间，互相格杀，吞食对方尸体（人间惨事，竟发生在“首善之区”的京师），文武百官逃走的占全数十分之八九，残留下来的为数无几。司马炽召集御前会议，决定迁都仓垣（河南省开封市东北），可是时机已经失去。司马炽在出发时，卫队星散，已经无法集合，司马炽搓着双手，叹息说：“怎么连车轿都没有？”一面派宰相（司徒）傅祗前往河阴（河南省洛阳市孟津区东北），准备船只，一面在官员数十人前导下，步行在后跟随，走出宫城西掖门，到铜驼街（从宫门直到洛阳宣阳门〔南城西头第二门〕，是京师最广阔繁华的大街，犹如巴黎的香榭里大道），可是铜驼街已荒凉如同废墟，盗匪对这队衣服整洁的高等难民群，发动攻击，公开抢夺。司马炽等不能前进，只好狼狈退回皇宫。粮运指挥官（度支校尉）东郡（河南省濮阳市西南）人魏浚，率逃亡难民数百家，据守河阴（河南省洛阳市孟津区东北）的峡石（河南省新安县东），不断出动抢劫粮食，转献给皇帝。晋帝司马炽任命魏浚当扬威将军、平阳郡（山西省临汾市）郡长（空头官衔。此时平阳郡属汉赵），仍兼粮运指挥官（度支校尉）。

18 汉赵帝国（首都平阳）皇帝刘聪，向晋帝国首都洛阳，发动总攻。命前军大将军呼延晏，率军二万七千人，先行进击，抵达黄河南岸时，晋帝国军队阻截，十二战而十二败，死三万余人（此事可疑，如果有如此众多的军队，司马炽逃不出铜驼街时，他们哪里去了）。始安王刘曜、征东大将军王弥（二人时在襄城）、镇东大将军石勒（时在宁平城），都率大军前来会师。刘曜等大军还没有抵达前，呼延晏已到洛阳，把辎重留在当年张方所建的营垒之中（即十三里桥，洛阳城西六公里。张方建营垒事，参考三〇三年十月）。

五月二十七日，呼延晏进逼洛阳城下。

五月二十八日，攻击平昌门（洛阳南城东头第二门）。

五月三十日，攻破，纵火焚烧东阳门（洛阳东城中门），以及政府机关房舍。

六月一日，呼延晏因会师各军延误未到，没有后继，不敢深入，在大肆抢掠后，带着俘虏，退出洛阳。司马炽在洛水（流经洛阳城南）早已准备船只，打算由洛水东入黄河，呼延晏把所有船只跟储备，全部焚毁。

六月四日，晋帝国最高监察长（司空）荀藩，跟老弟特级国务官（光禄大夫）荀组，逃出洛阳，投奔轘辕（河南省洛阳市偃师区东南）。

六月五日，汉赵帝国征东大将军王弥大军，进抵宣阳门（洛阳南城西头第二门，直通铜驼街，即到宫门）。

六月六日，始安王刘曜大军进抵西明门（洛阳西城中门）。

六月十一日，王弥、呼延晏，攻陷宣阳门，直入南宫，登上太极殿的前殿，下令抢劫，掠夺皇宫所有妇女及所有金银财宝。司马炽从华林园逃走，打算投奔长安（陕西省西安市），汉赵军队追赶，生擒司马炽，囚禁宫城端门。刘曜从西明门入城，驻屯皇家军械库（武库）。

六月十二日，刘曜诛杀晋帝国太子司马诠、吴王（孝王）司马晏、竟陵王司马楙、国务院右执行长（右仆射）曹馥、国务院执行官（尚书）闾丘冲（闾丘，复姓）、首都洛阳市长（河南尹）刘默等，官民丧生的三万余人。又挖掘晋帝国历代皇帝坟墓，焚烧历代皇家祭庙、皇宫和政府官署，全都化成灰烬。

刘曜接收司马衷的妻子惠皇后羊献容（参考三〇六年十一月），把司马炽跟皇帝六颗印信（玺），送到汉赵帝国首都平阳（山西省临汾市）。石勒率军出洛阳，穿过轘辕（河南省洛阳市偃师区东南），进驻许昌（河南省许昌市东）。晋帝国特级国务官（光禄大夫）刘蕃、国务院执行官（尚书）卢志，投奔并州（州政府晋阳。刘蕃是并州州长〔刺史〕刘琨的老爹）。

六月二十一日，汉赵帝国皇帝刘聪，下诏大赦，改年号嘉平（之前是光兴二年，之后是嘉平元年）。命司马炽当“特进”（金銮宝殿朝见时位置仅次三公）、左特级国务官（左光禄大夫），封平阿公。命随同司马炽被俘的高级咨询官（侍中）庾珉、王儁，当特级国务官（光禄大夫）。庾珉，是庾敳的老哥（庾敳，参考三〇六年八月）。

最初，始安王刘曜，因征东大将军王弥，不等他抵达，就攻入洛阳，不大高兴。王弥曾向刘曜建议：“洛阳位居天下中心，四方有山有河，作为自然屏障，有现成的城池宫殿，不必再去修建，最好是奏请主上（刘聪），把首都从平阳（山西省临汾市）迁到洛阳。”刘曜认为全国还没有平定，洛阳四面全是敌人，不可能固守，拒绝王弥的主张，而放火焚烧。王弥诟骂说：“屠各崽（匈奴的贵族和单于，都出自屠各部落），怎么会有帝王的眼界！”遂跟刘曜结怨，率军向东，驻屯项关（河南省项城市西南顿镇）。曾任晋帝国京畿总卫戍司令（司隶校尉）的刘暾，劝王弥说：“而今，九州像一锅滚沸的稀粥，英雄纷纷起兵，互相角逐。将军不但替大汉（汉赵帝国）政府建立盖世奇功（专制封建社会，一个将领对国家建立的功劳太大时，一定会被“诬以谋反”），而且又跟始安王（刘曜）发生误会，将来哪里是你容身之地？不如回到你的故乡青州（山东省北部），静观天下大势；上可以统一全国，下可以跟其他英雄，和平共存，这是最好的谋略。”王弥心里同意。

19 晋帝国（此时无首都）宰相（司徒）傅祗，在河阴（河南省洛阳市

四世纪·三一一年五月至六月

洛阳陷落，晋帝司马炽被俘

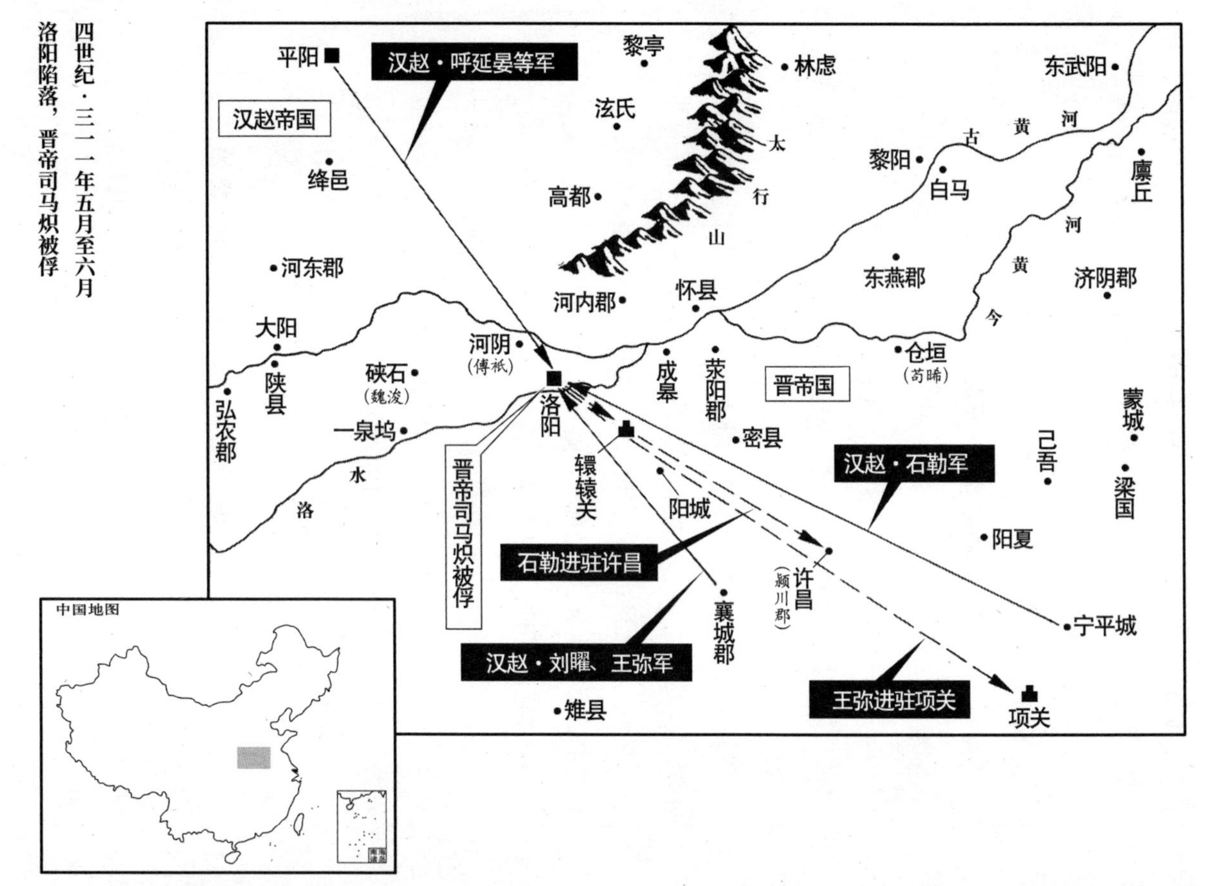

孟津区东北）组建晋帝国临时政府（行台）。最高监察长（司空）荀藩，驻屯阳城（河南省登封市）；首都洛阳市长（河南尹）华荟，驻屯成皋（河南省荥阳市西北汜水镇）；汝阴郡（安徽省阜阳市）郡长、阳平郡（河北省大名县东北）人李矩；联合帮助傅祗，给他建立官舍，运送粮秣供应。华荟，是华歆的曾孙（华歆，参考一八八年六月）。

荀藩跟老弟、特级国务官（光禄大夫）荀组，族侄中央军事总监（中护军）荀崧（二荀皆参考三〇〇年四月），华荟的老弟、中央禁军总监（中领军）华恒，在密县（河南省新密市）也组建晋帝国临时政府（行台），发布文告，传递四方，推琅邪王司马睿当盟主。荀藩并行使皇帝职权（承制），任命荀崧当襄城郡（河南省襄城县）郡长，李矩当荥阳郡（河南省荥阳市）郡长，前冠军将军、河南郡（首都洛阳）人褚翜（音shà〔霎〕），当梁国（河南省商丘市睢阳区）郡长（内史）。

扬威将军魏浚，驻防石梁坞（洛阳城东）。并州（山西省中部）州长（刺史）刘琨，代表皇帝（承制）任命魏浚当首都洛阳市长（河南尹）。魏浚前往密县觐见荀藩，磋商军事；荀藩邀请李矩同行，李矩连夜赴约，李矩官属都劝阻说："魏浚这个人，不可信赖，最好不要在夜间去。"李矩说："忠臣同心报国，为什么猜疑？"遂到魏浚大营，相见欢欣，订交告辞；魏浚的堂侄魏该，聚集部众，据守一泉坞（河南省宜阳县西）；荀藩任命他当武威将军。

豫章王司马端，是皇太子司马诠的老弟，向东逃到仓垣（河南省开封市东北），最高统帅（大将军）苟晞率领文武官员，尊奉司马端当皇太子，也组建晋帝国临时政府。司马端行使皇帝职权（承制），任命苟晞兼太子太傅（太子三师之二）、全国各军区总司令长官（都督中外诸军事）、主管政府机要（录尚书事）；从仓垣迁到蒙城（河南省商丘市）。

抚军将军、秦王司马邺，是吴王（孝王）司马晏的儿子、荀藩的外甥，本年十二岁，逃亡到密县（河南省新密市），荀藩等奉他为盟主；南下前往许昌（河南省许昌市东）。前任豫州（河南省东部）州长（刺史）天水郡（甘肃省天水市）人阎鼎，聚集西州（甘肃省）逃亡难民数千人，驻屯密县（河南省新密市），打算返回故乡（甘肃省）。荀藩认为阎鼎有才干而又拥有部众，命阎鼎再任豫州州长（刺史）；命最高立法长（中书令）李絙（音gēng〔耕〕）、宰相府左秘书长（司徒左长史）彭城郡（江苏省徐州市）人刘畴、镇军将军府秘书长（镇军长史。司马毗任镇军将军）周顗（音yǐ〔倚〕）、军政官（司马）李述等，当阎鼎的幕僚。周顗，是周浚的儿子（周浚，是二王争功案中的主角，参考二八〇年五月）。

这时，中国大乱，只江东（江苏省南部太湖流域）地区，大致平安，中国本土知识分子和平民，逃荒逃难，很多人南下求生，渡过长江。镇东将军府军政官（镇东司马）王导，建议琅邪王司马睿（司马睿任镇东将军）广为延揽贤能才俊，参与政府。司马睿接受，于是，共延聘了秘书（掾）、助理（属）一百余人，当时人称“一百零六个秘书”（百六掾）。命前颍川郡（河南省许昌市东）郡长、勃海郡（河北省南皮县）人刁协，当参谋主任（军咨祭酒）；前东海郡（山东省郯城县）郡长王承、广陵郡（江苏省淮安市淮阴区）郡长（相）卞壸，当参谋指挥官（从事中郎）；江宁（江苏省南京市江宁区西南）县长诸葛恢、历阳郡（安徽省和县）郡政府军事参议官（参军）陈国（河南省周口市淮阳区）人陈頵，当副军事参议官（行参军）；前太傅府秘书（太傅掾）庾亮，当行政管理官（西曹掾）。王承，是王浑老弟的儿子（王浑，参考二三七年十二月）。诸葛恢，是诸葛靓的儿子（诸葛靓是诸葛诞之子，参考二五七年四月）。庾亮，是庾衮老弟的儿子（庾衮，参考三〇二年十一月）。

20 晋帝国江州（江西省及福建省）州长（刺史）华轶，是华歆的曾孙，自认是中央政府所派，对于琅邪王司马睿的命令，多不接受。郡长县长们都向他规劝，华轶说："我要亲眼看到皇帝的诏书才听他的。"后来，司马睿接到最高监察长（司空）荀藩推戴他当盟主的正式文件，遂代表皇帝行使职权（承制），设立政府机构，调动州郡官员。华轶跟豫州（河南省南部）州长（刺史）裴宪，一同拒绝。司马睿派扬州（州政府设建业）州长（刺史）王敦、历阳郡（安徽省和县）郡长（内史）甘卓，跟扬烈将军、庐江郡（安徽省舒城县）人周访，联合攻击华轶，华轶战败，投奔安成郡（江西省安福县），周访追击，斩华轶；连华轶的五个儿子，一并处决。裴宪逃到幽州（河北省北部）。司马睿任命甘卓当湘州（州政府设临湘〔湖南省长沙市〕）州长（刺史），周访当寻阳郡（江西省九江市）郡长；又任命扬武将军陶侃，当武昌郡（湖北省鄂州市）郡长。

21 秋季，七月，晋帝国最高指挥官（大司马）、幽州（河北省北部）、冀州（河北省中部南部）二州州长（刺史）王浚，在蓟县（幽州州政府所在县，北京市）设立神坛，祭告上天及五色帝（五色帝，参考二六六年正月），尊奉某亲王当皇太子（这位皇太子是谁，史书没有记载），昭告天下，代表皇帝任官封爵（承制），设立临时政府，委派"征""镇"级大将军。

王浚任命荀藩当全国武装部队总司令（太尉），琅邪王司马睿当最高统帅（大将军）；王浚自兼国务院总理（尚书令），命裴宪跟自己的女婿枣嵩，分别担任国务院执行官（尚书）。又命田徽当兖州（山东省西部）州长（刺史），李恽当青州（山东省北部）州长（刺史）。

22 晋帝国南阳王司马模，派营门官（牙门将）赵染，驻防蒲阪（山西省永济市）。赵染请求当冯翊郡（陕西省大荔县）郡长；司马模不许，赵染大怒，率军投降汉赵帝国（首都平阳）。汉赵帝刘聪任命赵染当平

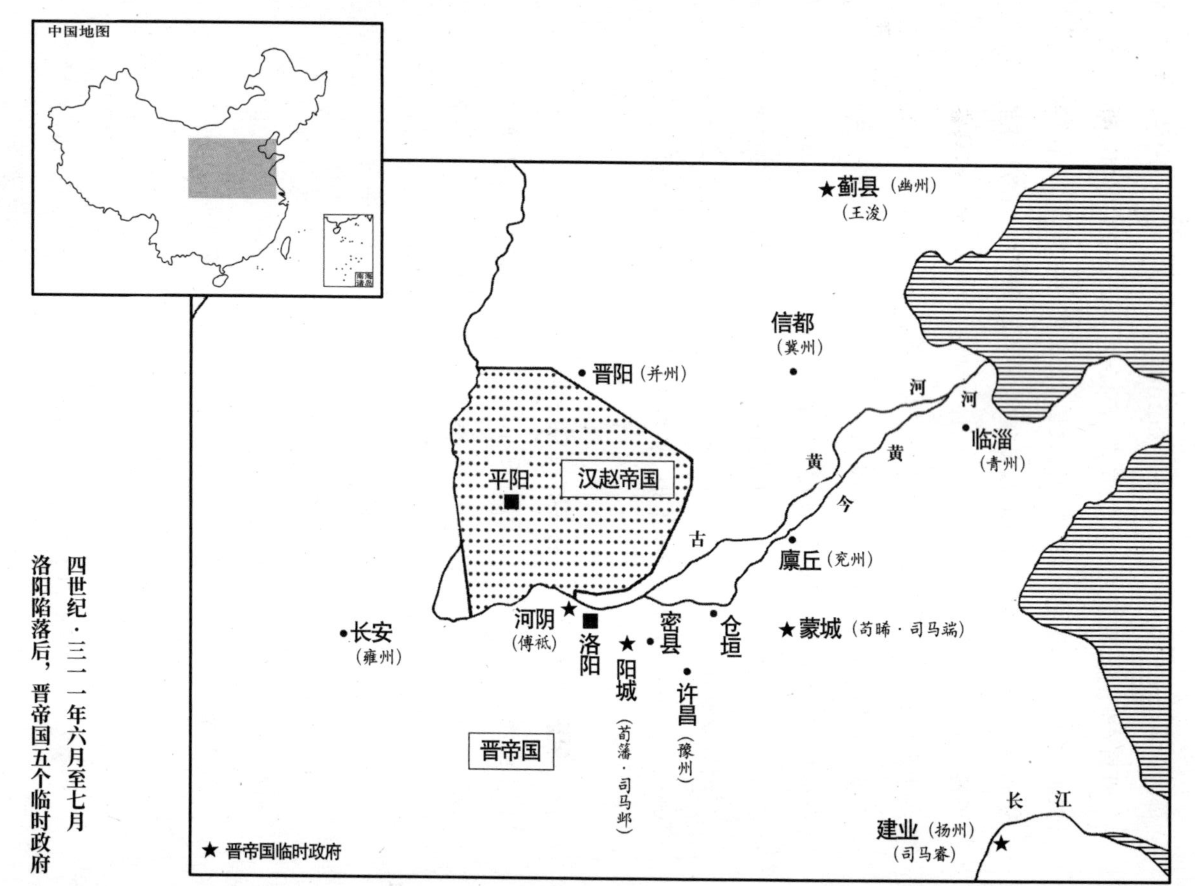

四世纪·三一一年六月至七月
洛阳陷落后，晋帝国五个临时政府

西将军。

八月，刘聪命赵染配合安西将军刘雅，率骑兵二万人，攻击司马模所在的长安（陕西省西安市）；河内王刘粲、始安王刘曜，率大军作为后继。赵染渡黄河，在潼关（陕西省潼关县）击败司马模军，长驱直入，抵达下邽（陕西省渭南市）。晋帝国凉州兵团司令官北宫纯，率领部队，从长安出发，投降汉赵帝国（北宫纯奉派协防京师，参考三〇八年四月，迄今三年有余，建立不少功勋，而今在最紧张时叛变，必有内情）。汉赵大军遂包围长安，司马模再派将领淳于定出击，败回。长安仓库枯竭，士卒纷纷逃走，司马模不能支持，开城投降。赵染生擒司马模，送给河内王刘粲。

九月，刘粲斩司马模。这时，关西（函谷关以西）灾荒严重，人民饥馑，白骨布满原野，人民留下来的，不过百分之一二（死亡人口达百分之九十八、百分之九十九，史书一笔带过，其中有多少惨事）。

汉赵帝刘聪，擢升始安王刘曜当车骑大将军、雍州（陕西省中部）全权州长（牧），晋封中山王，镇守长安。擢升王弥当最高统帅（大将军），封齐公。

23 晋帝国最高统帅（大将军）苟晞（时驻蒙城〔河南省商丘市〕），骄傲奢侈，凶暴残忍，蛮横不可理喻。前辽西郡（河北省卢龙县）郡长阎亨，是阎缵的儿子（阎缵，参考三〇〇年正月），屡次规劝苟晞，苟晞把他诛杀。参谋指挥官（从事中郎）明预（明，姓）在家卧病，马上坐轿觐见进谏。苟晞暴跳如雷说：“我杀阎亨，跟别人什么相干？你却带病进来骂我！”明预说：“阁下对我礼遇，所以我尽心报答。而今，你对我这么愤怒，比起远近对你的愤怒，又算什么？姒履癸（桀）身为天子（夏王朝末任帝），还因为骄傲凶暴而灭亡，何况做一个人臣？

希望你暂时息怒，思考我的话。”苟晞不理。因此，人心怨恨离散，再加上饥馑、瘟疫。正巧，汉赵帝国镇东大将军石勒，攻陷阳夏（河南省太康县），生擒晋帝国陈留郡（河南省开封市东）郡长王赞，遂乘胜袭击蒙城（河南省商丘市），生擒苟晞跟豫章王司马端。用铁链拴住苟晞的脖子，命他当左军政官（左司马）。汉赵帝刘聪，命石勒当幽州（河北省北部）全权州长（空头官衔）。

大分裂时代三百年间，中国一片黑暗，英雄豪杰，寥寥无几，若石勒、苻坚、宇文邕，三四人而已。智囊更少，若张宾、王猛，也不过三四人而已。其他帝王将相，不过是群猪罢了。有“蠢猪”焉，司马家一连串帝王及慕容评、穆提婆属之。有“凶猪”焉，苟晞、王浚、苻生、石虎、高洋兄弟属之。有“幸运猪”焉，谢石、谢玄、桓温属之。群猪当权，坐在高位上咻咻然作英明领导状，人民何堪？

汉赵帝国最高统帅（大将军）王弥，跟镇东大将军石勒，外貌上合作无间，非常亲密，但内心却互怀猜忌。王弥的智囊、曾任晋帝国京畿总卫戍司令（司隶校尉）的刘暾，说服王弥，使他召回安东将军曹嶷（曹嶷时在青州〔山东省北部〕），共同图谋石勒。王弥派刘暾携带信件，去征调曹嶷，一面邀请石勒同向青州推进。刘暾走到东阿（山东省阳谷县东北阿城镇），被石勒的游骑兵擒获，石勒把刘暾秘密处决，而王弥却不知道阴谋已经泄露。正巧，王弥的部将徐邈、高梁，率领部队脱幅他去，王弥兵力霎时衰退。

王弥得到石勒擒获苟晞的消息，心里厌恶，写信向石勒道贺，说：“明公（石勒）擒获苟晞，收作部下，简直是一个奇迹。如果苟晞做你的左手，而我做你的右手，天下怎么能不平定！”石勒对智囊张宾说：“王弥地位尊贵，而言辞卑下，定在打我的主意。”（王弥的官位高过石勒，而竟自称要当石勒助手，不近情理。）张宾因而建议石勒，乘王弥目前情势稍弱，诱他上钩。这时，石勒正在跟并州（山西省中部）逃亡难民（乞活，参考三〇六年十二月）首领陈午，在蓬关（河南省开封市南）作拉锯战。而王弥也跟另一变民首领刘瑞，激烈互斗，情势紧迫。王弥向石勒求救，石勒拒绝。张宾说：“你常怕没有机会跟王弥接近，今天，上帝把王弥交给我们了。陈午不过一个娃儿，用不着烦心。王弥人中豪杰，应该早日铲除。”石勒遂率军赴援，斩刘瑞。王弥大喜，认为石勒实在把自己当作亲密的朋友，不再疑心。

冬季，十月，石勒在己吾（河南省宁陵县西南）设立盛大筵席，请王弥欢聚。王弥将要赴宴，秘书长（长史）张嵩劝阻，王弥不理。等到酒过三巡，菜过五味，大家都有点半醉，石勒亲自动手，挥刀突击，斩王弥，吞并他的全部军队，然后上书汉赵帝刘聪，指控王弥叛逆有据。刘聪大怒，派使节责备石勒：“谋害公爵辅臣，藐视君王！”然而，刘聪既没有力量制裁，而又正逢需人之际，又不敢制裁，甚至还加授石勒镇东大将军（去年〔三一〇〕石勒已是镇东大将军，参考去年正月）、并幽军区司令官（督并幽二州诸军事），兼并州（山西省中部）州长（刺史），用以安抚。苟晞、王赞阴谋叛离石勒，石勒斩二人，并斩苟晞的老弟苟纯。

石勒率军劫掠豫州（河南省东部）各郡，直到长江，才班师北返，驻防葛陂（河南省平舆县东）。

最初，石勒被并州（山西省中部）州政府掠卖（参考三〇五年七月），从此不知娘亲王女士消息。后来晋帝国并州（山西省中部）州长（刺史）刘琨找到王女士，连同他的侄儿石虎，一齐送还石勒，顺便托王女士

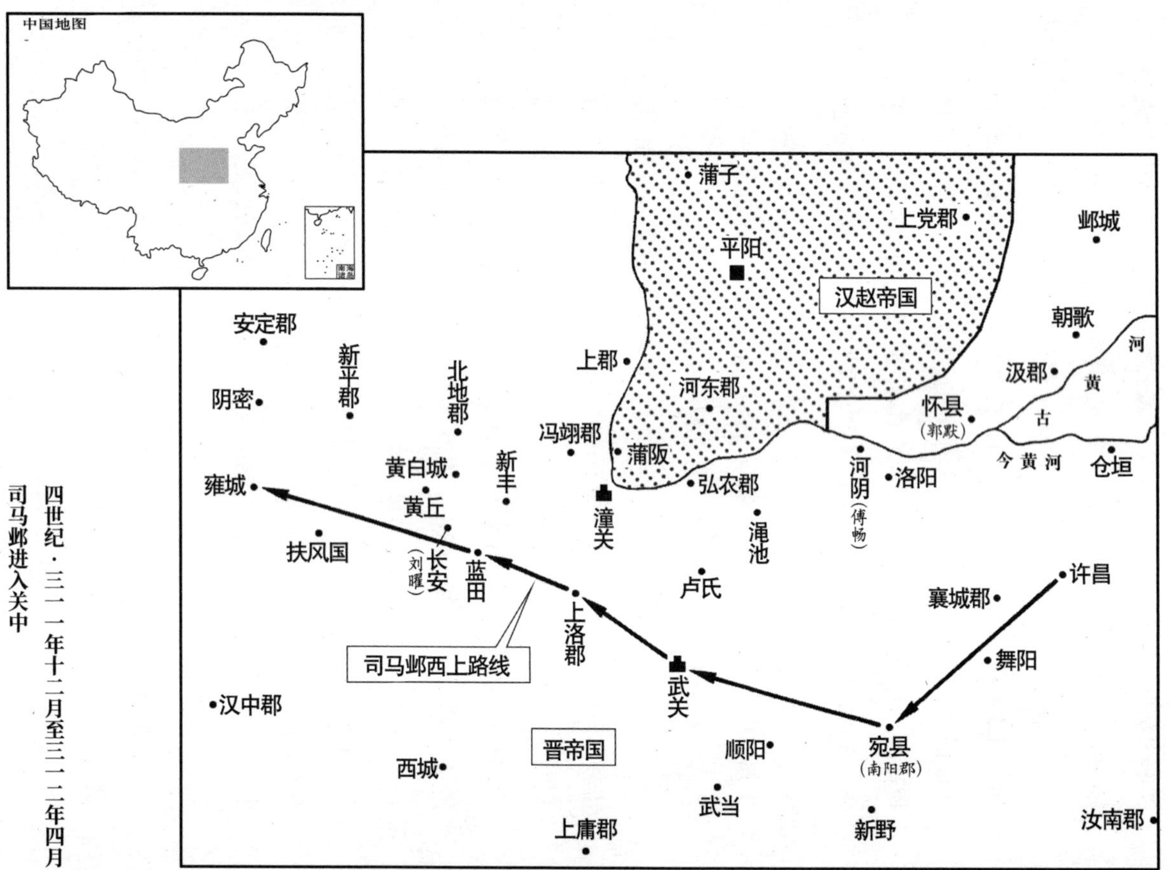

四世纪·三一一年十二月至三一二年四月

司马邺进入关中

带信给石勒说:“将军用兵如神, 所向无敌。可是, 踏遍天下, 没有立足之地; 百战百胜, 却看不到一寸封土; 为什么会如此? 只因上遇明主, 就是义军; 依附叛逆, 不过一群强盗而已。成功和失败, 好像人的呼吸, 吹它它就冷, 呵它它就暖。现在, 任命你担任帝国(晋帝国)的高级咨询官(侍中)、车骑大将军, 兼匈奴协防司令(护匈奴中郎将), 封襄城郡公, 请将军接受。”石勒回信说:“成就伟大的事业, 有不同的途径, 只在书本上翻滚的知识分子, 不可能了解。阁下自应发扬节操, 效忠贵国; 我也自当克服困难, 向你学习。”送给刘琨名马、奇珍、异宝; 厚厚地招待刘琨的使节, 表示感谢, 但从此断绝来往。

当时, 石虎十七岁, 残忍而又没有节制, 在军中不断惹祸。石勒告诉娘亲说:“这孩子凶恶残狠, 狡狯无赖, 万一激起众怒, 军中有人把他杀死, 徒落得丑名, 不如我自己除掉他。”娘亲说:“跑得快的牛, 小时候往往会拉破车辆, 应稍稍忍耐。”石虎长大成人后, 精于骑马射箭, 勇猛冠于三军。石勒命他当征虏将军, 每次屠城, 男女老幼全部诛杀, 很少留下活口。行军作战, 虽然严厉, 却不烦琐, 没有人敢对他冒犯, 交付给他作战任务, 他都勇敢进击, 身先士卒, 石勒对他十分宠爱信任。

石勒攻击晋帝国荥阳郡(河南省荥阳市)郡长李矩, 李矩击败石勒攻势。

24 最初, 晋帝国南阳王司马模, 任命参谋指挥官(从事中郎)索綝, 当冯翊郡(陕西省大荔县)郡长。索綝, 是索靖的儿子(索靖, 参考二九九年八月)。司马模死后, 索綝跟安夷军事总监(安夷护军)、金城郡(甘肃省兰州市东)人鞠允, 频阳(陕西省富平县东北)县长梁肃, 都逃到安定郡（甘肃省镇原县东南屯字镇）。当时安定郡郡长贾疋，以及各羌人部落、各氐人部落酋长，都送人质到汉赵帝国（首都平阳）。人质跟索綝等在阴密（甘肃省灵台县西南）相遇，索綝等把人质带回临泾（安定郡郡政府所在县），跟贾疋商讨复兴晋帝国计划，贾疋同意。于是大众共推贾疋当平西将军，率军五万人，进攻长安（陕西省西安市）。

雍州（陕西省中部）州长（刺史）麴特、新平郡（陕西省彬州市）郡长竺恢，都拒绝投降汉赵帝国。听到贾疋出军消息，跟扶风郡（陕西省眉县）郡长梁综，率军十万人会合。梁综，是梁肃的老哥。汉赵帝国河内王刘粲驻屯新丰（陕西省西安市临潼区东北），命他的将领刘雅、赵染，攻击新平郡（陕西省彬州市），不能攻克。索綝援救新平郡，大小百余战，刘雅等才被击退。汉赵帝国中山王刘曜，亲出长安迎击，跟贾疋等在黄丘（陕西省泾阳县西北）会战，刘曜大败。贾疋乘胜攻击汉赵帝国凉州州长（刺史）彭荡仲，斩彭荡仲。麴特等也在新丰击破刘粲，刘粲退回首都平阳（山西省临汾市）。于是，贾疋等兵势大振，关西（函谷关以西）各蛮夷以及各地汉人，纷纷起来响应。

豫州（河南省东部）州长（刺史）阎鼎，打算护送秦王司马邺入关（函谷关），定都长安（陕西省西安市），号召全国四方。河阴（河南省洛阳市孟津区东北）县长傅畅，是宰相（司徒）傅祗的儿子，也写信如此建议，阎鼎遂西上。但最高监察长（司空）荀藩、宰相府左秘书长（司徒左长史）刘畴、镇军将军府秘书长（镇军长史）周顗、军政官（司马）李述等，都是山东（崤山以东）人，不想前往关西（函谷关以西），行到中途，大家纷纷逃亡，阎鼎派军追赶，已来不及，仅诛杀最高立法长（中书令）李絙等。阎鼎跟司马邺从宛县（河南省南阳市），向武关（陕西省商南县西南）进发，在上洛郡（陕西省商洛市商州区）遇到变民攻击，军队溃散。阎鼎集结残兵败将，好不容易抵达蓝田（陕西省蓝田县），派人通知贾疋，贾疋派军迎接。

十二月，司马邺抵达雍城（陕西省宝鸡市凤翔区），贾疋命扶风郡（陕西省眉县）郡长梁综，率军保护。

25 周𫖮投奔晋帝国琅邪王司马睿（时在建业〔江苏省南京市〕），司马睿任命他当参谋主任（军咨祭酒）。前骑兵司令（骑都尉）谯国（安徽省亳州市）人桓彝，也逃难到江南（长江以南），看到司马睿力量微弱，对周𫖮说："我因为中州（中原地区）战乱不断，来此只求保全一命，可是此地单薄脆弱，如何支撑？"不久看到镇东将军府军政官（镇东司马）王导，谈论时事，告辞后，对周𫖮说："刚才看到管仲，不再担心（把王导比作管仲）。"

一些当时的知名人士，集体登上新亭（建业城西南），游乐欢宴，周𫖮在座，感叹说："南北风景，并没有差别，举目四顾，黄河、长江，却有不同。"大家相对流泪。王导严肃的说："我们当同心合力，效忠皇家，克复神州（中原），何至于像一群囚犯，面对面哭泣！"大家拭去眼泪，向他道歉。

镇东将军府副军事参议官（镇东行参军）陈頵，写信给王导："中国（中原地区）所以倾覆，原因在于用人不当，只看对方的知名度，而不看事实是不是相符。奔走竞争，互相推荐；知名度高的先当官，知名度低的后当官。像波浪一样，翻滚而前，终于颓废不可收拾。加上重视《老子》《庄子》学说，造成政治上的困扰，坐在高位上发呆的人，被称赞为有德行有度量；脚踏实地苦干的人，被轻视为平凡庸俗。政府事务，没有人管理，制度法律，全都破坏。要制定远程计划，必须先从近程计划开始。现在，应该彻底改正过去的错误，赏罚必须公开而且公平。效法刘秀（东汉王朝一任帝）当年，擢升退休了的密县（河南省新密市）县长卓茂（参考二五年九月）；或效法刘病已（西汉王朝十任帝）当年，擢升桐乡（安徽省桐城市）一个默默无闻的乡村事务官（啬夫）朱邑（朱邑清廉而不苛刻，从没有用拷打使人受辱，后来当郡长、农林部长〔大司农〕），然后大业才可建立，中兴才可完成。”王导不能接受。

新亭之会，王导感慨悲壮，正言厉色，气势凛凛，如同风雨扑面，留下千载佳话。可惜的是，他不过仍在那里再一次的穷嚼蛆而已，当陈頵检讨过去失败的原因，要求彻底改革时，他却不能接受。那就是说，他还要继续穷嚼蛆。

于是，“我们当同心合力，克复神州！”声泪俱下，把胸脯拍得“咚咚”作响。可是，在留下记录，成为佳话之后，事情也就结束。如果当时有人质问：大家仍只在每天穷嚼蛆，没有人认真审判官司，没有人认真征收赋税，没有人认真训练军队，没有人认真推广教育，没有人认真辛苦耕田，又怎么能够“克复神州”？不知道王导如何回答（其实回答在预料之中，那就是老羞成怒，祭出铁帽）！“心”可能有，“力”在何方？因为“力”是俗事，没有人肯做！

正因为言论和行为，相隔得如此遥远，中国历史上遂留下太多掌权人物们美丽的空话、大话、假话、谎话和义愤填膺的表态话，一方面自欺，一方面也为了欺人。

26 晋帝国并州（山西省中部）州长（刺史）刘琨（时驻晋阳〔山西省太原市〕），擅长招揽群众，但缺少安抚团结的能力。一天之中，有数千人前来投靠，也往往有数千人离他远去。刘琨派他的儿子刘遵，向代公（首府盛乐〔内蒙古和林格尔县〕）拓跋猗卢求救。又命同族人高阳郡

（河北省博野县东南）郡长（内史）刘希，在中山郡（河北省定州市）招募各地逃荒的难民；幽州（河北省北部）所属的代郡（河北省蔚县）、上谷郡（河北省怀来县）、广宁郡（河北省涿鹿县）各郡，很多人前来投靠，集结有三万人。最高指挥官（大司马）兼幽州（河北省北部）州长（刺史）王浚，对属下人民的流失，大为震怒，派燕国（北京市）郡长（相）胡矩，率军会同辽西公（首府令支〔河北省迁安市〕）段疾陆眷，攻击中山郡（河北省定州市），斩刘希，把投靠而来的三郡男女老幼，全部掳回。段疾陆眷，是段务勿尘的儿子（段务勿尘，参考三〇三年闰十二月）。

拓跋猗卢派他的儿子拓跋六修，率军帮助刘琨，驻扎新兴郡（山西省忻州市）协防。刘琨的营门官（牙门将）邢延，有一块碧玉，呈献给刘琨，刘琨转赠给拓跋六修。拓跋六修贪心，向邢延索求，当索求不到时，逮捕邢延的妻子囚禁。邢延大怒，率军突击拓跋六修，拓跋六修逃走，邢延遂献出新兴郡（山西省忻州市），投降汉赵帝国（首都平阳），请求汉赵帝国出军攻击并州（州政府设晋阳）。

27 当初，晋帝国东夷保安司令（东夷校尉）李臻，被辽东郡（辽宁省辽阳市）郡长庞本袭杀（参考前年〔三〇九〕十二月）。辽东郡（辽宁省辽阳市）沿边塞一带的鲜卑部落酋长素喜连、木丸津，宣称替李臻报仇，攻陷各县城池，屠杀掳掠人民，屡次击败郡政府军；一连数年，攻击没有停止。新任的东夷保安司令（东夷校尉）封释（时驻襄平〔辽宁省辽阳市〕），没有力量制服，转而请求和解，素喜连、木丸津拒绝。于是兵连祸结，人民失业，纷纷投靠鲜卑慕容部落（王庭设棘城〔辽宁省义县西〕）酋长慕容廆；慕容廆都发给他们粮食旅费，送回故乡，愿意留下来的，则照顾他们的生活。

慕容廆的幼子鹰扬将军慕容翰，向老爹建议说："自古以来，有所作为的君王，在一开始时，没有一个不先行尊崇天子，顺从人民盼望，然后才能完成大业。而今，素喜连、木丸津，表面上痛恨谋杀李臻的庞本，内心却一直在庆幸天下大乱。封释已经诛杀庞本，请求和解，可是他们仍不断奸淫烧杀。中原（黄河大平原）灾难不已，人民离散，州政府（平州〔辽宁省〕州政府）军队，不能作战，辽东郡（辽宁省辽阳市）更是一片灾荒，居民逃亡，没有人伸手援救，单于（慕容廆）不如公布他们的罪状，出兵讨伐，上可以使辽东郡恢复升平，下可以把两个部落完全吞并，使忠义的光辉照耀中央政府，而我们却得到实质的利益，这是霸王的基业。”慕容廆笑说：“你这个孩子，竟有这样高明见识！”遂率军东进，由慕容翰当先锋，斩素喜连、木丸津，吞并两个部落的部众。把两个部落以前所掠夺的居民三千余家，以及从前投靠慕容廆的人，全都送还辽东郡（辽宁省辽阳市），辽东郡借此得以勉强维持生存。

东夷保安司令（东夷校尉）封释患病，把孙儿封奕，托孤给慕容廆。封释逝世后，慕容廆召见封奕谈话，大为惊喜，叫说：“奇才！”任命他当初级司令官（小都督）。封释的儿子：冀州（河北省中部南部）州政府主任秘书（主簿）封悛、幽州（河北省北部）州政府军事参议官（参军）封抽，前来奔丧，慕容廆跟他们见面，说：“这家的人，都是天上降下来的千斤神牛！”因道路断绝，无法把老爹封释的灵柩运回故乡（封释是勃海郡〔河北省南皮县〕人），遂都留下来追随慕容廆，慕容廆命封抽当秘书长（长史），封悛当军事参议官。

28 晋帝国最高指挥官（大司马）、幽州（河北省北部）州长（刺史）王浚，任命他妻子的兄弟崔毖（音bì〔闭〕），当东夷保安司令（东夷校尉）。崔毖，是崔琰的曾孙（崔琰，参考二〇四年九月）。

三一二年 壬申

晋	永嘉	六年
成汉	玉衡	二年
汉赵	嘉平	二年

1 春季，正月，汉赵帝国（首都平阳〔山西省临汾市〕）皇帝（三任昭武帝）刘聪正妻呼延皇后逝世，绰号武元皇后。

2 汉赵帝国镇北将军靳冲、平北将军卜珝（音xǔ〔许〕），攻击晋帝国（此时无首都）并州（山西省中部）。

正月十九日，包围晋阳（并州州政府所在县，山西省太原市）。

3 正月二十二日，汉赵帝国皇帝刘聪，把最高监察长（司空）王育、国务院总理（尚书令）任顗的女儿，封左右昭仪（昭仪，小老婆群第一级）；把中军大将军王彰、总立法长（中书监）范隆、国务院左执行长（左仆射）马景的女儿，封夫人（夫人，小老婆群第二级）；把国务院右执行长（右仆射）朱纪的女儿，封贵妃（贵妃，小老婆群第三级）；每位美女都佩戴紫色绣带的金印。刘聪还要收纳太保（上三公之三）刘殷的女儿，皇太弟刘乂坚决反对，刘聪就问太宰（上三公之一）刘延年、太傅（上三公之二）刘景的意见，二人都说："刘殷自己说他是刘康公的后裔，（胡三省原注："刘康公是周王朝的官员，封在刘邑〔河南省洛阳市偃师区南〕，就以刘为姓。"）跟陛下不是一个祖宗（刘聪是匈奴人，本姓挛鞮），收纳他女儿，有什么关系？"刘聪大喜，召二女入宫，封刘英当左贵嫔、刘娥当右贵嫔，位更在"昭仪"之上（昭仪则降为小老婆群第二级）；又收纳刘殷的四个孙女，全封贵人，地位低于贵妃，于是，刘家班这六位姑侄美女，被称"六刘"，宠爱超过后宫所有美女。刘聪沉迷在她们的美色之中，很少出宫处理政府事务，政府事务都通过禁宫高级侍从宦官（中黄门）传达裁决。

4 晋帝国故新野王司马歆（司马歆被张昌击斩事，参考三〇三年五月）的营门官（牙门将）胡亢，在竟陵郡（湖北省钟祥市）聚众起兵，自称楚公，纵横荆州（湖北省），抢夺劫掠。命司马歆旧部、南蛮保安司令部军政官（南蛮司马）新野郡（河南省新野县）人杜曾，当竟陵郡郡长。

杜曾勇冠三军，身披全副铠甲，能在水中游泳自如。

5 二月一日，日蚀。

6 汉赵帝国镇东大将军石勒，在葛陂（河南省平舆县东）建立基地，连营接寨，倡导农业，建造船舶，打算进攻晋帝国琅邪王司马睿驻防的建业（江苏省南京市）。司马睿征调长江以南所有部队，集结寿春（安徽省寿县），任命镇东将军府秘书长（镇东长史）纪瞻当扬威将军，统御各军，讨伐石勒。

天降连绵大雨，三月不停，石勒军粮不继，饥饿、瘟疫流行，死亡超过大半。而又得到晋军行将发动攻击情报，石勒召集高级将领军事会议。右秘书长（右长史）刁膺建议：向晋帝国归降，派人先送信给司马睿，要求扫平河朔（北中国），用以赎罪，等纪瞻兵团撤退后，再作计议。石勒脸色大变，痛苦的长长叹息。中坚将军夔安，请把大营迁到高冈上，躲避水患。石勒说：“你怎的这么胆小！”孔苌等三十余位将领，要求各率部队，分道并进，乘夜袭击寿春（安徽省寿县），斩敌人将领，据敌人城池，吃敌人粮食，定在本年之内，攻破丹阳（即建业，江苏省南京市），平定江南（长江以南）。石勒笑说：“这是勇将的打算。”各赏具有护甲的战马一匹；回头问张宾说：“你的意见如何？”张宾说：“将军攻陷京师（晋帝国故都洛阳），生擒皇帝（司马炽），屠杀亲王公爵高级官员，强夺王妃公主，当作姬妾小老婆。就是把你的头发细细的数，头发数完，罪恶也数不完，怎么能够当一个臣属，侍奉他们？去年（三一一）杀掉王弥之后，就不应该到这个地方。而今，数百里之内，大雨不止，正是警告你不应该久停。邺城（河北省临漳县邺城镇）拥有‘三台’（参考三〇八年十一月），城池坚固，西方接近京师（首都平阳。胡三省原注：“可壮声势。”），附近有山有河，形成自然要塞。我们应该北上，用邺城（河北省临漳县邺城镇）作为根据地，用以经营黄河以北；黄河以北平定之后，天下便没有比你更强大的英雄。晋国（晋帝国）在寿春（安徽省寿县）集结军力，只是怕你攻击而已。得到你拔营而去的消息，他们高兴获得保全，怎么敢发动追击，对我们造成伤害？现在，应先命辎重粮秣，向北进发，将军则亲率大军，直指寿春，做出攻击姿态，忖量辎重粮秣走得够远，再慢慢班师，何必忧虑进退失据？”（张宾《葛陂对策》，媲美韩信的《汉中对策》〔参考前二〇六年七月〕、诸葛亮的《隆中对策》〔参考二〇七年十一月〕。）石勒卷起衣袖，胡须颤动，拍案说：“张先生对了！”斥责刁膺说：“你既然作我的辅佐，应当共同完成目标，怎么突然劝我投降？有这种念头，就应该斩首。只是知道你一向胆小如鼠，饶你一次。”于是把刁膺贬作将军，擢升张宾当右秘书长（右长史），号称“右侯”。

石勒遂率军离开葛陂（河南省平舆县东），派石虎率骑兵二千人，向寿春（安徽省寿县）挺进，途中遇到晋军运输船队，石虎将士争相夺取，被晋军扬威将军纪瞻击败，纪瞻乘胜追赶一百里，跟石勒亲统的主力部队相遇，石勒结阵备战，纪瞻不敢攻击，退回寿春。

7 汉赵帝国皇帝刘聪，封俘虏的晋帝国的五任帝（怀帝）司马炽当会稽郡公，加授仪同三司（宰相级）。刘聪闲暇时，问司马炽说：“你从前当豫章王，我跟王济一块去拜访你，王济向你称赞我。你说：‘大名听说已很久了！’送给我一张桑木弓，一个银砚台，还记不记得？”司马炽说：“怎么能忘？只恨当日不识天子龙颜！”刘聪说：“你们司马家骨肉，为什么互相残杀到这种地步？”司马炽说：“伟大的汉王朝（指汉赵帝国）将要顺应人心，接受天命。唯恐怕陛下辛劳，所以替陛下下手，自己先把自己铲除，这大概是上天旨意，跟人事无关。我们司马家如果能够保守武皇帝（一任帝司马炎）的基业，九族和睦团结，陛下怎么能坐上宝座？”刘聪大喜，把小刘贵人刘娥（太保〔上三公之三〕刘殷四个孙女中最小的一位）赏赐给司马炽当妻子，说：“她是名公卿的孙女，你要好好待她。”

8 晋帝国代公（首府盛乐〔内蒙古和林格尔县〕）拓跋猗卢，派军援救晋阳（并州州政府所在县，山西省太原市）。

三月十四日，汉赵帝国军败走；平北将军卜珝（音xǔ〔许〕）的部队先行后退，镇北将军靳冲擅自逮捕卜珝，诛杀。汉赵帝刘聪大怒，派人“持节”（二级权力），就在军中斩靳冲。

9 汉赵帝刘聪，收纳他表哥、辅汉将军张寔（不是凉州的张寔）的两个女儿张徽光、张丽光当贵人（小老婆群第五级）。这是刘聪娘亲、张太后的决定。

10 晋帝国凉州（甘肃省中部西部）主任秘书（主簿）马鲂，建议州长（刺史）张轨：“应派出将领，率军前往保卫皇家。”张轨同意。通告关中（陕西省中部）各将领，请求共同拥戴秦王司马邺，并且声明：“现在派遣前锋大营指挥官（前锋督护）宋配，率步骑兵二万人，直赴长安（陕西省西安市）。西翼警卫指挥官（西中郎将）张寔（张轨的儿子），率中军部队三万人，武威郡（甘肃省武威市）郡长张琠，率外籍兵团（胡骑）二万人，陆续出发。”

11 夏季，四月十六日，晋帝国征南将军山简逝世（年六十岁）。

12 汉赵帝国皇帝刘聪，封皇子刘敷当勃海王、刘骥当济南王、刘鸾当燕王、刘鸿当楚王、刘劢当齐王、刘权当秦王、刘操当魏王、刘持当赵王。

13 汉赵帝刘聪，因宫廷食用的鱼蟹，没有得到充分供应，斩东部水利总监（左都水使者）襄陵王刘摅。兴筑温明殿、徽光殿，不能如期完成，斩工程总监（将作大匠）望都公靳陵。刘聪驾临汾水，欣赏捕鱼，半夜还不回宫。中军大将军王彰进言说：“近来看到陛下所作所为，实在痛心。而今，愚昧的民众，回归帝国的心志，并不坚定。思念晋政府的念头，仍然很强。敌人刘琨（晋帝国并州〔州政府晋阳〕州长），近在咫尺（太原跟平阳航空距离二百一十公里），刺客杀手，遍地都是，帝王轻率的离开宫殿，一个人就可以对付。愿陛下改变过去作风，开创新的未来，天下亿兆人民，都有福分。”刘聪大怒若狂，下令斩王彰。王夫人（王彰的女儿）向刘聪叩头苦求，刘聪才命把王彰囚禁。

张太后因刘聪刑罚残酷过当，三天不进饮食。皇太弟刘乂、单于刘粲，抬着棺木，恳切规劝。刘聪大怒说：“我岂是姒履癸（桀）、子受辛（纣），要你们来哭活人！”太宰（上三公之一）刘延年、太保（上三公之三）刘殷等三公、部长级官员，以及侯爵等一百余人，都脱下官帽，流泪乞求：“陛下功勋之高，恩德之厚，历史上没有人能比。从前有伊祁放勋（尧）、姚重华（舜），而今则有陛下。但是，近来，只因宫廷暂时稍稍缺少供应，便诛杀亲王公爵。直率的言辞，违背陛下的旨意，便立即囚禁大将，这些，我们无法了解，十分忧虑，寝食不安。”刘聪感慨的说：“我昨天酩酊大醉，做出的事不是我的本心，如果各位不这么提醒我，我不知道我的过错。”每人赏赐绸缎一百匹，派高级咨询官（侍中）“持节”，释放王彰，说：“先帝（刘渊）在世时，依靠你如同依靠左右手，先生的功勋，贡献两代，我怎敢忘记？我这次的过失，盼望你能释怀，你忧国忧民，竭尽忠言，正是我的盼望。现在擢升你当骠骑将军，封定襄郡公。以后我如有不对的地方，仍请你指教于我。”

14 汉赵帝国征东大将军王弥既死（参考去年〔三一一〕十月），所属安北将军赵固、平北将军王桑（二人时驻洛阳），恐怕被石勒并吞，打算率军回京（首都平阳），可是军中缺少粮秣，士兵之间，互相格杀，吞食尸首，遂从硙硗津（河南省延津县西北古黄河渡口）渡黄河北上。晋帝国并州（山西省中部）州长（刺史）刘琨，任命他的侄儿刘演，当魏郡（河北省临漳县邺城镇）郡长，镇守邺城（魏郡郡政府所在城）。王桑恐怕受到刘演截击，遂派秘书长（长史）临深（临，姓），到刘琨那里充当人质。刘琨任命赵固当雍州（陕西省中部）州长（刺史）、王桑当豫州（河南省东部）州长（刺史。大分裂时代，全国混乱，遥领的官衔，如同满天飞舞的柳絮，只是一项虚名，没有实质意义）。

15 晋帝国安定郡（甘肃省镇原县东南屯字镇）郡长贾疋，包围长安（陕西省西安市）数月之久。汉赵帝国中山王刘曜，连战连败，遂放弃城池，裹挟男女老幼八万余人，投奔首都平阳（山西省临汾市）。晋帝国秦王司马邺，自雍城（陕西省宝鸡市凤翔区）进入长安。

五月，汉赵帝刘聪，把刘曜贬降为龙骧大将军，代理最高指挥官（行大司马）。刘聪命河内王刘粲，攻击晋帝国宰相（司徒）傅祗根据地三渚（河南省洛阳市孟津区境），右将军刘参，攻击晋帝国河内郡（河南省沁阳市）郡长郭默的根据地怀县（河南省武陟县）。恰恰傅祗逝世（年六十九岁），城池陷落，刘粲把傅祗的子孙跟人民二万余家，迁到首都平阳（山西省临汾市）。

16 六月，汉赵帝刘聪，打算封贵嫔（小老婆群第一级）刘英当皇后，娘亲张太后坚持要封贵人（小老婆群第五级）张徽光。刘聪不得已，只好封张徽光。刘英不久即行逝世。

17 汉赵帝国太保（上三公之三）、大昌公（文献公）刘殷逝世。

刘殷当宰相，从来不在君王面前，提出强烈的反对意见，然而顺着事情的发展，进言规劝，对国家的帮助很大。刘聪每次主持御前会议，刘殷都不作批评；等到大家告辞，刘殷单独留下来时，才向刘聪分析条理，深入研究，刘聪从没有一次不听他的意见。刘殷时常告诫他的子孙："侍奉君王，要利用机会进言，一个平凡的人，还不可以当面斥责他的过失，何况君王？利用机会进言的成果，跟当面强烈反对，没有不同，只是不暴露君王的缺点，所以比较优越。"刘殷官职做到高级咨询官（侍中）、太保（上三公之三）、主管政府机要（录尚书）；进入金銮宝殿时，特准仍穿鞋子，仍带佩剑，朝见时不必使用快步，可以乘坐车轿，地位至为尊贵；但在三公、部长级高级官员之前，却小心谨慎，态度谦卑。所以能在这种骄横凶暴的政府中，保全他的富贵，而且不失去美好的名誉，平安寿终。

18 汉赵帝刘聪任命河间王刘易当车骑将军，彭城王刘翼当首都卫戍司令（卫将军），同时负责宫廷安全。高平王刘悝当征南将军，镇守离石（山西省吕梁市离石区）；济南王刘骥当征西将军，镇守新筑的西平城（首都平阳〔山西省临汾市〕西北十公里）；魏王刘操当征东将军，镇守蒲子（山西省隰县）。

19 晋帝国雍州（陕西省中部）州长（刺史）赵固、豫州（河南省东部）州长（刺史）王桑，在怀县（河南省武陟县）要求汉赵帝国出军，接应他们反正。汉赵帝刘聪派镇远将军梁伏疵，率军接应。大军还没有到，王桑的秘书长（长史）临深、将军牟穆，率部队一万人叛变，投奔晋帝国魏郡（河北省临漳县邺城镇）郡长刘演。赵固跟梁伏疵的大军会合后，向西前进（返首都平阳）。王桑率领他的部队，向东投奔青州（目标应是王弥的部将曹嶷。时曹嶷驻临淄〔山东省淄博市临淄区〕）。赵固派军追击，追到曲梁（河北省邯郸市永年区东南广府镇），斩王桑；王桑部将张凤，率领残部，归降刘演。

刘聪任命赵固当荆州州长（刺史），兼河南郡（河南省洛阳市东白马寺东）郡长，镇守洛阳。

20 汉赵帝国镇东大将军石勒，从葛陂（河南省平舆县东）出发北上，沿途居民坚壁清野，石勒军抢夺不到粮食，饥饿情况严重，士兵们吞食尸体。好不容易抵达东燕郡（河南省延津县东北），听说汲郡（河南省卫辉市）民兵首领向冰，拥有部众数千人，据守枋头（河南省淇县东南淇门渡）。石勒将渡黄河，恐怕向冰截击，右秘书长（右长史）张宾说："听说向冰的船舰，仍泊在河中，没有拖到岸上（胡三省原注："船不用时，就拖到岸上，使它干燥，用时速度可以加快。"），最好派出机动部队，发动突袭，把它全部夺取，用来载运大军，大军渡河之后，向冰在掌握之中。"

秋季，七月，石勒命将领支雄、孔苌，从文石津（河南省滑县东南古黄河渡口）乘临时捆绑的木筏，悄悄渡河，俘获全部船只。石勒遂率大军，自棘津（河南省卫辉市东古黄河渡口）渡过黄河，攻击向冰，大破向冰部众，俘获所有的辎重粮秣，军势再度振兴，遂直扑邺城（河北省临漳县邺城镇）。刘演依靠三台保护，全力固守。临深、牟穆等率军投降石勒。

各将领打算攻击三台，张宾说："刘演虽然脆弱，但军队仍有数千人，而三台险要坚固，不容易迅速攻破，暂时舍弃而去，他们会在内部崩溃。现在，王浚（晋帝国幽州州长）、刘琨（晋帝国并州州长），才

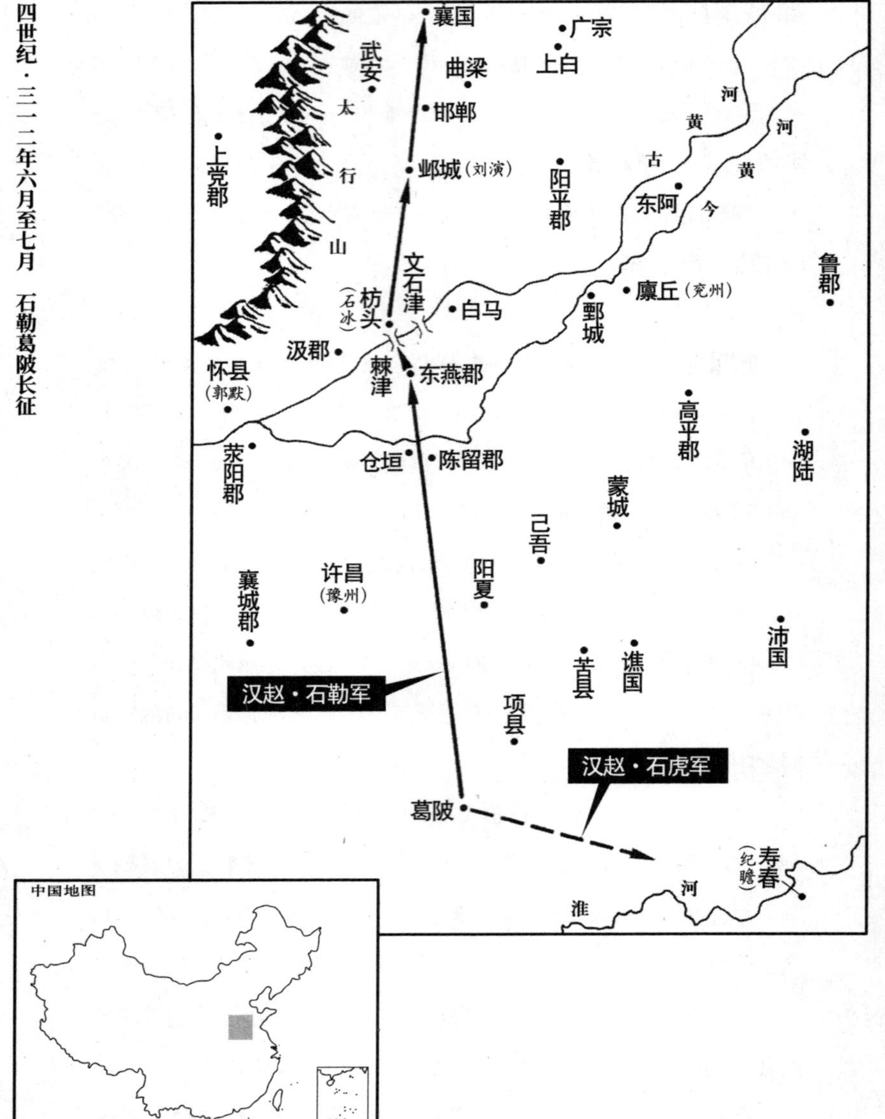

四世纪・三一二年六月至七月　石勒葛陂长征

是你最大的敌人。最好是先消灭他们，不必把刘演放在心上。而且天下饥荒，战乱不停，阁下（石勒）虽然拥有庞大的武装部队，可是一直在游击作战，好像周游四海的旅客，军心不能安定，意志不能稳固，这不是保持万全、控制四方的行径。不如选择一个恰当的地方，作为根据地，大量的聚集粮食。西方依靠首都平阳（汉赵首都，山西省临汾市），北方图谋幽州（王浚）、并州（刘琨），这是霸王的事业。邯郸（河北省邯郸市）、襄国（河北省邢台市），都是形势特殊的地方，请挑选一个，建立领导中心。”石勒说：“你的计划对极。”遂占领襄国（石勒自三〇五年七月追随公师藩，转战全国，杀人无数，迄今七年，才有立足之地）。

张宾再建议：“我们在襄国（河北省邢台市）扎根，一定引起王浚、刘琨的忌惮。深怕城池还没有修建完成，辎重粮秣还没有积存，两个贼寇（王浚及刘琨）交互攻击，将带给我们很大伤害。最好是，赶快收割野外的庄稼，派使节前往平阳（汉赵首都，山西省临汾市），陈述驻防此地的本意，请求批准。”石勒照办。分命各将领进攻冀州（河北省中部南部），各郡县跟民间营寨，大多投降，把粮秣运往襄国（河北省邢台市），且奏报汉赵帝刘聪。刘聪任命石勒当冀幽并营军区司令长官（都督冀幽并营四州诸军事。此时只有平州，还没有营州）、冀州全权州长（牧），晋封上党公。

21 晋帝国并州（山西省中部）州长（刺史）刘琨，通令各州各郡，定期十月，在汉赵帝国首都平阳（山西省临汾市）会师，扑灭汉赵帝国。

刘琨一向奢侈豪华，尤其喜爱美女跟音乐。河南郡（故都洛阳）人徐润，因为精通音乐，受到刘琨宠信，刘琨任命他当晋阳（并州州政府所在县，山西省太原市）县长。徐润仗恃后台强硬，骄傲放纵，干预州政府行政。军事总监（护军）令狐盛，屡次规劝刘琨，并且请刘琨诛杀徐润，刘琨不接受。徐润遂陷害令狐盛，刘琨逮捕令狐盛，斩首。刘琨娘亲说：“你不能驾驭英雄豪杰，推展远略，反而专门铲除比你有能力的人，灾祸会降临到我头上。”

令狐盛的儿子令狐泥，投奔汉赵帝国，把刘琨的虚实，全盘托出。汉赵帝刘聪大为兴奋，派河内王刘粲、中山王刘曜，率军进攻并州（州政府设晋阳〔山西省太原市〕），命令狐泥作为向导。刘琨得到消息，立刻前往东方，在常山郡（河北省正定县）、中山郡（河北省定州市）一带，征集招募军队。命他的将领郝诜、张乔率军抵抗刘粲，一面派人向代公（首府盛乐〔内蒙古和林格尔县〕）拓跋猗卢求救。郝诜、张乔，全都阵亡。刘粲、刘曜，乘虚进攻晋阳（山西省太原市），太原郡（郡政府设晋阳）郡长高乔、并州州政府总务官（别驾）郝聿，献出晋阳城池，投降汉赵帝国。

八月一日，刘琨回军救晋阳，已来不及，只好率左右数十名骑兵，逃回常山郡（河北省正定县）。

八月二日，刘粲、刘曜，进入晋阳。

八月三日，令狐泥诛杀刘琨的老爹（刘蕃，参考去年〔三一一〕六月十二日）和娘亲。

刘粲、刘曜把俘虏的晋帝国国务院执行官（尚书）卢志（司马颖的智囊，参考三〇一年三月）、高级咨询官（侍中）许遐、太子宫右翼卫队长（太子右卫率）崔玮，送到首都平阳（山西省临汾市）。刘聪恢复刘曜原官车骑大将军；任命前将军刘丰，当并州（山西省中部）州长（刺史），镇守晋阳（山西省太原市）。

九月，刘聪任命卢志当太弟太师（太弟三师之一），崔玮当太傅（太弟太傅，太弟三师之二），许遐当太保（太弟太保，太弟三师之三），高乔、令狐泥，都当武卫将军。

22 九月一日，汉赵帝国皇城保安司令（卫尉）梁芬，投奔晋帝国占领下的长安（陕西省西安市）。

23 九月三日，晋帝国安定郡（甘肃省镇原县东南屯字镇）郡长贾疋等，尊奉秦王司马邺当皇太子，在长安（陕西省西安市）组织临时政府（行台），由司马邺祭祀天地神灵，禀告上苍及五色帝（参考二六六年正月），兴建皇家祭庙、天地祭坛，大赦。任命豫州（河南省东部）州长（刺史）阎鼎当太子宫总管（太子詹事），统御文武百官；加授贾疋为征西大将军；任命秦州（甘肃省南部）州长（刺史）南阳王司马保（时驻上邽〔甘肃省天水市〕）当最高指挥官（大司马）；令最高监察长（司空）荀藩（时应在许昌〔河南省许昌市东〕），负责远近战地政务；特级国务官（光禄大夫）荀组，兼京畿总卫戍司令（司隶校尉）、代理豫州（河南省东部）州长（行豫州刺史），跟荀藩共同守卫开封（河南省开封市南）。

24 晋帝国秦州（州政府设上邽〔甘肃省天水市〕）州长（刺史）裴苞，据守关卡险要，拒绝入援中央政府的凉州兵团前进。凉州将领张寔、宋配等攻击，击败秦州军，裴苞逃到柔凶坞（天水市南）。

25 冬季，十月，汉赵帝国皇帝刘聪，封皇子刘恒当代王、刘逞当吴王、刘朗当颍川王、刘皋当零陵王、刘旭当丹阳王、刘京当蜀王、刘坦当九江王、刘晃当临川王。任命王育当太保（上三公之三），王彰当全国武装部队总司令（太尉），任颛当宰相（司徒），马景当最高监察长（司空），朱纪当国务院总理（尚书令），范隆当国务院左执行长（左仆射），呼延晏当国务院右执行长（右仆射）。

26 晋帝国代公（首府盛乐）拓跋猗卢，派他的儿子拓跋六修，跟侄儿拓跋普根，将军卫雄、范班、箕澹，率军队数万人，作为前锋，反攻晋阳（山西省太原市）。拓跋猗卢亲率大军二十万人，随后进发。刘琨集结残兵败将，有数千人，作为向导。拓跋六修跟汉赵帝国中山王刘曜，在汾水东岸会战，刘曜大败，从马背跌下，身中七伤。讨虏将军傅虎把自己的坐骑交给刘曜，刘曜拒不接受，说："你当自己骑它逃命，我伤势太重，注定死在此地。"傅虎流泪说："我受到大王赏识，提拔到这个位置；一直想到报答，今天正是时候。而且，帝国刚刚建立，天下可以没有傅虎，不可以没有大王（此是曹洪语，参考一九〇年三月）。"把刘曜扶到马背上，驱马渡过汾水，自己徒步迎战，阵亡。刘曜遂得逃回晋阳（山西省太原市），当天夜晚，跟最高统帅（大将军）刘粲、镇北大将军刘丰，裹挟晋阳住民撤退，越过蒙山（晋阳城西北五公里）回京（首都平阳）。

十一月，拓跋猗卢进击，再在蓝谷（蒙山西南）会战，汉赵军大败，拓跋猗卢生擒镇北大将军刘丰，斩邢延（参考去年〔三一一〕十二月），杀三千余人，尸体满布数百里。拓跋猗卢遂在寿阳山（山西省寿阳县北）展开一次大规模残忍的狩猎，野兽被剥皮剖肉陈列，满山血腥，一片赤红。刘琨感激万分，从营门口一直步行到虎帐，向拓跋猗卢道谢，坚决要求大军再往前推进。拓跋猗卢说："我来得太晚，使你父母被害，实在惭愧。现在，你已经恢复原来的疆界，我从远方来此，人困马乏，姑且等待以后机会，再作行动；刘聪不是一下子就能扑灭得了的。"留下马、牛、羊各一千余头，车一百辆给刘琨，班师北返；又留下他的部将箕澹、段繁等，驻屯晋阳（山西省太原市）

协防。

晋阳残破，刘琨只好把根据地迁到阳曲（山西省阳曲县），重新招集流失逃亡的居民。汉赵帝国河内王刘粲的军事参议官（参军）卢谌，投奔刘琨，汉赵政府遂斩卢谌的老爹卢志跟老弟卢谧、卢诜；追赠傅虎官衔：幽州（河北省北部）州长（刺史）。

27 十二月，汉赵帝刘聪，擢升贵人（小老婆群第五级）张徽光当正式皇后，擢升张徽光老爹张寔当左特级国务官（左光禄大夫）。

28 汉赵帝国故梁州州长（刺史）彭荡仲的儿子彭天护（彭荡仲被贾疋击斩事，参考去年〔三一一〕十月），率各少数民族部落酋长，攻击晋帝国征西大将军贾疋。彭天护诈败逃走，贾疋追赶，深夜中坠入山涧，彭天护把他捉住，斩首。汉赵政府任命彭天护当凉州州长（刺史）。

晋帝国长安临时政府官员，推举始平郡（陕西省兴平市）郡长麹允，兼雍州（陕西省中部）州长（刺史）。太子宫总管（太子詹事）阎鼎跟西部长安市长（京兆太守）梁综争权，阎鼎诛杀梁综。麹允跟抚夷军事总监（抚夷护军）索綝、冯翊郡（陕西省大荔县）郡长梁肃，联合反击阎鼎，阎鼎战败，逃奔雍城（陕西省宝鸡市凤翔区），被氐部落酋长窦首诛杀。（胡三省原注：“蛮夷势力正强，贾疋、阎鼎、麹允、索綝，虚心团结，共同辅佐晋政府，犹怕不能保全，何况自相屠杀？长安失败的征兆，已见于此。”）

29 晋帝国广平郡（河北省曲周县东北）人游纶、张豺，集结数万人，据守苑乡（河北省邢台市任泽区东北）自保，接受幽州（河北省北部）州长（刺史）王浚代表皇帝（承制）任命的官职。汉赵帝国镇东大将军石勒，派夔安、支雄等七位将领进攻，攻破他们的外围营垒阵地。

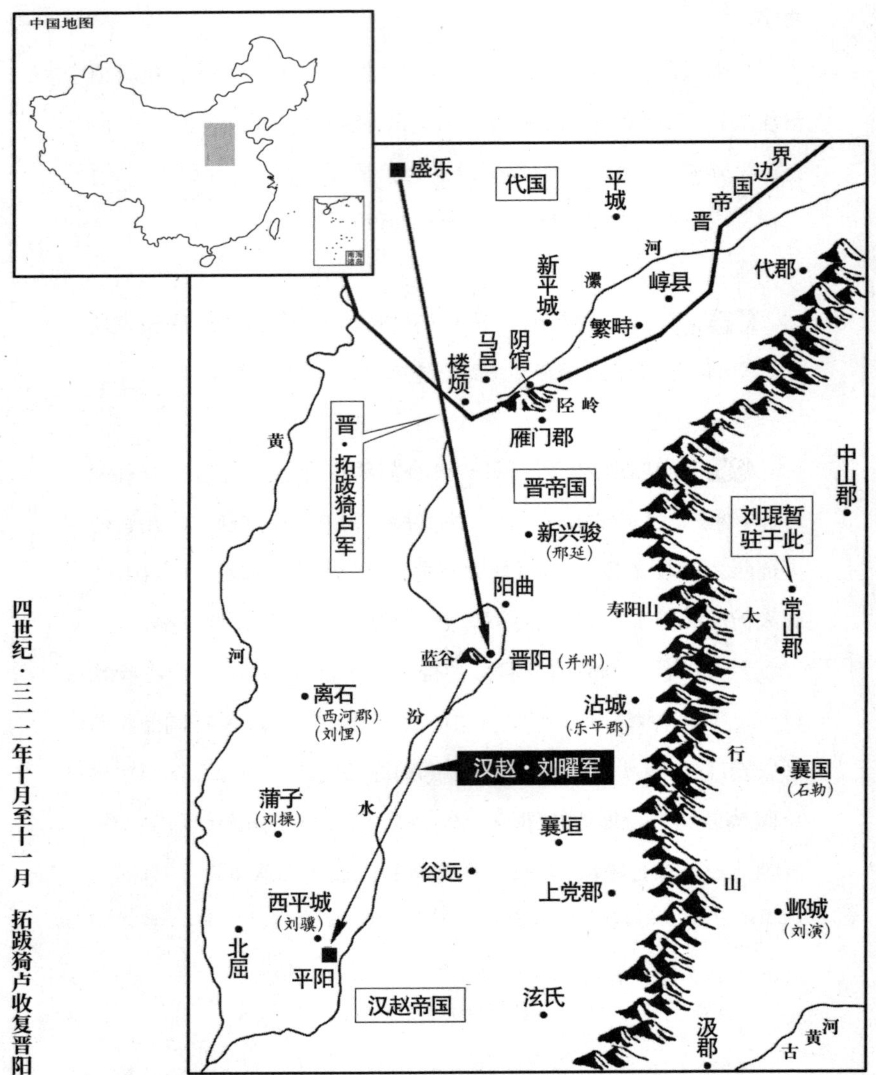

四世纪·三一二年十月至十一月　拓跋猗卢收复晋阳

王浚派大营指挥官（督护）王昌，率各军以及辽西公（首府令支〔河北省迁安市〕）段疾陆眷，段疾陆眷的老弟段匹磾、段文鸯，堂弟段末柸（音pēi〔胚〕），共五万人，直接攻击石勒新建立的根据地襄国（河北省邢台市）。

段疾陆眷驻军渚阳（河北省邢台市东北五公里），石勒派军迎战，全被击败。段疾陆眷大量赶造攻城工具，将对襄国（河北省邢台市）发动总攻，石勒军心恐惧动摇。石勒召集军事会议，提出问题说："现今，襄国的城墙和护城河，都还没有完成，粮秣的积存，也都不够，敌人人数多，我们人数少，外面没有援军。我打算把所有军队，投入战场，跟他们作一次对决，各位意见如何？"将领们都主张："不如坚守，等敌人筋疲力尽时再攻击。"右秘书长（右长史）张宾、大将孔苌说："鲜卑各部落中，段家部落，最是勇敢，而段末柸尤其凶悍，所有精锐部队，都在段末柸那里。现在，段疾陆眷已指定日期进攻襄国（河北省邢台市）北城。他们从遥远的辽西（辽宁省西南部及河北省东北部）南下，战斗不停，已经疲惫。而又认为我们孤单微弱，不敢迎战，戒备一定松懈。我们现在应该不采取任何行动，显示我们的畏惧，然后暗中在北城凿开二十余个洞口。等到敌人大军攻城，阵势还没有稳定时，出其不意，发动猛烈突击，直冲段末柸大营。段末柸将大为惊骇，一时无法反应，准可以把他击破。段末柸一破，用不着攻击其他将领，他们会自己瓦解。"石勒同意，秘密挖凿洞口。

不久，段疾陆眷开始进攻北城，石勒在城上眺望，发现攻城军将士，有的放下武器躺下来睡觉（这是疲惫懈怠的迹象），下令孔苌督促精锐，从二十余个洞口同时突出攻击，城上战鼓震动天地，助长声威。孔苌直扑段末柸虎帐，不能攻克，向后撤退；段末柸追击，反而闯入孔苌营门，遂被俘虏。段疾陆眷得到消息，急行撤退。孔苌乘胜追击，杀人如麻，尸体堆积三十余里，夺得护甲战马五千匹。段疾陆眷收拾残兵败将，回军渚阳（河北省邢台市东北五公里）。

石勒把段末柸当作人质，派使节晋见段疾陆眷，请求和解，段疾陆眷允许。段文鸯反对，说："现在，因为段末柸一个人的缘故，放弃马上就要灭亡的贼寇（指石勒），岂不被王浚（晋帝国幽州州长）怨恨，招来无穷后患？"段疾陆眷不接受，而且送给石勒护甲战马和金银财宝，作为贿赂，又用段末柸的三弟当作人质，交换段末柸。

石勒的部将都劝石勒诛杀段末柸，石勒说："辽西（辽宁省西南部及河北省东北部）鲜卑部落（段家部落），是一支强大的武力，跟我们一向无仇无怨，只是受到王浚指使罢了。杀一个人而跟一个强大的部落结仇，不是好的主意。释放他回去，一定对我们感激，不会再听王浚那一套。"遂用丰厚的金钱财宝和绸缎布匹，回报段疾陆眷，命石虎跟段疾陆眷在渚阳（河北省邢台市东北五公里）对天盟誓，结拜成异姓兄弟，段疾陆眷遂率军撤退。幽州大营指挥官（督护）王昌不能单独停留，只好率军返回根据地蓟县（幽州州政府所在县，北京市）。

石勒召见段末柸，留他欢宴，誓言情同父子，送段末柸返回辽西（辽宁省西南部及河北省东北部）。段末柸深受石勒感动，在归途中，每天向南方遥拜石勒三次。从此，段家部落改变立场，归附石勒；王浚的力量开始衰退。

游纶、张豺向石勒投降。石勒进攻信都（河北省衡水市冀州区），斩晋帝国冀州（州政府设信都）州长（刺史）王象。晋帝国最高指挥官（大司马）、兼幽州（河北省北部）州长（刺史）王浚，任命邵举代理冀州（河北省中部南部）州长（行冀州刺史），固守信都。

30 本年（三一二），瘟疫大肆传染。

31 晋帝国荆州（湖北省）州长（刺史）王澄，从小就跟老哥王衍（参考去年〔三一一〕四月），名满全国。刘琨曾经警告王澄："表面上看起来，你豁达大度，不拘小节；事实上你却心胸褊狭，容易动气。用这种方法处世，恐怕难得好死。"在荆州时，王澄欣赏成都国（侨国，湖北省潜江市西南）郡长（内史）王机，因为王机的才干不如王澄，所以王澄把全权交给王机，使他对内处理政务，对外独当一面。王澄部队，屡屡被变民首领杜弢（参考去年〔三一一〕正月）击败，声望和实力，同时受到伤害，但王澄仍然骄傲蛮横，洋洋得意，不知道忧愁畏惧，只跟王机日夜饮酒、下棋，上下离心离德。南平郡（湖北省公安县）郡长应詹，屡次规劝，王澄不理。

王澄亲自率军攻击杜弢，驻防作塘（湖南省安乡县北）。故征南将军山简的军事参议官（参军）王冲，集结部众，奉迎应詹当荆州州长（刺史），应詹因王冲是个流氓无赖，不愿接受，抛弃王冲，回到南平郡（湖北省公安县）。王冲索性宣称自己是荆州州长（刺史）。王澄大为恐慌，命他的将领杜蕤（音ruí〔绥〕）镇守江陵（荆州州政府所在县，湖北省江陵县），而自己移驻孱陵（湖北省公安县西南），不久，又移驻沓中（公安县东）。总务官（别驾）郭舒劝阻说："阁下主持荆州军务，虽然没有特别的建树，但仍是州人维系的中心。现在，向西召集华容（成都国首府，湖北省潜江市西南）的部队，足可以生擒王冲这个小丑，为什么自己放弃努力，拔腿逃命！"王澄拒不听从，却打算跟郭舒一齐东下。郭舒说："我是一州的行政首脑，不能安定人民，而使阁下逃亡，我不忍心渡过长江。"遂留驻沌口（湖北省武汉市西南，沌水注入黄河处）。琅邪王司马睿（时在建业）得到报告，征召王澄当参谋主任（军咨祭酒），而命参谋主任（军咨祭酒）周顗（音yǐ〔倚〕），接替王澄官职，王澄接受。

周顗初到荆州（州政府设江陵），建平郡（重庆市巫山县）逃亡难民首领傅密，聚众起兵，迎接巴蜀难民首领杜弢。杜弢部下将领王真，袭击沔阳（湖北省仙桃市西南），周顗霎时陷于进退失据之境，十分狼狈，扬州征剿司令官（征讨都督）王敦，命武昌郡（湖北省鄂州市）郡长陶侃、寻阳郡（江西省九江市）郡长周访、历阳郡（安徽省和县）郡长（内史）甘卓，联合攻击杜弢。王敦率大军进驻豫章郡（江西省南昌市），作各军的后援。

王澄路过豫章郡（江西省南昌市），拜访王敦。从前，王澄声望高过王敦，对王敦一向轻视。现在王澄仍认为还是当年情势，跟过去一样，言谈行动之间，侮辱王敦。王敦大怒，诬称王澄通匪，跟杜弢有书信来往，派壮士把王澄扼死（年四十四岁）。王机听到王澄死讯，恐怕灾祸上身，因他的老爹王毅、老哥王矩，都当过广州（广东省及广西）州长（刺史），就向王敦请求这项官职，王敦拒绝。正巧，广州州政府将领温邵等，背叛州长（刺史）郭讷，奉迎王机继任州长（刺史）。王机遂带领家奴、宾客、门生等一千余人，进入广州州城（番禺，广东省广州市）。郭讷派军阻止，但将领们都是王机老爹老哥时的旧部，不肯作战，反而归降王机。郭讷遂辞职，把州长（刺史）让给王机。

32 晋帝国变民首领王如，缺乏粮食；政府军讨伐，变民很多投降，王如走投无路，投降王敦。

33 晋帝国镇东将军府参谋长（镇东军司。琅邪王司马睿兼镇东将军）顾荣、前太子宫图书管理官（太子洗马）卫玠，先后逝世（顾荣年不详，卫玠年二十七岁）。卫玠，是卫瓘的孙儿（卫瓘，参考二九一年六月），风采神态，十分优秀，尤其精于清谈（穷嚼咀），常认为：别人如果犯了过失，可以宽恕；别人如果不是故意冒犯，可以依理解释；所以一生看不到他高兴或不高兴的脸色。

34 晋帝国江阳郡（四川省泸州市）郡长张启，击斩益州（州政府设巴东郡〔重庆市奉节县东〕）州长（刺史）王异，由自己接替他的官位（王异当“三府”首长事，参考去年〔三一一〕三月）。张启，是张翼的孙儿（张翼随姜维投降曹魏，参考二六三年十月）。张启不久逝世。“三府”（参考前年〔三一〇〕十二月）文武官员，联名向中央推荐涪陵郡（重庆市彭水县）郡长向沈，代理西夷保安司令（西夷校尉），退保涪陵郡。

35 晋帝国南安郡（甘肃省陇西县东南）赤亭（南安郡城北）羌部落酋长姚弋仲，向东迁移到榆眉（陕西省千阳县），蛮夷或汉人扶老携幼，追随他的有数万人。姚弋仲自称西羌保安司令（护羌校尉）、雍州（陕西省中部）州长（刺史）、扶风公。

三一三年 癸酉

晋	永嘉	七年
	建兴	元年
成汉	玉衡	三年
汉赵	嘉平	三年

1 春季，正月一日，汉赵帝国（首都平阳〔山西省临汾市〕）皇帝（三任昭武帝）刘聪，在首都平阳南宫光极殿，大宴群臣，命会稽郡公司马炽（晋帝国五任帝）穿平民衣裳，在筵席间劝酒。特级国务官（光禄大夫）庾珉、王儁等，目睹故主受到如此侮辱，不胜悲愤，失声痛哭。刘聪大为厌恶，于是，有人（“有人”模式）检举庾珉等阴谋献出平阳（山西省临汾市），响应北方的晋帝国（此时无首都）并州（山西省中部）州长（刺史）刘琨。

二月一日，刘聪诛杀庾珉、王儁等晋帝国旧有臣属十余人，司马炽也被处死（年三十岁）。大赦。刘聪收回赏赐给司马炽的会稽夫人刘娥（参考去年〔三一二〕二月），仍回宫当贵人（小老婆群第五级）。

怀帝（司马炽）天资高洁，从小就显露他的智慧。如果是太平时期，足可以成为一位奉公守法的美好君王。可惜，紧接在惠帝（四任帝司马衷）大动乱之后，东海王（司马越）专制朝纲，怀帝（司马炽）虽没有姬宫涅（幽）、姬胡（厉）的恶行，却受到放逐诛杀的灾祸。

2 二月二十九日，汉赵帝国张太后逝世，绰号光献皇后。汉赵帝刘聪正妻皇后张徽光（张太后侄女）不胜哀痛。

二月丁丑日（二月丁未朔，没有丁丑），张徽光也跟着逝世，绰号武孝皇后。

3 二月己卯日（二月丁未朔，没有己卯），汉赵帝国全国武装部队总司令（太尉）、定襄公（忠穆公）王彰逝世。

4 三月，汉赵帝刘聪封贵嫔（小老婆群第一级）刘娥当皇后，特别给她兴建一座凰仪殿。司法部长（廷尉）陈元达，恳切劝阻，认为：

“上天培育人民，而为他们设立君王，主要的是要照顾人民，而不是要榨尽亿万人民的生命财产，来满足一个人的无穷欲望。晋国（晋帝国）品德败坏，大汉（汉赵帝国）接收他们的政权，天下人民伸长脖子，盼望能够稍稍减轻肩上的负担。所以光文皇帝（一任帝刘渊）身穿布制的衣服，床上不铺两层被褥；皇后妃妾，不穿绫罗绸缎；御用马匹，不吃人类吃的粮食。因为，他爱护人民。

“陛下自登极以来，已建筑了宫殿四十余座，加上大军不断出征，粮秣的征集和运输，从没有停止，饥荒、瘟疫，人民一个接连一个死亡。陛下反而更变本加厉，大兴土木，岂是做人民父母的本意？而今，晋国（晋帝国）的残余分子，西面据守关中（陕西省中部），南面据守江表（长江以南），李雄（成汉帝国皇帝）据守巴蜀（四川省），王浚（晋帝国幽州州长）、刘琨（晋帝国并州州长），就在我们旁边窥探，石勒、曹嶷，对中央政府的进贡，日渐减少，陛下对这些事毫不忧虑，却全副精力用来兴建宫殿，岂是眼前的急事？

“从前，太宗（西汉王朝五任帝刘恒）身居太平盛世，粮食绸缎，到处都是，而仍爱惜区区二千两黄金，又不准增加坟墓的高度（参考前一五七年六月）。陛下继承的是一个荒乱世界，帝国面积，不过太宗（刘恒）时代的两郡（汉赵帝国本年〔三一三〕疆土，相当于西汉王朝时代的河东〔山西省西南部〕、西河〔山西省西部〕两郡）。而战争的对象，却不仅仅只有匈奴汗国和南越王国。可是，宫殿竟然奢侈到这种程度，我实在不敢不冒死进言。”

刘聪勃然大怒，号叫说：“我身为天子，不过想盖一座宫殿，怎么会管你这个鼠崽子的意见！竟敢妖言惑众，挑拨政府与人民之间的感情，不杀你这个鼠崽子，我的宫殿盖不成。”喝令左右侍卫：“拉出去砍掉他，连他的妻子儿女，全拖到东街斩首，我要教他们一窝鼠崽子同死在一个巢穴。”当时，刘聪正在逍遥园李中堂，陈元达事先用铁链绑在腰际，锁到堂外树上，大声喊叫说：“我所说的，全是为了国家，陛下却要杀我！朱云有句话：‘我能够到地下追随关龙逄、子干，已经心满意足！’”（朱云事，参考前一二年十二月。）左右侍卫拉他行刑，却拉不动。

宰相（大司徒）任颢，特级国务官（光禄大夫）朱纪、范隆，骠骑大将军、河间王刘易，向刘聪下跪叩头，前额撞到地上，血流满面，说：“陈元达是先帝（一任帝刘渊）欣赏的人才，开国之时，便安置在宫廷（参考三〇四年十月），陈元达竭尽忠心，事无不言。我们却只会保持俸禄，苟且偷安，每看到他，都感到惭愧。这次他所说的虽然狂妄直率，但求陛下海量包容。如因进言规劝，而杀部长级高级官员，后世将如何评论！”刘聪默默不说话。

皇后刘娥得到消息，秘密教左右阻止行刑，亲手写一份奏章，呈给刘聪，说：“现在，宫殿已经完全齐备，不需要更加增添，全国还没有统一，应该爱惜民力。司法部长（廷尉陈元达）说的话，是国家之福，陛下应该对他升官晋爵，作为奖赏才对。反而要诛杀他，四海之内，将把陛下形容成一个什么样的人？忠臣直言，原来不顾自己安全，人主拒绝直言，也同样不顾自己的安全。陛下为了我兴建宫殿，又为了我诛杀直言的官员。忠臣从此闭口，种因于我；远近怨恨愤怒，种因于我；公私财富枯竭，种因于我；国家陷于危境，也种因于我。天下所有罪恶，都集中在我一人身上，我用什么承当？我看到自古以来，国亡家破的悲剧，往往由于对妇女的宠爱太过，心中时常痛恨，想不到今天我自己却亲身去做，使后世看我，如同我看古人。实在没有颜面再侍奉你梳头洗脸，希望就在此堂之中，准我自杀，用来阻止陛下的过失。”刘聪脸色大变。

宰相（大司徒）任颛等跪在地上，叩头哭泣，不停请求，刘聪慢慢说：“我这些年，有点精神衰弱，喜怒一旦发动，不能自我克制。元达，是一个忠臣，我一时没有留意，各位竟然叩破自己的头，用来证明，实在懂得辅佐君王的大义，我心中感到惭愧，怎么敢忘？”命任颛等起身，戴上官帽，穿上木屐，在座位上坐下，又命人把陈元达带到金銮宝殿之上，把刘娥的奏章交给他过目，说：“在外帮助我的有你，在内帮助我的有皇后，我还忧愁什么？”分别按照等级，赏赐给任颛等谷米、绸缎。把逍遥园改名纳贤园，李中堂改名愧贤堂。刘聪对陈元达说：“你应该怕我，怎么反而使我怕起你来了。”

5 晋帝国西夷保安司令（西夷校尉）向沈逝世（时驻涪陵郡，重庆市彭水县），官员们推举汶山郡（四川省茂县）郡长（遥领）兰维继任；兰维率官民向北出发，打算迁到巴东郡（重庆市奉节县东）。成汉帝国将领李恭、费黑，在中途截击，全部俘虏（晋帝国益州三府〔益州刺史府、征西将军府、西夷校尉府〕，至此烟消云散）。

6 夏季，四月一日，晋帝国（此时无首都）五任帝（怀帝）司马炽的死讯，传到长安（陕西省西安市），皇太子司马邺发布讣闻，举行哀悼，并行加冠礼（本年，司马邺十四岁）。

四月二十七日，司马邺登极，正式继承帝位（六任愍帝），大赦，改年号（之前是永嘉七年，之后是建兴元年）。擢升首都卫戍司令（卫将军）梁芬当宰相（司徒）；雍州（陕西省中部）州长（刺史）麴允当国务院左执行长（尚书左仆射）、主管政府机要（录尚书事）；西都长安市长（京兆太守）索綝当国务院右执行长（尚书右仆射），兼国务院文官部长（吏部）、首都长安市长（京兆尹）。

这时，长安城中的困苦，已到极点，居民不满一百户人家，蒿草丛生，荆棘成林。公私加在一起，只有四辆牛车。文武百官连正式官服都没有，更没有印信，只把官号写在桑木手板上，表示有那么回事而已。不久，再任命索綝当首都卫戍司令（卫将军），兼代全国武装部队总司令（太尉），所有军事政治大事，全交索綝处理。

7 汉赵帝国中山王刘曜、京畿总卫戍司令（司隶校尉）乔智明，联合进攻长安，平西将军赵染率军跟他们会师。晋帝国皇帝司马邺下诏，命雍州（州政府设长安）州长（刺史）麹允，驻防黄白城（陕西省三原县）抵御。

8 汉赵帝国镇东大将军石勒，命石虎进攻邺城（河北省临漳县邺城镇），邺城防卫崩溃，晋帝国委任的魏郡（郡政府设邺城）郡长刘演，投奔廪丘（兖州州政府所在县，山东省郓城县西北）；三台（邺城）所有逃亡的难民，都归降石勒。石勒命桃豹当魏郡郡长，安抚人民。后来，再命石虎接替桃豹镇守。

最初，晋帝国并州（山西省中部）州长（刺史）刘琨，代表皇帝（承制）擢升陈留郡（河南省开封市东）郡长焦求，当兖州（山东省西部）州长（刺史）。最高监察长（司空）荀藩代表皇帝（承制）又用李述当兖州（山东省西部）州长（刺史）。李述打算攻击焦求，刘琨即召回焦求。等到邺城（河北省临漳县邺城镇）失守，刘琨再任命刘演当兖州州长（刺史），镇守廪丘（山东省郓城县西北）。前立法院主任立法官（中书侍郎）郗鉴，小时候就以清高的气节，闻名于世（郗鉴是郗隆的侄儿，参考三〇一年三月），率领高平郡（山东省巨野县东南大谢集镇）居民一千余家，逃避战乱，退保峄山（峄山即邹山，位于山东省邹城市东南十一公里）；琅邪王司马睿，遂任命郗鉴当兖州州长（刺史），镇守邹山（峄山）。于是，兖州有晋帝国三个合法州长（刺史），三个州长（刺史）各据一个郡，官民不知道应该听从谁的命令。

9 晋帝国琅邪王司马睿（时驻建业〔江苏省南京市〕），任命前庐江郡（安徽省舒城县）郡长（内史）华谭，当参谋主任（军咨祭酒）；华谭曾经在寿春（安徽省寿县）投靠过扬州军区司令长官周馥。司马睿问华谭说：“周馥为什么叛变（参考三一〇年十一月）？”华谭说：“周馥虽然已死，但天下仍有公平正直人士。周馥看到盗匪（汉赵帝国）势力日渐扩大，打算迁都，纾解国家困难，当权派（指司马越）不高兴，起兵讨伐。周馥死后不到一年，首都洛阳陷落，如果指控他叛变，岂不是诬陷？”司马睿说：“周馥官位高达司令长官（征、镇），手握强大的武装部队，征召他他不理，看到危险却不扶一把，应是天下的罪人。”华谭说：“不错，看到危险而不扶一把的，天下每人都应受到责备，不仅周馥一人（指司马睿本人就是如此）。”

司马睿的部属，大多数都躲避工作，只追求自己的享受。机要军事参议官（录事参军）陈頵，向司马睿建议说：“洛阳一派升平的时候，政府官员认为小心谨慎，力行实践，是平凡庸俗的人干的事。而认为傲慢放肆，目中无人，才是优雅风范。这种做法激荡感染，终于国破家亡。而今，你的部属全盘继承了洛阳时代的风气，只知道培养自己的名望，自命清高，不问实务，这可是前面的车辆已经翻覆，而后面的车辆却仍在寻找旧辙。请从今天开始，对有些一听说要差遣他办事，就连忙声称有病的人，一律免职。”司马睿不接受。当三位亲王起兵诛杀篡夺帝位的赵王司马伦时（参考三〇一年三月），曾制订“己亥奖励条例”（“己亥”不知什么意思，可能指某月“己亥日”，因不知何月，所以也不知己亥日是哪一日），直到今天，仍然因循沿用。陈頵上书说：“从前，赵王（司马伦）叛逆，惠皇帝（二、四任帝司马衷）失去皇位，三位亲王起兵讨伐，特别提高赏格，用以激励国人慕义之心。而今，功劳不问大小，仍依照该项条例论断，以至于普通士卒，都身佩紫色绣带的金印，奴隶门客，都手拿代表皇帝的符节。这不是尊重国家官位、维持正常纪律的办法，请求撤销‘己亥奖励条例’。”陈頵的出身不过一介平民，没有贵族的背景，而又不断提出正直的言论，所以受到同僚们的厌恶，终于被逐出建业（江苏省南京市），去当谯郡（安徽省亳州市）郡长。

10 晋帝国吴兴郡（浙江省湖州市）郡长周玘（参考三一〇年二月），家族强大，琅邪王司马睿心中既猜疑，而又畏惧。司马睿左右当权分子，又多是丢官失土的逃官败将，现在却高高在上，驱使江东（吴）原居民。江东（吴）原居民，遂由愤懑而十分怨恨。周玘认为自己并不能充分行使郡长职权，处处受到参谋主任（军咨祭酒）刁协的轻视，深感羞辱。而且越来越痛苦气愤，遂暗中跟他的党羽商议，打算铲除建业（江苏省南京市）执政的当权官员，改用南方原居民接替。而事情泄露，周玘忧愤而死（年五十六岁）。断气时，对他的儿子周勰说："害死我的，是北方伧奴（伧，音cāng〔苍〕，粗野卑贱）！你能够报仇，才是我的儿子。"

柏杨曰

周玘跟镇东将军府（司马睿兼镇东将军）主任级官员（祭酒）王恢，秘密策动难民首领夏铁叛变，他们承诺起兵响应。可是，当夏铁聚集到数百人时，被临淮郡（江苏省盱眙县）郡长蔡豹击斩。王恢大为恐惧，抛弃职务，投奔周玘。周玘却把王恢格杀灭口，尸首埋在猪圈之中。琅邪王司马睿得到消息，因畏惧周姓家族的强大势力，不敢公开宣布。只征召周玘当镇东将军府军政官（镇东司马）。周玘走到半途，又改调他当南郡（湖北省江陵县）郡长。周玘走到芜湖（安徽省芜湖市），司马睿再下令调他当参谋主任（军咨祭酒）。周玘对这种戏弄性的调遣，既十分愤怒，同时也知道阴谋泄露，终于发病逝世。

周玘事件不是孤立的，它只是露出水面的冰山，水面之下，隐藏一种巨大的冲突，就是流亡江东（江苏省南部太湖流域）的政治垃圾，跟江东原居民之间的冲突——经济上的冲突、政治上的冲突、权力上的冲突，以及情绪上的冲突。江东地区跟中国本部，脱离六十年，而回归的日子，不过三十年，向心力还没有稳固，却忽然之间，被认为是征服者的晋王朝政府崩溃，一群丢人现眼、声名狼藉，又没有治事能力的贪官污吏，滚滚而来，盘踞要津，骑在原居民头上，敲骨吸髓，发号施令。原居民反应的强烈，自在意中。值得注意的是，这群被逐出中原的政治垃圾，不但没有能力改正过去的错误，反而继续自以为是，使蛮要狠、态度傲慢。态度傲慢的最大表现，一定是不可理喻，大多数民变和内战，都在这个基础上爆发。

11 汉赵帝国镇东大将军石勒，攻击晋帝国青州（山东省北部）州长（刺史）李恽所在的上白（河北省威县东南），斩李恽。晋帝国最高指挥官（大司马）、兼幽州（州政府设蓟城〔北京市〕）州长（刺史）王浚，再任命薄盛当青州（山东省北部）州长（刺史。李恽、薄盛，都是山西难民集团〔乞活〕首领）。

12 晋帝国最高指挥官（大司马）、兼幽州（州政府设蓟城〔北京市〕）州长（刺史）王浚，命他的女婿枣嵩，率各路人马驻防易水；征召辽西公（首府令支〔河北省迁安市〕）段疾陆眷，打算联合攻击石勒。约定日期已到，而段疾陆眷不到（石勒的政治作战已经成功）。王浚大怒，用重金贿赂代公（首府盛乐）拓跋猗卢，并传令鲜卑慕容部落（王庭设棘城〔辽宁省义县西〕）大单于慕容廆（音wěi〔伟〕）等，共同讨伐段疾陆眷。拓跋猗卢派右贤王拓跋六修，率军跟枣嵩会师进攻，被段疾陆眷击败。慕容廆派他的儿子慕容翰参战，夺取辽西段家部落的徒河（辽宁省锦州市）、新城（今地不详），逼近阳乐（辽西郡郡政府所在县，河北省卢龙县）；得到拓跋六修败退消息，只好停止攻击。慕容翰遂镇守徒河（辽宁省锦州市），把大营设在青山（辽宁省义县东）。

当初，中国知识分子及平民，为了逃避战乱，都到北方投奔王浚，王浚不能保护安抚；而且行政、司法，一片混乱，大家往往再行离开。段家部落酋长段疾陆眷兄弟，只知道动武打斗，对士大夫（高级知识分子及现任官员和退休士绅）并不礼敬。只有慕容廆政治清明，珍惜人才，所以知识分子及平民，很多人都去投靠。慕容廆遴选其中才俊，依照他们的能力，授予官职。延请河东郡（山西省夏县）人裴嶷（音yí〔移〕）、北平郡（河北省遵化市）人阳耽、庐江郡（安徽省舒城县）人黄泓、代郡（河北省蔚县）人鲁昌，作为智囊。延请广平郡（河北省曲周县东北）人游邃、北海郡（山东省昌乐县东南）人逄羡、北平郡（河北省遵化市）人西方虔（西方，姓）、西河郡（山西省吕梁市离石区）人宋奭，以及封抽、裴开，作为核心干部。延聘平原郡（山东省平原县）人宋该、安定郡（甘肃省镇原县东南屯字镇）人皇甫岌、皇甫岌的老弟皇甫真、兰陵郡（山东省兰陵县西南兰陵镇）人缪恺、昌黎郡（辽宁省义县）人刘斌，以及封奕、封裕，主管机要（典机要）。封裕，是封抽的儿子（封家兄弟事，参考前年〔三一一〕十二月）。

裴嶷清廉方正，干练而有谋略，当晋帝国昌黎郡（辽宁省义县）郡长。老哥裴武，当玄菟郡（辽宁省沈阳市）郡长。裴武逝世，裴嶷跟裴武的儿子裴开，运送灵柩返乡，路过棘城（慕容部落王庭所在，辽宁省义县西），慕容廆招待他们，十分恭敬，等他们离开时，又赠送厚重的旅费。走到辽西郡（河北省卢龙县），道路不通，裴嶷打算回来投靠慕容廆，裴开说："我们家在南方，为什么反而北上？而且，反正都是流亡在外，段家强盛，慕容家微弱，又何必离开这里？"裴嶷说："中国（中原）已乱，我们却要回中国，是手牵着手，投入虎口。而且道路遥远，怎么能够走到（裴嶷是河东郡〔山西省夏县〕人，跟昌黎郡〔辽宁省义县〕航空距离一千一百公里）？如果等天下太平，道路畅通，又不知何年何月才能实现。寻觅一个立足之地，岂可以不谨慎选择可以托付的人？你观察段家兄弟，他们有什么长程计划？岂能把我们当作重要人物看待？慕容廆力行仁义，有霸王的大志，加上部落富庶，人民安乐，今天投靠他，上可以建立功勋名望，下可以保护我们家族，你还疑心什么？”裴开听从叔父吩咐；既回棘城（辽宁省义县西），慕容廆大喜。

阳耽清廉正直，沉静敏捷，当辽西郡（河北省卢龙县）郡长。慕容翰在阳乐（辽西郡郡政府所在县）击破段家部落时，阳耽也被俘虏，慕容廆对他以礼相待，授给官职。游邃、逄羡、宋奭，都曾经当过昌黎郡（辽宁省义县）郡长，跟黄泓一起逃难到蓟城（北京市），后来投奔慕容廆。晋帝国最高指挥官（大司马）、幽州（州政府设蓟城）州长（刺史）王浚，屡次亲笔写信给游邃的老哥游畅，请游畅前去担任官职，游畅打算前往，游邃说：“王浚政令刑法，一团混乱，蛮夷汉人，纷纷叛变离散，以我的观察，他现在的局面不可能维持多久，你不妨稍稍延迟一些时日，等待变化。”游畅说：“王浚性格残忍而又多疑，最近，流亡人士离开他向北另谋发展时，就下令沿途地方政府追杀。而今，亲笔写信给我，态度诚恳殷勤，我如果推托不去，恐怕会连累你（应是游邃当昌黎郡〔辽宁省义县〕郡长之时）。而且，生逢乱世，我们的家族也应分开，希望能留下后代（大乱之世，再高贵、再庞大的家族，随时都会屠灭，只求留下遗种，便心满意足，游畅这段话，心情沉痛）。”游邃同意，结果游畅跟王浚同时死亡。

宋该跟平原郡（山东省平原县）人杜群、刘翔，先投靠王浚，后来又投靠段家部落（首府令支），认为他们都不可信赖，最后率领流亡人士，一同投靠慕容部落（王庭设棘城）酋长慕容廆。晋帝国东夷保安司令（东夷校尉）崔毖（时驻襄平〔辽宁省辽阳市〕），延聘皇甫岌当秘书长（长史），态度谦卑，一再劝驾，皇甫岌始终不肯答应；而慕容廆第一次召请，皇甫岌跟老弟皇甫真，就一同前往（大乱之世，英雄豪杰和知识分子

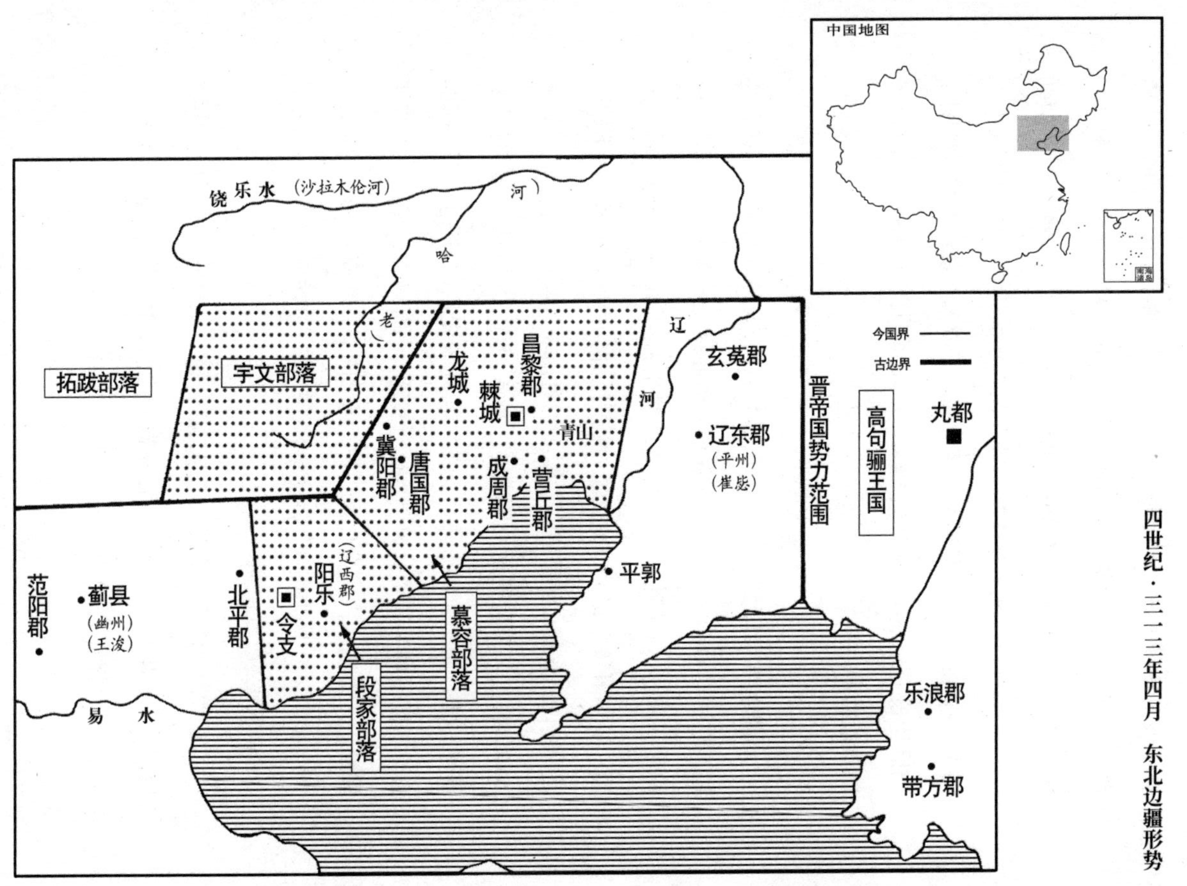

四世纪·三一三年四月　东北边疆形势

最困难的是选择领袖人物，一步走错，便全盘都输）。辽东郡（辽宁省辽阳市）人张统，率部众占领乐浪郡（朝鲜半岛平壤市）、带方郡（朝鲜半岛沙里院城）二郡，跟高句骊王国（首都丸都〔吉林省集安市〕）国王高乙弗利（十五任美川王），互相攻击，战争几年都不能停止。乐浪郡（朝鲜半岛平壤市）人王遵说服张统，率领两郡居民一千余家，投靠慕容廆；慕容廆特别在辖区里设立乐浪郡（侨郡，辽宁省义县西北），命张统当郡长，王遵当军事参议官（参军事）。

13 晋帝国变民首领王如的余党：涪陵郡（重庆市彭水县）人李运、巴西郡（四川省阆中市）人王建等，率难民三千余家，从襄阳（湖北省襄阳市）进入汉中郡（陕西省汉中市）。梁州（州政府设南郑）州长（刺史）张光，派军事参议官（参军）晋邈，率军抵御。晋邈收受李运、王建贿赂，建议张光接受他们投降，张光同意，命李运、王建居留成固（陕西省城固县）。不久，晋邈发现李运、王建，跟二人的党徒，拥有很多奇珍异宝，打算全部夺取，于是，再劝张光说："李运、王建那群人，不懂得种田垦荒，却全力制造武器，心意难以预测，不如全部屠杀。不然的话，定会作乱。"张光又同意。（胡三省原注："将领贪于下，元帅昏于上，梁州〔陕西省南部及四川省东北部〕的灾难，从此开始。"柏杨按：岂止梁州，中国所有灾难，几乎都由于此。）

五月，晋邈率军突击，斩李运、王建。王建的女婿杨虎，集结残兵败将，在厄水（今地不详）建立根据地，反攻张光。张光派他的儿子张孟苌讨伐，不能取胜。

14 五月十八日，晋帝国政府（首都长安）任命琅邪王司马睿当左丞相、总司令官（大都督）、东部中国（陕东，河南省三门峡市以东）军区司令官（督陕东诸军事）；南阳王司马保（时在上邽）当右丞相、总司令官（大都督）、西部中国（陕西，河南省三门峡市以西）军区司令官（督陕西诸军事。纪元前十二世纪末叶，周王朝二任王〔成王〕姬诵在位时，从陕县〔河南省三门峡市〕画一条纵线，陕县以东〔东部中国〕由周公姬旦当总督，陕县以西〔西部中国〕由召公姬奭当总督。参考《公羊传》前七一八年。纪元后一世纪初叶，新王朝皇帝王莽在位时，也从陕县画一条纵线，命甄丰当西中国总督，平晏当东中国总督。参考一〇年十二月。晋帝国政府措施，仍是"分陕而治"古意）。晋帝司马邺下诏说："现在，当扫除像巨鲸一样的残忍凶手，迎回先帝（五任帝司马炽）的灵柩。兹令：幽州（河北省北部）、并州（山西省中部），动员士兵三十万人，直指平阳（汉赵帝国首都，山西省临汾市）。右丞相（司马保）应率秦州、凉州、梁州、雍州部队三十万人，前来长安。左丞相（司马睿）率所领精锐部队二十万人，进攻洛阳。在约定时间会师，完成伟大的使命。"（这是一项典型的纸上作业，痴人说梦。此时何时？二十万人、三十万人何在？即令有此力量，也无此忠心。）

15 汉赵帝国中山王刘曜，驻防蒲阪（山西省永济市）。

16 汉赵帝国镇东大将军石勒，派大将孔苌，攻击定陵（河北省威县西北），斩晋帝国最高指挥官（大司马）王浚所任命的兖州（山东省西部）州长（刺史）田徽。王浚所任命的青州（山东省北部）州长（刺史）薄盛，投降石勒。山东（太行山以东）各郡县，前后相继，被石勒夺取。

汉赵帝刘聪，擢升石勒当高级咨询官（侍中）、征东大将军。乌桓部落（河北省北部）也背叛王浚，秘密归附石勒。

17 六月，晋帝国并州（山西省中部）州长（刺史）刘琨，跟代公（首府盛乐）拓跋猗卢，在陉岭（山西省代县西北句注山）之北，举行高阶层军事会议，商讨对汉赵帝国（首都平阳）采取行动。

秋季，七月，刘琨进驻蓝谷（山西省太原市西南），拓跋猗卢命拓跋普根进驻北屈（山西省吉县）。刘琨派监军官（监军）韩据，从西河郡（山西省吕梁市离石区）南下，准备攻击西平城（去年〔三一二〕六月，汉赵帝刘聪，在首都平阳〔山西省临汾市〕西北十公里，给皇子济南王刘骥筑城，称西平城）。汉赵帝刘聪，派最高统帅（大将军）刘粲等抵抗刘琨，骠骑将军刘易等抵抗拓跋普根，荡晋将军兰阳等，协防西平城。刘琨等得到消息，即行撤退。刘聪命各军仍屯留原地，作进击准备。

18 晋帝国皇帝司马邺，派宫廷禁军司令（殿中都尉）刘蜀，送达诏书给左丞相司马睿，指定时间进军，跟皇帝亲统的东征部队，在中原会师。

八月二十日，刘蜀抵达建康（建康即建业〔江苏省南京市〕，为了避皇帝司马邺的“讳”，从此改称建康。如果皇帝名司马人，大概人就不能称“人”，只好称“禽兽”了。儒家系统这种文字游戏，直到二十世纪方才绝迹，然已侮弄中国人三千年之久）。司马睿认为，刚刚平定江东（江苏省南部太湖流域），没有时间北伐。

司马睿任命镇东将军府秘书长（镇东长史）刁协，当丞相府左秘书长（丞相左长史）；参谋指挥官（从事中郎）彭城郡（江苏省徐州市）人刘隗，当丞相府执行官（司直）；邵陵郡（湖南省邵阳市）郡长（内史）、广陵郡（江苏省淮安市淮阴区）人戴邈，当参谋主任（军咨祭酒）；军事参议官（参军）丹阳郡（江苏省南京市）人张闿（音kǎi〔楷〕），当参谋指挥官（从事中郎）；国务院助理官（尚书郎）、颍川郡（河南省许昌市东）人钟雅，当记录军事参议官（记室参军）；谯国（安徽省亳州市）人桓宣当随从官（舍人）；豫章郡（江西省南昌市）人熊远当主任秘书（主簿）；会稽郡（浙江省绍兴市）人孔愉当秘书（掾）。刘隗熟悉文学历史，洞察司马睿的心意，百般逢迎，所以司马睿对他特别亲爱信任。

主任秘书（主簿）熊远，上书司马睿，认为："自从战乱以来，政府行事，不遵照法令规章，大家争着自作主张，临时创立制度；早上刚刚实施，晚上又有变更；甚至身为首长的官员，不敢依法办事，任何问题，都向上级请示，这不是正常的政治体制。我认为：任何批驳或任何建议，必须遵守法令规章，或遵照儒家学派的经典。不可以完全诉诸情绪，使所作裁决，既没有依据，又没有标准，这样就摧毁了旧有的法治基础。如果要想在政治上突破传统的约束，因时因地因事，随机应变，斟酌当时情势，自作决定，只有君王们才可以，臣属们不应有这种权力。"司马睿因为正逢多事之秋，不能采纳。

最初，范阳郡（河北省涿州市）人祖逖，小时候就有伟大的志向；跟刘琨一起当司州（京畿卫戍区）主任秘书（主簿），同睡在一张床上，半夜听见鸡叫，祖逖踢醒刘琨说："这不是扰人清梦的恶声！"遂跳起来锻炼身体。祖逖后来到了江南（长江以南），左丞相司马睿命他当参谋主任（军咨祭酒）。祖逖驻防京口（江苏省镇江市），招募壮士，向司马睿报告说："帝国的衰乱，并不是君王无道，也不是人民怨恨叛变，而由于皇族争权，自相残杀，遂使蛮夷抓住机会，荼毒中原（李雄是氐人，刘渊是匈奴人，石勒是羯人）。而今，遗留下来的人民，经过杀戮劫掠，都想奋起自救，大王如果能够任命将领，率军出征，使像我这样的人，作为统帅，恢复中原。我相信，各郡各封国的英雄豪杰，定会望风响应。"司马睿根本没有北伐的大志，但又无法拒绝祖逖义正词严的要求，于是，任命祖逖当奋威将军，兼豫州（河南省东部）州长（刺史），拨付一千人的粮，三千匹的布，不发铠甲，也不发武器，只教祖逖自行招募军队。祖逖遂率他自己的部众一百余家，渡长江北上。船行到江心，祖逖手敲桨楫，向天发誓：“我，祖逖，如果不能肃清中原，而再回来，便死在此江！”向前挺进，驻屯淮阴（江苏省淮安市淮阴区），建立兵工厂，制造武器，招募到二千人，继续向前挺进。

19 自称楚公的变民首领胡亢（参考去年〔三一二〕正月），性情猜忌，诛杀他属下的勇将数人。被他任命当竟陵郡（湖北省钟祥市）郡长的杜曾，大为恐惧，暗中引诱荆州变民首领王冲（参考去年〔三一二〕十二月），攻击胡亢。胡亢命全部精锐出城（竟陵郡城）应战，城内空虚，杜曾遂袭杀胡亢，吞并他所有部众。

20 晋帝国荆州（湖北省）军区司令长官（都督荆州诸军事）周顗，驻防浔水城（湖北省武穴市东北），受到益州难民首领杜弢的围困（杜弢起兵抗暴事，参考前年〔三一一〕正月。周顗接替王澄事，参考去年〔三一二〕十二月）。武昌郡（湖北省鄂州市）郡长陶侃派明威将军朱伺，率军援救周顗，杜弢退保泠口（今地不详）。陶侃判断：“杜弢一定奇袭武昌。”遂从小道捷径，赶回郡城等候。杜弢果然攻城，陶侃命朱伺迎战，大破杜弢，杜弢逃回长沙郡（湖南省长沙市）。周顗从浔水（湖北省武穴市东北）出发，前往豫章郡（江西省南昌市）投靠征剿司令官（征讨都督）王敦，王敦留下周顗。陶侃命军事参议官（参军）王贡，向王敦呈递捷报，王敦说：“如果没有陶郡长，荆州就完全丧失！”上书推荐并任命（表）陶侃当荆州（湖北省）州长（刺史），驻防沔江（湖北省仙桃市西南）。

左丞相司马睿召回周顗，仍当参谋主任（军咨祭酒）。

21 最初，被称为“氐王”的氐部落酋长杨茂搜的儿子杨难

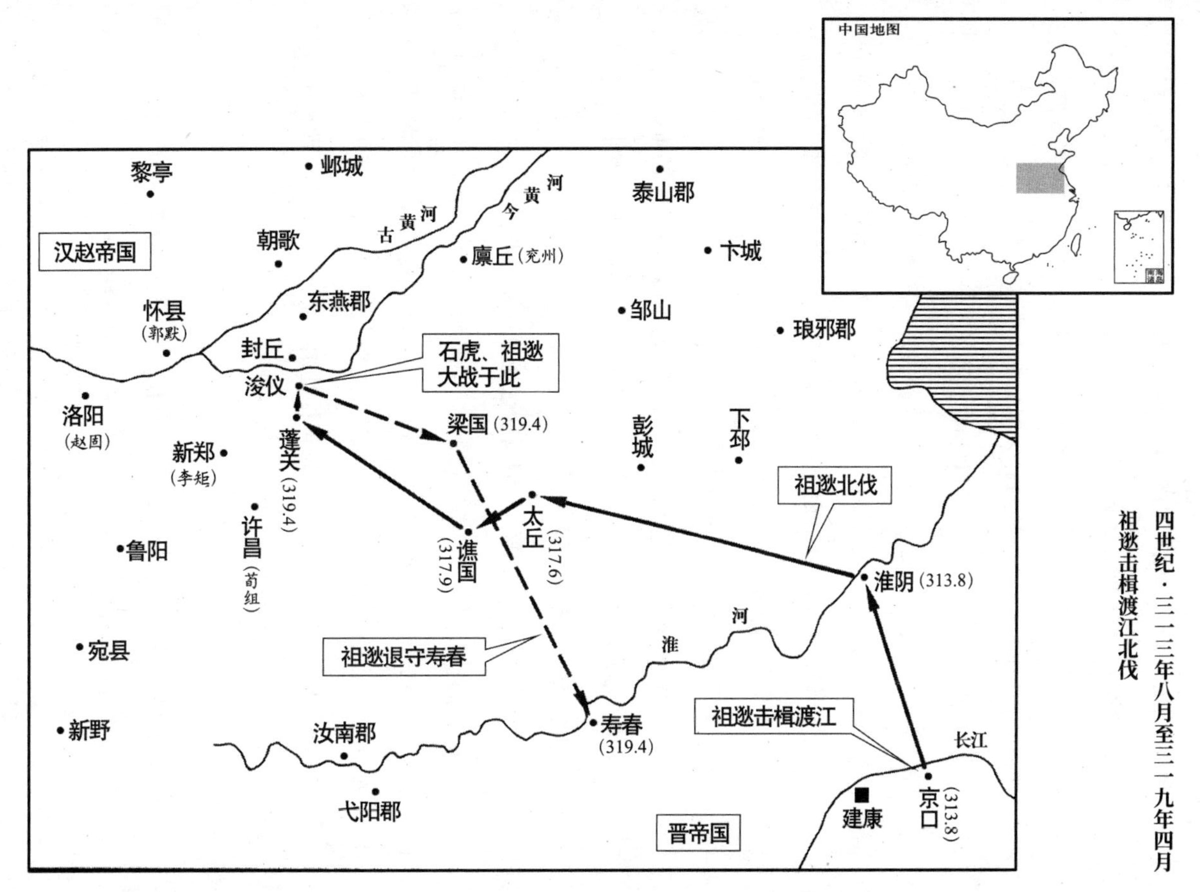

四世纪·三一三年八月至三一九年四月
祖逖击楫渡江北伐

敌（杨茂搜崛起仇池〔甘肃省西和县南〕事，参考二九六年十二月），教他的养子到梁州（陕西省南部及四川省东北部）做生意，曾私自卖一个良家女儿，梁州（州政府设南郑〔陕西省汉中市〕）州长（刺史）张光，把养子用皮鞭抽死。杨难敌抱怨说："你初来的时候，正值大乱之后，官民人等，都靠我们氐部落人民供应，才可以活命，而今，一个氐人犯了一点小罪，却一点都不肯宽容？"等到张光跟变民首领杨虎互相攻击，双方都向杨茂搜求救，杨茂搜派杨难敌援助张光，杨难敌向张光索取贿赂，张光不肯给付；而杨虎却用厚重的礼物献给杨难敌，并且强调："难民们的奇珍异宝，都在张光那里（指晋邈杀人夺取），你攻击我，不如攻击张光。"杨难敌大喜。

张光跟杨虎会战，使张孟苌当前锋，杨难敌当后卫。杨难敌阵前叛变，跟杨虎前后夹击张孟苌，大破梁州军，斩张孟苌跟张孟苌的老弟张援。张光坚守城池。

九月，张光愤怒激动，僚属劝张光退守魏兴郡（陕西省安康市）。张光手按剑柄，说："我受国家重任，不能讨伐盗贼（变民），而今战死，犹如升到神仙世界，为什么要撤退？"话音方完，即行气绝（年五十五岁）。州政府推举他的幼子张迈代理州长（刺史）；不久在跟氐部落（指仇池杨家）战争中阵亡。大家再推举始平郡（陕西省兴平市）郡长胡子序当梁州总部执行官（领梁州）。

22 晋帝国最高监察长（司空）荀藩，在开封（河南省开封市南）逝世（年六十九岁。荀藩最初在阳城〔河南省登封市〕建立临时政府，参考前年〔三一一〕六月）。

23 汉赵帝国中山王刘曜、平西将军赵染，攻击晋帝国雍州（陕西省中部）州长（刺史）麹允所在的黄白城（陕西省三原县），麹允屡战屡败。晋帝司马邺下诏，命首都长安市长（京兆尹）索綝当征东大将军，率军援助麹允。

24 晋帝国荆州（湖北省）州长（刺史）陶侃的军事参议官（参军）王贡，从征剿司令官（征讨都督）王敦那里，返回沔江（湖北省仙桃市西南）；前往竟陵郡（湖北省钟祥市），假传陶侃的命令，任命变民首领杜曾当前锋总司令官（前锋大都督），使他攻击荆州变民首领王冲；杜曾遂斩王冲，把王冲的部众全数并吞。陶侃召见杜曾，杜曾不去晋见。王贡恐怕处分他假传命令，遂跟杜曾结合，共同攻击陶侃。

冬季，十月，陶侃军大败，仅逃出一命，王敦推荐他以平民身份任职。陶侃再率寻阳郡（江西省九江市）郡长周访等，攻击难民首领杜弢，大破难民军，王敦再上奏中央，恢复陶侃官阶。

25 汉赵帝国（首都平阳）平西将军赵染，对中山王刘曜说："麹允（晋帝国雍州州长）率大军在外，长安（晋首都，陕西省西安市）一定空虚，可以袭击。"刘曜命赵染率精锐骑兵五千人，袭击长安。

十一月十九日，入夜，赵染突入长安外城；晋帝国皇帝司马邺逃到射雁楼。赵染放火焚烧龙首山下以及附近各军营垒，屠杀及俘虏一千余人。

十一月二十日，凌晨，赵染撤退到逍遥园。

十一月二十一日，晋帝国将军麹鉴，从阿城（长安城西南，秦王朝阿房宫故地）率军五千人救长安。

十一月二十二日，赵染退出长安，率军返回防地。麹鉴追击，在零武（应在陕西省咸阳市境）追到，赵染反击，麹鉴军大败。

26 晋帝国难民首领杨虎、“氐王”（首府仇池〔甘肃省西和县南〕）氐部落酋长杨难敌，急攻梁州（陕西省南部及四川省东北部），梁州总部执行官（领梁州）胡子序，放弃州城（南郑，陕西省汉中市）逃走。杨难敌自称梁州州长（刺史）。

27 汉赵帝国中山王刘曜，仗恃刚打过一场胜仗，没有戒备。

十一月，晋帝国雍州（陕西省中部）州长（刺史）麹允（时驻黄白城〔陕西省三原县〕）率军袭击，汉赵兵团大败，冠军将军乔智明被杀，刘曜遂撤退，返首都平阳（山西省临汾市）。

28 晋帝国最高指挥官（大司马）、总司令官（大都督）、幽冀（河北省）军区司令长官（都督幽冀诸军事）王浚，老爹王沈（王沈出卖曹魏帝国皇帝曹髦，参考二六〇年五月）的别名称处道。王浚自认为神秘预言书上，有“当塗高”的谶语，正应验在自己身上（神秘预言书固然害人，“当塗高”害人更甚。参考三〇年正月公孙述事、一九六年八月袁术事），遂打算自己当皇帝。前勃海郡（河北省南皮县）郡长刘亮、北海郡（山东省昌乐县东南）郡长王抟（音tuán〔团〕）、最高监察府秘书（司空掾）高柔（王浚原是最高监察长〔司空〕；擢升最高指挥官〔大司马〕的诏书已经发表，还没有送出，首都洛阳陷落；参考前年〔三一一〕五月及六月。所以最高监察府〔司空府〕仍然保持迄今），恳切劝阻，王浚把他们全部诛杀。燕国（北京市）人霍原，清廉而有志节，行为高尚，屡次辞让政府的征召延聘。王浚向他询问关于登极称帝的事，霍原不作回答。王浚大怒，指控霍原跟盗匪勾结，斩霍原，砍下人头示众。无论官员、人民，都惊骇怨恨。

可是王浚对官民们的惊骇怨恨，毫不在意，并且骄傲豪华，更一天比一天升高。自己不亲自处理日常事务，所任用的全是苛薄伶俐的小人。其中枣嵩（王浚的女婿）、朱硕，尤其贪污横暴。民间谣言说："官府里权势烜赫，有个朱硕。十布袋、五布袋，都进了枣姑爷的口袋。"王浚不断的征粮、征税、征兵、征差役，人民没有能力承担，多数背叛，投奔北方的鲜卑各部落。参谋官（从事）韩咸，驻防柳城（辽宁省朝阳市西南），极力称赞慕容廆能够善待他的人民和知识分子，盼望刺激王浚改变作风，王浚大怒，斩韩咸。

柏杨曰

韩咸显然看错了对象，天下只有真正的英雄豪杰，才心胸开阔，接纳良言。像王浚之辈，不过一头凶猪而已，反应必然是老羞成怒。

民主政治制度虽不能把猪变成英雄，但因为权力受到克制的缘故，却可以使猪只限于"愚"，无法升高到"凶"的层面。不仅能拯救韩咸一命，也能拯救王浚不致落到悲惨的结局。

王浚开始的时候，全靠鲜卑和乌桓的蛮夷兵团，使自己强大，后来，两个部落离他远去。加上连年以来，蝗灾旱灾严重，兵力越发衰弱。汉赵帝国征东大将军石勒，打算袭击他，却不知道他的虚实，打算派遣使节作实地观察，左右参谋官员请以平等地位——仿照羊祜、陆抗前例（参考二七二年十二月），写信给王浚。石勒询问右秘书长（右长史）张宾的意见，张宾说："名义上，王浚是晋国（晋帝国）的官员；实际上，他早就想背叛晋国（晋帝国），宣布独立。他唯一担心的是，四海之内，英雄豪杰不肯拥护，他之想得到将军，犹如当年项羽之想得到韩信（参考前二〇三年二月）。将军声威，震撼天下，今天即令用最谦卑的言辞、最厚重的贡礼，向他屈膝侍奉，恐怕他仍不相信，何况又用羊祜、陆抗那种敌对和解模式，他又如何肯相信？想谋害别人却使别人看出他的意图，不可能成功。”石勒说：“对极！”

十二月，石勒派随从官（舍人）王子春、董肇，携带大量金银财宝，跟石勒的奏章（表），前往蓟城（北京市）晋见王浚。奏章上说：“我，石勒，本是一个小小的蛮夷（石勒是羯人，羯人是匈奴中的一个小支派），遭到乱世饥荒，流离失所，困顿危难，逃亡冀州（河北省中部南部），战战兢兢，聚在一起，只求保住性命。而今，晋国（晋帝国）国运已经没落，中原没有主人，而殿下（王浚）在我们本州（并州，山西省中部）人士中，拥有高贵的声望（王浚是并州太原郡晋阳县人，石勒是并州上党郡武乡县人；动以乡亲之情），受到四海豪杰的崇拜，有资格当帝当王的，不是殿下，难道还有别人？我所以牺牲性命，聚众起兵，诛杀暴君，讨平祸乱，正是给殿下扫除障碍。但愿殿下上应天心，下顺民意，早日登极。我，石勒，奉戴殿下，像奉戴天地父母。殿下如果能洞察我的一片忠心，我相信殿下会把我当作儿子一样看待。”另外，再写信给枣嵩，另送上厚重的礼物。

王浚因为辽西公（首府令支）段疾陆眷新近背叛（参考去年〔三一二〕十二月），人民和知识分子多数离开自己，远走他方，正在烦闷。听到石勒打算归附自己的消息，大喜过望，对王子春说：“石公也是一时的豪杰，据有古赵王国（河北省南部）、魏王国（河南省北部）广大的土地，却打算作我的臣属，是真是假？”王子春说：“石将军才干和力量的强大，完全符合圣上（王浚）的夸奖。可是，殿下在中国身份高贵，拥有极大声望，威令震慑汉人和蛮夷。自古以来，蛮夷当君王的亲信辅佐，和名望崇高的大臣，那是有的；却从来没有人能当帝王。石将军并不是不喜欢当帝王，而推让给殿下，只因为帝王自有上天的安排，不是单靠智慧和力量，就可夺取。即令强行夺取，也不会被天上神灵、地上人民所接受。项羽（西楚王国一任王）虽然强大，终于仍归于刘邦（西汉王朝一任帝）。石将军跟殿下相比，好像一个是月亮，一个是太阳。从历史上得到启示，把身家性命托付给殿下，这正是石将军的聪明和远见超过普通人之处，殿下有什么可以奇怪的！”王浚心花怒放，封王子春、董肇，都当侯爵。派使节到襄国（石勒根据地，河北省邢台市）报聘，致送石勒丰富的财物。

石勒主任秘书（主簿）游纶的老哥游统（游纶本是广平郡〔河北省曲周县东北〕民众首领，参考去年〔三一二〕十二月），是王浚的军政官（司马），镇守范阳郡（河北省涿州市），派密使投降石勒；石勒诛杀密使，把人头送给王浚。王浚虽不处罚游统，但更加相信石勒的忠诚，不再疑心。

29 本年（三一三），晋帝国左丞相司马睿，派世子司马绍，驻防广陵（江苏省淮安市淮阴区）。命丞相府秘书（丞相掾）蔡谟，当军事参议官（参军）。蔡谟，是蔡克的儿子（蔡克拯救陆机，参考三〇三年十月）。

30 汉赵帝国中山王刘曜，包围晋帝国东都洛阳市长（河南尹）魏浚所在地石梁坞（洛阳城东）。晋帝国兖州（州政府设廪丘〔山东省郓城县西北〕）州长（刺史）刘演、河内郡（河南省沁阳市）郡长郭默（时驻怀县〔河南省武陟县〕），都派军援救。刘曜在黄河之北迎击，大败晋军。魏浚得到败讯，乘夜逃走，刘曜追击擒获，斩魏浚。

31 晋帝国代公拓跋猗卢，在盛乐（内蒙古和林格尔县）筑城，作为“北都”；修复平城（山西省大同市），作为“南都”。又在灅水（桑干河上游）之北，兴建新平城（山西省山阴县北），命他的儿子右贤王拓跋六修驻防新平城，统御南疆。

三一四年 甲戌

晋	建兴	二年
成汉	玉衡	四年
汉赵	嘉平	四年

1 春季，正月一日，天上一个像是太阳的物体，坠落地面。又有三个太阳成为一线，鱼贯而出，从西方升起，向东方运行（这是一次怪诞的天象变异，完全不懂）。

2 正月七日，晋帝国（首都长安〔陕西省西安市〕）大赦。

3 有流星从牵牛星座冲出，进入紫微星座，光芒照耀大地，陨落到汉赵帝国首都平阳（山西省临汾市）北方，立刻变成一块肉，长三十步，宽二十七步（不知道如何解释，但景观使人震惊）。汉赵帝（三任昭武帝）刘聪大为厌恶，询问部长级以上高级官员的意见，司法部长（廷尉）陈元达认为："皇宫里宠爱的美女太多，是亡国的征兆。"刘聪说："这是天地之间阴阳的道理，跟人事有什么关连？"皇后刘娥，聪明贤淑，刘聪所做违法乱纪的事，刘娥往往劝阻，引导改正。

正月十九日，刘娥逝世，绰号武宣皇后。从此之后，受宠爱的美女，竞争进身，皇宫一团混乱，再没有秩序。

4 汉赵帝刘聪设立"丞相"等七个上公官位，跟"辅汉"等十六个大将军，由各皇子分别担任，各配备武装部队二千人；又设立京畿东西区总卫戍司令（左右司隶），各管辖二十余万户人家，每一万户设立一管理官（内史）。单于左辅官、单于右辅官，各主管六个蛮夷共十万余篷帐（六个蛮夷：羯、鲜卑、氐、羌、巴蛮、乌桓），每一万篷帐设立一司令官（都尉）。又设置左考选部长、右考选部长（左右选曹尚书），共同主持官吏考选业务。自京畿总卫戍司令（司隶）以下六位官员（内史、单于左辅官、单于右辅官、都尉、左考选部长、右考选部长），官位仅低于国务院执行长（仆射）。

刘聪任命皇子刘粲当丞相，兼最高统帅（大将军），主管政府机要（录尚书事）；晋封晋王。授权江都王刘延年主管国务院六项事务（录尚书六条事。"六条"是指哪六条，意义不明，解释不同，所有史书，都没有记载"六条"的内容。晋王朝自创立以来，国务院〔尚书省〕一直保持六部〔六曹〕。三世纪六〇年代后的六部是文官部〔吏曹〕、法务部〔三公曹〕、外交部〔客曹〕、交通及畜牧部〔驾曹〕、屯垦部〔屯田曹〕、财政部〔度支曹〕。三世纪八〇年代后的六部是：文官部〔吏部〕、宫廷保安部〔殿中曹〕、军事部〔五兵曹〕、农业部〔田曹〕、财政部〔度支曹〕、民政部〔左民曹〕。四世纪二〇年代后，国务院只有五部：文官部〔吏曹〕、内政部〔祠曹〕、民政部〔左民曹〕、军事部〔五兵曹〕、财政部〔度支曹〕；但仍用“主管国务院六项事务”〔录六条〕，只是惯性称谓。“主管政府机要”〔录尚书事〕似较“主管国务院六项事务”〔录尚书六条事〕权力为大，官位也高）。任命汝阴王刘景当太师（上三公之一。原上三公之首是“太师”，因晋王朝避讳，改为“太宰”，参考二六五年十二月。但因汉赵帝国不向晋王朝的讳买账，故又把“太宰”改回“太师”。自此以后，“太宰”“太师”时而并存，时只有“太宰”，时只有“太师”，一直延续至五胡乱华十九国以后各蛮夷政权，都有此现象，混乱不堪），王育当太傅（上三公之二），任颛当太保（上三公之三），马景当宰相（大司徒），朱纪当最高监察长（大司空），中山王刘曜当最高指挥官（大司马）。

5 正月二十二日，汉赵帝国征东大将军石勒的使节王子春等，跟晋帝国最高指挥官（大司马）、幽冀军区司令长官（都督幽冀诸军事）王浚的使节，一同回到襄国（河北省邢台市）。石勒把他的精锐部队和精良的铠甲武器，完全藏匿，只留下老弱的士卒和空虚的仓库，展示给王浚的使节。对王浚所派的这位使节，石勒坚持行最大的礼敬，面朝北方（蓟县〔王浚根据地〕位在襄国之北），向他叩拜，恭恭敬敬接过王浚的信件。王浚送给石勒一个“麈尾”（麈，音zhǔ〔主〕，是鹿的一种。麈尾形状仿佛二十世纪用的团扇，或矩形的装饰扇。用以拂去蚊蝇，或搧动凉风。没有蚊蝇而又不需要搧动凉风时，则作为一种增加威仪的道具，谈话时拿在手中，有一种俨然之相，流行于大分裂时代初期的贵族之间。以“麈尾”的价格，显示主人的身份）。石勒假装受宠若惊，不敢使用，而把它谨慎的挂到墙上，早晚向它叩拜，说：“我不能见到王公（王浚），能够见到他的赏赐，就跟见到王公一样。”再派董肇呈递奏章给王浚，约定三月中旬，石勒亲自前往幽州（州政府设蓟县〔北京市〕），奉上皇帝尊贵绰号。另写信给枣嵩，希望他在即将登极的皇帝面前，为石勒美言几句：恩赐石勒当并州（山西省中部）全权州长（牧）、广平公。

石勒向王子春询问王浚的虚实，王子春说："幽州（河北省北部）去年发生水灾，没有一粒谷米的收成。可是王浚却囤积一百万斛，对人民的痛苦既不怜恤，也不救济，刑罚政令，苛刻暴虐，赋税差役，一连不断，忠良贤才，在内离心，四方蛮夷，在外背叛，人人都知道王浚亡在眼前，只有王浚自己不知道，仍然洋洋得意，丝毫都不担心。反而大兴土木，建筑高楼大厦，设立文武百官，自以为刘邦（西汉王朝一任帝）、曹操（东汉王朝末代丞相），都差他一截。"石勒手抚桌案，笑说："王浚可以生擒活捉！"王浚的使节回到蓟城（幽州州政府所在城，北京市），都说："石勒部众很少，而且力量微弱，诚恳真挚，没有二心。"王浚乐不可支，更加骄傲懈怠，不作戒备。

6 晋帝国难民首领杨虎（参考去年〔三一三〕五月），裹挟汉中郡（陕西省南部）官吏人民，投奔成汉帝国（首都成都〔四川省成都市〕）。梁州（陕西省南部及四川省东北部）人张咸等，聚众起兵，驱逐自称梁州州长（刺史）的杨难敌。杨难敌逃走后，张咸把土地献给成汉帝国。于是，汉嘉郡（四川省雅安市名山区北）、涪陵郡（重庆市彭水县）、汉中郡（陕西省汉中市），全纳入成汉帝国版图。成汉帝（一任武帝）李雄（本年四十一岁），任命李凤当梁州（州政府设南郑〔陕西省汉中市〕）州长（刺史），任回当宁州（州政府设滇池〔云南省昆明市晋宁区〕）州长（刺史），李恭当荆州（州政府设江州〔重庆市〕）州长（刺史）。

李雄谦卑虚心，喜爱人才，对于部属，依照能力的高低，分别授给官职。命太傅（上三公之二）李骧，主持内政，使人民获得休养；命李凤在边区招徕归附，安顿流民。无论刑罚和政令，都简单宽厚，监狱之中，没有长久羁押的囚犯，兴建学校，设置历史官员。

田赋和捐税很低，民间成年的男子，每年缴纳米谷三斛；成年的女子，每年缴纳米谷一斛半；有病的一律减少一半。每家缴纳的绸缎不过数丈，棉花不过数两。事情少，差役也少，人民大多殷实富有，对新归附的难民，都免除捐税。这时，天下大乱，只成汉帝国平安无事，而又年年丰收，境内治安良好，甚至夜不闭户，路上丢了东西，都没有人捡。汉嘉郡（四川省雅安市名山区北）蛮夷部落酋长冲归、朱提郡（云南省昭通市）蛮夷部落酋长审炤、建宁郡（云南省曲靖市）蛮夷部落酋长爨畺，都完全归附。

巴郡（重庆市）曾经传来军事紧急情报说：发现晋帝国军队踪迹。李雄说："我常常担心司马睿（晋帝国左丞相）力量薄弱，一下子被石勒消灭，深感不安，想不到他竟在遥远的边界地方出军，教人好不高兴。"然而，李雄的政府，集会没有仪式，官职没有等级，爵位泛滥，官员没有俸禄，一切费用，直接向人民索取，武装部队也没有严格训练，号令不够严明，这是他的缺点。

7 二月二日，晋帝国政府（首都长安）擢升张轨当全国武装部队总司令（太尉）、凉州（甘肃省中部西部）全权州长（牧），封西平郡公。擢升王浚当最高指挥官（三一一年五月，曾擢升王浚当最高指挥官〔大司马〕）、幽冀军区司令长官（都督幽冀诸军事）。荀组当最高监察长（司空），兼国务院左执行长（尚书左仆射），兼京畿总卫戍司令（司隶校尉），主持留守政府（时"留台"在浚仪〔河南省开封市〕）。刘琨当最高统帅（大将军）、并州（山西省中部）军区司令长官（都督并州诸军事）。中央政府因张轨年纪已老，任命他的儿子张寔当副州长（副刺史）。

8 汉赵帝国征东大将军石勒动员备战，将对王浚发动袭击，但仍犹豫不能决定。右秘书长（右长史）张宾说：“对人发动奇袭，应该使对方大出意外。而今，三军集结已经一天，却不出动，莫非是害怕刘琨（晋帝国并州州长）、鲜卑（拓跋鲜卑）、乌桓，抄我们的后路？”石勒说：“是的，我们怎么办？”张宾说：“这三方面，没有一个将领的智谋和勇敢，能赶得上将军！所以，你虽然远出，他们绝不敢有什么举动，也绝不相信你会把一支孤军，深入千里（襄国、蓟县航空距离三百五十公里），去夺取幽州（州政府设蓟县〔北京市〕）。我们轻装备的精锐野战军出击，一去一返，时间不会超过二十天，即令他们有所醒悟，可是等到开始行动，我们早已回来。刘琨跟王浚之间，虽然同是晋国（晋帝国）的官员，其实势同仇敌，将军如果写一封信给刘琨，送上人质，请求和解，刘琨一定欢喜我们的降服，而高兴王浚的覆亡，绝不会为了救王浚而对我们袭击。军事行动要疾如闪电，不要失去时机。”石勒说：“我自己不能了解的事，右侯（张宾）已了解得如此透彻，我还怀疑什么！”

于是，大军在灯火中乘夜出发，抵达柏人（河北省隆尧县），斩主任秘书（主簿）游纶，因游纶的老哥游统驻防范阳郡（河北省涿州市），恐怕游纶泄露军机。一面派人送信跟人质给晋帝国并州（山西省中部）州长（刺史）刘琨，自动招认过去的种种罪行，请求准许他讨伐王浚，赎罪报效。刘琨兴奋得跳起来，传令各州各郡，宣称：“我正跟代公（首府盛乐〔内蒙古和林格尔县〕）拓跋猗卢，商议讨伐石勒，石勒走投无路，没有地方可以逃避，请求夺取幽州州城（蓟县），用以赎罪。现在，我就要派遣拓跋六修，南下攻击平阳（汉赵首都，山西省临汾市），铲除窃居高位、妄称尊贵绰号的叛徒（指汉赵帝刘聪）；招抚知道死期已近、逃亡在外的羯人蛮夷。上应天心，下顺民意，保卫皇家，这是多少年累积下来的诚意，受到神灵呵祐。”

三月，石勒大军抵达易水，王浚大营指挥官（督护）孙纬，一面派人飞报王浚，一面下令军队备战，打算抵御。镇守范阳郡（河北省涿州市）的军政官（司马）游统，禁止他采取行动（游统还不知道老弟游纶已被石勒处决）。王浚属下将领都说："蛮夷贪婪而没有信义，定有诡计，请发兵攻击。"王浚大怒说："石公前来，正是要拥戴我，胆敢挑拨离间，说要攻击的，斩首！"大家不敢多言。王浚下令准备筵席，等待拥戴他当皇帝的石勒。

三月三日，凌晨，石勒抵达蓟县（北京市），理直气壮的高叫守城门的人打开城门，城门大开之后，石勒仍恐惧埋藏伏兵，先行驱逐牛羊数千头入城，宣称是呈献的贡品，实际上是要堵塞大街小巷，使王浚的军队不能迅速集结。这时，王浚才开始感到不安，一会站起来，一会坐下，一时想不出如何反应。石勒入城之后，下令大肆抢夺劫掠。王浚左右急请抵抗，王浚仍不允许。于是，霎时之间，石勒已坐上王浚平常所坐的公堂。王浚仓皇出来，走到大厅，石勒部属遂把王浚活活捉住。石勒召见王浚的妻子，并肩上坐，教卫士把王浚捆绑到面前，王浚诟骂说："蛮狗，你戏弄你老子，竟这么凶狠！"石勒说："阁下高居百官之上，手中掌握精锐强大的武装部队，眼睁睁看着你们帝国政府崩溃瓦解，不但不肯援救，反而自己想当皇帝，你难道还不凶狠？而且，信任贪官污吏，残害人民，诛杀忠良，荼毒燕王国故土（幽州），这是谁的罪恶？"命他的部将王洛生，率五百人骑兵部队，押解王浚前往襄国（石勒根据地，河北省邢台市）。王浚恚恨，乘守卫不备，投水企图自杀，护送人员把他从水中拖出，手脚绑住，在襄国街市之上，斩首（年六十三岁）。

石勒屠杀王浚所属精兵一万人；王浚部将和参谋人员，纷纷到石勒营门，请求恕罪，呈献的金银财宝，前后相叠。只有前国务院执行官（尚书）裴宪、参谋指挥官（从事中郎）荀绰，不肯前去。石勒召见二人，问说："王浚暴虐，我兴兵诛杀，大家都来祝贺，请求宽恕，你们却独自跟王浚同流合污，怎么能够逃脱杀戮？"二人回答说："我们几代都在晋政府任职，接受它赐给的荣耀和俸禄。王浚虽然凶暴粗野，总算是晋政府的封疆大臣，所以我们前来依靠（裴宪投奔幽州事，参考三一一年六月），不敢怀有二心。阁下（石勒）如果不建立恩德仁义，只完全依靠暴力镇压，我们的死正是我们的本分，为什么要逃脱，就请杀戮！"并不参拜，站起来就走。石勒把他们请回来，向二人道歉，用宾客的礼节相待。荀绰，是荀勖的孙儿（荀勖，参考二六二年）。

石勒指控朱硕、枣嵩等贪赃枉法，扰乱政令，成为幽州（河北省北部）的灾难；又责备游统对他所侍奉的主人，叛离不忠（参考去年〔三一三〕十二月）；一律斩首。没收王浚将领和左右官员，以及亲戚们的家产，多达万万钱。只有裴宪、荀绰，家中不过书籍一百多部，食盐、谷米各十余斛而已。石勒说："我不高兴得到幽州，只高兴得到二位先生。"任命裴宪当参谋指挥官（从事中郎），荀绰当军事参议官（参军）。把各地逃荒的难民，分别遣送他们各回乡里。石勒在蓟县（北京市）停留两天，放火焚烧王浚所建的宫殿。任命前晋帝国国务院执行官（尚书）、燕国（北京市）人刘翰，代理幽州（河北省北部）州长（行幽州刺史），守卫蓟县；派定各郡县首长，然后班师。王浚大营指挥官（督护）孙纬，在半途埋伏截击，石勒大败，仅逃出一命。

石勒返回襄国（河北省邢台市），派使节携带王浚的人头，到首都平阳（山西省临汾市），呈献汉赵帝国。汉赵政府任命石勒当总司令官（大都督），兼东部中国（陕东）军区司令长官，加授骠骑大将军、东单于；增加采邑十二郡。石勒坚辞，仅接受二郡。

刘琨（晋帝国并州州长）请代公（首府盛乐〔内蒙古和林格尔县〕）拓跋猗卢攻击汉赵帝国，拓跋猗卢同意，但不巧就在这时候，拓跋猗卢所属其他蛮夷部落（拓跋猗卢是鲜卑族）约一万余家，打算响应石勒，拓跋猗卢把这一万余家全部屠杀；因之不能跟刘琨如期会师。而刘琨也发现石勒根本就没有投降的意图，大为恐惧，向中央政府（时在长安）报告说："东北方面共有八州，石勒已消灭七州（东北只有六州：平州、幽州、冀州、并州、青州、兖州。八州，可能指八个州长〔刺史〕而言：冀州州长〔刺史〕王斌、王象，兖州州长〔刺史〕袁孚、田徽，青州州长〔刺史〕苟晞、李恽，幽州州长〔刺史〕王浚，并州州长〔刺史〕刘琨）。先帝（五任帝司马炽）所任命的全权州长（牧）或州长（刺史），仍然生存的，只我一人而已。石勒盘踞襄国（河北省邢台市），跟我之间，仅隔一座太行山，早上出发，晚上就可到达，城池堡寨的居民，惊慌恐惧，虽然满怀忠愤，却力不从心！"

被石勒任命的幽州州长（刺史）刘翰，不愿顺从石勒，于是把城池献给段家部落（首府令支）的段匹磾，段匹磾遂进驻蓟城（北京市，幽州州政府所在城）。王浚的参谋指挥官（从事中郎）阳裕，是阳耽的侄儿（阳耽，参考去年〔三一三〕四月），逃到令支（段家部落首府，河北省迁安市），投靠段家部落酋长辽西公段疾陆眷（段家部落事，参考前年〔三一二〕十二月）。

会稽郡（浙江省绍兴市）人朱左车、鲁国（山东省曲阜市）人孔纂、泰山郡（山东省泰安市东）人胡母翼，从蓟城（北京市，幽州州政府所在城）逃到昌黎郡（辽宁省义县），投靠慕容廆。这时，晋朝难民投奔慕容廆的有数万家之多。慕容廆遂把冀州（河北省中部南部）人聚集的地区，设立冀阳郡（应在辽宁省朝阳市西），豫州（河南省东部）人聚集的地区，设立成周郡（辽宁省锦州市境），青州（山东省北部）人聚集的地区，设立营丘郡（辽宁省凌海市），并州（山西省中部）人聚集的地区，设立唐国郡（辽宁省喀喇沁左翼县境）。

9 最初，晋帝国最高指挥官（大司马），兼幽州（河北省北部）州长（刺史）王浚，任命邵续当乐陵郡（山东省阳信县东南）郡长，驻屯厌次（乐陵郡郡政府所在县）。王浚失败后，邵续归附汉赵帝国，石勒任命邵续的儿子邵乂当大营指挥官（督护）。王浚任命的勃海郡（河北省南皮县）郡长、东莱郡（山东省莱州市）人刘胤，抛弃郡长职位，投奔邵续，对邵续说："凡是立大功的，必须依仗大义。阁下是大晋（晋帝国）的忠臣，为什么顺从盗匪（指石勒），自己污辱自己？"正巧，段匹磾来信，邀请邵续一同归附远在江南（长江以南）的晋帝国左丞相司马睿，邵续接受。部属们全都劝阻说："背弃石勒，归附段匹磾，那么邵乂怎么办？"邵续哭泣说："我怎么能为了儿子的缘故，去当叛徒！"一连诛杀几个意见不同的人。石勒得到消息，也斩邵乂。邵续派刘胤前往江东（江苏省南部太湖流域），司马睿任命刘胤当军事参议官（参军），邵续当平原郡（山东省平原县）郡长。石勒派军包围邵续，段匹磾命他的老弟段文鸯援救，石勒军即行撤退。

10 汉赵帝国骠骑大将军石勒根据地襄国（河北省邢台市），发生严重饥荒，米谷二升值银一斤，肉一斤值银一两（多少人饿死）。

11 晋帝国难民首领杜弢（音tāo〔涛〕）的部将王真，袭击荆州（湖北省）州长（刺史）陶侃所在地林障（湖北省武汉市西），陶侃不能抵御，逃到滠中（滠，音shè〔射〕·湖北省武汉市黄陂区南）。寻阳郡（江西省九江市）郡长周访救援陶侃，击败难民军攻势。

12 夏季，五月，晋帝国凉州（州政府设姑臧〔甘肃省武威市〕）全权州长（牧）、西平公（武穆公）张轨病重，遗令："文武官员，务必安抚人民，上思尽忠报国，下思保护家门。”

五月二十日，张轨逝世（年六十岁）。秘书长（长史）张玺等，上书中央，推荐世子（公爵合法继承人）张寔，代理老爹的官位。

13 汉赵帝国中山王刘曜、平西将军赵染，攻击晋帝国首都长安。

六月，刘曜进驻渭汭（渭水注入黄河处），赵染进驻新丰（陕西省西安市临潼区东北）。晋帝国全国武装部队总司令（太尉）索綝，率军抵御。赵染露出对索綝轻视的表情，秘书长（长史）鲁徽说："晋国（晋帝国）君臣，自己知道衰弱，无法跟我们对抗，一定拼命，不可以瞧不起他们。"赵染说："像司马模那么强大，我打垮他如同摧枯拉朽（参考三一一年八月）。索綝是什么东西，岂能污染我的马蹄刀锋？"第二天清晨，赵染率轻装备骑兵数百人，发动拂晓攻击，说："等我捉住索綝回来，再吃早饭。"索綝在新丰（陕西省西安市临潼区）城西反击，赵染兵败，后悔说："我不听鲁徽的话，才弄到这个地步，有什么颜面见他！"下令诛杀鲁徽。鲁徽说："将军愚昧刚愎，所以失败。不知道检讨自己的错误，反而嫉妒智慧比你高、能力比你强的人，用诛杀忠良，来遮盖自己的颜面。皇天后土明察，你能死在床上？"晋帝国皇帝（六任愍帝）司马邺（本年十五岁）下诏，加授索綝骠骑大将军、国务院左执行长（尚书左仆射），主管政府机要（录尚书），代表皇帝行使职权（承制）。

田丰死在袁绍之手（参考二〇〇年十月），而今，鲁徽又死在赵染之手。袁绍虽然受了鲨鱼群的拨弄，但多少还有一阵子清醒，接着才爆发变态的行动。而赵染一开始就羞不可当。英明的领袖，左右坐的多半是智慧比他高、才能比他

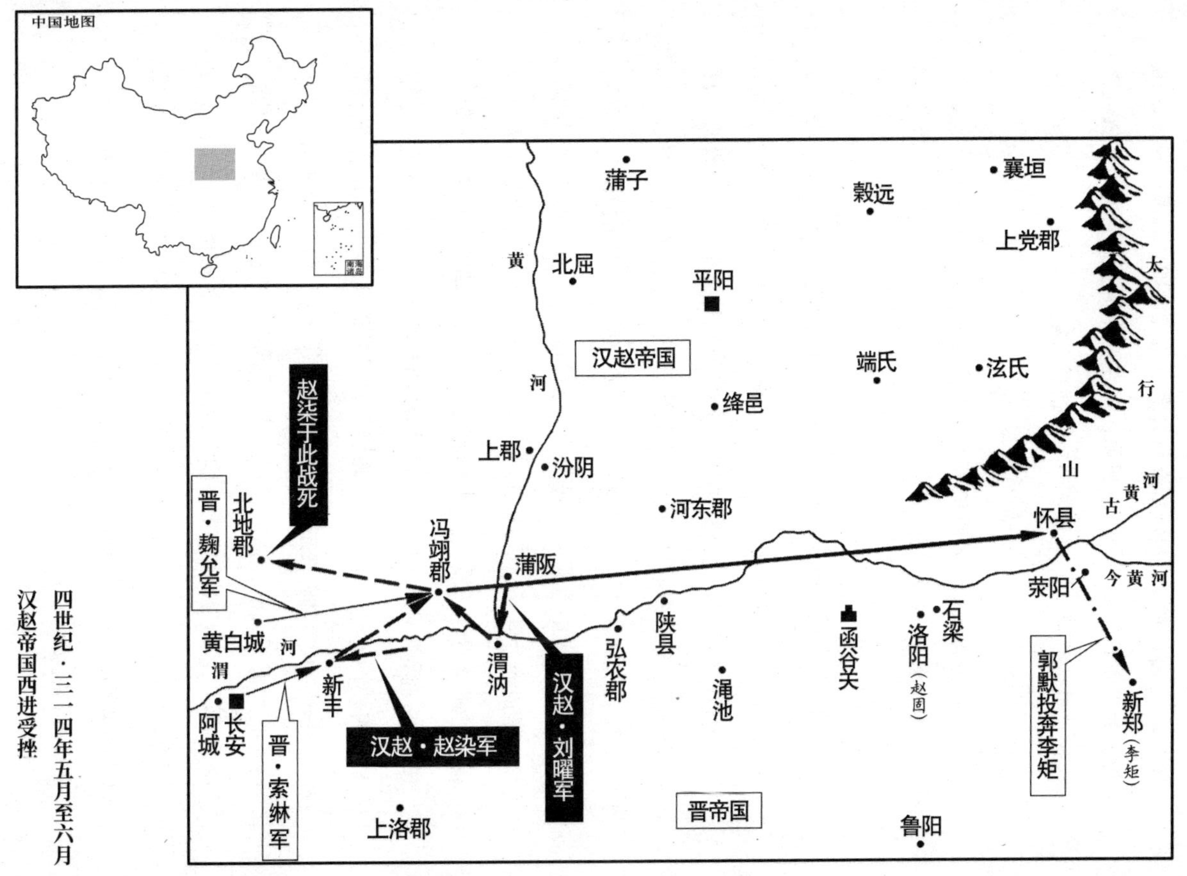

四世纪・三一四年五月至六月
汉赵帝国西进受挫

强的朋友。平庸的领袖，左右站的多半是智慧跟他相等、能力跟他相若的同僚。等而下之的猪领袖，左右跪的多半是智慧比他低、能力比他差的干部。鲁徽平常一定有很多谋略，使赵染自顾形惭，如芒刺在背，鲁徽不死，赵染不安。

我们为鲁徽悲，难道他真的一直没有发现对方的层次太低，为什么不早早摆脱？

刘曜、赵染，再跟将军殷凯会师，率军数万人，直扑长安。晋帝国雍州（陕西省中部）州长（刺史）麴允（时驻黄白城〔陕西省三原县〕）进抵冯翊郡（陕西省大荔县）迎战，大败。麴允集结残兵败将，向殷凯大营发动夜袭，斩殷凯。刘曜等只好撤退，回军攻击晋帝国河内郡郡长郭默所在地怀县（河南省武陟县），设立三个大营，团团包围。郭默粮食吃尽，表示愿意投降，把妻子送给刘曜当人质，请刘曜卖给粮食，等到粮食到手之后，郭默又关闭城门，继续抵抗。刘曜大怒若狂，把郭默的妻子投入黄河淹死，继续攻城。郭默无法支持，打算投奔身在新郑（河南省新郑市）的荥阳郡（河南省荥阳市）郡长李矩，李矩派他的外甥郭诵前来接应，郭诵率领的军队太少，不敢前进。正巧，并州（山西省中部）州长（刺史）刘琨，派军事参议官（参军）张肇，率鲜卑骑兵五百人前往首都长安，战乱阻塞，道路不通，只好返回，中途经过新郑（河南省新郑市），李矩说服张肇，使张肇协助郭诵进击。汉赵军望见鲜卑部队，没有经过交战，即行撤退。郭默遂放弃怀县（河南省武陟县），率领部众，归附李矩。汉赵帝刘聪，召回刘曜，驻防蒲阪（山西省永济市）。

14 秋季，汉赵帝国平西将军赵染，进攻北地郡（陕西省铜川市耀州区），晋帝国雍州（陕西省中部）州长（刺史）麴允率军抵御，赵染被箭射死。

15 汉赵帝国骠骑大将军石勒，下令他势力范围内的州政府和县政府，确实调查户口，每产征收布二匹、谷二斛。

16 冬季，十月，晋帝国政府任命张寔当凉州（甘肃省中部西部）军区司令长官（都督凉州诸军事）、凉州州长（刺史）、西平公。

17 十一月，汉赵帝国任命晋王刘粲当相国、大单于，统御中央政府文武百官。

刘粲从小就有才干，一时俊杰。可是自从当了丞相之后，大有改变，骄傲奢侈，专横放纵，疏远贤能，亲信奸邪，残忍、严苛、刚愎，拒绝别人规劝，人们才对他厌恶。

18 晋帝国吴兴郡（浙江省湖州市）故郡长周玘的儿子周勰，深记老爹的遗言（参考去年〔三一三〕四月），利用东吴（即江东，江苏省南部太湖流域）原居民对新移民的愤怒和怨恨，准备起兵反抗。遂命吴兴郡郡政府人事官（功曹）徐馥，假传叔父、丞相府参谋指挥官（丞相从事中郎）周札的命令，集结部众，声称讨伐丞相府军政官（丞相司马）王导，及左秘书长（丞相左长史）刁协，各地英雄豪杰，群起相从。前东吴帝国皇帝（四任）孙皓的族人孙弼，也在广德（安徽省广德市）起兵响应。

三一五年 乙亥

晋	建兴	三年
成汉	玉衡	五年
汉赵	嘉平	五年
	建元	元年

1 春季，正月，晋帝国（首都长安〔陕西省西安市〕）吴兴郡（浙江省湖州市）郡政府人事官（功曹）徐馥，击杀郡长袁琇，集结数千人，打算拥戴丞相府参谋指挥官（丞相从事中郎）周札当首领。周札得到消息，大感震惊，立刻通知义兴郡（江苏省宜兴市）郡长孔侃。周勰知道周札不同意，遂不敢发动。徐馥的部众发现陷于孤立，十分恐惧，于是击斩徐馥。另一变民首领孙弼，也跟着死亡。周札的儿子周续，起兵响应徐馥，左丞相司马睿商议出军讨伐。丞相府军政官（丞相司马）王导说："出动的军队太少，不足以消灭贼寇，出动的军队太多，则建康（司马睿根据地，江苏省南京市）空虚。周续的堂弟、禁宫咨询官（黄门侍郎）周莚（音yán〔延〕），忠心勇敢，果断而有谋略，请他

单人匹马前往，足够对付。”司马睿采纳。

周莚日夜前进，到了郡政府所在城池（是什么城池？以及周续在什么郡起兵响应，《资治通鉴》没有说明，《晋书·周莚传》说是阳羡〔义兴郡郡政府所在县，江苏省宜兴市〕。传统史书这种说不清楚的叙述方式，几乎每页都有），正要进城，在城门遇到周续。周莚对周续说：“我跟你一块去见孔郡长（孔侃），有些事情要当面讨论。”周续不肯，周莚勉强拖住他一块到郡政府，刚刚坐定，周莚突然变脸，对孔侃说：“郡长为什么给匪徒一个座位？”周续衣服中常藏一把利刃，听到这句话，立刻抽出，直扑周莚；周莚高声大叫，郡政府宣导官（传教）吴曾跳起来格杀周续。

周莚建议乘势诛杀周勰，周札不同意，只把罪行推到周勰的堂兄周邵头上，遂斩周邵。周莚是义兴郡（江苏省宜兴市）人，事情办完后，连回家看娘亲一眼都没有，即乘车长驱离开，还是娘亲飞奔追上这位儿子，十分狼狈。琅邪王司马睿任命周札当吴兴郡（浙江省湖州市）郡长，周莚当太子宫右翼卫队长（右卫率）。因周姓家族，在东吴（即江东，江苏省南部太湖流域）盘根错节，声势巨大，所以并不深入调查严办，对待周勰，跟从前一样。

2 晋帝（六任愍帝）司马邺（本年十六岁），下诏命平东将军宋哲，驻防华阴（陕西省华阴市）。

3 成汉帝国（首都成都〔四川省成都市〕）皇帝（一任武帝）李雄（本年四十二岁），封任女士当皇后。

4 二月十二日，晋帝国皇帝司马邺，任命琅邪王司马睿（时驻建康）当丞相（原任左丞相）、总司令官（大都督）、全国各军区总司令官

（督中外诸军事）；南阳王司马保（时驻上邽〔甘肃省天水市〕）当相国；荀组（时驻浚仪〔河南省开封市〕）当全国武装部队总司令（太尉），兼豫州（河南省东部）全权州长（牧）；刘琨（时驻阳曲〔山西省阳曲县〕）当最高监察长（司空）、并冀幽军区司令长官（都督并冀幽三州诸军事），刘琨辞让最高监察长（司空），坚决不接受。

5 晋帝国南阳王司马模战败后（参考三一一年八月），民兵司令（都尉）陈安，投奔驻屯秦州（州政府设上邽〔甘肃省天水市〕）的世子司马保。司马保命陈安率一千余人讨伐叛变的羌部落，十分宠信厚待。司马保的部属张春，妒火中烧，在背后陷害陈安，指控陈安不忠，随时都会叛变；劝司马保诛杀陈安，司马保不准。张春索性自己动手，埋伏刺客，攻击陈安。陈安受伤，知道不能再留，逃回陇城（甘肃省张家川县），但仍经常派出使节觐见司马保，进贡不断。

6 晋帝国皇帝司马邺晋封代公（首府盛乐〔内蒙古和林格尔县〕）拓跋猗卢当代王，设立文武官员，采邑二郡：代郡（河北省蔚县）、常山郡（河北省正定县）。拓跋猗卢向并州（山西省中部）州长（刺史）刘琨，借调担任刘琨参谋官（从事）的雁门郡（山西省代县）人莫含，当自己的助理。刘琨命莫含前往，莫含不想去，刘琨说："我们并州（山西省中部）如此的孤单衰弱，而我又如此的缺少才干，却能够在匈奴人（刘聪）和羯人（石勒）夹缝中生存，都是代王（拓跋猗卢）的力量。我所以竭尽性命、金银，又教我的长子当作人质，事奉于他（刘琨派儿子刘遵出使代国，参考三一一年十二月），目的只求为帝国政府，洗刷奇耻大辱。你如果想当国家的忠臣，为什么只珍惜我们在一起共事的小节，而忘记为国家牺牲的大义？请去事奉代王（拓跋猗卢），作为他的亲信心腹，我们并州（山西省中部）全依靠你。”莫含遂前往。拓跋猗卢非常尊重他，常跟他磋商大计方针。

拓跋猗卢执法残苛，部众中有人犯法，甚至连整个部落都屠杀净光。常见路上行人，男女老幼，成群结队，问他们往哪里去，回答说：“去刑场。”没有一个人敢逃亡。

7 晋帝国征剿司令官（征讨都督）王敦，派荆州（湖北省）州长（刺史）陶侃、甘卓等，讨伐难民首领杜弢（音tāo〔涛〕），前后会战数十次，杜弢将士伤亡惨重，无法支持。杜弢向丞相司马睿请求投降，司马睿不准。杜弢写信给南平郡（湖北省公安县）郡长应詹，陈述当年跟应詹：“共同讨伐乐乡（湖北省松滋市东北）时，本是同甘共苦。后来在湘州（湖南省），为了逃死求生，不得不集结互保（参考三一一年正月）。如果能蒙你念及旧日情谊，代为申诉原因，使我们能够向盟主（司马睿）表明诚心，归身正义人士之列，或收编我们部队，使我们北上肃清中原，或使我们西上攻击李雄（成汉帝国皇帝），用以赎罪，则即令是身死之日，等于仍生在世。”应詹把杜弢的信，转呈给司马睿，并且说：“杜弢，是益州（四川省中部）的秀才（参考三〇一年九月），拥有清高的声望，受到流亡乡民们的逼迫。而今悔过向善，应该命有关官员安抚接纳，使江州（江西省及福建省）、湘州（湖南省）人民，获得休养。”

司马睿遂派前南海郡（广东省广州市）郡长王运，前往接受杜弢投降，赦免杜弢叛逆的罪行，任命杜弢当巴东郡（重庆市奉节县东）监军官（监军）。杜弢既接受命令，改编为政府军，可是其他政府军将领，仍对他不断攻击，杜弢悲愤交集，忍无可忍，遂斩王运，再起兵叛变，派他的将领杜弘、张彦，击斩临川郡（江西省抚州市临川区）郡长（内史）谢摛（音chī〔痴〕），攻陷豫章郡（江西省南昌市）。

三月，寻阳郡（江西省九江市）郡长周访击斩张彦。杜弘逃到临贺郡（广西贺州市）。

8 汉赵帝国（首都平阳）大赦，改年号建元（之前是嘉平五年，之后是建元元年）。

9 汉赵帝国首都平阳（山西省临汾市），天降血雨，落在东宫延明殿。皇太弟刘乂心中厌恶，询问太傅（上三公之二）崔玮、太保（上三公之三）许遐。崔玮、许遐遂建议刘乂："陛下（刘聪）从前让殿下（刘乂）当皇太弟，目的在于安抚人心，他的志向，早已放到晋王（皇子刘粲）身上，王爵公爵以下官员，没有一个不迎合旨意，也如此主张。而今，又任命晋王（刘粲）担任相国，仪仗旌旗，声势权威，远超过东宫（太弟宫），政府大小事件，都由他裁决。而其他亲王，也都每人配备战斗部队，如虎添翼。很明显的，大势已去。殿下不仅仅不能继承帝位而已，恐怕早晚之间，可能发生难测的灾祸，不如早早因应。现在，东宫（太弟宫）拥有四翼卫队的精兵（四翼卫队：左卫率、右卫率、前卫率、后卫率）五千多人；而相国（晋王刘粲）性格轻佻，麻烦一个刺客就够了。大将军（刘粲的老弟勃海王刘敷）没有一天不外出，可以袭击夺取他的大营。其他的亲王，年龄都小，更容易制服。假使你有这个心意，我们可以立即集结二万人的精锐战士，擂动战鼓，直入云龙门（皇城城门）。宫廷中禁卫官兵，谁不倒转戈矛，奉迎殿下？最高指挥官（大司马刘曜）方面，不必担心他会反对。"

刘乂不能听从，但消息泄露。东宫随从官（舍人）荀裕，告发崔玮、许遐鼓动刘乂谋反。汉赵帝刘聪逮捕崔玮、许遐，羁押诏狱，用其他的罪名，把二人处决。命冠威将军卜抽，率军把守东宫，禁止刘乂参加金銮宝殿上的朝会；刘乂忧愁恐惧，不知道如何是好，上书刘聪，请求准许他放弃贵族身份，自愿贬作平民；并请求撤销他儿子们的所有封爵；在奏章上，对刘粲大加赞美，建议立刘粲当帝王合法继承人。卜抽把刘乂的奏章压住，不给他转呈。

10 汉赵帝国青州州长（刺史）曹嶷，占领故齐国和故鲁国间（山东省中部）郡县，自己坐镇临淄（山东省淄博市临淄区），拥有部众十余万人，沿黄河构筑阵地，设立武装堡寨。骠骑大将军石勒，上书中央，指控："曹嶷有割据东方的野心，请求讨伐。"（曹嶷是王弥的部将，石勒既斩王弥〔参考三一一年十月〕，跟曹嶷势不能共存。）汉赵帝刘聪恐怕石勒消灭曹嶷后，将无法控制，不准石勒行动。

刘聪收纳中央军事总监（中护军）靳准的两个女儿：靳月光、靳月华入宫，封靳月光当上皇后、刘贵妃当左皇后、靳月华当右皇后。京畿东区总卫戍司令（左司隶）陈元达，苦苦劝阻，认为："三位皇后并立，不合体制。"刘聪大不高兴，擢升陈元达当右特级国务官（右光禄大夫），表示对他的崇敬，实际上是剥夺他的权力。于是全国武装部队总司令（太尉）范隆等，都请把官位让给陈元达，刘聪不得已，再任命陈元达当最高监察长（御史大夫）、仪同三司（宰相级）。上皇后靳月光跟别人私通，陈元达上书揭发，刘聪只好把靳月光罢黜，靳月光惭愧恚恨，自杀。刘聪忽然想起靳月光的花容月貌，竟死于陈元达的多管闲事，对陈元达恨入骨髓。

11 夏季，四月，晋帝国大赦。

12 六月，晋帝国首都长安（陕西省西安市）强盗，挖凿西汉王朝五任帝（文帝）刘恒墓（霸陵，西安市东北）、十任帝（宣帝）刘病已墓（杜陵，西安市东南）及薄太后（刘恒的娘亲）墓（南陵，西安市东北），挖走金银财宝不计其数。晋帝司马邺下诏，命把剩下来没有搜刮走的金银财宝，收拾起来，缴入皇宫。

13 六月十九日，晋帝国再大赦。

14 汉赵帝国最高指挥官（大司马）刘曜，攻击上党郡（山西省黎城县西南）。

秋季，八月二日，在襄垣（山西省襄垣县）击败晋帝国并州（山西省中部）州长（刺史）刘琨的军队。刘曜准备进攻阳曲（山西省阳曲县，刘琨根据地）。汉赵帝刘聪派使节告诉刘曜，说："长安还没有平定，应该列为第一优先。"刘曜遂回军蒲阪（山西省永济市）。

15 晋帝国荆州（湖北省）州长（刺史）陶侃，跟再度被逼反的难民首领杜弢，互相攻击。杜弢命部将王贡出军挑战（王贡背叛事，参考前年〔三一三〕九月）。陶侃远远招呼王贡："杜弢本是益州（四川省中部）的一个小官，盗用公款，老爹死了也不回去办理丧事。你本是正人君子，为什么追随这种人？天下哪有活到头发都白了的强盗？"王贡最初把脚横在马上，态度傲慢，听到陶侃的喊话，脸色逐渐严肃，脚也从马背上放下。陶侃知道可以说服，再派人前往劝解，剪下头发，作为盟誓信物，王贡遂向陶侃投降。杜弢部众溃散，杜弢逃走，在途中逝世。陶侃跟南平郡（湖北省公安县）郡长应詹，进军攻克长沙郡（湘州州政府所在郡，湖南省长沙市），湘州（湖南省）完全平定。丞相司马睿代表皇帝（承制），赦免杜弢部众的罪行，擢升王敦当镇东大将军，加授江扬荆湘交广军区司令长官（都督江扬荆湘交广六州诸军事)，兼江州（江西省及福建省）州长（刺史）。自此，王敦开始自己直接任用州长（刺史）以下官员，渐渐骄横。

最初，变民首领王如投降时（参考三一二年十二月），王敦的堂弟王棱，喜爱王如骁勇，请求王敦把王如拨付到自己帐下。王敦说："他们这种人，阴险凶悍，很难对付。而你的性情急躁，恐怕不能包容，反而会引起灾祸。"王棱坚持，王敦只好允许。王棱把王如安置左右，当贴身侍卫，十分宠爱，相待优厚。王如好几次跟王敦的部将因角力射箭，发生斗殴，王棱用军棍责打王如，王如深感羞辱。后来，王敦因势力膨胀，生出野心，王棱一遇机会，就加以劝阻。王敦痛恨他坚持跟自己不同的看法，秘密派人挑起王如的怒火，使王如诛杀王棱。在一次宴会上，王如请求舞剑助兴，王棱允许。王如舞剑时，渐渐逼近王棱座位，王棱大不高兴，厉声呵阻，王如应声挥剑，击杀王棱。王敦接到报告，假装大吃一惊，逮捕王如，斩首。

16 最初，晋帝国政府得到梁州（州政府设南郑〔陕西省汉中市〕）州长（刺史）张光死亡消息（参考前年〔三一三〕九月），任命高级咨询官（侍中）第五猗（第五，姓）当安南将军，兼荆梁益宁军区司令（监荆梁益宁四州诸军事）、荆州（湖北省）州长（刺史），从武关（陕西省商南县西南）东下。荆州变民首领杜曾（杜曾杀胡亢事，参考前年〔三一三〕八月），前往襄阳（湖北省襄阳市）迎接第五猗，并给侄儿娶第五猗的女儿，集结武装部队一万多人，跟第五猗分别驻防汉水、沔水（汉水上游）。

丞相司马睿任命的荆州（湖北省）州长（刺史）陶侃，既击破难民首领杜弢，乘胜攻击杜曾，对杜曾有点轻视，军政官（司马）鲁恬警告说："凡是战斗，都应该先判断对方有怎样的将领。阁下的将领中，没有一个赶得上杜曾，不可以轻率的逼近。"陶侃不接受，径

三世纪至四世纪　琅邪王氏世系表

<table>
<tr><th>第一代</th><th>第二代</th><th>第三代</th><th>第四代</th><th>第五代</th><th>第六代</th><th>第七代</th></tr>
<tr><td rowspan="28">王览</td><td rowspan="11">王裁</td><td rowspan="9">王导</td><td>王悦</td><td>王琨 ※</td><td>王嘏</td><td>王恢</td></tr>
<tr><td>王恬</td><td></td><td></td><td></td></tr>
<tr><td rowspan="2">王洽</td><td>王珣</td><td>王弘　王虞　王柳
王孺　王昙首</td><td></td></tr>
<tr><td>王珉</td><td>王朗　王练</td><td></td></tr>
<tr><td>王协</td><td>王谧 ※</td><td>王瓘　王球　王琇</td><td></td></tr>
<tr><td rowspan="3">王劭</td><td>王穆</td><td>王简　王智　王超</td><td></td></tr>
<tr><td>王默</td><td>王鉴　王惠</td><td></td></tr>
<tr><td>王恢</td><td></td><td></td></tr>
<tr><td>王荟</td><td>王廞</td><td></td><td></td></tr>
<tr><td>王颖</td><td></td><td></td><td></td><td></td></tr>
<tr><td>王敞</td><td></td><td></td><td></td><td></td></tr>
<tr><td rowspan="2">王基</td><td>王含</td><td>王瑜</td><td></td><td></td><td></td></tr>
<tr><td>王敦</td><td>王应 ※</td><td></td><td></td><td></td></tr>
<tr><td rowspan="2">王会</td><td rowspan="2">王舒</td><td>王晏之</td><td>王昆之</td><td>王陋之</td><td></td></tr>
<tr><td>王允之</td><td>王晞之</td><td>王肇之</td><td></td></tr>
<tr><td rowspan="10">王正</td><td rowspan="2">王廙</td><td>王颐之</td><td></td><td></td><td></td></tr>
<tr><td>王胡之</td><td>王茂之</td><td>王裕之</td><td></td></tr>
<tr><td rowspan="3">王彬</td><td>王彭之</td><td></td><td></td><td></td></tr>
<tr><td rowspan="2">王彪之</td><td>王越之</td><td></td><td></td></tr>
<tr><td>王临之</td><td></td><td></td></tr>
<tr><td rowspan="5">王旷</td><td rowspan="5">王羲之</td><td>王玄之</td><td></td><td></td></tr>
<tr><td>王凝之</td><td></td><td></td></tr>
<tr><td>王徽之</td><td>王桢之</td><td></td></tr>
<tr><td>王操之</td><td></td><td></td></tr>
<tr><td>王献之</td><td></td><td></td></tr>
<tr><td>王彦</td><td></td><td></td><td></td><td></td><td></td></tr>
<tr><td rowspan="2">王琛</td><td>王棱</td><td></td><td></td><td></td><td></td></tr>
<tr><td>王侃</td><td></td><td></td><td></td><td></td></tr>
</table>

※继子

行包围杜曾所在的石城（湖北省钟祥市）。杜曾的变民军多半是骑兵，秘密打开城门，绕到陶侃阵地的背后，回军反击，陶侃军死亡数百人，杜曾遂前往顺阳郡（河南省淅川县东南），下马向陶侃遥遥叩拜，告辞而去。

当时，荆州江北军区司令长官（都督荆州江北诸军事）荀崧（大分裂时代官职混乱，有权的就可以派人当官，所以官位官称，常常奇异而重叠），驻防宛县（南阳郡郡政府所在县，河南省南阳市）；杜曾率军包围，荀崧军力单薄，而粮食又尽，打算请求旧部、现任襄城郡（河南省襄城县）郡长的石览援救。荀崧小女荀灌，年十三岁，率勇士数十人，翻出城墙，乘夜突围，一面战斗，一面前进，终于抵达襄城郡（河南省襄城县）；又代老爹荀崧，写信给南翼警卫指挥官（南中郎将）周访（时任豫章郡〔江西省南昌市〕郡长），请求援救。周访派他的儿子周抚，率军三千人，跟石览共同出击，援救荀崧，杜曾遂撤走。

杜曾再写信给荀崧，请求准许他讨伐丹水（河南省淅川县西南）变民集团，用以赎罪，荀崧允许。陶侃警告荀崧说："杜曾凶猛狡狯，正是所谓：'吞食娘亲的鸱枭'（鸱、枭，都是猛禽，性情残忍，传说中它们长大后即啄食娘亲，中国文学上常用来比喻忘恩负义的恶棍）。这个人一天不死，荆州（湖北省）一天不能安宁，请老兄记住我这句话。"但荀崧因宛县（河南省南阳市）兵力太少，希望依靠杜曾作为外援，不接受陶侃的意见。杜曾再率残军二千人，包围襄阳（湖北省襄阳市）数天，不能攻克，撤退。

17 晋帝国镇东大将军王敦的亲信、吴兴郡（浙江省湖州市）人钱凤，嫉妒荆州（湖北省）州长（刺史）陶侃的功劳，不断说他的坏话。陶侃将回江陵（荆州州政府所在县，湖北省江陵县），打算面见王敦解释，竟陵郡（湖北省钟祥市）郡长朱伺，跟安定郡（甘肃省镇原县东南屯字镇）人皇甫方回劝阻说:“你会一去不返。”陶侃不同意。既觐见王敦,王敦果然留下他不放,改调为广州(州政府设番禺〔广东省广州市〕)州长(刺史);任命堂弟、丞相府参谋主任(丞相军咨祭酒)王廙(音yì〔益〕),继任荆州州长(刺史)。荆州将领官吏郑攀、马儁等,上书挽留陶侃,王敦生气,不准。郑攀等认为陶侃刚刚击灭巨贼(指杜弢),却被贬逐到边疆,群情激愤。又因王廙猜忌凶暴,难以共事,遂率部众三千人,进驻涢口(湖北省汉川市东北,涢水注入汉水处),向西迎接变民首领杜曾。

王廙受到郑攀等的袭击,逃到江安(即公安,湖北省公安县)。杜曾跟郑攀等北上,再迎接第五猗,联合抗拒王廙。王廙集结各路人马讨伐杜曾,又被杜曾击败。王敦认为郑攀的背叛,一定出于陶侃的示意,大怒,披上铠甲,拿起铁矛,将亲手击杀陶侃。如此出去又回来,回来又出去,有三四次之多,陶侃严肃的说:“阁下的英明果断,足可以裁决天下大事,为什么对这件小事,犹豫不决?”于是,站起来去洗手间。首席军事参议官(咨议参军)梅陶、秘书长(长史)陈颁,对王敦说:“周访跟陶侃是儿女亲家,情同左右手(周访的女儿嫁给陶侃的儿子陶瞻),如果砍断人的左手,右手岂会没有反应?”王敦的杀机才消失,摆下盛大筵席,给陶侃饯行。席散之后,陶侃唯恐事情中变,当夜即行出发。王敦任命陶侃的儿子陶瞻当军事参谋官(参军)。

最初,交州(州政府设龙编〔越南河内市东北北宁省〕)州长(刺史)顾秘逝世。州政府官员推举顾秘的儿子顾寿,当交州总部执行官(领州事)。州政府作战官(帐下督)梁硕,率军背叛,击杀顾寿,梁硕遂控制交州(越南北部)。广州(州政府设番禺〔广东省广州市〕)州长(刺史)王机,了解自己的官位,出于强行抢夺(参考三一二年十二月),一直害怕王敦讨伐,为了缓和对立气氛,王机请求调到偏远的交州。正巧,难民首领杜弢失败后，部将杜弘向王机投降。王敦打算利用王机讨伐梁硕，遂宣称王机有收降杜弘的功劳，命王机当交州州长（刺史）。王机抵达郁林郡（广西桂平市），梁硕迎接交州前任州长（刺史）修则的儿子修湛，当交州总部执行官（行州事），出军抵抗。王机无法前进，于是忽然变卦，跟杜弘以及广州（广东省及广西）将领温卲、交州秀才刘沈商议决定：既无法得到交州，不如仍回广州。新任广州州长（刺史）陶侃南下到始兴郡（广东省韶关市），广州人士都建议应该停下来观察局势发展，不可以轻率前进。陶侃不理，直抵广州，这时，各郡县已纷纷派出使节，前往迎接王机。杜弘向陶侃假装投降，陶侃发觉他的阴谋，乘虚追击，大破杜弘部队，追击到小桂（广东省连州市），生擒刘沈。陶侃派大营指挥官（督护）许高，讨伐王机，王机逃亡，在途中逝世；许高掘出王机的尸体，砍下人头。陶侃将领都请求乘胜追击温卲，陶侃笑说：“我的威名已经传播，为什么还要再动用军队，一封信就可以解决。”于是写信给温卲，使他抉择，温卲恐惧，逃走，陶侃追赶，追赶到始兴郡（广东省韶关市），把温卲擒获；杜弘也向王敦投降。广州（广东省及广西）完全平定。

陶侃在广州（州政府设番禺〔广东省广州市〕）时，政务清闲，没有特别大事，总是在早晨把一百块砖从书房搬到院子里，晚上再把那一百块砖从院子里再搬回书房。有人问他缘故，陶侃笑说：“我正要为收复中原，贡献力量，如果生活过度安逸，到时候恐怕不能承当大事，所以自己锻炼。”

王敦任命杜弘当部将，十分宠爱信任。

18 九月，汉赵帝国皇帝刘聪，派藩属事务部长（大鸿胪），前往襄国（石勒根据地，河北省邢台市），赏赐骠骑大将军石勒弓箭，用正式诏书，封石勒“东中国总督”（陕东伯），可以代表皇帝，独断独行的采取军事行动；对于所任命的州长（刺史）、将军、郡长县长（守宰），以及对于所封的侯爵；于每年年终，作一次总的呈报。

19 汉赵帝国最高指挥官（大司马）刘曜，攻击晋帝国的北地郡（陕西省铜川市耀川区）。晋帝司马邺，任命雍州（陕西省中部）州长（刺史）麴允当总司令官（大都督）、骠骑将军，率军防御。

冬季，十月，再任命索綝当国务院执行长（尚书仆射）、宫城军区司令长官（都督宫城诸军事）。刘曜攻陷冯翊郡（陕西省大荔县），冯翊郡郡长梁肃，逃到万年（陕西省西安市临潼区西北）。刘曜再攻击上郡（陕西省韩城市）。麴允离开防地黄白城（陕西省三原县），进驻灵武（应在陕西省咸阳市境），因兵力薄弱，不敢再进。

晋帝司马邺不断向驻屯秦州（州政府设上邽〔甘肃省天水市〕）的丞相司马保，征召救兵，司马保左右一致说：“毒蛇咬到手指，壮士砍断手臂。而今蛮夷势力正盛，我们应切断陇山道路，观察变化。”参谋指挥官（从事中郎）裴诜说：“现在，毒蛇正在咬头，难道头可以砍断？”司马保遂命镇军将军胡崧代理前锋司令官（行前锋都督），等待各路军队集结完成后，再行出发。麴允等打算把皇帝送到司马保那里，索綝反对，说：“司马保掌握了天子，一定会利用天子满足他的私欲。”遂停止。然而，从长安以西，晋帝国领土上的城池，不再理会晋帝司马邺领导的中央政府。政府文武百官贫穷饥饿，采摘野稻，勉强维生。

20 晋帝国凉州（甘肃省中部西部）军士张冰，捡到一颗印信，上面刻文“皇帝行玺”，呈献给州长（刺史）张寔，僚属们向他祝贺，张寔说：“这不是人臣应该保留的东西。”派人送到首都长安（陕西省西安市）。

四世纪·三一五年九月至三一六年十一月
汉赵刘曜西进，长安陷落

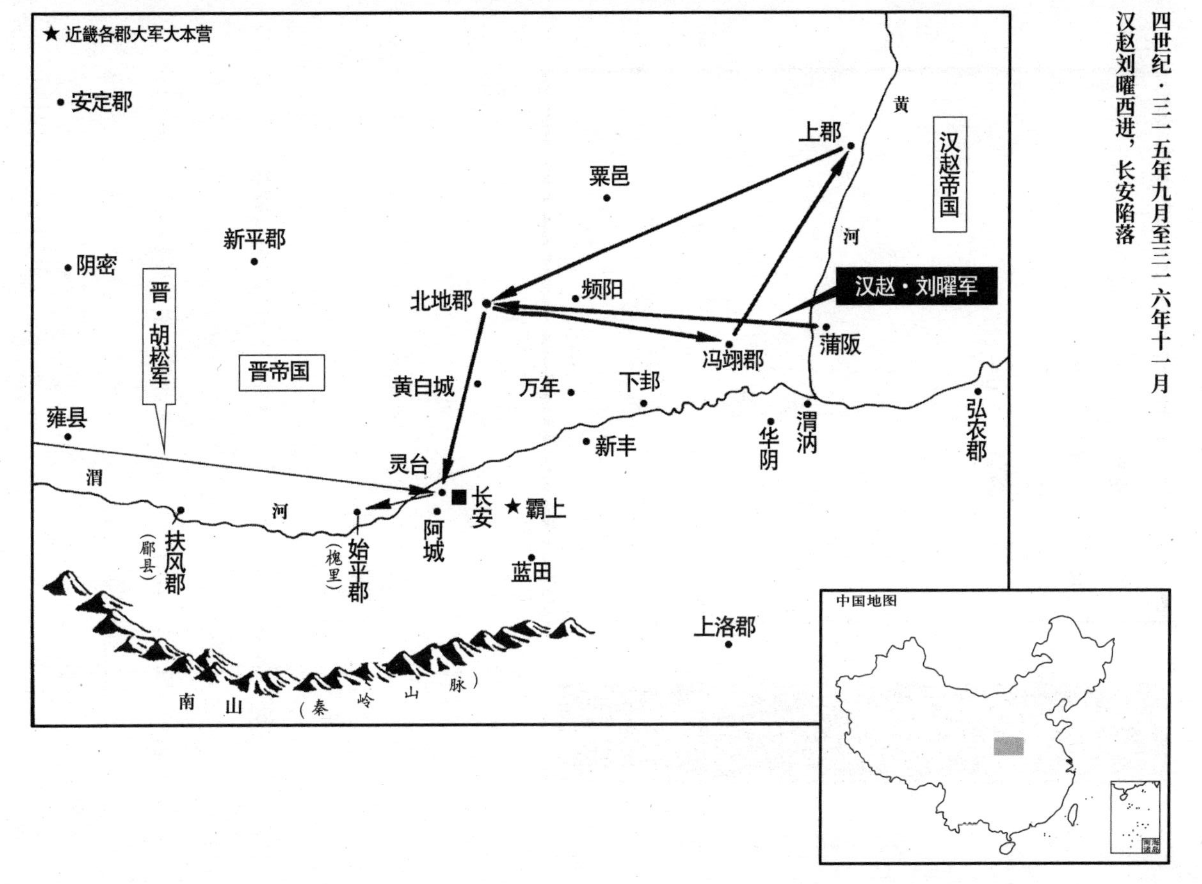

三一六年 丙子

晋	建兴	四年
成汉	玉衡	六年
汉赵	建元	二年
	麟嘉	元年

1 春季，正月，晋帝国（首都长安〔陕西省西安市〕）宰相（司徒）梁芬，建议对晋帝（六任愍帝）司马邺（本年十七岁）的老爹吴王司马晏，追尊封号。国务院右执行长（右仆射）索綝等，引用曹魏帝国二任帝（明帝）曹叡二二九年颁布的诏书（参考该年七月），认为不可以。于是，只追赠司马晏为太保（上三公之三），绰号孝（全衔吴孝王）。

2 汉赵帝国（首都平阳〔山西省临汾市〕）寝殿侍奉宦官（中常侍）王

沈、宣怀，皇后宫执行官（中宫仆射）郭猗等，都受汉赵帝（三任昭武帝）刘聪宠信，专权横行。刘聪在后宫游乐欢宴，有时一连三天都沉醉不醒，甚至一百天不出宫门一步。自去年（三一五）冬天开始，就取消金銮宝殿上的朝会，国家大事全部交付给皇子相国刘粲，只有赦免、诛杀、任官、封爵，才由王沈等进宫报告；而王沈等多半都不报告，而依照自己的意思决定。于是，旧日的功臣，有的不授给官职；奸佞邪恶之徒，有的甚至几天之内，都擢升到郡长、部长级（二千石）高官。战争不断爆发，军队不断出动；对出征将士，没有金钱绸缎的慰劳。但皇宫美女们的家属，却连孩童奴仆，都有赏赐，动辄数千万之多。王沈等车辆、服装、房舍，豪华超过各位亲王；子弟或表亲中，被任命当郡长县长的，有三十余人，一个个贪赃枉法，残忍凶暴，成为人民的灾难。中央军事总监（中护军）靳准，率领靳姓家族，纳入王沈等的摇尾系统，百般谄媚拍马。

郭猗、靳准，都怨恨皇太弟刘乂。郭猗对相国刘粲说："殿下（刘粲）是光文皇帝（一任帝刘渊）的亲孙、主上（刘聪）的嫡子，四海人民，谁不归心？为什么把天下送给太弟（刘乂）？而且，我听说太弟（刘乂）跟最高统帅（大将军刘敷）秘密会商，将在三月三日（上巳）水滨祭祀，宫廷大摆筵席之时，乘机政变（上古时代，阴历三月上旬〔前十天〕含有地支"巳"的日子，称"上巳日"。犹如二十世纪母亲节，是五月第二个星期日一样，日子并不固定，需要查考计算，才能指出。但自三世纪二〇年代曹魏帝国后，明确的定于三月三日。每逢此日，官员和人民，都到河水中沐浴，祭祀祈祷，洗去身上恶鬼，称为"修禊"）。事情成功后，计划尊奉主上（刘聪）当太上皇，最高统帅（大将军刘敷）当皇太子，又应许卫大将军（刘劢）当大单于（刘敷、刘劢，都是刘粲的弟弟）。这三位亲王处于不受怀疑的地位，同时手握重兵，以他们的身份，政变一旦发动，没有不成功的道理。问题是，两位亲王

（刘敷、刘劢）贪图目前一点小利，不顾老爹老哥，事情成功之后，主上（刘聪）岂能保全？殿下的兄弟，固不必多说；即令是‘太子’‘相国’‘大单于’这些位置，也一定会落到武陵王（应是刘乂的儿子）兄弟之手，怎么会给别人（指刘粲）？现在，大祸迫在眉睫，应该早作打算。我屡次报告主上（刘聪），主上深怀兄弟之爱，对于我这个身受阉割的宦官，始终不相信我的陈述。但愿殿下不可泄露，乘机秘密提出报告。殿下如果不相信我的话，不妨召见最高统帅府参谋指挥官（大将军从事中郎）王皮、卫大将军府军政官（卫军司马）刘惇，用恩义相待，准许他们自首，向他们查询，一定可以得到真相。”刘粲同意。

郭猗秘密对王皮、刘惇说：“两位亲王（刘敷、刘劢）的叛逆事情，主上（刘聪）跟相国（刘粲），都得到情报，你们是不是参与？”二人大惊说：“没有参与。”郭猗说：“事情已经决定，可怜，二位是我的故旧老友，却一齐跟着承受灭族大祸！”说到这里，心情痛苦，不禁叹息哭泣，流泪不止。二人大为恐惧，下跪叩头，请求救命。郭猗说：“我可以代你们设法，只不知道你们能不能办到？相国（刘粲）如果问你们这方面的事，尽管坦白承认，相国一定会责备你们为什么不先向他报告，你们可以回答：‘我们固然身犯死罪，可是，只因主上（刘聪）宽大仁爱，殿下（刘粲）敦厚和睦，我们检举如果不蒙采信，则立刻就陷于犯上诬告的可怕诛杀之中，所以不敢报告。’”王皮、刘惇感激郭猗救命之恩。不久，刘粲果然召见二人，二人先后到达，而言辞内容完全一样，刘粲认为果有其事。

靳准再游说刘粲：“殿下应该住在东宫（东宫是君王合法继承人的住所，皇太弟刘乂居东宫），再兼任相国，使天下人民早日确定谁是领导中心。现在外边谣言纷纷，都说最高统帅（大将军刘敷）、卫大将军（刘劢），打算拥护皇太弟（刘乂），发动政变，时间大概是春季末期。如果皇太弟（刘乂）掌握政权，殿下恐怕连立足之地都没有。”刘粲说：“你说怎么办？”靳准建议说：“如果有人告发皇太弟（刘乂）叛变，主上（刘聪）一定不信。不妨放松东宫的禁制，使宾客们可以来往，皇太弟（刘乂）素来敬重知识分子，一定不会拒绝他们的拜访。其中自会有轻浮卑鄙的小人，迎合皇太弟的旨意，乱出主意。这时候，为了殿下，我会公开上书，揭发他的罪行。殿下再逮捕那些跟皇太弟有交往的宾客，审问他们，取到了口供，主上就没有不相信的理由。”刘粲遂命包围东宫的冠威将军卜抽，把军队撤走。

宫廷供应部长（少府）陈休、首都东区卫戍司令（左卫将军）卜崇，为人清廉正直，一向厌恶王沈等，即令在公众场合，也从不交谈一句话，王沈等把这两个人，也恨到极点。高级咨询官（侍中）卜幹警告陈休、卜崇说：“王沈等的权势力量，可以旋乾转坤。无论你们跟君王的亲近关系，或你们的才干声望，比窦武、陈蕃如何（以窦武之亲，以陈蕃之贤，还死于宦官之手，何况陈休、卜崇？参考一六八年八月）？”陈休、卜崇回答说：“我们年纪已超过五十，官职也到高峰，所缺的只有一死。死于忠义，正是我们的盼望，怎么能弯颈低眉，去奉承阉割过的宦官？算了，卜公，不要再谈这件事。”

二月，汉赵帝刘聪驾临上秋阁，下令逮捕陈休、卜崇，以及“特进”（朝会时位置仅次三公）綦毋达（綦毋，复姓）、中级国务官（太中大夫）公师彧、国务院执行官（尚书）王琰、田歆，农林部长（大司农）朱谐，全部诛杀，他们都是宦官憎恨的人物。卜幹流泪劝阻说：“陛下正留下座位，招请贤才，却于一日之间，诛杀七个部长级官员，他们都是国家的忠良，岂不是不应该！即令陈休等有罪，陛下没有交付有关单位，宣布他们的罪状，天下人又怎么知道？诏书还在我那里（卜幹是高级咨询官〔侍中〕，诏书必须由咨询署〔侍中省〕颁布，所以卜幹可以稽留。由此程序，可看出“侍中”地位又有变化，在此之前，侍中只是各咨询官中最高官阶的职位，但仍不是咨询署的首长；在此之后，渐渐掌管咨询署事务），不敢宣布，请求陛下再加考虑。”用头叩地，血流满面。王沈大声呵责说：“卜幹，你可是打算抗拒诏书？”刘聪一拂衣袖，站起来大步回宫，下令免除卜幹官职，贬作平民。

太宰（上三公之一）河间王刘易、最高统帅（大将军）勃海王刘敷、最高监察长（御史大夫）陈元达、最高国务官（金紫光禄大夫）西河郡（山西省吕梁市离石区）人王延等，都到宫门上书说：“王沈等玩弄诏书圣旨，光天化日之下，明目张胆的欺骗诬陷，在内谄媚陛下，在外谄媚相国（刘粲），威势权力之大，可以比拟人主。而又广结党羽，毒害天下。他们深知陈休等都是忠臣，愿为国尽节，恐怕揭发他们的奸谋，因而巧妙的设下陷阱，加上诬害。陛下一时疏忽，遂动用极刑，天地悲痛，无论是贤是愚，都伤感恐惧。而今，残余的晋国（晋帝国）还没有完全消灭，巴蜀（成汉帝国）还没有臣服，石勒正准备盘踞古赵王国、魏王国地区（河北省中部南部及河南省北部），曹嶷更打算在古齐王国地区（山东省）称王，陛下心脏和四肢，哪一个地方没有祸患？反而因王沈等的帮助，杀巫咸、杀扁鹊（巫咸，纪元前二十四世纪黄帝王朝六任帝伊祁放勋在位时的良医，能治病延寿；诅咒树能使树枯，诅咒鸟能使鸟落下。扁鹊，纪元前四世纪战国时代郑国名医，对人体内脏结构，了如指掌。秦国御医管理官〔太医令〕李醯，自知技术不如，派人把扁鹊刺死。扁鹊遗著《难经》，不易了解，历代医学界都有注释）。我恐怕我们终于病入膏肓（《左传》前五八一年：晋国二十八任国君〔景公〕姬獳病重，请秦国名医缓〔姓不详〕诊治，姬獳梦见两个小童对话，一个说：“缓是名医，恐怕杀了我，我往哪里逃？”另一个说：“逃到‘肓’之上，‘膏’之下，如何？”等到医生到了晋国，诊脉之后说：“病在肓之上，膏之下，这是绝症，药力无法到达。”姬孺说："你真是良医。"膏，指心脏下面的脂肪；肓〔音huāng·荒〕，指横膈膜），以后再谋补救，已来不及。请免除王沈等官职，交付主管单位定罪。"

刘聪把奏章拿给王沈等传阅，笑说："这群娃儿，被陈元达牵着鼻子走，都成了白痴。"王沈等跪下叩头说："我们都是卑微的小人，受到陛下过分的宠爱，才能够侍奉左右，洒扫皇宫内院。而亲王、三公跟政府官员，却把我们当作仇人强盗般看待，并延伸到陛下身上，也怨恨陛下，我们愿意把身体抛到大锅里煮烂，只要政府和顺太平！"刘聪说："这种疯言疯语，我听得多了，你们放在心上干什么？"但刘聪仍向他儿子刘粲探听对王沈等的印象，刘粲坚称王沈等忠贞清高；刘聪大为高兴，封王沈等侯爵。

太宰（上三公之一）刘易，再到宫门上书，竭力规劝，刘聪暴跳如雷，把奏章撕得粉碎。

三月，刘易忿怒恚恨，逝世。刘易忠心正直，陈元达一直靠他的支援，才能在皇帝面前把话说完，等到刘易逝世，陈元达大哭，十分悲恸，说："'贤能的人死亡／国家困荒。'（《诗经·瞻卬》："人之云亡／邦国殄悴。"）我既没有机会再进忠言，何必默默偷生！"回家后自杀。

3 最初，代王（首府盛乐〔内蒙古和林格尔县〕）拓跋猗卢喜爱幼子拓跋比延，打算命他当合法继承人，遂教长子拓跋六修远离盛乐（内蒙古和林格尔县），驻防新平城（山西省山阴县北。参考三一三年十二月），而把他的娘亲罢黜。拓跋六修有匹骏马，一天可奔走五百里，拓跋猗卢要他交出，赏赐给拓跋比延。拓跋六修到首府朝见老爹，拓跋猗卢又教他向幼弟拓跋比延下拜，拓跋六修拒绝。拓跋猗卢命拓跋比延坐在自己的人挽御的车上，使人在车前引导，出来游逛。拓跋六修看见，认为是老爹，就在路旁跪下参见，等到御车缓缓来到，发现竟是拓跋比延；拓跋六修惭愧愤怒，立刻返回新平城（山西省山阴县北）。拓跋猗卢召唤，拓跋六修不肯听从，拓跋猗卢大怒，率军讨伐，作儿子的拓跋六修迎战，把老爹击败，拓跋猗卢急换上平民衣服，逃到民间躲藏。有一个贫贱的女人发现了他，拓跋六修遂把老爹格杀。拓跋普根原来在边界驻防，得到拓跋六修弑父消息，回军攻击，把拓跋六修消灭（因为人们不接受历史教训之故，所以历史总在重演。赵王国国王赵雍制造出来的夺嫡悲剧〔参考前二九五年〕，六百年后，原封不动的再度呈现）。

拓跋普根继承索头部落酋长及代王王位，国内大乱，新人和旧人之间（拓跋普根部众，仍是原来的纯索头部落，称“旧人”。拓跋猗卢部众，包括汉人及其他民族战士，称“新人”），摩擦猜忌，不断自相残杀。左将军卫雄、信义将军箕澹，长久地辅佐拓跋猗卢，众望所归，打算投奔晋帝国并州（山西省中部）州长（刺史）刘琨，于是大肆宣传说：“听说旧人（拓跋普根部众）对新人（拓跋猗卢部众）的勇敢善战，深怀嫉妒，打算把新人全部屠杀，我们怎么办？”汉人及乌桓人惊骇震动，说：“无论是生是死，都追随二位将军。”卫雄、箕澹遂连同留作人质的刘琨的儿子刘遵，率汉人跟乌桓人，共三万家，马牛羊十万头，归附刘琨。刘琨大喜过望，亲到平城（新平城，山西省山阴县北）接纳安抚，刘琨势力因此重振。

夏季，四月，拓跋普根逝世，他的儿子刚刚生下，还在怀抱。拓跋普根的娘亲惟女士（拓跋猗㐌的正妻），扶持这位还没有正式名字的小孙，继承权位。

4 晋帝国凉州（甘肃省中部西部）州长（刺史）张寔下令：“本州任何官员和人民，只要能指出我的过失，赏赐布匹、绸缎、羊只、谷米。”治安事务初级助理官（贼曹佐）高昌（新疆吐鲁番市东）人隗瑾说：“阁下（张寔）处理政务，事情不论大小，都亲自裁决。有时候命令已经发布，州政府还不知道。万一发生错误，不能分担责任。僚属们畏惧权威，只好全盘接受。在这种情形下，即令悬出千金赏格，也没有人敢进一言。我的建议是：应该稍稍减少自己的聪明，对于各种政务，都询问一下部属的意见，使他们一一陈述，你再裁决实施，则有益的意见自会到来，何必赏赐？”张寔十分高兴，采纳隗瑾的建议，升级三等。

张寔派将军王该，率步骑兵混合兵团五千人，赴援首都长安（陕西省西安市），并护送所属各郡进贡的产品。晋帝司马邺下诏，擢升张寔当西部中国（陕西）军区司令长官（都督陕西诸军事），任命张寔的老弟张茂当秦州（州政府设上邽〔甘肃省天水市〕）州长（刺史）。

5 汉赵帝国骠骑大将军石勒（时驻襄国），命部将石虎，攻击晋帝国兖州（山东省西部）州长（刺史）刘演的根据地廪丘（山东省郓城县西北。刘演退守廪丘，参考三一三年四月）。晋帝国幽州（州政府设蓟县〔北京市〕）州长（刺史）段匹磾，命他的老弟段文鸯，救援廪丘。石虎攻陷廪丘，刘演投奔段文鸯大营，石虎生擒刘演老弟刘启，班师。

6 晋帝国宁州（州政府设滇池〔云南省昆明市晋宁区〕）州长（刺史）王逊，严厉凶猛，喜爱诛杀。

五月，平夷郡（贵州省毕节市）郡长雷炤、平乐郡（今地不详）郡长董霸，率三千余家叛变，投降成汉帝国（首都成都〔四川省成都市〕）。

7 六月一日，日蚀。

8 秋季，七月，汉赵帝国最高指挥官（大司马）刘曜，包围晋帝国北地郡（陕西省铜川市耀州区）郡长麴昌。晋帝国总司令官（大都督）麴允，率步骑兵混合兵团三万人赴援，刘曜绕着城垣燃起大火，烟雾蔽天，用反间计，欺骗麴允说："郡城已经陷落，救兵已来不及！"三万人的庞大兵团恐惧惊慌，霎时溃散，麴允退走，刘曜追击，在磻石谷（应在陕西省铜川市东北）追到，麴允再大败，逃回灵武（应在陕西省咸阳市境），刘曜遂占领北地郡。

麴允性情宽厚仁慈，没有威严，不够果断，喜爱用官爵取悦别人。新平郡（陕西省彬州市）郡长竺恢、始平郡（陕西省兴平市）郡长杨像、扶风郡（陕西省眉县）郡长竺爽、安定郡（甘肃省镇原县东南屯字镇）郡长焦嵩，都身兼"征""镇"（四征将军或四镇将军），手持皇帝符节（杖节），加授高级咨询官（侍中）、寝殿侍奉官（常侍）。村落堡寨首领，力量最小的也加授"将军"称号，佩戴蓝色绣带的银质印信。可是，麴允只知笼络高阶层人士，对下面的部属，却不理会。将领骄傲任性，士卒怨恨离心。关中（陕西省中部）危急，麴允派人向焦嵩求救。焦嵩一向瞧不起麴允，说："等麴允走投无路，再去救他。"

刘曜进抵泾水之北，晋帝国在渭水以北所有城池，全部瓦解。刘曜俘虏晋帝国建威将军鲁充、散骑侍从官（散骑常侍）梁纬、宫廷供应部长（少府）皇甫阳。刘曜一向听说鲁充是一位贤才，曾特别悬赏生擒，既看到鲁充，敬他酒说："我得到先生，天下怎能不平定！"鲁充说："身是晋政府将领，国家败坏到这种程度，不敢要求活命，如果蒙受你的恩德，请赶快赐我一死，才是我的荣幸。"刘曜说："真是义士！"送他一柄佩剑，使他得以自杀。梁纬的妻子辛女士，姿色美丽，刘曜召见，打算收纳作为小老婆，辛女士大哭说："丈夫已亡，在大义上，我不单独生存。而且，一个女人侍奉两个丈夫，你要这种女人干什么？”刘曜说：“真是贞女！”也接受她的要求，由她自杀。对二人尸体，依礼埋葬。

9 汉赵帝刘聪，封故皇后张徽光的婢女樊女士当上皇后。除现有的三皇后以外（现有三皇后：上皇后靳月光、左皇后刘英、右皇后靳月华；因靳月光逝世〔参考去年（三一三）三月〕，封樊女士继任上皇后），其他身佩皇后印信的，还有七位美女。亲信专权，刑罚和赏赐，一团混乱。最高统帅（大将军）刘敷屡次哭泣规劝，刘聪大发脾气说：“是不是你想你老爹快点死，才这么早晚都来哭活人！”刘敷忧虑悲愤，一病而亡。

河东郡（山西省夏县）、平阳郡（山西省临汾市，汉赵首都），蝗虫灾难扩大，人民逃亡或饿死的有十分之五六。骠骑大将军石勒派他的将领石越，率骑兵二万人进入并州（石越进驻上党郡〔山西省黎城县西南〕），收容逃亡难民；难民归附的有二十万户。刘聪派使节责备石勒，石勒不接受责备，并秘密跟远在东方青州（山东省北部）的曹嶷勾结。

10 八月，汉赵帝国最高指挥官（大司马）刘曜，进逼晋帝国首都长安（陕西省西安市）。

11 九月，汉赵帝刘聪，在光极殿摆下筵席，宴请文武官员，接见皇太弟刘乂，刘乂容貌憔悴，头发胡须都已半白，哭泣流泪，向老哥引咎自责。刘聪感动，也失声痛哭，于是尽情饮酒欢乐，待刘乂如同从前（刘乂不抓住这次难得见面的机会，要求让出皇太弟的位置，是他太傻？或是他仍贪恋？或是他打算使汉赵帝国在他当权时复兴？一念迟钝，时机已逝）。

12 晋帝国安定郡（甘肃省镇原县东南屯字镇）郡长焦嵩、新平郡（陕西省彬州市）郡长竺恢、弘农郡（河南省灵宝市东北）郡长宋哲等，率军援救首都长安。散骑侍从官（散骑常侍）华辑，督促京兆郡（首都长安）、冯翊郡（陕西省大荔县）、弘农郡（河南省灵宝市东北）、上洛郡（陕西省商洛市商州区）四郡武装部队，进驻霸上（陕西省西安市东灞河畔），但是大家都畏惧汉赵帝国军力强大，不敢继续前进。相国司马保（时在秦州〔州政府设上邽，甘肃省天水市〕）派将领胡崧，率军东下入援，在灵台（长安城西二十公里）击败汉赵帝国最高指挥官（大司马）刘曜。胡崧恐怕再获得重大胜利后，中央政府的声威将再度振兴，麴允、索綝的势力就会更强。于是，率领长安城西各郡武装部队，移向渭水北岸，不再前进，并且退守槐里（始平郡郡政府所在县，陕西省兴平市）。 360

刘曜遂放胆进击，攻陷长安外城，麴允、索綝撤退到小城坚守，内外完全断绝。城中缺粮，饥馑严重，一斗米价格黄金二两，人民互相格杀，吞食尸体。饿死的超过全民的一半（人间惨事），活着的纷纷逃亡，无法控制。只有凉州兵团约一千人（凉州〔甘肃省中部西部〕全权州长〔牧〕张轨父子派遣的援军），坚守岗位，毫不动摇。皇家仓库（太仓），只剩下酿酒的曲面数升。麴允把它磨成粉末，呈献给晋帝司马邺，不久也被吃尽。

冬季，十一月，司马邺向麴允哭泣说：“今天已到穷途末路，外面又没有援军，只有含垢忍辱，出来投降，使人民有一线生路。”感慨万千，因而叹息说：“耽误我大事的人，麴、索二位先生。”派高级咨询官（侍中）宗敞，送降书给刘曜。索綝秘密留下宗敞，另派他的儿子晋见刘曜，说：“现在，长安城里粮食，仍可支持一年，并不容易攻克。如果任命索綝‘开府仪同三司’（宰相级），封万户郡公，我们愿意献出城池。”刘曜下令诛杀索綝的儿子，把人头送回，说：

“堂堂的帝王之师，完全依照大义行事。我率军作战十五年，从来不用阴谋诡计，去击败敌人。一定要对方战斗力完全丧失，然后夺取，想不到索綝竟说出这种话。天下的恶行，受到痛恨的程度，到处相同，我已经把来使处决，如果你们仍有粮食、有军队，只管努力守城。如果粮食、军队都已枯竭，最好早一天觉悟到天命有归。”

十一月十日，宗敞抵达刘曜大营。

十一月十一日，晋帝司马邺（年十七岁）乘坐羊拉的小车，脱下衣服，露出上体，口中含着璧玉，带着棺木，出东门投降。文武官员流泪哭号，攀着司马邺的车子，抓着司马邺的手，司马邺也忍不住悲哀。总监察官（御史中丞）冯翊郡（陕西省大荔县）人吉朗叹息说：“我的智慧不能贡献谋略，勇气不能战死，怎可以君臣相随，北面事奉盗匪（汉赵帝国）？”自杀。刘曜下令焚毁棺木，接受璧玉；命宗敞陪伴司马邺回宫。

十一月十三日，刘曜把司马邺以及晋帝国三公，以及郡长级以下文武官员，集合在汉赵兵团大营。

十一月十七日，俘虏抵达汉赵帝国首都平阳（山西省临汾市）。

十一月十八日，汉赵帝刘聪，亲登光极殿，司马邺上前叩头。麹允悲从中来，伏在地上失声痛哭，扶也扶不起来，刘聪大怒，把麹允投入监狱，麹允自杀。

刘聪任命司马邺当特级国务官（光禄大夫），封怀安侯；加授最高指挥官（大司马）刘曜“黄钺”（君王诛杀时专用的铜斧）、总司令官（大都督）、陕西（西中国）军区司令官（督陕西诸军事）、太宰（上三公之一），封秦王。大赦，改年号麟嘉（之前是建元二年，之后是麟嘉元年）；认为麹允忠烈，追赠车骑将军，追封节愍侯；认为索綝奸邪，绑赴街市斩首。晋帝国国务院执行官（尚书）梁允、高级咨询官（侍中）梁濬等，以及各郡郡长，全被刘曜诛杀，只散骑侍从官（散骑常侍）华辑，逃奔南山（秦岭山脉）。

当初，高祖宣皇帝（司马懿）一代英雄，应时崛起，天性深沉，感情不露于外，好像一座城堡。可是，他气度宽大，有容人之量。虽然用权术统御万物，却能够知人善任。人民崇拜他的才能，伟大的气象开始有了结构。世宗（司马师）继承基础，太祖（司马昭）继承产业，铲除反抗（指诛杀李丰、毌丘俭、诸葛诞等），团结力量。到了世祖（一任帝司马炎），终于登上皇帝宝座，用爱心厚待部属，用节俭使国家富裕，和睦而不松懈，宽容而能决断，疆域扩张，包括伊祁放勋（唐）、姚重华（虞）在位时的版图，颁布的“年号”，推行到四面八方的蛮荒。当时，有“天下没有穷人”的谚语，虽然还没有进入真正太平盛世，但也足以说明人民乐意活下去的原因。

武皇帝（司马炎）死后，坟墓上的泥土还没有干，变乱已相继兴起，皇家子弟不能帮助政府维护社会安定，高级官员没有一个人具有使人民瞻仰信赖的高贵品德。早上还是伊尹（商王朝宰相）、姬旦（周王朝宰相）之类圣人，晚上就成了姒履癸（桀）、柳跖（春秋时代大盗）之流的奸邪。国家最高权力一直在恶棍手上传来传去，保卫中央的禁卫军，纷纷逃亡到外地；独当一面的地方官员，没有强大的军力；关卡要塞，脆弱得像一根草绳。蛮夷登上宝座，而我们的两位皇帝，却丧失尊贵地位（指五任帝司马炽、六任帝司马邺被俘）。原因何在？在于武皇帝（司马炎）所指定的继承人失去大权，所托付的辅佐人并不恰当，礼义廉耻丧失，卑鄙污浊的行为太多。

基础宽广，房屋就不易倒塌；根部入地深厚，树木就不易拔出；有条理有节制，秩序才不致混乱；有执着有坚持，人民才不会无所适从。从前的君王，所以能使他的政权长久存在，道理在此。周王朝自从他们的祖先姬弃（后稷）爱护人民开始，经过十六个酋长（王，十六个酋长父子相承，顺序是：姬弃〔后稷〕、姬不窋、姬鞠、姬公刘、姬庆节、姬皇仆、姬差弗、姬毁隃、姬公非、姬高圉、姬亚圉、姬祖类、姬亶父、姬季历、姬昌、姬发〔周王朝一任王武王〕），直到姬发（武），才正式取得政权，建立王朝，他们所累积的基础和深入泥土的根基，是如此的坚固。可是晋王朝兴起的景观，立基扎根的情形，本来已跟前代有所不同；再加上政府中缺少品德纯正的官员，民间缺少正直清高的士绅。风俗邪恶淫乱，崇拜不应崇拜的东西，羞耻不应羞耻的行为。知识分子肯定《老子》《庄子》才是正统，贬黜儒家学派的六经（《诗》《书》《礼》《易》《乐》《春秋》），议论的人认为，只说话不做事是境界高超，实践力行是低贱庸俗。担负行政责任的人，认为放荡污浊是豁达大度，遵守承诺、坚持立场是落伍顽固。进入仕途的人，认为用不道德的方法取得官位，是一种高贵，正正当当靠才干能力升迁的，受到轻视。手握权柄的人，认为不辨是非，只闭着眼签字，才是风流洒脱，对勤劳认真，则加以嘲笑。

所以，刘颂屡次强调治国方法，傅咸经常纠正奸邪作风，大家反而抨击他们只注意俗事。而一些每天除了高唱虚空，不负责任，依附无心无肝的人，却都名重四海，受到尊敬。像姬昌（文王）那种太阳已经偏西，还没有进餐，像仲山甫（纪元前九世纪周王朝国务官）那种日夜都不懈怠的态度，世人会嗤之以鼻，而把姬昌、仲山甫免职，当作一撮灰尘般抛弃。在这种情形下，无论诽谤或赞美，都跟善恶的事实，恰恰相反；知识分子全副精力都投入钻营奔走和拍马贿赂。有人事权的人，为了安置私人，去选择官位；当官的人，为了自己利益，才接受官职。豪门大户、皇亲国戚的子弟，可以超越等级，直线上升，根本不受文官制度的拘束。仆仆风尘，全都是争权夺利之士；高官贵爵成百上千，没有一个人谦逊推让。

刘寔曾著《崇让论》（参考二八九年），但没有人反省。刘颂制订九级的文官升迁程序（参考二九九年八月），却受到反对，不能实行。妇女们不知道缝纫，兴之所至，纵情任性，甚至忤逆公婆，有的更诛杀陪嫁侍女或丈夫的姬妾；作父兄的对她竟毫不责备，天下人也都不认为她有什么不对。礼教刑罚，政治制度，完全崩溃。“国家将亡之时，根部一定先烂。”（《左传》语）大概就是指此。

观察阮籍的行为（参考二六二年），可知道礼教崩溃的原因。观察庾纯、贾充的争执（参考二七一年五月、二七二年十二月），可知道高阶层的邪恶。观察削平东吴帝国时的争功情形（参考二八〇年五月），可知道将领们不能互相容忍。观察郭钦的谋略（参考二八〇年十月），可知道蛮夷为什么背叛。观察傅玄、刘毅的言论，可知道文武百官的污秽堕落（傅玄奏章，参考二六五年十二月；刘毅奏章，参考二八四年正月）。观察傅咸的奏章（参考二九四年）和鲁褒的《钱神论》（参考二九九年八月），可知道贪赃枉法的行为，竟是完全公开。

民间风俗，国家大势，已经成了这个样子，即令是一个中等才能、奉公守法的帝王，主持国政，恐怕仍会发生灾祸。何况惠帝（二、四任帝司马衷）完全授权给别人？怀帝（五任帝司马炽）在大乱中登上帝位，受到强梁大臣（指“八王之乱”最后一王司马越）的控制。愍帝（六任帝司马邺）在东奔西跑之后，不过徒拥皇帝的虚名。天下已经失去，除非是超越一世的雄才，再不能恢复当年。

13 **汉赵帝国骠骑大将军石勒，包围晋帝国乐平郡**（山西省和顺县西北）**郡长韩据所在的坫城**（乐平郡郡政府所在城），**韩据向并州**（山西省中部）**州长**（刺史）**刘琨求救。刘琨新近得到鲜卑索头部落**（王庭设盛乐）

拓跋猗卢的部众，正打算利用这股锐气，讨伐石勒。箕澹、卫雄反对，说："部队虽以汉人为主，但长久的留在塞外，对你的恩德和名望，还不能十分信任，恐怕难以得到他们的效忠。不如对内收集鲜卑人留下来的谷米，对外抄掠蛮夷（汉赵帝国）的牛羊，紧闭关卡，据守险要，专心推广农耕，暂时停止战斗，使人民获得休养，等到他们心悦诚服，感受到仁义的熏陶，然后再带他们走上疆场，就没有一件功业不可完成。"刘琨不接受，动员他所可能动员的部队，命箕澹率步骑兵混合兵团二万人，担任先锋。刘琨大军进驻广牧（山西省寿阳县西北），作为声援。

石勒听到箕澹将到，将迎面攻击。有人说："箕澹兵强马壮，锐不可当，不如率军暂时躲避，挖深壕沟，增高城堡，先顿挫他们的锐气，才能万无一失。"石勒说："箕澹的军队虽多，可是行军的道路太远，人马疲惫，号令又不能贯彻，有什么强？有什么壮？敌人就要逼到脸上，怎么能够舍弃消灭他们的机会逃掉？而且，大军一动，怎么能够中途折回？如果箕澹乘我们撤退的时候，从后追击，我们连逃命都来不及，又怎么能够挖壕增垒？这是自我灭亡的做法。"把进言的人诛杀。任命孔苌当前锋司令官（前锋都督），下令三军："最后一个出营门的，斩首！"于是在险要地方，构筑阵地设防，在山上布置扰乱敌人军心的疑兵，前面设立两道埋伏。先派出轻骑兵跟箕澹接触，假装被击败，向后撤退，箕澹派出他的部队追击，进入埋伏阵地。石勒军前后夹击，大破箕澹兵团，俘虏配备齐全的武装战马数万匹。箕澹、卫雄率骑兵一千余人，奔回代郡（河北省蔚县）。韩据放弃城池逃走，并州（山西省中部）人民大为震撼。

14 十二月一日，日蚀。

15 晋帝国最高监察府秘书长（司空长史）李弘，献出并州（州政府设阳曲〔山西省阳曲县〕），投降汉赵帝国骠骑大将军石勒（刘琨去年〔三一五〕二月，曾辞最高监察长〔司空〕，大概后来仍然接受）。霎时间，刘琨经营多年的局势，面目全非，进不能进，退不能退，不知道如何是好。幽州（河北省北部）州长（刺史）段匹磾写信邀他前往。

十二月五日，刘琨率领残余部众，绕道飞狐谷（河北省蔚县东南），投奔段匹磾所在地蓟县（幽州州政府所在县，北京市）。段匹磾看到刘琨，十分亲爱敬重，双方缔结姻亲，结拜异姓兄弟。石勒分别把阳曲（山西省阳曲县）、乐平郡（山西省和顺县西北）居民，强迫迁到襄国（河北省邢台市）。在各郡设立郡长、县长，然后班师。孔苌进攻箕澹据守的代郡（河北省蔚县），斩箕澹。

孔苌继续进攻变民首领马严、冯䐗（音zhū〔诸〕），一直不能消灭。司州（河南省中部）、冀州（河北省中部南部）、并州（山西省中部）、兖州（山东省西部），逃亡难民数万户，聚集在辽西郡（河北省卢龙县），不断招朋呼友前去投奔，人民不能定下心来生产。石勒向濮阳侯张宾询问意见，张宾说："马严、冯䐗并不是你的死仇，流亡的人民也都有眷恋乡土的感情。我建议撤退大军，只任命优良的州长、郡长，招徕安抚，则流窜在冀州、幽州的贼寇（马严等），自然消失，逃亡到辽西的难民，自然回来。"石勒遂命孔苌回军，任命武遂（河北省武强县西北）县长李回，当易水以北大营指挥官（易北督护），兼高阳郡（河北省博野县东南）郡长。马严的部众，素来敬服李回的恩德和威望，遂纷纷背叛马严，归附李回；马严恐惧，逃走，投水而死；冯䐗率领他的部众投降。李回遂把郡政府迁到易京（河北省雄县。易京乃公孙瓒所建，参考一九五年十二月），逃亡难民回归的在道路上前后不绝。石勒大喜，封李回当弋阳子爵。增加张宾采邑一千户人家，擢升为前将军；张宾坚持不接受。

16 晋帝国丞相司马睿，听到首都长安陷落消息，下令大军北伐，在野外结营，自己穿上盔甲，传令四方各州郡，定期出发。届时，因为粮秣运输超过时间，斩后勤司令（督运令史）淳于伯。刽子手把刀在柱上抹擦，企图拭去血迹时，刀上鲜血忽然顺着柱子上冲，冲出柱梢二丈有余，才坠下地面；围观的人民，都认为淳于伯死得冤屈。丞相府执行官（丞相司直）刘隗上书说："淳于伯犯的罪，不至于诛杀，请撤除参谋指挥官（从事中郎）周莚等官职。"于是右将军王导等，上书司马睿，深自责备，请求解除官职。司马睿说："政令刑罚失当，都是我不明事理之故。"一概不加追究。

司马睿一场轰轰烈烈的北伐之役，在借到淳于伯人头之后，不声不响结束。我们不相信淳于伯的血会倒流，而众目睽睽之下，鲜血竟然倒流，说明冤狱之酷，人神同愤。这是一个命中注定的惨剧，即令不斩淳于伯，也要斩另一位将领，否则，大军便不能不发！而司马睿所最恐惧的，正是大军之发。

司马睿借淳于伯的人头，阻挠大军，刘隗更想借淳于伯的人头，打击江东（江苏省南部太湖流域）原居民，因周莚正是原居民的领袖人物。在这种心态之上，要求同舟共济，精诚团结，连三岁顽童都骗不住。

借人头不能制造效忠，只能制造仇恨。

刘隗性情激烈，喜爱用打击别人的手段，显示自己的刚直，当时的知名之士，很多人被弹劾。司马睿大抵都宽恕原谅，于是大家的怨恨，集中到刘隗一人身上。南翼警卫指挥官（南中郎将）王含，是江州（江西省及福建省）州长（刺史）王敦的老哥，因家族强大，地位崇高，所以骄傲任性，一次就保荐参谋官员及郡长县长二十余人，而大多不是人才。刘隗弹劾王含，并无限上纲的罗织罪状，虽然事情终于中止，但王家班对刘隗，已咬牙痛恨。 368

17 晋帝国丞相司马睿，任命邵续（时驻厌次〔山东省阳信县东南〕）当冀州州长（刺史）。邵续女婿广平郡（河北省曲周县东北）人刘遐，在黄河、济水之间，聚集部众，司马睿遂任命刘遐当平原郡（山东省平原县）郡长（内史）。

18 代王（首府盛乐〔内蒙古和林格尔县〕）拓跋普根的儿子（参考本年〔三一六〕四月）逝世，贵族拥立他的堂叔拓跋郁律继位。

三一七年 丁丑

晋	建兴	五年
	建武	元年
成汉	玉衡	七年
汉赵	麟嘉	二年

1 春季，正月，汉赵帝国（首都平阳〔山西省临汾市〕）大军由长安（陕西省西安市）东进，攻击晋帝国弘农郡（河南省灵宝市东北），郡长宋哲弃城，逃往江东（江苏省南部太湖流域）。

2 晋帝国（此时无君王、无政府）禁宫咨询官（黄门郎）史淑、执法监察官（侍御史）王冲，从长安（陕西省西安市）逃到凉州（州政府设姑臧〔甘肃省武威市〕），声称：晋帝（六任愍帝）司马邺投降的前一天，命史淑送诏书给凉州（甘肃省中部西部）州长（刺史）张寔，加授张寔总司令官（大都督）、凉州全权州长（牧）、高级咨询官（侍中）、最高监察长（司空）、行使皇帝职权（承制）。又声称：晋帝司马邺并且吩咐："我已下诏命琅邪王（司马睿）即时接管天子大位，阁下（张寔）要协助琅邪王（司马睿），共同度过这场苦难！"史淑等抵达姑臧（凉州州政府所在县，甘肃省武威市），张寔大哭三天，辞让所封的官位，不愿接受。

最初，张寔的叔父张肃，当西海郡（内蒙古额济纳旗）郡长，听到首都长安危急消息，请求当先锋，入援京师（首都长安）。张寔因为叔父年纪已老，不肯答应，等到长安陷落，张肃悲愤逝世。

张寔派司令长官部军政官（太府司马）韩璞、抚戎将军张阆等，率步骑兵混合兵团一万人，东下攻击汉赵帝国（首都平阳）。命讨虏将军陈安、安故郡（甘肃省临洮县南）郡长贾骞、陇西郡（甘肃省陇西县）郡长吴绍，各率本郡武装部队，作为前锋。又写信给相国司马保（时在上邽〔甘肃省天水市〕）说："皇家有事时，我不忘捐躯报效。前些时派贾骞觐见，瞻仰大王行止，途中接到命令，遂命贾骞班师。不久，听到消息，匪徒（汉赵帝国）进犯长安，凉州兵团将领胡崧，不肯进击（参考去年〔三一六〕九月），麴允馈赠胡崧黄金五百两，请求救兵，遂决定派贾骞翻山越岭（沃于岭，甘肃省兰州市南），进军赴援。正巧传来中央覆灭噩耗，忠心不能实现，悲愤痛苦之余，虽死仍觉不能免除责罚。而今，再命韩璞等前往，听候你的命令，决定服从。"但韩璞仍不能向前推进，只好撤回。

韩璞在回军途中，抵达南安郡（甘肃省陇西县东南），当地叛变的诸羌部落，截断韩璞的退路，僵持一百余日，粮食枯竭，弓箭用尽。韩璞杀掉驾车的牛，大宴将士，流泪说："你们是不是想念爹娘？"大家回答："想念。"韩璞问："是不是想念妻子？"大家回答："想念。”韩璞又问：“是不是想活着回去？”大家回答：“当然想活着回去。”韩璞又问：“是不是服从我的命令？”大家回答：“当然服从你的命令。”于是擂起战鼓，大声呐喊，发动攻击。正巧抚戎将军张阆，率金城郡（甘肃省兰州市东）的援军抵达，前后夹击，大破诸羌叛军，杀数千人。

从前，长安有民谣说：“秦川（故秦王国疆土）之中／血水淹到手腕／只有凉州／靠着柱子一旁看。”等到汉赵帝国征服关中（陕西省中部），诸氐及诸羌部落，在陇山以西地区，烧杀劫掠。雍州（陕西省中部）、秦州（甘肃省南部）人民死亡十分之八九，只凉州（甘肃省中部西部）安全。

3 二月，汉赵帝国（首都平阳）皇帝（三任昭武帝）刘聪，命堂弟刘畅，率步骑兵三万人的大混合兵团，攻击晋帝国荥阳郡（河南省荥阳市）郡长李矩（时驻新郑〔河南省新郑市〕），在韩王故垒（河南省新郑市境）扎营，相距七华里，刘畅派人通知李矩归附。这时，刘畅大军突然压境，李矩毫无准备，于是派使节向刘畅诈降。刘畅认为大势已定，不再戒备，全营大摆筵席，吃喝庆祝，将领们都沉醉如泥。李矩打算发动夜袭，可是士卒胆怯恐惧。李矩遂派他的部将郭诵，去公孙侨庙（子产祠）祈祷（公孙侨，史书上称子产，前六世纪春秋时代，郑国贤能的国务官），命巫法师大肆宣传说：“神灵有话交代，到时候会派天兵天将帮助。”大家都踊跃争先，李矩遴选敢死队一千人，由郭诵率领，袭击刘畅大营，杀数千人，刘畅仅逃出一命。

4 二月二十八日，晋帝国弘农郡（河南省灵宝市东北）郡长宋哲，抵达建康（江苏省南京市），宣称：接到晋帝司马邺诏书，命丞相、琅邪王司马睿，统御天下。

三月，司马睿换穿素色衣服，出居别殿，哀悼三天。于是，西阳王司马羕（汝南王司马亮的儿子。羕，音yàng〔样〕），跟文武官员等，共同奉上皇帝的尊贵绰号，司马睿不接受。司马羕坚决要求，司马睿感慨万端，流泪说："我，是一个罪人。各位贤士如果一定强迫，我只有回到我的封国（琅邪国，山东省临沂市）。"一面呼唤家奴，准备车马，就要动身。司马羕等让步，只请依照曹魏帝国和晋王朝建立时的前例，先称晋王，司马睿同意。

三月九日，司马睿登晋王王位，大赦，改年号（之前是建兴五年，之后是建武元年）。开始设立文武百官，建立皇家祭庙，兴筑祀奉天地神灵的祭坛。

有关单位请求指定太子，司马睿喜爱次子宣城公司马裒（音póu〔抔〕），打算由他当合法继承人，对右将军王导说："选立继承人，应该以品德为主。"王导说："世子（司马绍）跟宣城公（司马裒），都有清廉高尚的美德，可是世子（司马绍）年纪要长（本年司马绍十九岁，司马裒十八岁）。"司马睿接受这项建议。

三月丙辰日（三月癸未朔，没有丙辰。《建康实录》载于四月，即四月四日），正式封世子司马绍当王太子；封司马裒当琅邪王，作为祖父司马觐的嫡孙（司马裒由"小宗"改为"大宗"，使琅邪国的祭祀香火不断）。仍命司马裒当青徐兖军区司令长官（都督青徐兖三州诸军事），镇守广陵（江苏省淮安市淮阴区）。命西阳王司马羕当太保（上三公之三）。封谯王（刚王）司马逊的儿子司马承，继承谯王王位；司马逊，是司马懿老弟的儿子。擢升征南大将军王敦当最高统帅（大将军）、江州（江西省及福建省）全权州长（牧）。扬州（州政府设建康）州长（刺史）王导当骠骑将军、全国各军区总司令长官（都督中外诸军事），兼总立法长（中书监），主管政府机要（录尚书事)。丞相府左秘书长(丞相左长史)刁协当国务院左执行长(尚书左仆射)。右秘书长(右长史)周𫖮当国务院文官部长(吏部尚书)。参谋主任(军咨祭酒)贺循当最高立法长(中书令)。右军政官(右司马)戴渊、王邃当国务院执行官(尚书)。丞相府执行官(司直)刘隗当总监察官(御史中丞)。副军事参议官(行参军)刘超,当立法院立法官(中书舍人)。军事参议官(参军事)孔愉,长期兼任立法院主任立法官(中书郎)。其他军事参议官(参军),都擢升御车总监(奉车都尉)。秘书(掾)、助理官(属),都擢升御马总监(驸马都尉)。副军事参议官(行参军)、随从官(舍人),都擢升为骑兵总监(骑都尉)。

王敦辞让江州(江西省及福建省)全权州长(牧);王导因王敦兼任六州军区司令长官(参考前年〔三一五〕八月),所以辞让全国各军区总司令长官(中外都督);贺循因年老而且多病,辞让最高立法长(中书令);司马睿接受他们的请求;又任命贺循当祭祀部长(太常)。这时,正逢中原大乱之后,江东(江苏省南部太湖流域)局面,草草创立。幸有刁协,过去一直在洛阳中央政府任职,熟悉旧有的法令规章。而贺循,是当代儒家学派的宗师,明了礼仪。凡遇到疑议,都请他们二人裁定。

5 晋帝国流亡的并州(山西省中部)州长(刺史)刘琨,跟幽州(州政府设蓟县〔北京市〕)州长段匹磾(刺史),歃(音shà〔霎〕)血结盟,立誓共同辅佐皇家。

三月十九日,刘琨发布文告给汉人及蛮夷,派左秘书长(左长史)兼右军政官(右司马)温峤;段匹磾派左秘书长(左长史)荣卲;一起携带奏章及歃血结盟誓文,前往建康(江苏省南京市),向司马睿“劝进”——劝他更进一步,坐上宝座。温峤,是温羡的侄儿(温羡事,参考三〇五年十二月)，温峤的姨妈是刘琨的妻子。刘琨对温峤说：“晋王朝政权虽然衰落，可是上天的恩宠还没有改变，我当在河朔(中国北部)建立功业，而使你在江南(长江以南)传播美好名声！去吧，勉励自己。”

晋王司马睿任命鲜卑总司令官(鲜卑大都督)、慕容部落(王庭设棘城〔辽宁省义县西〕)酋长慕容廆(音wěi〔伟〕)，当辽东(辽宁省)军区各蛮夷及汉人难民司令长官(都督辽左杂夷流民诸军事)，兼龙骧将军，兼大单于，封昌黎公；慕容廆拒不接受。征虏将军鲁昌，对慕容廆说：“现在，两京(洛阳和长安)失守，天子落难。琅邪王(司马睿)代表皇帝，在江东(江苏省南部太湖流域)发号施令，是四海民心归属的人物。阁下(慕容廆)虽然割据一个地盘，各部落仍然有人不肯臣服，武力对抗；只因为你的官位，没有经过中央政府正式任命的缘故。我的建议是，应跟琅邪王(司马睿)取得密切联系，派遣使节，劝他继承皇家大统，然后再奉诏讨伐有罪的人，谁敢不服？”隐士辽东郡(辽宁省辽阳市)人高诩说：“霸王的事业，除非有光明正大的政治号召，就不能完成。而今，晋政府虽然微弱不堪，可是，人心仍然归附。应该派人前往江东(指建康)，向人民表示我们有所尊奉，然后仗大义去征讨各部落，就不怕没有借口。”慕容廆同意，命秘书长(长史)王济，乘船渡过大海(黄海及东海)，前往建康(江苏省南京市)向司马睿“劝进”。

6 汉赵帝国相国刘粲，铲除皇太弟刘乂(刘粲的叔父)的网罗，已布置完成，于是发动。

刘粲命他的党羽王平，对皇太弟刘乂说：“刚才接到皇宫传出诏书，说京师(首都平阳)将有变乱，要你迅速备战。”刘乂相信，下令东宫臣属，全体穿上铠甲，外面罩上平常衣服，准备应付事变。

刘粲火速派人通知中央军事总监（中护军）靳准及寝殿侍奉宦官（中常侍）王沈。靳准报告汉赵帝刘聪说："皇太弟（刘乂）将要政变，部属们外衣之内，已暗穿铠甲。"刘聪大惊说："怎么会有这种事！"王沈等异口同声说："我们知道皇太弟（刘乂）的阴谋，已经很久，向陛下报告多次，可是陛下硬不相信。"刘聪命刘粲率军包围东宫。刘粲命靳准、王沈，逮捕氐羌民族部落酋长十余人，穷追猛查（刘乂身兼"大单于"，氐羌各酋长，都是刘乂部属，效忠刘乂），把他们吊到高架上，用烧红的铁钳挖出眼珠；酋长们不堪苦刑，只好自诬跟刘乂谋反。刘聪对王沈等说："我今天才知道你们的忠心。以后请常想到'知无不言'，不要对我过去不听你们的话记恨。"（"八王之乱"第六王司马颖对鲨鱼群说的也是这段话，参考三〇三年十月。）于是诛杀东宫全部官属，跟刘乂平常所亲近敬重以及靳准、王沈等所厌恶憎恨的大臣，有数十人；坑杀武装士卒一万五千人（东宫四翼卫队）。

夏季，四月，刘聪罢黜刘乂当北部王，不久，刘粲命靳准把刘乂刺死。刘乂眉清目秀，神态爽朗，宽厚仁慈，器宇恢宏，所以人心归附。刘聪听到他的死讯，悲哭出声，至为哀痛，说："我们兄弟，只剩下二人，却不能互相包容，怎能使天下知道我的心意！"

氐部落跟羌部落，纷纷叛变。刘聪命靳准代理车骑大将军，一一讨伐平定。

7 五月一日，日蚀。

8 六月十五日，晋帝国流亡的并州（山西省中部）州长（刺史）刘琨（时在蓟县〔北京市〕）的使节温峤等，抵达建康（江苏省南京市）。总立法长（中书监）王导、国务院文官部长（吏部尚书）周顗、立法院主任立法官（中书郎）庾亮，都爱温峤才华，争着跟他结交。当时，全国武装部队总司令（太尉）兼豫州（州政府设许昌〔河南省许昌市东〕）全权州长（牧）荀组、冀州（州政府设许昌〔河南省许昌市东〕）州长（刺史）邵续、青州（州政府设广固〔山东省青州市〕）州长（刺史）曹嶷、宁州（州政府设滇池〔云南省昆明市晋宁区〕）州长（刺史）王逊、东夷保安司令（东夷校尉）崔毖（时驻襄平〔辽宁省辽阳市〕）等，都上书"劝进"，司马睿拒不接受。

9 最初，逃避灾荒的难民首领张平、樊雅，各集结数千人，在谯国（安徽省亳州市）构筑城寨，担任城主（坞主）。晋帝国晋王司马睿当丞相的时候，派副军事参议官（行参军）谯国人桓宣，前往招降，张平、樊雅都请归附。后来，豫州州长（刺史）祖逖，推进到芦洲（安徽省亳州市东涡水北岸），派军事参议官（参军）殷乂，前往联系；殷乂瞧不起张平，看到他们的房舍，说："可以养马。"看见一个大锅，说："可以铸铁。"张平抗议说："这是古物国宝，天下太平时才能使用，为什么一下子把它毁掉？"殷乂冷笑说："你的头都不见得保得住，还想保锅？"张平怒不可遏，就在座位上，格杀殷乂（愚妄骄狂，再多少有点权柄，对人对己，都是灾难。殷乂是一个典型，他最初的目的可能只是制造气氛，压迫对方贿赂，却没有料到那是一个不稳定的混乱地带。身在虎穴，竟认为身在羊群。可哀，可恨）。于是动员部众，固守城寨。祖逖进攻一年有余，不能攻克，最后引诱张平的部将谢浮内叛，由谢浮击斩张平。祖逖推进到太丘（河南省永城市西北），樊雅仍坚守谯城（谯国首府，安徽省亳州市），跟祖逖对抗。祖逖无法攻克，请求南翼警卫指挥官（南中郎将）王含援救。桓宣当时是王含的军事参议官（参军），王含命桓宣率五百人协助祖逖。祖逖对桓宣说："你的信义，已得到他们的信任，现在再请你帮我去说服樊雅。"桓宣遂骑马，只带两个随从，劝说樊雅："祖逖

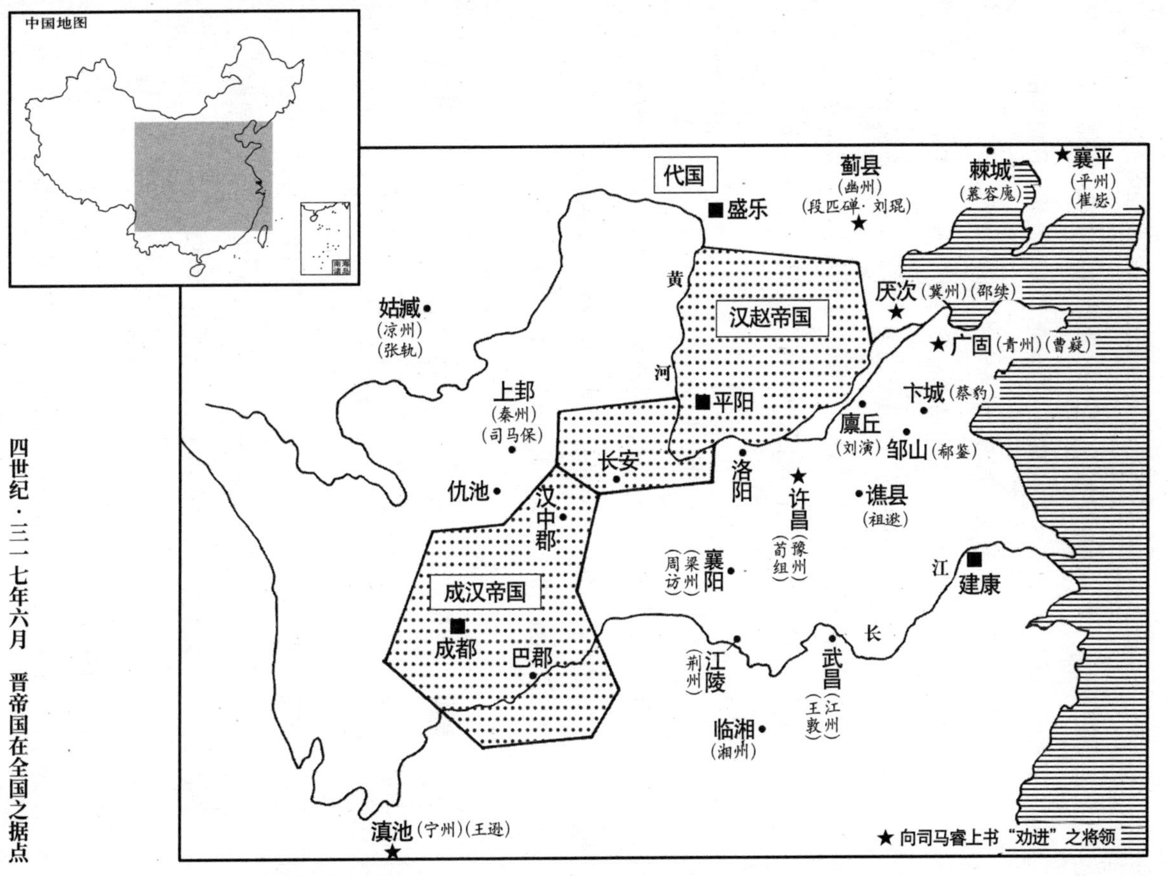

四世纪·三一七年六月　晋帝国在全国之据点

志在扫平刘聪、石勒，仰仗你的支援。以前殷乂态度轻薄，并不是祖逖的意思。”樊雅遂晋见祖逖，归降。祖逖既入谯城，汉赵帝国骠骑大将军石勒，派石虎包围谯城，王含再派桓宣赴援，石虎解围退走。祖逖上书推荐桓宣当谯国（安徽省亳州市）郡长（内史）。

六月十八日，晋帝国晋王司马睿，发布文告，传播天下，宣称：“石虎竟敢率领狗羊牲畜，渡黄河南下，毒害人民。今派琅邪王司马裒等九军三万人精锐部队，分别水陆四道，同时进发，直抵盗匪巢穴！九军接受祖逖指挥。”但不久，召司马裒返回建康（江苏省南京市）。

10 秋季，七月，汉赵帝国大旱成灾。司州（河南省中部）、冀州（河北省中部南部）、并州（山西省中部）、青州（山东省北部）、雍州（陕西省中部）蝗虫成灾。黄河、汾河大水泛滥，冲走一千余家。

11 汉赵帝刘聪，封皇子刘粲当皇太子，兼相国、大单于，仍然统御全国政务。大赦。

12 晋帝国幽州（河北省北部）州长（刺史）段匹磾，推举刘琨当总司令官（大都督），传令他的老哥辽西公（首府令支〔河北省迁安市〕）段疾陆眷、叔父段涉复辰、老弟段末柸等，在固安（河北省易县）会师，共同讨伐汉赵帝国骠骑大将军石勒。段末柸提醒段疾陆眷、段涉复辰说：“你们是老爹老哥辈，却听命身为侄儿老弟的领导，是天大的耻辱。况且，即令建立功业，成果也会被段匹磾一人独占，我们能得到什么？”大家遂纷纷回军。刘琨、段匹磾不能单独留下，只好也返蓟县（幽州州政府所在县，北京市）。

13 晋帝国晋王司马睿，任命荀组（豫州〔州政府许昌〕州长）当宰相（司徒）。

14 八月，汉赵帝国河南郡（洛阳，河南省洛阳市东白马寺东）郡长赵固（参考三一二年六月），袭击晋帝国首都卫戍司令（卫将军）华荟所在地临颍（河南省临颍县），斩华荟。

最初，赵固跟秘书长（长史）周振，感情破裂。周振向汉赵帝刘聪打小报告，密告赵固谋反。晋帝国荥阳郡（河南省荥阳市）郡长李矩，大破刘畅时（参考本年〔三一七〕二月），在刘畅大营中搜出刘聪的密诏，命刘畅在攻克李矩之后，回军途中，经过洛阳时，逮捕赵固，即行诛杀；而由周振接替郡长职位。李矩把它送给赵固，赵固遂斩周振父子，率骑兵一千人，向晋帝国投降。李矩仍命赵固返洛阳守卫。

15 晋帝国前荆州将领郑攀等，抗拒新任州长（刺史）王廙（参考前年〔三一五〕八月），部众的想法不同，大家逐渐离散，郑攀退到横桑口（湖北省汉川市西南），打算投奔变民首领杜曾。最高统帅（大将军）王敦派武昌郡（湖北省鄂州市）郡长赵诱、襄阳郡（湖北省襄阳市）郡长朱轨进击，郑攀等恐惧，请求投降。杜曾也请求：准许攻击第五猗（第五，复姓）所在的襄阳，用以赎罪。

王廙将往荆州（州政府设江陵〔湖北省江陵县〕）上任，留下秘书长（长史）刘浚，镇守扬口垒（湖北省潜江市）。竟陵郡（湖北省钟祥市）郡长（内史）朱伺，对王廙说："杜曾，是一个狡猾的巨贼，外貌表示屈服，恐怕是想引诱政府军西上，然后袭击扬口垒。应该重新部署，不可以轻率的出发。"王廙一向自命不凡，固执己见，认为朱伺年老胆怯，不予理会，大军遂西上。杜曾果然回师，直扑扬口垒。王廙得到报告，才命朱伺返营，刚刚进入营门，即陷入杜曾包围。刘浚自己守北门，命朱伺守南门。荆州旧将领马儁（跟郑攀同叛，参考前年〔三一五〕八月），也随杜曾作战。马儁妻子早就留在扬口垒（湖北省潜江市），有人主张活剥他妻子的面皮，展示给马儁。朱伺说："杀他的妻子，不能解除包围，只能增加愤怒！"这才停止。杜曾攻破北门，朱伺身负重伤，逃到船上，凿破船舱，使它下沉，朱伺在水底潜行五十步，才勉强逃脱。杜曾派人通知朱伺说："马儁感激你保全他的妻子，而今，阁下全家内外一百余口，都交给马儁，马儁尽心保护，欢迎你随时回来。"朱伺回答说："我年龄已六十有余，不能再追随你们去当强盗，纵是一死，也要回到南方。妻子安危，交到你手。"遂投奔王廙所在地甑山（湖北省汉川市东南），伤重而死。

九月二十九日（原文误置于八月，据《晋书·元帝纪》改），赵诱、朱轨，以及陵江将军黄峻，联合进攻杜曾，在女观湖（湖北省江陵县东北，今已湮没）会战；赵诱等大败，全体阵亡。杜曾乘胜直扑沔口（湖北省武汉市·沔水〔汉水〕注入长江处），声威震动长江、沔水（汉水）地区。

晋王司马睿命豫章郡（江西省南昌市）郡长周访，截击杜曾。周访的豫章兵团有八千人，挺进到沌阳（湖北省武汉市西南沌水北岸）。杜曾军锐不可当，周访命将军李恒在左翼督阵，许朝在右翼督阵，周访自己亲督中阵。杜曾先攻左右两翼，周访为了安定军心，特地在阵后射击野鸡，表示从容不迫，下令说："一翼战败，战鼓连擂三声；两翼全败，战鼓连擂六声。"赵诱的儿子赵胤，率领老爹的残余部队，配属左翼阵地，竭力苦战，被击溃后立刻集结，但仍不能支持；赵胤飞马向周访告急，周访暴跳如雷，高声叱责，命他挺进；赵胤哭泣号叫，回马死战，从早晨厮杀到下午四时，两翼全被杜曾突破。

周访遴选精锐敢死队八百人，准备停当，而自己在虎帐中饮酒，下令不准随意行动，要等听到战鼓，再行出击。杜曾军冲锋陷阵，距虎帐约三十步，周访亲自擂鼓，将士踊跃而出，迎头痛击，杜曾军已筋疲力尽，不能抵抗，霎时瓦解，阵亡一千余人。周访乘夜追击，各将领请求等到明天，周访说："杜曾骁勇善战，不可轻视。刚才因为他们过度疲劳，而我们还是生力军，所以取胜。正应乘他们衰弱，才可以一举消灭。"战鼓声中，豫章兵团西进，遂平定长江、沔水（汉水）之间地带。

杜曾撤退到武当（湖北省丹江口市西北），王廙终于进入荆州（州政府设江陵〔湖北省江陵县〕）。周访因这项战功，擢升梁州州长（刺史），进驻襄阳（湖北省襄阳市）。

16 冬季，十月二十九日，晋帝国琅邪王司马裒逝世。

17 十一月一日，日蚀。

18 十一月十九日，晋帝国擢升刘琨（并州州长〔刺史〕，时流亡蓟县）当高级咨询官（侍中）、全国武装部队总司令（太尉）。

19 晋帝国征南将军府参谋长（征南军司）戴邈，上书晋王司马睿，认为："天下大乱以来，学校教育荒废。有权力的人发表议论说：太平日子崇尚文治，战争来临，崇尚武力。这些话听起来很有道理，其实并不如此。儒家学派的道理，十分深奥，不可能仓促之间，就有成就。等到太平日子，再去追寻，荒废已久，就来不及了。而且，贵族子弟，未必是斩将夺旗的人才，很难有从军出征的战功。如果不乘他们年纪轻轻，学习道理仁义，实在非常可惜。世风衰微已久，礼俗败坏日甚一日，好像灯火消耗灯油，不知不觉，不感到严重。而今，帝王大业初创，万事都要从头开始，应该坚持正道，敬重儒家，用以鼓励风气。”司马睿接受，开办国立大学（太学）。

20 汉赵帝国（首都平阳）皇帝刘聪，出宫打猎，命特级国务官（光禄大夫）司马邺兼代车骑将军，全副武装，手持铁戟，担任御驾车队的前导；看到的人指指点点说：“这就是从前长安的皇帝！”民众听到消息，聚在一起观看，年龄大一点的父老，有的流泪哭泣。皇太子刘粲对老爹刘聪说：“当初，姬发（周王朝一任王武王）岂乐意诛杀子受辛（商王朝末任帝纣帝），只是恐怕恶人们互相呼应，制造灾祸。而今，各地聚众起兵的叛徒，都用司马邺作为号召，不如早日把他除掉。”刘聪说：“我上一次诛杀庾珉之辈（参考三一三年二月一日），而民心仍然如此，我不愿再下狠心，姑且观察一段时期。”

十二月，刘聪在光极殿大宴群臣，命司马邺劝大家饮酒、洗涤酒杯。一会工夫，刘聪起身去洗手间，又教司马邺拿着伞盖。被俘的晋帝国官员，不胜伤感，很多人流泪哭泣，有的还忍不住呜咽出声。国务院助理官（尚书郎）、陇西郡（甘肃省陇西县）人辛宾，从座位上起来，抱住司马邺，放声痛哭。刘聪命拖出辛宾，斩首。

晋帝国河南郡（河南省洛阳市东白马寺东）郡长赵固，跟河内郡（河南省沁阳市）郡长郭默（根据地怀县〔河南省武陟县〕），攻击汉赵帝国河东郡（山西省夏县），军锋抵达绛县（山西省曲沃县），汉赵帝国京畿西区总卫戍司令（右司隶）统辖下的民众，投奔晋军的，有三万人。汉赵帝国骑兵将军刘勋，追击逃亡，杀一万余人；赵固、郭默撤退。汉赵帝国皇太子刘粲，率将军刘雅生等步骑兵混合兵团十万人，驻防小

四世纪·三一七年　河南地区形势

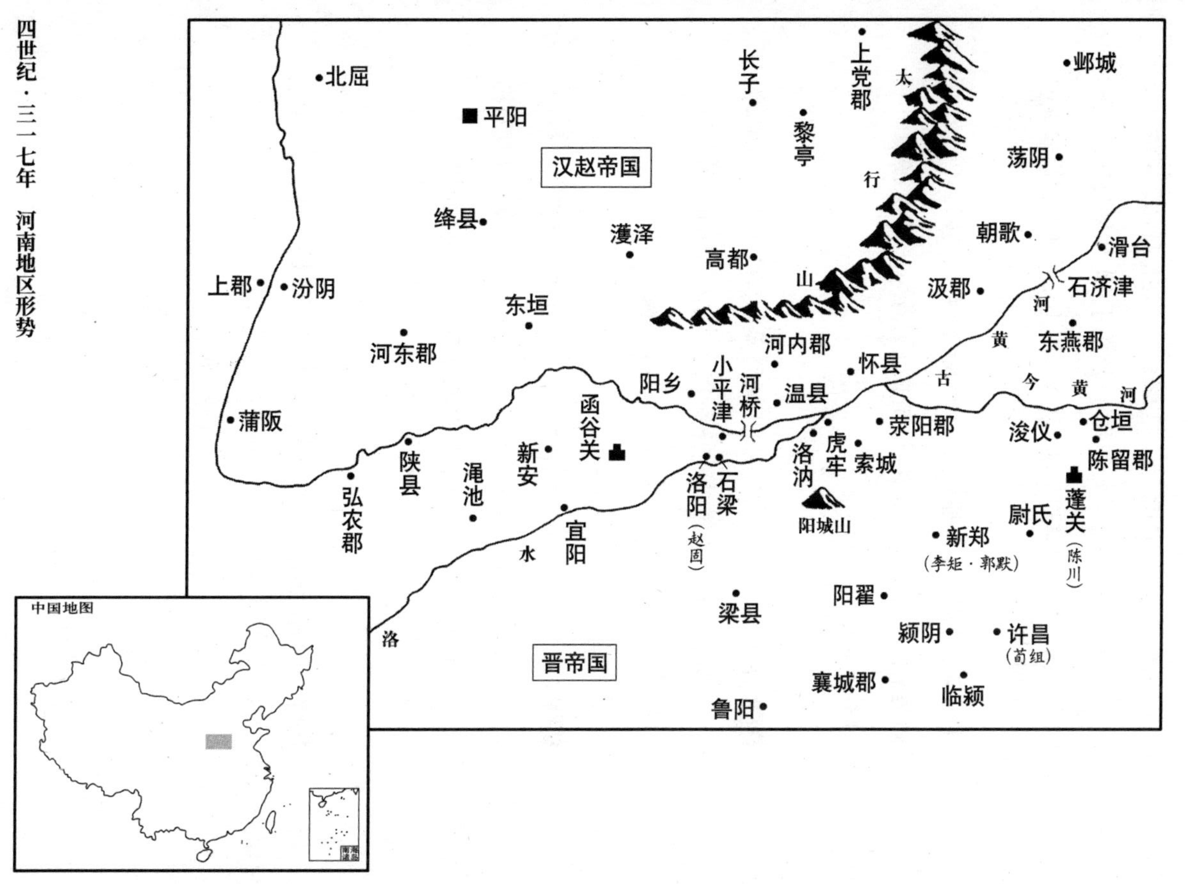

平津（河南省洛阳市孟津区东黄河渡口），赵固扬言："这次要活捉刘粲，交换天子（司马邺）。"刘粲上书给刘聪，说："司马邺如果死亡，人民没有盼望，就不会听从李矩、赵固驱使。用不着攻击，他们会自行离散！"

十二月二十日，在首都平阳（山西省临汾市）斩司马邺（年十八岁）。

刘粲派将军刘雅生攻击洛阳，赵固无法坚守，逃奔阳城山（河南省登封市东北车岭）。

21 本年（三一七），晋帝国晋王司马睿全力推广农耕，郡长级（二千石长史）以上官员，以缴纳稻谷多少，作为考绩标准。武装部队都要就地垦荒种田，所有收获，都由自己支配。

22 "氐王"（首府仇池〔甘肃省西和县南〕）杨茂搜（参考三一三年八月）逝世，长子杨难敌继位，跟幼子杨坚头，分别统领部众。杨难敌称左贤王，驻屯下辨（甘肃省成县）；杨坚头称右贤王，驻屯河池（甘肃省徽县）。

23 位于青海湖附近的鲜卑人慕容部落酋长、河南王（一任）慕容吐谷浑逝世（年七十二岁）。

慕容吐谷浑，是鲜卑大单于慕容廆的庶兄；老爹慕容涉归，分给慕容吐谷浑一千七百户，作为部众。等到慕容廆继位（参考二八五年），两个部落发生马群厮咬踢斗事件。慕容廆派人责备慕容吐谷浑说：“老爹划分畜牧地界，至为明白，你为什么不走得远远的，而竟使马群斗伤！”慕容吐谷浑忿忿说：“马是六畜之一（六畜：马、牛、羊、狗、猪、鸡），厮咬踢斗，稀松平常，何至于迁怒到人身上，要我走得远远的？走得远远的容易得很，只是恐怕再见无期，我会前往万里之外。”遂率他的部众，向遥远的西方出发。慕容廆后悔，派秘书长（长史）乙那娄冯（乙那娄，三字姓），追上去道歉。慕容吐谷浑说：“老爹在世时，曾提过卜卦上的话，老爹说：‘我的两个儿子，都会兴起，而且强大，福分流传后世！’我，是庶子，按理不能同时也当首领。而今，因为马斗这件事，使我们分别，莫非是天意！”拒不东返，再向西行，靠近阴山落脚。正逢本世纪（四）〇〇年代中国大乱，遂续向西行，穿过陇山，在洮水之西定居，势力范围直到白兰（青海省中部），面积数千里。鲜卑话呼老哥为“阿干”，慕容廆追念手足之情，特作阿干之歌。

慕容吐谷浑有儿子六十人，长子慕容吐延嗣位（二任王）。慕容吐延身材高大，力壮如牛，羌人和匈奴人，对他都存畏惧（鲜卑人慕容部落西迁的这一支，就用第一代移民首领的名字，称吐谷浑部落，后裔更建立汗国）。

三一八年 戊寅

晋 建武 二年
太兴 元年
成汉 玉衡 八年
汉赵 麟嘉 三年
汉昌 元年
光初 元年
（汉天王靳准元年）

1 春季，正月，晋帝国（首都建康〔江苏省南京市〕）所封辽西公（首府令支〔河北省迁安市〕）段疾陆眷逝世，儿子年幼，叔父段涉复辰自己宣布继位。幽州（河北省北部）州长（刺史）段匹磾（音dī〔滴〕）从蓟城（幽州州政府所在城，北京市）前往辽西郡（河北省卢龙县）奔丧。段末柸（音pēi〔胚〕）挑拨说："段匹磾之来，不是为了奔丧，而是为了篡夺。"段匹磾进抵右北平郡（河北省遵化市），段涉复辰派军阻截。而段末柸就乘内部空虚的机会，发动袭击，斩段涉复辰，屠杀段涉复辰所有子弟跟所有党羽。段末柸遂自称单于，迎击段匹磾，段匹磾战败，退回蓟城（北京市）。

2 三月七日，晋帝国皇帝（六任愍帝）司马邺死亡消息，传到建康（江苏省南京市），晋王司马睿身穿麻布丧服，把卧室移进地窖。文武百官奉上皇帝尊贵绰号，司马睿不准。丞相府参谋主任（丞相军咨祭酒）纪瞻说："晋政府法统断绝，如今已进入第二年，陛下自应担当大业。试看皇族之中，还能推让给谁？如果登上宝座，人神都有了依靠。假如一定要拂逆天心，违背人望，大势一去，便永不回头。两个首都（洛阳及长安）都烧成灰烬，皇家祭庙无人祀奉。刘聪（汉赵帝国皇帝）在西北篡夺，陛下却在东南清高。这正是用谦恭礼让的态度，去救大火！"司马睿仍然不肯，命殿中将军（第五品）韩绩，拿开宝座，纪瞻大声呵责韩绩说："帝王座位，上应星宿，敢动一动的，立刻斩首。"司马睿为之动容。但也有人持反对态度，特准参加御前会报（奉朝请，第六品）的周嵩，上书说："古代君王，大义无亏，然后取得；谦让不果，然后接受。所以政权的寿命，能够长久，如同日月，照耀万年。而今，两位皇上（五任帝司马炽、六任帝司马邺）的灵柩，还没有运回，故都旧京，还没有光复；忠义之士，流下血泪；男女老幼，惊慌不安。现在，更应该接受美好的谋略，加强武装部队的战斗训练。先洗雪国家的奇耻大辱，符合天下人民的盼望，天子的玉玺宝座，难道会到别人手上？"对这项冒犯，司马睿大不高兴，把周嵩贬出建康（江苏省南京市），去当新安郡（浙江省淳安县）郡长。不久，周嵩又被指控"怨望"（怨恨现状和盼望发生新的变化），受到刑罚。周嵩，是周顗的老弟（周顗，参考三一二年十二月）。

三月十日，晋王司马睿（本年四十三岁）正式登上皇帝宝座（七任元帝)，文武百官在两旁排开。司马睿请总立法长(中书监)王导到御床上，坐在自己身旁(当时中国还是席地而坐，榻榻米上铺一层棉褥，使屁股舒适，称之为“床”。皇帝屁股下的床，称之为“御床”)。王导坚决推辞，说：“如果太阳跟地上的万物一模一样，人民还怎么能仰望日光普照？”司马睿才不勉强。大赦，改年号(之前是建武二年，之后是太兴元年)。文武官员，一律升级二等。司马睿打算对于凡是上书“劝进”的官员，再升级一等，凡是签名“劝进”的平民，都擢升他们到政府任职；计算起来，升等升官的约有十二万余人。散骑侍从官(散骑常侍)熊远说：“陛下上应天心，下继正统，全国人民，一致归心拥戴。为什么只京师(首都建康)人民的情义重，而远地人民的情义轻？不如依照西汉王朝前例，普遍的赏赐天下人民爵位，使皇恩广被(西汉王朝自二任帝惠帝刘盈登极，赏赐官民，以后每个皇帝登极，都依例办理)，而且还可以免除考核的麻烦，杜绝取巧作伪的行为。”司马睿不接受。

三月二十四日，司马睿封他的长子司马绍当皇太子。司马绍仁爱孝顺，喜爱文学，精通武术，礼贤下士，很能接受别人的意见，跟庾亮、温峤等，都是平民时期结交的朋友。庾亮风度高雅，态度严肃，擅长谈论《老子》《庄子》(又是穷嚼蛆之辈)，司马睿对他十分器重，聘娶庾亮的妹妹当司马绍的正妃。司马睿命贺循当太子师傅(太子太傅)、周顗(音yǐ〔倚〕)当太子教师(太子少傅)；庾亮以立法院主任立法官(中书郎)身份，兼任太子宫讲书官(侍讲东宫)。司马睿喜爱法家学派，把《韩非子》送给司马绍，庾亮对司马绍说：“申不害、韩非的学说，刻薄寡恩，会伤害教化，不应该放在心上。”司马绍同意。

3 晋帝国(首都建康)皇帝司马睿，派使节前往昌黎郡(辽宁省义县），加授慕容廆（时驻棘城〔辽宁省义县西〕）龙骧将军、大单于、昌黎公；慕容廆辞让公爵。慕容廆任命游邃当龙骧将军府秘书长（龙骧长史），刘翔当主任秘书（主簿），命游邃制定官府礼仪和法令规章。裴嶷（参考三一三年四月）对慕容廆说："晋政府衰微，孤独的退缩到长江一角，恩德和威力，都不能达到远方。中原（华北大平原）地区的战乱，除非阁下（慕容廆），谁都不能拯救。而今，其他部落（指在东北地区的各民族部落）虽然拥有军队，可是都是一群顽劣之辈，我们应该逐渐的一一吞并，作为向西方进军的资本。"慕容廆说："你说的规模太大，我恐怕没有这种力量，先生是中国（中原地区）有名望有品德的人物，不嫌我浅陋，给我教诲，是上天把先生赏赐给我，保佑我的部众。"任命裴嶷当秘书长（长史。此可能是大单于府秘书长），把军政大计，完全委托他处理，对各弱小部落，偶尔也攻击征服。

4 晋帝国荥阳郡（河南省荥阳市）郡长李矩（时在新郑〔河南省新郑市〕），命河内郡（河南省沁阳市）郡长郭默、扬武将军郭诵，率军援救退到阳城山（参考去年〔三一七〕十二月）的河南郡（河南省洛阳市东白马寺东）郡长赵固。大军进屯洛汭（河南省巩义市东北），郭诵派部将耿稚等，于深夜渡过黄河，袭击汉赵兵团大营。汉赵帝国具丘王刘翼光得到消息，报告皇太子刘粲，请加强戒备。刘粲说："他们听到赵固失败，连自保都来不及，怎么敢来？不要惊动将士！"顷刻之间，耿稚等抵达营门，分兵十路，同时并攻，刘粲大营崩溃，死伤超过大半，刘粲退守阳乡（河南省济源市南）。耿稚等进占刘粲大营，俘获武器等军用物资，不可胜数。天亮之后，刘粲发现耿稚等的军队不多，遂跟将军刘雅生，整顿残军反攻，汉赵帝（三任昭武帝）刘聪更派全国武装部队总司令（太尉）范隆，率骑兵来援，跟耿稚僵持，苦战二十余日，不能取胜。李矩率军援救，但汉赵兵团沿黄河把守，李矩无法北渡。耿稚等不能支持，宰杀俘获的牛马，焚毁所有军用物资，突出重围，投奔虎牢（河南省荥阳市西北汜水镇）。

晋帝司马睿下诏，任命李矩当河南三郡军区司令长官（都督河南三郡诸军事。三郡：河南郡、荥阳郡、弘农郡〔河南省灵宝市东北〕）。

5 汉赵帝国首都平阳（山西省临汾市）螽斯则百堂失火，烧死皇子会稽王刘康等二十一人。

6 汉赵帝刘聪，任命皇子济南王刘骥当最高统帅（大将军）、全国各军区总司令长官（都督中外诸军事）、主管政府机要（录尚书）；齐王刘劢当宰相（大司徒）。

7 晋帝国安定（甘肃省镇原县东南屯字镇）郡长焦嵩、讨虏将军陈安，起兵攻击上邽（秦州州政府所在县，甘肃省天水市），相国司马保派人向凉州（州政府设姑臧〔甘肃省武威市〕）全权州长（牧）张寔告急求救；张寔命金城郡（甘肃省兰州市东）郡长窦涛，率步骑兵二万人赴援，大军进抵新阳（甘肃省天水市西北）。

在得到晋帝司马邺死亡消息后，司马保准备自己当皇帝。破羌司令（破羌都尉）张诜提醒张寔说："南阳王（司马保）在皇族中，血缘最为疏远（司马保是司马懿老弟司马馗的曾孙），忘掉奇耻大辱（君王跟老爹〔司马模〕都死于汉赵帝国），而只想当皇帝，绝对不可能成功。而晋王（司马睿）血缘最近（司马睿是司马懿的曾孙），而且有名望恩德。你应领导天下，拥戴他登极。"

张寔同意，派营门官（牙门）蔡忠，携带"劝进"奏章，前往建康

（晋首都，江苏省南京市），等到了建康，司马睿已经称帝。不过，张寔并不用司马睿的年号（本年"太兴元年"），而仍用前任帝（六任愍帝）司马邺的建兴年号（本年"建兴六年"。不用今上皇帝的年号，政治上称为"不奉正朔"，就是叛变）。

8 夏季，四月一日，日蚀。

9 晋帝国政府加授王敦官衔：江州（江西省及福建省）全权州长（牧），加授王导：骠骑大将军、开府仪同三司（宰相级）。

王导派八个参谋官（从事），分别前往扬州（州政府跟中央政府同设建康。扬州州长〔刺史〕，等于从前的京畿总卫戍司令〔司隶校尉、司州刺史〕，扬州也就等于过去的司州〔京畿卫戍区〕）所属各郡视察（此时扬州管辖十三郡：丹阳郡〔首都建康〕、会稽郡〔浙江省绍兴市〕、晋陵郡〔江苏省镇江市〕、义兴郡〔江苏省宜兴市〕、庐江郡〔安徽省舒城县〕、历阳郡〔安徽省和县〕、淮南郡〔安徽省寿县〕、吴郡〔江苏省苏州市〕、吴兴郡〔浙江省湖州市〕、宣城郡〔安徽省宣城市宣州区〕、东阳郡〔浙江省金华市〕、临海郡〔浙江省台州市西北〕、新安郡〔浙江省淳安县〕）。各参谋官（从事）回京（首都建康）之后，同时晋见，分别报告各郡郡长的得失。只顾和不说一句话，王导问他原因，顾和说："阁下（王导）作皇帝的辅佐，宁愿使渔网漏掉可以吞舟的大鱼，偏偏不放过小虾，何必采信这种道听途说、明察秋毫的言论！"王导叹息同意。顾和，是顾荣的族侄（顾荣，参考三〇一年六月）。

10 成汉帝国（首都成都〔四川省成都市〕）丞相范长生逝世。成汉帝（一任武帝）李雄（本年四十五岁），擢升范长生的儿子、高级咨询官（侍中）范贲当丞相。

范长生学问渊博，多才多艺，年龄将近一百岁，成汉帝国人民敬奉他，如同敬奉神明。

11 汉赵帝国寝殿侍奉宦官（中常侍）王沈的一位养女，貌美如花，汉赵帝刘聪封她左皇后。国务院总理（尚书令）王鉴、立法院总立法长（中书监）崔懿之、最高立法长（中书令）曹恂，劝阻说："我们听说，君王选立皇后，品德要配合天地乾坤，在世的时候祀奉皇家祭庙，去世的时候跟大地分享人间香火。所以，必须选择世代有名望的家族，贤惠有美德的淑女，才能符合四海盼望，满足神明心意。当年，孝成皇帝（西汉王朝十二任帝刘骜）封赵飞燕当皇后，结果使后嗣灭绝，祀奉天地的祭坛，成为废墟，这是一个明鉴（参考前六年）。自从三一六年以来，选立皇后，都不考察她们的品德。即令是王沈的侄女，属于阉割刑余的小丑，都不可以使她污染寝宫，何况他家的婢女？六宫嫔妃，都是公爵的女儿或孙女，为什么突然使一个婢女当她们的主人？我恐怕不是国家之福。"刘聪大怒若狂，派寝殿侍奉宦官（中常侍）宣怀，传令给太子刘粲，说："王鉴这批小子，言辞狂妄，态度侮慢，不再有君臣上下的分际，迅速查出实情。"于是逮捕王鉴等，全部诛杀。最高国务官（金紫光禄大夫）王延奔往皇宫，将入宫劝阻，卫士拒绝通报。

王鉴等临处斩时，王沈用棍棒殴打他，说："书呆，你还能不能作恶！你老子的事，跟你有什么关系？"王鉴怒目呵责说："贼痞，覆灭帝国的，正是你跟靳准这种渣滓。我当把你告到先帝（一任帝刘渊）面前，在地下收捕你惩治。"靳准对王鉴说："我奉命行事，有什么不对，为什么说帝国覆亡，我也有份？"王鉴说："你杀掉皇太弟（刘乂），使主上身背不友爱的恶名。帝国豢养你们这些东西，怎么能不完！"崔懿之对靳准说："你的心如同枭鸟、破镜（枭鸟，传

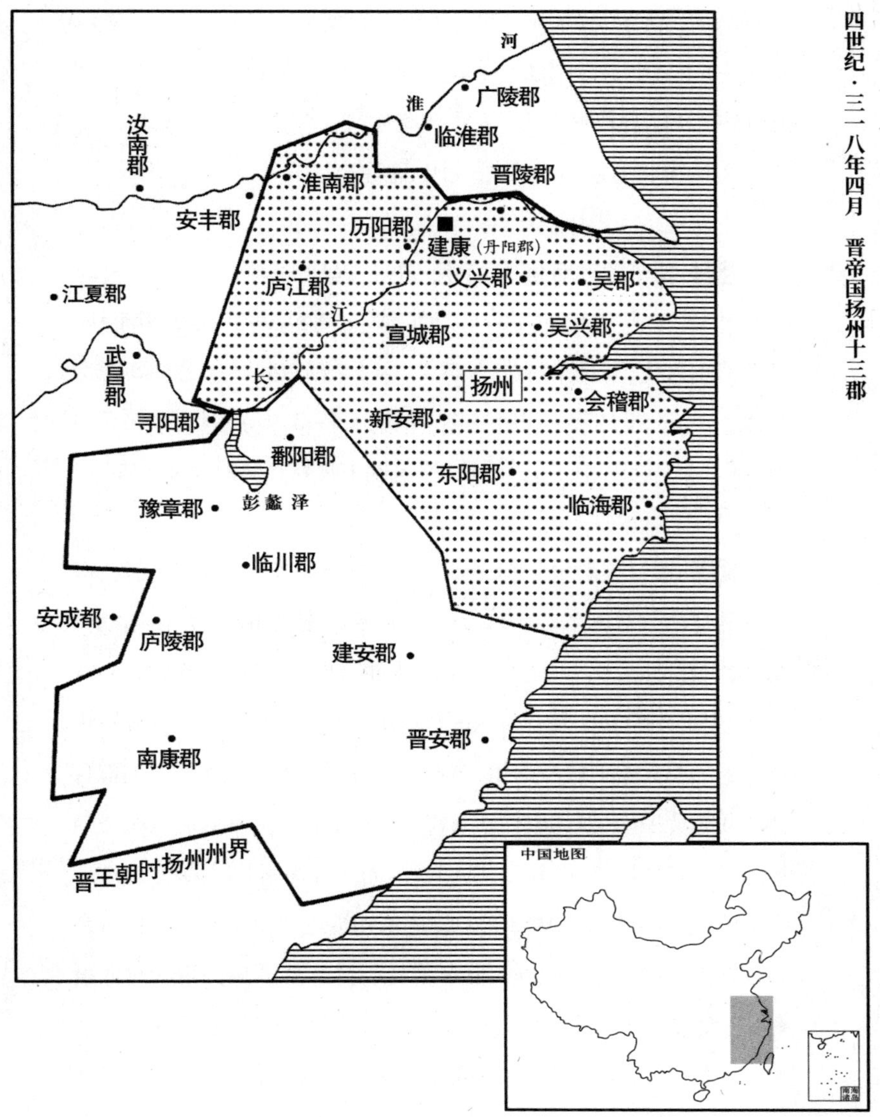

四世纪·三一八年四月　晋帝国扬州十三郡

说中的凶禽，吞食娘亲。破镜，也称“獍”，传说中的凶兽，比虎豹略小，吞食父亲。黄帝王朝一任帝姬轩辕，为了灭绝它们，下令天下所有祭祀，都用它们作为祭品），一定成为帝国的祸患。你既然吃人，人也要吃你。”

刘聪再收纳宣怀的养女，封中皇后。

12 晋帝国宰相（司徒）荀组，驻屯许昌（河南省许昌市东。自三一二年十月，司马邺西进关中〔陕西省中部〕以后，荀组一直驻守许昌），受到汉赵帝国（首都平阳）骠骑大将军石勒沉重的军事压力，只好放弃城池，率领部属数百人，渡长江抵达首都建康（江苏省南京市）。晋帝司马睿下诏，命荀组跟太保（上三公之三）、西阳王司马羕，共同主管政府机要（并录尚书事）。

13 晋帝国幽州（州政府设蓟县〔北京市〕）州长（刺史）段匹磾，当初奔赴辽西公（首府令支〔河北省迁安市〕）段疾陆眷丧事时（参考本年正月），全国武装部队总司令（太尉）刘琨，派他的世子（爵位合法继承人）刘群同往。段匹磾战败，刘群被段末柸俘虏。段末柸对刘群十分尊敬优待，表示愿拥护刘琨当幽州（河北省北部）州长（刺史），盼望跟刘琨合作，夹击段匹磾。派出密使，带着刘群的信件，请求刘琨在城中响应。密使被段匹磾的巡逻部队捕获，而刘琨率军驻防蓟城（北京市）附近的征北小城（征北将军府所在），还不知道这个变化，正在蓟城会晤段匹磾。段匹磾把刘群的信拿给刘琨看，说：“只因为我对你没有丝毫疑心，所以才让你过目。”刘琨说：“我跟你共同盟誓（参考去年〔三一七〕三月），只求洗雪帝国的耻辱。即令我儿子的信收到，也终不会为了一个儿子，辜负你的恩义。”段匹磾一向尊敬刘琨，本没有杀害他的意思，将要送他返回防地。老弟段叔军警告说：“我们，只不过蛮夷而已，汉人所以服从听命，是畏惧我们人多力强。而今，我们骨肉之间，互相残杀，正是汉人翻身之日，如果有人尊奉刘琨起兵，我们全族都要死光。”段匹磾遂留下刘琨。

刘琨的庶长子刘遵，恐怕诛杀，跟刘琨左秘书长（左长史）杨桥等，关闭城门自保。段匹磾发动攻击，城池陷落。代郡（河北省蔚县）郡长辟闾嵩（辟闾，复姓）、后将军韩据，阴谋奇袭段匹磾，事情泄露，段匹磾逮捕辟闾嵩、韩据，跟他们的党徒，全部诛杀。

五月八日，段匹磾宣称，他接到晋帝司马睿的诏书，遂逮捕刘琨，用绳索缢死（年四十八岁），并斩刘琨的儿子及侄儿四人（山盟海誓，义结兄弟，又是儿女亲家，挡不住现实利害的衡量，这就是权力斗争）。刘琨的参谋指挥官（从事中郎）卢谌、崔悦等，率刘琨的残余部众，投奔辽西郡（河北省卢龙县），依靠段末杯，尊奉刘群当领袖。其他将领，很多投奔汉赵帝国骠骑大将军石勒。崔悦，是崔林的曾孙（崔林在曹魏帝国当最高监察长〔司空〕，参考二三八年十一月）。

晋帝国政府因段匹磾势力强大，仍盼望他能平定河朔（华北大平原），所以不给刘琨举行丧葬祭悼仪式。温峤上书说：“刘琨尽忠皇家，而自己家破人亡，应该褒扬抚恤。”卢谌、崔悦，也委托段末杯的使节，代呈奏章，为刘琨申冤。但一直到几年之后，才追赠刘琨为全国武装部队总司令（太尉）、高级咨询官，绰号愍（刘琨遂被称为刘愍公）。汉人和蛮夷，因刘琨之死，都反对段匹磾。

段末杯派他的老弟攻击段匹磾，段匹磾率部众数千人南下，打算投奔冀州（州政府设厌次〔山东省阳信县东南〕）州长（刺史）邵续，汉赵帝国骠骑大将军石勒，命他的将领石越在中途的盐山（河北省盐山县）阻截，段匹磾大败，只好再折返蓟城（北京市）固守。段末杯遂自称幽州（河北省北部）州长（刺史）。

当初，温峤携带刘琨的奏章前往建康（江苏省南京市），他的娘亲崔女士坚决留他，温峤不顾一切，强行出发。既到建康，不断请求返回蓟城（北京市）报命，政府不许。正巧，刘琨死亡，政府任命温峤当散骑顾问官（散骑侍郎）。温峤听说娘亲也已逝世，道路阻塞，不能奔丧安葬，所以对被任命的官职，不肯接受，苦苦请求北返。晋帝司马睿下诏说："凡是坚持礼义的人，应该通情达理，而今，凶恶的叛逆还没有斩首，奉迎先帝（司马炽、司马邺）灵柩的各军，还不能前进。温峤一个人的力量，对他个人的苦难，有什么帮助，而竟抗拒诏令！"温峤不得已，接受任命。

14 最初，汉赵帝国青州州长（刺史）曹嶷，占领青州（山东省北部），后来叛变，归降晋帝国（北方各将领向司马睿劝进时，曹嶷是其中之一，参考去年〔三一七〕六月）。后来因建康（江苏省南京市）距离太远，势不能支援，于是又倒向汉赵帝国，跟骠骑大将军石勒结合。石勒任命曹嶷当东州大将军、青州全权州长（牧），封琅邪公。

15 六月九日，晋帝国政府任命刁协当国务院总理（尚书令），荀崧当国务院左执行长（左仆射）。

刁协性情刚烈强悍，跟很多人发生冲突，和高级咨询官（侍中）刘隗，同时受晋帝司马睿宠信。二人打算矫正当时的弊端，遇事往往尊崇君王，压制臣下，排斥豪门强族，所以深受王姓家族（以王导为首的王家班）的忌恨，凡是政府不得人心的苛刻琐碎的措施，大家就一口咬定是刁协、刘隗的主意。刁协又不自我克制，每每借酒装疯，凌辱高官，看到他的人，都不敢正视，心怀畏惧。

16 六月二十三日，晋帝国封皇子司马晞当武陵王。

17 汉赵帝国楼烦公刘虎（参考三一〇年十月），从朔方（指山西省北部）侵入晋帝国所封代王（首府盛乐〔内蒙古和林格尔县〕）拓跋郁律国境西部（拓跋郁律继位事，参考前年〔三一六〕十二月）。

秋季，七月，拓跋郁律攻击刘虎，大破刘虎军，刘虎逃出塞外；堂弟刘路孤，率领部众归降拓跋郁律。拓跋郁律遂扩张领土，西方征服古乌孙王国的故土（伊犁河流域）；东方征服勿吉部落（黑龙江下游一带）以西地区；士强马壮，雄踞北方。

18 汉赵帝国皇帝刘聪病重，征调最高指挥官（大司马）刘曜当丞相，骠骑大将军石勒当最高统帅（大将军），一同主管政府机要（录尚书事）；接受遗诏，辅佐中央。刘曜、石勒坚决辞让。刘聪遂任命刘曜仍当丞相，兼雍州（陕西省中部）全权州长（牧）；石勒仍当最高统帅（大将军），兼幽州（河北省北部）、冀州（河北省中部南部）二州全权州长（牧）；石勒再辞让，仍不接受。刘聪续任命上洛郡（陕西省商洛市商州区）人王景当太宰（上三公之一），济南王刘骥当最高指挥官（大司马），昌国公刘颉（音yǐ〔倚〕）当太师（上三公级），朱纪当太傅（上三公之二），呼延晏当太保（上三公之三），以上各官同时主管政府机要（并录尚书事）。又任命范隆代理国务院总理（守尚书令）、仪同三司（宰相级），靳准当最高监察长（大司空），兼京畿总卫戍司令（司隶校尉），轮流裁决国务院奏章。

七月十九日，刘聪逝世（年不详）。

七月二十日，皇太子刘粲登极（四任隐帝），尊右皇后靳月华当皇太后，上皇后樊女士当弘道皇后，武女士当弘德皇后，王女士当弘孝皇后。晋封太子妃靳女士当皇后，皇子刘元公当皇太子。大赦，改年号汉昌（之前是麟嘉三年，之后是汉昌元年）。把刘聪埋葬在宣光陵（山西省临汾市西南），绰号称昭武皇帝，祭庙称烈宗。皇太后靳月华等，正在妙龄，都没有超过二十岁。刘粲遂跟她们上床，日夜欢乐，毫不悲伤。

靳准心里另有打算，向刘粲秘密报告：“我听到一些消息，好像有人打算效法伊尹、霍光（指罢黜皇帝），先行诛杀太保（呼延晏），拥戴最高指挥官（大司马刘骥）总揽中央大政，陛下应早日因应。”刘粲不理。靳准恐惧后患，教他的两个女儿（皇太后靳月华及皇后靳女士）向刘粲提出警告，刘粲才相信确有其事，于是，下诏逮捕太宰（上三公之一）刘景、最高指挥官（大司马）刘骥（刘粲老弟）、刘骥同一娘亲的车骑大将军吴王刘逞、太师（上三公级）刘顗、宰相（大司徒）齐王刘劢（刘粲老弟），全部处斩。太傅（上三公之二）朱纪、代理国务院总理（守尚书令）范隆，逃奔长安（投靠驻防长安的丞相刘曜）。

八月，刘粲在上林御花园（上林）检阅大军，打算讨伐骠骑大将军石勒。擢升丞相刘曜当相国，兼全国各军区总司令长官（都督中外诸军事），仍镇守长安；靳准当最高统帅（大将军），主管政府机要（录尚书事）。刘粲常在后宫游乐欢宴，军事政治等国家大事，全由靳准决定。靳准假传圣旨，任命堂弟靳明当车骑将军，靳康当首都卫戍司令（卫将军）。

靳准将发动政变，跟最高国务官（金紫光禄大夫）王延商谈，王延拒绝，扭头便走，将向汉赵帝刘粲告发，中途遇到靳康，被绑架回来。靳准遂下令他的军队紧急动员，冲入皇宫，到光极殿，派武装士卒逮捕刘粲，推到面前，一条条数出罪状，立刻诛杀（年不详）；绰号隐帝。刘姓皇族，无论男女，不管老少，全体绑赴东城街市，斩首。又挖掘一任帝刘渊及三任帝刘聪坟墓，砍下刘聪人头，焚烧皇家祭庙（这是一幕可怕的巨变，即令成人应付出代价，孩童何辜？《晋书·刘粲载记》形容当时惨景："鬼大哭，声闻百里"）。

靳准是中国历史上，最凶悍也最成功的政治鲨鱼之一，他的鲨鱼性格和鲨鱼手段，尽善尽美，造诣之高，使人叹为观止。只端出一副忠贞嘴脸，献出三个美丽女儿，就把刘聪、刘粲父子，戏弄了个够。靳准用主子的手，诛杀拥护主子的忠臣义士，等到主子把自己的忠贞干部铲除干净之后，他只轻轻一击，死主子就被掘坟，活主子就被砍头。

靳准为什么发动这场政变，是一个谜，从他杀人掘墓的行为，可看出他对汉赵帝国刘姓皇族恨入骨髓的程度。不过什么事使他如此恨入骨髓，没有人知道。这个谜底，如果能够揭开，将提供我们更多和更宝贵的启示。

靳准自称最高统帅（大将军）、汉国"天王"，以皇帝身份，发号施令（称制），设立文武百官。对安定郡（甘肃省镇原县东南屯字镇）人胡嵩说："自古以来，从没有蛮夷当天子的。现在把传国玉玺交给你，派你送还给晋国（晋帝国）皇家。"胡嵩不敢接受，靳准大怒，斩胡嵩。派使节告诉晋帝国司州（河南省中部）州长（刺史）李矩说："刘渊（汉赵帝国一任帝）不过是匈奴屠各部落的小丑，因晋政府内乱，假托上天旨意，致使二位皇帝，死于幽暗。我就要率领大众，奉还二位皇帝的灵柩，请把这件事转奏。"李矩迅速呈报晋帝司马睿，司马睿派祭祀部长（太常）韩胤，出发迎接。汉赵帝国国务院执行官（尚书）北宫纯等（北宫纯归降汉赵帝国事，参考三一一年八月），号召汉人，在东宫（太子宫）集结，建立堡垒；靳康攻击，消灭北宫纯。靳准打算任命王延当左特级国务官（左光禄大夫），王延诟骂说："你这个屠各叛奴，为什么不快点杀我？把我左眼放在西阳门（平阳城西门），看相国（刘曜）进城；把我右眼放在建春门（平阳城东门），看最高统帅（大将军）进城！”（最高统帅指石勒。石勒再次辞让事，可能因当时没有大众传播工具，人尚不知。）靳准斩王延。

相国刘曜得到政变噩耗，从长安（陕西省西安市）率军赴难。骠骑大将军石勒，从襄国（河北省邢台市）率精锐五万人，西上讨伐靳准，进抵襄陵（山西省临汾市东南）城北平原；靳准数次挑战，石勒坚守军垒，用以挫折靳准的锐气。

冬季，十月，刘曜大军进抵赤壁（山西省河津市西北）；太保（上三公之三）呼延晏从首都平阳（山西省临汾市）投奔，跟太傅（上三公之二）朱纪等，共同向刘曜“劝进”，奉上皇帝尊贵绰号，刘曜遂登极继承帝位（五任帝），大赦，只靳准一家不赦。改年号光初（之前是汉昌元年，之后是光初元年）。任命朱纪兼任宰相（司徒），呼延晏兼任最高监察长（司空），全国武装部队总司令（太尉）范隆以下，全恢复原来的官职爵位。擢升石勒当最高指挥官（大司马），兼最高统帅（大将军），加“九锡”（参考四年），增加采邑十郡，晋爵赵公。

石勒进攻靳准盘踞的首都平阳（山西省临汾市），巴氐人、羌人、羯人，投降的有十余万篷帐；石勒把他们全部迁移到他所管辖的郡县。

汉赵帝国皇帝刘曜，派征北将军刘雅、镇北将军刘策，进抵汾阴（山西省万荣县西南荣河镇），跟石勒共同讨伐靳准。

19 十一月十三日，太阳在夜里升起，高到三丈（这种天象变异，完全不懂）。

20 晋帝国皇帝司马睿下诏，任命王敦当荆州（州政府设江陵

〔湖北省江陵县〕）全权州长（牧）；加授广州（州政府设番禺〔广东省广州市〕）州长（刺史）陶侃，当交州（越南北部）军区司令长官（都督交州诸军事）。王敦坚辞全权州长（牧）名义，政府准他改称州长（刺史）。

21 十一月十八日，晋帝司马睿下诏，命文武百官，上自三公，下到部长级官员，以及普通知识分子，每人都要评估政治上的得失。总监察官（御史中丞）熊远上书，认为："蛮夷丑类，扰乱中国，皇帝的灵柩还没有运回，而仍不能派军讨伐，一误。政府所有官员，不把大仇未报当作耻辱，反而一味追逐享受，大摆酒筵，二误。任用官吏，不查考他的能力，只查考他的虚名；不物色有才干的人，只想到将来如何向他请托；官员们把尽责办事的人看作伧俗之辈，把遵守法令的行为看作苛刻，把对人有礼貌看作谄媚拍马，把反应迟钝看作潇洒高妙，把淫佚放荡看作胸襟豁达，把骄傲无礼看作坦诚率真，三误。

"于是，呈现的现象完全扭曲：大家所厌恶的，恨不得埋葬到水底泥泞之中；大家所赞扬的，恨不得飞到天空，直上云霄。国家万事都不能治理，风俗虚伪浇薄。政府当权高官，把顺服的人当成善良，对意见不同的人加以贬谪。假如政府中有耿直敢言的臣僚，知识分子怎么会没有为国做事的兴趣？古时候遴选官员，都要他们提出治理国家的方案。而今，只遴选而不考试，完全违背古人的前例。而且，推荐的贤才，永远跳不出豪门世家那个圈圈；法律的制裁，也永落不到权贵身上。官员的才干能力，都不足以胜任他的工作；而贪官污吏，又从不受到惩罚。如果不能改正这些弊端，而希望救乱，难如登天。"

之前，晋帝司马睿因为正逢天下大乱，人民流离，为了安抚和取悦人心，凡州政府、郡政府所推荐的“秀才”“孝廉”，到京师（首都建康）后，不再考试，全部任命当官。国务院执行官（尚书）陈頵也上书说：“应该渐渐恢复旧有制度，考试他们对儒家学派经典的见解。”司马睿采纳，遂下诏：“秀才、孝廉，考试不及格的，推荐他的州长（刺史）、郡长，一律免职。”结果，没有一个“秀才”“孝廉”敢到京师（首都建康），即令敢到的，也都借口生病。一连三年，没有人参加考试。司马睿打算特别挑选若干敢到京师（首都建康）的“孝廉”，直接任命当官。国务院助理官（尚书郎）孔坦上书，认为：“首都附近各郡的‘秀才’‘孝廉’，唯恐考不及格，会毁掉州长（刺史）、郡长的官职，所以根本不来。而偏僻或遥远各郡的‘秀才’‘孝廉’，却盼望政府终于有一天会免除考试，所以抱着侥幸的心理，前往京师（首都建康）。如果全都教他们担任官职，是行为谨慎的人，失去应得的东西，而投机取巧的人，反而如愿以偿。败坏风俗，伤害教化，恐怕从此开始。不如命他们一律回去，但特别为他们延长考期，使他们有充分的时间学习，则制度才公平，法令才有权威。”司马睿同意，命“孝廉”可以延期七年应考。孔坦，是孔愉的侄儿（孔愉，参考去年〔三一七〕三月）。

22 汉赵帝国政变首领靳准，派高级咨询官（侍中）卜泰，把皇帝御用车轿、御用衣服，送给赵公石勒，请求和解，石勒把卜泰送给汉赵帝刘曜（石勒和刘曜都盼望吞并靳准部众，所以把卜泰送给刘曜，是使刘曜了解城中无归降刘曜之意），刘曜对卜泰说：“先帝（刘粲）末年，实在是伦常大乱。最高监察长（司空靳准）实行伊尹、霍光的权宜措施，使我得以得到皇帝宝座，应该是很大的功劳。如果能早一天迎接大驾，我还要把国家大事，全部委任给他，岂止免死而已。你代表我进城，宣布这个心意。”

卜泰回到平阳（山西省临汾市），靳准因为在大屠杀中杀掉刘曜的娘亲跟老哥（娘亲胡女士，死于靳准之手，老哥不详），沉吟迟疑，不敢决定；但人心已变。

十二月，左车骑将军乔泰、右车骑将军王腾、首都卫戍司令（卫将军）靳康等，为了自救，联合击斩靳准；推举国务院总理（尚书令）靳明当领袖，派卜泰带着传国的六颗皇帝印信，向刘曜投降。石勒大为愤怒，率军进攻，靳明出城迎战，大败，仍退回平阳（山西省临汾市）固守。

23 十二月五日，晋帝国封皇子司马焕当琅邪王。司马焕，是晋帝司马睿小老婆郑夫人所生，仅只两岁，司马睿百般疼爱，而忽然重病，司马睿决定在爱子去世前，加封王爵。

十二月七日，小娃司马焕逝世。司马睿命用成人的礼仪安葬，准备吉服丧服，兴建墓园，工程浩大，费用可观。琅邪王府寝殿西厢侍从官（右常侍）会稽郡（浙江省绍兴市）人孙霄，上书规劝说：“上古时候，遇到饥荒年景，一切礼仪，都要降低等级。何况现在，海内大乱，旧有的法令制度，还要特别简单节约。对于法令制度所没有的，为什么还要浪费到如此程度？压榨已经穷困的人民，经营对国家毫无裨益的建筑，消耗所剩无几的财富，增加毫无作用的开支，这是我最大的不安。”司马睿不理。

24 晋帝国彭城郡（江苏省徐州市）郡长（太守）周抚，击斩沛国（安徽省淮北市）郡长（内史）周默，率领部众投降汉赵帝国赵公石勒。晋帝国皇帝司马睿下诏，命下邳郡（江苏省睢宁县北古邳镇）郡长（内史）

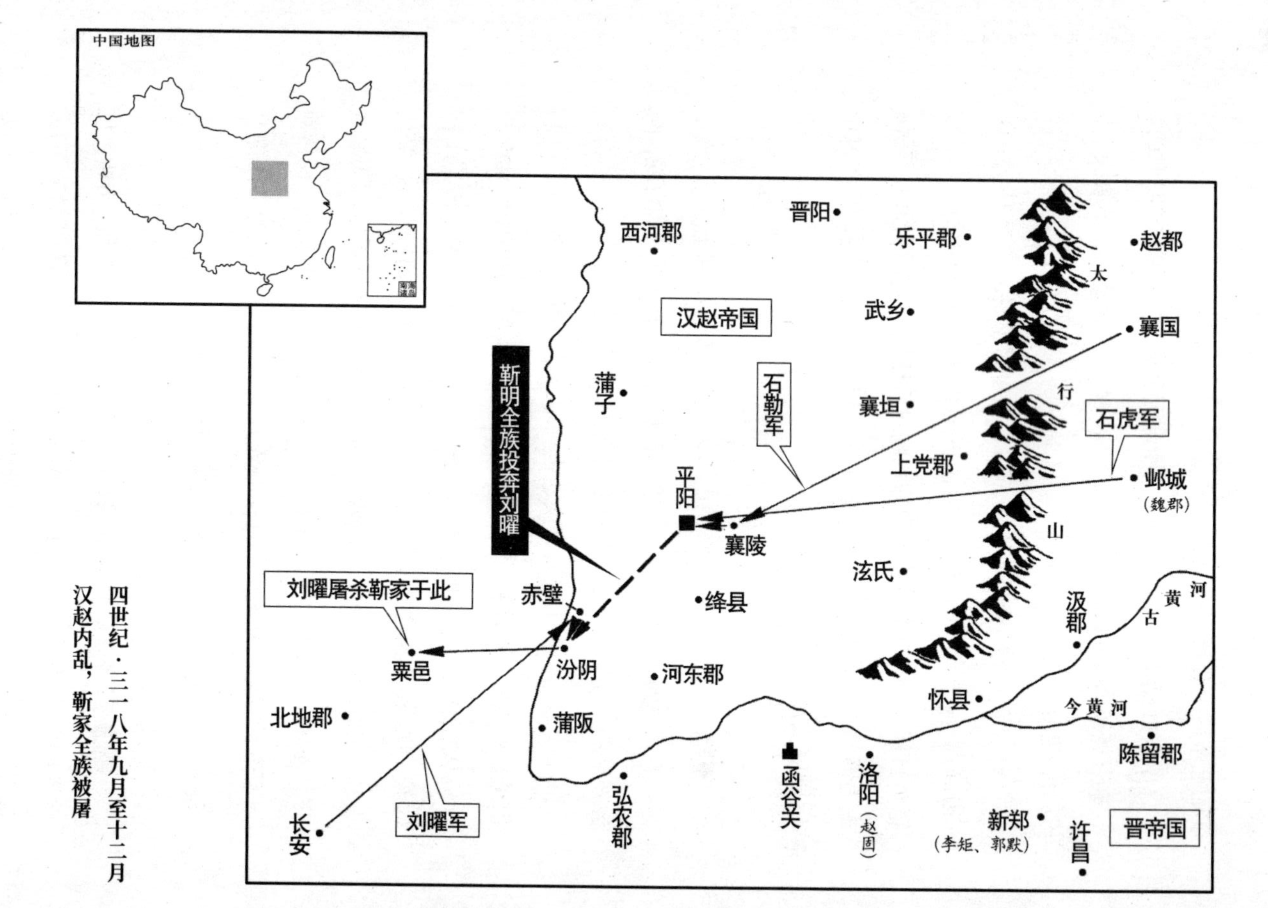

四世纪·三一八年九月至十二月
汉赵内乱，靳家全族被屠

刘遐，兼任彭城郡郡长（内史），会同徐州州长（刺史）蔡豹（时驻下城〔山东省泗水县东下桥镇〕）、泰山郡（山东省泰安市东）郡长徐龛（音kān〔刊〕），共同讨伐周抚。蔡豹，是蔡质（蔡邕的叔父，参考一七八年七月）的玄孙。

25 汉赵帝国魏郡（河北省临漳县邺城镇）郡长石虎，率幽州（河北省北部）、冀州（河北省中部南部）两州武装部队，跟赵公石勒会师，对平阳（山西省临汾市）发动总攻。政变领袖靳明屡战屡败，派人向汉赵帝刘曜求救（时刘曜仍在汾阴〔山西省万荣县西南荣河镇〕）。刘曜派征北将军刘雅、镇北将军刘策，率军迎接。靳明带领平阳（山西省临汾市）男女一万五千人，投奔刘曜。

刘曜移驻粟邑（陕西省白水县），逮捕靳姓家族，不论男女老幼，全部诛杀。刘曜迎奉娘亲胡女士的灵柩，安葬粟邑，称阳陵，绰号宣明皇太后。

石勒纵火焚烧平阳皇宫，派将领裴宪、石会，重新整修刘渊墓（永光陵，山西省洪洞县东南）及刘聪墓（宣光陵，山西省临汾市西南）。收殓四任帝（隐帝）刘粲以下、一百余人的尸体埋葬。设立守卫，然后回军。

26 成汉帝国（首都成都）梁州州长（刺史）李凤，屡次建立功勋。成汉帝李雄的侄儿李稚，驻防晋寿（四川省广元市西南），对他深为嫉妒；李凤在巴西郡（四川省阆中市）叛变。李雄御驾亲征，进抵涪城（四川省绵阳市），命太傅（上三公之二）李骧讨伐，斩李凤。擢升李寿当前将军，兼巴西郡（四川省阆中市）军区司令官（督巴西军事）。

三一九年 己卯

晋　太兴　二年
成汉　玉衡　九年
汉赵　光初　二年
后赵　赵王　元年
（晋王司马保建康元年）

1 春季，二月，晋帝国（首都建康〔江苏省南京市〕）下邳郡（江苏省睢宁县北古邳镇）郡长（内史）刘遐、泰山郡（山东省泰安市东）郡长徐龛，攻击寒山（江苏省徐州市东南），击斩叛变的彭城郡（江苏省徐州市）郡长（内史）周抚。

最初，掖县（东莱郡郡政府所在县，山东省莱州市）人苏峻，为应付日益蔓延的战乱，领导家乡亲属邻居等数千家，构筑堡寨，武装自卫，远近人民，很多前来归附，寻求保护。青州（山东省北部）州长（刺史）曹嶷，厌恶他的强大，打算消灭他们（发生此事时，不知道曹嶷是站在哪一边的)。苏峻自忖不能抵抗，率领所有部众，乘船泛海南下，投奔江南(长江以南)，晋帝(七任元帝)司马睿(本年四十四岁)任命苏峻当鹰扬将军，协助刘遐讨伐周抚，建立功劳。司马睿下诏，任命刘遐当临淮郡(江苏省盱眙县)郡长，苏峻当淮陵郡(安徽省明光市东北)郡长(内史)。

2 汉赵帝国(首都平阳〔山西省临汾市〕)赵公石勒，派左秘书长(左长史)王修，向汉赵帝(五任)刘曜呈献捷报。刘曜命兼宰相(兼司徒)郭汜，前往襄国(石勒根据地，河北省邢台市)，加授石勒太宰(上三公之一)，兼最高统帅(大将军)，晋爵赵王；再加授特殊尊崇礼仪，出入都用皇家仪式，戒严净街(出警入跸)，如同曹操辅佐东汉王朝前例。任命王修跟他的副使刘茂，都当将军，封侯爵。王修的随员(舍人)曹平乐，跟从王修到粟邑(陕西省白水县)，曹平乐想留在中央政府任职，遂向刘曜打小报告说："最高指挥官(大司马石勒)派王修等前来，外表上诚恳恭敬，实在是要窥探陛下的强弱虚实，等到他回去之后，大军马上就会袭击。"当时中央政府军实在疲惫凋零，刘曜遂完全相信。于是，追令郭汜返回，把王修绑赴街市斩首。

三月，石勒返襄国(河北省邢台市)，副使刘茂也逃回，报告王修被杀情形。石勒大怒，说："我事奉刘家，已超过人臣的职分。他(刘曜)的皇家基业，都是我的血汗功劳。而今，刚刚有点得意，竟想到要谋害我！赵王、赵帝，我想当什么就当什么，难道靠他！"屠杀曹平乐三族。

3 晋帝国皇帝司马睿，命文武官员，讨论祭祀天地的仪式。国务院总理(尚书令)刁协等，认为应该等到还都洛阳(河南省洛阳市东白马寺东)后，再行恢复。宰相(司徒)荀组等说："刘协(东汉王朝末任帝献帝）建都许县（河南省许昌市东），即行祭祀天地（参考一九六年八月），何必非在洛阳不可？”司马睿接受，遂在首都建康（江苏省南京市）城外东南方，建筑祭天神坛。

三月辛卯日（三月壬寅朔，没有辛卯），司马睿亲自到南郊祭天。因没有祭地神坛的缘故，遂合并天地神祇（音qí〔奇〕），一齐祭祀（直到三三三年，九任帝〔成帝〕司马衍时，才再在覆舟山〔建康城东北〕南麓，兴建祭地神坛）。

司马睿下诏：“琅邪（恭）王（司马睿的老爹司马觐）应称‘皇考’。”最高立法长（中书令）贺循说：“依照《仪礼》，当儿子的不敢把自己的官爵，加到父亲身上。”司马睿才停止。

4 最初，蓬陂（河南省开封市南）城寨首领（坞主）陈川，自称陈留郡（河南省开封市东）郡长。晋帝国豫州州长（刺史）祖逖攻击难民首领樊雅时（参考前年〔三一七〕六月），陈川派他的将领李头，协助祖逖。李头奋勇作战，建立功劳，祖逖待他很厚。李头每每叹息说：“能得到这样的人当领袖，虽死也没有遗憾。”陈川听到这话，老羞成怒，斩李头。李头党羽冯宠，率领部众，投奔祖逖。陈川越发不能忍受，对豫州（河南省东部）各郡，大肆劫掠。祖逖派军攻击，陈川战败。

夏季，四月，陈川献出浚仪（河南省开封市），投降汉赵帝国赵公石勒。

5 晋帝国叛将周抚败退时，泰山郡（山东省泰安市东）郡长徐龛的部将于药，追斩周抚。可是中央政府论功行赏，下邳郡（江苏省睢宁县北古邳镇）郡长（内史）刘遐却在徐龛之上。徐龛大怒，献出泰山郡（山东省泰安市东）城池，投降汉赵帝国赵公石勒，自称兖州（山东省西部）州长（刺史）。

6 汉赵帝国皇帝刘曜，从粟邑（陕西省白水县）回军，把首都迁到长安（陕西省西安市旧都平阳〔山西省临汾市〕已完全残破）。封王妃羊献容当皇后，皇子刘熙当皇太子、刘袭当长乐王、刘阐当太原王、刘冲当淮南王、刘敞当齐王、刘高当鲁王、刘徽当楚王；皇族都晋封郡王。羊献容原是晋帝国皇帝（四任惠帝）司马衷的皇后（参考三一一年六月）。刘曜曾经问她："我比司马家的男人怎么样？"羊献容说："陛下是开创基业的圣明君王，而他（司马衷）不过是个亡国白痴，怎么能相提并论！他贵为皇帝，连一个妻子、一个儿子，加上他自己，不过三个人，却一个人都不能保护。在那个时候，我实在痛不欲生，认为世界上男人，全都一样。然而，自从嫁给你之后，才知道天下原来真有大丈夫。"刘曜对她十分宠爱，而她有时候也干预政府行政（羊献容劫后余生，能有这么美好的结局，我们为她高兴。中国历史上，嫔妃有再嫁的，皇后没有再嫁的，尤其是没有再嫁后仍当皇后的，只羊献容例外。从她对二位丈夫的评估，可看出她的智慧。嫁给司马衷，实在是一朵鲜花插到牛粪上）。

7 晋帝国南阳王司马保（时在上邽〔甘肃省天水市〕），自称晋王，改年号建康，设立文武百官。任命凉州（甘肃省中部西部）全权州长（牧）张寔当征西大将军、开府仪同三司（宰相级）。

司马保旧部、讨虏将军陈安，自称秦州（甘肃省南部）州长（刺史），投降汉赵帝国（首都长安），不久又投降成汉帝国（首都成都〔四川省成都市〕）。上邽（秦州州政府所在县，甘肃省天水市）发生大饥馑，人民士兵，困苦窘迫，不能自立。部将张春侍奉司马保，逃到南安郡（甘肃省陇西县东南）祁山（甘肃省礼县东北，诸葛亮二出祁山处）。张寔派长官司令部军政官（太府司马）韩璞，率步骑兵五千人援救；陈安退守绵诸（甘肃省天水市东），司马保回上邽（天水市）固守。不久，陈安加强压力，张寔再派他的将领宋毅来救，陈安才撤退。

8 晋帝国所属江东地区（江苏省南部太湖流域）大饥馑，晋帝司马睿下诏，命文武百官各用“亲启密奏”，贡献意见。益州（州政府设巴东郡〔重庆市奉节县东〕）州长（刺史）应詹上书说：“三世纪九〇年代以来，知识分子轻视儒家学派经典，崇拜道家学派理论，认为故弄玄虚，胆大妄为，是一种豁达大度。而儒家学术的清廉节约，却成了卑贱庸俗。现在，应该尊崇儒家学派官员，革新风俗教化。”

9 晋帝国豫州（河南省东部）州长（刺史）祖逖，攻叛将陈川据守的蓬关（即蓬陂，河南省开封市南）。汉赵帝国赵公石勒，派石虎率军五万人救援，在浚仪（河南省开封市）会战，祖逖兵败，退屯梁国（河南省商丘市）。石勒再派部将桃豹率军，进入蓬关，祖逖退回淮南郡（安徽省寿县）。石虎把陈川部众五千户人家，迁移到襄国（河北省邢台市），留桃豹守蓬关。

石勒命石虎攻击鲜卑部落酋长日六延所在地朔方（黄河河套地区），大破日六延，杀二万人，俘虏三万余人。另一部将孔苌攻击晋帝国的幽州（河北省北部）所属各郡，全都夺取。幽州（州政府设蓟城〔北京市〕）州长（刺史）段匹磾的士卒，饥饿疲惫，纷纷离散，不能再守蓟城（北京市），打算转移到上谷郡（河北省怀来县）。代王（首府盛乐〔内蒙古和林格尔县〕）拓跋郁律率军阻截，段匹磾部众崩溃，抛弃妻子，逃到乐陵郡（阳信，山东省阳信县东南），投靠冀州（州政府设厌次〔山东省阳信县东南〕）州长（刺史）邵续。

汉赵帝国青州（山东省北部）全权州长（牧）曹嶷，派使节送给石勒厚重礼物，请求以黄河为界；石勒允许。（胡三省原注：“曹嶷已沿黄河布防，而又请求以黄河为界，是恐惧石勒攻击。”）

10 晋帝国梁州（州政府设襄阳〔湖北省襄阳市〕）州长（刺史）周访，攻击变民首领杜曾，大破杜曾部众。杜曾将领马儁内叛，生擒杜曾，投降（马儁事，参考三一五年八月），周访斩杜曾；并俘虏荆州（州政府设江陵〔湖北省江陵县〕）州长（刺史）第五猗，送到武昌（湖北省鄂州市）。周访认为第五猗原是长安中央政府任命的官员（参考三一五年八月），而且又富有一时人望；请最高统帅（大将军）王敦不要诛杀，王敦不理，竟斩第五猗。

最初，王敦担心杜曾凶悍，不容易克制，对周访说：“如果能铲除杜曾，当推荐你主持荆州（湖北省）。”等到杜曾被杀，王敦却不实践承诺。而且，荆州州长（刺史）王廙（王敦堂弟），在荆州州政府所在地的江陵（湖北省江陵县），诛杀很多陶侃当荆州州长（刺史）时的将领，认为皇甫方回很受陶侃尊敬，斥责他不来拜见自己，斩皇甫方回。人民怨恨愤怒，上下不安。晋帝司马睿得到消息，召回王廙当散骑侍从官（散骑常侍），任命周访接替王廙当荆州州长（刺史）。王敦忌惮周访的威名声势，而又不能抗拒诏书，正在为难，参谋指挥官（从事中郎）郭舒向王敦建议说：“本州虽然荒芜残破（郭舒从前在荆州，历事刘弘、王澄），但是军事重地，不可以交到别人之手，你应该自己兼任。周访当梁州州长（刺史），已经够了（梁州州政府侨设襄阳〔湖北省襄阳市〕，参考前年〔三一七〕九月）。”王敦认为正确。

六月七日，晋帝司马睿下诏，擢升周访当安南将军，其他职位依旧。周访大为愤怒，王敦亲笔写信向周访解释，并致赠玉环、玉碗，表示诚意（“环”暗示“归还”，“碗”暗示“完整”）。周访摔到地上，说：“我岂是做生意的商贩，看见宝物就高兴？”周访在襄阳（湖北省襄阳市）

推广农耕，加强战斗训练，暗中有图谋王敦的意图。郡长、县长出缺时，周访都先行委派，然后报告。王敦深为烦恼，但不能制止。

宜阳（河南省宜阳县西）堡寨首领魏该，受到汉赵帝国（首都长安）的压力，不能支持，率领部众，南迁到新野（河南省新野县）；协助周访讨伐杜曾有功，被任命当顺阳郡（河南省淅川县东南）郡长。

河南郡（洛阳，河南省洛阳市东白马寺东）郡长赵固逝世。扬威将军郭诵驻防阳翟（河南省禹州市），汉赵帝国将领石生攻击，不能攻克。

11 汉赵帝国皇帝刘曜，在首都长安，兴建皇家祭庙、土神农神祭坛（社稷），以及南北郊天地神坛，下诏说："我的祖先，原来在北方崛起。光文皇帝（一任帝刘渊）兴建汉王朝的皇家祭庙（参考三〇四年十月），为的是顺应人民的盼望。而今是更改国号的时候了，以我们的单于，作为祖先。有关单位应商议研究，奏报我知。"文武官员奏称："光文皇帝（一任帝刘渊）最初封卢奴伯爵（"八王之乱"第六王成都王司马颖"承制"封刘渊，时间当在三〇四年）；陛下封中山王；中山，是故赵王国疆土（卢奴是中山国首府所在县，今河北省定州市），请改称赵帝国。"刘曜批准（为了显示政权的一贯性，我们一直使用汉赵帝国）。以挛鞮冒顿（匈奴汗国二任可汗）配享上天，刘渊配享上帝。

12 汉赵帝国兖州（山东省西部）州长（刺史）徐龛，劫掠济水、泰山一带，攻陷东莞郡（山东省莒县）。晋帝国皇帝司马睿，向总立法长（中书监）王导，询问什么人可以担任讨伐徐龛的将领，王导推荐说："太子宫左翼卫队长（左卫率）泰山郡（山东省泰安市东）人羊鉴，是徐龛乡里的豪门大族，家世显达，一定可以克制。"羊鉴恳切推辞，认为自己不是大军统帅的材料。兖州州长（刺史）郗鉴（时驻邹山〔山东省邹城市东南〕）也上书警告：羊鉴没有这种能力，不可任用，王导不接受。

秋季，八月，任命羊鉴当征虏将军、征剿司令官（征讨都督），统御徐州州长（刺史）蔡豹（时驻卞城〔山东省泗水县东卞桥镇〕）、临淮郡（江苏省盱眙县）郡长刘遐、鲜卑将领段文鸯（此时段文鸯随他的老哥段匹磾在厌次〔山东省阳信县东南〕）共同进击。

13 冬季，汉赵帝国赵公石勒的左秘书长（左长史）张敬、右秘书长（右长史）张宾、左军政官（左司马）张屈六、右军政官（右司马）程遐等，向石勒"劝进"（劝他更进一步当皇帝），石勒拒绝。

十一月，将领以及幕僚，再请石勒先称最高统帅（大将军）、大单于、兼冀州全权州长（牧）、赵王。依照刘备（蜀汉帝国一任帝）在巴蜀（四川省）、曹操（曹魏帝国一任帝曹丕的老爹）在邺城（河北省临漳县邺城镇）前例，以他所实际控制的疆域；河内郡（河南省沁阳市）等二十四个郡，作为赵国。"太守"（郡长）都称"内史"，以《禹贡》的记载为标准，恢复古冀州的面积（黄河以北，今河北省、山西省及河南省北部）；用"大单于"的身份，镇抚所有蛮夷。撤销并州（山西省中部）、朔州（黄河河套地区）、司州（河南省中部），另行设立官署管理（三州都合并入冀州）。石勒批准。

十一月戊寅日（十一月戊戌朔，没有戊寅），石勒（本年四十六岁）登极（一任明帝），大赦。依照周王国春秋时代各封国的前例，使用本国年号，称赵王元年。（五胡乱华十九国第三国出现。此时只能称赵王国，到了三三〇年，石勒自称天王、皇帝，只能称赵帝国，但因时间上在刘曜称赵帝国之后，我们便称它后赵帝国。本年〔三一九〕，中国版图上，四国并立。四国：晋帝国、成汉帝国、汉赵帝国、后赵帝国。）

最初，石勒因为正逢乱世，法令规章，多如牛毛，曾命法务司初级助理（法曹令史）贯志（贯，姓），采集当时法令规章的精华，作《辛亥制》五千条（《辛亥制》命名的意义不详），施行已十余年，才再改成正

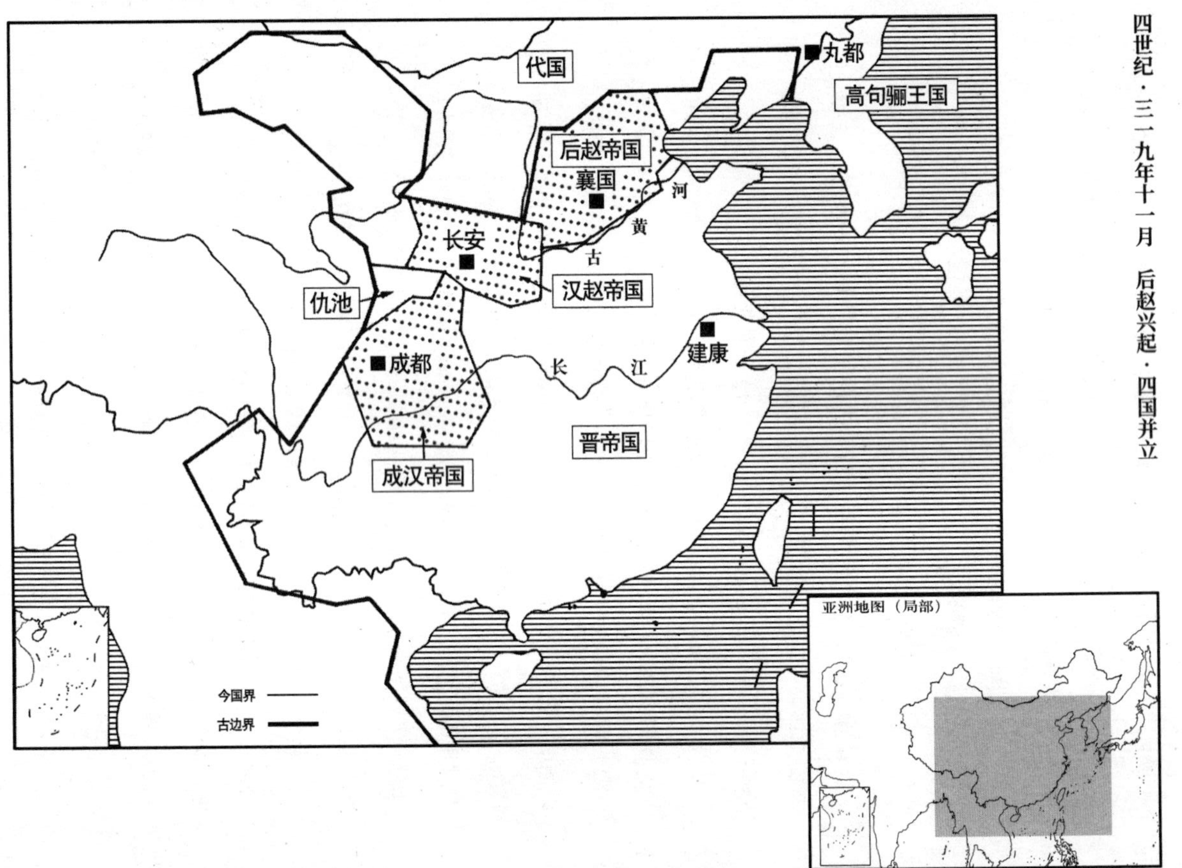
四世纪·三二九年十一月 后赵兴起·四国并立
代国
丸都
高句骊王国
后赵帝国
襄国
河
黄
古
长安
汉赵帝国
仇池
成都
建康
长
江
晋帝国
成汉帝国
今国界
古边界
亚洲地图（局部）

式法律。现在，任命执法军事参议官（理曹参军）上党郡（山西省黎城县西南）人续咸，当司法总监（律学祭酒）。续咸执行法律，公正和平，受到人民称赞。再任命中垒将军支雄、游击将军王阳，当保安总监（门臣祭酒），专门负责蛮夷的诉讼；严厉禁止蛮夷，不准欺凌侮辱汉人知识分子，称匈奴人（包括羯人）为“国人”。

石勒派使节到各郡县观察，鼓励及督促农民种桑耕田。在早朝会报时，开始使用天子御用音乐、御用衣服冠帽，以及其他专为皇帝使用的器物；仪式规模，呈现庄严肃穆的景观。任命张宾兼最高执法官（大执法），总管全国政务。任命石虎当单于、最高辅佐（元辅），兼禁卫各军司令长官（都督禁卫诸军事）。不久，再加授石虎骠骑将军、高级咨询官（侍中）、开府（开府仪同三司，宰相级），晋封中山公。其他官员，按照等级，分别升官升爵。

张宾受到明显优厚的待遇，其他官员都不能相比。但张宾谦虚谨慎，对人恭敬，胸襟开阔，礼贤下士，杜绝营私舞弊，以身作则。进宫则向石勒知无不言，尽到规劝的责任；出宫则把美好的声誉，归功主上。石勒对他十分敬重，每次早朝，常常为了张宾，整肃自己的仪容，缩短自己的谈话，对张宾只称呼“右侯”，而不敢叫他名字。

14 十二月九日，晋帝国大赦。

15 晋帝国平州（辽宁省）州长（刺史）崔毖（音bì〔闭〕），自以为是中原望族（崔毖是崔琰的曾孙，参考三一一年十二月），镇守辽东郡（辽宁省辽阳市），人民却多数归附鲜卑慕容部落（王庭设棘城〔辽宁省义县西〕）大单于慕容廆（音wěi〔伟〕），心里大不是滋味。几次派人招集流亡人民，大家都不肯来，崔毖认为他们受到慕容廆的拘禁，遂秘密邀请高句骊王国（首都丸都〔吉林省集安市〕）、辽西郡（河北省卢龙县）段家部落（首府令支〔河北省迁安市〕），以及宇文部落（内蒙古老哈河上游），联合攻击慕容廆。约定消灭慕容廆之后，瓜分他的土地。崔毖亲信勃海郡（河北省南皮县）人高瞻，极力劝阻，崔毖不理。

三方面联军包围慕容廆根据地棘城（辽宁省义县西），慕容廆的将领们要求出城迎战，慕容廆说："他们受到崔毖引诱，只求捞上一票。而且联军刚刚集结，战斗意志正高，不可以攻击，我们应该坚守城池，先挫他们的锐气。联军不过一群乌合之众，既没有一个最高统帅，自不会听别人的号令，时日稍久，一定互相猜忌，一则怀疑这次军事行动可能是我们跟崔毖共同设下的圈套，目的在把他们集中起来，一齐消灭。二则他们三方面互相怀疑，唯恐自己力量削弱。等到他们军心离散，然后再动，准可击破。"

三方面联军对棘城（辽宁省义县西）开始攻击，慕容廆闭门坚守。派使节单独送牛肉美酒给宇文部落，于是高句骊军和段家辽西军，推断宇文部落跟慕容廆之间，定有不可告人的阴谋，他们不愿冒被夹击的危险，遂分别撤军。宇文部落酋长宇文悉独官说："他们虽然走掉，没有关系，我单独夺取城池。"宇文部众有数十万人，营寨连绵四十华里，声势强大。慕容廆命驻防徒河（辽宁省锦州市）的儿子慕容翰，回棘城协防。慕容翰派人禀告老爹，说："宇文悉独官倾全国之力，向我们侵犯，他们人多，我们人少，用谋略击败他们易，用力量攻击他们难。棘城（辽宁省义县西）守军，足可以抵抗攻城。我最好是留在城外，作为奇兵，抓到机会，就发动攻势。然后内外呼应，同时奋战，使他们惊慌失措，不知道怎么防备，一定可以把他们击破。如果把所有武装部队都集中在城里，他们可以专心攻城，再没有别的事使他们分心了，不是上策。而且，一旦放弃徒河（辽宁省锦州市），表现出来我们的怯懦，士气沮丧，用不着作战，就不能支持。”慕容廆迟疑不决。辽东郡（辽宁省辽阳市）人韩寿对慕容廆说：“宇文悉独官仗势欺人，将领骄傲，士卒懈怠，军队组织又不严密，如果乘他们不备，前后夹击，一定可以取胜。”慕容廆遂命慕容翰仍留守徒河（辽宁省锦州市）。

宇文悉独官得到消息，说：“慕容翰骁勇善战，闻名于世，而今不入棘城（辽宁省义县西），而留徒河，可能造成危害，我当先夺取徒河，棘城（辽宁省义县西）不必担心。”遂派数千骑兵，袭击慕容翰。慕容翰获得情报，派人假装是辽西（河北省东北部）段家部落的使节，等候道路之旁，报告说：“慕容翰一直是我们的灾患，听说你们开始攻击，我已经动员，请迅速前进！”慕容翰在假使节出发后，即率军出徒河城，布置埋伏。宇文部落骑兵听说段家部落在前面呼应，大为高兴，不再警觉，只一味急进，终于进入埋伏阵地。慕容翰奋力攻击，全部俘虏，乘胜急进，一面派人从小路禀告慕容廆。慕容廆命他的儿子慕容皝（音huàng〔晃〕）跟秘书长（长史）裴嶷，率精锐部队当先锋，而自率大军作为后继。宇文悉独官根本没有戒备，听到慕容廆出城消息，大吃一惊，下令全军出动应战。前锋刚刚接触，慕容翰率数千骑兵，已从侧翼突入宇文部落大营，纵火焚烧。宇文部众惊慌失措，不知道如何是好，四散逃走，大败，宇文悉独官仅逃出一命。慕容廆把他的部众，全部俘虏，还在大营中搜到皇帝的三颗玉玺（胡三省原注：“皇帝玉玺，酋长宇文普回出猎时捡到”）。

崔毖听到消息，大为恐惧，派他的侄儿崔焘，前往棘城（辽宁省义县西），假装祝贺。正巧，三方面的使节也都在那里，要求和解，一致说：“不是我们的本意，是崔毖教我们这么做。”慕容廆命崔焘当面听他们的证词，用刀架到崔焘脖子上，崔焘恐惧，只好承认确是事实。慕容廆放崔焘回去，转告崔毖："上策是投降，下策是逃命。"大军尾随崔焘进发。崔毖心胆俱裂，抛弃家小，率数十个骑兵，投奔高句骊王国（首都丸都〔吉林省集安市〕），所有部众，全体归降慕容廆。慕容廆命他的儿子慕容仁当征虏将军，镇守辽东郡（辽宁省辽阳市），官署民舍、街头巷尾，一片安静，丝毫没有惊扰。

高句骊王国将领如奴子，据守于河城（今地不详）。慕容廆派将军张统突袭，生擒如奴子，俘虏部众一千余家。把崔毖的僚属：崔焘、高瞻、韩恒、石琮等，送到棘城（辽宁省义县西），当作宾客。韩恒，安平郡（河北省衡水市冀州区）人。石琮，是石鉴的孙儿（石鉴，参考二九四年正月）。慕容廆任命高瞻当将军，高瞻声称有病，不肯接受。慕容廆每次到他家拜访，摸他的心说："先生的病在这里（指高瞻的种族歧视），不在别的地方。而今，晋政府失去统御能力，我打算跟各位共同平定大难，辅佐皇家。而先生出自中原有名望的家族，应该跟我们盼望相同。为什么因汉人跟蛮夷之间，划清界限，非疏远不可？建立伟大的功业，只问谋略智慧，何必问汉人、蛮夷？"高瞻仍然拒绝，慕容廆大不高兴。龙骧将军府主任秘书（龙骧主簿）宋该（慕容廆是龙骧将军），跟高瞻素不和睦，因而劝慕容廆诛杀高瞻，慕容廆不接受，高瞻忧惧过度而死。

最初，东莱郡（山东省莱州市）郡长鞠羡，被当时自称征东大将军的变民首领王弥击斩（参考三〇七年二月）。晋帝国兖州（山东省西部）州长（刺史）苟晞，命鞠羡的儿子鞠彭继任东莱郡郡长。正巧，王弥的部将曹嶷，前来青州（山东省北部）夺取土地（参考三〇九年十二月），跟鞠彭互相攻击。曹嶷的军队虽然强大，但人民都为鞠彭死命作战，曹嶷不能攻克。很久之后，鞠彭叹息说："天下大乱，强梁的就是英雄。曹嶷也是乡亲，正受上天保佑，假定可以倚靠，他就是领袖，何必跟他拼死相争，使人民的脑浆内脏，涂抹地面？只要我离开，灾祸自然平息。”郡民们反对，纷纷献击破曹嶷的计策，鞠彭一个也不采纳，率乡亲一千余家，乘船渡过大海，投奔崔毖。北海郡（山东省昌乐县东南）人郑林，原在东莱郡（山东省莱州市）客居，鞠彭、曹嶷拉锯战时，郑林从不偏袒一方，曹嶷认为他是一个贤才，不敢侵犯，鞠彭遂跟郑林一块儿离开。可是，到了辽东郡（辽宁省辽阳市），崔毖已经溃败，遂归附慕容廆。慕容廆任命鞠彭当龙骧将军府军事参议官（参龙骧军事），送给郑林车辆、牛羊、布匹、粮食，郑林全不接受，而亲自在野外耕田。

宋该建议慕容廆，应该把捷报呈献给晋帝国中央政府，慕容廆遂命宋该撰写奏章，派秘书长（长史）裴嶷当使节，带上所搜到的三颗皇帝玉玺，前往首都建康（江苏省南京市）呈献。

高句骊王国（首都丸都）不断攻击辽东（辽宁省辽阳市），慕容廆派他的儿子：慕容翰、慕容仁，率军讨伐。高句骊国王（十五任美川王）高乙弗利正好派人前来要求和解结盟。慕容翰、慕容仁遂班师。

16 本年（三一九），氐部落酋长蒲洪，归降汉赵帝国（首都长安）。汉赵帝刘曜，封蒲洪当率义侯。

17 匈奴屠各部落人路松多，在新平郡（陕西省彬州市）、扶风郡（陕西省眉县）一带，聚众起兵，响应在秦州（州政府设上邽〔甘肃省天水市〕）称晋王的司马保。司马保派将领杨曼、王连，进驻陈仓（陕西省宝鸡市陈仓镇），张颉、周庸，进驻阴密（甘肃省灵台县西南）。路松多固守草壁（灵台县东）。秦陇（甘肃省南部及陕西省中部）氐部落及羌部落，纷纷响应。汉赵帝刘曜派将领攻击，不能平定。刘曜决定御驾亲征。

五胡乱华

导读

长达一百三十六年的“五胡乱华时代”，是中国历史上最混乱的时代，没有几个史学家能把这个时代弄得清楚。即令是更专业的史学家，如果不是专攻“两晋史”的学者，也同样弄不清楚。甚至，即令是专攻“两晋史”的学者，因为传统治史方法有严重缺点的缘故，也说不清楚。

感谢司马光先生和他的编辑群，把这个最混乱的时代，整理出一个纲要，在浩如烟海的史籍中，《资治通鉴》是唯一的一部，使读者对五胡乱华能留下深刻印象的巨著。

在译作现代语文时，我们竭尽全力，使它条理和脉络，更为分明，再配合地图，希望这个最混乱的时代，条理分明的呈现读者面前。假使办到这一点，这应是《柏杨版资治通鉴》的贡献之一。

柏杨　一九八五·七·一五

目录

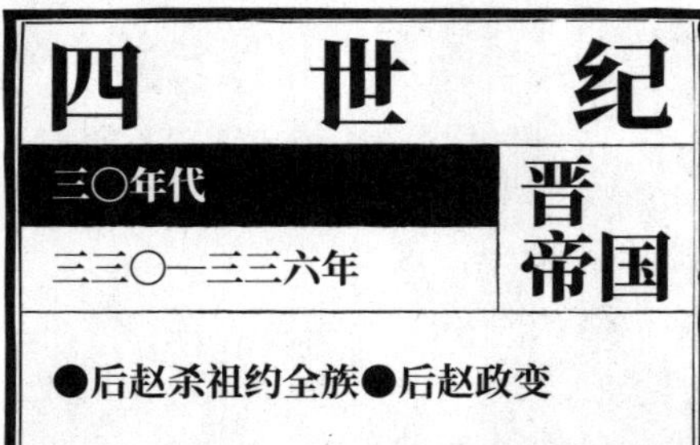

- ◎ 前凉王国兴起。
- ◎ 王敦两次进攻首都建康。
- ◎ 汉赵帝国与后赵帝国争霸血战。
- ◎ 苏峻叛变。
- ◎ 石勒擒刘曜。
- ◎ 汉赵帝国亡。

- ◎ 印度飅饶夷王，建笈多王朝。
- ◎ 罗马皇帝君士坦丁，于小亚细亚尼西亚城，召集全国各地基督教主教三百余人会议，通过若干法规，及“圣父、圣子、圣灵三位一体”教义。宣布阿利阿派为异教。

三二〇年 庚辰

晋 太兴 三年
成汉 玉衡 十年
汉赵 光初 三年
后赵 赵王 二年
前凉 永元 元年
（晋王司马保建康二年）
（大秦王国平赵元年）

1 春季，正月，汉赵帝国（首都长安〔陕西省西安市〕）皇帝（五任）刘曜，御驾亲征陈仓（陕西省宝鸡市东陈仓镇），晋帝国（首都建康〔江苏省南京市〕）晋王司马保部将王连阵亡，另一部将杨曼，逃奔南氐（仇池，甘肃省西和县南）。刘曜攻陷草壁（疑在甘肃省灵台县东），屠各部落变民首领路松多，逃奔陇城（甘肃省张家川县）。刘曜又攻陷阴密（甘肃省灵台县西南）。晋帝国晋王司马保大起恐慌，从上邽（秦州州政府所在县，甘肃省天水市）撤退到桑城（甘肃省临洮县南）。

刘曜返首都长安（陕西省西安市），任命刘雅当宰相（大司徒）。

司马保部将张春，计划奉戴司马保投奔凉州（州政府设姑臧〔甘肃省武威市〕），凉州（甘肃省中部西部）全权州长（牧）张寔，派他的部将阴监，率军迎接，宣称严密保护，其实是用武力阻止他前往。

2 晋帝国辽西公（首府令支〔河北省迁安市〕）段末柸（音pēi〔胚〕），攻击幽州州长（刺史）段匹磾（音dī〔滴〕。段匹磾投奔冀州〔州政府厌次〕州长〔刺史〕邵续事，参考去年〔三一九〕四月），大破段匹磾军。段匹磾对邵续说："我本是蛮夷（段匹磾是鲜卑人），因为倾心大义，以致家破人亡。阁下如果不忘昔日盟誓，我们应联合作战，讨伐段末柸。"邵续承诺，遂攻击段末柸，大破段末柸军。段匹磾跟老弟段文鸯乘胜进攻蓟城（北京市。段匹磾弃城投奔邵续时，蓟城被后赵帝国占领）。后赵帝国（首都襄国〔河北省邢台市〕）首领（一任明帝）、赵王石勒（本年四十七岁），在发觉段匹磾北上后，知道邵续力单势孤，命中山公石虎，率军包围厌次（山东省阳信县东南），而另一大将孔苌，攻击邵续其他据点，连陷十一个营寨。

二月，邵续亲率军出城，反击石虎，石虎用骑兵切断邵续的退路，生擒邵续。石虎把邵续带到厌次（山东省阳信县东南）城下，要邵续呼唤守军投降。邵续告诉守军将领，以及他的侄儿邵竺说："我志在报效国家，想不到落得如此下场，你们要尽全力，奉戴段匹磾当领袖，不要三心二意。"

段匹磾从蓟城（北京市）回军，还没有抵达厌次，听说邵续被俘，军心恐惧，四散逃亡。而前途又被石虎大军遮断，段文鸯亲军数百人，奋力死战，总算保护段匹磾入城。遂跟邵续的儿子邵缉、侄儿邵存、邵竺等，共同坚守。石虎把邵续送到襄国（河北省邢台市），石勒认为邵续是一个忠臣，下令释放，并加以礼敬，任命他当参谋指挥

四世纪·三一〇年正月
刘曜西进，司马保逃亡桑城

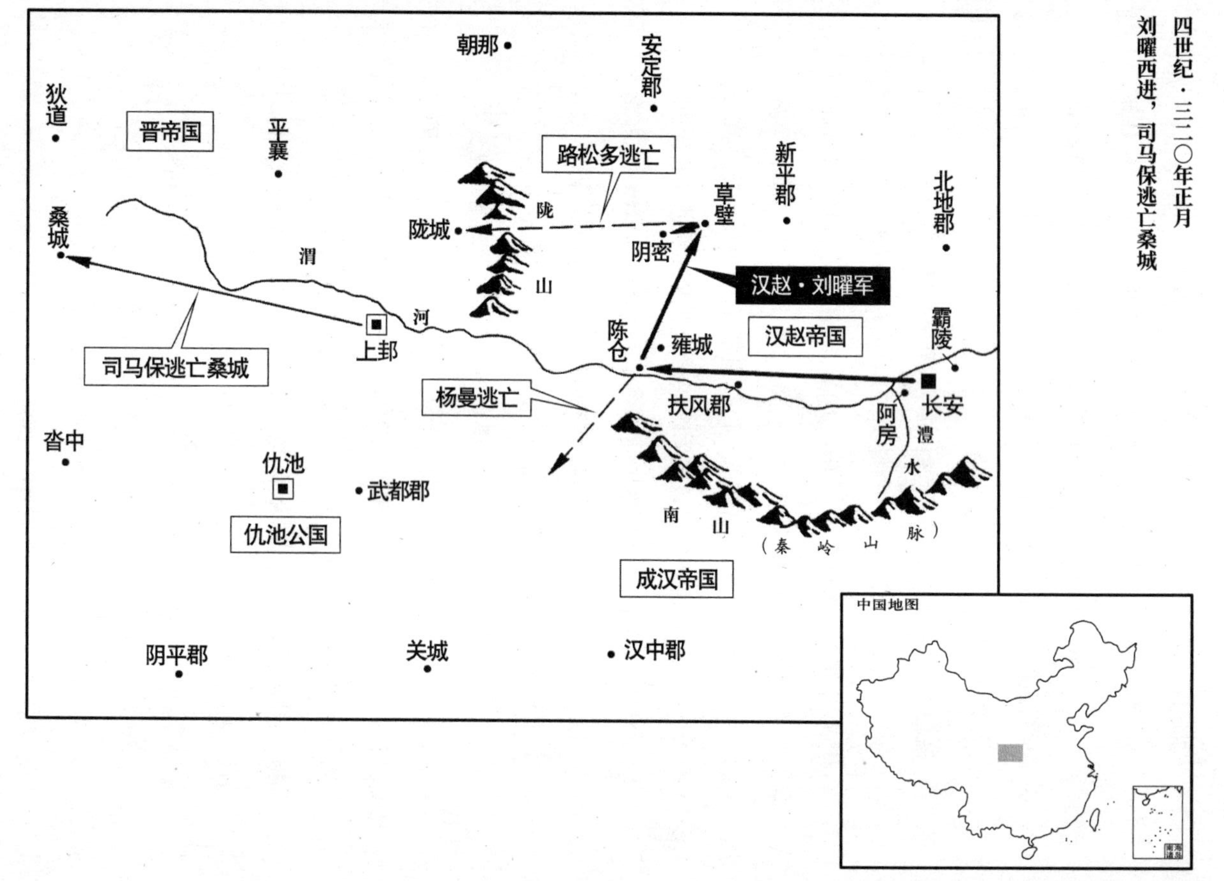

官（从事中郎）。因而下令："自今以后，克服敌人，对于俘虏的士大夫（高级知识分子及现任官员或退休士绅），不可以随便诛杀，一定要保全他们性命。"

晋帝国国务院文官部文官司助理官（吏部郎）刘胤，听到邵续被围攻的消息，向晋帝（七任元帝）司马睿进言说："北方所有的方面大员，全都覆没，只剩下邵续一人，如果再被石虎消灭，将使义士寒心，断绝他们回归祖国的念头。我的意思是，应出兵援救。"司马睿（本年四十五岁）不能接受。等到传来邵续被俘消息，才下诏书，命邵续的儿子邵缉，接替老爹冀州（州政府厌次）州长（刺史）的官职。

3 汉赵帝国（首都长安）将领尹安、宋始、宋恕、赵慎等四个兵团，驻防洛阳（河南省洛阳市东白马寺东），同时叛变，归降后赵帝国（首都襄国）。后赵将领石生，率军前往接应，而尹安等四人又忽然改变主意，归降晋帝国（首都建康）司州（河南省中部）州长（刺史）李矩（时驻新郑〔河南省新郑市〕）。李矩命颍川郡（河南省许昌市东）郡长郭默，率军进入洛阳协防。

石生发动突击，俘虏宋始和他所属的兵团，渡黄河北返。黄河南岸居民，纷纷投靠李矩，洛阳成为一座空城。

4 三月，鲜卑部落（王庭设棘城〔辽宁省义县西〕）大单于、晋帝国龙骧将军慕容廆（音wěi〔伟〕）的使节裴嶷，抵达建康（江苏省南京市），竭力推荐慕容廆的声威和恩德；指出凡贤能的人，都乐于受慕容廆领导；晋帝国中央政府才开始对慕容廆重视。晋帝司马睿对裴嶷说："你原是中国有名的高级官员（裴嶷任昌黎郡〔辽宁省义县〕郡长事，参考三一三年四月），应该留在中央，我当另下诏书给慕容廆，要他送回你的家属。”裴嶷说：“我从小蒙受国家厚恩，出入宫廷（裴嶷在洛阳时代，曾任立法院主任立法官〔中书侍郎〕、禁宫咨询官〔给事黄门郎〕），如果能够再度事奉陛下，是我最大的荣耀。可是，故都（洛阳）沦陷，皇家坟墓受到破坏，纵是著名的大臣和著名的大将，都不能雪此羞辱。只有慕容廆还效忠皇家，立志铲除凶手叛徒，所以才派我行经万里，前来呈献诚心。我如果不回去，慕容廆一定会认为，中央政府嫌他偏远鄙陋，把他放弃，使他归向大义的心意，受到打击，讨伐盗匪（后赵帝国）的志愿，跟着懈怠；而这正是我最珍惜的事，所以不敢因一人的私利，而忘国家的大计。”司马睿说：“你说得对！”派使节随同裴嶷北返，任命慕容廆当安北将军、平州（辽宁省）州长（刺史）。

5 闰三月，晋帝国政府任命周颉（音yǐ〔倚〕）当国务院左执行长（尚书左仆射）。

6 晋帝国晋王司马保的部将张春、杨次，跟另一部将杨韬，感情破裂；张春、杨次劝司马保杀杨韬，又劝司马保攻击陈安，司马保都不听从。

夏季，五月，张春、杨次，反而囚禁司马保，处死（年二十七岁）。

司马保肥胖过度，体重八百斤，喜爱睡觉，也喜爱读书。但是，昏庸软弱，不明事理，没有决断能力，所以终于受到杀害。司马保没有儿子，张春拥立皇家子弟司马瞻当世子（合法继承人），称最高统帅（大将军）。司马保死，部众溃散，逃奔凉州（甘肃省中部西部）的有一万余人。

汉赵帝国秦州（甘肃省南部）州长（刺史）陈安，请求汉赵帝刘曜讨伐司马瞻等。刘曜任命陈安当最高统帅（大将军），发动攻击，诛杀司马瞻。张春逃到枹罕（音fú hǎn〔浮喊〕，甘肃省临夏市）；陈安生擒杨次，在司马保灵柩前斩首，用人头祭祀。以埋葬皇帝的盛大礼仪，把司马保埋葬在上邽（甘肃省天水市），绰号元王。

7 晋帝国征虏将军羊鉴，讨伐徐龛（音kān〔刊〕。泰山郡〔山东省泰安市东〕郡长徐龛叛，参考去年〔三一九〕四月），大军抵达下邳（江苏省睢宁县北古邳镇）后，不敢前进。徐州州长（刺史）蔡豹（根据地卞城〔山东省泗水县东卞桥镇〕）在檀丘（山东省平邑县）击败徐龛。徐龛向后赵帝国求救，后赵王石勒，派部将王伏都支援，又派部将张敬率军作为后备部队。然而，石勒不断向徐龛提出要求，而王伏都又奇淫奇暴，徐龛无法忍受（王伏都甚至奸淫徐龛的妻子）。张敬大军到达东平郡（山东省东平县西北），徐龛更疑心要对自己袭击，于是，斩杀王伏都等三百余人，再向晋帝国投降。石勒怒不可遏，命张敬扼住险要，严阵以待（待徐龛筋疲力尽）。晋帝司马睿也厌恶徐龛反覆无常，拒绝接受他投降；下令羊鉴、蔡豹，把握时机进军。可是羊鉴仍心惊胆颤，不敢前进。国务院总理（尚书令）刁协，弹劾羊鉴。司马睿下诏：羊鉴免除死刑，剥夺政治权利（除名），命蔡豹接管羊鉴的部队。总立法长（中书监）王导，因推荐的并不是适当人才（参考去年〔三一九〕六月），自己请求贬谪，司马睿不许。

8 六月，后赵帝国大将孔苌攻击段匹磾（时在厌次〔山东省阳信县东南〕），仗恃不断胜利，戒备松懈。段文鸯发动袭击，大破孔苌军。

9 京兆郡（陕西省西安市）人刘弘，客住凉州（甘肃省中部西部）天梯山（甘肃省武威市西南五十公里冷龙岭），用妖术迷惑人民；追随崇拜，接受他支配的，有一千余人。晋帝国凉州（甘肃省中部西部）全权州长（牧）、西平公（元公）张寔的左右亲信，都是刘弘的弟子。作战官（帐下）阎涉、营门官（牙门）赵印，更是刘弘的同乡。刘弘告诉二人说："上天赐给我神圣使命，教我在凉州当王。"阎涉、赵印深信不疑，秘密跟张寔左右亲信十余人，阴谋刺杀张寔，拥护刘弘当领袖。张寔的老弟张茂得到消息，要张寔诛杀刘弘。张寔派营门官（牙门将）史初，前往逮捕，史初还没有到，而阎涉等身怀利刀，已进房门，就在客厅击斩张寔（年五十岁）。

刘弘看见史初冲进来，对史初说："州长（张寔）已经死亡，杀我有什么用？"史初大怒，把刘弘捆绑起来，割下舌头囚禁，然后押解到姑臧（凉州州政府所在县，甘肃省武威市）街头，用车裂酷刑处死，诛杀他的同党数百人。左军政官（左司马）阴元，因张寔的儿子张骏年纪还小（本年十四岁），遂公推张茂（本年四十四岁）当凉州州长（刺史）、西平公；赦免境内罪犯，任命张骏当抚军将军（一个地方政权蜕变成为一个独立政权，有两种方式：一种是斩金断铁，跟中央政府一刀两断，像后赵帝国之脱离汉赵帝国；一种是官称不变，外貌上跟中央政府仍维持传统关系，但内政不再接受干预；不过它仍有划时代的信号，一是对罪犯的赦免，一是部属称臣，一是建立自己的年号。是以，就在本年〔三二〇〕，五胡乱华十九国第四国悄悄建立，我们称之为前凉王国。中国疆土上，五国并立：晋帝国、成汉帝国、汉赵帝国、后赵帝国、前凉王国）。

10 六月二十三日，汉赵帝国（首都长安）将领解虎、外籍兵团指挥官（长水校尉）尹车，跟巴西郡（四川省阆中市）氐族部落酋长句徐、厍彭（厍，姓。音shè〔射〕）等结合，阴谋叛变，事情泄露。解虎、尹车，全被处死。汉赵帝刘曜把句徐、厍彭等五十余人，囚禁阿房（秦王朝阿房宫旧地，长安城西），打算诛杀。特级国务官（光禄大夫）游子远劝阻说："圣明君王使用刑罚，只限于他们的领导人，不应该流太多的血。"竭力争辩，叩头叩到血流满面，汉赵帝刘曜忿怒，认为他庇护叛徒，立刻逮捕，投入监狱。把句徐、库彭等全部诛杀，尸首拖到闹市上，公开示众十天，再投入渭水。于是巴西郡（四川省阆中市）所属氐民族部落，全部叛变，推举酋长句渠知当领袖，自称大秦王国，改年号平赵（削平汉赵帝国）。四山所有的氐民族、羌民族，以及巴西郡（四川省阆中市）蛮夷部落、羯民族部落，群起响应，人数多达三十余万（四山，应指四关〔因关险总在山上〕：东函谷关〔河南省新安县〕、南武关〔陕西省商南县西南〕、西萧关〔宁夏固原市东南〕、北金锁关〔陕西省铜川市北〕）。关中（即上述四关之中，陕西省中部）大乱，城门在白天都紧紧关闭。

游子远在监狱中再上书提出建议，刘曜把他的奏章撕碎，咆哮说："这个狗娘养的大荔（蛮夷一个部落）奴才，不愁自己马上没有命！竟敢再胡说八道，嫌死得太晚是不是？"喝令左右，马上处斩。中山王刘雅、大将郭汜、宰相（司徒）朱纪、最高监察长（司空）呼延晏等，进言说："游子远被囚禁监狱，大祸难以预测，而仍不忘向陛下进言，忠心至此，已到顶峰。陛下即令不采纳他的意见，为什么还要杀他？游子远早上死，我们当在晚上死，用以显明陛下的过失。天下人都舍弃陛下，远走高飞，陛下将跟什么人在一起？"刘曜的怒气才稍稍平息，下令把游子远释放。

刘曜下诏，内外戒严，将亲自率军讨伐句渠知。游子远说："陛下如果能采纳我的谋略，叛乱可以在一个月内平定，大驾也不必亲征。"刘曜说："不妨说说你有什么办法？"游子远说："句渠知并不是胸怀大志的人，打算称皇称帝，有非分之望。只不过畏惧陛下的刑杀，逃生救命而已。陛下最好是宽宏大量，大赦天下，给他们重新做人的机会。受到前日解虎、尹车牵连，被没收到仆役管训署（奚官）的老少家属，都应释放，使他们互相招引，恢复正常生活。既有生路，有什么理由拒绝归降？如果有人自知罪恶深重，聚众不散的，请赐给我老弱残兵五千人，一定可以为陛下削平。不然的话，叛徒现在已多到满山遍野，即令陛下以天子的威严，加到他们身上，恐怕也不是几个月或几年可以解决！”刘曜大为高兴，下诏大赦。任命游子远当车骑大将军、开府仪同三司（宰相级）、雍秦军区征剿司令长官（都督雍秦征讨诸军事）。

游子远进军雍城（陕西省宝鸡市凤翔区），归降的有十余万人。再进军到安定郡（甘肃省镇原县东南屯字镇），叛变的部落，全部归降，只句姓家族五千余家，固守阴密（甘肃省灵台县西南）。游子远攻击，摧毁反抗；遂率军进入陇山以西。之前，氐民族、羌民族十余万篷帐，盘踞险要，不肯屈服，酋长虚除权渠（虚除，复姓），自称秦王。游子远率军逼近他们的阵地，虚除权渠出兵迎战，五战五败，虚除权渠打算归降，他的儿子虚除伊余，在众人面前大声宣称：“从前，刘曜亲自前来，对我们都无可奈何，何况游子远不过一小支部队，怎么就向他屈服？”率精锐部队五万人，于凌晨时分，直压游子远军门。汉赵帝国将领打算迎击，游子远说：“虚除伊余勇敢善战，当今没有敌手，所率军队，又比我们精良，而且他老爹刚刚失败，复仇的愤怒正盛，锋芒不可阻挡。不如稍稍延缓，等他们锐气衰竭，然后进击。”于是，坚守营垒，不作反应。虚除伊余脸上露出骄傲颜色，游子远乘对方不备，在夜间备战，早饭就在岗位上进餐。天色黎明时，忽然刮起大风，尘沙飞舞，大地重回黑暗，游子远全军出击，生擒虚除伊余，把五万人的战斗部队，全部俘虏。虚除权渠大为震恐，披头散发，用刀划破脸面（“被发剺面”，蛮夷一种屈服或哀痛的表现），请

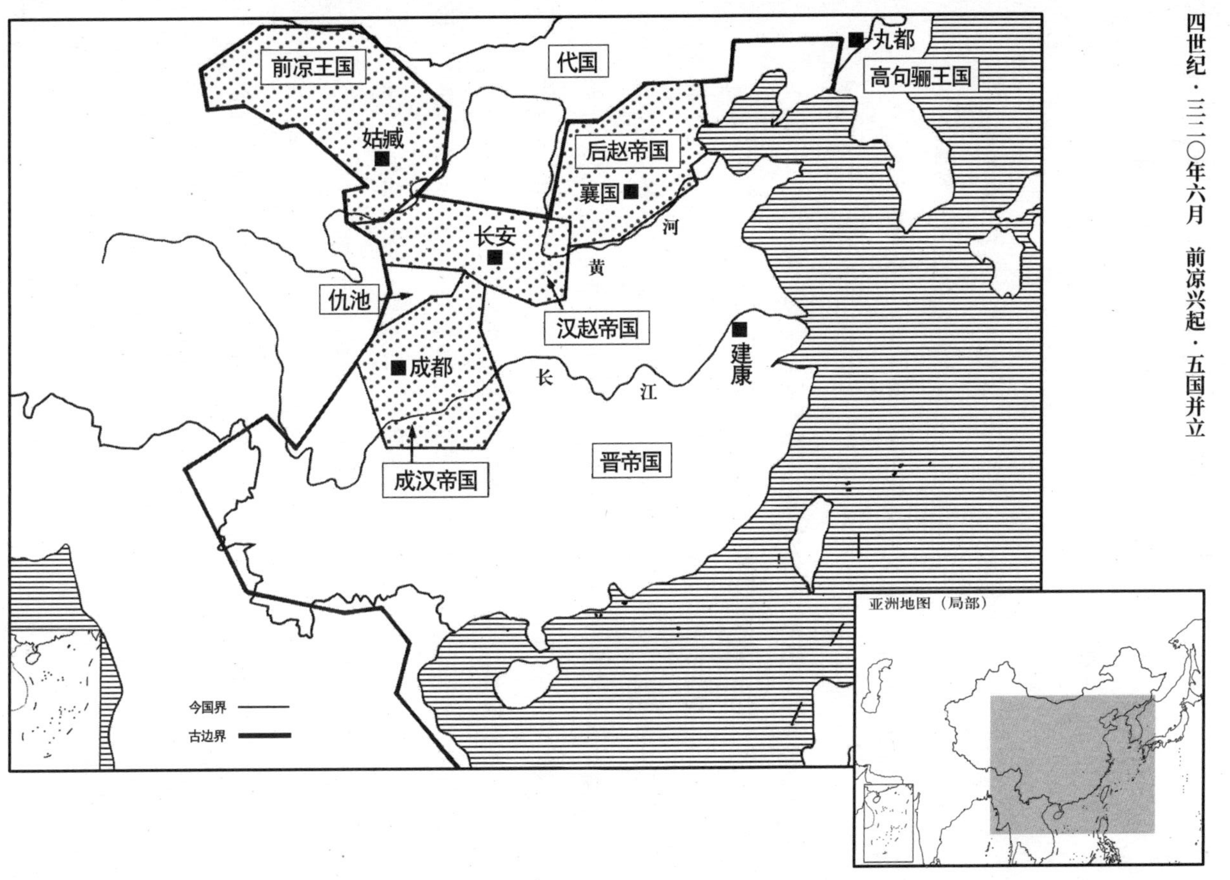

四世纪·三二〇年六月　前凉兴起·五国并立

求归降。游子远上奏刘曜，刘曜遂任命虚除权渠当征西将军，封西戎公，强行迁徙虚除伊余兄弟，以及他们所属的部众二十余万人到首都长安。再任命游子远当宰相（大司徒），主管政府机要（录尚书事）。

从上古到二十世纪，中国几乎全是武力夺取政权。儒家学派的历史学家更一向认为武力夺取的政权才合法。五千年来政权的转移方法不外两种，一是和平手段，一是血流成河。对于和平转移，儒家学派斥责它是“篡夺”，对于武力夺取的政权，则歌颂它“得国最正”。这种现象是可悲的，但在西方民主政治制度输入中国之前的漫长岁月中，却始终如此。

问题在于，武力夺取的政权，当然在玩枪杆的人控制之下，而军事和政治，迥然不同。《世界史纲》的作者威尔斯评论德意志帝国皇帝威廉二世的时候，说过一句话：“政治是太复杂了，不是一个军人所能了解。”偏偏靠枪杆起家的领袖，习惯于枪杆万能，对于任何反抗势力，只知道镇压，不知道化解，而且即令知道化解，也不知道病根何在。他们只看到人民反抗，却看不到人民反抗的原因。于是儒家学派史学家替君王指出原因，认为是一小撮刁民叛徒不安分的缘故。暴君有了这个理论根据后，就更凶不可当。

我们可在刘曜身上看到项羽的阴魂，他把政治问题当做军事问题，所以除了暴力镇压外，没有第二条路。不过刘曜的运气比项羽好，刘曜遇到一位忠心耿耿而又智勇双全的游子远。不过从游子远在生死边缘折腾这件事看，使人接受一种政治上的新观念，是多么艰难。

刘曜在首都长安，兴建国立大学，遴选民间聪明优秀、可以接受教育的少年一千五百人，入学读书；指派儒家知识分子官员担任教师。又兴建酆明观（观，高台）、西宫；在滈池（即镐池，在长安城西南）又兴建陵霄台，在霸陵（陕西省西安市东北）西南，兴建自己死后的坟墓（寿陵）。高级咨询官（侍中）乔豫、和苞，上书劝阻，认为："春秋时代的卫燬，继承国家重大的伤害衰亡，节俭开支，爱护人民，经营宫殿，都适合当时的体制，所以能复兴始祖姬封（卫国第一任国君康叔）的大业，使国脉延长九百年之久（纪元前七世纪四〇年代，卫国十九任国君〔懿公〕卫赤，喜爱鹤胜于喜爱人。前六六〇年，北狄攻陷卫国〔首府沫城，河南省淇县〕，斩卫赤，割下他身上的肉吞食，堂弟卫申继位〔二十任国君戴公〕，迁都漕邑〔河南省滑县东〕，不到一个月病死；老弟卫燬继位〔二十一任国君文公〕，迁都楚丘〔河南省滑县东，位漕邑之东〕；身穿粗布衣裳，头戴粗麻冠帽，推广农耕工业，鼓励人民经商贸易，任用并授权给有才能的官员，估计当时的能力，建立城池、街市、宫殿、民宅，人民欢乐，家国富庶，国家遂告复兴。卫国自前一一一二年建立，到前二〇九年灭亡，立国九百零四年）。前些时奉到诏书，兴建酆明观，街头巷尾的小民，都讥讽它的奢侈，说：'用这一个观的经费和劳力，足可以平定凉州（前凉王国）。'而今又要模仿阿房宫，兴建西宫；模仿琼台，兴建陵霄台。所使用的经费和劳力，更比酆明观多出亿万，如果用到军事上，简直可以兼并吴（晋帝国）、蜀（成汉帝国），削平齐（曹嶷）、魏（后赵帝国）。又听说兴建陛下的预定墓地，周围四华里，深达三十五丈，套棺（外椁）用黄铜铸成，外面再镀一层黄金。开支如此庞大，恐怕倾帝国全国之力，也不能负担。嬴政（秦王朝一任帝）在地下堵塞泉水，用作墓穴，结果土还没有干，就被挖掘。自古以来，没有不亡的国，没有不被挖掘的墓，所以圣明的君王，都坚持节俭丧葬费用，实在是一种深谋远虑。陛下为什么在帝国正中兴的时候，去做亡国的事！"刘曜下诏说："两位高级咨询官（侍中）诚恳正直，有古人的风范，可以说是国家的栋梁。现在开始，所有土木工程，全部停止。我的预定墓园，完全依照霸陵（西汉王朝五任帝〔文帝〕刘恒墓园）。封乔豫当安昌子爵、和苞当平舆子爵，同时兼任议论官（谏议大夫）。并向天下宣布，使人民知道，我们这个小小的帝国，渴望听到过失。”又撤销鄷水皇家捕鱼区，开放给贫民捕鱼。 436

11 晋帝国（首都建康）豫州（州政府设谯县〔安徽省亳州市〕）州长（刺史）祖逖的部将韩潜，跟后赵帝国（首都襄国）将领桃豹，分别据守陈川从前所在的蓬关（河南省开封市南。陈川叛晋，部众全迁襄国〔河北省邢台市〕；参考去年〔三一九〕四月）。桃豹驻屯西城，韩潜驻屯东城；桃豹由南门出入，韩潜由东门出入，两军僵持四十天之久。祖逖把泥土装入布袋，假装是食米，使千余人护送进入韩潜营垒；教几个挑着真正食米的运伕，故意落伍，停下来在道旁休息。桃豹军袭击追逐，运伕落荒逃走。桃豹的士兵很久以来就陷于饥饿，得到食米后，十分高兴，但也立刻警觉到晋帝国军粮秣丰富，士饱马肥，霎时间变为恐惧。后赵帝国将领刘夜堂，率领武装保护下的一千头驴队，运送粮秣给桃豹；祖逖命韩潜跟另一将领冯铁，在汴水北岸狙击，全部俘获。桃豹无法支持，乘夜逃走，驻屯东燕城（河南省延津县东北）。祖逖命韩潜挺进到封丘（河南省封丘县），对桃豹施加压力。冯铁驻防二台（即蓬关，河南省开封市南），祖逖驻防封丘、雍丘（河南省杞县），不断向后赵帝国出击。后赵帝国沿边各据点陆续归降祖逖；后赵帝国疆土，日益缩小。

之前，晋帝国中原地区各将领：河南郡（河南省洛阳市东白马寺东）郡长赵固、故东海王司马越部将上官巳、司州（河南省中部）州长（刺史）李矩（时驻新郑）、颍川郡（河南省许昌市东）郡长郭默（时驻怀县），内斗激烈，互相攻击，祖逖派使节奔走调解，说明祸福的道理，最后大家都愿接受祖逖的节制。

秋季，七月，晋帝司马睿，加授祖逖镇西将军。祖逖在军营中，跟士卒同甘共苦，克制自己，竭力推广恩德，督促农民种桑耕田，收纳安抚新近归附的部众，即令是疏远的或卑贱的，对他们都尽到礼遇恩惠。黄河两岸人民的自卫堡寨，从前有派人质到后赵帝国的，祖逖允许他们亲附两方，并且不时派出军队，向他们发动假的攻击劫掠，用以证明他们并没有归降晋帝国（用以保护人质的安全），堡寨首领对祖逖万分感激。后赵帝国有特别行动时，都秘密通知，因此之故，祖逖大军所向，多能传出捷报。而黄河以南各地，很多城寨都叛离后赵帝国，再回归晋帝国。

祖逖加强军事训练，储存粮秣，一切为攻击黄河以北的军事行动作准备。后赵王石勒，感到忧虑，遂命幽州州政府，重新整修祖逖祖先和老爹的坟墓（祖逖是幽州〔河北省北部〕范阳郡范阳县〔河北省涿州市〕人）；并指定两家居民，负责守护祖家墓园（这两家不再向政府缴粮纳税，而把粮税代金，作为扫墓祭祀）。石勒写信给祖逖，请求互相派遣使节及通商贸易。祖逖不写回信，但默许双方通商贸易；仅税款的收入，就超过田赋十倍。

祖逖的营门官（牙门）童建，击斩新蔡郡（河南省新蔡县）郡长（内史）周密，投降后赵帝国。石勒斩童建，把人头送给祖逖，说："叛官逃将，我最仇视。将军痛恨的事，也正是我痛恨的事。"祖逖深为感激。从此，后赵帝国背叛归附的人，祖逖都不收容，下令沿边将领，不可侵略抢劫后赵帝国境内居民；两国边境一带的人民，得到休息。

12 八月辛未日（八月癸巳朔，没有辛未），晋帝国梁州（州政府设襄阳

〔湖北省襄阳市〕）州长（刺史）周访逝世（年六十一岁）。

周访对将士以恩信相待，部众愿为他效死。周访知道最高统帅（大将军）兼江州（州政府设武昌〔湖北省鄂州市〕）全权州长（牧）王敦，阴谋背叛中央，常在暗中咬牙痛恨，王敦了解周访的力量不可轻忽，所以，周访在世的时候，王敦不敢轻举妄动。周访死后，王敦派参谋指挥官（从事中郎）郭舒，前往襄阳，担任梁州所有部队的监军官（监军）。晋帝司马睿任命湘州（州政府设临湘〔湖南省长沙市〕）州长（刺史）甘卓，接替周访的梁州州长（刺史）、沔北军区司令官（督沔北诸军事），镇守襄阳（湖北省襄阳市）。郭舒在甘卓到任后，返回王敦大营。司马睿征召郭舒到京师（首都建康）当国务院右秘书长（右丞），王敦留住郭舒，不准他前往就职。

13 后赵王（首都襄国）石勒，派中山公石虎，率步骑兵四万人，攻击自称兖州州长（刺史）的徐龛（时驻泰山郡〔山东省泰安市东〕），徐龛震惧，送妻子给石虎，充当人质，请求投降；石勒接受。晋帝国徐州州长（刺史）蔡豹，驻防卞城（山东省泗水县东卞桥镇），石虎将攻击蔡豹，蔡豹退守下邳（江苏省睢宁县北古邳镇），被徐龛击败。石虎率军修筑封丘（河南省封丘县）城池后班师，把士大夫（高级知识分子及现任官员或退休士绅）人家三百户，迁移到首都襄国（河北省邢台市）崇仁里（知识分子居住区），设立学苑区主任（公族大夫），负责管理。

14 后赵王石勒，执法严苛，对“胡”字尤其忌讳，不准任何人出口（“胡”在广义上解，是古代对北方和西方各民族的泛称。狭义上解，只指北方蛮夷，或只指匈奴民族。石勒是匈奴民族一个小支派——羯人，故有此忌讳）。皇宫落成之后，门禁开始森严，有一个喝醉了酒的胡人，骑马乱闯，闯进止车门。石勒大发雷霆，呵责宫门初级执法官（小执法）冯翥（音zhù〔驻〕），冯翥恐惧过度，口不择言，忘掉忌讳，回答说：“原来是个喝醉了酒的胡人，骑马闯进来，我拼命吆喝阻挡，可是怎么说也很难跟他说清楚。”石勒笑说：“胡人本来是很难跟他说清楚。”宽恕他不加处罚。

石勒命张宾建立帝国的文官制度，最初，把文官等级定为五品（五等），后来修正为九品（九等）。命三公和部长级以上官员，以及州郡政府，每年保举“秀才”“至孝”“廉清”“贤良”“直言”“武勇”人才各一人。

15 前凉王国（首都姑臧〔甘肃省武威市〕）首领（一任成王）、西平公张茂，指定老哥张寔的儿子张骏当世子（合法继承人）。

16 晋帝国徐州州长（刺史）蔡豹（时驻下邳），自被徐龛击败，准备返回首都建康（江苏省南京市）请罪；北翼警卫指挥官（北中郎将）王舒，阻止他不准前进。晋帝司马睿得到蔡豹撤退消息，派使节前往逮捕。王舒遂乘夜把蔡豹军包围，蔡豹误以为是敌人突袭，率部众反击，后来弄明白真相，听说是诏书命令，才停止行动。王舒把蔡豹押解到京师（京都建康）。

冬季，十月二十五日，斩蔡豹（年五十二岁）。

蔡豹当徐州州长时，对内抚慰将士，对外号召部众，远近敬重。以这样一位官员竟被绑赴刑场斩首，依史书上所呈现的资料，可以肯定又是一场冤狱。如果说因为他曾攻击政府军，罪不可恕，但那是一次误会，在澄清误会后，立刻

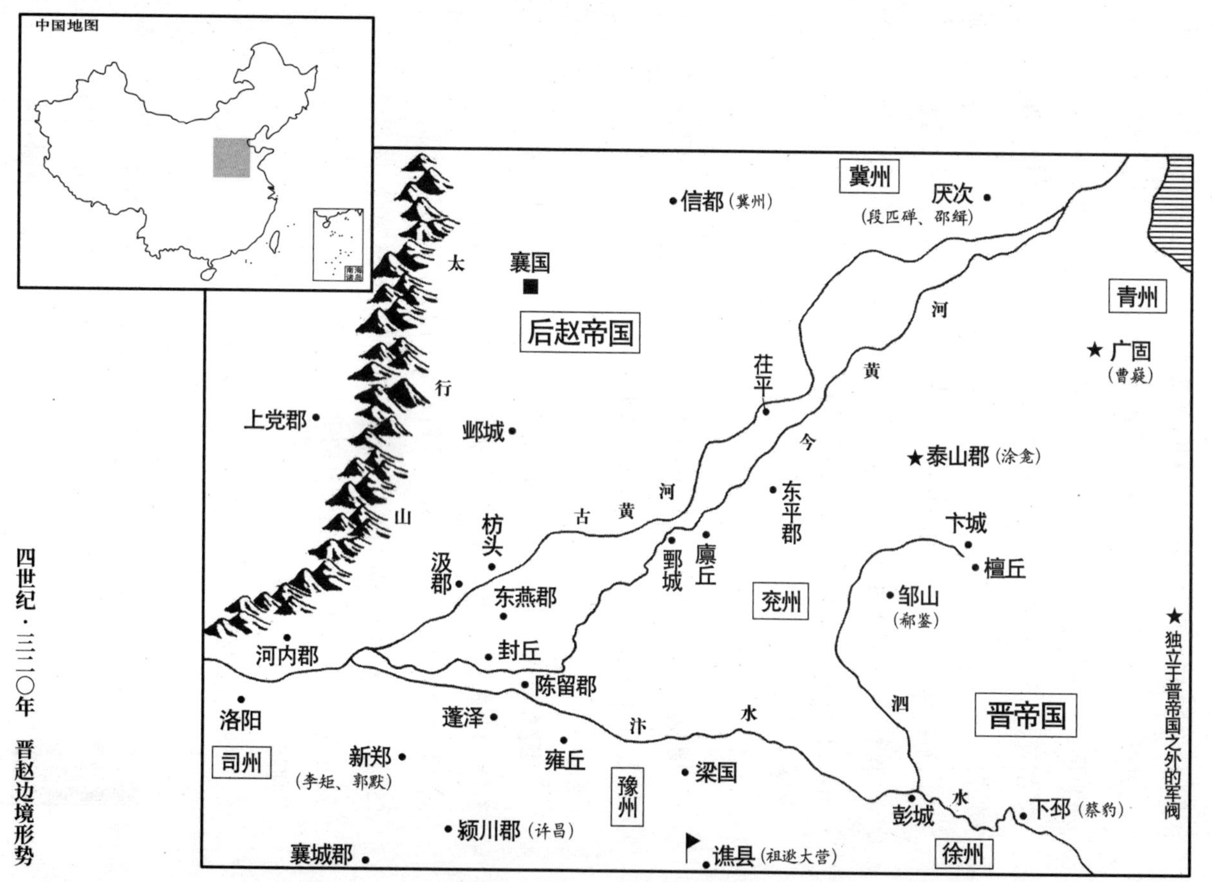

四世纪·三二〇年 晋赵边境形势

服从。而且，司马睿一听说蔡豹战败，不分青红皂白，便立即下令逮捕！晋帝国自开国以来，临阵脱逃，全军覆没，丢城失土的将军，多如牛毛，有谁受过诛杀？蔡豹不过一败之罪，何至严厉至此！

观察司马睿反应的迅速，可以察觉到他的那种迫不及待的复仇心情："这一次你的小辫子可算抓到我手！"现有史料虽不能解答这场冤狱的原因，但已足够显示它是冤狱，凶手就是司马睿。

17 晋帝国最高统帅（大将军）、江州（江西省及福建省）全权州长（牧）王敦，斩武陵郡（湖南省常德市）郡长（内史）向硕。

当初，晋帝司马睿镇守江东（江苏省南部太湖流域）时（参考三〇七年七月），王敦跟堂弟王导，同心辅佐拥戴，司马睿对二人也推心置腹。王敦负责军事，东征西讨（先后击破叛将华轶、杜弢、王机、杜曾）；王导负责政治（主管政府机要〔录尚书事〕）；王姓家族子弟，布满政府，都位居显官；当时有人形容说："王家跟司马家，共有天下。"后来，王敦仗恃自己的功勋，和家族势力的强大，逐渐骄傲放肆。司马睿对他既畏惧而又厌恶，遂引用刘隗、刁协等，作为心腹，对王姓家族的势力，稍稍压制，王导也渐渐被排斥疏远。立法院主任立法官（中书郎）孔愉，提醒司马睿：王导忠心而且贤能，有辅佐拥戴登上宝座的功劳，应该信任。司马睿听不进去，把孔愉逐出中央，去当宰相府左秘书长（司徒左长史）。王导顺应当时的政治形势，严守分际，态度淡泊，并不在意；有见识的人都称赞他能高能低，能屈能伸。可是王敦却十分愤怒，跟司马睿之间，裂痕更深。

当初，王敦延聘吴兴郡（浙江省湖州市）人沈充当军事参议官（参军），沈充推荐同郡人钱凤给王敦，王敦任命钱凤当军械军事参议官（铠曹参军）。沈充、钱凤二人，都精于谄媚，而性格又凶狠狡狯，知道王敦有背叛中央的念头，暗中赞成，并秘密策划。王敦对二人十分宠爱信任，二人势力遂凌驾内外其他官员。王敦上书司马睿，替王导所受的委屈和歧视，提出申辩，措辞充满怨恨，态度强硬。王导看到后，把奏章原封退还给王敦，王敦再派人呈递。左将军、谯王司马承，忠厚而有志节，司马睿对他十分信任。夜晚，司马睿召见司马承，把王敦的奏章拿给他看，说："王敦历年以来固然建立很大功劳，但官位已经够高，而他不停的要求，言辞恶劣到如此程度，应该怎么办？"司马承说："陛下没有早日制裁他，才弄到今天这种地步，我认为王敦是一个大的灾祸。"

首都建康市长（丹阳尹）刘隗，给司马睿设计，派出心腹官员，分赴各州郡镇守。正巧，王敦上书请擢升宣城郡（安徽省宣城市宣州区）郡长（内史）沈充，接替甘卓湘州（湖南省）州长（刺史）的位置。司马睿对司马承说："王敦叛变迹象，已经明显，我之成为惠皇帝（二、四任帝司马衷），为期不远。湘州（湖南省）据长江上游，形势重要，是三个州（荆州〔江陵〕、交州〔龙编〕、广州〔番禺〕）的咽喉，我想请叔父（司马承是司马睿的堂叔）前往镇守，意下如何？"司马承说："我接受诏命，当尽力而为，怎么敢推辞！可是，湘州（湖南省）经过巴蜀（四川省）难民变乱的蹂躏（指杜弢，参考三一一年正月），百业凋零，民穷财尽，如果能够到任，恐怕至少也需要三年的时间整顿，才有能力投入战争。如果不能有三年时间，纵是粉身碎骨，也无补大局。”

十二月，司马睿下诏：“帝国开创基业以来，独当一面的地方大员（方镇），都是皇族跟社会贤才，同时并用。现在，任命谯王司马承当湘州（湖南省）州长（刺史）。”长沙郡（郡政府与州政府同设临湘〔湖南省长沙市〕）郡政府秘书官（主簿）邓骞听到人事上如此安排，叹息说：“湘州的灾祸，大概就在这上。”司马承上任途中，经过武昌（江州州政府所在城，湖北省鄂州市），王敦举行欢迎宴会，对司马承说：“大王一向是位高雅人士，恐怕不是恰当的将帅人才。”司马承说：“阁下不太了解我，再钝的刀，难道没有割一下的功能！”王敦对钱凤说：“他不知道事态的严重，只会学古人说大话（“铅刀一割”，班超语），足以证明他没有谋略，无能为力。”遂放他前往任所（湘州州政府临湘〔湖南省长沙市〕）。当时湘州（湖南省）一片荒芜，公私穷困，司马承厉行节约，全心招徕及安抚居民，很有“能干”的声望。

18 高句骊王国（首都丸都〔吉林省集安市〕）军队攻击辽东郡（辽宁省辽阳市），辽东守将慕容仁（安北将军慕容廆的儿子）迎战，大破高句骊兵团；从此高句骊王国不敢侵犯慕容仁的辖区。

三二一年 辛巳

晋	太兴	四年
成汉	玉衡	十一年
汉赵	光初	四年
后赵	赵王	三年
前凉	永元	二年

1 春季，二月，后赵帝国（首都襄国〔河北省邢台市〕）兖州州长（刺史）徐龛（时在泰山郡〔山东省泰安市东〕），再归降晋帝国（首都建康〔江苏省南京市〕）。

2 前凉王国（首都姑臧〔甘肃省武威市〕）首领（一任成王）、西平公张茂（本年四十五岁），兴建灵钧台，仅地基就高达七十二尺。武陵郡（湖南省常德市）人阎曾，深夜敲公爵府的大门，喊叫说："武公（张轨的绰号）

派我来问你：‘为什么劳动民众，去筑高台！’”有关单位认为这是妖言，请斩阎曾，张茂说：“我诚然劳动民众，阎曾说是老爹吩咐，向我规劝，怎么叫妖言！”下令停止兴建。

柏杨曰

“妖言”“忠言”，只看从哪个角度了解，用哪种心理评估。专制封建社会上，无法诉诸公道，完全由一个人或一小圈人决定，假如他们有私人恩怨，假如他们的层次太低，“是”和“非”就恰恰相反，“妖言”会成为“忠言”，“忠言”也会成为“妖言”。大分裂时代中这种恰恰相反的现象，尤其严重，但也正因为严重，才造成大分裂时代。

3 三月四日，太阳中发现黑子。晋帝国国史编撰助理官（著作佐郎）河东郡（山西省夏县）人郭璞，认为是晋帝（七任元帝）司马睿（本年四十六岁）用刑不当的缘故，上书说：“阴阳错乱，因为刑杀太多。对罪犯的赦免，不可经常去做。可是，公孙侨（子产）明知道把刑法条文铸在鼎上，并不是美好的政治措施，而仍然把它铸在鼎上，目的只在挽救流弊。（《左传》前五三六年：郑国把刑法条文铸到鼎上，羊舌肸〔音xī，希〕写信警告公孙侨说，人民知道法律，便不再害怕权贵，将生出竞争之心。法律明白公布，即令可以任意解释，政府也不能大有作为。人民既敢跟权贵竞争，势将放弃礼仪，处处以法律作为依据。公孙侨回答说：我没有你那么有才干，想到保护子孙的利益，我只想挽救当前流弊。）现在应该再行一次大赦，道理跟公孙侨的相同。”

4 后赵帝国（首都襄国）中山公石虎，攻击晋帝国（首都建康）幽州州长（刺史）段匹磾（音dī〔滴〕）驻地厌次（山东省阳信县东南）。大将孔苌攻击段匹磾所属各县城池，一扫而光，全部夺取。段文鸯对段匹磾说:“我以勇冠三军，闻名于世，所以受到人民的敬重。而今，亲眼看到人民被抢劫掳掠，却不去营救，是一种明显的胆怯，人民一旦失望，谁还为我们效死！”遂率敢死队数十人迎战，格杀很多后赵军，不料所乘战马筋疲力尽，倒地不起。石虎呼唤他说:“老哥，你跟我都是夷狄之人，很久以来，一直盼望我们成为一家人。今天愿望总算达到，教我们在此地相见，为什么还要战斗？请放下武器！”段文鸯诟骂说:“你当强盗，早就该死。我家老哥不听我的话，才使你到了今天（段文鸯曾建议段疾陆眷拒绝媾和，参考三一二年十二月），我宁愿战死，绝不屈服。”遂徒步格斗，铁槊（长达一丈八尺铁矛）折断，换用短刀，由早晨苦斗到下午，后赵兵团四面八方包围，解下战马身上的护甲铠障，用来自卫，步步进逼，定要生擒。段文鸯力量枯竭，遂被俘虏。厌次（山东省阳信县东南）城内，士气低落。

段匹磾打算单人匹马，奔回中央（建康，江苏省南京市）；可是军心已变，邵续的老弟、乐安郡（山东省邹平市东长山镇）郡长（内史）邵洎（音〔计〕），下令戒严，不准他离开。邵洎还要逮捕中央政府派来的使节王英，送给石虎。段匹磾严肃的责备邵洎说:“你不能遵守老哥的志愿，阻止我回归中央，已经过分。而更打算逮捕天子的钦差大臣，我虽然是夷狄之人，却从没有听说过。”但已无法挽回。邵洎跟侄儿邵缉（邵续的儿子）、邵竺（邵续的侄儿）等，抬着棺木，出城投降。段匹磾看到石虎，说:“我身受晋王朝大恩，立志消灭你，不幸落到如此下场，我不能向你叩拜。”后赵首领（一任明帝）、赵王石勒（本年四十八岁）和石虎曾跟段匹磾结拜为异姓兄弟，石虎即起身向段匹磾叩拜（石勒与段家部落交好，参考三一二年十二月）。石勒任命段匹磾当冠军将军，段文鸯当左翼警卫指挥官（左中郎将），把逃亡到厌次（山东省阳信县东南）的各地难民三万余家，分别送到各地，命他们恢复本来的行业，任命郡长、县长，予以安抚。于是幽州（河北省北部）、冀州（河北省中部南部）、并州（山西省中部）三州，全纳入后赵帝国版图。

段匹磾对石勒态度强硬，经常穿着晋帝国的官服，手拿晋帝国皇帝所颁给的符节。最后，跟段文鸯、邵续，都被后赵帝国诛杀。

5 夏季，五月二日，晋帝国皇帝司马睿下诏：凡是中国本部良家子弟，逃亡扬州（安徽省中南部及浙江省），沦落到各郡充当奴隶的难民，一律解放，恢复自由人身份，准备征召入伍当兵。这是国务院总理（尚书令）刁协的建议，于是，众人对刁协更为怨恨（一道诏令，剥夺多少特权阶级的财产）。

6 汉赵帝国首都长安（陕西省西安市）南方的终南山崩裂。

7 秋季，七月十七日，晋帝国政府派国务院执行长（尚书仆射）戴渊，当征西将军、司兖豫并雍冀军区司令长官（都督司兖豫并雍冀六州诸军事），兼司州（河南省中部）州长（刺史），镇守合肥（安徽省合肥市）。首都建康市长（丹阳尹）刘隗，当镇北将军、青徐幽平军区司令长官（都督青徐幽平四州诸军事）、青州（山东省北部）州长（刺史），镇守淮阴（江苏省淮安市淮阴区）。全都“假节”（三级权力），直接统率战斗部队，名义上是讨伐蛮夷，实际上是防备王敦。

刘隗虽然远在外地，可是中央政府机要大事，以及人事上的任免，晋帝司马睿都跟他磋商。最高统帅（大将军）王敦当然了解，写信给刘隗说：“圣上（司马睿）重用阁下，而强大的贼寇（指后赵帝国及汉赵帝国），还没有消灭，中原像滚水一样沸腾；我盼望跟阁下以及周颉之辈，效忠皇家，同心合力，平定海内。如果能够顺利，皇家福祉可以兴隆；如果不顺利，天下便再没有希望。”刘隗回答说：“‘鱼在湖海之中，互相看不见对方。人在正义的道路上，也会互相看不见对方。’（《庄子·大宗师》：“鱼相忘于江湖，人相忘于道术。”）‘竭尽双臂双腿的力量，忠贞不变。’（《左传》前六五一年晋国国务官〔大夫〕荀息语。）这就是我的志向。”王敦看到回书，十分愤怒（傲慢的措辞，只能使强敌反击，不能使强敌畏惧）。

七月二十五日，司马睿任命骠骑将军王导，当高级咨询官（侍中）、最高监察长（司空）、“假节”（三级权力），主管政府机要（录尚书事），兼总立法长（中书监）。司马睿因王敦的缘故，同时对王导也加疏远（免除骠骑将军，是剥夺军权；官位虽然更高，已无实力）。总监察官（御史中丞）周嵩上书，认为：“王导一向忠心，辅佐陛下，完成帝王大业。不应该听信少数臣属的话，被似是而非的说法迷惑，放逐旧日亲信，使忠良跟奸佞同在一个行列。过去的恩义如果不能有始有终，徒招致将来不可预测的后患。”司马睿感触醒悟，王导因此得以保住性命。

8 八月，后赵帝国常山（即恒山，河北省曲阳县北）崩裂。

9 晋帝国豫州（河南省东部）州长（刺史）祖逖，因戴渊是南方人（戴渊原籍广陵郡〔江苏省淮安市淮阴区〕，参考三〇一年六月），虽然有才干、有声望，但没有恢宏志向，和远大眼光。而且，自己披荆斩棘，身经百余战，好不容易收复黄河以南疆土，戴渊却不费吹灰之力，大摇大摆，成为自己的顶头上司，受他的控制，心里怅然若失，十分不满（戴渊刚任司兖豫并雍冀军区司令长官，豫州是其军区属州之一）。而又听说王敦跟刘隗、刁协之间，仇恨已无法化解，内部势将爆发灾难。知道反攻复国的大业，已无法完成，感慨激动，一病不起。

九月壬寅日（九月丁巳朔，没有壬寅），祖逖在雍丘（河南省杞县）逝世（年五十六岁）。豫州男女老幼，好像死了父母，至为悲痛。谯郡（安徽省亳州市）、梁国（河南省商丘市睢阳区）一带，人民很多为他建立庙宇祭祀。王敦早就打算背叛中央，得到祖逖逝世消息，越发没有顾忌。

冬季，十月壬午日（十月丙戌朔，没有壬午），晋帝国政府任命祖逖的老弟祖约当平西将军、豫州州长（刺史），统御祖逖的部众。祖约没有统御能力，部众开始对他疏远。

最初，范阳郡（河北省涿州市）人李产，逃难南下，投靠祖逖（李产、祖逖是同郡人）。现在看到祖约的志向旨趣，跟过去大不一样，对他的亲友说："我因为北方战乱，才离乡背井，远道到此，只希望保全家族。而今看祖约所作所为，有难以预测的目的。我在名义上跟祖家有姻亲关系，更应该早作打算，不要使自己陷于不义的漩涡之中，你们不可以贪图目前的安乐小利，而忘了未来的危险。"遂率子弟十余人，从小路返回故乡。

10 十一月，晋帝国皇孙司马衍降生。

11 后赵王（首都襄国）石勒，把武乡（山西省榆社县）乡里父老旧友，全召请到首都襄国（河北省邢台市），摆下盛大筵席，一起欢乐饮酒。当初，石勒还是穷苦贫民时，跟邻居李阳，为了争夺沤麻的池塘，曾经互相殴打（山西省榆社县有三台岭，岭上有李阳墓，有麻池），所以只有李阳心怀恐惧，不敢前来。石勒说："李阳，是一个壮士。争夺沤麻池塘，是平民时的仇恨。我正要包容天下，怎能不包容一个匹夫！”召见李阳，大摆筵席，握住李阳的手臂说：“我从前曾饱你以老拳，你也把我揍了个够。”任命李阳当参议司令官（参军都尉）。把武乡比作刘邦（西汉王朝一任帝）的丰县（江苏省丰县）、沛县（江苏省沛县），免除三世田赋捐税（刘邦免除沛县世世代代赋税，参考前一九五年十月。东汉王朝一任帝刘秀也免除乡里世世代代的田赋捐税，参考三〇年正月，石勒也一开口便是三世）。

石勒因为人民刚刚恢复生产，资金和储备，都十分缺乏，于是用严刑制止酿酒。南北郊祭祀天地，以及皇家祭庙典礼时，都用甜酒。推行数年，酿酒绝迹。

12 十二月，晋帝国政府任命慕容廆当幽平以及东夷军区司令长官（都督幽平二州、东夷诸军事）、车骑将军、平州（辽宁省）全权州长（牧），封辽东公，仍担任单于（王庭仍设棘城〔辽宁省义县西〕）。中央派皇家礼宾官（谒者）前往颁发印信，授权慕容廆代表皇帝发号施令（承制），设立官府，任命州郡首长。

慕容廆遂正式任命官员：裴嶷、游邃当秘书长（长史），裴开当军政官（司马），韩寿当总务官（别驾），阳耽当参谋主任（军咨祭酒），崔焘当主任秘书（主簿），黄泓、郑林当军事参议官（参军事）。慕容廆指定儿子慕容皝当世子。兴建学校，命平原郡（山东省平原县）人刘赞当校长（祭酒），教慕容皝跟其他的年轻子弟，都到学校读书；慕容廆闲暇时候，也亲自到学校听讲。

慕容皝雄壮强健，又多谋略，喜爱儒家学派经典，国人对他一致赞扬。慕容廆命慕容翰镇守辽东郡（辽宁省辽阳市），慕容仁镇守平郭（辽宁省盖州市）。慕容翰安抚汉人和蛮夷，有威望恩德；慕容仁仅次于慕容翰。

13 晋帝国所封代国（首府盛乐〔内蒙古和林格尔县〕）政变。

拓跋猗㐌妻惟女士，对代王拓跋郁律的强大，深为忌惮，恐怕对自己儿子不利（惟女士是拓跋普根的娘亲，拓跋普根逝世，幼子继位，又逝世，国人立拓跋郁律。参考三一六年十二月）。于是，击杀拓跋郁律，扶立她的儿子拓跋贺傉（拓跋普根老弟）继任代王，各重要酋长（大人）死亡的达数十人。拓跋郁律的儿子拓跋什翼犍，还抱在怀中，娘亲王女士把他藏在裤子里，在政变大屠杀时，王女士祷告说："上天如果要你活下去，千万不要哭！"很久他都没有哭，竟逃出一命。

惟女士控制政府，派人前往后赵帝国（首都襄国）报聘，后赵帝国称之为"女国"使节。

三二二年 壬午

晋	永昌	元年
成汉	玉衡	十二年
汉赵	光初	五年
后赵	赵王	四年
前凉	永元	三年

1 春季，正月，晋帝国（首都建康〔江苏省南京市〕）国史编撰助理官（著作佐郎）郭璞，再上书晋帝（七任元帝）司马睿（本年四十七岁），请借着生皇孙（参考去年〔三二一〕十一月），颁布赦令。司马睿接受。

正月一日，大赦，改年号（永昌）。

最高统帅（大将军）王敦，延聘郭璞当记录军事参议官（记室参军）。郭璞精于算命占卜，知道王敦一定背叛中央，而自己一定受害，心情十分忧虑。最高统帅府秘书（大将军掾）颍川郡（河南省许昌市东）人陈述逝世，郭璞哭悼，十分哀痛，说：“陈述，怎么知道不是你有福气！”

王敦既跟中央冲突，遂把中央有名望的人士，都软硬兼施的延聘到自己幕府。任命羊曼跟陈国（河南省周口市淮阳区）人谢鲲当秘书长（长史）。羊曼，是羊祜老哥的孙儿（羊祜，参考二七八年十一月）。羊曼、谢鲲每天沉醉，人事不省，所以王敦也不教他们负实际行政责任（只是利用他们穷嚼蛆的声望）。王敦将对中央采取军事行动，询问谢鲲的意见，说：“刘隗是个奸邪，将危害国家安全，我打算铲除君王身旁的恶徒，如何？”谢鲲说：“刘隗诚然是祸首，然而，他却好像城墙上挖洞的狐狸、祭坛上挖洞的老鼠。”（城墙里藏匿狐狸，不可以用水灌，用水灌将使城墙倾颓。祭坛藏匿老鼠，不可以用烟熏，恐怕引起火灾，使祭坛焚毁。）王敦咆哮说：“你不过一个蠢材，怎么知道天下大势。”把谢鲲外放出去当豫章郡（江西省南昌市）郡长，但又留住他，不准他上任。

正月十四日，事变爆发，王敦在武昌（江州州政府所在县，湖北省鄂州市）动员誓师，上奏章给皇帝司马睿，指控刘隗罪状，宣称：“刘隗奸佞邪恶，用谗言残害忠良，作威作福，想干什么就干什么，随意制造事端，调发人民差役，骚扰人民生活，赋税和劳役，十分沉重，怨声载道。我身居宰相级辅佐高位，不可以漠不关心，坐在那里，眼看国家败坏。现在，东下讨伐，刘隗的人头早上悬挂高竿，大军晚上即行撤退。从前，子太甲（商王朝五任帝太宗）生活放纵，荒唐过度，幸而有宰相伊尹的忠心，商王朝得以复兴（根据传说，伊尹把子太甲放逐到桐邑〔山西省万荣县〕，子太甲悔过，伊尹再教他复位）。但愿陛下再三考虑，则四海平安，国家巩固。”沈充也在吴兴郡（浙江省湖州市）起兵叛变，响应王敦。王敦任命沈充当总司令官（大都督）、东吴（江东，江苏省南部太湖流域）军区司令长官（督护东吴诸军事）。王敦抵达芜湖

（安徽省芜湖市），又上书指控刁协罪状；司马睿大怒。

正月二十一日，司马睿下诏："王敦仗恃我对他的宠爱，竟敢犯上作乱，把我比作子太甲，打算囚禁。这种行为如果可以忍受，什么行为不可以忍受？现在，我亲率天子六军，扑灭这个叛徒。有斩杀王敦的，封五千户人家侯爵。"王敦的老哥、宫廷禁卫官司令（光禄勋）王含，搭乘轻便快艇，投奔王敦。

太子宫顾问官（太子中庶子）温峤，对国务院执行长（仆射）周顗说："最高统帅（王敦）这次行动，似乎只在清除君侧，不是叛变。"周顗说："不然，君王不可能每一个都是伊祁放勋（尧）、姚重华（舜），怎能没有过失？作一个臣属，岂可发兵要挟！举动如此明显，难道不是叛变！王敦狼子野心，目无长上，他的企图哪里有满足之时。"

王敦大军初动时，派使节通知梁州（州政府设襄阳〔湖北省襄阳市〕）州长（刺史）甘卓，邀请他同时出军，甘卓承诺。等到王敦已登上战舰，甘卓军队却没有如期到达，反而派军事参议官（参军）孙双，到武昌（湖北省鄂州市）向王敦劝阻。王敦震惊说："甘先生前些时跟我说的什么话？却忽然变卦！不过是担心我会颠覆中央政府罢了。我的目的只限于铲除奸邪元凶，如果事情成功，我会建议封甘先生公爵。"孙双回去报告，甘卓心中狐疑，不敢决定。有人建议："不妨假装答应，等王敦抵达京师（首都建康）时，你再发兵讨伐他。"甘卓说："从前，陈敏之乱，我先跟他合作，后来阵前起义（参考三〇五年十二月、三〇七年二月），舆论批评我见风转舵，一逼就变，心里常感惭愧。而今又是如此，怎么能表白自己！"甘卓派人把王敦的意思，告诉顺阳郡（河南省淅川县东南）郡长魏该，魏该说："我们所以聚众起兵，拒抗蛮夷盗匪，只是为了效忠皇家。王敦攻击天子，我们不应该参与。"甘卓遂跟王敦断绝关系。

王敦派军事参议官（参军）桓罴（音pí〔皮〕）前往游说湘州（州政府设临湘〔湖南省长沙市〕）州长（刺史）、谯王司马承，请司马承当参谋长（军司）。司马承叹息说：“我死定了，土地荒凉，人民贫苦，势力孤单，援军断绝，如何才能渡过难关？然而，为了忠义而死，还有什么遗憾！”司马承征召长沙郡（湖南省长沙市）人虞悝当秘书长（长史），正巧，虞悝的娘亲去世，司马承前往吊丧，说：“我打算讨伐王敦，可是兵马既少，粮秣又缺，而且我刚刚到任，恩德信誉，还没有建立。你们兄弟是湘州（湖南省）的豪杰，皇家正陷于危险，古人遇到国家战争之时，都不再守三年之丧，你对我有什么指教！”虞悝说：“大王不认为我们兄弟地位卑微，性情愚劣，亲自前来舍下，敢不为大王效死。然而，湘州（湖南省）荒芜，实在没有力量出动军队讨伐。只有集结所有部众，固守城池，把军令传告四方，号召勤王。王敦的兵力一定分散，等他分散之后，再作进一步的打算，才有战胜的可能。”司马承遂囚禁桓罴，任命虞悝当秘书长（长史），虞悝的老弟虞望当军政官（司马），统御各路兵马，协同零陵郡（湖南省永州市）郡长尹奉，建昌郡（湖北省通城县）郡长、长沙郡人（湖南省长沙市）王循，衡阳郡（湖南省湘潭市西石潭镇）郡长、淮陵郡（安徽省明光市东北）人刘翼，春陵（湖南省宁远县）县长、长沙郡人易雄；同时动员，起兵讨伐王敦。易雄发布文告，传布远近，控诉王敦的罪状，于是湘州全州，都支持司马承。只有湘东郡（湖南省衡阳市湘水东岸）郡长郑澹拒绝勤王号召。司马承派虞望率军讨伐，斩郑澹，砍下人头，送到各地示众。郑澹是王敦的姐夫。

司马承派主任秘书（主簿）邓骞，前往襄阳（湖北省襄阳市）游说甘卓，说：“刘隗虽然骄傲蛮横，丧失民心，但对于国家，并没有叛离伤害。最高统帅（大将军王敦）因为私人怨仇，兴兵冒犯皇上，这正是

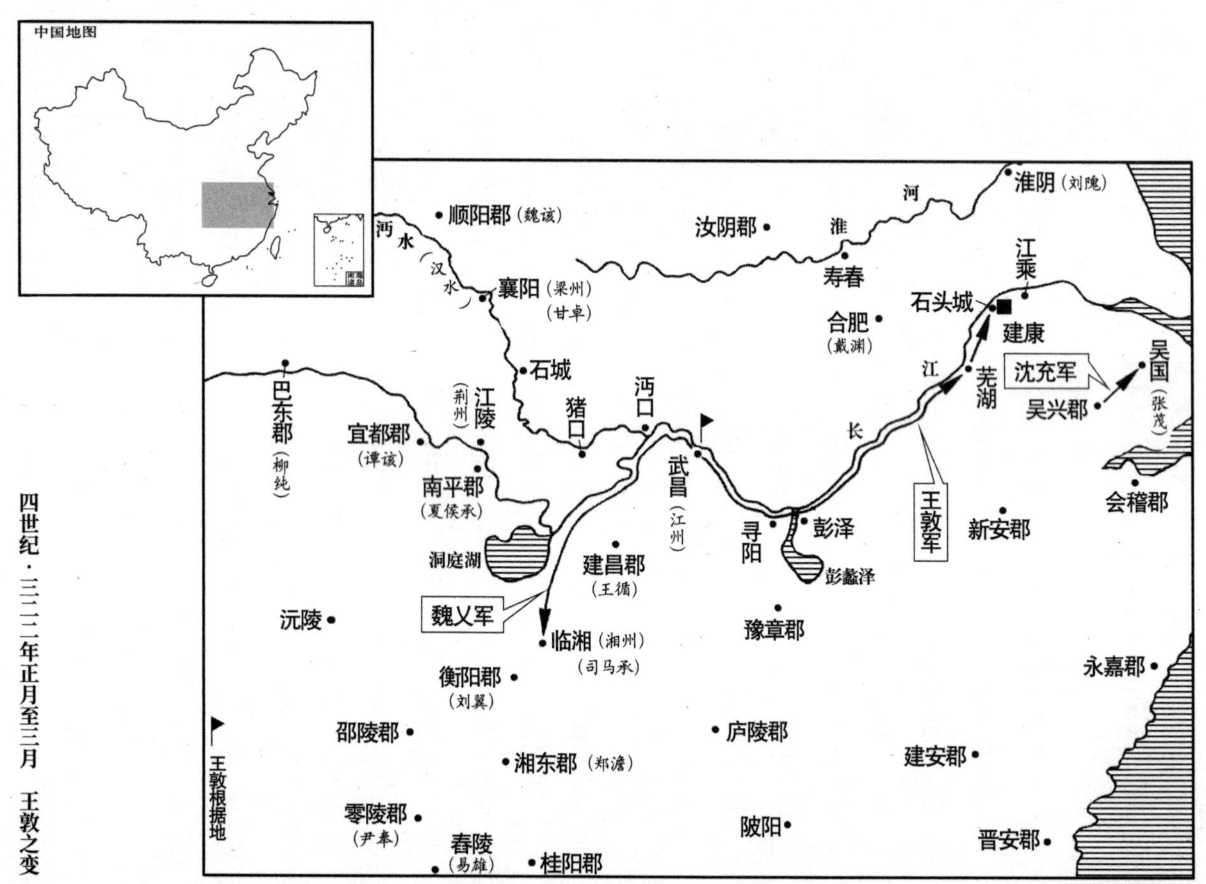

四世纪·三二二年正月至三月　王敦之变

忠臣义士尽节之时。阁下身受独当一面的责任，如果能够拥护中央，讨伐叛徒，乃姜小白（桓）、姬重耳（文）的功勋。”甘卓说：“姜小白、姬重耳的尊王大业，我没有能力建立，然而我的志向一直是报效国家，当仔细考虑。”军事参议官（参军）李梁劝甘卓说：“从前，隗嚣强横，而窦融保存河西（甘肃省中部西部），拥护刘秀（东汉王朝一任帝），终于后福无穷（参考二九年四月）。而今，将军（甘卓）在全国享有很高声望，最好是按兵不动，等待时机。如果最高统帅（大将军王敦）在军事上取得胜利，自当把独当一面的责任，委托给你。如果失败，中央政府必然会命将军取代王敦的官位，何必担心没有富贵？为什么放弃这个不战而胜的谋略，去发动存亡立见分晓的对决？”邓骞对李梁说：“刘秀当初，是刚刚创业，所以隗嚣、窦融，可以外貌上假装服从，实际上脚踏两条船。将军（甘卓）在帝国中担任重要官职，跟窦融完全不同。襄阳的地位，在最高统帅府（太府）看起来，并没有河西（窦融所在，甘肃省西部中部）那么坚固。假使最高统帅（大将军王敦）克服刘隗，凯旋武昌（湖北省鄂州市），在石城（竟陵郡郡政府所在城，湖北省钟祥市）屯聚重兵，断绝荆州（湖北省）、湘州（湖南省）的粮秣供应，将军往哪里逃？大局形势，掌握在别人手中，却认为自己有万全的把握，从来没有听说过。而且身为人家的臣属，国家发生危难，坐在那里，眼睁睁看着，不肯伸出援手，良心可会平安？”甘卓仍在犹豫，邓骞说：“现在你面对的困局是，既不兴兵勤王，又不接受最高统帅（大将军王敦）调遣，大祸一定临头，无论傻瓜或聪明，都可以看到。大家迟疑的缘故，只不过认为王敦强盛，我们衰弱。其实，最高统帅（大将军王敦）的战斗部队，不过一万余人，留守根据地（武昌）的，不会超过五千，而将军（甘卓）现有的部众，已超过王敦的两倍。以将军的威名，率领军区的精锐，手持皇帝符节，擂动战鼓，王含岂能抵御（王含此时是留守司令）？王敦如果回军援救，大军逆长江而上，也不可能成功。将军之攻陷武昌（湖北省鄂州市），就像折断朽木、拉断腐烂的绳索一样，还考虑什么？一旦攻陷武昌（湖北省鄂州市），夺取全部军需用品，镇守安抚二州（荆州及江州），用恩德招徕士卒，使回归的人像回归他们自己的家，这是吕蒙击败关羽的战略（参考二一九年十月）。而今放弃必胜的计策，却安安稳稳坐在这里，等待灭亡，不能算是智慧。”

王敦恐怕甘卓在后方发生变化，再派军事参议官（参军）丹阳郡人（江苏省南京市）乐道融，前往襄阳（湖北省襄阳市），作最后一次邀请，一定要甘卓跟他一起东下。乐道融虽是王敦的部属，但他深恨王敦的叛逆行为，所以反而鼓励甘卓：“主上（司马睿）亲自主持国家大事，主动的任命谯王（司马承）当湘州（湖南省）州长（刺史），证明并不是专听刘隗的话。只因王姓家族，专权的日子太久，突然发现别人介入，遂发生摩擦，自以为权力受到剥夺，忘掉旧恩，竟成叛逆，兴兵直指皇宫。皇上（司马睿）待你至为厚重，而你却跟王敦站在一条线上，岂不是有亏大义？生前是叛徒，死后是蠢鬼，永远是家族的耻辱，岂不可惜！为阁下设计，最好是假装答应王敦的要求，然后对武昌（王敦根据地，湖北省鄂州市）发动闪电袭击。最高统帅（大将军王敦）的部队，听到消息，用不着战斗，就会从内部崩溃，阁下伟大的勋业，可以完成。”

甘卓追随王敦，本来就不心甘情愿，听到乐道融的话，遂下定决心，说：“这正是我的本意。”遂跟巴东郡（重庆市奉节县东）监军官（监军）柳纯、南平郡（湖北省公安县）郡长夏侯承、宜都郡（湖北省宜都市）郡长谭该等，联名发表文告，传布各地，指控王敦罪状，并各率自己的直属部队，东下讨伐。甘卓派军事参议官（参军）司马赞、孙双，携带奏章，前往中央政府。又派罗英到广州（州政府设番禺〔广东省广州市〕），邀约广州州长（刺史）陶侃，同时进军。征西将军戴渊镇守合肥（参考去年〔三二一〕七月），最先看到甘卓的奏章，转呈皇帝司马睿，中央政府官员，大为兴奋，齐呼万岁。陶侃接到甘卓的信，即派军事参议官（参军）高宝，率军北上。武昌（湖北省鄂州市）城里居民，谣传甘卓大军已到，人心慌乱，四处逃奔。

王敦命姨妈的儿子、南蛮保安司令（南蛮校尉）魏乂、将军李恒，率武装部队二万人，进攻长沙郡（湘州州政府所在郡，湖南省长沙市）。长沙城池的修建还没有完工，粮秣储备又十分缺乏，人心震恐。有人建议谯王司马承，放弃城池，向南投奔陶侃，或退守零陵郡（湖南省永州市）、桂阳郡（湖南省郴州市）。司马承说："我当初起兵之时，目的就是要为忠义献身，岂可以贪生怕死，只求逃命，做一个战败逃亡的将领！事情即令不能成功，也使人民知道我的一片忠心。"遂环绕城池，构筑营垒，严密防守。不久，军政官（司马）虞望阵亡。远在襄阳（湖北省襄阳市）的甘卓，打算留下邓骞当军事参议官（参军），邓骞坚决不肯，甘卓遂派军事参议官（参军）虞冲，陪同邓骞，一起到长沙郡（湖南省长沙市），呈递一信给司马承，要求继续坚守，允许出军攻击沔口（湖北省武汉市，沔水〔汉水〕注入长江处），断绝王敦归路，则长沙的包围自然解除。司马承回信说："晋王朝在江左（江东）复兴，一切都刚刚开始，想不到叛徒出自最受宠爱的干部之中。我以皇族的一员，接受任命，志在一死。然而，接事的时间太短，一切茫然，毫无头绪。阁下如果迅速发动攻击，我还能等待，如果狐疑不决，恐怕只有到死鱼堆里找我了。"甘卓不能接受。

2 二月十日，晋帝国政府封皇子司马昱当琅邪王。

3 后赵帝国（首都襄国〔河北省邢台市〕）首领（一任明帝）、赵王石勒（本年四十九岁），封皇子石弘当世子。派中山公石虎，率精锐部队四万人，攻击一叛再叛、自称兖州州长（刺史）的徐龛（参考前年〔三二〇〕八月），徐龛坚守泰山城垣（山东省泰安市东），不出应战。石虎环城构筑长墙，团团包围。

4 汉赵帝国（首都长安〔陕西省西安市〕）皇帝（五任）刘曜，亲自攻击“氐王”（首府仇池）杨难敌，杨难敌迎战，不能取胜，退保仇池（甘肃省西和县南）。仇池所属各氐部落酋长、羌部落酋长，以及已被谋杀的晋帝国晋王司马保的旧部杨韬、陇西郡（甘肃省陇西县）郡长梁勋，都向刘曜投降。刘曜把陇西郡居民一万余户，强行迁移到首都长安（陕西省西安市），遂进攻仇池（甘肃省西和县南）。正巧，军中发生瘟疫，刘曜自己也被传染，打算班师，又恐怕杨难敌抄他的后路，遂派光国警卫指挥官（光国中郎将）王犷，前往游说杨难敌，分析祸福利害，杨难敌遂归降，派使节晋见刘曜，表示愿作藩属。刘曜赐给杨难敌皇帝诛杀时专用的铜斧（假黄钺），担任益宁南秦凉梁巴六州及陇上（甘肃省南部）、西域军区司令长官（都督益宁南秦凉梁巴六州、陇上、西域诸军事）、上大将军、益、宁、南秦三州全权州长（牧），封武都王。

秦州（州政府设上邽〔甘肃省天水市〕）州长（刺史）陈安，请求晋见汉赵帝刘曜，刘曜因有病在身，推辞。陈安大为愤怒，认为刘曜已经逝世，大肆抢劫，撤回原防。刘曜病势沉重，不能骑马，改乘用马架起的轿舆，返回京师（首都长安）。派将领呼延寔保护辎重，率军断后；陈安在中途拦击，全部俘获，陈安对呼延寔说：“刘曜已经死亡，你还辅佐谁？我想跟你共同创造大业。”呼延寔斥责他说：“你接受别人的宠爱和爵位，却竟然背叛！你的智慧能力，怎能比得主上（刘曜）？我一定会看到你的人头，在上邽（甘肃省天水市）街市上砍下，还谈什么大业？最好快把我杀掉。”陈安大怒，斩呼延寔，任命呼延寔的秘书长（长史）鲁凭当军事参议官（参军）。

陈安派老弟陈集，率骑兵三万人，追击刘曜。汉赵帝国首都卫戍司令（卫将军）呼延瑜迎头痛击，斩陈集。陈安撤退，回到上邽（甘肃省天水市），派将领袭击汧城（陕西省陇县），夺取到手。一时之间，陇上（甘肃省南部）各氐部落、羌部落，纷纷叛离汉赵帝国，归附陈安。陈安拥有部众十余万，遂自称总司令官（大都督）、“假黄钺”、最高统帅（大将军）、雍凉秦梁四州全权州长（牧）、凉王，任命赵募当相国。鲁凭向陈安大哭说：“我不忍心看到陈安死！”陈安大怒，命拉出斩首，鲁凭说：“我当然应该死，把我的人头挂在上邽（甘肃省天水市）街上，我要亲眼看到帝国如何处决陈安。”陈安遂斩鲁凭。刘曜得到消息，痛哭说：“贤良人士，是民心的寄托。陈安正需要贤良的时候，却诛杀贤良，我知道他没有作为。”

匈奴部落休屠王石武，献出桑城（甘肃省临洮县南），归降汉赵帝国（首都长安）。汉赵帝国任命石武当秦州（甘肃省南部）州长（刺史），封酒泉王。

5 晋帝国皇帝司马睿征召戴渊（时驻合肥）、刘隗（时驻淮阴），回军保卫京师（首都建康）。刘隗到达时，文武官员到路上迎接，刘隗仰戴冠帽，微微露出前额头发，高谈阔论，洋洋得意。等到入宫晋见晋帝司马睿，跟刁协同时主张把留在京师（首都建康）的王姓家族，全部诛杀，司马睿不许；刘隗这才露出恐惧的脸色。

最高监察长（司空）王导，率领他的堂弟、中央禁军总监（中领军）王邃、首都东区卫戍司令（左卫将军）王廙、高级咨询官（侍中）王侃、王彬，以及王姓家属二十余人，每天清早，到宫门外等候降罪。国务院执行长（仆射）周顗（音yǐ）进宫，王导向他呼救：“伯仁（周顗别名），一家大小，一百余口老幼男女的性命，交到你手！”周顗连一眼都不看，一直进宫；晋见司马睿后，竭力保证王导忠诚，营救保护，十分恳切，司马睿听信。周顗喜爱饮酒，于是，喝了个酩酊大醉，才拜辞出宫。王导仍在宫门，再度求他救命；周顗不但不理，反而对他的左右侍从们说：“今年要诛杀那些乱臣贼子，换取斗大的黄金印，挂在手肘后头！”回到家里，又上书竭力说明王导无罪，言辞恳切。王导并不知内情，对周顗痛恨入骨。

司马睿命王导穿上官服，进宫相见。王导叩头说：“乱臣贼子，哪一个年代没有？想不到却出在我家！”司马睿光着双脚，下去拉住他的手，说：“茂弘（王导别名。君王称别名，是一种亲切敬重），我正要依靠你治理国家，你这是什么话。”

三月，任命王导当前锋总司令官（前锋大都督）；加授戴渊骠骑将军。司马睿下诏：“王导大义灭亲，把我当安东将军时的‘符节’交给他（司马睿初镇建业时，是安东将军，参考三〇七年七月）。”任命周顗当国务院左执行长（尚书左仆射），王邃当国务院右执行长（尚书右仆射）。司马睿派王廙去向王敦解释，劝阻王敦前进。王敦不理，留下王廙，不放他回首都建康，王廙遂加入叛军，贡献谋略。征虏将军周札，骄傲阴险，贪图小利，司马睿任命他当右将军，兼石头（建康城西北）军区司令长官（都督石头诸军事）。王敦大军越发迫进，司马睿命刘隗驻屯金城（江苏省南京市江宁区北），周札据守石头（建康城西北）。司马睿身穿铠甲，亲自到郊外检阅部队。又任命甘卓当镇南大将军、高级咨询官（侍中）、荆梁军区司令长官（都督荆梁二州诸军事）；陶侃兼江州（江西省及福建省）州长（刺史），命他们各率大军，攻击王敦后背。

王敦抵达石头（建康城西北），打算先攻刘隗。杜弘向王敦建议说：“刘隗集结的敢死壮士很多，不容易攻克，不如先攻石头，周札对下刻薄寡恩，部属都不太服从他的指挥，我们一旦攻击，他必定溃败。周札溃败，刘隗自会逃走。”王敦同意，命杜弘担任先锋，进攻石头，周札遂大开城门，让杜弘进城。王敦既占领石头城，叹息说：“我再不能做出被后世赞扬的大事了。”豫章郡（江西省南昌市）郡长谢鲲说：“怎么会到那种程度？只需要从现在开始，大家忘掉过去！”（周札从前曾拒绝领导反抗势力，参考三一五年正月。而今竟开城迎接叛军，为什么会发生这种事情？一个合理的解释是，七年以来，江东原居民的地位，仍没有获得改善。）

司马睿命刁协、刘隗、戴渊，率军反攻石头（建康城西北），王导、周颢、郭逸、虞潭等，三道出兵，同时作战，而刁协等军全都大败。皇太子司马绍得到消息，准备率军决一死战，已跨上战车，就要出发，太子宫顾问官（中庶子）温峤，拉住缰绳，劝阻说：“殿下是帝国的储君，为了天下，怎么可以把自己看得那么轻！”抽出佩剑，砍断缰绳，才算停止。

王敦在重兵保护下，拒绝晋见司马睿，下令士卒在首都建康大肆抢劫，宫廷及政府官员，都逃散一空。只有安东将军刘超，仍率军布防保护，另外还有两位高级咨询官（侍中），留在司马睿身旁侍奉。司马睿脱下铠甲，换上平常所穿的黄袍，自言自语说：“想要得到我这个位置，应该早一点说出来，何至把人民害到如此地步？”又派人对王敦说：“阁下如果仍不忘情帝国，请从此停止战斗，天下还可以共同治理。如果不愿这样做，我当回到我的琅邪封国，让出贤才上进之路。”

刁协、刘隗兵败后，一起进宫，在太极殿东阶，晋见司马睿。司马睿握住二人的手，呜咽哭泣，泪流满面，劝他们快点逃亡。刁协说："我当守候在这里等死，不敢有二心。"司马睿说："情况紧急，怎么可以不走！"命拨付给刁协、刘隗人马，使他们各奔前程。刁协年纪已老，不能承受骑马的颠簸，而且对部下没有恩惠，军队又没有纪律，所以在征求随从的时候，大家全都拒绝。刁协逃到江乘（江苏省南京市东北），就被人诛杀，把人头送给王敦。刘隗逃奔后赵帝国（首都襄国），官做到太子师傅（太子太傅）逝世。（胡三省原注："三三三年，刘隗追随石虎，在潼关〔陕西省潼关县〕战死（参考该年十月），莫非就是这个刘隗！"）

司马睿在僵持下屈服，命中央文武百官前往石头（建康城西北）晋见王敦。王敦对戴渊说："前天的战斗，你是不是还有力量没有使出来？"戴渊说："岂敢不尽全力，只是力量不足。"王敦说："我今天这个举动，天下人有什么看法？"戴渊说："仅从外表上观察，都会说你叛逆。但从内心探讨，都会肯定你忠心。"王敦笑说："你真会讲话。"又对周顗说："伯仁（周顗别名），你对不起我！"（周顗被杜弢击败，曾投奔王敦，参考三一三年八月；王敦认为此事对周顗有恩。）周顗说："阁下驱动战车，冒犯皇家，我亲率六军，不能阻止，反而使皇家部队失败，所以对不起你。"

三月十八日，晋帝国政府大赦，任命王敦当丞相、全国各军区总司令长官（都督中外诸军）、主管政府机要（录尚书事）、江州（江西省及福建省）全权州长（牧），封武昌郡公。王敦全都辞让，概不接受。

最初，西都长安陷落（参考三一六年十一月），四面八方的官员，都向司马睿"劝进"（劝他更进一步当皇帝）。当时，王敦打算专擅国家大权，认为司马睿年纪太大（三一七年称晋王时已四十二岁），不容易控制，要另选择年幼的拥戴，王导反对。等到王敦攻取首都建康，对王导说："当初不采纳我的建议，几乎使全族被屠。"王敦认为皇太子司马绍勇敢而有谋略，政府民间对他都有良好印象，打算诬控他对老爹（司马睿）不孝，把他罢黜。于是召集文武百官扩大会报，王敦问太子宫顾问官（中庶子）温峤说："皇太子（司马绍）有什么可以称道的品德？"温峤说："对事情观察入微，对谋略十分周全，不是浅薄的人所能了解。用礼教的观点评估，应该是一个孝子。"大家都认为公正，王敦的阴谋受到打击。

司马睿把周顗找到广室殿，问他说："最近发生的大事，两宫（太后宫和太子宫）平安，大家也都平安，最高统帅（大将军王敦）是不是已经心满意足？"周顗说："两宫诚然像陛下所指示，已经平安，但我们臣属的命运，还不能预测。"中央军事总监部（戴渊是中央军事总监〔护军将军〕）秘书长（护军长史）郝嘏，劝周顗躲开王敦，周顗说："我身为国家高级官员，政府受到如此挫败，我怎么可以逃到荒山野地偷生，又怎么可以北投胡人、南投越人？"王敦的军事参议官（参军）吕猗，曾经当过国务院助理官（台郎），性情奸恶谄媚，戴渊当国务院执行官（尚书）时，对他很是厌恶。吕猗遂建议王敦说："周顗、戴渊，都有很高的知名度，足可以煽动群众。而他们近来的一些言论，又丝毫没有惭愧后悔的意思。阁下如果不把他们铲除，恐怕有再次兴兵的可能。"王敦对二人的才干，一向嫉妒，心里认为对极。于是，在一个闲暇的场合，从容问王导说："周、戴二人，在南北两地，拥有很高声望（周顗是汝南郡〔河南省息县〕人，戴渊是广陵郡〔江苏省淮安市淮阴区〕人，自中央政府迁到江南〔长江以南〕，二人名冠当时），请他们当宰相级官员（三司），应该可以胜任。"王导不回答。王敦又问："如果不给他们宰相级官位（三司），难道只能当国务院总理（令）或执行长（仆）？"王导又不回答。王敦说："如果不这样，只有诛杀。"王导仍不回答。

三月二十三日，王敦派部将陈郡人（河南省周口市淮阳区）邓岳，逮捕周𫖮跟戴渊。在此之前，王敦告诉谢鲲："我准备请周𫖮当国务院总理（尚书令）、戴渊当执行长（仆射）。"在逮捕二人的当天（三月二十三日），王敦又问谢鲲说："近来人心怎么样？"谢鲲说："阁下此次军事行动，虽然目的在于保护国家，然而，大家议论纷纷，总觉得在大义上有所欠缺。如果能推荐周𫖮、戴渊，人心自然敬服。"王敦暴跳说："你是聋子瞎子？两个人行为乖张，我已把他们收押！"谢鲲大吃一惊，若有所失。军事参议官（参军）王峤说："'有这么多的贤能／姬昌的政府才能安宁。'（《诗经·文王》：济济多士／文王以宁。）为什么杀有名的知识分子！"王敦大怒，要斩王峤，没有人敢上前劝阻。谢鲲说："阁下发动这么大的事变，并没有诛杀一个人。王峤因贡献他的意见，鲜血竟涂到战鼓上，是不是过分！"王敦遂释放王峤，贬作中央禁军总监部秘书长（领军长史）。王峤，是王浑的族孙（王浑，参考二三七年十二月）。

周𫖮被绑赴刑场时，中途经过皇家祭庙，大声高呼说："贼臣王敦，颠覆国家，枉杀忠良，神明如果有灵，请快诛杀王敦。"行刑队用铁戟猛刺他的嘴巴，鲜血直流到脚面，而周𫖮神态不变，旁观的人，都为之流泪（周𫖮年五十四岁）。戴渊则被拖到石头（建康城西北）南门外斩首。

王楙曰

周𫖮之死，祸由自招。救人而不希望人知，周𫖮的意思是表示公道，立意并不是不好。可是，秘密申请营救，不泄露私人的恩惠，已经足够。何至于当王导向他呼救时，不作理会！出入宫门，又意气轩昂，显出得意面孔，甚至有"诛杀贼奴"之类的诟骂。"形之于外的表情和言辞，竟如此凶恶，内心的凶恶，不问可知，不但不会救我，必然反而害我！”王导怎么能没有这种猜疑？当此之时，即令是再善良的敦厚长者，都不能承受。

王导岂是陷害贤才的人？当王敦三次问他，而他三次拒绝回答，可看出王导心中蕴藏的悲愤。周顗死后，王导才发现：当初凶恶相拒之际，正是殷殷营救之时。然而，为时已经太晚。而营救之事，又有谁知！一个人不可以使自己站在暧昧的地位，何况面对危险灾祸，立身尤其困难，稍有怨恨，性命不保，怎么可以再去故意制造怨恨？周顗自之不得其死，并不是不应该。本来是为了避免别人感恩，结果却招来大祸。可哀。

对人有再造之恩，固不可以表功需索，但也不可以羞辱戏弄。如果说恐怕刘隗、刁协之辈，得到消息，从中破坏，则血淋淋的诟骂，并不必要。假如王导发现面临绝境，全家男女老幼一百余口，同时服毒自尽，岂不违反周顗本意？

晋帝司马睿派高级咨询官（侍中）王彬，前往慰劳王敦。王彬一向跟周顗友善，于是，先去哭祭周顗，再晋见王敦。王敦对他满脸悲凄，感到奇怪，问他为什么？王彬说：“刚才哭周顗，情不自禁！”王敦冒火说：“周顗自己找死，而且，他不过把你看作普通平凡之辈，你有什么可悲哀的？”王彬说：“周顗是一个厚道的长者，也是你亲近的好友，在政府之中，虽然不时发表正直的言论，但从没有结党营私。想不到在大赦之后，用极刑处决，所以悲哀。”越说越痛苦，遂抨击王敦，说：“你兴兵冒犯君王，杀害忠臣义士，企图背叛，大祸就要临门。”慷慨陈词，声泪齐下，王敦大怒，说：“你竟如此疯狂，认为我不能杀你！”当时王导也在座，替王彬恐惧，劝王彬起身道歉。王彬说："脚痛，不能叩拜，而且，有什么可以道歉！"王敦说："脚痛，脖子痛，哪一个更痛！"王彬并不恐惧，竟拒绝叩拜。

王导后来整理立法院（中书省）档案，才看到周顗当初营救自己的奏章，拿到手中哭泣说："我虽然没有杀周顗，周顗却是因我而死（对自己三问不答，深为自责）。幽冥之中，辜负好友。"

在吴兴郡（浙江省湖州市）出兵的沈充（参考本年〔三二二〕正月十四日）攻陷吴国（江苏省苏州市），斩郡长（内史）张茂。

最初，王敦听到梁州（州政府襄阳）州长（刺史）甘卓在襄阳（湖北省襄阳市）起兵消息，大为恐惧。甘卓的侄儿甘印，当王敦的军事参议官（参军），王敦教他回去，游说甘卓说："你这样做，自是尽一个做臣属的责任，不能怪你。我只因家人危在旦夕，为了救急，不得不如此，如果能把军队撤回襄阳（湖北省襄阳市），当更结盟好。"甘卓虽然倾心忠义，可是性情多疑，不能决断，大军进屯猪口（湖北省仙桃市），打算等各方面部队到齐之后，一同出击。大军既不能马上到齐，遂停在那里几十天之久。王敦攻克首都建康后，派出钦差大臣，携带驺虞幡（参考二九一年六月），命甘卓退军。甘卓听到周顗、戴渊已死的消息，向甘印流泪哭泣说："我所忧虑的，正是今天这种情势。只要圣上（司马睿）康泰、太子（司马绍）平安，我位居王敦上游，他不见得敢危害皇家。假设我直接进攻武昌（王敦根据地，湖北省鄂州市），王敦受到形势上的逼迫，势必劫持天子，使四海绝望。不如返回襄阳（梁州州政府所在县，湖北省襄阳市），以后再作打算。"下令班师。司令官（都尉）秦康、军事参议官（参军）乐道融，警告甘卓说："现在，派出一部分军队，突击彭泽（江西省湖口县西），把王敦运输线拦腰切断，使他东西不能呼应，部众就会自然溃散，可以一战而胜。将军兴起义军勤王，而忽然半途而废，我们认为已犯下错误。而且，将军南下之时，士卒都盼望在战争中获得利益，忽然北返，恐怕很难维持。”甘卓不接受。乐道融日夜不停的哭泣劝阻，甘卓毫不理会；乐道融在半途忧虑过度而死。甘卓性情，本来十分温顺和善，却忽然变得横暴不可理喻，大军遂回襄阳。甘卓情绪浮躁，心情不宁，一举一动，都失常态，有见识的人知道他的死期不远。

王敦任命西阳王司马羕当太宰（上三公之一），加授王导国务院总理（尚书令），王廙当荆州（湖北省）州长（刺史）。调动文武百官及各军区司令长官（军镇），贬降及罢黜的有数百人；或者早上刚刚决定，晚上却又更改，只看王敦高兴。王敦将返武昌（湖北省鄂州市），谢鲲建议说：“阁下自从到了京师（首都建康），一直宣称有病，不肯朝见皇帝，是以，虽然建立了伟大的功勋，而民心并不十分了解。今天不妨前往朝见，使君王臣属之间的芥蒂，能够化解，则天下心悦诚服。”王敦说：“你能保证朝见时没有变化？”谢鲲说：“我最近曾经入朝，主上留下身旁的座位，希望能看到你。宫廷和政府，一片和睦，毫无忧虑的理由。阁下如果入朝，我愿侍奉左右。”王敦勃然大怒，说：“就是把你这种人杀几百个，对大局有什么损失？”竟不入朝，班师。

夏季，四月，王敦返抵武昌（湖北省鄂州市）。

最初，宜都郡（湖北省宜都市）郡长（内史）、天门郡（湖南省石门县）人周级，听到谯王司马承（湘州〔州政府临湘〕州长）起兵抵抗王敦消息，派他的侄儿周该，暗中进入长沙郡（临湘，湖南省长沙市），向司马承表明效忠。南蛮保安司令（南蛮校尉）魏乂，奉王敦之命，率二万人攻击长沙，情势紧急，司马承派周该及参谋官（从事）邵陵郡（湖南省邵阳市）人周崎，从小道出城，寻求救兵，先后都被魏乂的巡逻部队逮捕。

魏乂命周崎告诉守军:“最高统帅(大将军王敦)已进入首都建康(江苏省南京市),甘卓已回襄阳(湖北省襄阳市),外援断绝。”周崎假装承诺,然而,既到城下,周崎大声呼喊说:“援军不久就到,努力坚守!”魏乂遂斩周崎。魏乂苦刑拷打周该,周该死在酷刑之下,但始终不肯透露他投奔长沙的原因;周级因此得以保全。

魏乂日夜进攻,王敦又送来所得到的中央政府官员的书信和各地呈递的奏章,命魏乂射到城中,让司马承观看;城中守军知道京师(首都建康)已经失守,无不惆怅惋惜。双方僵持一百余天,衡阳郡(湖南省湘潭县西石潭镇)郡长刘翼阵亡,士卒死伤狼藉。

四月十日,长沙陷落,魏乂生擒司马承,诛杀秘书长(长史)虞悝。虞悝死前,子弟们对着他号泣痛哭,虞悝说:“人生总有一死,全家都成了忠义之鬼,还有什么恨事?”

魏乂用囚车把司马承,以及舂陵(湖南省宁远县)县长易雄,送到武昌(湖北省鄂州市),文武部属全都逃散,只主任秘书(主簿)桓雄、行政管理署文书员(西曹书佐)韩阶、参谋官(从事)武延,改穿破烂衣裳,冒充奴仆,在司马承左右侍候。魏乂发现桓雄容貌举止,不像一个普通人,更不像奴仆,心里恐惧,遂斩桓雄。韩阶、武延毫不动摇,决心更为坚强。荆州(湖北省)州长(刺史)王廙,执行王敦的暗示,就在中途诛杀司马承(年五十九岁)。韩阶、武延,把司马承的灵柩送到首都建康(江苏省南京市),等到安葬后告辞。易雄被押解到武昌(湖北省鄂州市)后,意气轩昂,没有害怕的表情,王敦派人把易雄所发布的文告拿给易雄看,对他大加责备,易雄说:“确实有这件事,可惜我地位卑微,力量薄弱,不能救国家的危难。今天身死,心甘情愿。”王敦认为易雄的言辞正大,释放他回到官舍。大家都来庆贺,易雄笑说:“我怎么能够活命?”不久,王敦派人把易雄暗杀。

魏乂紧急搜捕司马承的主任秘书（主簿）邓骞，乡里亲友都替邓骞担心，邓骞笑说："他正是为了要用我才这样，他新得到一个州（湘州），又杀了很多忠良，所以想把我当作样板，满足人民愿望。"遂主动晋见魏乂，魏乂大喜说："老哥，你是古代的解扬！"（《左传》前五九四年：楚王国包围宋国，晋国派解扬到宋国，表示援军就到，不要投降。途经郑国时，郑国把他扣押，献给楚王国，楚王芈侣〔六任王楚王〕厚待解扬，要他劝宋国投降。再三要求后，解扬答应，但在登上巢车〔攻城用的高空活动碉堡〕后，向守军高呼，传达晋国的使命。芈侣因被出卖而大怒，下令诛杀解扬，派人告诉他："你对我既有承诺，却又反复，为什么这样？只有处死。"解扬说："我接受命令，担任使臣，除了用死完成任务外，没有第二种想法，怎么可以接受贿赂，改变立场？我之对大王承诺，只不过是为了完成使命；虽死而能完成使命，是我的荣耀。"芈侣把他释放。）任命邓骞当总务官（别驾）。

晋帝司马睿下诏，任命陶侃兼湘州（湖南省）州长（刺史）。王敦要求陶侃仍回广州（州政府设番禺〔广东省广州市〕），司马睿只好接受，加授陶侃散骑侍从官（散骑常侍）。

6 四月十一日，汉赵帝国（首都长安）皇后羊献容逝世，绰号献文皇后。

7 晋帝国梁州（州政府设襄阳〔湖北省襄阳市〕）州长（刺史）甘卓的家人，都建议甘卓严密戒备，以防最高统帅（大将军）王敦发动袭击，甘卓不接受，反而把士卒遣散到农田耕作；任何劝阻的意见，都使甘卓大为震怒。襄阳郡郡长周虑，暗中秉承王敦的指示，诈称：湖中有很多鱼虾，劝甘卓命左右卫士都到湖中捕鱼。甘卓相信周虑的话。

五月二十三日，周虑率军突击甘卓的卧室，就在卧室中，诛杀甘卓，把人头呈献给王敦，当即连同甘卓的三个儿子，一齐处死。王敦任命参谋指挥官（从事中郎）周抚，当沔北（汉水以北）军区司令官（督沔北诸军事），接替甘卓，镇守沔水（汉水流域）。周抚，是周访的儿子（周访，参考前年〔三二〇〕八月）。

王敦在政治上既然得意，权力不再受任何限制，凶暴傲慢的程度，越发升高，各地向中央呈献的贡物，都流入最高统帅府（大将军府）。宰相、将领、州长、军区司令长官，都出自他的门下。政治上，依靠沈充、钱凤当他的智囊，对二人言听计从，二人所陷害的人，无不诛杀。军事上，依靠诸葛瑶、邓岳、周抚、李恒、谢雍，作自己的打手爪牙。沈充等人同样的阴险骄傲、纵情任性，大肆兴筑家宅，侵占人民田地家产，在街市上强迫买卖，行为如同盗匪。有见解的人都发现：他们快要溃败。

8 秋季，七月，后赵帝国（首都襄国）中山公石虎，攻陷泰山郡（山东省泰安市东），生擒自称兖州州长（刺史）的徐龛，送到首都襄国（河北省邢台市）。后赵王石勒把徐龛放到布袋里，抬到百尺高的楼上，乱棍打死；命王伏都的妻子，挖出徐龛的内脏吞食（王伏都奇淫奇暴，参考前年〔三二〇〕五月），投降的士兵三千人，也全部坑杀。

9 晋帝国兖州州长（刺史）郗鉴，据守邹山（山东省邹城市东南）三年（司马睿任命郗鉴当兖州州长〔刺史〕事，参考三一三年四月。迄今九年有余，记载有误），有部众数万人。可是战争不能停止，人民陷入饥馑，到旷野挖掘老鼠，上树搜索冬季躲藏的飞燕，用来果腹。后赵帝国又不断逼迫，无法生存，遂全体撤退，驻屯合肥（安徽省合肥市）。国务院右执行长（尚书右仆射）纪瞻，认为郗鉴有清高的声望和品德，应到中央政府任职，上书皇帝，请求征召，遂任命郗鉴当国务院执行官（尚书）。

徐州（江苏省北部）、兖州（山东省西部）之间人民建立的自卫堡寨，很多投降后赵帝国，后赵帝国分别任命郡长县长，安抚人民。

10 晋帝国最高统帅（大将军）王敦，自兼宁州（云南省）、益州（侨州）军区司令长官。

冬季，十月九日，荆州（州政府设江陵〔湖北省江陵县〕）州长（刺史）、武陵侯（康侯）王廙逝世。

王敦任命下邳郡（江苏省睢宁县北古邳镇）郡长（内史）王邃，当青徐幽平军区司令长官（都督青徐幽平四州诸军事），镇守淮阴（江苏省淮安市淮阴区）。首都卫戍司令（卫将军）王含，当沔南（汉水以南）军区司令长官（都督沔南诸军事）兼荆州（湖北省）州长（刺史）。武昌郡（湖北省鄂州市）郡长、丹阳郡（首都建康）人王谅，当交州（越南北部）州长（刺史），命王谅乘机捕杀原交州州长（刺史）修湛，跟新昌郡（越南河内市西北安朗县）郡长梁硕。

王谅引诱修湛见面，斩修湛。梁硕起兵，把王谅包围在州政府所在地龙编（越南河内市东北北宁省）。

11 晋帝国豫州（州政府设谯城〔安徽省亳州市〕）州长（刺史）祖逖逝世后（参考去年〔三二一〕九月），后赵帝国（首都襄国）不断发动攻击，侵扰河南（黄河以南）地区，攻陷襄城（河南省襄城县）、城父（安徽省亳州市东南城父镇），包围谯城（安徽省亳州市）。晋帝国继任的豫州州长（刺史）祖约，不能抵抗，撤退到寿春（豫州州政府所在县，安徽省寿县）。后赵帝国遂占领陈留郡（河南省开封市东）；梁国（河南省商丘市睢阳区）跟古郑国（河南省新郑市）一带，又陷于动乱，人民骚扰不安。

12 十一月，晋帝国任命宰相（司徒）、临颍公（元公）荀组（参考三一八年四月），当全国武装部队总司令（太尉）。

十一月十二日，荀组逝世（年六十五岁）。

13 晋帝国撤销宰相府（司徒），业务并入丞相府。王敦把并入的宰相府官属，全数纳入最高统帅京师留守府（留府。王敦虽在武昌〔湖北省鄂州市〕，但仍遥控中央，所以在京师〔首都建康〕设留守府）。

14 晋帝国皇帝司马睿忧愁愤懑，终于病倒。

闰十一月十日，司马睿逝世（年四十七岁）。最高监察长（司空）王导，接受遗诏，辅佐新君。司马睿恭谨节俭有余，英明果断不足，以致复兴大业还没有开始，祸乱已先在内部爆发。

闰十一月十一日，皇太子司马绍（本年二十四岁）登极（八任明帝），大赦，尊娘亲荀女士当建安君。

15 十二月，汉赵帝国（首都长安）皇帝刘曜，把老爹（刘绿）老娘（胡女士）安葬在粟邑（陕西省白水县），大赦。墓园地下部分周围二华里，地上部分高达一百尺，共征集民伕六万人，一连工作一百天才告完成。工程日夜不停，夜间在烛光下赶工，人民倍感痛苦。游子远劝阻，刘曜不理。

16 后赵帝国（首都襄国）最高执法官（大执法）、濮阳侯（景侯）张宾逝世。后赵王石勒悲哭，十分哀痛，说："上天难道不打算成全我的大业？为什么把我的右侯（张宾）夺去得这么早！"程遐接任右秘书长（右长史）。程遐，是世子石弘的舅父。石勒每次跟程遐讨论国事，遇到意见不能一致时，都忍不住叹息："右侯（张宾）舍弃我远去，竟使我跟这种人共事，岂不残忍？"往往流泪终日。

17 前凉王国（首都姑臧〔甘肃省武威市〕）首领（一任成王）、西平公张茂（本年四十六岁），命将军韩璞，率军攻取陇西郡（甘肃省陇西县）、南安郡（甘肃省陇西县东南），设立秦州。

18 晋帝国（首都建康）所封平州（辽宁省）全权州长（牧）、辽东公（首府棘城〔辽宁省义县西〕）慕容廆，派他的世子慕容皝，袭击辽西公段末柸（音pēi〔胚〕）的根据地令支（河北省迁安市），掳掠居民一千余家而返。

三二三年 癸未

晋	永昌	二年
	太宁	元年
成汉	玉衡	十三年
汉赵	光初	六年
后赵	赵王	五年
前凉	永元	四年

1 春季，正月，成汉帝国（首都成都〔四川省成都市〕）太傅（上三公之二）李骧、镇南大将军任回，进攻晋帝国（首都建康〔江苏省南京市〕）的台登（四川省冕宁县南泸沽镇）。晋帝国将军司马玖战死，越嶲郡（四川省西昌市）郡长李钊、汉嘉郡（四川省雅安市名山区北）郡长王载，分别献出城池，归降成汉帝国。

2 二月二日，晋帝国把前任帝（七任元帝）司马睿安葬建平陵（江苏省南京市北鸡笼山）。

3 三月一日，晋帝国改年号（之前是永昌二年，之后是太宁元年）。

4 后赵帝国（首都襄国〔河北省邢台市〕）所属饶安（河北省盐山县西南千童镇）、东光（河北省东光县）、安陵（河北省吴桥县北安陵镇）三县大火成灾，焚烧七千余家，死亡一万五千人。

5 后赵帝国进攻晋帝国的彭城（江苏省徐州市）、下邳（江苏省睢宁县北古邳镇），晋帝国徐州州长（刺史）卞敦，跟征北将军王邃（时在淮阴〔江苏省淮安市淮阴区〕）退到盱眙（江苏省盱眙县）自保。卞敦，是卞壸的堂兄（卞壸，参考三〇七年九月）。

6 晋帝国最高统帅（大将军）王敦（时在根据地武昌），积极进行夺取皇帝宝座，暗示新即位的皇帝（八任明帝）司马绍（本年二十五岁）征召自己前往京师（首都建康）。司马绍亲笔书写诏书征召。

夏季，四月，加授王敦：黄钺（皇帝诛杀时专用的铜斧）、木剑（班剑。二者都是君王仪仗队所持），奏事时不传报姓名，入朝时不必快步，上殿时不解佩剑、不脱木屐（奏事不名、入朝不趋、剑履上殿）。王敦遂从武昌（湖北省鄂州市）进驻姑孰（安徽省当涂县），大营设于于湖（当涂县南）。任命最高监察长（司空）王导当宰相（司徒）。王敦自己兼任京畿总卫戍司令（扬州刺史）。

王敦积极谋划政变，王彬苦苦规劝，王敦脸色大变，向左右侍卫示意，就要逮捕。王彬严肃的说：“你从前杀哥哥（王敦杀王澄事，参考三一二年十二月），现在又要杀弟弟！”王敦只好停止，任王彬当豫章郡（江西省南昌市）郡长。

7 后赵帝国（首都襄国〔河北省邢台市〕）首领（一任明帝）、赵王石勒（本年五十岁），派使节晋见晋帝国所封的辽东公（首府棘城〔辽宁省义县西〕）慕容廆，提出友好睦邻建议。慕容廆逮捕使节，解送到首都建康。

8 成汉帝国（首都成都）太傅（上三公之二）李骧等，进攻仍臣属晋帝国（首都建康）的宁州（州政府设滇池〔云南省昆明市晋宁区〕），宁州州长（刺史）、褒中公（壮公）王逊，派将军姚岳等迎击，在螗蜋（云南省会泽县）会战，成汉帝国军大败。姚岳追击到泸水（金沙江），成汉帝国士卒争先恐后的抢渡，落水淹死的有一千余人。姚岳因道路太远，不敢渡河，回军。王逊对于姚岳没有穷追猛打，大怒，鞭打姚岳，而大怒无法控制，冠帽破裂，竟气绝身亡。王逊主持宁州十四年（参考三一〇年十二月），声威慑服蛮夷。州政府官员拥立他的儿子王坚，当宁州总部及南夷保安司令部执行官（行州府事）。晋帝国皇帝司马绍，命王坚实任宁州州长（刺史）。

9 晋帝国广州（州政府设番禺〔广东省广州市〕）州长（刺史）陶侃，派军援救交州（州政府设龙编〔越南河内市东北北宁省〕），还没有赶到，新昌郡（河内市西北安朗县）郡长梁硕，已攻陷龙编（梁硕围攻龙编，参考去年〔三二二〕十月）。抢夺州长（刺史）王谅所拿的皇帝符节，王谅拒绝，梁硕砍断王谅的右臂，王谅说：“死还不躲避，断一条臂膀又算什么？”十数日后，逝世。

10 六月六日，晋帝国皇帝司马绍，封太子妃庾文君当皇后。任命庾文君的老哥、中央禁军总监（中领军）庾亮，当总立法长（中书监）。

11 梁硕既夺取交州（州政府龙编），凶狠暴虐，失去民心。广州（州政府番禺）州长（刺史）陶侃派军事参议官（参军）高宝进攻，斩梁硕。皇帝司马绍下诏，命陶侃兼交州州长（刺史），加授征南大将军、开府仪同三司（宰相级）。不久，国务院文官部文官司助理官（吏部郎）阮放，请求当交州州长（刺史），皇帝批准。阮放走到宁浦郡（广西横州市），遇见班师而回的高宝，阮放摆下盛大筵席招待，却埋下伏兵，将高宝击斩。高宝的部队反击阮放，阮放逃跑得快，才保住一命，抵达州政府所在地（龙编），过不了多久，逝世。阮放，是阮咸的堂侄（阮咸，“竹林七贤”之一，参考二六二年）。

12 自称凉王的陈安（参考去年〔三二二〕二月），包围汉赵帝国（首都长安〔陕西省西安市〕）征西将军刘贡驻扎的南安郡（甘肃省陇西县东南）。匈奴休屠王石武，从桑城（甘肃省卓尼县东北）率军攻击陈安根据地上邽（甘肃省天水市），以减轻刘贡所受的压力。于是，石武、刘贡前后夹击，大破陈安军。陈安集结残余骑兵八千人，逃到陇城（甘肃省张家川县）。

秋季，七月，汉赵帝（五任）刘曜，亲率大军包围陇城，另派部将包围上邽。陈安不断出击，屡战屡败。右军将军刘幹，攻陷平襄（甘肃省通渭县）。陇上（甘肃省南部）各县，全部归降。陈安留下他的将领杨伯支、姜冲儿守卫陇城，自己率精锐骑兵突围，奔向陕中（即陿中）。刘曜派将军平先追赶。陈安左手拿七尺长的大刀，右手拿一丈八尺长的蛇矛，对接近他的追兵，大刀长矛，同时发动，立刻击斩五六人，对稍远一点的追兵，则由左右卫士强弓射击，边战边走。平先也是一员猛将，勇敢而灵活，行动如飞。平先跟陈安对决，三个回合，即夺下陈安的一丈八尺蛇矛。正巧，黄昏时分，大雨如注，雨势越来越强，陈安抛下战马，跟左右亲信，逃入深山躲藏；汉赵大军作地毯式搜索，却搜索不到。

第二天，陈安派部将石容，下山侦察汉赵军行动，被汉赵辅威将军呼延青人捉住，用苦刑逼他供出陈安所在，石容闭口不言，呼延青人遂斩石容。等到雨过天晴，呼延青人追踪陈安等逃走时留下的痕迹，在一个山涧转弯处生擒陈安，斩首。陈安对将士至为有恩，平日同甘共苦。死讯传出后，陇上（甘肃省南部）人对他怀念不已，为他唱出《壮士之歌》（《壮士之歌》：陇上有一个壮士叫陈安／身体虽然小／度量却很宽／爱护他的将士／把他们当作自己的心肝／骑骏马／跨铁鞍／七尺大刀挥舞像瀑布／丈八蛇矛转动如飞旋／十个回合／十次对决／所向无前／不料这次只有三交手／失去蛇矛苦应战／舍坐骑／逃乱山／寻求外援／人头高悬／西边流来的水／向东流去的川／无可奈何／全都一去不复还）。陇城（甘肃省张家川县）守将杨伯支，斩另一守将姜冲儿，献出城池投降。另一部将宋亭，斩上邽（甘肃省天水市）守将赵募，也献出城池投降。刘曜遂把秦州（甘肃省南部）杨姓、姜姓两大豪族二千余户，强行迁移首都长安。各氐部落、羌部落，也都送人质归附。

刘曜任命赤亭（甘肃省陇西县东）羌部落（东汉王朝烧当部落后裔）酋长姚弋仲，当平西将军，封平襄公。

13 晋帝国皇帝司马绍，畏惧最高统帅（大将军）王敦的逼迫，打算用郗鉴作为外援，遂命郗鉴当兖州州长（刺史），兼扬州江西（安徽省中部）军区司令长官（都督扬州江西诸军事），镇守合肥（安徽省合肥市）。王敦自不允许一个手握重兵的异己，雄踞自己背后，于是上书推荐郗鉴当国务院总理（尚书令）。司马绍不得不接受。

八月，下诏召回郗鉴。郗鉴回京（首都建康）途中，经过姑孰（安徽省当涂县），王敦跟郗鉴讨论洛阳时代（晋王朝）的当权官员，王敦说："乐广的才干并不高，考察他的实绩，怎么能超过满奋。"郗鉴说："乐广做事，虽然平淡无奇，遵守常轨；皇太子司马遹被罢黜时，他表现软弱，但没有屈膝（乐广任首都洛阳市长〔河南尹〕，释放太子宫被捕官员，参考三〇〇年正月）。而满奋在大节上却失去分寸（司马遹被贬往许昌，满奋逮捕所有前往送行的官员，参考三〇〇年正月。后来，司马伦篡夺帝位，满奋又呈送玉玺，参考三〇一年正月），怎么有资格相比？"王敦说："在那个时候，危机四伏！"郗鉴说："大丈夫应当用性命维护自己的立场！"王敦听了，大不高兴，不再跟郗鉴见面，但一直留住郗鉴，不准他走。王敦的党羽都劝王敦杀掉郗鉴，王敦不肯，最后仍释放郗鉴返京（首都建康）。郗鉴回到中央，跟司马绍共同计划讨伐王敦事宜。

14 后赵帝国（首都襄国）中山公石虎，率步骑兵混合兵团四万人，攻击安东将军、青州（山东省北部）州长（刺史）曹嶷，青州各郡县纷纷响应石虎（大分裂时代有一种现象，就是"纷纷响应"，只要有一股力量崛起或一支军队侵入，不可避免的定有郡县或部落归附。可能是人民厌恶暴政，欢迎新的解放力量；也可能是为了自救，向强大的一方寻求保护伞；情至可哀）。于是包围曹嶷的根据地广固（位于山东省青州市西五公里，曹嶷所筑，四周都是悬崖绝壁，在大分裂时代，广固是一座名城）。曹嶷投降，被送到首都襄国（河北省邢台市），斩首。后赵帝国并坑杀曹嶷的部众三万人（三万人在投降后受到屠杀，人间惨事）。石虎还要把所有居民都铲除罄尽，青州州长（刺史）刘征说："政府任用

四世纪·三二三年六月至七月　汉赵帝国西进

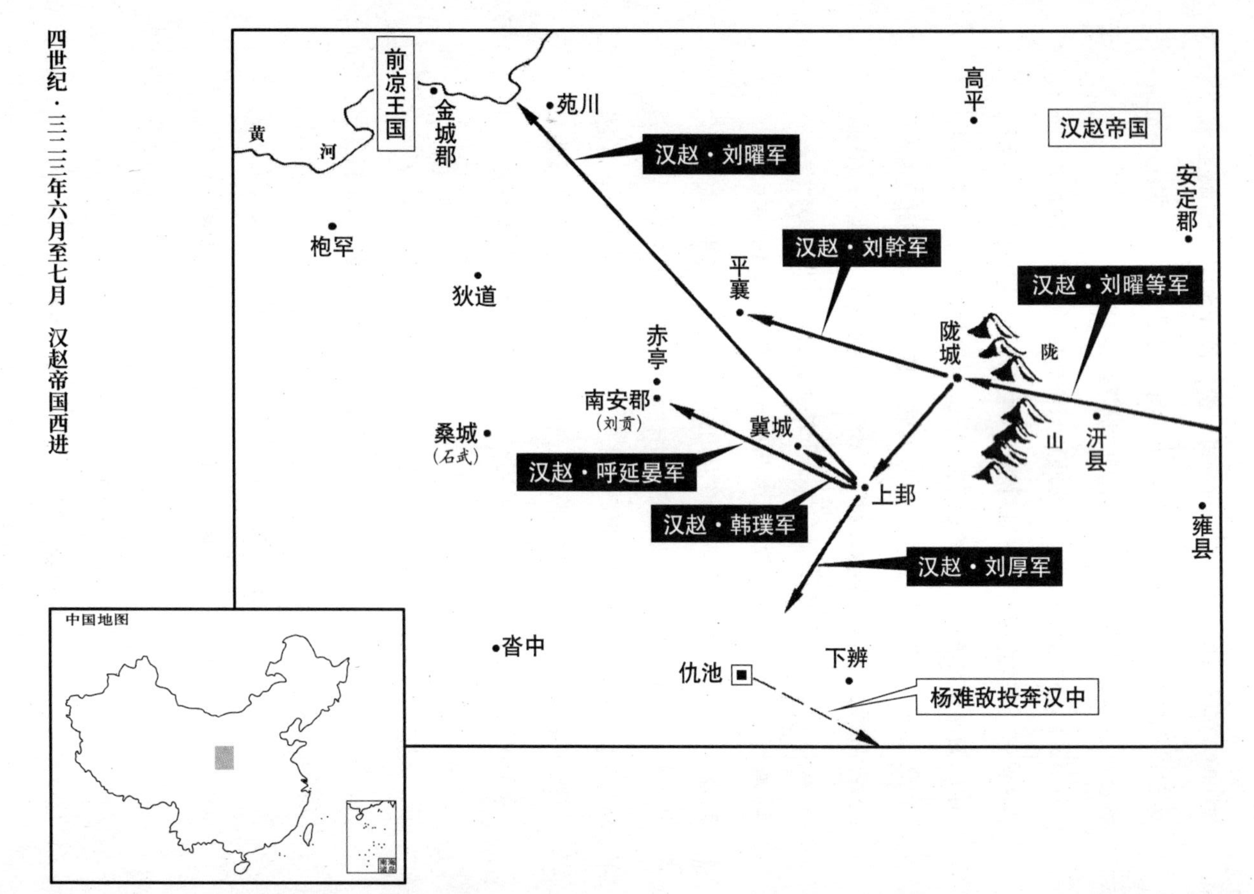

我，是教我管理人民。既没有人民，我只有回去了。”石虎特地留下男女七百人给刘征，使刘征镇守广固。

15 汉赵帝国（首都长安）皇帝刘曜，从陇上（甘肃省南部）西进，攻击前凉王国（首都姑臧〔甘肃省武威市〕），派将领刘咸攻击韩璞据守的冀城（甘肃省甘谷县），呼延晏攻击宁羌军事总监（宁羌护军）阴鉴据守的桑壁（应在甘肃省陇西县南）。而刘曜亲自率领战斗部队二十八万人，进抵黄河，沿河结营一百余华里，鼓声锣声，震动天地，河水都为之沸腾。前凉王国首领（一任成王）、西平公张茂（本年四十七岁），沿黄河所设的边防营垒阵地，完全崩溃，士卒四散逃命。刘曜声称：将分兵一百道，同时渡河，直指姑臧（前凉首都，甘肃省武威市）；前凉王国大为震动。军事参议官（参军）马岌，建议张茂，亲自迎战；秘书长（长史）氾祎大怒，请求处决马岌。马岌说：“氾祎不过知识分子垃圾，只会大言不惭的伤害别人，有点小聪明而已，从没有想到国家的前途。阁下（张茂）父子（张茂老爹张轨）打算替晋政府诛杀刘曜，心愿已立多年。而今刘曜自己送上门来，远近内外，都在严密注视你的反应。自应用行动证明你的信誓旦旦，不使秦陇（陕西省中部及甘肃省南部）人民失望。力量虽然不敌，但大军必须出动。”张茂说：“对极！”遂在石头（姑臧城东）集结军队。

张茂对军事参议官（参军）陈珍说：“刘曜率领三秦（陕西省中部）的部众，乘胜西进，大军所到之处，轻易得好像卷起草席，我们应该怎么办？”陈珍说：“刘曜的军队数目虽多，精锐却少，大多数都是氐部落、羌部落临时征集的乌合之众，对下没有恩德，对上也不信任。而且又有山东（崤山以东，指后赵帝国）方面的顾虑，怎么能不管心头大患，浪费时间，跟我们争夺河西走廊（甘肃省中部西部，即前凉王国疆土)。二十天后，刘曜如果还不撤退，请拨付给我老弱残兵数千人，我替阁下(张茂)捉住他。”张茂大喜，命陈珍援救韩璞。

汉赵兵团的将领，争先恐后的要渡黄河进击，皇帝刘曜说：“我们军队的声势，虽然很盛，然而，畏惧我们威力追随我们的，占三分之二。中央直属部队疲惫困顿，事实上难以作战。而今，按兵不动，只用我的威望震慑，如果过了月中，张茂的降书还没有呈递，就算我骗你们。”果然，张茂不久就派人前来归降，呈献马匹、牛羊各种珍宝，数目多到不可胜计。刘曜任命张茂当高级咨询官(侍中)，兼凉州、南北秦州、梁州、益州、巴郡、汉中郡、陇右(甘肃省南部)、西域(新疆及中亚东部)各蛮夷，以及匈奴军区司令长官，太师(上三公级)，凉州全权州长(牧)；封凉王(前凉王)，加授“九锡”(参考四年)。

16 汉赵帝国所封武都王(首府仇池)杨难敌(参考去年〔三二二〕二月)，听到陈安被杀，大起恐惧，放弃根据地仇池(甘肃省西和县南)，跟老弟杨坚头，向南逃到汉中郡(陕西省汉中市)。汉赵帝国镇西将军刘厚追击，俘获十分丰富，回军。汉赵帝刘曜，任命藩属事务部长(大鸿胪)田崧，当镇南大将军、益州州长(刺史)，镇守仇池(甘肃省西和县南)。

杨难敌送人质给成汉帝国(首都成都)，请求投降。成汉帝国安北将军李稚，接受杨难敌金银财宝的贿赂，所以没有把杨难敌送到京师(首都成都)；反而在汉赵大军撤退后，送杨难敌返回武都郡(甘肃省成县)。杨难敌遂据守险要，背叛成汉帝国。李稚后悔受杨难敌戏弄，向中央积极要求讨伐。成汉帝(一任武帝)李雄(本年五十岁)派李稚的老哥、高级咨询官(侍中)、中央禁军总监(中领军)李琀(音hán〔含〕)

跟李稚会师，从白水（四川省青川县东沙州镇）出发；征东将军李寿，跟李琀的老弟李玝，从阴平郡（甘肃省文县）出发；大举攻击杨难敌。文武官员纷纷劝阻，李雄不理。杨难敌派军抵抗，李寿、李玝不能前进。而李琀、李稚，长驱直入，挺进到下辨（甘肃省成县），杨难敌派军切断他们退路，然后四面围攻，李琀、李稚深入敌境，没有后继，全都阵亡，部众被杀的有数千人。李琀，是李荡的长子（李荡战死，参考三〇三年三月），有才干声望，李雄打算由他继承帝位；听到死讯，数天之久，对饭无法下咽。

17 最初，汉赵帝国皇帝刘曜还是亲王时，生长子刘俭、次子刘胤。刘胤年十岁，身高七尺五寸，当时，三任帝（昭武帝）刘聪对刘胤的印象，至为深刻，对刘曜说：“这娃儿神色器宇，他老哥刘俭可比不上，应该立他当爵位合法继承人。”刘曜说：“封国的世子，能够守住香火祭祀就足够了，不敢颠倒长幼的顺序。”刘聪说：“你的功劳和德望，应该世世代代，担负独当一面的征伐大任，其他大臣不能跟你相比，我会再给刘俭一个封国。”遂封刘俭当临海王，封刘胤当世子。刘胤年龄渐大，力量强壮，精于骑马射箭，骁勇敏捷，来去像一股旋风。靳准之乱时（参考三一八年七月），刘胤逃亡，被掳掠到黑匿郁鞠部落当奴仆（黑匿郁鞠部落在何处，我们不知道。传统史书最严重的缺点有四：一是叙事不清楚，二是地理不清楚，三是年龄不清楚，四是时间不清楚。第一点跟文字功力有关，其他则跟观察功力有关。尤其地理不清楚，历史人物悬在半空，都成了没有根的幽灵）。等到陈安失败（本年〔三二三〕七月），刘胤向酋长郁鞠陈述他的家世，郁鞠大吃一惊，用最尊敬的礼仪送他返回首都长安（刘胤流落黑匿郁鞠部落，长达五年；老爹刘曜当皇帝也当了五年，五年之中为什么不表明身份？而必须等到陈安失败？使人困惑）。刘曜悲喜交集，但此时幼子刘熙已立为皇太子，刘曜对文武百官说：“刘熙虽封皇太子，然而他年龄太小，软弱谨慎，恐怕没有能力承当这个多灾多难的局势。刘胤本来就是亲王的合法继承人，才能器宇，都超过常人，又历尽人生艰难。我打算效法姬昌（周文王）、刘秀（东汉王朝一任帝）的前例，用以巩固国家，并保护刘熙，如何？”（胡三省原注：“姬昌〔周文王〕不立长子姬考，而立次子姬发〔周王朝一任王武王〕。刘秀罢黜长子刘彊〔东海王〕，而立次子刘阳〔东汉王朝二任帝明帝〕。”）太傅（上三公之二）呼延晏等一致赞成，异口同声说：“陛下为国家的万世利益，作此决定，不仅是我们臣僚之福，也是皇家祭庙和四海人民之福。”左特级国务官（左光禄大夫）卜泰、太子太保（太子三师之三）韩广，说：“陛下如果认为罢黜皇太子是对的，就不应该征求大家意见。如果仍有犹豫，那么一定盼望听到各种不同的言论。我们心中认为：罢黜皇太子（刘熙）是不对的。姬昌在还没有公布谁是继承人之前，就决定要立次子，这当然可以。刘秀是因孩子的娘亲失宠，而贬降孩子，这岂值得我们圣明的王朝效法？如果一直保持刘彊的皇太子地位，未必不如刘阳（东汉王朝二任帝明帝）。刘胤文武双全，才华盖世；然而，皇太子（刘熙）孝顺友爱，仁慈温和，也足可以当一个太平君王。何况，东宫（君王合法继承人住所）是人民和神灵共同依靠的地方，岂可以轻易更换主人？陛下一定要做，我们唯有一死而已，不敢遵奉诏命。”刘曜沉默不语。刘胤进言说：“老爹对于儿子，应该一样爱护。而今，罢黜刘熙，由我接替，我内心怎么能够平安？陛下假如认为我的才干对国家能有裨益，难道不能用来辅佐刘熙继承神圣大业？如果一定要我取代刘熙，我就请求死在这里，也不敢接受诏令。”唏嘘悲痛，流泪不止。刘曜也因为刘熙是皇后羊献容所生，不忍心罢黜，遂追称亡妃卜女士绰号元悼皇后（刘胤的娘亲）。卜泰，就是刘胤的舅父。刘曜嘉勉他的忠心，擢升卜泰当最高国务官（上光禄大夫）、仪同三司（宰相级），兼太子太傅（太子三师之二）。封刘胤当永安王，当高级咨询官（侍中）、卫大将军、皇城军区司令长官（都督二宫禁卫诸军事）、开府仪同三司（宰相级），主管政府机要（录尚书事）。命皇太子刘熙对待刘胤，用普通家人的礼仪（刘熙是储君，刘胤是臣属，本应是君臣关系；用普通家人礼仪，则刘熙参拜兄长）。

18 前凉王张茂，大肆扩建首都姑臧（甘肃省武威市）城池，重修灵钧台（因阎曾劝阻而停工，参考前年〔三二一〕二月）。总务官（别驾）吴绍劝阻说："阁下所以修筑城堡，兴建高台，为的是警觉到过去的灾难（指刘曜攻击），预作准备。我愚昧的认为，假如恩德不能感动人心，即令藏在层层高台之上，也没有用，而且恰恰相反，正足以显示怀疑部属的忠贞，失去人民托付的信心，表现我们脆弱的一环，引诱邻国敌人兴起阴谋诡计！怎么能够辅佐天子，称霸天下（这里的"天子"，不知指谁，刘曜？司马绍？法理上天子应是刘曜，感情上天子应是司马绍，而事实上自己又是一个独立政权）？但愿早日停止，节省费用，并使人民获得休息。"张茂说："我老哥（张寔）身体被利刀砍中之日（参考三二〇年六月），岂没有忠臣义士愿意尽节保护？只不过灾难出其不意，突然发生，即令有再高的智慧、再大的勇敢，都无从施展。君王在要害的地方，建立关卡；勇士在保卫自己的措施上，重重戒备；古人对这种防患于未然的道理，严格遵守。（《易经》："王公设险以守其国。"《左传》："勇夫重闭，而况国乎。"）而今，国家内外都不安宁，不可以用太平时期的观点，期望别人在乱世时也要如此。"毅然实行。

19 晋帝国最高统帅（大将军）王敦的堂侄王允之，十岁左右，王敦爱他聪明机警，总是带在身边。王敦常常彻夜欢宴。有一天，王敦又在深夜饮酒，王允之不胜酒力，先到帐中睡觉。王敦跟智囊钱凤，在灯下磋商叛变事宜，王允之完全听见，立刻警觉到大祸临头，就在床上呕吐狼藉，衣服上、脸上，全污秽不堪。钱凤告辞后，王敦忽然想起帐中有人，急举灯来看，发现王允之呕吐得满床都是，深信确实大醉，不再起疑。正巧，王允之的老爹王舒，升任司法部长（廷尉），王允之要求看望老爹，王敦送他回京（首都建康），王允之遂把王敦、钱凤的阴谋，告诉王舒。王舒和王导共同奏报皇帝司马绍，暗中戒备。

王允之小子这桩传奇的遭遇，在历史上传下佳话。然而，我们怀疑它的真实性，一个十岁左右的顽皮娃儿，不过小学四年级程度，即令他再聪明伶俐，也不可能了解两个大人的谋反谈话。因为任何谋反言辞，都不会出现赤裸裸的谋反字彙，出现的全是义愤填膺的控诉，王允之小子如何判断分辨？即令可以判断分辨，他又怎么会想到危险？王敦如果当了皇帝，王允之就是亲王，他如果想不到他的前途如锦，也就想不到亲爱的叔父大人会杀他灭口？这不是一个十岁乳臭未干的孩子所能了解的层面。

即令王允之小子聪明早熟，他又怎么能够呕吐得出来？而又呕吐得那么多？多到衣服上脸上，一团肮脏。王敦和钱凤秘密磋商的声音，小子都听得很清楚，而呕吐的声音，王钱二位，岂没有发觉？何至后来才恍然惊悟。最可疑的是，皇帝司马绍在听到王导等的报告后，才暗中戒备。好像是如果没有小子通风报信，就没有戒备似的。难道司马绍从不知道王敦的危险性？事实上就在不久之前，他还任命郗鉴当兖州州长（刺史），目的就是对付王敦。

我们觉得根本没有王允之小子呕吐这一回事，从头到尾是一场骗局。王导和王舒在小娃回京（首都建康）之后，教导小家伙一番说词，用来向皇家展示忠心。王敦如果成功，他们有享不尽的荣华富贵，这件事就不会再提，反正奏报是秘密性质，了无痕迹可寻。而王敦万一失败，先布一个棋子安置在要害之处，不但可以免祸，还可以嚷嚷得天下皆知，忠肝义胆，照耀千秋。说来说去，官场上混世政客的小动作、小布局而已。

王敦为了扩张王姓家族的势力，削弱司马皇族的力量。

冬季，十一月，调任王含当征东将军，兼扬州江西（安徽省中部）军区司令长官（都督扬州江西诸军事）；王舒当荆州（湖北省）州长（刺史），兼荆州沔南（汉水以南）军区司令（监荆州沔南诸军事）；王彬当江州（江西省及福建省）州长（刺史）。

20 后赵王石勒，任命军事参议官（参军）樊坦，当章武郡（河北省大城县）郡长（内史）。石勒看见樊坦衣服破旧，问他原因，樊坦不加思索的回答说："最近被羯人强盗抢掠，家产全光。"石勒笑说："羯人强盗竟这么不讲理，我会赔偿你。"樊坦听到话中有话，忽然间大为恐惧（石勒是羯人，连"胡"字都不准出口，何况更严重的"羯"），马上叩头流泪，请求恕罪。石勒赏赐他车马、衣服、钱三百万，送他到任所。

21 本年（三二三），西南越巂郡（四川省西昌市）斯叟部落（即西汉王朝的西南夷，参考前一三〇年），攻击成汉帝国（首都成都）宁州（云南省）州长

（刺史）任回。成汉帝李雄，派征南将军费黑讨伐。

22 晋帝国会稽郡（浙江省绍兴市）郡长（内史）周札，一家之内，出了五位侯爵（周札当东迁县侯、老哥周靖的儿子周懋当清流亭侯、周懋老弟周赞当武康县侯、周赞老弟周缙当都乡侯、周札老哥周玘的儿子周勰当乌程县公，所以周家一门出了四侯、一公爵）。家族势力强盛，原居民中没有一家可以比得上。最高统帅（大将军）王敦，感到畏惧。

王敦患病，智囊钱凤劝他早日铲除周姓家族，王敦同意。周嵩因老哥周颉被杀（参考去年〔三二二〕三月），心里一直愤愤不平。王敦没有儿子，过继老弟王含的儿子王应当儿子；周嵩曾经在大庭广众中，发表言论，认为王应不该统率军队，王敦对周嵩深为讨厌。周嵩跟周札的侄儿周莚，都担任王敦的参谋指挥官（从事中郎）。正巧，巫法师（道士）李脱，用妖术迷惑人民，官民等很多人信奉。

三二四年

甲申

晋	太宁	二年
成汉	玉衡	十四年
汉赵	光初	七年
后赵	赵王	六年
前凉	太元	元年

1 春季，正月，晋帝国（首都建康〔江苏省南京市〕）最高统帅（大将军）王敦，诬控他的参谋指挥官（从事中郎）周嵩、周莚，跟巫法师（道士）李脱，阴谋叛乱。逮捕周嵩、周莚，就在大营，用军法斩首。派军事参议官（参军）贺鸾，前往吴国（江苏省苏州市）通知沈充，把周札老哥的儿子们，全部诛杀。发兵袭击会稽郡（浙江省绍兴市），郡长周札迎战阵亡。

2 后赵帝国（首都襄国〔河北省邢台市〕）统军司令官（将兵都尉）石瞻，攻击晋帝国的下邳郡（江苏省睢宁县北古邳镇）、彭城郡（江苏省徐州市）；攻陷东莞郡（山东省莒县）、东海郡（山东省郯城县）。晋帝国兖州州长（刺史）刘遐，撤退到泗口（江苏省淮安市淮阴区。刘遐原驻彭城〔江苏省徐州市〕）。

后赵帝国司州（河北省南部）州长（刺史）石生，攻击汉赵帝国（首都长安〔陕西省西安市〕）河南郡（洛阳，河南省洛阳市东白马寺东）郡长尹平所在的新安（河南省渑池县），斩尹平，掳掠居民五千余户而回。

从此，汉赵帝国跟后赵帝国正式兵戎相见，每天互相攻击掳掠，战火不息，河东郡（山西省西南部）、弘农郡（河南省西北部）一带，人民悲苦，无法维生。

石生入侵晋帝国颍川郡郡政府所在县许昌（河南省许昌市东），俘虏一万人左右。攻击晋帝国扬武将军郭诵所在县阳翟（河南省禹州市）；郭诵迎战，大破石生，石生退保康城（禹州市西北）。后赵帝国汲郡（河南省卫辉市）郡长（内史）石聪得到石生战败消息，南下支援，进攻晋帝国司州（河南省中部）州长（刺史）李矩、颍川郡（河南省许昌市东）郡长郭默（时二人同驻新郑〔河南省新郑市〕），一连击破晋军。

3 成汉帝国（首都成都〔四川省成都市〕）皇帝（一任武帝）李雄（本年五十一岁）的皇后任女士，没有生下嫡子，而小老婆群却生下庶子十余人。李雄封老哥李荡的儿子李班当皇太子，命任皇后抱过来抚养。文武官员请封李雄自己的儿子当皇太子，李雄说：“我老哥李荡，是先帝（景皇帝李特）的嫡子，才能奇异，而又建立大功，想不到大业眼看就要成功，而他逝世，我常常思念哀悼（李荡之死，参考三〇三年三月）。而且，李班仁慈孝顺，又喜爱求学，一定可以担负祖先留下来的大业。”太傅（上三公之二）李骧、宰相（司徒）王达提出异议，

四世纪·三二四年正月　后赵帝国南下扩张

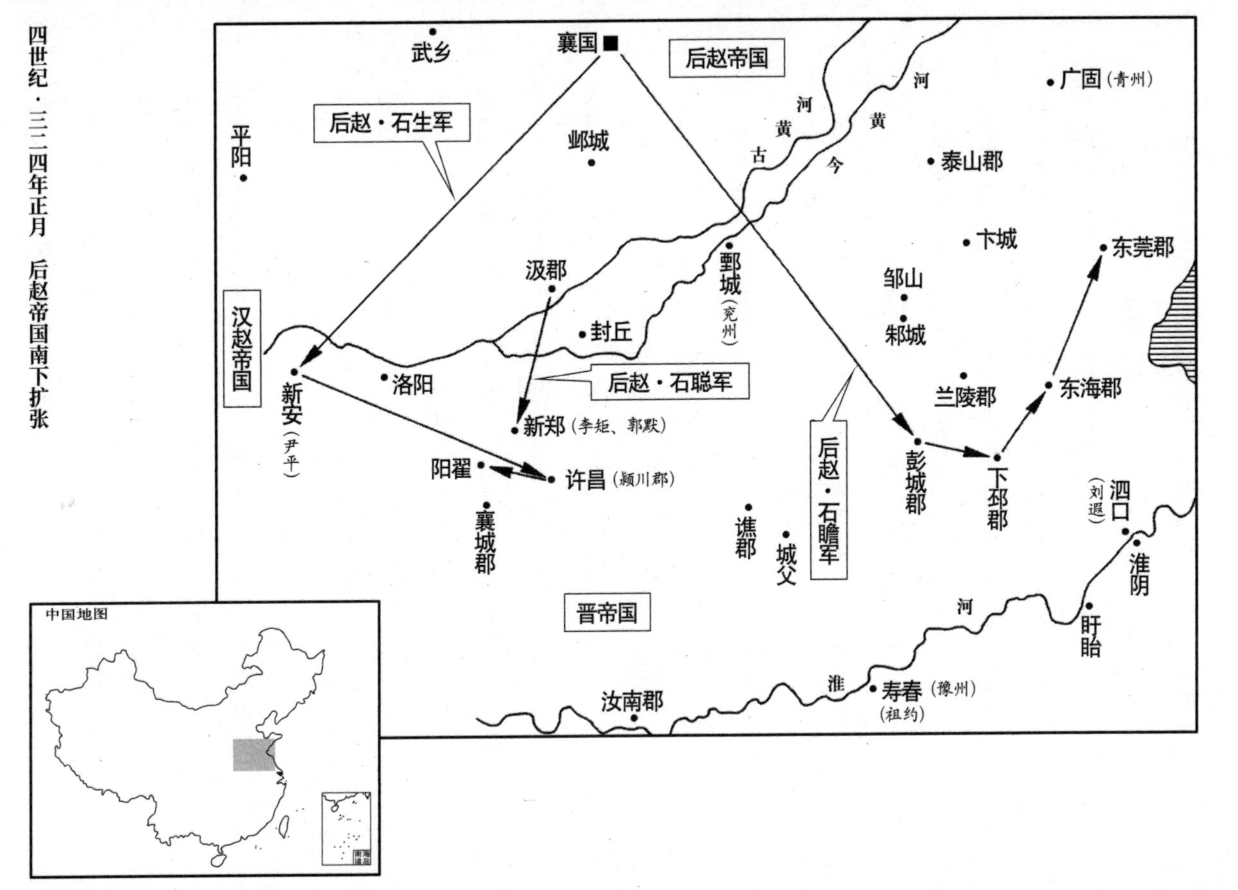

说:“古时候的君王，合法继承人一定选择自己亲生之子的原因，为的是公开的确定名分，用以防止野心家篡位夺权。在子力（春秋时代宋国十三任国君宣公）、吴余祭（吴王国三任王）身上，可以得到充分证明。”（《公羊传》: 子力对他的老弟子和〔宋国十四任国君穆公〕说:“我爱子与夷〔子力的儿子〕，不如我爱你。当封国的主人，子与夷也不如你，你终于要成为国君。”前七二九年，子力逝世，老弟子和继位，子和把自己的两个儿子子冯、子勃放逐到国外。前七二〇年，子和逝世时，把国君宝座，传给子与夷〔宋国十五任国君殇公〕。前七一〇年，宋国政变，子与夷被杀。叛军迎接子冯返国登位〔宋国十六任国君庄公〕，以后一连串的内乱，人们认为种因于子力当初错误的决策。吴王国一任王吴寿梦，有四个儿子: 吴樊诸、吴余祭、吴夷昧、吴季札，都是同一娘亲所生。吴季札年最幼而最有才能，作大哥的吴樊诸说:“我们如果把王位直接交给吴季札，他一定不接受，不如制订一项法则，王位不传子而传弟，那么就可到他手上。”前五二七年，吴夷昧逝世，吴季札拒绝继位，逃亡国外，吴夷昧的庶长子吴僚即位。大哥吴樊诸的儿子吴光说:“我父亲所以不传子而传弟，为的是要传给幼叔吴季札。如果遵守我父亲的遗命，国王应是吴季札；如果不遵守我父亲的遗命，而由儿子继承的话，国王应是我，吴僚怎么能当君王？”派壮士专诸，刺杀吴僚。）李雄不听从。李骧退出后，流下眼泪说:“大乱从此开始。”

李班为人温和谦恭，礼贤下士，一举一动，都遵守礼教法度。每逢国家有重大决策，李雄都教李班参与。

4 夏季，五月十四日，前凉王国（首都姑臧〔甘肃省武威市〕）凉王（一任成王）张茂病重，握着世子张骏的手，哭泣说:“我们张家，世世代代，以孝顺、友爱、忠心，著名于世。而今天下虽然大乱，你也要坚守这个原则，不要动摇。”又下令说:“我的官职（凉王），不是晋王朝皇家任命，只是为了一时的苟且偷安，怎么敢当成荣耀！我死的那天，给我换上平民衣裳，不要使用王服入棺。”当天，逝世（年四十八岁）。晋帝国六任帝（愍帝）司马邺的使节史淑（参考三一七年正月），还在姑臧（甘肃省武威市），左秘书长（左长史）汜祎、右秘书长（右长史）马谟等，请史淑任命张骏当最高统帅（大将军）、凉州（甘肃省中部西部）全权州长（牧）、西平公。赦免罪犯。

汉赵帝国皇帝刘曜，派使臣追赠张茂官衔太宰（上三公之一），绰号成烈王。任命张骏（本年十八岁）当上大将军、凉州全权州长（牧）、封凉王（二任文王）。

5 晋帝国最高统帅（大将军）王敦（时驻于湖〔安徽省当涂县南〕）病重，假传圣旨，任命儿子王应当武卫将军，作为自己的副手；任命王含当骠骑大将军，开府仪同三司（宰相级）。智囊钱凤对王敦说：“你万一不能起床，是不是要把后事全交给王应？”王敦说：“非常的事，平常的人做不到。王应年轻，怎么有能力担当非常的事！我死之后，最好是放弃兵权，把部众解散，前往中央政府任职，保全家门，这是上策。退回武昌（王敦根据地，湖北省鄂州市），把部队集结在一起，割据自守，但对中央的进贡，却不间断；这是中策。乘我还活着，孤注一掷，把所有部队，顺长江而下，万一侥幸，也有成功的可能，这是下策。”钱凤对他的同党说：“最高统帅（大将军王敦）的下策，正是上策。”遂跟沈充决定，只等王敦死亡，即行出动。又因为皇帝的禁卫军人数仍然庞大，遂奏请分为三班，每次二班轮流休假（王敦的下策是乘他还活着，即行进军；被作为上策后，却要等到王敦死后进军，不可理解）。

最初，晋帝（八任明帝）司马绍（本年二十六岁）亲自任命温峤当立法院最高立法长（中书令），王敦大为厌恶，上奏延聘温峤当左军政官（左司马），司马绍不敢抗拒。温峤到任后，对王敦毕恭毕敬，在处理最高统帅府事务上，不时的打些小报告，贡献点阴谋诡计，满足王敦的私欲。尤其特别用心结纳钱凤，表示由衷的敬佩，到处称赞，每每赞叹说："钱凤，可是满腹经纶。"温峤一向有正确的评估人物、鉴别品格的能力和声誉。所以钱凤也大为高兴，跟温峤深深友好。正巧，首都建康市长（丹阳尹）出缺，温峤对王敦说："京师首长位置，位居咽喉要害，阁下应亲自选拔有才干的人担任才好。只因中央所用的人，可能不太理想。"王敦认为合理，遂问温峤说："你看谁可以？"温峤说："我个人愚昧的见解，认为没有比钱凤更恰当的人。"而钱凤反过来也推荐温峤，温峤假装推辞，王敦不准。

六月，王敦上书皇帝，任命温峤当首都建康市长（丹阳尹），使他监视中央行动。温峤恐怕他动身之后，钱凤醒悟，加以阻止。于是，在王敦为他摆设的饯行大宴上，温峤起身敬酒，敬到钱凤那里，钱凤还没有饮下，温峤假装已经喝醉，发起酒疯，用手版把钱凤包头发的绸巾，都戳到地上，板起面孔说："钱凤，你是什么东西，我温峤敬酒，你竟敢不干杯！"王敦认为他真醉了，出面为他们调停。温峤临上船时，向王敦告辞，泪流满面，走出大厅而又再回来，有无限依依惜别之情。出发后，钱凤果然对王敦说："温峤跟中央的关系，十分亲密，而跟庾亮（皇后庾文君的老哥）的交情，尤其深厚，不可以信赖。"王敦说："温峤昨天醉了，对你有点失礼，怎么就要报复！"温峤既到首都建康（江苏省南京市），把王敦企图叛变的阴谋，全部报告皇帝司马绍，请迅速戒备；又跟司马绍的内兄庾亮，共同筹划讨伐王敦事宜，王敦接到报告，大怒如狂，号叫说："我竟然跳进这小子的圈套！"写信给宰相（司徒）王导说："温峤别后只不过几天，便做出这种事情，我当悬赏捉拿，亲自拔掉他的舌头！"（这是一场政治上个人的斗智，十分精彩，值得三思。）

皇帝司马绍，将讨伐王敦，询问宫廷禁卫官司令（光禄勋）应詹，应詹极力赞成，司马绍决心遂定。

六月二十七日，加授宰相（司徒）王导“总司令官”（大都督），兼京畿总卫戍司令（领扬州刺史）；任命温峤当东安北部（秦淮河之北）军区司令长官（都督东安北部诸军事）；跟右将军卞敦，据守石头城（建康城西北）。应詹当中央军事总监（护军将军），兼前锋及朱雀桥南（秦淮河之南）军区司令长官（都督前锋及朱雀桥南诸军事）；郗鉴代理首都卫戍司令（行卫将军），兼皇家大营司令长官（都督从驾诸军事）；庾亮兼首都东区卫戍司令（左卫将军）；国务院文官部长（吏部尚书）卞壶当中军将军。郗鉴认为武官称号对实际力量没有帮助，坚决不接受，而请征召临淮郡（江苏省盱眙县）郡长苏峻、兖州州长（刺史）刘遐（时驻泗口），率军入援京师（首都建康），共同讨伐王敦。司马绍遂下诏征召苏峻、刘遐，以及徐州（州政府淮阴）州长（刺史）王邃、豫州（州政府寿春）州长（刺史）祖约、广陵郡（江苏省淮安市淮阴区）郡长陶瞻等，率军保卫京师（首都建康）。司马绍出宫，住在设于中堂（建康宣阳门〔南面中门〕外）的大本营。

宰相（司徒）王导，听到王敦病重消息，率领王家子弟，给王敦设立灵堂，发出讣闻（王敦是王导堂兄），大家相信王敦已经死亡，精神和斗志十分振奋。于是，国务院（尚书）公布皇帝司马绍的诏书，并下达最高统帅府，一条条列出王敦的罪状：“王敦直接任命老哥（王含）的儿子（王应），接替他的位置，而自古迄今，从来没有不经过君王批准，就可以如此这般，继承宰相。顽劣凶恶之徒，互相煽动，一点没有顾忌，很明显的，用意险恶，企图夺取皇位。上天不帮助奸邪，王敦终于毙命。钱凤执行元凶的旨意，再度搧风点火，兴师叛逆。现在，命宰相（司徒）王导等，率骁勇部队三万人，分十路同时出发。平西将军王邃等，率精锐部队三万人，水陆一齐进击。我亲率各路兵马，讨伐钱凤的罪行。只要斩杀钱凤，送来人头，封五千户侯爵。文武官员中凡属王敦任命的，仍保持原位，一律不加追究，万万不可自相猜疑，以免招来毁灭。王敦属下将领，追随王敦已经多年，离乡背井，跟妻子父母相隔，我怜悯你们的遭遇。特别规定：独生子在军中的，一律遣送回家，终身不再征调。其他战士，全体赐给三年假期，假期届满时，再向政府报到，当跟皇家禁卫军一样，分为三班，轮流服役。”

王敦看到诏书，大为愤怒，病情更为加重，不能起床指挥军队，但仍准备躺在床上率领大军攻击京师（首都建康），命记录官（记室）郭璞卜卦。郭璞占卜后，说：“事情不会成功。”王敦一向怀疑郭璞暗中帮助温峤、庾亮，在得到这样的占卜后，问郭璞说：“你再算算我年寿还有多久？”郭璞说：“卦上显示，你如果大军东下，国家的灾难时间很短。你如果住在武昌（湖北省鄂州市），寿命难测。”王敦咆哮说：“你的寿命可测，还有多长？”郭璞说：“就到今天。”当天中午，王敦逮捕郭璞，斩首。

王敦命钱凤及冠军将军邓岳、前将军周抚等，率军直指京师（首都建康）。王含对王敦说：“这是我们的家事，我当亲自前往。”王敦遂命王含当元帅。钱凤等问说：“大功告成之日，怎么处置天子？”王敦说：“司马绍还没有南郊祭祀天神，怎么能称天子？只尽你的力量，保护东海王（司马冲）跟裴妃（“八王之乱”最后一王东海王司马越的正妻）。”遂上书要求诛杀奸臣温峤等；用此作为借口。

秋季，七月二日，王含等水陆军混合兵团五万人，挺进到江宁（江苏省南京市江宁区西南）秦淮河南岸，首都人心震恐。温峤把部队调到秦淮河北岸，纵火烧毁朱雀桥，先挫折王含军的锐气，王含等攻势果然受到阻挠，不能渡过秦淮河。皇帝司马绍打算亲自率军

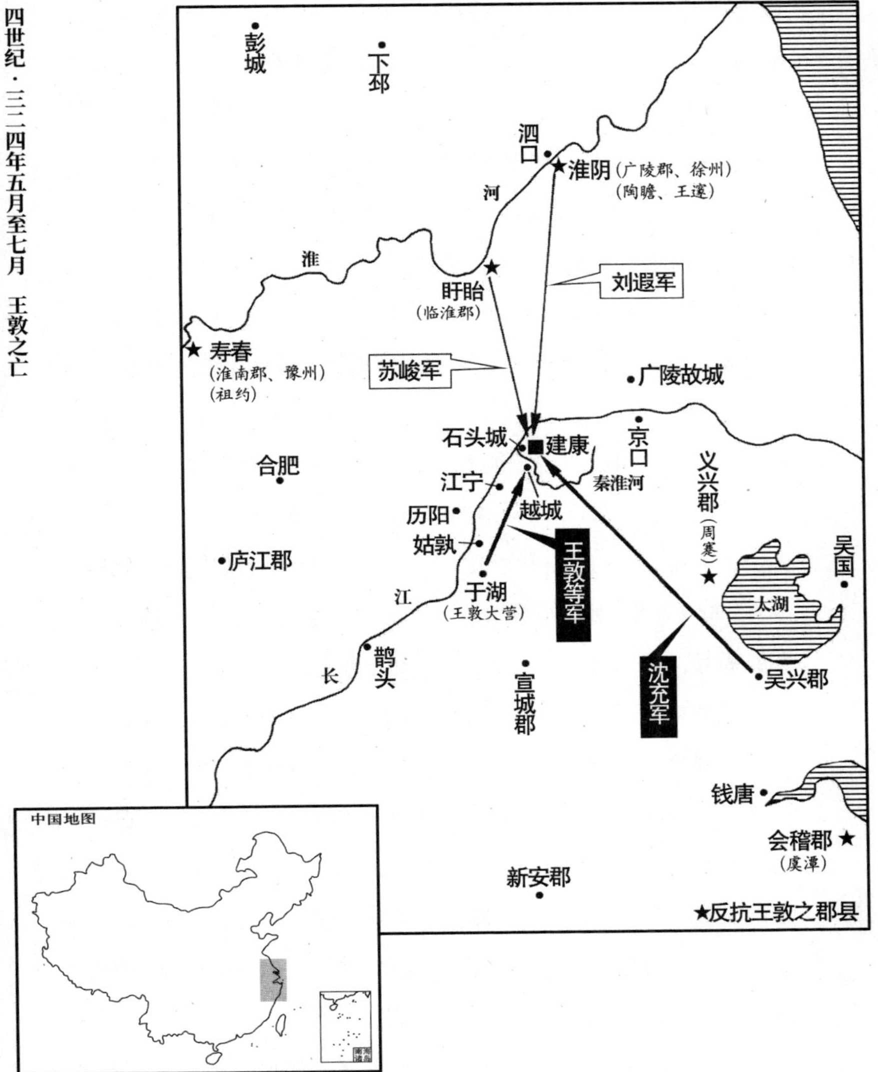
彭城
下邳
泗口
淮阴（广陵郡、徐州）（陶瞻、王邃）
河
淮
盱眙（临淮郡）
刘遐军
寿春（淮南郡、豫州）（祖约）
苏峻军
广陵故城
石头城
建康
京口
秦淮河
合肥
江宁
越城
历阳
义兴郡（周蹇）
姑孰
王敦等军
庐江郡
吴国
于湖（王敦大营）
江
太湖
沈充军
鹊头
长
宣城郡
吴兴郡
钱唐
会稽郡（虞潭）
新安郡
★反抗王敦之郡县
中国地图

攻击，听说朱雀桥已断，十分恼怒。温峤说："现在，中央军力量单薄，所征调的部队还没有赶到。如果匪徒突然冲进皇城，将危害国家！到时候皇家祭庙都不能保全，岂可爱惜一座小桥？"

宰相（司徒）王导，写信给叛军元帅王含，说："最近，我问候最高统帅（大将军王敦）的病情，有人说已经逝世。不久之前，才知道钱凤下令动员，打算满足奸逆欲望。我认为你一定会加以镇压，使他不能称心如意，回军武昌（湖北省鄂州市）基地。想不到你却跟一群狗羊之辈，一齐东下。你这次的举动，莫非认为跟从前最高统帅（大将军王敦）当年的举动（参考前年〔三二二〕正月）一模一样？当初，奸邪扰乱政府（指刁协、刘隗），人心愤愤不平，包括我在内，都盼望逃亡自救。而今已非当年，最高统帅（大将军王敦）驻防于湖（安徽省当涂县南），逐渐失去人心，正人君子们恐惧不安，市井小民劳苦疲惫。最高统帅（大将军王敦）临终的时候，把重任交给王应；王应这小娃，才断奶几天？而且，再从当代声望上观察，他怎能继承宰相高位？自从开天辟地以来，哪个宰相是由娃儿当的？凡是有耳朵的人，都知道这是一种篡夺政权的非常措施，不是一个臣属应做的事。先帝（七任帝司马睿）使帝国中兴，仁爱仍遗留民间。现在的圣主（八任帝司马绍）聪明智慧，恩泽广被朝野。你却愚妄的打算叛变，天下所有臣属，谁不愤怒叹息！我们家门之内，男女老幼，都受到国家厚恩，面对你今天所做的这桩事，我会毫无顾忌的，担任六军统帅。宁当忠臣而死，不当无赖求生。"王含不作回答。

有人向中央建议，认为："王含、钱凤的军力超过中央部队百倍，苑城（台城）既小，而又不够坚固，最好乘敌人阵地还没有坚固，皇上应亲自出击。"郗鉴反对，说："那群叛徒横冲直撞，势不可当；可以用谋略把他们击败，难以硬碰硬对决。而且，王含等号令不能统一，官兵大肆抢劫，居民们仍记得前年（三二二）那场灾难，人人都会严密防守自保。我们顺应人心，他们却是叛逆，在这种形势下，何必发愁不能取得胜利。匪徒集团没有长程计划，像发疯狂奔的群猪一样，唯一的盼望就是追求一次总的决斗。如果僵持的时间太久，忠臣义士一定醒悟，使智慧和力量，都可施展。现在，用我们弱小疲惫的军队，向强大的贼寇挑战，企图在一天之中决定胜负，在呼吸之间分别成败，万一发生意外的失误，即令有申包胥那样的人，为大义奔走（《左传》前五〇六年：吴王国大军攻陷楚王国首都郢都〔湖北省江陵县〕，楚王国十三任王〔昭王〕芈轸，逃亡随国〔湖北省随州市〕，楚王国国务官〔大夫〕申包胥前往秦国求援，秦国拒绝，申包胥靠着宫墙而哭，哭声日夜不停，七天七夜不进饮食，秦国十四任国君哀公〔名不详〕感动，遂出军攻击吴王国占领军，楚王国得以复存），又怎能挽回过去！”司马绍遂停止。

司马绍率各路兵马，进驻南皇堂。

七月三日，司马绍乘夜征集敢死队壮士，派将军段秀、中军将军府军政官（中军司马）曹浑等，率武装士卒一千人，渡秦淮河而南，乘王含军不备，发动攻击。黎明时分（七月四日），在越城（建康城南）决战，大破王含军，斩王含军前锋官何康。段秀，是段匹磾的老弟（段匹磾，参考三二一年三月）。

王敦接到王含战败消息，吼叫说：“我这个哥哥，简直是一个糟老太婆！家门衰落，大势已去。”对军事参议官（参军）吕宝说：“我只有亲自出征。”挣扎着要起床，可是体力已无法支持，只好再躺下。王敦知道寿命已到终点，对舅父、宫廷供应部长（少府）羊鉴，跟儿子王应说：“我死之后，王应就宣布登极称帝，先行设置文武百官，再办丧事。”王敦不久逝世（年五十九岁），王应保守秘密，不对外发出讣闻，把王敦的尸体用席子裹起来，外面用蜡涂满密封，埋葬在议事厅中央，然后跟诸葛瑶等日夜饮酒、玩女人，大为欢乐。

皇帝司马绍命吴兴郡（浙江省湖州市）人沈桢，游说沈充（时在吴兴郡），承诺给沈充当最高监察长（司空）。沈充说："三公（三司），是国家观瞻所系，我怎能有资格担任？贿赂太重，说话太甜，是古人最畏惧的事。何况，大丈夫跟人共同开创事业，应该始终如一，岂可以中途改变？这样做，天下还有谁信赖我？"仍出动军队，直指建康。皇族事务部长（宗正）虞潭，因患病请假，回故乡会稽郡（浙江省绍兴市）疗养，得到消息，就在余姚（浙江省余姚市）聚众起兵，讨伐沈充。皇帝司马绍任命虞潭兼会稽郡（浙江省绍兴市）郡长（内史）。前安东将军刘超、宣城郡（安徽省宣城市宣州区）郡长（内史）钟雅，也先后聚众起兵，讨伐沈充。义兴郡（江苏省宜兴市）人周蹇（音jiǎn〔剪〕），击斩王敦任命的郡长刘芳；平西将军祖约（豫州〔州政府寿春〕州长），驱逐王敦任命的淮南郡（寿春，安徽省寿县）郡长任台。

沈充率一万余人跟王含的大军会师，军政官（司马）顾扬向沈充献计，说："我们要建立伟大的事业，而皇上已扼住我们的咽喉，锐气已挫，士气日渐低落，僵持的日子一久，定然招来大祸，失败到底。如果现在就破坏堤防闸门，把玄武湖（建康城北）的水，灌进皇城，我们乘着水势，用舰队攻击，这是上策；利用我们刚刚抵达时的锐气，跟西方（王含军）部队合军，分成十路，同时进攻，我们人多，对方人少，依照常理，一定可以把敌人摧毁，这是中策；为了转祸为福，召请钱凤举行军事会议，就在座上击斩钱凤，向中央投降；这是下策。"沈充都不能采用；顾扬发现已不可救药，遂悄悄逃走，回到吴国（江苏省苏州市）。

七月十七日，兖州州长（刺史）刘遐、临淮郡（江苏省盱眙县）郡长苏峻等，率精锐部队一万人抵达，皇帝司马绍等不到天亮，深夜召见二人慰劳，分别赏赐将士。沈充、钱凤，乘这两支北方部队刚到，正疲劳困乏之际，发动攻击。

七月二十五日，晚上，沈充、钱凤从竹格渚（朱雀桥南）渡秦淮河。政府中央军事总监（护军将军）应詹、建威将军赵胤等抵抗，失利。沈充、钱凤抵达宣阳门（建康都用洛阳城中门名。宣阳门，南面中门），铲除政府军的阻挠工事栅栏拒马，将再发动攻击，刘遐、苏峻，从南塘（秦淮河之南）突然出现，拦腰进攻，大破沈充、钱凤联军，被迫跳到秦淮河淹死的有三千人。刘遐紧追，再在青溪（流经建康城东）击败沈充。寻阳郡（江西省九江市）郡长周光，听说王敦起兵，率一千余人追随王敦助战，既到大营，求见王敦，王应声称王敦有病，抱歉不能见面。周光退出后，说："我这么远前来，而竟不接见，王敦恐怕已死。"立刻找到老哥周抚，警告说："王敦已死，你为什么跟钱凤在一起当贼！"大家全吃一惊。

七月二十六日，王含纵火焚烧大营，乘夜逃亡。

七月二十七日，皇帝司马绍回宫，大赦，只不赦王敦党羽。命庾亮督促苏峻等，到吴兴郡（浙江省湖州市）追捕沈充；命温峤督促刘遐等到江宁（江苏省南京市江宁区西南）追捕王含、钱凤；再命其他将领分道追捕他们的党羽。刘遐部队蛮横放肆，奸淫掳掠；温峤责备刘遐说："上天帮助忠顺，所以王含受到征剿灭绝，你怎么可以利用别人作乱的机会，自己也参与作乱！"刘遐惶恐道歉。

王含打算投奔荆州（州政府设江陵〔湖北省江陵县〕）州长（刺史）王舒（王敦堂弟），王应说："不如投奔江州（州政府设武昌〔湖北省鄂州市〕）。"王含说："最高统帅（大将军王敦）平常跟王彬（江州州长〔刺史〕）之间，相处得那么不愉快，怎么能投奔他？"王应说："正因为如此，才投奔他。王彬叔父在最高统帅（大将军王敦）声势最强大时，敢于主持正义，表示相反的意见，这是普通人办不到的事。而今眼看到我们困难危险，一定怜悯同情，会对我们保全。王舒小心谨慎，岂能有出人意料的担当？”（胡三省原注：“王应的见解，出乎寻常，这大概就是王敦选择他当后嗣的原因。”王彬事，参考前年〔三二二〕三月二十三日、去年〔三二三〕四月。）王含不肯听信，遂往荆州，王舒派军队迎接，把王含、王应父子，捆绑起来，投入长江淹死。王彬听说王应有来投奔的意思，秘密准备船只在江边等候，而王应竟没有来，深感遗憾。钱凤逃到阖庐洲（长江中一险要岛屿），周光斩钱凤，把人头送到宫门，用以赎罪。沈充匆匆逃亡，中途迷失道路，阴差阳错的走到从前旧部吴儒的家，吴儒殷切招待，然后把他引进入夹墙内躲藏，向沈充奸笑说：“三千户人家的侯爵，已到我手（当时的赏格是：斩钱凤，封五千户侯爵；斩沈充，封三千户侯爵）。”沈充说：“你如果能在道义上，救我一命，我家一定对你有厚重的报答。如果贪图封侯的小利出卖我，我固然要死，但你全族不保。”吴儒不理，遂斩沈充，亲自带到首都建康呈献赎罪。王敦所掀起的战乱，全部平息。沈充的儿子沈劲，受连坐处分，应该诛杀，同乡钱举把他藏匿起来，得以免死。后来，沈劲报复，屠灭吴儒全族。

有关单位挖出王敦的尸体，剥下冠帽衣服焚毁，使尸体下跪，砍下人头；跟沈充的人头，一同悬挂朱雀桥上，郗鉴报告司马绍说：“从前，诛杀杨骏（参考二九一年三月）等，都是先受国家法律制裁，然后交由家属安葬。我认为国法已经在上执行，私人的道义应准在下奉守。最好准许王敦家属收葬，才是宽大的正道。”司马绍批准。宰相（司徒）王导等，都因讨伐王敦的功劳，受到封爵和赏赐。

周抚跟邓岳一起逃亡，周光打算只帮助老哥周抚，单逮捕邓岳。周抚大怒说：“我跟邓岳是一伙的，为什么不先杀我！”正巧，邓岳来到，周抚奔出大门，遥遥向邓岳呼喊：“为什么不快逃，而今，骨肉手足都要谋害，何况对付别人！”邓岳急掉转船头离开，跟周抚一块逃到西阳郡（湖北省黄冈市黄州区）蛮夷中。明年（三二五），皇帝下诏赦免王敦党羽，周抚、邓岳出山自首，免除死刑，剥夺政治权利终身。

已亡故的吴国（江苏省苏州市）郡长（内史）张茂的妻子陆女士，倾家荡产，率张茂的旧有部众，充当先锋，讨伐沈充，替丈夫复仇（参考前年〔三二二〕二月）。沈充失败后，陆女士前往皇宫上书，为丈夫张茂不能尽到克制叛逆的责任，请求降罪。皇帝司马绍下诏，追赠张茂“交通部长”（太仆）。

有关单位奏请：“王彬等，凡是王敦的亲族，都应免除官职。”司马绍下诏：“宰相（司徒）王导，大义灭亲，即令犯错，再过一百世也要宽恕，何况王彬等，都是王导的近亲！”一律不问。司马绍再下诏：“王敦的助理官员，全部罢黜。部下属员，全都剥夺政治权利。”温峤上书反对，说：“王敦刚愎自用，性情凶暴，随意杀人，毫不怜惜。中央不能控制，骨肉亲人也说不进去话。身在他所管辖的单位之中，都陷于死亡的恐惧。所以人们不敢开口，走到路上，朋友碰面，也只敢互望一眼。这正是贤人君子的穷途末路，只有后退一步，假装糊涂。探讨他们的本意，岂愿如此。像陆玩、刘胤、郭璞之辈，曾经向我说过他们的痛苦，所以知道得比较详尽。我的建议是：如果有人附和，甚至诱导王敦，行为凶恶狂悖，自应该依照法令处罚。如果身不由己，误陷圈套，则应宽厚相待。我认为，像陆玩那样的忠诚，陛下早已听说，却受到跟盗贼同等的惩处，我假使沉默不语，实辜负他一片真诚，只有依照陛下仁慈的圣心裁夺。”郗鉴认为:“从前的君王，创立君臣之间的规范，为节义而死，最是尊贵。王敦的幕僚部属，虽然多数受到逼迫，然而，进一步不能阻止他的阴谋，退一步又不能脱身远逃。依照古代法律，应受大义责备。”司马绍最后采纳温峤建议。

6 冬季，十月，晋帝国任命宰相（司徒）王导当太保（上三公之三）兼宰相（司徒），加授特殊礼遇（“剑履上殿”“入朝不趋”“赞拜不名”）；西阳王司马羕兼任全国武装部队总司令（太尉），应詹当江州（江西省及福建省）州长（刺史）；刘遐调任徐州州长（刺史），接替王邃，镇守淮阴（江苏省淮安市淮阴区）；苏峻调任历阳郡（安徽省和县）郡长（内史）；加授庾亮当中央军事总监（护军将军）、温峤当前将军；王导坚决辞让。应詹到达江州（州政府设武昌〔湖北省鄂州市〕），大乱之后，官吏人民，仍动荡不安，应詹安抚关怀，没有人不心悦诚服。

7 十二月，前凉王国（首都姑臧）将领辛晏，据守枹罕（音fú hǎn〔浮喊〕。甘肃省临夏市），拥兵拒抗命令。前凉王张骏准备讨伐，参谋官（从事）刘庆劝阻说:“霸主的军事行动，必须配合天时、人事，然后才可以发动。辛晏凶暴狂妄，杀人都不眨眼，他的覆亡是一定的。为什么偏偏选在饥荒的年岁、寒冷的冬季，去攻坚城？”张骏乃停止。

张骏派军事参议官（参军）王骘，前往汉赵帝国（首都长安）报聘。汉赵帝（五任）刘曜说:“贵国诚心和好，你能不能保证？”王骘说:

“不能。”高级咨询官（侍中）徐邈说：“你的任务是促使和好，可是又不能保证和好，为什么？”王骘说：“姜小白在贯泽（山东省曹县）举行国际巨头会议，忧心忡忡；各封国国君，不请他们，他们也会自动前来。而葵丘（河南省民权县东北）举行的国际巨头会议，姜小白沾沾自喜，立刻就有九个封国叛离（《公羊传》：前六五七年，齐国国君姜小白、宋国国君子御说，以及江国国君、黄国国君，在贯泽会盟。强调“江国国君”“黄国国君”，是什么意思？意思是指出他们都来自很远地方，表示远国都来参与。中国参与的封国，为什么只强调“齐国”“宋国”？只因大国指出有齐、宋，小国指出有江、黄，就可推测其他不大不小的封国，没有一个敢不来。前六五一年九月十四日，各封国国君在葵丘会盟。姜小白主持的会盟，从来不记日，这一次为什么记日？为的是替姜小白的危机担心。有什么危机？贯泽会盟时，姜小白有忧虑中国的心意，没有邀请而自动来参加的，就有“江国国君”“黄国国君”。葵丘会盟时，姜小白“震而矜之”，背离的就有九个封国，“震”是什么意思？形容他洋洋得意。“矜”是什么意思？表现出谁都不如他）。帝国的政治教化，一直保持今天这种水准，和好当然可以保证。如果政治败坏，教育堕落，连眼前的变化都看不见，何况我们！”刘曜说：“这是凉州（甘肃省中部西部）的正人君子，遴派使节，真是十分恰当。”厚厚的赠送礼物，打发他回去。

8 本年（三二四），已跟晋帝国脱幅的代王（首府盛乐〔内蒙古和林格尔县〕）拓跋贺傉，开始亲自处理国家大事（参考三二一年十二月）。因各部落还有很多没有臣服，遂在东木根山（内蒙古兴和县北）兴筑城池，迁到那里居住。

三二五年 乙酉

晋	太宁	三年
成汉	玉衡	十五年
汉赵	光初	八年
后赵	赵王	七年
前凉	太元	二年

1 春季，二月，前凉王国（首都姑臧〔甘肃省武威市〕）凉王（二任文王）张骏（本年十九岁），接到晋帝国（首都建康〔江苏省南京市〕）七任帝（元帝）司马睿逝世消息（司马睿逝世，已二年零三月，关山相隔，强敌相阻，消息传递太慢），张骏发表讣闻，举行哀悼，哭泣三天。正巧嘉泉（甘肃省武威市东南）发现黄龙，秘书长（长史）氾祎请改年号，表示庆祝此项祥瑞，张骏拒绝。据守枹罕（音fú hǎn〔浮喊〕。甘肃省临夏市）的辛晏投降，张骏收回黄河以南故地。

2 晋帝国（首都建康）政府追赠故谯王司马承，以及甘卓、戴渊、周颉（音yǐ〔倚〕）、虞望、郭璞、王澄等官位（都死于王敦之手）。会稽郡（浙江省绍兴市）郡长（内史）周札的旧部，替周札伸冤诉屈。国务院执行官（尚书）卞壶评论说："周札负责守卫石头城（建康城西北），竟大开城门，接纳贼寇（参考三二二年三月），不应该赐给他绰号。"宰相（司徒）王导认为："往年情事，王敦的叛逆行迹，还没有暴露，包括我在内有见解的人士，都缺乏警觉，跟周札没有什么不同。等到后来，发觉王敦奸谋，周札就以身报国，不久即被害死（参考去年〔三二四〕正月）。我建议，应该跟周颉、戴渊受到同一待遇。"郗鉴认为："周颉、戴渊，为皇家尽忠死节，而周札开门欢迎叛徒。事情不相同，奖赏却相同，政府将用什么鼓励善行，打击邪恶？如果照宰相（司徒王导）所说，当年有见解的人都跟周札一样，则谯王（司马承）、周颉、戴渊，岂不都应该责罚，还赐赠绰号干什么？这三位大臣既受到褒扬，周札自应受到贬谪，事理至为明显。"王导说："周札跟谯王（司马承）、周颉、戴渊，虽然看法有差异，但他们都尽了人臣的责任。"郗鉴说："王敦叛逆的阴谋，像寒霜一般，逐渐加厚，终成坚冰。只因周札大开城门，才使中央军一蹶不振。如果王敦前一次的举动，在大义上如同姜小白（桓）、姬重耳（文），那么，先帝（司马睿）难道就成了姬宫涅（幽）、姬胡（厉）？"然而，最后仍采纳王导意见，追赠周札"皇城保安司令"（卫尉）。

3 后赵帝国（首都襄国〔河北省邢台市〕）元首（一任明帝）、赵王石勒（本年五十二岁），加授北方宇文部落（内蒙古老哈河上游）酋长宇文乞得归官爵，命他攻击晋帝国所封的辽东公（首府棘城〔辽宁省义县西〕）慕容廆（报复慕容廆把后赵帝国使节捕送建康〔江苏省南京市〕，参考前年〔三二三〕四月）。慕容廆派世子慕容皝，以及索头（拓跋部落）、段国（段家部落）共同迎战；命辽东郡（辽宁省辽阳市）郡长（相）裴嶷当右翼，慕容仁当左翼。宇文乞得归据守浇水（西辽河上游）抵抗慕容皝，命侄儿宇文悉拔雄抵抗慕容仁。慕容仁进击，斩宇文悉拔雄，乘胜跟慕容皝会师，进攻宇文乞得归，大破宇文部落。宇文乞得归抛弃军队，落荒逃走。慕容皝、慕容仁，直入宇文部落根据地（柳城〔辽宁省朝阳市西南〕）；派轻装备部队追击宇文乞得归，越过宇文部落辖境三百余华里才回，俘虏宇文部落所有辎重，牲畜等百万左右，宇文部众投降的数万人。

4 三月，晋帝国所封的辽西公（首府令支〔河北省迁安市〕）段末柸（音pēi〔胚〕）逝世，老弟段牙继位。

5 三月二日，晋帝国封皇子司马衍（本年五岁）当皇太子，大赦。

6 汉赵帝国（首都长安〔陕西省西安市〕）皇帝（五任）刘曜，封刘女士当皇后。

7 北羌王盆句除，归附汉赵帝国。后赵帝国（首都襄国）将领石佗从雁门郡（山西省代县）出兵，穿过上郡（陕西省韩城市），发动攻击，俘虏三千余篷帐，牛马羊一百余万头，凯旋而归。汉赵帝刘曜，派中山王刘岳追击，刘曜亲自出军，驻屯富平（陕西省富平县），作为声援。刘岳跟石佗在黄河岸上会战，斩石佗；后赵士卒死亡六千余人，刘岳收回被掳的辎重、牲畜。

8 “氐王”杨难敌袭击仇池（甘肃省西和县南），占领。俘虏汉赵帝国镇南大将军、益州（州政府仇池）州长（刺史）田崧（参考前年〔三二三〕八月），强迫田崧站在面前；杨难敌左右教田崧下拜，田崧怒目呵斥说："老氐狗！天子的方面大员，怎么能向匪徒叩头！"杨难敌称呼他的别名，说："子岱，我将跟你共同创立大业，你尽忠刘家（汉赵帝国），为什么不能尽忠于我！"田崧厉声回答说："老氐贼，你不过是一个奴才，知道什么是大业？我宁愿当帝国的鬼，也不当你的臣。"突然撞倒看守他的一个卫士，夺下佩剑，直刺杨难敌，没有刺中；杨难敌遂杀田崧。

9 晋帝国（首都建康）司令官（都尉）鲁潜，在许昌（河南省许昌市东）叛变，投降后赵帝国（首都襄国）。

10 夏季，四月，后赵帝国（首都襄国）统军司令官（将兵都尉）石瞻，进攻晋帝国兖州州长（刺史）檀斌所在地邹山（山东省邹城市东南），斩檀斌。

11 后赵帝国西夷协防司令（西夷中郎将）王腾，击斩并州（州政府设晋阳〔山西省太原市〕）州长（刺史）崔琨，及上党郡（山西省黎城县西南）郡长（内史）王慎；献出并州（山西省中部），投降汉赵帝国（首都长安）。

12 五月，晋帝国任命陶侃（广州〔州政府番禺〕州长）当征西大将军、荆湘雍梁军区司令长官（都督荆湘雍梁四州诸军事），兼荆州（州政府设江陵〔湖北省江陵县〕）州长（刺史）。荆州（湖北省）人民得到消息，互相庆贺。陶侃聪明敏捷，谦恭勤俭，每天都盘起双膝，端正的坐在那里（四世纪时，中国人仍使用榻榻米——"席"），军政两单位的业务，全处理得有条不紊，毫无遗漏，因之很少休闲。常常告诉别人：“姒文命（大禹）是圣人，还珍惜‘寸阴’（《淮南子》：“圣人不珍惜一尺璧玉，而珍惜一寸光阴，因为，时机难得，容易丧失。”圣人是泛称，陶侃在圣人群中随意挑出一人，成为这句话的语主），至于平凡的人士，应当珍惜‘分阴’。怎么可以浪费在荒唐游荡、饮酒欢宴上？活着的时候对社会没有贡献，死亡后与草木同朽，没有人知道他的姓名，岂不是自己埋葬自己！”文职官员们偶尔有人因为醉酒或赌博，荒废误公事，陶侃就教人搜出他们的酒壶酒杯，以及赌博工具，全部投入长江。对武职官员，则加以鞭打。陶侃说：“赌博，是牧猪奴们玩的东西。《老子》《庄子》浮华，不是古代圣明君王的正人言论，难以实用。正人君子都应衣冠整齐，怎么能够蓬头垢面，不穿鞋袜，自己称为恢宏通达！”

有人送陶侃东西，陶侃一定查问这些东西是哪里来的，如果是自己劳力生产，虽然微薄，也十分欢喜，慰劳赏赐，都会超过原价的三倍。如果来路不明，或不合法、不合理，就严厉呵责，甚至辱骂，原封退还。有一次，陶侃到郊外，看见一个人手拿一把还没有全熟的稻子，陶侃问说：“你拿这些干什么？”那人说：“经过那里，顺手摘下来！”陶侃大怒说：“你自己不种稻，却偷别人的稻！”绑起来鞭打。因此人民更辛勤耕种，家家温饱，人人富足。曾经造船，锯下来的木屑，和削下来的竹节，陶侃都命有关官员把它们保存，人们都不知道什么缘故。后来，元旦朝会，天气初晴，大雪开始融化，厅前一片泥泞，陶侃教人用木屑铺到地上。后来，安西将军桓温攻击成汉帝国时（参考三四六年十一月），就用陶侃所储藏的竹节，作为船钉，建立舰队。陶侃处理事情的精细和远见，都是这一类。

13 后赵帝国（首都襄国）所任命的司州（河北省南部）州长（刺史）

石生，驻屯洛阳（河南省洛阳市东白马寺东），不断侵扰河南（黄河以南），晋帝国司州（河南省中部）州长（刺史）李矩、颍川郡（河南省许昌市东）郡长郭默（二人基地同设新郑〔河南省新郑市〕），屡战屡败，而粮秣又缺乏，遂派使节向汉赵帝国（首都长安）投降。

汉赵帝国皇帝刘曜，派中山王刘岳，率军一万五千人，攻击孟津（河南省洛阳市孟津区东黄河渡口）；镇东将军呼延谟，率荆州、司州的部众，出崤山（河南省洛宁县北）、渑池（河南省洛宁县西北），向东推进，打算跟李矩、郭默会师，联合攻击石生。刘岳攻克孟津、石梁（洛阳城东），斩杀及俘虏五千余人，把石生包围在金墉城（洛阳城西北角。杨芷、贾南风死所）。后赵帝国中山公石虎，率步骑兵四万人，从成皋关（河南省荥阳市西北汜水镇）西上，跟刘岳在洛阳西郊会战，刘岳兵败，身中流箭，退守石梁（洛阳城东）。石虎把石梁团团包围，构筑木栅拒马，挖掘深广壕沟，断绝内外交通。刘岳兵团饥饿，杀战马吞食（有战马还可能突围，无战马只有等待援军）。石虎又攻击呼延谟军，斩呼延谟。

刘曜亲率大军援救刘岳，石虎率三万骑兵迎战。汉赵帝国前军将军刘黑，在八特阪（河南省新安县东）攻击石虎的部将、汲郡（河南省卫辉市）郡长（内史）石聪，大破石聪军。刘曜驻屯金谷（洛阳城西北，石崇被捕时所住；参考三〇〇年八月），深夜，军中忽然夜惊（“夜惊”是军中最大恐怖，参考一九二年五月），全军崩溃，士卒号叫奔跑，一哄而散。刘曜无奈，退保渑池（河南省洛宁县西北），当夜，再度夜惊，残军瓦解，刘曜狼狈返回首都长安（陕西省西安市）。

六月，石虎攻陷石梁（洛阳城东），俘虏刘岳跟他的将领、参谋八十余人，连同氐人、羌人等三千余人，都送到首都襄国（河北省邢台市）。剩下的士卒九千人，全部坑杀。石虎接着攻击叛将王腾据守的并州（州政府设晋阳〔山西省太原市〕），俘虏王腾，斩首；残军七千人，也全部坑杀。噩耗传来，刘曜换穿白色丧服，到郊外大哭七日，才进城垣；愤怒恚恨交集，引起疾病。郭默被石聪反攻击败，抛弃妻子，向南投奔晋帝国首都建康（江苏省南京市）。李矩的将领们，眼看不能支持，阴谋叛变，向后赵帝国投降，李矩没有能力控制，只好率领他自己的亲信部众，南下投奔晋帝国，而亲信部众又沿路逃亡，最后只剩下郭诵等一百余人跟随；李矩走到鲁阳（河南省鲁山县）逝世（郭默被石聪击败后，李矩力量衰弱，郭默忧惧不已，把印信交给军事参议官〔参军〕殷峤，说："李矩先生待我太厚，而今把他抛下，无颜相见，三天后，请报告他：我已南下。"李矩得到消息，大怒，派部将郭诵追赶，追到襄城郡〔河南省襄城县〕才追赶到，郭默抛弃家属，单人匹马逃走。李矩的外甥郭元，被石虎生擒，石虎教郭元写信给老哥郭诵："石虎去年〔三二四〕东方击溃曹嶷，西方征服拓跋猗卢，李矩小如牛角，为什么还不归顺？"将士都打算投降后赵帝国。李矩知道人心已离，南下到鲁阳〔河南省鲁山县〕，坠马身死。因后赵帝国经过数年休息之后，起而扩张疆土，力量强大，晋帝国适逢王敦之乱，已有气无力）。李矩的秘书长（长史）崔宣，率残军二千余人，投降后赵帝国。于是司州（河南省中部）、豫州（河南省东部）、徐州（江苏省北部）、兖州（山东省西部），全入后赵帝国版图，跟晋帝国以淮河为界，互相对峙。

14 汉赵帝国皇帝刘曜，任命永安王刘胤当最高指挥官（大司马）、大单于，改封南阳王，在渭城（陕西省咸阳市）兴筑"单于台"。左贤王、右贤王以下官职，都由匈奴、羯、鲜卑、氐、羌——五大族群的强大酋长担任。

15 秋季，七月七日，晋帝国任命国务院总理（尚书令）郗鉴当车骑将军、徐兖青军区司令长官（都督徐兖青三州诸军事；此三州全在后赵帝国境内），兼兖州（侨州）州长（刺史），镇守广陵（淮阴，江苏省淮安市淮阴区）。

四世纪·三二五年五月至六月　后赵吞并河南各郡

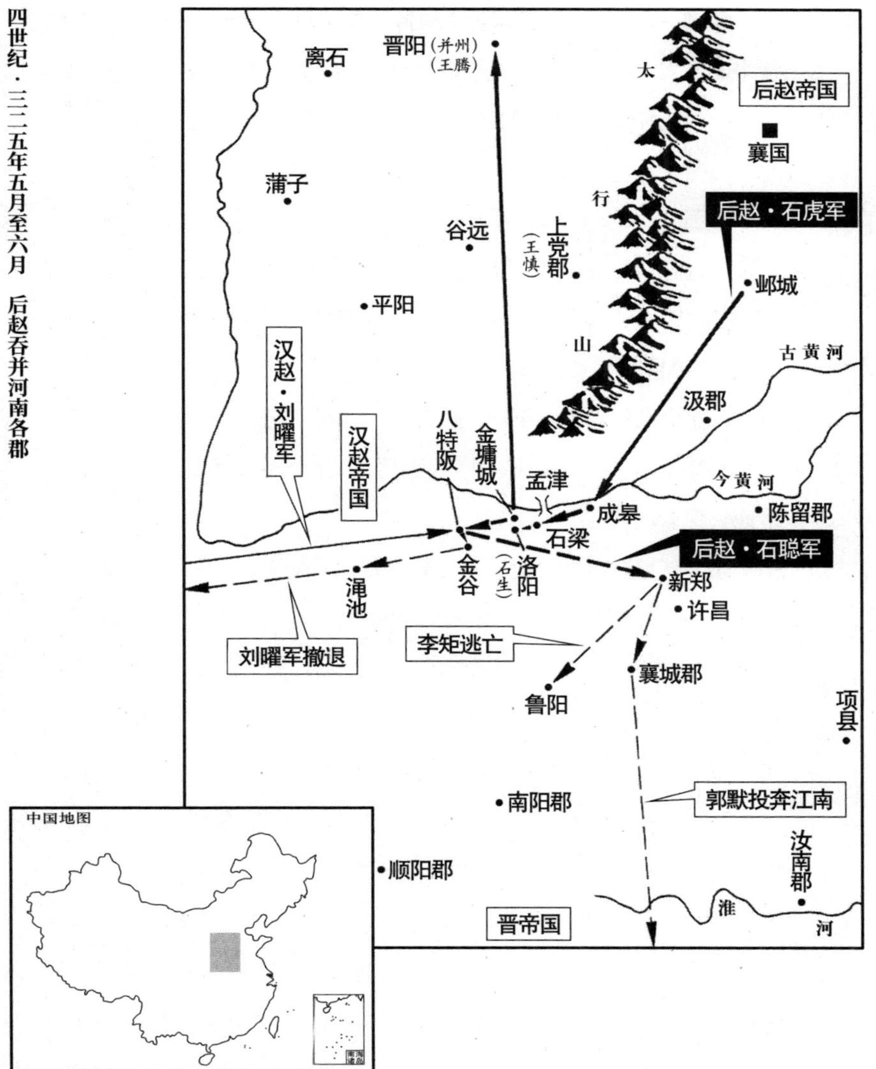

16 闰八月，晋帝国任命国务院左执行长（尚书左仆射）荀松当特级国务官（光禄大夫），主管政府机要（录尚书事）；擢升国务院执行官（尚书）邓攸当国务院左执行长（左仆射）。

17 晋帝国首都西区卫戍司令（右卫将军）虞胤，是七任帝（元帝）司马睿正妻、元敬皇后虞孟母的老弟，跟首都东区卫戍司令（左卫将军）南顿王司马宗（“八王之乱”第一王汝南王司马亮的儿子），同时受到皇帝（八任明帝）司马绍的宠爱信任，统御禁卫军，住宿宫内，招募很多勇士，作自己的党羽。王导、庾亮，都感到不安，有时候也反映给司马绍知道，但司马绍待二人越发优厚，甚至皇宫宫门钥匙，都交给他们保管。

司马绍患病卧床，庾亮有紧急奏章，深夜呈递，向司马宗索取钥匙。司马宗拒绝，对庾亮的使节吆喝说：“这是你们家的门呀！”庾亮越发忿怒。后来，司马绍病势转重，不想见人，文武官员没有一个人可以进宫。庾亮怀疑司马宗、虞胤，以及司马宗老哥西阳王司马羕等，有什么阴谋，遂强行进宫，登上皇上躺卧的御床，向司马绍哭泣流泪，指控：“司马羕、司马宗等打算贬逐大臣，由他们自己辅政。”要求罢黜二人；司马绍不准。

闰八月十九日，司马绍下令：太宰（上三公之一）司马羕、宰相（司徒）王导、国务院总理（尚书令）卞壸、车骑将军郗鉴、中央军事总监（护军将军）庾亮、中央禁军总监（领军将军）陆晔、首都建康市长（丹阳尹）温峤，一同接受遗诏，辅佐皇太子，率军进入皇宫值班。又任命卞壸当右将军，庾亮当立法院最高立法长（中书令），陆晔主管政府机要（录尚书事）。

闰八月二十四日，发布遗诏。

闰八月二十五日，司马绍逝世（年二十七岁）。司马绍聪明敏捷，机警而有决断，所以虽居弱势，仍能克服强敌，翦除叛徒，复兴大业。

闰八月二十六日，皇太子司马衍登位（九任成帝），年才五岁，文武官员呈上皇帝印信。稍早，宰相（司徒）王导因病没有参加大典，卞壶在朝会上严肃的抨击说："王导岂是国家忠臣，先帝（司马绍）还没有安葬，继位皇帝还没有登位，岂是人臣患病请假之时！"王导听到消息，带病坐轿而来。司马衍既登位，大赦，文武官员都升级二等，尊娘亲皇后庾文君为皇太后。文武官员认为皇帝年纪太小，奏请皇太后庾文君，依照东汉王朝和熹皇后邓绥前例，主持政府（邓绥是东汉王朝四任帝〔和帝〕刘肇正妻，参考一〇五年十二月），庾文君再三推辞，最后终于采纳。

九月九日，把前任帝司马绍，安葬武平陵（江苏省南京市北鸡笼山）。

九月十一日，庾文君正式临朝，行使皇帝职权（称制）。命宰相（司徒）王导主管政府机要（录尚书事），跟立法院最高立法长（中书令）庾亮、国务院总理（尚书令）卞壶，共同辅佐朝政；然而，重要大事，则由庾亮决定（庾亮是庾文君老哥）。加授郗鉴车骑大将军，陆晔左特级国务官（左光禄大夫），全都开府仪同三司（宰相级）。任命南顿王司马宗当骠骑将军、虞胤当皇族事务部长（大宗正）。

国务院（尚书）征召乐广的儿子乐谟，当他故乡南阳郡（河南省南阳市）考选官（中正）；又征召庾珉同族庾怡，当司法部覆判官（廷尉评）。乐谟、庾怡，都遵照老爹的吩咐，拒绝征召。卞壶上奏说："人类不可能没有父亲，工作不可能没有人执行。有父亲就会有命令，执行工作就会有烦恼。假定每一个家庭都把儿子当作私产，则帝王就没有人民，君和臣之间的关系，就无法建立。乐广、庾珉，都受过圣朝的宠爱信任（乐广任国务院总理〔尚书令〕，参考三〇三年闰十二月；庾珉任高级咨询官〔侍中〕，参考三一一年六月二十一日），连自己的身子都属于国家，又怎么能够支配他们后嗣？如果要使每个人都对自己的职位满意，则士兵们的父母，恐怕都要他们的儿子退出军队。”乐谟、庾怡不得已，接受任命。

18 冬季，十一月一日，日蚀。

19 晋帝国所封的辽东公（首府棘城）慕容廆，跟辽西公（首府令支）段牙，十分友好，慕容廆建议段牙迁都，段牙接受，遂放弃首府令支（河北省迁安市），部众大不高兴（迁往何处？史书没有言明），段疾陆眷的孙儿段辽，打算篡夺，遂把段牙迁都这件事，当作罪状。

十二月，发动政变，攻击段牙，斩首；段辽接管政权。

段家部落自段务勿尘（参考三〇三年闰十二月）以来，力量一天比一天壮大；辖区西到渔阳郡（北京市密云区），东到辽河，统御蛮夷及汉人，有三万余户，武装部队五万人。

20 晋帝国荆州（州政府设江陵〔湖北省江陵县〕）州长（刺史）陶侃，因宁州（州政府设滇池〔云南省昆明市晋宁区〕）州长（刺史）王坚（参考前年〔三二三〕四月），没有能力抵抗盗寇（指成汉帝国）的侵略。

本年（三二五），陶侃上书推荐零陵郡（湖南省永州市）郡长、南阳郡（河南省南阳市）人尹奉，代替王坚当宁州（云南省）州长（刺史）。

在此之前，王逊（王坚的老爹）当宁州（云南省）州长（刺史）时，蛮夷酋长兼梁水郡（云南省开远市）郡长爨量、益州郡（云南省昆明市晋宁区）郡长李遏（音tì〔剃〕），都投降成汉帝国（首都成都），王逊讨伐，不能取胜。尹奉到达后，用庞大奖赏，招募蛮夷杀手，刺死爨量；又说服李遏回归，州境之内，遂告平安。

21 代王（首府东木根山〔内蒙古兴和县北〕）拓跋贺傉逝世（参考三二一年十二月），老弟拓跋纥那继位。

三二六年 丙戌

晋	太宁	四年
	咸和	元年
成汉	玉衡	十六年
汉赵	光初	九年
后赵	赵王	八年
前凉	太元	三年

1 春季，二月，晋帝国（首都建康〔江苏省南京市〕）大赦，改年号咸和（之前是太宁四年，之后是咸和元年）。

2 汉赵帝国（首都长安〔陕西省西安市〕）任命汝南王刘咸当全国武装部队总司令（太尉）、主管政府机要（录尚书事），特级国务官（光禄大夫）刘绥当宰相（大司徒），卜泰当最高监察长（大司空）。

刘皇后病危，汉赵帝（五任）刘曜问她有什么遗言，刘皇后哭泣说:“我从小被叔父刘昶收养，但愿陛下赐给他富贵。另一位叔父刘皑的女儿刘芳，美丽而又有品德，求你把她接进后宫。”说罢逝世。刘曜遂擢升刘昶当高级咨询官(侍中)、宰相(大司徒)、主管政府机要(录尚书事)。收纳刘芳入宫，封皇后。不久，再擢升刘昶当太保(上三公之三)。

3 三月，后赵帝国(首都襄国〔河北省邢台市〕)元首(一任明帝)、赵王石勒(本年五十三岁)，夜间改穿便服，出外私访，检查城门守卫情形，用金钱和绸缎，向守门的士兵行贿，请求放他出城。永昌门守卫官(永昌门候)王假，拒绝接受，还要逮捕他；正巧，随从人员赶到，才没有动手。天亮之后，石勒召见王假，擢升他当振忠司令官(振忠都尉)，封关内侯。

石勒召见记录军事参议官(记室参军)徐光，徐光酩酊大醉，不能前来，石勒贬谪他当营门官(牙门)；徐光值班时，一脸忿忿不平。石勒大发雷霆，逮捕徐光跟他的妻子，一同囚禁。

4 夏季，四月，后赵帝国司州(河北省南部)州长(刺史)石生，攻击晋帝国(首都建康)汝南郡(河南省息县)，俘虏郡长(内史)祖济。

5 六月五日，晋帝国徐州州长(刺史)、泉陵公刘遐逝世(时驻淮阴〔江苏省淮安市淮阴区〕。参考前年〔三二四〕十月)。

六月十五日，晋帝国政府任命车骑大将军郗鉴，兼徐州州长(刺史)；征虏将军郭默，当北翼警卫指挥官(北中郎将)、淮北军区司令(监淮北诸军事)，接管刘遐的部众。刘遐的儿子刘肇，年纪还小；刘遐的妹夫田防，跟旧时将领史迭等，不高兴受一个不相干的外人领导，遂起兵叛变，推举刘肇接替老爹的官位。临淮郡（江苏省盱眙县）郡长刘矫，向刘遐大营发动突袭，斩田防等。刘遐的妻子，是邵续的女儿，英勇果断，有老爹遗风（邵续，参考三二一年三月）。有一次，刘遐曾被后赵军包围，邵女士单枪匹马，只率几个骑兵，在千万敌人中，救出刘遐。后来田防等打算叛变，邵女士阻止，田防等不理。邵女士遂秘密响应刘矫，在城内纵火，把武器铠甲几乎焚烧一空，所以田防等终归失败。晋帝（九任成帝）司马衍（本年六岁）下诏，命刘肇继承老爹的爵位（泉陵公）。

宰相（司徒）王导，因病请假，不参加皇太后庾文君主持的早晨会报；却私下去送郗鉴上任。国务院总理（尚书令）卞壶上书弹劾："王导轻视法律制度，只知道培植私人恩德，没有大臣的节操，请予以免职。"奏章虽没有批准，但政府全体官员都对卞壶心存畏惧。卞壶生活朴素，廉洁自爱，处理事情，公平正直，在官尽忠职守，性情严谨，不肯顺应当时浮华的流风，所以受到各名士的轻视。阮孚对他说："你整天忙碌不堪，一点闲暇的时间都没有，嘴巴里好像含着瓦片石块，岂不辛苦？"卞壶说："你们这些正人君子，尊敬崇拜的是道德宽大、风流潇洒，并且用这个标准，互相推崇赞扬。国事俗事鄙事，我不做，谁去做？"当时贵族和高官子弟，都崇拜王澄、谢鲲，认为那才是摆脱形骸，豁达大度。卞壶在政府中，正颜厉色斥责说："伤害礼义，破坏文化教育，罪恶至大。中原所以倾覆，祸根在此。"打算上奏章弹劾，王导、庾亮反对，只好停止。

6 成汉帝国（首都成都〔四川省成都市〕）讨伐越嶲郡（四川省西昌市）叛变的斯叟部落（参考三二三年十一月），大破斯叟军。

7 秋季，七月二十五日，晋帝国江州（州政府设武昌〔湖北省鄂州市〕）州长（刺史）、观阳侯（烈侯）应詹逝世（年五十三岁）。

8 晋帝国内斗又起。最初，王导辅政当权，执法行事，宽大和顺，得到大家的拥护。等到庾亮主持政府，一切依照法令规章，立刻就失去士大夫（高级知识分子以及现任官员和退休士绅）人心。而豫州（州政府设寿春〔安徽省寿县〕）州长（刺史）祖约，自认为名望、辈分，都不在郗鉴、卞壶之下，却受到排斥，辅佐幼主的遗诏之中，没有把自己列入；又希望开府仪同三司（宰相级），也被拒绝；于是，怨恨现状，盼望发生新的变化。遗诏中褒扬及擢升的高级官员中，又偏偏没有提到祖约跟陶侃。于是，祖约和陶侃，都疑心是庾亮把二人的名字删除。历阳郡（安徽省和县）郡长（内史）苏峻，对国家立过功勋（指攻击沈充、钱凤），威望渐渐升高，拥有精锐士兵一万人，武器装备，十分精良，政府把保卫长江以北广大地区的责任，寄托在他身上。而苏峻逐渐骄傲自满，没有把中央政府放到眼里，招收亡命之徒，人数和力量一天比一天增多增强，而一切开支，全依靠地方政府供应，运输船只，前后衔接；稍微有点不如意，苏峻就破口大骂。庾亮既怀疑苏峻、祖约，又畏惧陶侃深得人心。

八月，为了预防事变，任命首都建康市长（丹阳尹）温峤，当江州（江西省及福建省）军区司令长官（都督江州诸军事），兼江州（州政府武昌）州长（刺史），镇守武昌（湖北省鄂州市）；国务院执行长（尚书仆射）王舒，当会稽郡（浙江省绍兴市）郡长（内史），在外作为声援。又修筑石头城（建康城西北）工事，加强戒备。

新任首都建康市长（丹阳尹）阮孚，因皇太后庾文君临朝主政，大权握在皇帝司马衍的舅父之手，对亲信的人说：“晋政府南迁之后，时日还短，君王年幼，时局艰难，而庾亮年纪仍轻（本年三十八岁），品德信誉，都没有基础，不能服人。依照我的观察，大乱又要爆发。”遂请求出任广州（州政府设番禺〔广东省广州市〕）州长（刺史）。阮孚，是阮咸的儿子（阮咸是“竹林七贤”之一，参考二六二年）。

9 冬季，十月，晋帝国皇帝司马衍封胞弟司马岳当吴王。

10 晋帝国南顿王司马宗，因为失去官位权势，怨恨现状，盼望政治上有新的变化，而又一向跟苏峻友善；庾亮早打算除掉司马宗，司马宗也早打算罢黜当权集团。庾亮抢先下手，总监察官（御史中丞）钟雅，遂弹劾司马宗叛变（“诬以谋反”模式），庾亮命首都西区卫戍司令（右卫将军）赵胤前往逮捕，司马宗率领卫士抵抗，被赵胤击斩。把司马宗这一支派，贬作“马”姓，司马宗的三个儿子：马绰（司马绰）、马超（司马超）、马演（司马演），都贬作平民。免除太宰（上三公之一）西阳王司马羕官职，贬作弋阳县王。皇族事务部长（大宗正）虞胤，逐出京师（首都建康），当桂阳郡（湖南省郴州市）郡长。司马宗，是皇族近亲（司马宗是“八王之乱”第一王汝南王司马亮之子，是一任帝司马炎的堂弟）；司马羕，是前任帝（八任明帝）司马绍的师傅（司马宗、司马羕是亲兄弟），庾亮一下子把二人诛杀和贬逐，远近人心，全都丧失。司马宗亲信卞阐逃亡，投奔苏峻（时驻历阳）。庾亮用正式公文书，要苏峻把卞阐送回中央，苏峻保护卞阐，不肯交出。

司马宗之死，皇帝司马衍（本年六岁）并不知道，很久之后，才询问庾亮：“常看到的那个白头发老公公在哪里？”庾亮回答说，因为谋反，已经诛杀。司马衍哭泣说：“舅舅说别人谋反，就杀了别人；别人说舅舅谋反，应该怎么办？”庾亮恐惧，脸色大变。

11 汉赵帝国（首都长安）将领黄秀，攻击晋帝国酂县（湖北省老河口市西北），顺阳郡（河南省淅川县东南）郡长魏该，率领部众，投奔襄阳（湖北省襄阳市）。

12 后赵王（首都襄国）石勒，接受右秘书长（右长史）程遐的建议，兴筑邺城（河北省临漳县邺城镇）宫殿，命世子石弘镇守，配备禁卫军一万人；车骑将军所统的野战军五十四营，也全部配属；任命骁骑将军兼保安总监（门臣祭酒）王阳，专门统御所有蛮夷（六夷），当石弘的辅佐。

中山公石虎，自认为功劳最大，不愿离开邺城（石虎镇守邺城已十四年；参考三一三年四月）；等到修筑"三台"，石虎家属被迫迁出，遂深恨程遐（石虎的报复迅速而奇特，他派出左右卫士，午夜突入程遐家，奸淫他的妻子女儿，抢劫衣服，扬长而去）。

13 十一月，后赵帝国汲郡（河南省卫辉市）郡长（内史）石聪，攻击晋帝国寿春（安徽省寿县），晋帝国豫州（州政府寿春）州长（刺史）祖约，屡次请求中央增援，中央不肯出兵（庾亮盼望借敌人之手，消灭祖约）。石聪遂攻掠逡遒（安徽省肥东县东。逡遒，音qūn qiú〔囷球〕）、阜陵（安徽省全椒县东南），屠杀及俘虏五千人。晋帝国首都建康（江苏省南京市），大为震动（阜陵距建康航空距离四十五公里）。皇帝司马衍下诏，加授宰相（司徒）王导最高指挥官（大司马）、"假黄钺"（皇帝诛杀时专用的铜斧）、全国各军区总司令长官（都督中外诸军事），动员防御，在江宁（江苏省南京市江宁区西南）设立大营。历阳郡（安徽省和县）郡长（内史）苏峻，派将领韩晃，反攻石聪，石聪撤退；王导才解除最高指挥官（大司马）职位。中央政府又讨论修筑涂塘——切断涂水（滁河），使上游泛滥，造成广大的淹没区，用以阻止后赵帝国军南下。祖约说："这是抛弃我（寿春恰在淹

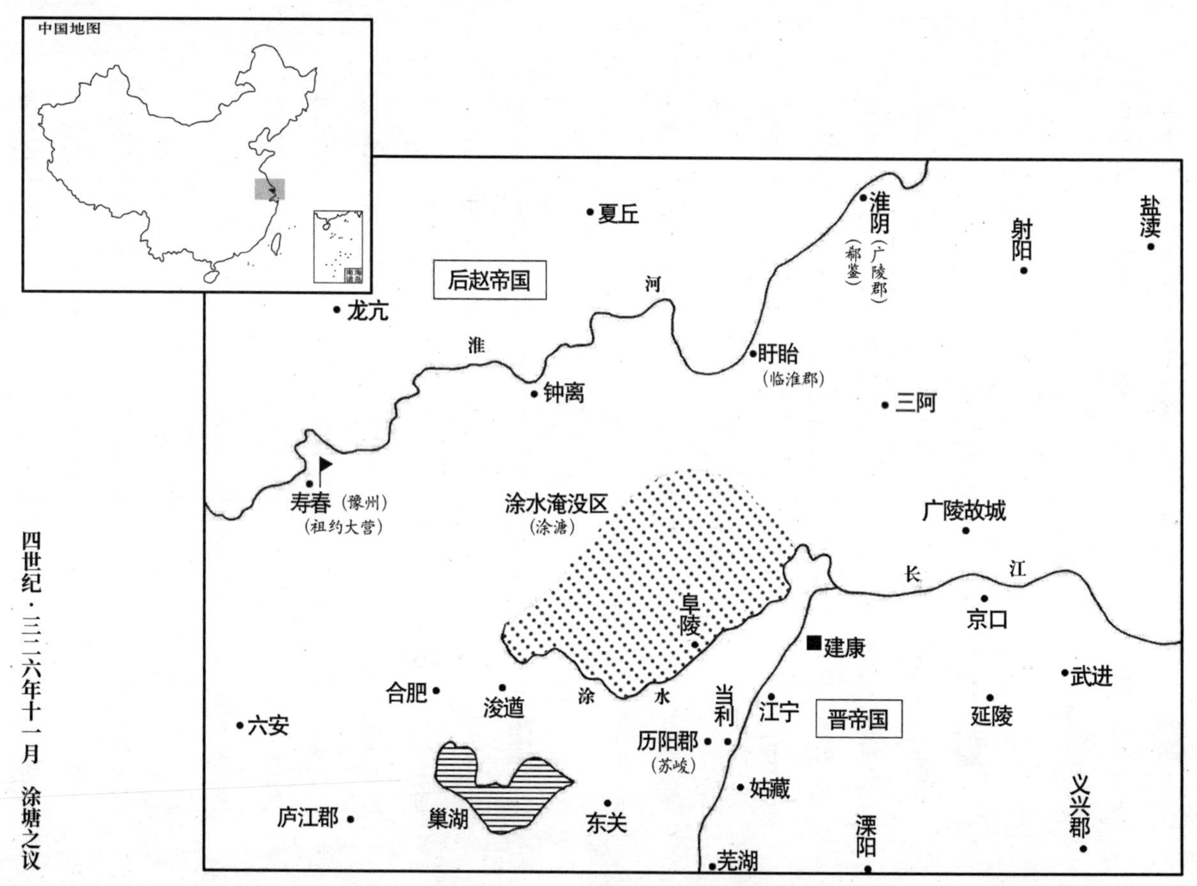

四世纪·三二六年十一月 涂塘之议

没区〔涂塘〕西北）！”更是愤怒。

14 十二月，晋帝国济岷郡（江苏省宿迁市北）郡长刘闿等，击杀下邳郡（江苏省睢宁县北古邳镇）郡长（内史）夏侯嘉，献出下邳，投降后赵帝国。后赵帝国统军司令官（将兵都尉）石瞻，攻击晋帝国河南郡郡长王瞻所据守的郏城（山东省邹城市），攻克。晋帝国彭城郡（江苏省徐州市）郡长（内史）刘续，据守兰陵郡（山东省兰陵县西南兰陵镇）石城（兰陵县西南石城崮），石瞻进攻，再攻克。

15 后赵王石勒，任命营门官（牙门将）王波当记录军事参议官（记室参军），整理包括儒家在内的各学派的学说，制订“秀才”“孝廉”考试儒家学派经典制度（自“八王之乱”〔三世纪九〇年代〕后，停顿三十余年的遴选考试制度，由后赵帝国恢复）。

16 前凉王国（首都姑臧〔甘肃省武威市〕）凉王（二任文王）张骏（本年二十岁），畏惧汉赵帝国（首都长安）的压力。

本年（三二六），把陇西郡（甘肃省陇西县）、南安郡（甘肃省陇西县东南）两郡居民二千余家，强行迁移到姑臧（甘肃省武威市）。又派使节到成汉帝国（首都成都），要求和解，写信给成汉帝（一任武帝）李雄（本年五十三岁），劝李雄去掉皇帝尊贵绰号，作为晋帝国的藩属。李雄回信说：“我受到士大夫（高级知识分子及现任官员和退休士绅）过分的推崇，才登此高位。但我本没有称帝称王的意思，只盼望成为晋国（晋帝国）的第一号功臣，扫除风尘。可是，晋国（晋帝国）政府衰微堕落，恩德和声望不能重振。我伸长脖子东望，已历有年月。接到你的来信，说明我们的心意相投，没有止期。”从此，两国使节来往不断。

三二七年 丁亥

晋	咸和	二年
成汉	玉衡	十七年
汉赵	光初	十年
后赵	赵王	九年
前凉	太元	四年

1 春季，正月，晋帝国（首都建康〔江苏省南京市〕）朱提郡（云南省昭通市）郡长杨术，跟成汉帝国（首都成都〔四川省成都市〕）将领罗恒，在台登（四川省冕宁县南泸沽镇）会战，杨术兵败，阵亡。

2 夏季，五月一日，日蚀。

3 汉赵帝国（首都长安〔陕西省西安市〕）武卫将军刘朗，率骑兵三万人，袭击“氐王”杨难敌据守的仇池（甘肃省西和县南），不能攻取，掳掠居民三千户人家而回。

4 前凉王国（首都姑臧〔甘肃省武威市〕）凉王（二任文王）张骏（本年二十一岁）得到汉赵帝国（首都长安）被后赵帝国（首都襄国〔河北省邢台市〕）击败消息，立刻把汉赵帝国加授的官号封爵（参考三二三年八月），全部去掉，恢复晋帝国加授的官号封爵：最高统帅（大将军）、凉州（甘肃省中部西部）全权州长（牧）。派武威郡（郡政府设姑臧）郡长窦涛、金城郡（甘肃省兰州市）郡长张阆、武兴郡（武威市西北）郡长辛岩、扬烈将军宋辑等，率数万大军，跟将军韩璞（时在金城）会师，攻击并劫掠汉赵帝国秦州（甘肃省南部）各郡。

汉赵帝国南阳王刘胤率军反击，驻屯狄道（甘肃省临洮县）。前凉王国枹罕（fú hǎn〔浮喊〕。甘肃省临夏市）军事总监（护军）辛晏受到压力，请求支援。

秋季，前凉王国首领、西平公张骏，命韩璞、辛岩前往援救辛晏。韩璞越过沃干岭（甘肃省兰州市南），辛岩打算速战速决。韩璞说：“夏季末期，天上太阳星辰，不断发生变化（指五月日蚀），不可以轻率行动。而且，刘曜跟石勒（后赵帝国皇帝）互相攻击，刘胤不可能长久留在这里跟我们僵持。”遂跟刘胤隔着洮水，对阵七十余日。

冬季，十月，韩璞派辛岩到金城（甘肃省兰州市）督运粮秣，刘胤得到情报，说：“韩璞的部队，超过我们十倍。而我们的粮秣不多，难以持久。现在，盗匪（前凉军）分出部队去督运粮秣，正是上天赐给我们良机，如果击败辛岩，韩璞自会崩溃。”遂率军三千人在沃干岭（甘肃省兰州市南）攻击辛岩，大破辛岩军；刘胤立即直扑韩璞大营，韩璞大营瓦解。

四世纪·三二七年十月　晋帝国军事形势

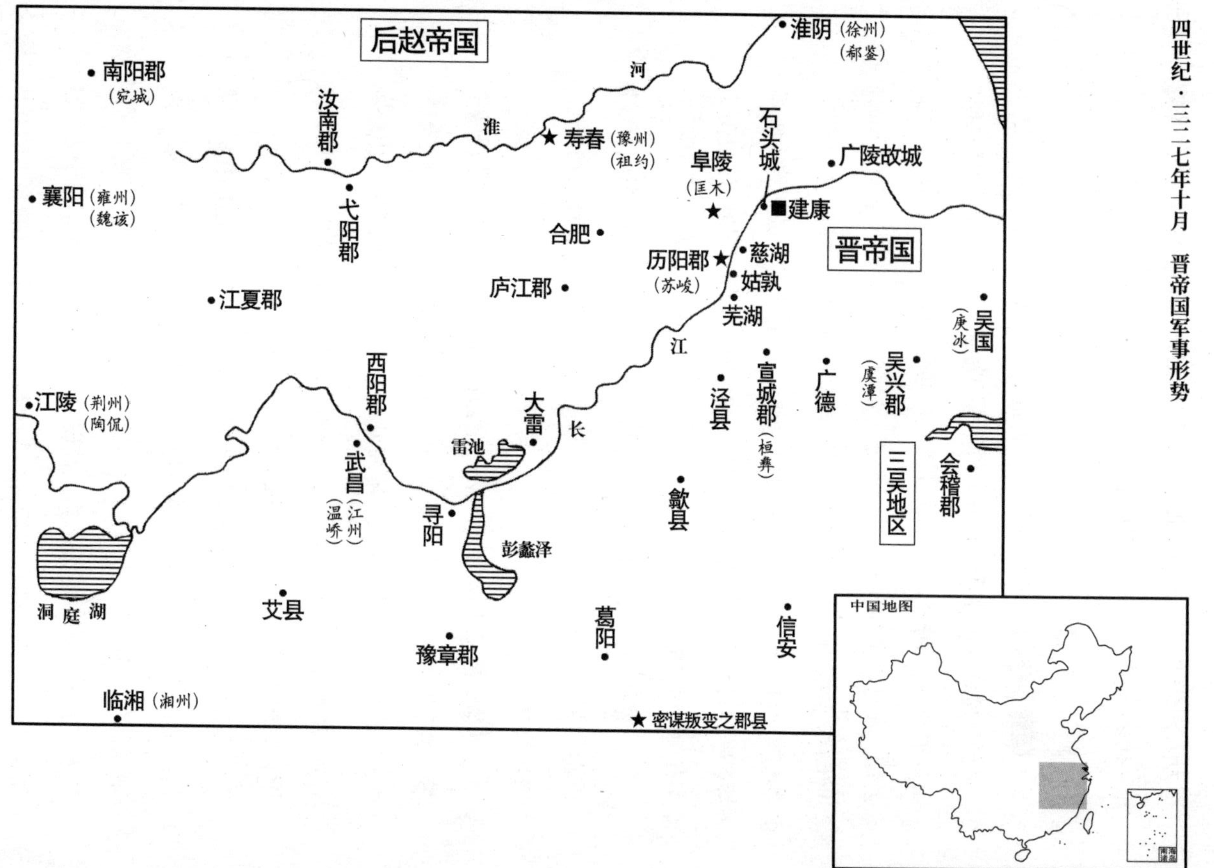

刘胤乘胜追击，长驱直入，渡过黄河，攻陷令居（甘肃省永登县西北），杀二万余人，占领振武（甘肃省天祝县境），前凉王国大为震动。张阆、辛晏，都投降汉赵帝国，黄河以南土地，从此全部丧失（振武距姑臧航空距离一百公里，近在咫尺，而刘胤军已无力再进。前凉王国仅只丧失领土，还不致灭亡）。

5 晋帝国立法院最高立法长（中书令）庾亮，认为历阳郡（安徽省和县）郡长（内史）苏峻，驻屯历阳，终会爆发灾难，打算用皇帝诏书，征调他到中央任职（也就是剥夺兵权）。庾亮探询宰相（司徒）王导的意见，王导说："苏峻猜忌凶险，一定拒抗诏书，不如姑且包容。"庾亮在政府中宣称："苏峻像豺狼一样，野心勃勃，最后一定犯上作乱。今天征调，他纵然不接受命令，灾祸还小。再过几年，恐怕中央将失去控制，这情形跟当年西汉王朝的七国一样（参考前一五四年）。"政府官员没有人敢提出反对，只特级国务官（光禄大夫）卞壸不同意，说："苏峻拥有强大的武装部队，逼近京师（首都建康），只不过一天的路程（航空距离五十公里，且顺长江而下，中无阻挠），一旦发生变化，不容易阻止，应该深刻考虑。"庾亮不理。卞壸知道必然失败，写信给温峤说："庾亮征调苏峻的意志，至为坚决，这是国家大事。苏峻已露出狂态，在这时候征调他，是加速这场灾难，他必然把怨毒向中央政府报复。中央声威虽高，但不知能否克制他？王导也有这种看法。我向庾亮陈述得十分恳切，可是对他不能有任何影响。当初，请阁下在外，本要当作外援，而今反而恨你在外，不能联合起来劝阻。如你仍在，庾亮或许采纳。"温峤也不断写信给庾亮，政府所有官员，都认为不可以这样做，庾亮全不理会。

苏峻得到消息，派军政官（司马）何仍，晋见庾亮，说："南征北战，东讨西伐，凡是疆场上的任务，无论到哪里，只要你下令，我一定服从差遣。至于调到中央当一个文职官员，不是我的能力所可以胜任。”庾亮不允许，并且擢升北翼警卫指挥官（北中郎将）郭默当后将军，兼骑兵指挥官（屯骑校尉）；宰相府右秘书长（司徒右长史）庾冰，当吴国（江苏省苏州市）郡长（内史）；全体动员戒备，防备苏峻。庾冰，是庾亮的老弟。在一切布置妥当后，由皇帝（九任成帝）司马衍（本年七岁）颁下备加褒奖的诏书（庾亮诏），调升苏峻当农林部长（大司农），加授散骑侍从官（散骑常侍）、“特进”（金銮宝殿朝会时位置仅在三公之下）；命苏峻的老弟苏逸，接管苏峻的武装部队。苏峻上书说：“从前，明皇帝（八任帝司马绍），亲自握住我的手，命我讨伐北方蛮夷贼寇（指后赵及汉赵两帝国）。而今，中原还没有收复，我怎么敢苟且偷安！请求把我调到青州（侨州，州政府淮阴）边界上任何一个偏僻遥远的荒郡，使我能施展猎鹰猎狗的用处。”庾亮仍然拒绝。苏峻整顿行装，准备接受命令，但于心不甘，犹豫不决。军事参议官（参军）任让对苏峻说：“将军要求贬谪到一个荒郡，他都不肯，事情到了今天这个地步，恐怕没有生路，不如集结部队，戒严备战，用来保护自己。”阜陵（安徽省全椒县东南）县长匡术，也劝苏峻对抗；苏峻遂拒绝征调。

江州（州政府设武昌〔湖北省鄂州市〕）州长（刺史）温峤得到消息，打算立即率军东下，保卫首都建康（江苏省南京市），三吴也都准备发动勤王之师（三吴：吴郡〔江苏省苏州市〕、吴兴郡〔浙江省湖州市〕、会稽郡〔浙江省绍兴市〕）；庾亮一律推辞，回信给温峤说：“我担心西方防务（暗示陶侃），胜过担心历阳（苏峻），你千万不要越过雷池（安徽省宿松县东南大官湖）一步！”中央政府派使节去向苏峻解释，苏峻说：“政府一口咬定我要叛变，我岂能活命？我宁愿坐在山头看监狱，也不愿坐在监狱看山头。前些时，国家情势，危如累卵，不是我便渡不过难关（指消灭钱凤、击退石聪），狡兔已死，我们这些当猎狗的，只有被煮了吃的份。但我就是死，也要找到那个陷害我的人。”

苏峻知道豫州（州政府设寿春〔安徽省寿县〕）州长（刺史）祖约，怨恨中央，遂派军事参议官（参军）徐会，晋见祖约，倍加推崇，请祖约参与，共同讨伐庾亮。祖约大为高兴，侄儿祖智、祖衍也都赞成。谯国（侨国）郡长（内史）桓宣对祖智说：“我们当初的目标，只不过为了顽强的蛮夷（后赵帝国）还没有消灭，所以同心合力，起兵征讨。你叔父（祖约）如果想称霸世界，为什么不帮助中央，讨伐苏峻？威望名声，自然建立。而今却跟苏峻一起当贼，怎么能够长久！”祖智不接受。桓宣请求祖约召见，祖约知道他要劝阻，不肯召见。桓宣遂跟祖约断绝关系，拒不采取一致行动。

十一月，祖约派他的侄儿沛国（侨国）郡长（内史）祖涣、女婿淮南郡（郡政府设寿春）郡长许柳，率军南下，跟苏峻会师。祖逖的妻子，是许柳的姐姐，反复劝阻，许柳不理。皇帝司马衍下诏（庾亮诏）：任命卞壸当国务院总理（尚书令），兼首都西区卫戍司令（右卫将军）；任命郐稽郡（浙江省绍兴市）郡长（内史）王舒，当京畿总卫戍司令部执行官（行扬州刺史事。去年〔三二六〕八月命王舒当会稽郡郡长时，王舒因老爹名王会，地名跟父名相同，为了“避讳”〔儒家系统文字游戏〕，坚决拒绝，后来中央政府只好把“会稽”改作“郐稽”），吴兴郡（浙江省湖州市）郡长虞潭，当三吴军区司令官（督三吴等诸郡军事）。

国务院左秘书长（尚书左丞）孔坦、宰相府军政官（司徒司马）丹阳郡（首都建康）人陶回，向宰相（司徒）王导建议：“在苏峻没有发动攻击前，我们切断阜陵（安徽省全椒县东南），固守江西（巢湖流域）当利（安徽省和县东金河口）等渡口，使苏峻不能渡过长江。他们的人少，我们的人多，一次会战就可决定胜负。如果苏峻不发动攻击，我们就向历阳（安徽省和县）推进，逼近城池。中央不抢先下手的话，苏峻一定兵临京师（首都建康）。一旦兵临京师，人心动摇，就难以对抗。这种时机，不可丧失。”王导同意，但庾亮不接受。

十二月一日，苏峻命他的将领韩晃、张健等，渡过长江，袭击并攻陷姑孰（安徽省当涂县），掠夺食盐、粮秣。庾亮才感后悔。

十二月二日，彭城王司马雄、章武王司马休，背叛中央，投奔苏峻。司马雄，是司马释（司马懿老弟司马权的儿子）的儿子（司马休是义阳王司马望的孙儿）。

十二月十日，首都建康戒严，加授庾亮代表皇帝的“符节”、全国征剿总司令长官（都督征讨诸军事）；命首都东区卫戍司令（左卫将军）赵胤，当历阳郡（安徽省和县）郡长（接替苏峻）。命左将军司马流，率军进驻慈湖（安徽省马鞍山市北慈湖峡），防御苏峻；命前射击兵团指挥官（射声校尉）刘超，接任首都东区卫戍司令（左卫将军）；命高级咨询官（侍中）褚翜（音shà〔霎〕），主持征剿军务。庾亮更命他的老弟庾翼，以平民身份，率数百人守卫石头（建康城西北）。

十二月十六日，改封琅邪王司马昱当会稽王；吴王司马岳当琅邪王。

宣城郡（安徽省宣城市宣州区）郡长（内史）桓彝，打算集结部队，入卫京师（首都建康），秘书长（长史）裨惠（裨，姓）认为郡政府兵力薄弱，而山越（住在山区的江南土著）又可能出动掳掠（山越是江南的真正土著，二世纪九〇年代之后，中原大乱，第一批汉人南迁，土著在逼迫下入山，被称山越。一百二十年后的四世纪一〇年代，中原又大乱，第二批汉人再南迁，第一批入侵者反客为主，以原住民自居，把真正的土著〔山越〕，当作蛮族，而把第二批入侵者，当作“伧奴”）。“最好是严密戒备，等待时机。”桓彝厉声说：“‘看见有人对他的君王行动无礼，反应的迅速，像猎鹰搏击鸟雀！’（《左传》前六〇九年，鲁国国务官臧文仲语）。而今，国家危急，不能自保平安。”

十二月二十一日，桓彝进驻芜湖（安徽省芜湖市）。苏峻部将韩晃进攻，桓彝败退，韩晃遂进攻宣城郡（安徽省宣城市宣州区），桓彝退到广德（安徽省广德市），韩晃纵兵大掠各县，然后撤退。徐州州长（刺史）郗鉴（时驻淮阴〔江苏省淮安市淮阴区〕）准备率军保卫京师（首都建康），皇帝司马衍下诏（庾亮诏），命郗鉴防备北方盗寇（指后赵帝国），不必南下。

6 本年（三二七），后赵帝国（首都襄国）中山公石虎，攻击代王（首府东木根山〔内蒙古兴和县北〕）拓跋纥那，在句注山（山西省代县西北陉岭）之北会战，拓跋纥那军败，把首府迁到大宁（河北省张家口市），逃避后赵帝国的压力。

前任代王拓跋郁律的儿子拓跋翳槐，住在舅父贺兰部落（应在内蒙古阴山北麓）；拓跋纥那派人前往索取，贺兰部落酋长（大人）贺兰蔼头，拒绝交出。拓跋纥那跟宇文部落（内蒙古老哈河上游），联合攻击贺兰蔼头，不能取胜。

三二八年 戊子

晋	咸和	三年
成汉	玉衡	十八年
汉赵	光初	十一年
后赵	赵王	十年
	太和	元年
前凉	太元	五年

1 春季，正月，晋帝国（首都建康〔江苏省南京市〕）江州军区司令长官（都督江州诸军事）温峤，从武昌（江州州政府所在县，湖北省鄂州市）东下，援救首都建康，大军抵达寻阳（江西省九江市）。

苏峻（时驻历阳〔安徽省和县〕）部将韩晃攻击左将军司马流据守的慈湖（安徽省马鞍山市北慈湖峡），司马流一向胆小如鼠；会战将开始时，他过度紧张恐惧，双手发抖，吃烤肉时，连自己的嘴巴在哪里都找不到。于是，全军溃败，司马流被杀。

正月二十八日，苏峻大军出动，率部将祖焕、许柳等二万人，从横江（安徽省和县东南长江渡口）渡长江，在牛渚（安徽省马鞍山市西南采石矶）登岸，驻屯陵口（采石矶东北）。政府军屡战屡败，无法阻止。

二月一日，苏峻抵达蒋陵（钟山南麓孙权〔东吴帝国一任帝〕坟墓）覆舟山（钟山西端支脉）。陶回对庾亮说："苏峻知道石头城（建康城西北）有重兵把守，绝不敢攻坚。势将绕到小丹阳（即首都建康特别市政府〔丹阳〕所在小城，建康城南），从东南向西北进攻。应该在中途埋伏，前后夹击，可以一战把苏峻擒获。"庾亮不接受。苏峻果然绕道小丹阳，中途迷失道路，深夜行军，部伍凌乱，失去控制。庾亮得到消息，大为后悔。

政府官员因京师（首都建康）危急，多数把家属送到东方郡县避难，只首都东区卫戍司令（左卫将军）刘超，把妻子儿女，一家大小，移住宫内。

晋帝（九任成帝）司马衍（本年八岁）下诏（庾亮诏），命卞壸当朱雀桥东区司令长官（都督大桁东诸军事），和高级咨询官（侍中）钟雅，率领郭默、赵胤等军，跟苏峻在西陵（蒋陵之西）会战，卞壸大败，阵亡超过一千人。

二月七日，苏峻进击青溪栅（建康城东南），卞壸率各军抵抗，不能取胜。苏峻军利用南风火攻，于是，中央政府各官署，顿时化成一片灰烬。卞壸背上生疮，刚刚痊愈，伤口仍没有愈合，力气不继，但仍率左右苦战，力尽被杀（年四十八岁）。两个儿子卞眕、卞盱，紧随老爹之后，直前冲锋，也力尽被杀。娘亲抚着两个儿子的尸体，大哭说："父是忠臣，子是孝子，我还有什么遗恨！"

首都建康市长（丹阳尹）羊曼，在云龙门（宫城东门）戒备，跟禁宫咨询官（黄门侍郎）周导、庐江郡（安徽省舒城县）郡长陶瞻，全都战死

（羊曼年五十五岁）。庾亮率军在宣阳门（建康城〔都城〕南面中门）结营布阵，构筑工事，还没有站成行列，部众士兵却放下武器，一哄而散。庾亮，跟老弟庾怿、庾条、庾翼，以及郭默、赵胤，在混乱中逃走，投奔寻阳（江西省九江市）。临逃走时，回头对钟雅说："后事全交给你。"钟雅说："墙倒屋塌，是谁的责任？"庾亮说："今天的事，一言难尽。"庾亮乘小艇西上，乱兵涌上来抢劫，庾亮左右射箭抵挡，惊慌中，弓弦响处，掌舵船夫，应声倒地，船上其他人大惊失色，就要各奔前程。庾亮稳坐不动，慢条斯理说："这种射手，怎么能射贼！"大家才平静。

苏峻军队进入台城（宫城），宰相（司徒）王导对高级咨询官（侍中）褚翜（音shà〔霎〕）说："皇上应登上金銮宝殿，面对变局，请你奏报，迅速出临。"褚翜立即进宫，亲自把小娃司马衍抱上太极前殿。王导、特级国务官（光禄大夫）陆晔、荀崧、国务院执行官（尚书）张闿，一同登上御床，围绕司马衍。命刘超当首都西区卫戍司令（右卫将军），使他跟钟雅、褚翜，站在左右；祭祀部长（太常）孔愉，穿上整齐的官服，在皇家祭庙守护。这时，文武百官，逃走一空，政府宫廷，一片荒凉，苏峻军不久就闯进金銮宝殿，大声吆喝，要褚翜下去。褚翜肃立在那里，一动不动，喝责说："苏将军（苏峻）亲自来朝见皇上，士兵们怎么能够逼迫！"苏峻军队不敢鲁莽上殿，却立即闯入后宫，宫女跟皇太后庾文君的左右侍女，都被抢夺劫掠。苏峻军队把文武百官当作奴隶一样驱使，宫廷禁卫官司令（光禄勋）王彬等，都被皮鞭抽打，教他们挑着东西，爬上蒋山（钟山，建康城东）。不分男女，不管官民，都剥下衣服，赤条条相对。这些人只好用破席或乱草围住自己下体，找不到破席乱草的，就坐在地上，用泥土把下体埋住；哭号哀叫之声，震动京师（首都建康）内外。

最初，姑孰（安徽省当涂县）陷落，国务院左秘书长（尚书左丞）孔坦对人说：“观察苏峻的意图和力量，定会攻破台城（宫城）；我不是武官，用不着穿军服。”等到台城（宫城）陷落，穿军服的多被屠杀，穿平民衣裳的，都没有受到伤害。

这时，政府还存有布二十万匹、金银五千斤、钱亿万、绸缎数万匹；其他东西，数量跟此相同，苏峻把它们消耗一光。御厨房（太官）只好用残余的数石稻米，供应皇帝。有人对钟雅说：“你性情激烈，心直口快，仇人不会饶过你，为什么不早作打算！”钟雅说：“国家混乱不能使它不混乱，君王危险不能使他渡过难关，每个人都逃走，只求自己免死，还叫什么干部！”

二月八日（台城〔宫城〕陷落翌日），苏峻宣称皇帝司马衍下诏（苏峻诏）：大赦，只庾亮兄弟不赦。因王导素有品德声望，仍命他保持原来官职（宰相〔司徒〕），位在苏峻之上。任命祖约当高级咨询官（侍中）、全国武装部队总司令（太尉）、国务院总理（尚书令）。苏峻自己当骠骑将军，主管政府机要（录尚书事）。许柳当首都建康市长（丹阳尹）；马雄当首都东区卫戍司令（左卫将军）；祖涣当骁骑将军。弋阳王司马羕晋见苏峻，称赞苏峻的功德，苏峻恢复司马羕当西阳王、太宰（上三公之一）、主管政府机要（录尚书事。庾亮罢黜司马羕事，参考前年〔三二六〕十月）。

苏峻派军攻击吴国（江苏省苏州市）郡长（内史）庾冰，庾冰不能抵挡，放弃郡城，逃奔会稽郡（浙江省绍兴市）。抵达浙江（钱塘江）时，苏峻已悬出赏格捉拿，情况紧急。庾冰的随从卫士把庾冰带到小船上，用芦苇编的草席把庾冰盖住，一面吹着口哨，一面划船，顺流而东，每逢遇到检查站，随从卫士就用棍子敲打一下，叫说：“你们是不是要找庾冰？庾冰就在这里！”人们认为他喝醉了，不再疑心，庾冰才算逃出一命。苏峻任命高级咨询官（侍中）蔡谟，接替庾冰遗

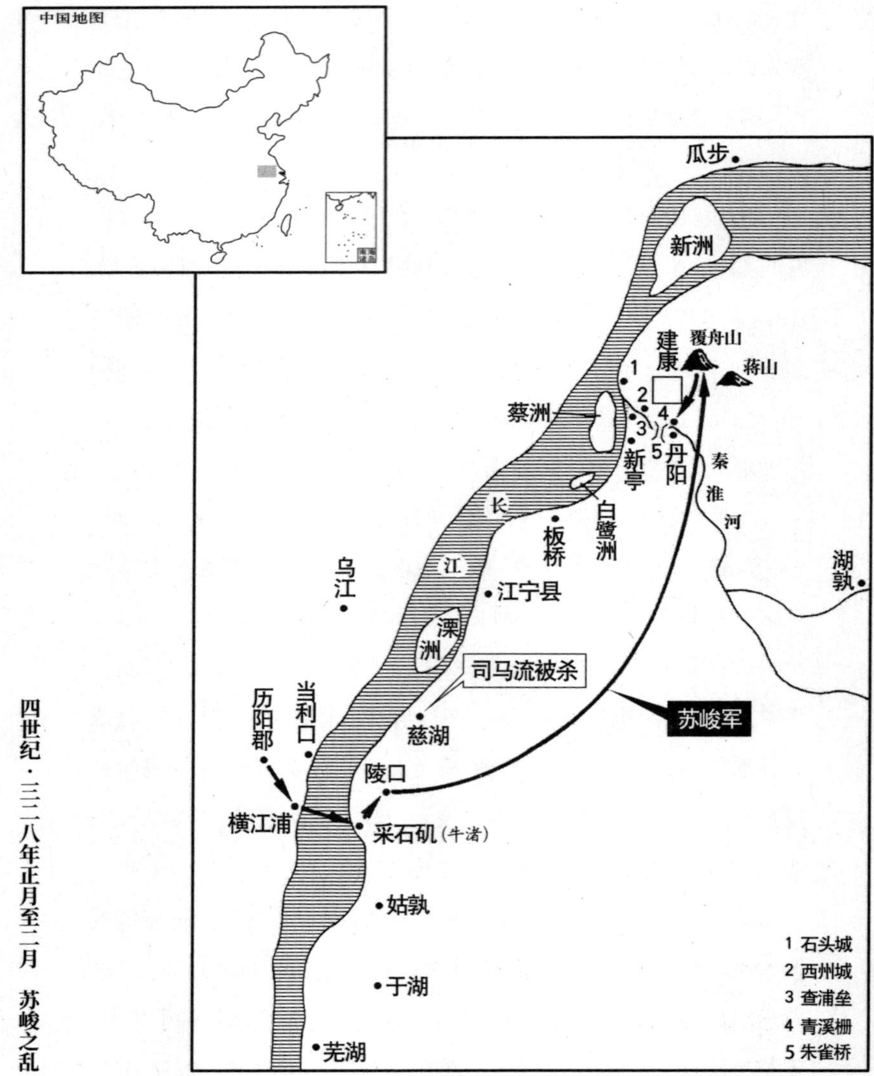

四世纪·三二八年正月至二月　苏峻之乱

缺，当吴国（江苏省苏州市）郡长（内史）。

温峤（时在寻阳）听到首都建康失守消息，哀号悲恸，正巧有人在座，忍不住相对哭泣。庾亮到了寻阳（江西省九江市），宣称皇太后庾文君诏书（庾亮诏），擢升温峤当骠骑将军，开府仪同三司（宰相级）。加授徐州州长（刺史）郗鉴（时驻淮阴〔江苏省淮安市淮阴区〕）当最高监察长（司空）。温峤说：“现在，应该以扑灭叛徒为第一重要任务，没有一点功劳就先升官，将怎么向天下人交代。”不肯接受。温峤一向尊敬庾亮，庾亮虽然失败逃亡，温峤对他越发推崇，分一部分军队给庾亮指挥。

2 后赵帝国（首都襄国〔河北省邢台市〕）大赦，改年号太和（之前是赵王十年，之后是太和元年）。

3 三月丙子日（三月己卯朔，没有丙子），晋帝国皇太后庾文君，忧愁过度而死（年三十二岁。《晋书》言：庾文君受到苏峻的“逼辱”。以苏峻对庾家痛恨之深，恐怕不仅抢劫她的侍女而已）。

4 晋帝国骠骑将军苏峻，把军队集结于湖（安徽省当涂县南）。

5 夏季，四月，后赵帝国将领石堪，攻击宛城（河南省南阳市）；晋帝国南阳郡（郡政府设宛城）郡长王国投降。石堪遂进攻晋帝国全国武装部队总司令（太尉）祖约驻防的淮南郡（寿春，安徽省寿县），祖约部将陈光内叛，攻击祖约，祖约随身卫士阎秃，相貌跟祖约一样，陈光认为阎秃就是祖约，生擒阎秃；祖约跳墙逃走，得免于难。陈光投降后赵帝国（首都襄国）。

6 四月二十四日，晋帝国把皇太后庾文君（明穆皇后），安葬武平陵（八任明帝司马绍之墓）。

7 晋帝国最高立法长（中书令）庾亮、江州（江西省及福建省）军区司令长官（都督江州诸军事）温峤（时驻寻阳〔江西省九江市〕），打算动员军队讨伐苏峻，可是道路断绝，首都建康情况不明。正巧，南阳郡（河南省南阳市）人范汪到寻阳（江西省九江市），说："苏峻政治紊乱，号令不统一，而且贪污放纵，凶暴横行，已呈现灭亡的象征。看起来兵力强大，实际上不堪一击。中央政府像被倒挂在那里，情形危急，应该迅速讨伐。"温峤确信如此，庾亮延聘范汪当军事参议官（参护军事。庾亮兼任中央军事总监〔护军将军〕）。

庾亮、温峤互相推举对方当盟主，温峤堂弟温充说："陶侃，地位重要而兵力强大（陶侃此时是征西大将军，兼荆湘雍梁军区司令长官，兼荆州〔湖北省〕州长〔刺史〕），应该联名推举他才对。"温峤遂派大营指挥官（督护）王愆期，前往荆州（州政府设江陵〔湖北省江陵县〕），邀请陶侃共赴国难。可是陶侃对于当初没有把他列入"顾命大臣"一事，仍衔恨在心，于是，回答说："我是一个只会在疆场上作战的将领，不敢越界管事。"温峤屡次劝解，陶侃都不回心转意。温峤无可奈何，只好顺着陶侃的意思，派人告诉他："阁下不妨留守，我当先行东征。"使节出发已有两天，平南将军府军事参议官（平南参军）荥阳郡（河南省荥阳市）人毛宝（温峤是平南将军），从别的地方办事回来，听到这件事，告诉温峤说："开创大业，应该让天下人全都参与。军队之能够取得胜利，主要的在于将领们互相和睦，不应心怀怨恨。即令陶侃的态度，有使人猜疑之处，我们还要假装根本看不出，怎么现在反而自己先行对他猜疑？应该把原信立刻追回，再寄一信，声称一定要他同时出军。如果前信追不回来，应该再派使节。”温峤醒悟，立即把使节追回，改变书信内容。陶侃果然允许，派大营指挥官（督护）龚登，率军向温峤报到。温峤此时部众，只有七千人。于是联名上书给国务院（尚书），指控祖约、苏峻罪状；传令通报各地政府及各军区（征镇）；悲痛流泪，登上战舰。

陶侃忽然改变主意，召回龚登。温峤写信给陶侃说：“大军行动，只能前进，不能后退；部众人数，只能增加，不能减少。最近传令远近州郡，详情已报盟主（陶侃）军府。计划本月下旬，大军云集。各郡勤王部队，正在中途，只等你的军到，一齐出发。而你却召军返防，使远近困惑；大事是成是败，决定于这项措施。我能力薄弱，责任重大，全仰仗你的厚爱，得以秉承前人的规范，充作先锋，不敢推辞。我们二人，好像头部和尾巴，互相保卫；也好像嘴唇和牙齿，互相依靠。深恐有人误解阁下的用心，势将抨击你并不急于讨伐贼寇（祖约和苏峻）。这种声名一旦传播，就很难收回。我跟阁下，同时被中央任命，担任独当一面的封疆大吏，平安与危险，光荣与羞辱，道理上完全一致。而且，自从最近以来，多蒙你的照顾，交往密切，情深义重。纵是我自己，一旦发生急难，以你的仁慈，都会率军援救，何况现在发生急难的，竟是国家！今天的灾祸，岂止江州（江西省及福建省）一州而已，中央政府文武百官，没有一人不伸颈踮脚，盼望等待！假如江州丧失，祖约、苏峻，派遣官员到此，则荆州（湖北省）西边承受强大蛮夷（指成汉帝国）的压迫，东方跟叛徒逆贼（祖约和苏峻）相邻，加上田亩收成不好，饥馑已经形成，将来面对的危机，当比江州今天，更为严重。以你的仁慈，前进自是晋王朝的忠臣，将跟姜小白（桓）、姬重耳（文）媲美。如果决定后退，则以你慈父的心，当会念及爱子被杀的沉痛（陶侃的儿子陶瞻被苏峻军杀于云龙门，参考本年〔三二八〕二月七日)。现在，祖约、苏峻，凶暴无道，犯上作乱，天地同悲，人心振奋，无不咬牙切齿。今天进军讨伐，好像用石头投掷鸡蛋。假定你把部队调回，是在快要成功的前一刻，自己制造失败，请深思我的陈述。”王愆期对陶侃说：“苏峻，是一头豺狼，一旦权力稳固，四海虽大，恐怕没有你立足之地。”陶侃感动醒悟，立即穿上军服，登舰启程。儿子陶瞻的灵柩这时恰恰运回荆州（州政府设江陵〔湖北省江陵县〕），陶侃也不留下治丧；昼夜不停，兼程东下。

徐州州长（刺史）郗鉴，驻屯广陵郡（淮阴，江苏省淮安市淮阴区），城垣孤悬，粮秣缺少，北面便是贼寇（后赵帝国），人心动荡不安，没有久留的打算。郗鉴得到诏书（不知指什么诏书，可能指温峤呼吁各“征”“镇”勤王文告），立即痛哭流涕，在郊外集结部队，誓师南下，共赴国难，将士们个个奋勇争先。郗鉴派将军夏侯长等，从小道前往晋见温峤，说：“听说盗贼（苏峻）打算带着天子（司马衍），向东逃奔会稽郡（浙江省绍兴市）。应当在东方一带建立营垒城堡，严密把守险要关卡，既可预防苏峻远走高飞，也可切断他们的粮秣供应，然后坚壁清野，加强城池防御，迁出田野全部居民，严阵等待。盗贼（苏峻军）攻城攻不破，田野间又抢掠不到粮食，东方供应一旦切断，粮秣运输也自然绝迹，定会从内部崩溃。”温峤深深同意（建康全靠三吴粮食供应。三吴：吴郡〔江苏省苏州市〕、吴兴郡〔浙江省湖州市〕、会稽郡〔浙江省绍兴市〕，所以要困建康，必须先断三吴粮道）。

五月，陶侃率军抵达寻阳（江西省九江市），当时议论纷纷。传言说，陶侃打算诛杀庾亮，向天下人赎罪，庾亮大为恐惧。在温峤设计下，庾亮亲自前往晋见陶侃，行礼叩拜。陶侃大吃一惊，急忙阻止，说：“庾亮怎么可以叩拜陶侃？”庾亮检讨自己过失，痛切自我责备，风度行止，十分恰当，陶侃心里对庾亮的怨恨，顿时消失，说：“你修筑石头要塞（建康城西北），原是要防备我老汉，想不到今天反而要我老汉进攻！”留庾亮欢宴纵谈，整整一天，至为契合。于是，陶侃、庾亮、温峤，联军东下，直指首都建康（江苏省南京市），武装部队四万人，旌旗前后连绵七百余华里，战鼓军号之声，震动远近。

苏峻得到西方勤王军东下消息，采用军事参议官（参军）贾宁的策略，从姑孰（安徽省当涂县）回军，据守石头（建康城西北），分出部队抵抗陶侃等。

五月十八日，苏峻把皇帝司马衍，强制带到石头，宰相（司徒）王导，竭力劝阻，苏峻不理。司马衍哭泣着被抱上御车，后宫一片哀号。这时，正逢大雨，道路泥泞。首都西区卫戍司令（右卫将军）刘超、高级咨询官（侍中）钟雅，侍奉司马衍左右，徒步前进。苏峻下令赐给他们马匹，二人拒绝，一时悲愤交集，忍不住慷慨激昂，指摘苏峻。苏峻听到报告，十分厌恶，然而，还不敢诛杀，只任命亲信许方等，当宫廷保安司令（司马督）、宫廷保安总监（殿中监），宣称加强对皇家的保护，实际上是防备刘超等。苏峻腾出一个仓库，教司马衍居住，每天都到司马衍面前，破口大骂。除刘超、钟雅外，还有右特级国务官（右光禄大夫）荀崧、最高国务官（金紫光禄大夫）华恒、国务院执行官（尚书）荀邃、高级咨询官（侍中）丁潭，都一直侍奉皇帝司马衍左右，寸步不离。当时，发生饥馑，稻米昂贵；苏峻赠送刘超稻米等物品，刘超全不接受，日夜都在陪伴司马衍，臣属的礼节，越加恭敬。虽然处在黑暗危险的环境，刘超仍然禀告司马衍，讲授《孝经》《论语》。

苏峻命左特级国务官（左光禄大夫）陆晔，负责留守政府（留台）业务（皇帝虽迁到石头，政府仍留台城〔宫城〕），把居民强迫聚集在宫城后苑，派部将匡术据守苑城（宫城）。

国务院左秘书长（尚书左丞）孔坦，逃奔陶侃；陶侃任命孔坦当秘书长（长史）。

最初，苏峻派国务院执行官（尚书）张闿，暂时负责东方（首都建康以东）军事。宰相（司徒）王导秘密下达命令给三吴官民，宣称奉皇太后庾文君遗诏，号召他们起兵勤王，营救天子（司马衍）。会稽郡（浙江省绍兴市）郡长（内史）王舒，任命庾冰代理奋武将军，率军一万人，西渡浙江（钱塘江）；于是，吴兴郡（浙江省湖州市）郡长虞潭、吴国（江苏省苏州市）郡长（内史）蔡谟、前义兴郡（江苏省宜兴市）郡长顾众等，都起兵响应。虞潭的娘亲孙女士对虞潭说："你要舍弃生命，保卫正义，不要因为我年老，念念不忘。"把家里所有的男仆人，都送去当兵，卖掉金玉首饰，作为军资。蔡谟认为庾冰应该恢复他的原官（吴国内史）；遂即离开吴国（江苏省苏州市），把郡城还给庾冰。

苏峻听到东方（三吴）勤王军起事，派他的部将管商、张健、弘徽等抵御。勤王军虞潭等攻击，双方互有胜负，虞潭军无法推进。

陶侃、温峤驻屯茄子浦（江苏省南京市江宁区西南），温峤因江南（长江以南）士卒习惯水战，苏峻所率江北（长江以北）士卒习惯陆战，恐怕受到挫败，下令："将士有上岸的，处死！"正巧，苏峻运送稻米一万斛给驻守寿春（安徽省寿县）的祖约，祖约派军政官（司马）桓抚，率军迎接。温峤部将毛宝率一千人担任先锋，激励他的部属说："《兵法》有言：'军令有时可以不服从！'发现贼寇破绽，岂可以因为在岸上而不攻击？"于是，擅自作主，登陆袭击桓抚，俘获所有粮秣，杀数万人。祖约部众从此饥饿困乏。温峤上书推荐并任命（表）毛宝当庐江郡（安徽省舒城县）郡长。

陶侃上书推荐并任命（表）王舒当浙东军区司令（监浙东军事），虞潭当浙西军区司令（监浙西军事），郗鉴当扬州八郡军区司令长官（都督扬州八郡诸军事）；命王舒、虞潭接受郗鉴统御。郗鉴率军渡长江南下，跟陶侃在茄子浦（江苏省南京市江宁区西南）会师。雍州（州政府设襄阳〔湖北省襄阳市〕）州长（刺史）魏该，也率军抵达茄子浦。

五月二十九日（原文“丙辰”，据《晋书·成帝纪》改），陶侃等勤王舰队，向石头（建康城西北）进发，抵达蔡洲（石头城西南长江中小岛）；陶侃驻屯查浦（建康城西南，秦淮河注入长江处），温峤驻屯沙门浦（今地不详）。苏峻在石头，登烽火楼眺望，看到勤王军军威盛大，脸上露出忧惧颜色，对左右说：“我本来就知道温峤能得到军心！”

庾亮派大营指挥官（督护）王彰，攻击苏峻部将张曜，反被张曜击败。庾亮惭愧，把代表皇帝发号施令的“符节”，送还给陶侃。陶侃说：“古人有一连三次战败的纪录（纪元前七世纪鲁国名将曹沫，跟齐国三次战争，三次失败。前六八一年，鲁齐两国国君在阿邑〔山东省阳谷县东北阿城镇〕举行高阶层会议，曹沫劫持齐国国君姜小白，姜小白同意退还曹沫三战所失的土地），你才不过两次。现在军事紧急，不要总是辞职。”庾亮的军政官（司马）陈郡（河南省周口市淮阳区）人殷融，晋见陶侃，对战败一事道歉说：“庾将军决定要这样，不是我的力量所能改变。”王彰也晋见陶侃道歉说：“这是我自己擅作主张，庾将军并不知道。”陶侃说：“从前，殷融是君子，王彰是小人。现在，王彰是君子，殷融是小人。”

宣城郡（安徽省宣城市宣州区）郡长（内史）桓彝，听到京师（首都建康）失守消息，悲痛流泪，从广德（安徽省广德市）推进到泾县（安徽省泾县）。此时，很多州郡派人晋见苏峻，接受领导。秘书长（长史）裨惠再度建议桓彝派使节前往京师（首都建康），暂时解除被包围的灾难。桓彝说：“我受国家厚恩，大义所在，只盼望一死，怎么能忍受跟叛徒

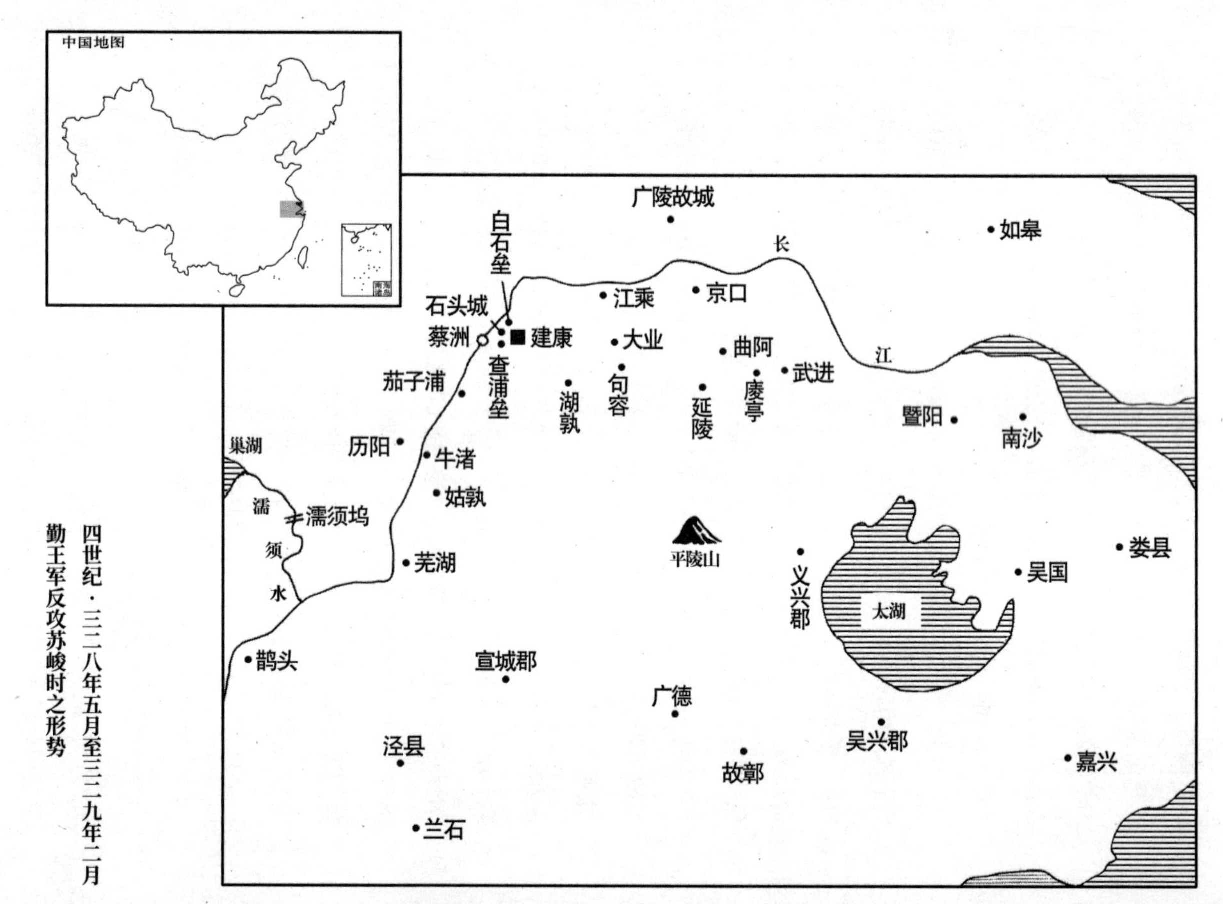

四世纪·三二八年五月至三二九年二月
勤王军反攻苏峻时之形势

交往的耻辱？如果不能成功，也是上天注定！”遂派将军俞纵，据守兰石（泾县南险要）。苏峻派部将韩晃进攻，俞纵不能抵挡，眼看就要溃败，左右劝俞纵撤退。俞纵说：“我接受桓先生的厚恩，当用死来回报，我之不辜负桓先生，犹如桓先生之不辜负国家。”力战阵亡。韩晃遂攻击桓彝。

六月，泾县（安徽省泾县）陷落，韩晃生擒桓彝，斩首（桓彝年五十三岁）。

西方勤王军抵达石头（建康城西北）时，将领们要求立即攻击，决一死战。陶侃说：“贼寇（苏峻）的力量正强，难以在疆场上对抗。应该等待有利时机，用智谋破敌。”可是一连串会战下来，不能取胜。监军部将李根，请求兴筑白石垒（在石头城东北，险恶而坚固；此垒成，石头前后受敌，受到严重威胁），陶侃批准。李根在黑夜掩护下动工，天色亮时，已兴筑完成。遥听苏峻人营战鼓雷鸣，号令频传，将领们认为苏峻即将出击，十分恐惧。秘书长（长史）孔坦说：“不然，如果苏峻攻击白石垒，必须利用东北风的威力，使我们的舰队无法迎风赴援。今天天朗气清，他们不会出动。如果出动，必是从江乘（江苏省南京市东北）出击，劫掠京口（江苏省镇江市）以东。”不久，果然如此。陶侃命庾亮率二千人防守白石垒；后来，苏峻率步骑兵一万余人，四面围攻，不能攻克。

东方（三吴）勤王军王舒、虞潭等，跟苏峻军不断作战，不断被击败，形势不利。孔坦说：“本来用不着征召郗鉴，遂使东方门户洞开，今天命郗鉴回到东方，已经晚了一步，但总比他不回东方要好。”陶侃遂命郗鉴跟后将军郭默，赶回东方，据守京口（江苏省镇江市），兴筑大业（江苏省句容市北）、曲阿（江苏省丹阳市）、庱亭（江苏省常州市西北。庱，音chěng〔逞〕）三座大营，分散苏峻的兵力。命郭默据守大业大营。

六月上五日，雍州（州政府设襄阳〔湖北省襄阳市〕）州长（刺史）魏该逝世。

祖约派部将祖涣、桓抚，袭击湓口（江西省九江市，古寻阳城东。湓，音pén〔盆〕）。陶侃得到情报，准备亲自迎击。庐江郡（安徽省舒城县）郡长毛宝说："勤王大军，全靠将军领导，将军不可以轻率出动，我请求由我担任这项任务。"陶侃同意。祖涣、桓抚经过皖县（安徽省潜山市），顺便攻击据守皖县的谯国（侨国）郡长（内史）桓宣；毛宝率军救桓宣，被祖涣、桓抚击败。流箭贯穿毛宝的大腿，射入马鞍；毛宝命人脚踏马鞍拔箭，鲜血流满长靴。毛宝带伤反攻，大破祖涣、桓抚，祖涣、桓抚逃走；桓宣才出危城，投奔温峤。毛宝继续进击祖约部队所守的东关（三国时代的濡须坞，安徽省含山县西南），攻陷合肥（安徽省合肥市）防卫营垒。刚好温峤命他回军，遂返石头（建康城西北）。

祖约部将们背叛祖约，秘密跟后赵帝国（首都襄国）勾结，允许当后赵帝国攻击寿春（安徽省寿县）时，他们里应外合。后赵帝国命汲郡（河南省卫辉市）郡长石聪、石堪等，率军南下，渡淮河，进攻寿春。

秋季，七月，寿春崩溃，祖约逃奔历阳（安徽省和县）。石聪等掳掠寿春二万余户人家北返。

8 后赵帝国中山公石虎，率四万人，从轵关（河南省济源市西）深入攻击汉赵帝国（首都长安〔陕西省西安市〕）河东郡（山西省夏县），约有五十余县，先后响应，石虎遂进攻蒲阪（山西省永济市）。汉赵帝（五任）刘曜，命河间王刘述，调发氐部落、羌部落的武装部队，驻防秦州（州政府设上邽〔甘肃省天水市〕），以防备张骏（前凉王国）、杨难敌（仇池"氐王"）；而亲自率领中央及地方水陆精锐部队，援救蒲阪（山东省永济市）；从卫关（应是潼关，陕西省潼关县）渡黄河，石虎恐惧，急行撤退。刘曜追击。

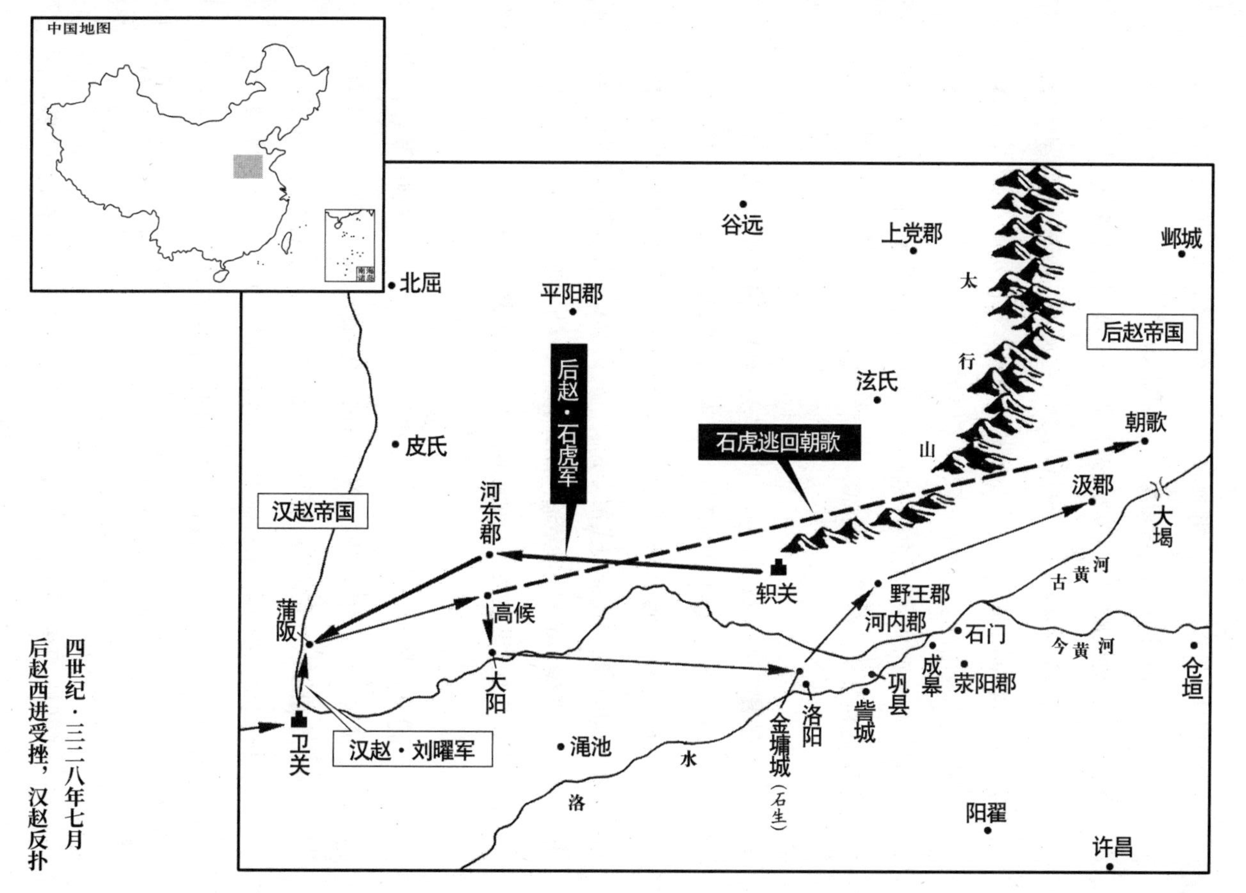

四世纪·三二八年七月
后赵西进受挫，汉赵反扑

八月，追到高候（山西省闻喜县北），两军决战，大破石虎军，斩石瞻，尸体连绵相接二百余华里，俘获武器辎重，以亿为单位计算（不知以数量计算或以价格计算）。石虎投奔朝歌（河南省淇县），刘曜从大阳（山西省平陆县）渡黄河南下，攻击石生据守的金墉城（洛阳城〔河南省洛阳市东白马寺东〕西北角），掘开千金堨（洛阳城西）堤防，把洛水灌入金墉，一面分别派军攻击汲郡（河南省卫辉市）、河内郡（河南省沁阳市）。后赵帝国荥阳郡（河南省荥阳市）郡长尹矩、野王郡（沁阳市）郡长张进等，都先后投降。后赵帝国首都襄国（河北省邢台市）震动。

9 前凉王国（首都姑臧〔甘肃省武威市〕）首领（二任文王）、西平公张骏（本年二十二岁），集结军队，打算乘汉赵帝国（首都长安）内部空虚，袭击长安（陕西省西安市）。司法助理官（理曹郎中）索询劝阻说："刘曜虽然东征，他的儿子刘胤留守长安，不是轻易就可以夺取。即令有点小的斩获，情势一旦急迫，刘曜可能放弃东方的军事行动，回军跟我们较量，灾难来临，后果不可预测。"张骏才停止。

10 晋帝国（首都建康）内战更烈，苏峻的心腹将领路永、匡术、贾宁，听到祖约战败消息，恐怕大势所趋，难以保全，劝苏峻诛杀宰相（司徒）王导和政府所有的高级官员，另行组织中央政府。苏峻一向敬重王导，不肯接受这项建议。路永等心怀二端，于是背叛苏峻。王导命军事参议官（参军）袁耽，暗中引诱路永反正。

九月三日，王导跟两个儿子，以及路永，一起投奔白石垒（石头城东北）。袁耽，是袁涣的曾孙（袁涣，参考一九六年十一月）。

陶侃、温峤，跟苏峻僵持已久，不能取得决定性胜利。苏峻反而分别派出将领，向东西方袭击劫掠，攻无无胜，战无不克，以致人心惊慌恐惧。投奔西方勤王军的中央政府官员，异口同声说："苏峻狡狯，有胆识，有果断，部众骁勇善战，所向无敌。如果上天惩罚叛徒，苏峻当然会灭亡。但仅就人事而言，恐怕对他无可奈何。"温峤大怒说："你们胆小如鼠，反而为匪徒宣传。"可是，双方陷于拉锯战，温峤无法取胜，心里也感畏怯。

温峤大军粮秣快要吃完，向陶侃借贷。陶侃大怒，说："阁下从前说，不愁没有良将，不愁没有粮秣，只要我老汉答应当盟主就够了。现在，屡战屡败，良将在哪里？荆州（湖北省）北面和西面，都跟蛮夷（后赵帝国及成汉帝国）接壤，所有储存，完全用来防备突然变化。如果现在连吃的都没有了，我只有回去，再想别的办法，慢慢铲除盗贼（苏峻），也不算晚。"温峤说："军队能够战胜，在于内部和睦，这是古人给我们最好的教训。刘秀固守昆阳（参考二三年六月），曹操先占官渡（参考二〇〇年正月），都是用少数部队，击破强敌，因为，他们站在正义一边。苏峻、祖约，不过小丑而已，罪恶滔天，何必担心他们不亡？苏峻突然获得如此巨大的胜利战果，骄傲异常，自认为前所未有。我们压迫他应战，可以一鼓作气，把他生擒。为什么舍弃就要完成的功业，打算后退？何况天子被囚禁，国家面对危亡，正是四海之内做臣属的，肝脑涂地的时候。我们跟阁下，同时受国家厚恩，事情如果成功，主上（皇帝司马衍）和臣属，一同享福。如果失败，只有把此身烧成灰烬，回报先帝（八任帝司马绍）。今天，大义不准回头，也不准移动脚跟，好比骑在虎背上，怎么能中途跳下？你如果不顾大家的盼望，单独回军，人心一定沮丧。因人心沮丧，而大事失败，恐怕正义的旌旗，会倒转过来，直指阁下。"庐江郡（安徽省舒城县）郡长毛宝对温峤说："我有办法留住陶侃。"晋见陶侃，说："盟主（陶侃）本应坐镇芜湖（安徽省芜湖市），声援南北。既然已经东下，形势上也不允许你再回去。军事行动，有进无退，不仅仅是为了安定军心，表示不惜一死的坚决意志，同时也是为了一旦后退，便无地可以据守，终必灭亡。从前，杜弢（音tāo〔涛〕）并不是不强大，盟主竟然把他扫除（参考三一五年八月），为什么独独认为苏峻不能击破？盗贼（苏峻军）也怕死，并不全是勇不可当。你不妨拨付给我部分军队，使我上岸断绝盗贼的粮秣供应。如果我办不到，然后你再撤退，人们对你就会有充分的谅解。”陶侃同意，任命毛宝当大营指挥官（督护），送他回去。竟陵郡（湖北省钟祥市）郡长李阳对陶侃说：“如果今天大事不能成功，你就是有再多的粮食，怎么能安坐在那里吃？”陶侃遂分出稻米五万石，送给温峤军。毛宝率军进击，焚烧苏峻囤积在句容（江苏省句容市）、湖孰（江苏省南京市江宁区东南）的粮秣辎重，苏峻军的粮秣供应，开始困难。陶侃遂留下来，不再考虑西返。

苏峻部将张健、韩晃等，向大业大营（江苏省句容市北）猛烈攻击，大业大营缺水，守军饮用粪便绞出来的水汁。守将后将军郭默恐惧，秘密突围逃走，留下士兵固守。郗鉴驻屯京口（江苏省镇江市），得到消息后，军心动摇。军事参议官（参军）曹纳说：“大业大营（江苏省句容市北），是京口（江苏省镇江市）的屏障，一旦失守，匪军（苏峻军）直到我们城下，无法拒抗。我们不如北返我们的防地广陵（淮阴，江苏省淮安市淮阴区），等以后有机会时再来。”郗鉴召集全体官员，当众责备曹纳说：“我接受先帝（八任帝司马绍）托孤的重任，即令死在九泉，都不足以报答。而今强大的贼寇近在咫尺，人心不安，你是我心腹助手，却有这种奇异的想法，怎么能够身先士卒，安定三军？”将要处斩，过了很久之后，才算免曹纳一死。

陶侃准备援救大业大营（江苏省句容市北），秘书长（长史）殷羡说：

“我们的部队人数既少，而又不熟悉陆上战斗，救大业万一不能取胜，大军就会瓦解。不如猛攻石头（建康城西北），大业的包围自然解除。”陶侃同意。殷羡，是殷融的老哥（殷融，参考本年〔三二八〕五月）。

九月二十五日，陶侃亲统舰队，攻击石头（建康城西北）。庾亮、温峤、赵胤，率步兵一万人，从白石垒（石头城东北）南下，准备挑战。苏峻率八千人迎击，命他的儿子苏硕、部将匡孝，先领一支分遣部队进逼赵胤军，击败赵胤。苏峻正在慰劳将士，已经半醉，遥望赵胤军狼狈撤走，说：“匡孝能击破盗贼（勤王军），难道我不能？”不带大军，只带左右几个骑兵，发动突击，可是无法楔入阵地；遂折回白木陂（应在石头城山麓），坐骑忽然被绊倒，陶侃部将彭世、李千，疾如闪电，投出铁矛，正中苏峻，苏峻从马背跌下，勤王军蜂拥而上，斩杀苏峻，剁成碎块，焚烧残余骨骼，三军欢腾，大呼“万岁”！苏峻部众霎时崩溃，苏峻的军政官（司马）任让等，共同拥戴苏峻的老弟苏逸当盟主，关闭石头（建康城西北），严密防守。

温峤遂成立临时中央政府（行台），传令通告远近，命旧有部长级（二千石）以下官员，都应报到；于是，前来报到的人，风起云涌。韩晃听到苏峻死亡消息，解除大业大营（江苏省句容市北）包围，率军返回石头。苏峻部将管商、弘徽，正在攻击庱亭大营（江苏省常州市西北）；勤王军大营指挥宫（督护）李闳、轻车将军府秘书长（轻车长史）滕含，击破攻势。滕含，是滕修的孙儿（滕修，参考二六九年十月）。管商向庾亮投降，其他部众全归附苏峻另一部将张健。

11 冬季，十一月，后赵帝国（首都襄国）首领（一任明帝）、赵王石勒（本年五十五岁），准备亲自援救洛阳（河南省洛阳市东白马寺东），左右参谋人员，包括左秘书长（左长史）程遐等，坚决劝阻，说：“刘曜（汉赵帝）孤军离开本土千里之外，势不能长久；大王不应亲自出动，如果亲自出动，不可能平安。”石勒大怒，手按剑柄，把程遐等吆喝逐出。于是，赦免徐光（徐光被囚，参考前年〔三二六〕三月），召见他说：“刘曜在一次战役中获胜，就乘机包围洛阳，凡夫俗子都认为他威不可当。可是，刘曜率野战军十万人，攻一个孤城（金墉，洛阳城西北角），一百天都攻不下（自八月围攻，至今〔十一月〕已三个月），战斗力已用到尽头，士兵也都疲惫懈怠，我们用刚出动的精锐军队攻击，可以一战把他活捉。如果洛阳陷落，刘曜必然会再到冀州（首都襄国〔河北省邢台市〕在古冀州地区）送死，自黄河以北，像卷草席一样，一卷而空，我的大事就全被摧毁。程遐等偏偏不教我亲征，你的意下如何？”徐光说：“刘曜不知道乘高候（山西省闻喜县北）大胜之势，进攻襄国（后赵首都，河北省邢台市），反而困守在金墉城下，他的智慧和能力，可想而知。以大王的威望谋略，压到他头上，他看见你的旗帜，就会逃走。平定天下，就在今天这次出击，机不可失。”石勒笑说：“你说得对！”下令全国戒严，胆敢再劝阻的，斩首。命石堪、石聪，以及豫州（州政府设许昌〔河南省许昌市东〕）州长（刺史）桃豹等，各率领现有的部队，到荥阳（河南省荥阳市）会师；中山公石虎，进守石门（河南省荥阳市北）。石勒亲率步骑兵混合兵团四万人，从大堨（即灵昌津，河南省卫辉市东古黄河渡口）渡过黄河，直指金墉（洛阳城西北角）。石勒向徐光分析敌情说：“刘曜用大军把守成皋关（河南省荥阳市西北汜水镇），是上策。沿洛水布阵，构筑阵地营垒，是中策。坐守洛阳，只有被生擒的分。”

十二月一日，后赵帝国各路兵马，在成皋集结完成，步兵六万人，骑兵二万七千人。石勒发现汉赵帝国在成皋没有守军，大喜过望，举手指天，再放到前额上，感谢说：“天命如此！”下令：士兵卷起铠甲，战马口衔木枝（“卷甲”为了行动方便，“衔枚”为了行动秘密），不走大路，只走荒僻小径，穿过巩县（河南省巩义市）跟訾城（巩义市西南）之间（訾，音zǐ〔紫〕）。

汉赵帝国皇帝刘曜，每天跟他宠爱、专门讨他欢喜的亲信，饮酒赌博；对为他效命的士卒，却一点也不珍惜。左右官员有时向他规劝，刘曜大怒，认为是妖言惑众，动摇军心，斩首。听到石勒已经渡过黄河，才开始考虑增加荥阳（河南省荥阳市）的前卫部队和切断黄马关（虎牢关西）。不久，洛水巡逻部队跟后赵帝国前锋发生遭遇战，擒拿到羯人士兵，押送给刘曜。刘曜问说："大蛮子（石勒）自己来啦，有多少军队？"羯人士兵回答说："大王亲征，军势威武。"刘曜面色改变。下令撤回包围金墉城的部队，在洛水西岸构筑阵地，建立营垒。部众十余万，南北连营十余华里。石勒看见，越发高兴，对左右说："可以祝贺我了。"率步骑兵四万人，进入洛阳城。

十二月五日，大决战揭幕，后赵帝国中山公石虎，率步兵三万人，从洛阳城北向西挺进，攻击汉赵兵团中央阵地，石堪、石聪等各率精锐骑兵八千人，从洛阳城西，向北挺进，攻击汉赵兵团前锋。大战在洛阳西阳门（洛阳西城南面第一门）外展开。石勒身穿铠甲，从阊阖门（洛阳西城北面第一门）出动，对汉赵兵团，发动猛烈的夹攻。刘曜自幼喜爱饮酒，年纪老时，尤其严重，准备作战时，先饮酒数斗；他平常骑的那匹红马，足部忽然痉挛抽筋，只好改骑一匹小马出战。在出战时，再喝酒一斗有余，抵达西阳门（洛阳西城南面第一门）外，下令各军进入攻击位置。石堪就利用这刹那功夫，发动突击，汉赵兵团遂突然崩溃。刘曜酩酊大醉，昏迷不醒，任凭小马向后逃奔，而马腿忽被石缝夹住（刘曜身体健壮，小马不胜负荷，遂告委顿），刘曜被摔下马背，堕到冰上，身中刀枪十余处，刺穿身体的有三处，被石堪生擒。石勒遂大破汉赵兵团，杀五万余人，下令说："我要捉拿的，只是一个人，现在已经捉拿到手，传令各将领，停止追杀，给残兵败将一条逃回去的生路。”

刘曜见到石勒，说：“石王，还记不记得当年重门（河南省辉县市西北石门）盟誓？”（三一〇年七月，刘聪、刘曜、石勒，包围晋帝国河内郡郡长裴整所在怀县〔河南省武陟县〕。二人盟誓，当在彼时，迄今已十八年矣。参考该年。）石勒派徐光对刘曜说：“今天这种结局，天意如此，何必再提过去！”

十二月十一日，石勒班师，命征东将军石邃，率军护送刘曜。石邃，是石虎的儿子。刘曜伤势严重，被放在两马共驮的担架上，御医李永跟他同行。

十二月二十五日，抵达襄国（后赵首都，河北省邢台市），把刘曜安顿在永丰小城，另拨付给他一些美女陪伴，派军严密看守。又命从前俘虏的刘岳、刘震等，率领男女家人，衣冠整齐，晋见刘曜（刘岳被俘，参考三二五年六月）。刘曜说：“我还以为你们早已化作尘土，石王仁慈忠厚，竟然原谅你们，直到今天！我却击斩石佗（参考三二五年三月），惭愧太多。现在这个下场，自是应得。”留下他们欢宴一整天，他们才告辞而去。石勒教刘曜写信给皇太子刘熙（时留守首都长安），要刘熙迅速投降，刘曜写下手诏，命刘熙及各位大臣：“拯救国家，不要因为我的缘故，改变主意。”石勒看到，大为厌恶。到了后来，仍把刘曜诛杀（年龄不详）。

12 本年（三二八），成汉帝国（首都成都〔四川省成都市〕）太傅（上三公之二）、汉王（献王）李骧逝世，儿子征东将军李寿，把老爹的灵柩运回成都。成汉帝（一任武帝）李雄（本年五十五岁）任命李玝当征北将军、梁州（陕西省南部及四川省东北部）州长（刺史），接替李寿，镇守晋寿（梁州州政府所在县，四川省广元市西南）。

三二九年 己丑

晋	咸和	四年
成汉	玉衡	十九年
汉赵	光初	十二年
后赵	太和	二年
前凉	太元	六年

1 春季，正月，晋帝国（首都建康〔江苏省南京市〕）特级国务官（光禄大夫）陆晔（音yè〔夜〕），跟老弟国务院左执行长（尚书左仆射）陆玩，说服苏峻部将匡术，献出苑城（即台城、宫城），归降西方勤王军。文武百官前往投奔，推举陆晔当宫城军区司令官（督宫城军事），陶侃命毛宝守苑城的南城，邓岳守苑城的西城。

首都西区卫戍司令（右卫将军）刘超、高级咨询官（侍中）钟雅，跟建康县长管旆（音pèi〔配〕）等，密谋带着晋帝（九任成帝）司马衍（本年九岁）投奔西方勤王军，事情泄露。苏逸派部将平原郡（山东省平原县）人任让，率军进宫，逮捕刘超、钟雅。司马衍抱住二人悲哭说：“还给我刘超、钟雅！”任让强行拖走，斩首。最初，任让年轻时，行为不由正道，祭祀部长（太常）华恒，正当本郡（平原郡）总考选官（大中正），贬降他的品级。等到任让当苏峻的部将，仗势行凶，多有诛杀，但见到华恒，仍十分恭敬，不敢对他肆暴。钟雅、刘超既死，苏逸打算乘势杀掉华恒，任让尽心救护，华恒得以保住一命。

晋帝国冠军将军赵胤，命部将甘苗，攻击祖约所在的历阳（安徽省和县）。正月二十五日，祖约乘夜率左右亲信数百人突围，逃奔后赵帝国（首都襄国〔河北省邢台市〕）。部将牵腾，开城投降。

2 晋帝国叛将苏逸、苏硕、韩晃，联合一致，攻击宫城（台城），纵火焚烧太极殿东堂及皇家图书馆（秘阁）。政府军大营指挥官（督护）毛宝登城固守，射杀数十人。韩晃对毛宝说：“你是有名的勇猛，为什么不出来决斗？”毛宝说：“你是有名的雄健，为什么不进来决斗？”韩晃大笑撤退。

3 汉赵帝国（首都长安〔陕西省西安市〕）皇太子刘熙，听到老爹刘曜被擒消息（参考去年〔三二八〕十二月），大为恐惧，跟老哥南阳王刘胤，决定向西撤退，保守秦州（甘肃省南部）。国务院执行官（尚书）胡勋说：“今天的事，虽然丧失君王，但疆土仍然完整无缺，将士归心，没有人背叛，应该同心合力，拒抗敌人，等到不能支持时，再走不晚。”刘胤大怒，认为扰乱军心，诛杀胡勋。率文武百官，投奔上邽（秦州州政府所在县，甘肃省天水市），各地封疆大吏（征镇），也都放弃官职城池，全部西迁，关中（陕西省中部）大乱。将军蒋英、辛恕，集结部众数十万人，据守长安，派人向后赵帝国（首都襄国）要求投降，后赵帝国派首都卫戍司令（卫将军）石生，率领驻防洛阳（河南省洛阳市东白马寺东）的部队，向长安挺进。

4 二月十三日，晋帝国西方勤王军进攻石头（建康城西北），建威将军府秘书长（建威长史）滕含，攻击苏逸军，大破敌阵。苏硕率精锐骑兵数百人，渡秦淮河迎战，温峤军进击，斩苏硕。韩晃等恐惧，放弃石头，率部队投奔仍据守曲阿（江苏省丹阳市）的张健。城门太窄，部众争先恐后，前拥后挤，互相践踏而死的，有一万人左右。西方勤王军生擒苏逸，斩首。滕含部将曹据，抱住小皇帝司马衍，投奔温峤坐舰。文武官员看见司马衍，叩头哭泣，请求降罪。遂诛杀西阳王司马羕，以及他的两个儿子司马播、司马充，孙儿司马崧，以及彭城王司马雄（司马羕附苏峻，参考去年〔三二八〕二月。司马雄附苏峻，参考前年〔三二七〕十二月）。陶侃跟任让有故旧之情，请求赦免任让一死。司马衍说："就是他杀了刘超、钟雅，不能饶他。"遂斩任让。宰相（司徒）王导进入石头（建康城西北），命寻找从前皇帝颁发给他的符节（讨伐王敦时〔参考三二四年六月〕，王导"假节"，从石头出奔时，仓猝未能带出）。陶侃笑说："苏武的符节，恐怕不是这样（苏武，参考前一〇〇年）。"王导满脸惭愧。

二月十四日，大赦。

据守曲阿（江苏省丹阳市）的反抗军将领张健，疑心弘徽等背叛，把他们诛杀，率舰队自延陵（江苏省丹阳市西南延陵镇）南下，打算进入吴兴郡（舰队在延陵进入洮湖，再穿过滆湖、太湖，即到吴兴）。

二月二十二日，勤王军扬烈将军王允之攻击，大破张健军，俘虏男女一万余人。张健舍弃船只，再跟韩晃、马雄等会合，由陆路南下，打算进入故鄣（浙江省安吉县北）。郗鉴派军事参议官（参军）李闳追击，追到平陵山（江苏省溧阳市南），把三人一起诛杀（苏峻引起的变乱到此平息）。

这时，皇宫已成一堆灰烬，皇家暂时居住建平园。温峤打算把首都迁到豫章郡（江西省南昌市），三吴地区（江苏省南部太湖流域）的英雄豪杰，则请求迁到会稽郡（浙江省绍兴市）。两种主张都有人赞成，也都有人反对，议论纷纷，不能决定。宰相（司徒）王导说："孙权、刘备，都曾说过：'建康是帝王之家。'（参考二一二年九月。）古时候的帝王，绝不会因为穷富的缘故迁都。只要能够推广农业，勤俭节省，何必忧愁衰败？如果荒废耕田，乐土也会变成废墟。而且北方贼寇游魂（指后赵帝国），正在严密注视我们的一举一动。一旦露出懦弱，逃向蛮荒（四世纪时，浙江省和江西省，贫穷落后，仍被看作蛮荒），对外既丧失威信，对内也不会平安，恐怕不是良好的长程谋略。而今，应以不变应万变，力保镇静，则人心自然安定。"从此不再讨论迁都。

任命褚翜（音shà〔霎〕）当首都建康市长（丹阳尹）；正逢兵荒马乱，战火初息，人民穷困，物资缺乏；褚翜招集逃亡在外的难民回归，京师（首都建康）逐渐复原。

5 二月二十九日，晋帝国撤销湘州（湖南省），并入荆州（湖北省。三〇七年八月，从荆州分出，另设湘州，如今撤销）。

三月十日，中央评定消灭苏峻的功劳，酬报行赏：擢升陶侃当高级咨询官（侍中）、全国武装部队总司令（太尉），封长沙郡公，扩大陶侃所主持的军区，增加交州、广州、宁州（陶侃原是荆湘雍梁四州军区司令长官，参考三二五年五月。今撤销湘州，另再加三州）。擢升郗鉴当高级咨询官（侍中）、最高监察长（司空），封南昌县公。擢升温峤当骠骑将军、开府仪同三司（宰相级），加授散骑侍从官（散骑常侍），封始安郡公。陆晔，封江陵公。其他有功官员，分别封侯爵、伯爵、子爵、男爵，为数很多。卞壶跟他的两个儿子卞眕、卞盱，以及桓彝、刘超、钟雅、羊曼、陶瞻，由政府赐给他们一个绰号。路永、匡术、贾宁，都是苏峻的党羽，苏峻失败之前，路永等背叛苏峻，回归中央。王导打算赏赐他们官爵，温峤说："路永等都是苏峻最亲信的心腹干部，首先挑起战乱，罪恶至为严重。后来虽然醒悟改过，并不能完全赎罪，能够保住人头，就很幸运了，怎么还可以褒奖宠信！"王导才作罢。

陶侃认为荆州州政府设江陵（湖北省江陵县），位置偏远，遂迁到巴陵（湖南省岳阳市）。

中央政府官员主张留温峤在京师（首都建康），辅佐皇帝。温峤认为王导是先帝（八任帝司马绍）亲自委任；遂坚决推辞，仍回任所（温峤是江州军区司令长官兼江州州长〔刺史〕，驻防武昌〔湖北省鄂州市〕）。因为京师（首都建康）荒芜残破，政府供应困难，温峤把所有多余的物资、辎重、器材、用具等，全留下来，然后返回武昌（湖北省鄂州市）。

皇帝司马衍离开石头（建康城西北）的时候，庾亮晋见，跪下来叩拜，用前额碰到地面，呜咽哭泣，司马衍教庾亮跟其他大臣，一同坐上御座。第二天，庾亮再叩头，前额再撞地面，请求降罪，并请求退休，打算全家逃窜到深山之中或大海之滨。司马衍亲自写信，命国务院执行官（尚书）、高级咨询官（侍中）送给庾亮，解释说："这是国家的灾难，不是舅舅的责任。"庾亮上书陈述自己罪状："祖约、苏峻，肆意行凶，叛逆作恶，一切罪过，都由于我的措施不当，促使发生，即使把我寸寸斩割，也不足以告慰七座皇家祭庙的在天之灵，阻止天下人的责难（七庙：凡是君王，依《仪礼·王制》规定，都有七座皇家祭庙，中央的是该政权创业君王〔国父〕，这座祭庙始终保存。然后左边三座、右边三座。新皇帝上任后，必须把靠近国父的那座祭庙里的牌位搬出扔掉，称之为“亲尽则毁”，其他祭庙牌位依序上移，空出最后一座祭庙，设立新死的皇帝牌位）。政府有什么理由把我跟其他人同样看待？我也有什么颜面自认为跟其他人一样！陛下虽然宽大饶恕，保全我的性命，但仍应该把我摒弃，使我自生自灭，天下才能知道劝勉警戒的标准。”司马衍下达一纸措辞温和的诏书，拒绝庾亮的请求。庾亮又打算自行逃到深山大海，从暨阳（江苏省江阴市东南）向东出发。司马衍下诏：扣留庾亮船只。庾亮遂请求外放一个地方官职，报效政府。于是，任命庾亮当豫州及扬州长江以西，以及宣城郡等地军区司令长官（都督豫州、扬州之江西，宣城诸军事），兼豫州（安徽省中南部）州长（刺史），兼宣城郡（安徽省宣城市宣州区）郡长（内史），镇守芜湖（安徽省芜湖市）。

陶侃、温峤起兵讨伐苏峻时，号召各地方政府各军区（征镇），率军入援京师（首都建康）。湘州（湖南省）州长（刺史）、益阳侯卞敦，却按兵不动，而又不供应勤王军给养，仅只派一位大营指挥官（督护），率数百人随从大军行动而已。政府和民间，对卞敦这种表现，大为惊骇叹息。等到苏峻之乱平定，陶侃弹劾卞敦阻挠军事行动，观望胜败，不赴国难，请用囚车押解京师（首都建康），交付司法部（廷尉）审判。王导却认为大乱之后，对有罪的人，应宽大处理，遂调卞敦当安南将军、广州（广东省及广西）州长（刺史）。卞敦宣称有病，不去到任。于是召回中央，当特级国务官（光禄大夫），兼宫廷供应部长（少府）。卞敦忧愁羞愧，逝世；政府恢复他原来的官位，追加散骑侍从官（散骑常侍），绰号敬（卞敦遂成为益阳敬侯）。

庾亮以皇后娘家人身份，辅佐君王，为皇家招来大祸；使国家破败，君王生命陷于危境，他自己却拔腿逃窜，只求不死。卞敦位居封疆大吏，兵力和粮秣，都十分充足，可是面对国家覆亡，却端坐在一旁，观看成败。人臣的罪恶，没有比此更为严重。结果既不能明确公正的用刑罚制裁，反而更赐给他高官贵爵荣耀，作为回报。晋帝国政府纲纪混乱，可想而知。负这个责任的，岂不是王导！

中国官场文化中，王导先生属于和稀泥型。这一型官员，谈起话来满腹经纶，头头是道；而且除了贪赃枉法外，其他严重的缺点不多。最大的特征是喜爱“与人为善”，像一个云游四方、乞讨为生的托钵和尚，广结善缘，当赞扬别人对自己有利时，一定赞扬别人，当帮助别人对自己有利时，一定帮助别人。唯一的目的是希望不得罪人，永保自己的荣华富贵。于是，忠于君王对自己有利时，他忠于君；忠于国家对自己有利时，他忠于国。最后，大家都说他是个“好人”。

问题在于，说他是“好人”的“大家”，并不是小民，而只是官场里打滚的一撮政客。小民的哭泣和愤怒，他听不到，船舵和桨楫损毁折断，他也看不见。他从不解决问题，而只会把问题用纸包住。尤其恐惧任何改革，一则是不愿放弃既得利益，一则是唯恐怕财团地主不高兴。于是，善良的人被压榨，正直有作为的人被排斥，恶棍所向无阻。是非黑白，全部颠倒。司马光直率的指出王导是晋帝国纲纪混乱之源，事实上，这种混世的“好人”，也是中国五千年来纲纪混乱之源。

6 晋帝国改封高密王司马纮当彭城王。司马纮，是司马雄的老弟。

7 夏季，四月二十三日，晋帝国江州（州政府设武昌〔湖北省鄂州市〕）州长（刺史）、始安公（忠武公）温峤逝世（年四十二岁），安葬豫章郡（江西省南昌市）。政府打算在七任帝（元帝）司马睿坟墓跟八任帝（明帝）司马绍坟墓的北方，给温峤另行建立一座大墓。全国武装部队总司令（太尉）陶侃上书说："温峤忠贞诚实，名闻当今圣世，功勋和节义，人神同时感动。假使他死后有知，怎么会乐意政府如此劳民伤财！愿陛下仁慈的开恩，停止迁葬。"司马衍下诏接受。

晋政府任命平南将军府参谋长（平南军司）刘胤，接任温峤遗下的江州州长（刺史）。陶侃、郗鉴一致反对，说："刘胤没有独当一面的才能。"宰相（司徒）王导不理。有人对王导的儿子王悦说："大难之后，社会秩序难以维持。从江陵（湖北省江陵县）到建康，三千余华里（航空距离七百二十公里），逃荒的难民，以万为单位计算，散布江州（江西省及福建省）。江州，是国家南方的屏障，形势险要。可是，刘胤骄傲蛮横，奢侈浪费，定会疏懒的躺到床上，只求自己享受。如果灾难不从外来，必然自内产生。"王悦说："这是温峤的遗言。"（温峤是平南将军，临死时推荐他的参谋长，并非不可能。）

8 秋季，八月，汉赵帝国南阳王刘胤，率大军数万人，从上邽（秦州州政府所在县，甘肃省天水市）出发，攻击已落入后赵帝国之手的长安（陕西省西安市）。陇东郡（甘肃省平凉市西北）、武都郡（甘肃省成县）、安定郡（甘肃省镇原县东南屯字镇）、新平郡（陕西省彬州市）、北地郡（陕西省铜川市耀州区）、扶风郡（陕西省眉县）、始平郡（陕西省兴平市）各郡蛮夷和汉

四世纪·三三九年八月　汉赵亡国·四国并立

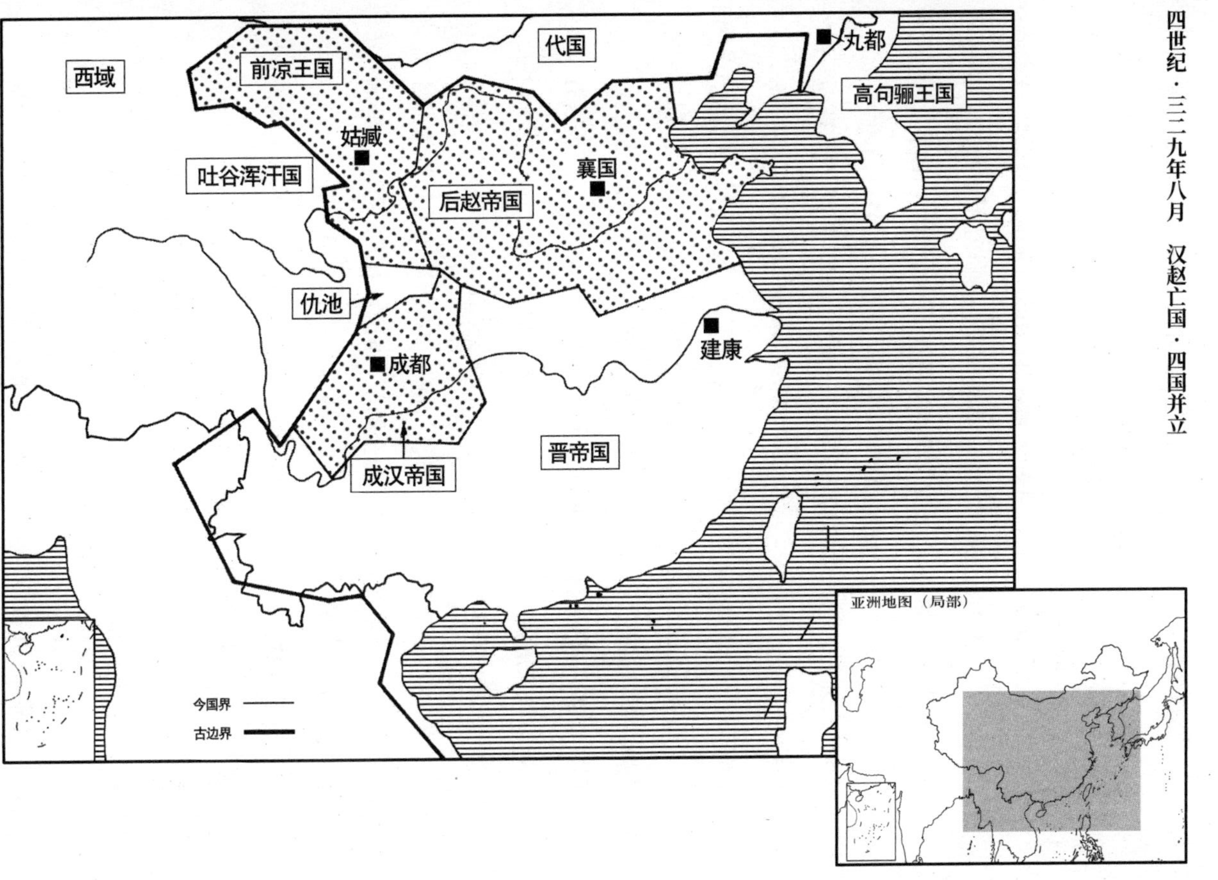

人，都聚众起兵，纷纷响应。刘胤挺进到仲桥（陕西省礼泉县），后赵帝国首都卫戍司令（卫将军）石生，固守长安；中山公石虎率骑兵二万人来救。

九月，石虎在义渠（甘肃省庆阳市西峰区）大破刘胤军，刘胤逃往上邽（甘肃省天水市）。石虎乘胜追击，大肆屠杀，尸体互相重叠，长达一千华里。上邽崩溃，石虎生擒汉赵帝国皇太子刘熙、南阳王刘胤，以及亲王、公爵、将军、指挥官以下三千人，全部斩首（汉赵帝国立国二十六年〔三〇四至三二九〕，历经五任君王，于兹灭亡。五胡乱华十九国中，第二个兴起，却第一个最先结束。本年〔三二九〕，中国境内四国并立。四国：晋帝国、成汉帝国、后赵帝国、前凉王国）。

石虎把汉赵政府文武官员、关东（函谷关以东）逃荒的难民，以及秦州（甘肃省南部）、雍州（陕西省中部）豪门巨族，共九千余人，强迫迁移到首都襄国（河北省邢台市）；又在洛阳（河南省洛阳市东白马寺东）坑杀五郡匈奴民族屠各部落五千人（五郡，即五部，因五部分布五郡，所以也称五郡，参考二七〇年。屠各部落是匈奴人的贵族阶层，犹如婆罗门是印度教的贵族阶层一样。石虎诛杀刘姓皇族和屠各部落，在于斩草除根，永难复兴）。再攻击羌民族集木且部落所在的河西（陕西省东部），完全制服，俘虏数万人。秦陇（甘肃省南部及陕西省中部）全部平定。

氐王蒲洪、羌部落酋长姚弋仲，全都归降石虎。石虎上书推荐蒲洪当六夷军区司令（监六夷军事），姚弋仲当六夷左司令官（六夷左都督）。把氐部落、羌部落十五万篷帐，迁移到司州（河北省南部）、冀州（河北省中部）。

9 最初，陇西郡（甘肃省陇西县）鲜卑部落酋长乞伏述延（乞伏，姓），居住苑川（甘肃省榆中县东北），不断侵略吞并邻近其他部落，力量逐渐强大。等汉赵帝国覆亡，乞伏述延恐惧，迁移到麦田（宁夏中宁县西南）。乞伏述延逝世，儿子乞伏傉大寒继位。乞伏傉大寒逝世，儿子乞伏司繁继位（追溯西秦王国王族始源）。

10 晋帝国江州（江西省及福建省）州长（刺史）刘胤，傲慢自大，一天比一天自命不凡，专心经营私人商贩，累积财富有百万之多（不知是百万枚钱？百万两黄金？或百万匹绸缎），每天饮酒欢宴，纵情享乐，不顾政事。

冬季，十二月，中央政府擢升后将军郭默当右军将军，召回京师（首都建康）供职。郭默喜爱边防将领生涯，不愿到京师担任禁卫任务（战乱时代，地方武官往往为所欲为，无法无天，到中央就要受许多拘束），遂把内心感受，请托刘胤帮助。刘胤拒绝说："我这个小人物没有这种力量。"郭默将动身出发，请求刘胤供给旅费，刘胤也拒绝，郭默遂怨恨刘胤。而刘胤的秘书长（长史）张满等，一向对郭默轻视，甚至全身赤裸，一丝不挂接见郭默，表示对他压根瞧不起，郭默不能忍受这种羞辱，平时就咬牙切齿。正巧，腊日大祭（腊日，参考二五年十二月），刘胤送给郭默猪肉和祭酒，郭默当着使节的面，统统扔到水里。而这时，有关单位弹劾："现在，国库枯竭，文武官员贫苦，没有薪俸，完全依赖江州（江西省及福建省）运输供应，可是刘胤私人的商船，布满江面，把持交通，妨碍公务，请免除刘胤官职。"诏书下达，刘胤并不马上接受，反而上书解释申辩。流亡客盖肫，掠夺别人的女儿，强迫当自己的妻子，张满命盖肫把别人的女儿送回，盖肫不理，挑拨郭默说："刘胤拒绝诏书，秘密进行其他阴谋，跟张满日夜计划，只是怕你一个人，准备先把你除掉。"郭默认为真是如此，遂率部众备战，等第二天州政府大门打开时，发动突击。刘胤部将打算抵抗，郭默呵责说：“我接到皇上诏书，讨伐叛徒，胆敢动一动的，屠灭三族。”一直闯进内宅卧室，拉出刘胤，斩首（年四十九岁）。出来后再逮捕刘胤幕僚张满等，诬称他们谋反叛变，全部格杀。把刘胤的人头，送到京师（首都建康），郭默自己写了一份假诏书，向内外公布。把刘胤的女儿跟小老婆群，以及刘胤所有的金银财宝，都装到船上，声言也要送到京师（首都建康），但不久却都送回刘胤原来的住所。

郭默煽动谯国（侨国）郡长（内史）桓宣（时驻武昌〔湖北省鄂州市〕）响应，桓宣拒绝。

11 本年（三二九），远在北方塞外的代国（首府大宁〔河北省张家口市〕），发生政变，贺兰部落（内蒙古阴山山脉北）及各酋长，共同拥戴拓跋翳槐当代王（拓跋翳槐事，参考前年〔三二七〕十二月）；原代王拓跋纥那，投奔宇文部落（内蒙古老哈河上游）。拓跋翳槐派他的老弟拓跋什翼犍，到后赵帝国（首都襄国）充当人质，请求和解。

12 慕容吐谷浑部落（青海省）酋长、河南王（二任可汗）慕容吐延，雄健勇敢，但性情猜忌。羌部落酋长姜聪向他行刺，深中要害。慕容吐延不立即拔剑，召见部将纥扢泥（扢，音gǔ〔古〕），嘱咐他辅佐儿子慕容叶延，保守白兰（青海省中部）；然后抽剑身死。

慕容叶延，性情孝顺，喜爱读书（本年〔三二九〕，慕容叶延十一岁，用草扎成姜聪的人像，每天早上悲哭老爹，用草人作靶，射中就哀号流泪，射不中就瞪眼大声呼号。娘亲卧病，五天不进饮食，慕容叶延也五天不进饮食），认为：“公爵孙儿的儿子，可以用祖父的名字，作为自己家族的名称。”遂定国号为吐谷浑。

- 后赵杀祖约全族。
- 后赵政变。

- 罗马皇帝君士坦丁自罗马迁都拜占庭城，改称君士坦丁堡。

三三〇年 庚寅

晋	咸和	五年
成汉	玉衡	二十年
后赵	太和	三年
	建平	元年
前凉	太元	七年

1 春季，正月，晋帝国（首都建康〔江苏省南京市〕）江州（江西省及福建省）州长（刺史）刘胤的人头，送到首都建康。宰相（司徒）王导认为右军将军郭默，骁勇善战，难以控制。

正月一日，大赦，把刘胤人头悬挂朱雀桥示众，任命郭默当江州州长（刺史）。全国武装部队总司令（太尉）陶侃（时驻巴陵〔湖南省岳阳市〕）听到消息，跳起来咆哮说："其中一定有诈。"下令动员讨伐。正巧，郭默派使节呈献美女及绸缎，并抄写皇帝任命他当江州州长（刺史）的诏书，呈给陶侃。参谋官及幕僚，都劝陶侃说："郭默如果不奉诏书，怎么敢做出这种事。一定要进军的话，也应先行呈报批准。"陶侃厉声说："皇上（司马衍）年纪还小，诏书不由他亲自作主。刘胤受到政府尊重，虽然不是封疆大吏的材料，但也何至于动用极刑？郭默仗恃他的勇猛，所到地方，贪污残暴。认为人乱刚刚平息（指苏峻之乱），法律纲纪，十分疏阔，才利用这个机会，翻云覆雨！"派使节前往京师（首都建康）奏明出军情形，并写信给王导说："郭默杀州长就教他当州长，难道杀宰相就教他当宰相？"王导这才命人把悬挂在朱雀桥上示众的刘胤人头取下，回答陶侃说："郭默盘踞长江上游，再加上拥有庞大舰队，和现成的辎重装备，不得不隐忍包容，教他暂时割据那块土地（江州）。为的是争取时间，使政府得以秘密集结部队。等你的大军到达之时，中央大军自会会师。岂不是克制自己，保全大局之策！"陶侃笑说："其实，这正是姑息养奸。"

柏杨曰

陶侃被推举领导西方勤王军时，最初是不肯，继之是准备抽出军队；在势阻粮缺，成败关头，他甚至威胁要打道回府。君王的安危固不当一回事，国家的治乱更置诸脑后。可是一听说刘胤丧生，反应之速，前后判若两人。只因如果不予郭默严惩，刘胤的遭遇，就可能发生在他身上。说来说去，只是绕着切身利害打转。陶侃是一代名臣，历史上留下不少佳话，尚且如此，其他角色，更可想而知。人才决定国运，晋帝国之凋谢，原因在此。

豫州（州政府设芜湖〔安徽省芜湖市〕）州长（刺史）庾亮，也请出军讨伐郭默。诏书加授庾亮征剿司令官（征讨都督），率步骑兵二万人，跟陶侃会合。

西阳郡（湖北省黄冈市黄州区）郡长邓岳、武昌郡（湖北省鄂州市）郡长刘诩，都怀疑谯国（侨国）郡长（内史）桓宣，会跟郭默一致行动。豫州行政管理官（西曹）王随说：“桓宣对祖约都不肯附和（参考三二七年十月），怎么会附和郭默？”邓岳、刘诩派王随晋见桓宣，观察动静，王随对桓宣说：“你的心虽然不是如此，但是无法向天下表明，只有一个办法，把你的儿子交给我。”桓宣遂命他的儿子桓戎，跟王随一同迎接陶侃。陶侃任命桓戎当秘书（掾），上书保荐桓宣当武昌郡（湖北省鄂州市）郡长（但不知原郡长刘诩如何安置）。

2 二月，后赵帝国（首都襄国〔河北省邢台市〕）文武百官请求首领（一任明帝）、赵王石勒（本年五十七岁），登皇帝宝位。石勒遂称大赵天王，执行皇帝职务。封正妃刘女士当王后，世子石弘当太子。任命王子：石宏当骠骑大将军、全国各军区总司令长官（都督中外诸军事）、大单于，封秦王；石斌当首都东区卫戍司令（左卫将军），封太原王；石恢当辅国将军，封南阳王。任命中山公石虎当全国武装部队总司令（太尉）、国务院总理（尚书令），晋封中山王；石虎的儿子：石邃当冀州（河北省中部）州长（刺史），封齐王；石宣当左将军；石挺当高级咨询官（侍中），封梁王。又封石生当河东王、石堪当彭城王。任命左秘书长（左长史）郭敖，当国务院左执行长（尚书左仆射）；右秘书长（右长史）程遐，当国务院右执行长（尚书右仆射），兼文官部长（吏部尚书）；左军政官（左司马）夔安、右军政官（右司马）郭殷、参谋指挥官（从事中郎）李凤、前宫廷禁卫官司令（郎中令）裴宪，都当国务院执行官（尚书）。军事参议官（参军事）徐光，当立法院最高立法长（中书令），兼皇家图书馆长（秘书监）。其他文武官员，各依等级任官封爵。

中山王石虎愤愤不平，私下对儿子齐王石邃说："主上（石勒）自从定都襄国（河北省邢台市）以来（参考三一二年七月），养尊处优；用我的身子，去承当敌人的利箭巨石；二十余年间，在南方生擒刘岳（参考三二五年六月），在北方逐走索头（代王拓跋纥那；参考三二七年十二月），在东方平定齐地（指曹嶷，参考三二三年七月）、鲁地（指徐龛，参考三二二年七月），在西方肃清秦州、雍州（指刘胤、蒲洪、姚弋仲，参考去年〔三二九〕九月），克服十三个州。完成帝国基业的，是我。大单于应该给我，却给了奴婢养的黄嘴巴小娃（刚孵出的小鸟，口边黄色，稍大之后黄色才褪。此指石宏年轻）。想起来令人气愤填胸，寝食难安。等主上过世之后，我教他一个种都不留。"

程遐向石勒进言说："天下大体已经安定，应该改变立国精神，鼓励忠贞，惩罚叛逆，所以刘邦（西汉王朝一任帝）赦免季布，诛杀丁固（参考前二〇二年五月）。大王自从起兵以来，看到忠于君王的人，都加以褒扬，看到背叛君王的人，都一定诛杀，天下人民，因之归心。而今，祖约仍然好端端的活着，我心中感到困惑。"安西将军姚弋仲，也提出相同的意见。石勒遂下令，逮捕祖约，连同他的内外亲属一百余人，全部诛杀；妻子姬妾和儿女，分别赏赐给胡人中的高级官员（祖约投奔后赵，参考去年〔三二九〕正月）。

最初，祖逖（祖约的老哥）有一个匈奴籍的奴仆王安，祖逖十分宠爱。在雍丘（河南省杞县）时（参考三二〇年六月），对王安说："石勒是你的同族，我也不少你一个人。"给他一笔厚重的旅费，送他北上投奔石勒。王安勇敢而有才干，在后赵帝国高升到首都东区卫戍司令（左卫将军）。当诛杀祖约时，王安叹息说："岂可以使祖逖没有后裔！"遂到法场视察行刑，祖逖的庶子祖道重，年才十岁，王安暗中把他救出，带回家中藏匿。以后，改穿袈裟，到佛庙当和尚。直等到后赵帝国灭亡（三五一年三月），祖道重才返江南（长江以南）。

3 晋帝国郭默打算放弃寻阳郡（江西省九江市），南下据守豫章郡（江西省南昌市），正巧，全国武装部队总司令（太尉）陶侃大军抵达，郭默迎战，不能取胜，遂回城固守，把稻米堆成堡垒，表示固守绰绰有余，陶侃则在城外构筑土山，居高临下。

三月，庾亮军抵达湓口（九江市〔寻阳城东〕），各路大军也都纷纷会师。

夏季，五月十九日，郭默的部将宋侯，捆绑郭默父子，出城投降。陶侃就在大营之前，把郭默斩首，人头送到首都建康（江苏省南京市），同党被处死的四十人。中央下诏，命把江州（江西省及福建省）划入陶侃所管辖的军区，并命陶侃兼江州州长（刺史）。命邓岳当交广军区司令官（督交广诸军事。二州从陶侃的军区划出），兼广州（州政府设番禺〔广东省广州市〕）州长（刺史）。陶侃返巴陵（荆州州政府所在县，湖南省岳阳市），不久，再回武昌（江州州政府所在县，湖北省鄂州市）。庾亮返芜湖（豫州州政府所在县，安徽省芜湖市），对中央的官爵和赏赐，全不接受。

4 后赵帝国（首都襄国）将领刘征，率数千人，乘坐船舰，越过大海（东海），劫掠晋帝国东南沿海居民，斩南沙县（江苏省张家港市东南）民兵司令（都尉）许儒。

5 前凉王国（首都姑臧〔甘肃省武威市〕）首领（二任文王）、西平公张骏（本年二十四岁），乘汉赵帝国（首都长安）覆亡之际，收复被占领的河南土地（甘肃省兰州市以南，于三二七年十月丧失），边界向东推展到狄道

(甘肃省临洮县)，设立五个前进指挥营(五屯)，每营设一个军事总监(护军)，跟后赵帝国(首都襄国)接壤。

六月，后赵帝国派藩属事务部长(鸿胪)孟毅，前往前凉王国，任命张骏当征西大将军、凉州(甘肃省中部西部)全权州长(牧)，加授“九锡”(参考四年)。张骏感到当后赵帝国的臣属是一种屈辱，不肯接受；留下孟毅，不放他回国。

6 最初，丁零部落酋长翟斌，世代居住康居王国(中亚东部锡尔河流域)，后来迁到中国，如今，到后赵帝国(首都襄国)朝见。后赵帝国封翟斌当句町王(丁零部落原是匈奴汗国的一个支部，世居西伯利亚贝加尔湖畔。九一年，北匈奴汗国瓦解，丁零部落一部分人民，向西迁移至康居王国境内。之后再向东迁移，经新疆北部，进入中国境内。其中一支翟氏丁零内迁后，活动于今河北省中部太行山东麓一带，所以又称西山丁零、北山丁零)。

7 后赵帝国文武百官一再请求天王石勒，正式确定尊贵绰号。

秋季，九月，石勒遂登上皇帝宝座(一任明帝)，大赦，改年号建平(之前是太和三年，之后是建平元年)，文武百官各依等级擢升。石勒封他的正妻刘女士当皇后，太子石弘当皇太子。

石弘具有文化人气质，喜爱读书作文，对儒家学派学者，十分敬重亲近。石勒对徐光说：“石弘性格和平安静，不像是将门之后。”徐光说：“刘邦(西汉王朝一任帝高祖)在战马上抢到天下，刘恒(西汉王朝五任文帝)用清净无为来保持它。圣人后裔中，一定有摒弃残暴，厌恶杀戮的慈祥子孙，这是天道运转的正常道理。”石勒大为高兴。但徐光警告说：“皇太子(石弘)仁爱谦恭，中山王(石虎)凶暴诡诈难测。陛下一旦升天，我恐怕帝国不会被太子(石弘)接管。应该采取两项措施：一是逐渐剥夺中山王（石虎）的军权，一是命皇太子（石弘）早日参与国家大事。”石勒心里同意，但不能马上实施。

8 后赵帝国荆州（州政府设宛县〔河南省南阳市〕）监军官（监军）郭敬，攻击襄阳（湖北省襄阳市），晋帝国南翼警卫指挥官（南中郎将）周抚，兼沔北军区司令，正驻守襄阳。后赵帝石勒用驿马传令，命郭敬退守樊城（襄阳樊城是双子城，襄阳在汉水南，樊城在汉水北，二十世纪五〇年代，合称襄阳市），把所有旗帜全部隐藏，显示一片沉寂，好像没有人迹。又指示：“敌人（晋军）如果派斥候侦察，就告诉他：‘你们要爱惜自己，努力坚守。七八天后，大军就会抵达，互相策应，你们插翅难飞。’”郭敬又命部属在渡口码头，给战马洗澡，洗完一群又一群，一群洗完后，从头开始再洗，日夜不停。斥候回去报告周抚，周抚认为后赵帝国将发动强大攻击，大为恐惧，就放弃襄阳，逃奔武昌（湖北省鄂州市），郭敬遂进入襄阳。逃亡到襄阳的中州（华北大平原）难民，全部归降后赵帝国。晋帝国故雍州（州政府设襄阳）州长（刺史）魏该（参考前年〔三二八〕六月）的老弟魏遐，率领部众，从石城（湖北省钟祥市）出发，投降郭敬。郭敬拆除襄阳城墙，把所有民众都迁到沔水（汉水）北岸，修筑樊城城垒，派军驻防。后赵帝国政府任命郭敬当荆州（州政府设宛县）州长（刺史）。周抚被晋帝国认为有罪，免除官职。

9 后赵帝国休屠王石羌叛变（休屠王石武，据守桑城〔甘肃省卓尼县东北〕，归降汉赵帝国；参考三二二年二月，石羌可能是石武的儿子或继承人）。河东王石生，击破休屠部落，石羌投奔凉州（前凉王国）。前凉王国（首都姑臧）首领、西平公张骏，大为恐惧，把扣留不放的后赵帝国使节孟毅送回，派秘书长（长史）马诜同行，向后赵帝石勒称臣，进贡。

10 晋帝国在首都建康（江苏省南京市），重新修筑宫殿（苏峻之乱时，宫殿烧成灰烬。参考去年〔三二九〕正月）。

11 九月十日，晋帝国改封乐成王司马钦当河间王，彭城王司马纮的儿子司马俊当高密王。

12 冬季，十月，成汉帝国（首都成都〔四川省成都市〕）最高统帅（大将军）李寿，率征南将军费黑等，攻陷巴东郡（重庆市奉节县东）、建平郡（重庆市巫山县）；晋帝同巴东郡郡长杨谦、监军官（监军）毌丘奥（毌丘，复姓），退守宜都郡（湖北省宜都市）。

三三一年 辛卯

晋	咸和	六年
成汉	玉衡	二十一年
后赵	建平	二年
前凉	太元	八年

1 春季，正月，后赵帝国（首都襄国〔河北省邢台市〕）将领刘征，再乘船舰，越海南下，攻击晋帝国（首都建康〔江苏省南京市〕）娄县（江苏省昆山市），大掠武进（江苏省常州市西北）。晋帝国徐州（州政府设京口〔江苏省镇江市〕）州长（刺史）郗鉴迎击，把他们逐走。

2 三月一日，日蚀。

3 夏季，后赵帝国皇帝（一任明帝）石勒（本年五十八岁），前往邺城（河北省临漳县邺城镇），打算兴建新的宫殿。司法部长（廷尉）上党郡（山西省黎城县西南）人续咸，苦苦劝阻，石勒大怒，准备把他处斩。最高立法长（中书令）徐光说："续咸的话，如果不可以采用，也应该大度包容，怎么能只因一句不悦耳的话，就杀部长级高官？"石勒叹息说："当一个君王，竟连这件小事，都不能照自己的意思行事！一个普通市井小民，有一百匹绸缎的财产，就想买个住宅，何况君王富有四海，难道不能一栋房子！这个宫殿将来还是要盖起来，但现在暂停一段时间，用以成全我忠臣的正直气节。"赏赐续咸绸缎一百匹、米谷一百斛。又下诏三公、部长级以下官员，每年保荐"贤良""方正"人才，并命"举人"（被保荐的人）还可以保荐别人，拓广政府征求贤才的道路。

在首都襄国（河北省邢台市）城西，兴建皇家大会堂（明堂）、学校（辟雍）、御用天文台（灵台）。

4 秋季，七月，成汉帝国（首都成都〔四川省成都市〕）最高统帅（大将军）李寿，进攻阴平郡（甘肃省文县）、武都郡（甘肃省成县）；据守仇池（甘肃省西和县南）的"氐王"杨难敌，再度投降成汉帝国（杨难敌背叛成汉帝国，参考三二三年八月）。

5 九月，后赵帝国皇帝石勒，恢复邺城（河北省临漳县邺城镇）宫殿工程。定洛阳（河南省洛阳市东白马寺东）为南都，设立特遣政府（行台）。

6 冬季，晋帝国（首都建康）在皇家祭庙（太庙）举行冬季大祭（蒸祭）。晋帝（九任成帝）司马衍（本年十一岁）把祭肉送给宰相（司徒）王导，下令不要下拜叩谢；王导假装有病，不敢直接接受。最初，司马衍登位时，年纪幼小（五岁），看见王导，一定叩拜；下达给王导的手写诏书，第一句就是："惶恐陈述"。经立法院（中书）下达给王导的正式诏书，第一句就是："敬问"。有关单位讨论："元旦朝会时，皇上要不要对王导特别礼敬？"国立大学教授（博士）郭熙、杜援建议，认为："在礼仪上，没有君王叩拜臣僚的规定，皇上对王导不应有特别的礼敬！"高级咨询官（侍中）冯怀认为："天子驾临学校，尚且拜见教育官（三老）；何况王导是先帝（八任帝司马绍）的师傅，自应有特别的礼敬。"高级咨询官（侍中）荀奕认为："元旦具备三项开始（"三朝之首"：一年的开始，一月的开始，一日的开始），情形特殊，为了划分君臣的界线，君王对臣僚不应有特别的礼敬，但平常朝会，不在此限！"（胡三省原注："以君拜臣，谓之尽礼，可乎！"这正是儒家系统君尊臣卑观念，偶尔遇到有人性的君王，想把臣属的地位稍稍提升，儒家系统自甘堕落惯了，立刻就浑身不舒服。）诏书批准。荀奕，是荀组的儿子（荀组，参考三〇〇年四月）。

7 晋帝国所封的辽东公（首府棘城〔辽宁省义县西〕）慕容廆，派人送信给全国武装部队总司令（太尉）陶侃（时驻武昌〔湖北省鄂州市〕），建议起兵北伐。慕容廆保证他当挥军南下，共同肃清中原（华北大平原）。慕容廆的智囊宋该等，互相讨论，认为，慕容廆在天下的一角，建立功业，地位卑微，责任重大，等级上却跟其他臣僚没有差别，不能够镇抚汉人和蛮夷，应该建议中央，晋升慕容廆的爵位。军事参议官（参军）韩恒反对，说："建立功业的人，应担心信义不能显明，不应担心名声官位不高。姜小白（桓）、姬重耳（文），有辅佐君王复兴国家的功劳，并没有先要求高官贵爵，去压制其他封国国君。最好是加强战备，扫除群凶，大功告成之日，'九锡'（参考四年）自会降临。比起要挟君王赏赐官爵，岂不更为荣耀！"慕容廆大不高兴，把韩恒外放去当新昌（辽宁省海城市东北）县长。

于是，东夷保安司令（东夷校尉）封抽等，上书给陶侃，请封慕容廆当燕王，兼代最高统帅（行大将军事）。陶侃回信说："大功告成之日，即升官晋爵之时，这是古时候的正常制度。车骑将军（慕容廆）虽然还没有为皇帝陛下摧毁石勒，然而忠义出于至诚。我已转奏皇上，是不是可以，或时间早晚，还看中央批示。"

三三二年

壬辰

晋	咸和	七年
成汉	玉衡	二十二年
后赵	建平	三年
前凉	太元	九年

1 春季，正月十五日，晋帝国（首都建康〔江苏省南京市〕）大赦。

2 后赵帝国（首都襄国〔河北省邢台市〕）皇帝（一任明帝）石勒（本年五十九岁），大宴文武百官，向立法院最高立法长（中书令）徐光说："我可以比古代哪一类君王？"徐光说："陛下英明智慧，谋略高深，超过刘邦（西汉王朝一任帝）。刘邦以后的君王，没有人能跟你相比。"石勒笑说："人，岂能没有自知之明？你夸奖得太过分了。如果遇到刘邦，我甘愿面向北方，向他下拜，奉他当主人；而跟韩信、彭越，平起平坐。如果遇到刘秀（东汉王朝一任帝），我们会在中原驱逐追赶，最后不知道鹿死谁手（蒯通把政权比作麋鹿，参考前一九六年正月）！大丈夫行事，应当光明磊落，像太阳和月亮一样，照耀天际。无论如何不会效法曹操（曹魏帝国始祖）、司马懿（晋王朝始祖），欺负别人的孤儿寡妇，像狐狸般鬼鬼祟祟、掩掩饰饰篡夺政权。”文武百官都叩头呼喊万岁。

石勒虽然不识字，但常使知识分子读书给他听，不时的用自己的看法，评估古今政治上成功和失败的事迹，大家无不心悦诚服。曾经命人读《汉书》，听到郦食其劝刘邦封六国后裔当王（参考前二〇四年十二月），吃惊说：“这样做犯了严重错误，以后怎么反而成功？”等听到张良劝阻，就说：“幸亏有这一个变化。”

3 后赵帝国荆州（州政府设宛县〔河南省南阳市〕）州长（刺史）郭敬，从襄阳（湖北省襄阳市）撤退后，仅在樊城（襄阳市汉水北岸）留下少数边防部队。晋帝国遂又回到襄阳。

夏季，四月，郭敬再发动攻击，再占领襄阳，仍留下边防部队而回。

4 后赵帝国国务院右执行长（右仆射）程遐，对皇帝石勒说：“中山王（石虎）的凶悍和权术谋略，文武百官中，没有人能赶得上。观察他的志向，除了陛下，对于其他人，都没有看到眼里。加上他残忍成性，不分亲疏，长期的担任将帅，威名震撼内外。而他儿子们的年龄已经长大，也都手握兵权。陛下在世，当然没有问题，但他绝不是幼主（指皇太子石弘）的臣属。应该早日铲除，用来安定帝王大业。”石勒说：“现在，天下还没有安定，石弘年纪还轻，正需要强大的辅佐。中山王（石虎）是骨肉至亲，有帮助我创立大业的功劳。我正要交付他伊尹（商王朝宰相）、霍光（参考前七四年）同样重要的任务，怎么会做出你所说的事！你只不过恐怕不能施展皇帝舅父的权威罢了。我自会留下要你参与托孤的遗诏，不要总是忧虑。”程遐哭泣说：“我所忧虑的是国家，而陛下却认为我是为了自己的利益，用来堵我的口，如何能听进忠言。中山王（石虎）虽然是皇太后（石勒娘亲）把他养大，但他不是陛下的骨肉（石勒跟石虎间的关系不明，有人说石虎是石勒的侄儿〔参考三一一十月〕，但又有人说是石勒的堂弟）。虽然有小小功劳，陛下回报他的恩典荣耀，也足够了，但他的欲望却没有止境，岂会做出有益之事？如果不早日铲除，我可以看到皇家祖庙不会再有香火祭祀。”石勒拒不接受。

程遐辞出，告诉徐光。徐光说：“中山王（石虎）一直把我们二人恨入骨髓，恐怕不但危害政府，也将带给我们家属灾祸。”有一天，徐光乘机问石勒说：“而今，国家一派升平，可是陛下神色却有点不愉快，为什么？”石勒说：“吴（晋帝国）、蜀（成汉帝国），都还没有铲平，我恐怕后世史学家不认为我是顺应天命的正统君王。”徐光说：“曹魏帝国继承东汉王朝的轨道，刘备（蜀汉帝国一任帝）虽然在巴蜀（四川省）建立政权，东汉王朝怎么能算不亡？孙权（东吴帝国一任帝）在东吴（江苏省南部太湖流域），犹如今天的李雄（成汉帝国皇帝）。陛下夺取两个著名的首都（长安及洛阳），平定八州广大的疆土（八州：冀州〔信都〕、幽州〔蓟县〕、并州〔晋阳〕、青州〔广固〕、兖州〔廪丘〕、豫州〔许昌〕、司州〔洛阳〕、雍州〔长安〕）。帝王正统，如果不属陛下，还能属谁？陛下不忧虑心脏上的疾病，却去忧虑四肢！中山王（石虎）凭借陛下的威望谋略，所向无敌，但天下人都认为他的英明和勇武，要低于陛下。而且他天性凶暴，见利忘义，父子同时都身居高位，手握权柄，又怀有耿耿不满之心。最近，在东宫（君王合法继承人居所）陪同饮宴，脸上露出瞧不起皇太子（石弘）的颜色。我恐怕陛下去世之后，没有人再能克制。”石勒沉默不语，但也开始命皇太子石弘，裁决国务院（尚书）奏章，并且命寝殿侍奉宦官（中常侍）严震，参加意见，只有军事行动及诛杀大事，才呈报皇帝石勒。于是，刹那之间，严震的大权超过国务院总理（尚书令石虎），中山王石虎门前，不再有奔走摇尾的人，清静得可以捉到麻落雀；石虎越发怀恨在心。

5 秋季，后赵帝国荆州（州政府设宛县〔河南省南阳市〕）州长（刺史）郭敬，率军劫掠江西（安徽省中部及湖北省东北部）。晋帝国全国武装部队总司令（太尉）陶侃（时驻武昌〔湖北省鄂州市〕），命他的儿子平西将军府军事参议官（平西参军）陶斌，跟南翼警卫指挥官（南中郎将）桓宣，乘虚攻击樊城（湖北省襄阳市汉水北岸），把郭敬的留守部众，全部俘虏。郭敬急回军救樊城，在涅水（河南省镇平县南）跟桓宣会战，击败桓宣，把被掳掠的部众，再行夺回。陶侃的侄儿陶臻，跟竟陵郡（湖北省钟祥市）郡长李阳，攻陷新野（河南省新野县）。郭敬恐惧，撤退逃走，桓宣遂收复襄阳（湖北省襄阳市）。

陶侃命桓宣镇守襄阳（湖北省襄阳市）。桓宣招徕安抚新近回归的人民，减少刑罚，减少官员复杂的威风礼仪，督促人民耕田种桑，有时用马车载着犁耙锄头，亲自率领农民除草割稻。桓宣在襄阳十余年，后赵帝国曾再度发动攻击，桓宣用孤弱的兵力拒守，后赵帝国不能取胜。时人认为桓宣仅次于祖逖、周访。

6 成汉帝国（首都成都〔四川省成都市〕）最高统帅（大将军）李寿，进攻晋帝国（首都建康）的宁州（云南省），任命征东将军费黑当前锋，从广汉（四川省射洪市南沱牌镇）出发；镇南将军任回，从越嶲郡（四川省西昌市）出发；使宁州（云南省）兵力分散。

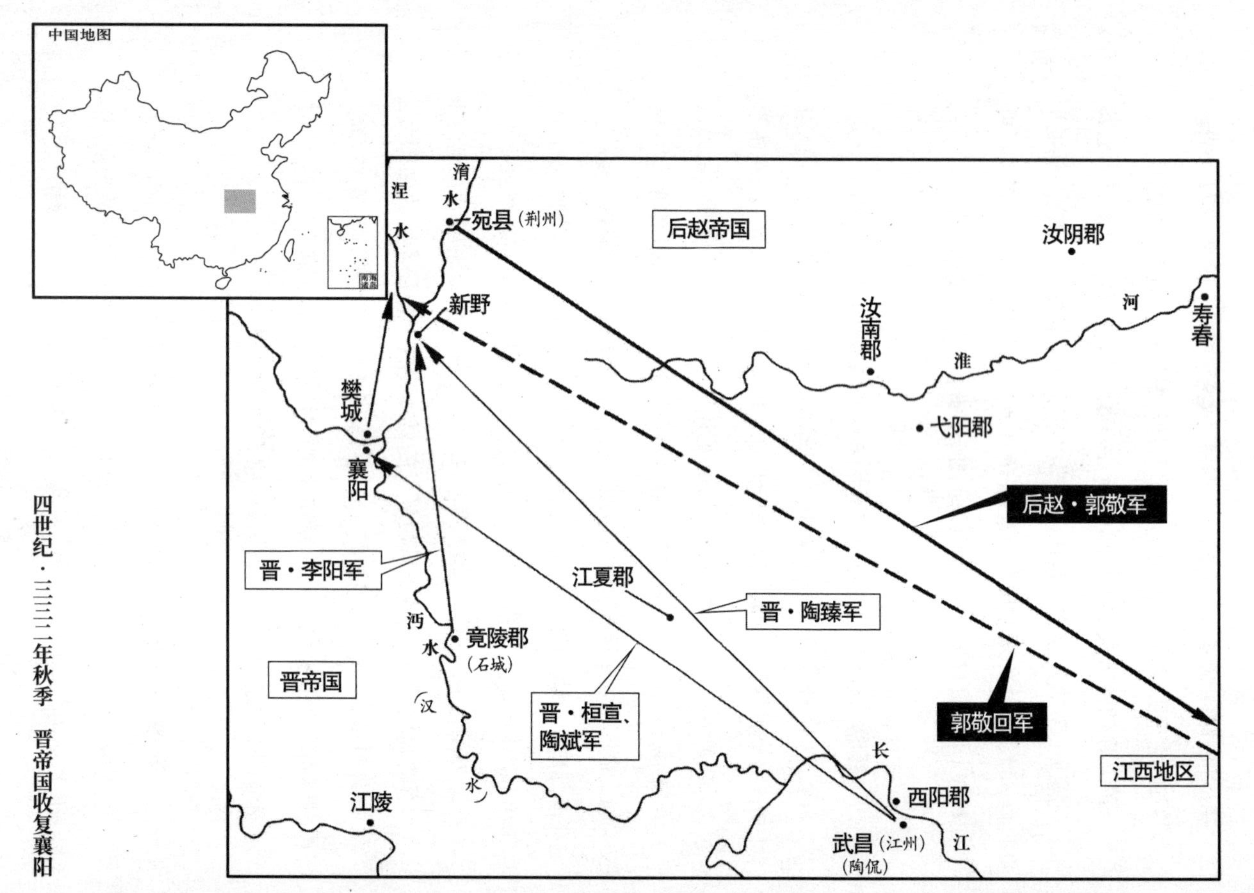

四世纪・三三二年秋季　晋帝国收复襄阳

冬季，十月，李寿、费黑，抵达朱提郡（云南省昭通市），晋帝国朱提郡郡长董炳，登城固守，宁州（州政府设滇池〔云南省昆明市晋宁区〕）州长（刺史）尹奉，派建宁郡（云南省曲靖市）郡长霍彪，率军救援。李寿打算迎战霍彪，费黑说："朱提郡（云南省昭通市）城里粮食短缺，应该放霍彪进城，增加他们粮食消耗的速度，为什么要迎战？"李寿同意，可是，城池并没有很快陷落，李寿打算发动猛烈攻击，费黑说："南中（云南省）地势险要，难以征服，当用时间换取空间，等到敌人智慧和勇气，全都枯竭，然后伸手就可以拿到。猪圈羊栏里的东西，何必一定要马上夺取。"李寿不采纳，可是进攻之后，果然不能胜利，于是，把全部军事，委任费黑处理。

7 十一月一日，晋帝国擢升全国武装部队总司令（太尉）陶侃，当最高统帅（大将军）；上殿时不解佩剑、不脱木屐，入朝时不必碎步慢跑，奏事时不传报姓名（"剑履上殿""入朝不趋""赞拜不名"）。陶侃坚决辞让，不肯接受。

8 十二月二十九日，晋帝（九任成帝）司马衍（本年十二岁），迁入新宫（前年〔三三〇〕九月建新宫，本年落成）。

9 本年（三三二），前凉王国（首都姑臧〔甘肃省武威市〕）文武官员，劝首领（二任文王）、西平公张骏（本年二十六岁），改称凉王，兼秦凉二州州长，公开设立三公、部长级官员，如同曹操（参考二一三年十一月）、司马昭（参考二六四年三月）前例。张骏说："这不是当部属的所应该讲的话，敢再提这种事的，罪状不能赦免。"然而境内人民，一致称张骏为凉王。张骏立他的次子张重华（本年六岁）当世子。

三三三年 癸巳

晋	咸和	八年
成汉	玉衡	二十三年
后赵	建平	四年
前凉	太元	十年

1 春季，正月，成汉帝国（首都成都〔四川省成都市〕）最高统帅（大将军）李寿，攻陷朱提郡（云南省昭通市）。晋帝国（首都建康〔江苏省南京市〕）朱提郡郡长董炳、建宁郡（云南省曲靖市）郡长霍彪，全都投降。李寿威名，震动南中（云南省）。

2 正月二十六日，后赵帝国（首都襄国〔河北省邢台市〕）皇帝（一任明帝）石勒（本年六十岁），派使节前往晋帝国（首都建康）要求建立邦交，和平共存。晋帝国焚毁后赵帝国致送的礼物。

3 三月，晋帝国（首都建康）宁州（云南省）州长（刺史）尹奉，投降成汉帝国（首都成都）。成汉帝国遂完全占领南中（云南省）。大赦。任命最高统帅（大将军）李寿，兼宁州（云南省）州长（刺史）。

4 夏季，五月六日，晋帝国所封辽东（武宣）公（首府棘城〔辽宁省义县西〕）慕容廆逝世（年六十五岁）。

六月，世子慕容皝，以平北将军身份，代理平州（辽宁省）州长（行平州刺史），管理部众内部事务，赦免囚犯。任命秘书长（长史）裴开当参谋主任（军咨祭酒），公爵府禁卫官司令（郎中令）高诩当玄菟郡（辽宁省沈阳市）郡长。

慕容皝命带方郡（侨郡，辽宁省义县西北）郡长王诞当左秘书长（左长史），王诞因辽东郡（辽宁省辽阳市）郡长阳骛有才干，愿让位给阳骛；慕容皝同意，改命王诞当右秘书长（右长史）。

5 后赵帝国（首都襄国）皇帝石勒病重，中山王石虎到寝殿侍奉汤药，文武百官及皇亲国戚，都不能进宫。石勒病情变化，宫外的人全不知道。石虎又假传圣旨，征召秦王石宏、彭城王石堪，返回襄国（河北省邢台市。石宏是全国各军区总司令长官〔都督中外诸军事〕，镇守邺城〔河北省临漳县邺城镇〕。石堪镇守何地，不详）。石勒病情稍稍好转，看到石宏，大惊说：“我教你到外地独当一面，就是为了今天。是有人叫你回来，还是你自己回来？有人教你回来的话，要查出那人是谁，应该处死。”石虎恐惧，说：“石宏想念老爹，暂时回来看看，今天就打发他走。”但仍留下石宏。过了几天，石勒查问这件事，石虎

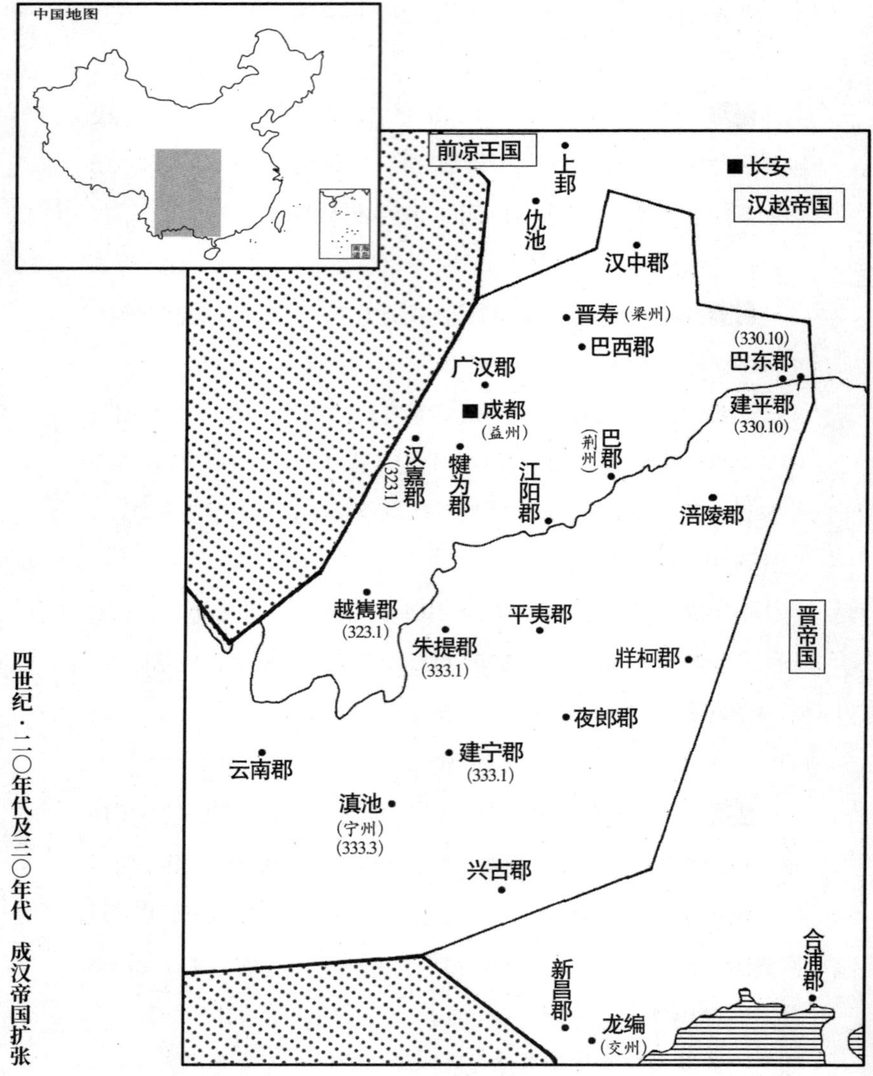

四世纪·二〇年代及三〇年代　成汉帝国扩张

说:“你吩咐的当天，就教他上路，现在已到中途。”广阿（河北省隆尧县东）一带，蝗虫成灾，石虎秘密派出他的儿子、冀州（州政府设信都〔河北省衡水市冀州区〕）州长（刺史）石邃，率骑兵三千人在灾区巡逻（一则防备外军突袭，二则使部队保持机动，一旦有变，可以立即投入战斗）。

秋季，七月，石勒医药罔效，遗诏说:“石弘兄弟，要互相保护，司马家族（晋王朝）的内斗，正是前面翻覆的车辆，应引作鉴戒。石虎应思量姬旦（周）、霍光（霍）的行为，不要为后人留下话柄。”

七月二十一日，石勒逝世（年六十岁）。中山王石虎立即发动血腥报复：派武士挟持皇太子石弘，登上金殿前平台，下令逮捕右特级国务官（右光禄大夫）程遐、立法院最高立法长（中书令）徐光，交付司法部（廷尉）。征召石邃率军进宫，负责保护皇帝安全。文武官员，四散逃命。石弘大为恐惧，自己陈述自己的才能低劣，愿把皇帝宝座，让给石虎。石虎说:“君王逝世，太子继位，这是正常的礼法。”石弘哭泣流涕，坚决辞让，石虎暴跳说:“你有没有能力承担重任，天下自有大义，何必事先讨论！”石弘只好登位（二任帝。本年石弘二十一岁），大赦，斩程遐、徐光。深夜，把石勒的灵柩，暗中埋葬到山谷之中，没有人知道在什么地方。

七月己卯日（七月戊申朔，没有己卯），在盛大的仪式和护卫之下，把一口空棺葬入高平陵（河北省邢台市西南八公里）。称石勒绰号明帝，祭庙称高祖。

后赵帝国将领石聪，及谯郡（安徽省亳州市）郡长彭彪，分别派出使节，向晋帝国（首都建康）请求投降（石聪原是汲郡〔河南省卫辉市〕郡长，时在谯郡）。石聪本是汉人，改姓石。晋帝国政府派大营指挥官（督护）乔球，率军支援；军队还没有抵达，石聪等已被石虎诛杀。

6 刚继承辽东公（首府棘城）的慕容皝，派秘书长（长史）勃海郡（河北省南皮县）人王济，前往晋帝国首都建康（江苏省南京市），报告老爹慕容廆之丧。

7 八月，后赵帝国皇帝石弘，任命中山王石虎当丞相，封魏王、大单于，加“九锡”（参考四年），划出魏郡（邺城，河北省临漳县邺城镇）等十三郡，建立魏国（首府邺城），统御文武百官。石虎下令赦免魏国境内囚犯，封正妻郑樱桃当魏王后；世子石邃当魏太子，加授“使持节”（一级权力）、高级咨询官（侍中）、全国各军区总司令长官（都督中外诸军事）、最高统帅（大将军）、主管政府机要（录尚书事）；次子石宣“使持节”，当车骑大将军、冀州（河北省中部）州长（刺史），封河间王；三子石韬当前锋将军、京畿总卫戍司令（司隶校尉），封乐安王。四子石遵当齐王、五子石鉴当代王、六子石苞当乐平王。改封平原王石斌当章武王。石勒时代所任用的文武旧有官员，全都调成没有实权的闲差。石虎的旧部和亲属，全都充当政府重要官员。命镇军将军夔安兼任国务院左执行长（左仆射），国务院执行官（尚书）郭殷当国务院右执行长（右仆射）。太子宫改名崇训宫，皇太后刘女士以下，全体迁入太子宫。石勒所有最好最美的宫女和车马、服装、珍宝等，全搬进丞相府。

8 宇文部落（内蒙古老哈河上游）酋长宇文乞得归，被东部酋长宇文逸豆归驱逐，逃亡在外，逝世。晋帝国所封辽东公（首府棘城）慕容皝，率军讨伐宇文逸豆归，大军抵达广安（辽宁省朝阳市南），宇文逸豆归恐惧，请求和解，慕容皝接受，修筑榆阴、安晋二城而回（二城应在朝阳市西北）。

9 成汉帝国（首都成都）建宁（云南省曲靖市）、牂柯（贵州省福泉市）二郡，投降晋帝国（首都建康）。成汉帝国最高统帅（大将军）李寿反攻，收复。

10 后赵帝国（首府襄国）皇太后刘女士对彭城王石堪说："先帝（石勒）刚刚逝世，丞相（石虎）欺凌蹂躏，已到如此地步，皇家灭亡，恐怕就在眼前，大王有什么办法？"石堪说："先帝（石勒）旧有臣属，都被排斥，或被疏远，军队已完全不能控制，中央所在之地，无论皇宫和政府，再没有人可以商量。我想投奔兖州（山东省西部），挟持南阳王石恢（石勒的幼子）当盟主，据守廪丘（兖州州政府所在县，山东省郓城县西北），宣布太后的诏令，号召各州郡、各地方政府，及各军区，命他们动员勤王，诛杀凶暴叛逆，这样才有成功的可能。"刘太后说："事情已经紧迫，要迅速行动。"

九月，石堪改穿平民衣服，率少数轻装备部队，袭击兖州（州政府设廪丘），不能夺取，只好向南投奔谯城（安徽省亳州市）。丞相石虎派部将郭太追击，追到城父（安徽省亳州市东南城父镇），生擒石堪，送到襄国，用烈火活活烤死。石虎征召南阳王石恢返首都襄国（河北省邢台市）。不久之后，刘太后的阴谋泄露，石虎罢黜刘太后，然后处死。改尊皇帝石弘的娘亲程女士当皇太后。石堪本来姓田，因不断建立功劳，石勒收养当作自己的儿子。刘太后有胆量、有见识，石勒常让她参与军事决策，帮助石勒建立政权，有西汉王朝皇太后吕雉的作风，而性不嫉妒，是更超过吕雉之处（吕雉，参考前一八〇年）。

河东王石生镇守关中（长安，陕西省西安市），武卫大将军石朗镇守洛阳（河南省洛阳市东白马寺东）。

冬季，十月，石生、石朗起兵勤王，讨伐丞相石虎。石生自称秦州州长（刺史），派使节向晋帝国（首都建康）投降。氐王蒲洪（时在陇山以西一带）自称雍州州长（刺史），归附前凉王国（首都姑臧〔甘肃省武威市〕。蒲洪降后赵事，参考三二九年九月）。

丞相石虎命太子石邃留守襄国（河北省邢台市），自己亲率步骑兵七万人混合兵团，攻击石朗据守的金墉（洛阳城西北角）。金墉城陷落，生擒石朗，先砍断双脚，再砍下人头。石虎再攻长安（陕西省西安市），命梁王石挺（石虎的儿子）当前锋总司令官（前锋大都督）。石生派将军郭权，率鲜卑酋长涉璝的部众二万人当前锋抵抗；石生率大军随后出发，在蒲阪（山西省永济市）驻防。郭权跟石挺在潼关（陕西省潼关县）会战，大破石挺军，斩石挺跟丞相府左秘书长（丞相左长史）刘隗等（此刘隗，可能是晋帝国逃亡的刘隗；参考三二二年三月）。石虎逃回渑池（河南省洛宁县西北），尸首互相衔接，堆积三百余华里。可是鲜卑部落酋长涉璝跟石虎秘密勾结，在内部叛变，反击石生。石生不知道前方大胜，已斩石挺，对鲜卑部落的内叛，十分恐惧，抛弃军队，单身匹马，逃回长安。郭权集结残留下来的部众，退守渭汭（渭水注入黄河处）。石生忽然六神无主，再放弃长安，逃亡到鸡头山（甘肃省礼县东）躲藏。将军蒋英，遂接管长安，固守。石虎进兵攻击长安，斩蒋英。石生的部将斩石生，投降；郭权投奔陇右（甘肃省南部）。

石虎分别命各将领驻屯汧水（千河）、陇山；派将军麻秋（麻，姓），讨伐蒲洪；蒲洪率部众二万篷帐，再度投降。石虎任命蒲洪当光烈将军、氐部落保安司令（护氐校尉）。蒲洪前往长安，向石虎建议，把关中（陕西省中部）的英雄豪杰，以及氐部落和羌部落的部众，迁移到东方（中原），充实国家人力资源。蒲洪说："氐人的所有部落，都是我蒲洪家的部属，我只要领先去做，谁敢违背？"石虎采纳这项建议，于是强迫迁移秦州（甘肃省南部）、雍州（陕西省中部）的汉人，以及

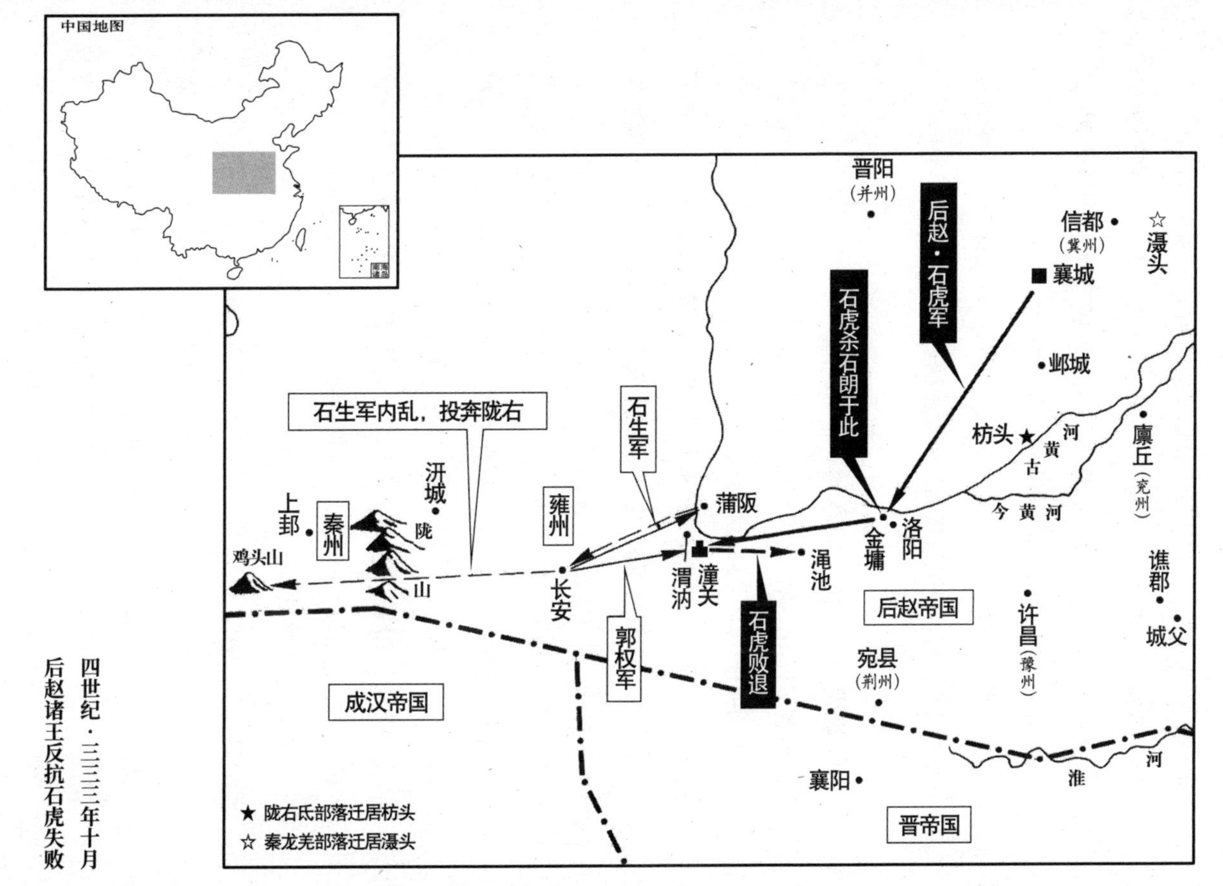

四世纪·三三三年十月
后赵诸王反抗石虎失败

氐人、羌人，共十余万户到关东（函谷关以东）。命蒲洪当龙骧将军、移民总督（流民都督），驻守枋头（河南省淇县东南淇门渡）。又命羌民族总酋长姚弋仲，当奋武将军、西羌总司令官（西羌大都督），率领他的部众数万人，迁驻到清河的滠头（河北省枣强县东北）。

石虎返首都襄国（河北省邢台市），大赦。后赵帝石弘命石虎建立魏国政府，如同曹操当年辅佐东汉王朝前例（参考二一三年十一月）。

11 晋帝国所封辽东公（首府棘城〔辽宁省义县西〕）慕容皝，刚刚继承老爹权位，执法严厉苛刻，官员人民，都感到不安。主任秘书（主簿）皇甫真恳切劝阻，慕容皝不能接受。

慕容皝庶兄、建威将军慕容翰，以及一母所生的亲弟、征虏将军慕容仁，都有勇气谋略，屡次建立战功，得到战士们的拥护；幼弟慕容昭，有才能技艺；受到老爹慕容廆的宠爱。慕容皝对这三位兄弟，十分忌惮。慕容翰叹息说："我所做的事情，都是秉承老爹的命令，不敢不竭尽全力，幸亏老爹神灵保佑，大军所到之处，都建立功勋，这是上天宠爱我们的部落，跟我的努力没有关系。世人因为经我手完成，就肯定我有雄才、有智慧，一定难以制服，我岂可以坐在这里等大祸临头！"遂带着他的儿子，投奔辽西郡（河北省卢龙县）段家部落（首府令支〔河北省迁安市〕）。段家部落酋长段辽，平常听说过慕容翰的才能，为了争取他的效力，对他十分敬爱尊重。

慕容仁从平郭（辽宁省盖州市）回到棘城（辽东国首府，辽宁省义县西）奔丧，对慕容昭说："我们平常骄傲蛮横，对慕容皝有很多的无礼冒犯，而今，他刚烈严厉，我们没有罪还要担心，何况有罪！"慕容昭说："我们全是嫡子，都有资格主持国家。你一向得到军心，而我身在内部，他们绝不会起疑，只要抓住机会，除掉他（慕容皝）不

四世纪·三三三年　慕容皝与慕容仁对峙

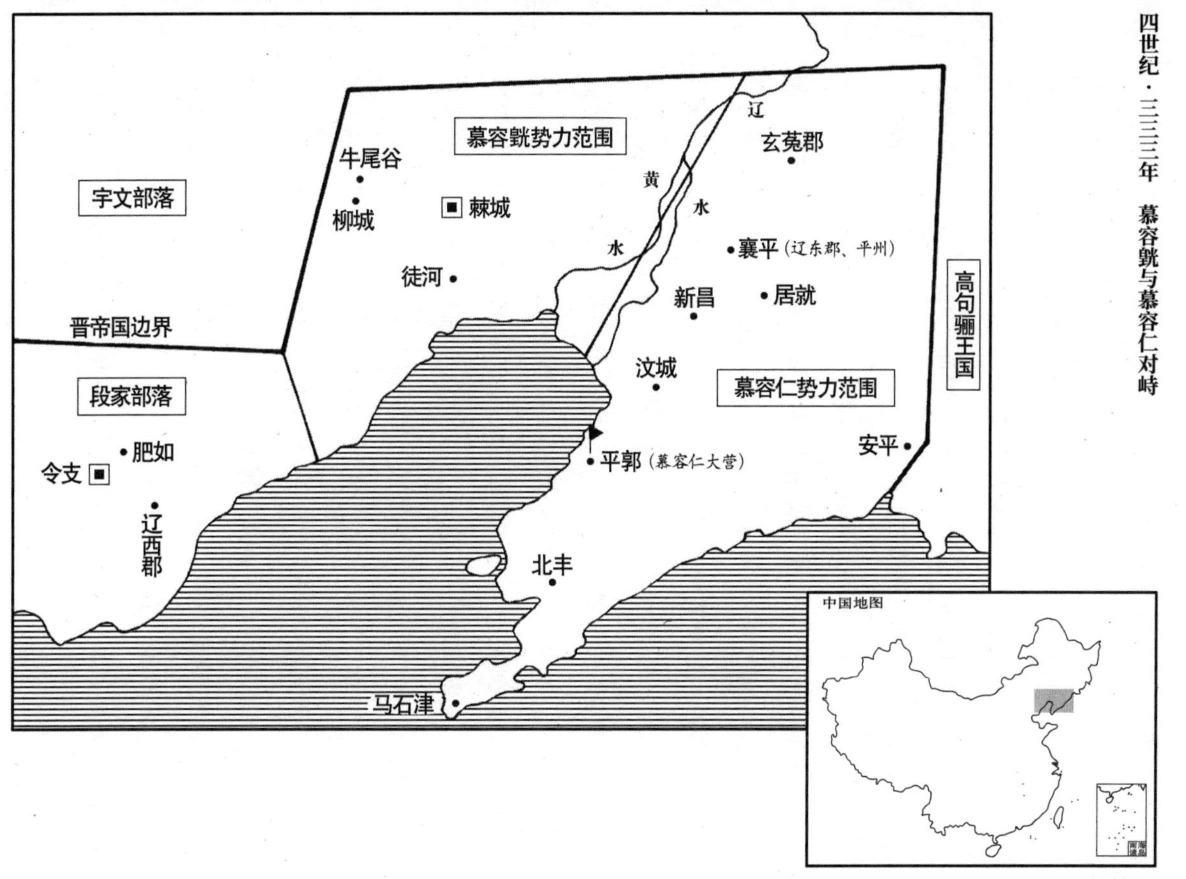

难。你快率军攻击首府，我作为内应，事情成功之后，把辽东（辽宁省）给我。大丈夫做大事，不成功不过一死，不能跟慕容翰一样，跑到异域苟且偷生！”慕容仁说：“好极！”遂回平郭（辽宁省盖州市）。

闰十月，慕容仁率军西进。

有人把慕容仁、慕容昭的阴谋，告诉辽东公慕容皝，慕容皝不肯相信，派人前去调查，而慕容仁大军已抵达黄水（饶阳河·流经辽宁省盘锦市北）。慕容仁知道事情败露，遂斩调查使节，返回平郭（辽宁省盖州市）固守。慕容皝强迫慕容昭自杀，派参谋主任（军祭酒）封奕，前往辽东宣慰安抚。任命高诩当广武将军，率军五千人，跟庶弟建武将军慕容幼、慕容稚，广威将军慕容军、宁远将军慕容汗，军政官（司马）辽东郡（辽宁省辽阳市）人佟寿，共同讨伐慕容仁。在汶城（辽宁省大石桥市东南）之北会战，慕容皝军大败；慕容幼、慕容稚，都被慕容仁俘虏，佟寿曾当过慕容仁的军政官（司马），遂乘此机会，归附慕容仁。前农林官（大农）孙机等，献出辽东郡（辽宁省辽阳市），也归附慕容仁。封奕不能进入辽东城，只好跟慕容汗，一齐返回。东夷保安司令（东夷校尉）封抽、军事总监（护军）平原郡（山东省平原县）人乙逸（乙，姓）、辽东郡（辽宁省辽阳市）郡长（相）太原郡（山西省太原市）人韩矫，都放弃城池逃走（东夷保安司令部、军事总监部及辽东郡郡政府同设襄平〔辽宁省辽阳市〕）。于是，慕容仁夺取所有属于辽东郡的土地。

段家部落（首府令支〔河北省迁安市〕）酋长段辽，以及鲜卑其他部落，都跟慕容仁遥遥呼应。

慕容皝回想皇甫真说过的话，擢升他当平州（辽宁省）总务官（别驾）。

12 十二月，后赵帝国（首都襄国）逃到上邽（甘肃省天水市）的将军郭权，派使节到晋帝国（首都建康），请求归降；京兆郡（陕西省西安市）、新平郡（陕西省彬州市）、扶风郡（陕西省眉县）、冯翊郡（陕西省大荔县）、北地郡（陕西省铜川市耀州区）都起兵响应。

13 最初，前凉王国（首都姑臧〔甘肃省武威市〕）凉王（二任文王）张骏（本年二十七岁），打算向成汉帝国（首都成都）借路到晋帝国首都建康（江苏省南京市），呈递奏章，成汉帝（一任武帝）李雄（本年六十岁）拒绝。张骏遂派人事官（治中从事）张淳，前往成汉帝国，请求归附作为藩属；但交换条件是，准许张淳转往晋帝国首都建康；李雄满口答应，可是暗中布置：预备当张淳乘船穿过长江三峡时，派人假扮强盗，把张淳连人带船，凿沉到水底。蜀郡（四川省成都市）人桥赟，秘密告诉张淳，张淳对李雄说："我的国君派遣我这个地位低微的官员，前来从没有人来过的地方；万里迢迢，把一份诚心，呈献建康（晋首都，江苏省南京市）。只因陛下鼓励忠贞，才成全我们的心愿。如果要杀我，就应绑到东城街市斩首，宣布罪状，说：'凉州（甘肃省中部西部）不忘故旧之情，派遣使节，前往晋见琅邪（晋帝国皇帝出身琅邪亲王系）。我们神圣的主上和聪明的臣属，发觉这项阴谋，所以诛杀。'这样的话，陛下的大义就可远播四方，天下人对陛下的威名，就会无不畏惧。而今，派盗贼把我杀到长江之中，德威和罪名，都不显著，怎么能够面对天下！"李雄大惊说："怎么会有这种事！"

成汉帝国京畿总卫戍司令（司隶校尉）景骞，向李雄建议说："张淳，是一个壮士，请留下他！"李雄说："壮士怎么能留得下？但你不妨前去试试。"景骞对张淳说："你体格丰满，而天气正热，不妨派一个低级职员先行上路，你自己等到秋季凉爽时再动身。"张淳说："我的国君念及晋王朝皇家流离失所，皇帝灵柩仍在远方，不能迎返安葬在祖先墓园，人民生活在泥泞道路之上，或炙热炭火之中，没有人伸手拯救。所以派我把一番诚意，带往京师（晋首都建康）。陈述的全是重要事情，不是低级官员可以胜任。如果低级官员可以胜任，就不会派我。即令是火山汤海，我还要前往，天热天冷，有什么好在意的！”李雄对张淳说：“你的主人（张骏）英名盖世，疆界险要，兵强马壮，为什么不自己当皇帝，自得其乐？”张淳说：“我的国君自从祖父（张轨）以来，世世忠贞，只因国仇未报，国耻未雪；晚上头枕刀枪，等待天亮；如此心情，怎么能自己乐得起来。”李雄十分惭愧，说：“我的祖先本来也是晋国（晋帝国）的臣属，正逢天下大乱，我跟秦州（甘肃省南部）六郡的逃亡难民，同时流浪到本州（益州〔四川省中部〕）谋生（参考二九八年），被大家推举，遂终于有今天局面，琅邪（晋帝国帝系）如果能使晋政府在中国境内复兴，我会率领部众，辅佐他完成功业。”给张淳一份厚礼，送他上路。张淳终于抵达首都建康（江苏省南京市），转达主人张骏交付的使命。

晋帝国故都长安陷落时（参考三一六年十一月），敦煌郡（甘肃省敦煌市）郡政府奏事助理官（计吏）耿访，最初逃到汉中（陕西省汉中市），后来再逃到江东（江苏省南部太湖流域），屡次上书中央，请派大员前往宣慰凉州。政府任命耿访代理诉讼监察官（守侍书御史），擢升张骏当镇西大将军；遴选陇西郡（甘肃省陇西县）人贾陵等十二人，随同耿访同行。耿访好不容易走到梁州（陕西省南部及四川省东北部。此时梁州属成汉帝国），道路不通，耿访把晋帝（九任成帝）司马衍（本年十三岁）的诏书，交给贾陵，假装是做生意的商贩，才终于送到。

本年（三三三），贾陵第一个抵达凉州（州政府设姑臧），张骏派部曲司令（部曲督）王丰，向贾陵答谢。

三三四年 甲午

晋	咸和	九年
成汉	玉衡	二十四年
后赵	延熙	元年
前凉	太元	十一年

1 春季，正月，后赵帝国（首都襄国〔河北省邢台市〕）改年号延熙。

2 晋帝国（首都建康〔江苏省南京市〕）皇帝（九任成帝）司马衍（本年十四岁），任命郭权当镇西将军、雍州（州政府设襄阳〔湖北省襄阳市〕）州长（刺史）。

3 仇池王（首府仇池〔甘肃省西和县南〕）杨难敌逝世，儿子杨毅继位，自称龙骧将军、左贤王、下辨公。任命叔父杨坚头的儿子杨盘当冠军将军、右贤王、河池公。派人到晋帝国（首都建康）归降。

4 二月二十三日，晋帝国政府下诏，指派耿访、王丰，携带印信，加授前凉王国（首都姑臧〔甘肃省武威市〕）首领（二任文王）、西平公张骏（本年二十八岁），当晋帝国最高统帅（大将军），兼西中国雍秦凉军区司令长官（都督陕西、雍秦凉州诸军事）。从此，双方使节，每年来往不绝。

5 晋帝国所封辽东国征虏将军慕容仁（时驻平郭〔辽宁省盖州市〕），任命军政官（司马）翟楷，兼东夷保安司令（东夷校尉），前平州（辽宁省）总务官（别驾）庞鉴，兼辽东郡（辽宁省辽阳市）郡长（相）。

6 段家部落（首府令支〔河北省迁安市〕）酋长段辽，派军袭击辽东公（首府棘城〔辽宁省义县西〕）慕容皝的徒河（辽宁省锦州市），不能夺取。再派他的老弟段兰，跟慕容翰（参考去年〔三三三〕十月），一同进攻柳城（辽宁省朝阳市西南）。柳城民兵司令（都尉）石琮、城主慕舆泥，合力抵抗，段兰等不能攻克，撤退。段辽大怒，责骂段兰，非要攻克不可。于是，段兰休息二十天之后，增加部队，作第二次攻击，战士都身穿两层铠甲，盾牌护头，四面八方架起云梯爬城，日夜不停。石琮、慕舆泥抵抗越发奋勇，段兰伤亡一千余人，仍不能攻克。辽东公慕容皝派慕容汗、军政官（司马）封奕赴援。慕容皝警告慕容汗说：“贼寇气势正盛，不要跟他们立即较量。”慕容汗骁勇果敢，率一千余骑兵当前锋，长躯直入。封奕阻止他，慕容汗不理，在牛尾谷（辽宁省朝阳市北）跟段兰军相遇，决战；慕容汗军大败，死亡超过一半；封奕立即重整部队再战，总算没有全军覆没。

段兰打算乘胜追击，慕容翰唯恐自己的国家被消灭，劝阻说：“当一个将领，要特别慎重，检讨自己，衡量敌人，除非有万无一失的把握，不可以行动。如今虽然挫败他们的旁支，并没有摧毁他们的野战主力。慕容皝虚伪奸诈，喜爱隐藏埋伏，如果动员全国军队，亲自率领拒战，而我们孤军深入，人数太少，难以和他们众多的部队对抗，这是危险的谋略。而且，我们接到的命令，正是要我们造成现在这样的柳城大捷，如果违抗命令，贪功急进，万一失败，功劳和名声，同时丧失，还有什么面目回去！”段兰说：“他们已经命中注定要被我们生擒活捉，没有第二条路可走。你所考虑的，只是怕我消灭你的故国而已。而今，慕容千年正在东方，我们进攻，如果能圆满的达成任务，我打算迎立慕容千年当辽东封国的嗣君，无论如何都不辜负你，使王家祖庙香火断绝。”慕容千年，是慕容仁的乳名。慕容翰说：“我孤单一身，一心投靠，再没有回国的可能，他们的存亡，跟我有什么关系？只是为了贵国的利益设想，而且也互相勉励，珍惜自己的功名！”命自己的直属部队停止前进，打算单独回军，段兰无可奈何，只好接受。

7 三月，成汉帝国（首都成都〔四川省成都市〕）皇帝（一任武帝）李雄（本年六十一岁）分割宁州（云南省）一部分郡县，另行设立交州（云南省东南部）。任命霍彪当宁州（州政府设滇池〔云南省昆明市晋宁区〕）州长（刺史），爨深当交州（州政府设律高〔云南省开远市东北〕）州长（刺史）。

8 后赵帝国（首都襄国）丞相石虎，派部将郭敖，跟章武王石斌，率步骑兵混合兵团四万人，西上攻击郭权，抵达华阴（陕西省华阴市）。

夏季，四月，上邽（甘肃省天水市）当地豪门首领，诛杀郭权，归附后赵帝国。石虎把秦州（甘肃省南部）居民三万余户，迁移到东方的青州（山东省北部）、并州（山西省中部）。

长安（陕西省西安市）人陈良夫，投奔黑羌部落（羌民族的一个支派），跟北羌王（北羌部落酋长）薄句大等，劫掠北地郡（陕西省铜川市耀州区）、冯翊郡（陕西省大荔县）。章武王石斌、乐安王石韬，联合追击，大破诸羌军，薄句大逃往马兰山（陕西省白水县西北三十公里。居住此地的羌部落，称马兰羌）。郭敖乘胜追击，被诸羌军击败，死亡达全军十分之七八。石斌等撤退到三城（陕西省延安市）。石虎派使节斩郭敖。秦王石宏口出怨言（石宏是石勒的次子，被石虎假传圣旨召到襄国；参考去年〔三三三〕六月），石虎逮捕石宏，软禁。

9 据守平郭（辽宁省盖州市）的慕容仁，自称平州（辽宁省）州长（刺史）、辽东公。

10 晋帝国全国武装部队总司令（太尉）、长沙公（桓公）陶侃（时驻武昌〔湖北省鄂州市〕），到了晚年之后，对于自己所享有的高级官位和强大权力，恐惧不安，从不干预中央政府的行政，屡屡请求退休，回到他的封国（长沙国，湖南省长沙市），左右幕僚等百般挽留。

六月，陶侃病重，上书中央，请求辞职。派左秘书长（左长史）殷羡，携带中央过去所发给陶侃的符节、主帅特用的旌旗（麾）、展示军威专用的旌旗（幢）、曲柄伞盖、高级咨询官（侍中）进宫时耳际悬挂的貂尾和蝉饰、全国武装部队总司令（太尉）印信，荆州、江州、雍州、梁州、交州、广州、益州、宁州八州的州长（刺史）印信（陶侃原是荆江雍梁交广宁七州军区司令长官，而益州州政府侨设于荆州巴东郡〔重庆市奉节县东〕，名义上也属陶侃所管军区），加强威仪的木戟（以上种种，都是皇帝赐予，所以一律缴还），其他军用物资、武器、耕牛、战马、船舰，都一一列入帐册，然后用盖印的封条，封入仓库，陶侃亲自保管钥匙。把身后之事，托付给右军政官（右司马）王愆期，加授王愆期为大营指挥官（督护），统御辖区内所有文武官员。

六月十二日，陶侃卧在车上，离开官署，到码头登船，打算回他的封国长沙，回头对王愆期说："你看我这个老汉，东倒西歪，都怪你们苦留。"

六月十三日，船到樊溪（于湖北省鄂州市西三公里注入长江），陶侃逝世（年七十六岁）。陶侃身在军旅，凡四十一年，精明而有毅力，善于判断观察，十分细密，没有人能欺骗他。他的辖区，东从南陵（安徽省池州市贵池区），西到白帝（巴东郡郡政府所在城，重庆市奉节县东），数千华里之遥，治安良好，路上丢了东西，都没有人捡。等到逝世，国务院执行官（尚书）梅陶，写信给亲信曹识说："陶侃的警觉力和洞察力，好像曹操（东汉王朝丞相）；忠心勤劳，好像诸葛亮（蜀汉帝国丞相）；陆抗（东吴帝国最高指挥官〔大司马〕）等人，赶不上陶侃。"谢安也常说："陶侃虽然主张法治，却常能顾及到法外的影响力。"谢安，是谢鲲的侄儿（谢鲲事，参考三二二年正月）。

11 成汉帝国皇帝李雄，头上生疮，身上刀伤（金创）累累，一旦病倒，本已痊愈的伤口，也都溃烂，脓血交流，儿子们对他都感到厌恶，远远躲开。只有皇太子李班，日夜在旁侍奉，连衣服冠帽都不脱，亲自给李雄用口吸脓。李雄召见最高统帅（大将军）建宁王李寿，接受遗诏，辅佐新君。

六月二十五日，李雄逝世（年六十一岁）。皇太子李班（本年四十七岁）继位登极（二任哀帝。李班是李雄老哥李荡的儿子），任命建宁王李寿主管政府机要（录尚书事），国家大事全部交付李寿，以及宰相（司徒）何点、国务院执行官（尚书）王瓌。

李班只在宫中服丧哀哭，不过问政事。

12 六月二十九日，晋帝国擢升平西将军、豫州（州政府设芜湖〔安徽省芜湖市〕）州长庾亮，当征西将军，“假节”（三级权力），兼江荆豫益梁雍军区司令长官（都督江荆豫益梁雍六州诸军事），兼江州（江西省及福建省）、豫州（安徽省中南部）、荆州（湖北省及湖南省）三州州长（刺史），镇守武昌（湖北省鄂州市。接替陶侃）。庾亮延聘殷浩当记录军事参议官（记室参军）。殷浩，是殷羡的儿子（殷羡，参考三二八年九月）。殷浩跟豫章郡（江西省南昌市）郡长褚裒（音póu〔抔〕）、首都建康市政府主任秘书（丹阳丞）杜乂，都以见识清高，精于谈论《老子》《易经》，在江东（晋帝国）享有盛大名望，而殷浩，尤其受社会名流推崇尊敬。褚裒，是褚䂮的孙儿（褚䂮，参考二六〇年十二月）。杜乂，是杜锡的儿子（杜锡，参考二九九年十一月）。桓彝曾经赞扬褚裒说：“褚裒肚子里有《春秋》！”意思是褚裒虽然对外不评论是非，但并不是混沌糊涂，事实上心里有褒有贬。谢安也说：“褚裒虽然不说话，但是一年四季的气象，已经具备。”（一窝穷嚼蛆，你捧我、我捧你，好不热闹。这种现象发生在文坛之上，没有关系，不过各自过瘾，但发生在政坛之上，每人都身负实际政治责任，影响就大。晋帝国之终不能复兴，早成定局。）

13 秋季，八月，晋帝国辽东公（首府棘城〔辽宁省义县西〕）慕容皝，派到中央报丧的王济（参考去年〔三三三〕七月），返回辽东。皇帝特派执法监察官（侍御史）王齐，专程祭祀故辽东公慕容廆；又派皇家礼宾官（谒者）徐孟，传达皇命，任命慕容皝当镇军大将军、平州（辽宁省）州长（刺史）、大单于，仍封辽东公，"持节"（二级权力），行使皇帝职权（承制），任官封爵，一切跟老爹慕容廆一样。中央钦差船只在马石津（辽宁省大连市旅顺口区）上岸时，被慕容仁（时驻平郭）扣留。

14 九月八日，晋帝国首都卫戍司令（卫将军）、江陵公（穆公）陆晔逝世（年七十四岁）。

15 成汉帝国一任帝李雄的儿子、车骑将军李越，驻防江阳郡（四川省泸州市），到首都成都奔丧。因为现任皇帝（二任哀帝）李班不是李雄的亲生儿子，李越心里不服，跟他的老弟安东将军李期，打算发动政变。李班的老弟李玝，建议李班：立即下令李越返回防地；再任命李期当梁州（陕西省南部及四川省东北部）州长（刺史），镇守葭萌（即晋寿，四川省广元市西南）。李班因为李雄还没有安葬，不忍心就把他的亲生儿子送走，推心置腹相待，一点没有猜忌怀疑。反而命李玝前往涪县（四川省绵阳市）驻防。

冬季，十月二十三日，李越乘李班夜间守灵机会，就在老爹李雄灵柩之前，刺杀李班（年四十七岁）。同时诛杀李班的老哥、中央禁军总监（领军将军）李都；假传皇太后任女士的命令，宣布李班罪状，罢黜他的皇帝职位。

最初，李期娘亲冉女士，出身微贱；任皇后抱过来自己抚养。李期十分聪明，多才多艺，有美好的名声。等到李班被杀，权力阶层都打算拥戴李越，李越则愿拥护李期。

十月二十四日，李期（本年二十二岁）遂登上皇帝宝座（三任隐帝），给李班定绰号戾太子。任命李越当相国，封建宁王，加授最高统帅（大将军）；李寿当总司令官（大都督），改封汉王；二人共同主管政府机要（录尚书事）。李期任命老哥李霸当中央禁军总监（中领军）、镇南大将军；老弟李保当镇西大将军，兼汶山郡（四川省茂县）郡长；堂兄李始当征东大将军，代替李越镇守江阳郡（四川省泸州市）。

十月二十六日，把李雄安葬在安都陵（今地不详），绰号武皇帝，祭庙称太宗。

李始打算联合李寿，共同攻击李期，李寿不敢行动，李始大为愤怒，为了报复和自卫，反而向李期打小报告，说李寿企图谋反，请诛杀李寿。但李期正打算利用李寿讨伐李玝，所以不肯对李寿下手，只派李寿率军进攻涪县（四川省绵阳市）。在大军出动前，李寿先派使节晋见李玝，分析逃亡或固守的成败可能，和利害关系，留出李玝一条逃亡的道路；李玝遂投奔晋帝国（首都建康）。晋政府任命李玝当巴郡（重庆市）郡长（空头官衔）。

李期任命李寿当梁州州长（刺史），驻防涪县（四川省绵阳市）。

16 后赵帝国皇帝（二任）石弘，不堪魏王石虎的暴虐，亲自携带皇帝印信玉玺，前往石虎的王宫（首府邺城〔河北省临漳县邺城镇〕），请求禅让帝位。石虎说：“帝王大业，天下自有公正议论，为什么想起‘禅让’把戏？”石弘哭泣流泪，只好回宫，对程太后说：“先帝（石勒）真是再没有后代了！”于是，魏国国务院（尚书）上书魏王石虎说：“魏国政府应依照伊祁放勋（唐）、姚重华（虞）禅让前例，接管帝国政府。”石虎说：“石弘愚昧无知，在老爹丧葬期间，行为违背礼教，应该把他罢黜，禅什么让！”

十一月，石虎派部将郭殷，率军进入皇宫，把皇帝石弘贬作海阳王。石弘从容不迫的上车，脸上跟平常一样安静，对文武官员说：“我知道我昏庸无能，没有资格继承皇家大统，还有什么话可说！”文武官员感伤，没有人不流下眼泪，宫中妇女、宦官，一齐恸哭。文武官员遂到魏国政府，向石虎“劝进”（劝他进一步坐上皇帝宝座），石虎说：“皇帝是恩德最高时的称号，我不敢当，不妨姑且称‘摄政赵天王’。”把石弘，以及程太后、秦王石宏、南阳王石恢，都囚禁在崇训宫（东宫）。不久，全部格杀（石弘年二十二岁）。

西羌总司令官（西羌大都督）姚弋仲（时驻滠头〔河北省枣强县东北〕）声称有病，不向石虎祝贺；石虎不断征召他，他才到首都襄国（河北省邢台市）。姚弋仲严肃的问石虎：“我常说，大王是盖世英雄，怎么做出刚刚接受别人紧握手臂的托付，却立刻翻脸夺取的丑事！”石虎说：“我难道高兴这么做，只以石弘年轻，恐不能办完我家的事，所以代替他作主！”心里虽然恼怒，但了解姚弋仲诚心诚意，也不怪罪。

石虎任命夔安当高级咨询官（侍中）、全国武装部队总司令（太尉），兼代理国务院总理（守尚书令）；郭殷当最高监察长（司空），韩晞当国务院左执行长（尚书左仆射），魏郡（河北省临漳县邺城镇）人申钟当高级咨询官（侍中），郎闿当特级国务官（光禄大夫），王波当立法院最高立法长（中书令）。文武官员都依照等级，升官封爵。

石虎前往信都（冀州州政府所在县，河北省衡水市冀州区），再返首都襄国（河北省邢台市。只因神秘预言书上说：“天子当从东北来！”石虎才出动皇帝法驾，由信都进入襄国）。

17 晋帝国所封辽东公（首府棘城）慕容皝，讨伐他的老弟慕容仁。

十一月十五日，慕容皝抵达襄平（辽东郡郡政府所在县，辽宁省辽阳市）。辽东郡人王岌暗中约定投降，慕容皝遂发动攻击，攻克襄平。守将翟楷、庞鉴，单人匹马逃走。居就（辽阳市西南）、新昌（辽宁省海城市东北）等县，全归附慕容皝。慕容皝打算把辽东居民全部坑杀，广武将军高诩劝阻说："辽东（辽东半岛）叛变，并不是人民本意，只不过畏惧慕容仁的凶暴威势，不得不服从。而今，叛徒首领还在（指慕容仁），我们才不过刚光复了一个城池，如果屠杀一光，还没有攻克的城池，恐怕想投降也不敢投降！"慕容皝才停止。而只把辽东城（襄平）豪门巨族，迁一部分到首府棘城（辽宁省义县西）；任命杜群当辽东郡（辽宁省辽阳市）郡长（相），安抚残留下来的居民。

18 十二月，后赵帝国徐州（州政府设彭城〔江苏省徐州市〕）参谋官（从事）、兰陵郡（山东省兰陵县西南兰陵镇）人朱纵，击斩州长（刺史）郭祥，献出彭城（江苏省徐州市），向晋帝国（首都建康）投降。

后赵帝国将领王朗攻彭城，朱纵投奔晋帝国淮南郡（安徽省寿县）。

19 慕容仁（时驻平郭〔辽宁省盖州市〕）派军袭击新昌（辽宁省海城市东北），新昌大营指挥官（督护）、新兴郡（山西省忻州市）人王寓，击退攻击。慕容皝遂把新昌所有居民，迁移襄平（辽东郡郡政府所在县，辽宁省辽阳市）。

三三五年 乙未

晋	咸康	元年
成汉	玉恒	元年
后赵	建武	元年
前凉	太元	十二年

1 春季，正月一日，晋帝国（首都建康〔江苏省南京市〕）皇帝（九任成帝）司马衍（本年十五岁），行加冠礼，大赦，改年号（咸康）。

2 成汉帝国（首都成都〔四川省成都市〕）大赦，改年号玉恒。

后赵帝国（首都襄国〔河北省邢台市〕）大赦，改年号建武。

3 成汉帝国皇帝（三任隐帝）李期（本年二十三岁），封正妻阎女士当皇后；命首都卫戍司令（卫将军）尹奉当右丞相；命骠骑将军、国务院总理（尚书令）王瓌当宰相（司徒）。

4 后赵帝国首领（三任武帝）、摄政天王石虎（本年四十一岁），命太子石邃，裁决国务院（尚书）奏章，只有祭祀天地神祇，及祭祀皇家祖庙、遴选州长郡长、战争讨伐、刑事处决等，才由石虎亲自批示。石虎喜爱大兴土木，兴建宫殿。鹳雀台（即曹操兴筑的铜雀台，在邺城〔河北省临漳县邺城镇〕西北角）崩塌，斩工程总监（典匠少府）任汪。重新修筑，豪华超过旧日的两倍。

石邃的乳娘刘芝，封宜城君（"君"是女性侯爵），干涉政府行政，接受贿赂，当官的多出自她的推荐。

5 晋帝国所封辽东公（首府棘城〔辽宁省义县西〕）慕容皝，设立左右军政官（左右司马）。命原军政官（司马）韩矫当左军政官，原参谋主任（军祭酒）封奕当右军政官。

6 晋帝国宰相（司徒）王导，因体弱多病，不能每天参加早上朝会。

三月十七日，皇帝司马衍，亲自驾临王导家，跟文武官员，在内宅饮酒欢宴，司马衍向王导以及王导的妻子曹女士，都叩拜行礼。高级咨询官（侍中）孔坦秘密上书，恳切劝告，提醒司马衍：刚刚行过加冠大典，已经进入成年，一举一动，都要合乎礼仪规定：司马衍接受。孔坦对司马衍把政府大权交给王导，十分不满，曾在一个适当的场合，对司马衍说："陛下的年龄已逐渐长大，圣主的品德每天都有进展，最好多多采纳其他官员们的意见，听听其他官员治国安民的道理。”王导得到报告，深感厌恶，把孔坦逐出宫廷，去当司法部长（廷尉）。孔坦失望，假装有病辞职。

首都建康市长（丹阳尹）桓景，伶俐谄媚，深受王导的宠爱和信任。正巧，天象发生变化，荧惑星紧靠南斗星，历时十天之久（《晋书·天文志》：“南斗六星，是‘宰相’的位置。”荧惑星是妖星，古星象学家认为：国有乱臣贼子，荧惑一定出现。荧惑星逼近南斗星，显示宰相信任乱臣贼子）。王导对中央禁军总监（领军将军）陶回说：“南斗星，是地下扬州地区（晋帝国京畿卫戍区），我应该辞职，以接受上天谴责。”陶回说：“这跟扬州无关，而跟宰相有关。阁下以盛大的品德，作君王辅佐，却跟桓景亲密的坐在一起，荧惑星怎么能退走？”王导深感惭愧。

王导延聘太原郡（山西省太原市）人王濛当秘书（掾）、王述当京畿军事初级助理官（中兵属）。王述，是王昶的曾孙（王昶，参考二三七年十二月）。王濛不拘小节，而以清廉简略，闻名于世，跟沛国（安徽省淮北市）人刘惔，享有同等的声名，感情友善。刘惔常常称赞王濛性情通达，却有自然节制。王濛说：“刘先生知道我，超过我知道自己。”当时，号称风流潇洒人物的，都认为刘惔、王濛，是大家的领袖。王述性格沉静，每当座上客人，辩论纷纷，吵闹不已时，王述不烦不躁，怡然自得；年已三十岁，还没有知名度，人们都认为他是白痴。王导因他有烜赫世家门第的缘故（王昶在曹魏帝国时，当官至最高监察长〔司空〕，王昶生王湛，王湛生王承，王承生王述，世代有高名），延聘他进入政府。第一次见面，王导不敢多问，只问东方的米价（《晋书·王述传》：王述从东方〔东吴〕到首都建康〔江苏省南京市〕），王述张口瞪眼，回答不出。王导说：“王述并不是白痴，大家为什么说他是白痴！”当时有一种现象，王导每说一句话，在座的人无不啧啧赞美，王述严肃的说：“人不是伊祁放勋（尧）、姚重华（舜），怎么能够每一件事都做得尽善尽美！”王导正式向他道歉。

7 后赵帝国摄政天王石虎，离开京师（首都襄国）南游，直抵长江北岸才返。担任斥候的游骑兵十余人，曾一度侵入晋帝国历阳（安徽省和县），历阳郡郡长袁耽，飞快奏报，但没有说明有多少敌骑，中央政府大为震动，人心恐惧，宰相（司徒）王导请求发兵迎击。

夏季，四月，加授王导最高指挥官（大司马）、“假黄钺”（君王诛杀时专用的铜斧）、全国征剿总司令长官（都督征讨诸军事）。

四月十六日，晋帝司马衍亲自到广莫门（建康城北门）检阅三军，派各将领分别出发，一方面援救历阳（安徽省和县），一方面进驻慈湖（安徽省马鞍山市北慈湖峡）、牛渚（安徽省马鞍山市西南采石矶）、芜湖（安徽省芜湖市）。最高监察长（司空）郗鉴，派广陵郡（江苏省淮安市淮阴区）郡长（相）陈光，率军南下，保卫京师（首都建康）。不久，得到进一步情报：后赵帝国的骑兵很少，而且已经退走。

四月二十一日，解除戒严，王导也解除最高指挥官（大司马）职务。

袁耽被指控轻举妄动，免职。

8 后赵帝国征虏将军石遇，攻击晋帝国南翼警卫指挥官（南中郎将）桓宣据守的襄阳（湖北省襄阳市），不能攻克（桓宣收复襄阳，参考三三二年秋季）。

9 晋帝国大旱，会稽郡（浙江省绍兴市）余姚县（浙江省余姚市）食米每斗五百钱。

10 秋季，七月，晋帝国所封辽东公（首府棘城）慕容皝，命他的儿子慕容儁当世子（儁，音jùn〔俊〕）。

11 九月，后赵帝国摄政天王石虎，把首都从襄国（河北省邢台市）迁到邺城（河北省临漳县邺城镇）。大赦。

12 当初，后赵帝国一任帝（明帝）石勒在世时，因天竺（印度）佛教高僧佛图澄，对很多事情所作的预言，都能应验，所以事奉佛图澄，十分恭敬。等到石虎登位，对佛图澄更加尊重，供应他锦绣的衣服，跟雕刻精彩的车辆。参加朝会时，太子（石邃）和三公高级官员，搀扶他走上金殿，司仪官员大声传报："大和尚到！"凡是坐着的人，全都起立。石虎指定最高监察长（司空）李农，每天早上和晚上，都要去向佛图澄请安；而太子（石邃）和其他公爵，每隔五天，朝见佛图澄一次。全国人民受到感染，纷纷信仰佛教。佛图澄所去的地方，没有人敢向那个方向吐唾沫。人民竞争着兴建寺院庙宇，剃光头发出家。石虎因为人民真心出家和假装出家，掺杂在一起，难以分辨谁是真信徒，谁是假信徒，以及谁是为了逃避田赋捐税或兵役差役才出家？下诏立法院（中书），问说："佛，是皇家和贵族供奉的神灵，街头巷尾那些既没有官位，又没有爵位的市井小民，有没有资格信佛？"国史编撰官（著作郎）王度等，联名复奏说："君王祭祀大事，传统仪式，仍然存在。佛，是外国的神灵，中国天子和中国人民，不应该祭拜。东汉王朝时，佛教才开始输入传播（参考六五年），但是，也只准西域人（新疆及中亚东部）在大都市地方，建立庙宇寺院祭拜，而严禁中国人出家当和尚。曹魏帝国时代，也是如此。而今，应禁止三公以及部长级官员以下，不准他们前往寺庙烧香磕头。凡帝国臣民已经当了和尚的，统统恢复当初俗家衣裳。”石虎下诏：“我本生在荒僻的边塞，而今却当了以中华民族为首所有中国人的君王。至于祭祀的仪式，应完全尊重各民族的固有风俗习惯。帝国臣民，无论是汉人或蛮夷，完全依照各人意愿行事，政府不加干涉。”

13 后赵帝国（首都邺城）章武王石斌，率精锐骑兵二万人，又集结秦州（甘肃省南部）、雍州（陕西省中部）二州的兵力，讨伐北羌王薄句大（参考去年〔三三四〕三月），完全平定。

14 成汉帝国（首都成都）前任帝（二任哀帝）李班的舅父罗演，跟汉王（李寿）的宰相（相）、天水郡（甘肃省天水市）人上官澹，秘密计划杀掉皇帝李期，拥立李班的儿子继任皇帝。事情泄露，李期诛杀罗演、上官澹，及李班的娘亲罗女士。

李期自从登上皇帝宝位，对自己的聪明才智，十分满意，看不起旧日那些元老，只信任国务院总理（尚书令）景骞，国务院执行官（尚书）姚华、田褒、寝殿侍奉宦官（中常侍）许涪等。司法行政等国家大事，全由这几个人裁决，很少询问其他高级官员的意见。田褒没有其他才干，只因曾经劝一任帝（武帝）李雄立李期当太子，所以受到李期宠爱。

成汉帝国纲纪从此败坏混乱，李雄当初建立的帝国盛世，开始衰退。

15 冬季，十月一日，日蚀。

16 辽东国（辽宁省）慕容仁（慕容仁据平郭背叛，参考前年〔三三三〕十月），送晋帝国皇家使节王齐等南返（慕容仁扣留王齐，参考去年〔三三四〕八月）。王齐船队中途改道，直向棘城（辽东国首府，辽宁省义县西），但遇到逆风，不能抵达。

十二月，副使徐孟等座船，到达棘城，辽东公慕容皝才接到皇帝诏命。

段家部落（首府令支〔河北省迁安市〕），及宇文部落（内蒙古老哈河上游），都派遣使节到慕容仁那里，下榻在平郭（辽宁省盖州市）城外的篷帐。慕容皝的作战官（帐下督）张英，率骑兵一百余人，从小路秘密行军，发动突袭，把宇文部落的使节十余人斩杀，俘虏段家部落的使节而返。

17 本年（三三五），晋帝国八任帝（明帝）司马绍的娘亲、建安君荀女士逝世。荀女士在皇宫之中，尊严跟皇太后一样；皇帝司马衍下诏，追称豫章郡君（中国后妃史上，荀女士是一位传奇人物。她本是七任帝〔元帝〕司马睿的一名宫女，生了司马绍〔八任明帝〕和司马裒〔琅邪王〕之后，受到当时皇后虞孟母的排斥，而荀女士性情刚强，又不愿含垢忍辱，每每反抗，口出怨言，司马睿把她逐出皇宫，另行改嫁，后夫姓马。司马绍登极时，尊荀女士为建安君〔参考三二二年闰十一月〕。次年〔三二三〕，才接回皇宫。我们不知道她的后夫马先生下场如何，以及有无子女，但传统史学家因多方隐瞒之故，使得政府一系列的措施和用词，都十分奇特）。

18 远在北方的代王（首府大宁〔河北省张家口市〕）拓跋翳槐，因他的舅父贺兰蔼头，对他不够恭敬，打算把贺兰蔼头召到首府，乘机诛杀，密谋泄露，各部落纷纷叛变（拓跋翳槐逃奔舅父贺兰蔼头，参考三二七年十二月）。前任代王拓跋纥那，从宇文部落返回（参考三二九年十二月)，各部落酋长，再拥戴他当王。拓跋翳槐发现众叛亲离，投奔后赵帝国首都邺城(河北省临漳县邺城镇)；后赵帝国对他十分厚待。(拓跋翳槐投奔舅父贺兰蔼头时，一条丧家之犬而已，对舅父态度的恭敬和柔顺，在意料之中，而且不可避免的又给了舅父许多甜言蜜语的承诺。可是等到舅父用鲜血把他弄上宝座，他却用诛杀作为回报。因为资料不够，我们无意判断是非，只能叹息："这就是权力！")

19 最初，前凉王国(首都姑臧)始祖(武公)张轨，跟他的两个儿子张寔、张茂，虽然控制河右(河西走廊)，可是没有一年不发生战争。等到现任首领(二任文王)张骏登位(参考三二四年五月)，境内渐渐恢复和平。张骏(本年二十九岁)工作勤奋，用心处理政事，领导文武官员，都能得到他们的效忠。人民富足，兵马强壮，远近都称赞他是贤明领袖。张骏更派将领杨宣，深入西域(新疆及中亚东部)，攻击龟兹王国(新疆库车市)、鄯善王国(新疆若羌县)。于是西域各国，包括焉耆王国(新疆焉耆县)、于阗王国(新疆和田市)等国，都到姑臧(甘肃省武威市)朝贡。张骏在姑臧城南兴筑五座宫殿(主殿名谦光殿，其他四殿环绕四方，东方名宜阳青殿，春季居住；南方名朱阳赤殿，夏季居住；西方名政刑白殿，秋季居住；北方名玄武黑殿，冬季居住)。文武官员，都自称"臣"。

张骏有兼并秦州(甘肃省南部)、雍州(陕西省中部)的大志，派军事参议官(参军)麴护，上书晋帝国皇帝司马衍，认为："石勒(后赵帝国一任帝)、李雄(成汉帝国一任帝)虽然死亡，石虎、李期继续叛逆，千万人民，没有主人照顾，已经超过一个世代，父老们逐渐凋落，新生代不再知道往事，景慕依恋之情，一天比一天淡薄。敬请下令最高监察长(司空)郗鉴、征西将军庾亮，率舰队进入长江、沔水(汉水)，首尾同时进军，东西两方夹击。"

三三六年 丙申

晋 咸康 二年
成汉 玉恒 二年
后赵 建武 二年
前凉 太元 十三年

1 春季，正月十八日，彗星在奎星、娄星之旁出现（奎星、娄星，反映徐州〔江苏省北部〕及古鲁国〔山东省西南部〕地区）。

2 晋帝国（首都建康〔江苏省南京市〕）所封辽东公（首府棘城〔辽宁省义县西〕）慕容皝，将要讨伐老弟慕容仁（参考三三三年十月），军政官（司马）高诩说："慕容仁背叛他的君王和至亲兄长，人神同时愤怒。从前，渤海沿岸，从来没有结过冰，自从慕容仁谋反，迄今一连三年，都冻结成冰。而且，慕容仁专心防备陆军突袭，疏忽海上动向，上天或许就是要我们踏冰进击。”慕容皝接纳。文武百官都认为在冰上千里行军，是一件最大的危险，不如仍从陆上进攻。慕容皝说：“我的计谋已经确定，胆敢动摇军心的，斩首！”

正月十九日，慕容皝率他的老弟、军师将军慕容评等，从昌黎郡（辽宁省义县）东下，践踏冻雪前进，行军三百余华里，抵达历林口（今地可能是辽宁省营口市之东），登陆，抛弃所有辎重，用轻装备骑兵，直指平郭（慕容仁根据地，辽宁省盖州市），距城七华里时，慕容仁从斥候那里得到报告，仓猝应战。张英去年向慕容仁发动突击，把宇文部落（内蒙古老哈河上游）和段家部落（首府令支〔河北省迁安市〕）的使节俘虏而去的时候（参考去年〔三三五〕十二月），慕容仁深恨当时没有紧追不舍。这一次，慕容皝亲自领军出击，慕容仁认为又是慕容皝派出的突击部队，轻率的出来抄掠，不知道慕容皝亲征。慕容仁对左右说：“这一次，我不教他回去一匹马！”

正月乙未日（正月甲子朔，没有乙未），慕容仁出动所有的战斗部队，在平郭（辽宁省盖州市）城西北构筑阵地；而慕容军阵前叛变，投降慕容皝（慕容军被慕容仁俘虏，参考三三三年闰十月），慕容仁军心动摇。慕容皝抓住机会，全军攻击，大破慕容仁军。慕容仁逃走，部属全都背叛，遂被慕容皝生擒。慕容皝先替慕容仁诛杀那些背叛的将领，然后命慕容仁自杀。丁衡、游毅、孙机（前农林官〔大农〕），都是慕容仁的亲信，全被逮捕斩首；智囊王冰自杀。慕容幼、慕容稚、佟寿、郭充、翟楷、庞鉴，都向东逃命。慕容幼半途折回来投降（慕容幼、慕容稚、慕容军，都是慕容皝的庶弟）。慕容皝追捕到翟楷、庞鉴，把二人诛杀。佟寿、郭充，投奔高句骊王国（首都丸都〔吉林省集安市〕）。其他官兵，凡是受慕容仁牵连的，慕容皝一律赦免。

封高诩当汝阳侯。

3 二月，晋帝国国务院执行长（尚书仆射）王彬逝世（年五十九岁）。

4 二月十九日，晋帝（九任成帝）司马衍（本年十六岁），亲自登上平台，派出使节，具备六礼（六礼：一、“纳采”，致送聘金。二、“问名”，占卜吉凶。三、“纳吉”，对方家长承诺这项婚事。四、“纳征”，致送规定的礼物。五、“请期”，由男方择定婚期。六、“亲迎”，新郎亲到新娘家迎娶。皇帝不能亲去迎娶，就用亲临平台〔临轩〕代替），迎娶故当阳侯杜乂的女儿杜陵阳当皇后。大赦。文武百官一齐致贺。

5 夏季，六月，段家部落（首府令支）酋长段辽，派中军将军李咏，袭击辽东公（首府棘城）慕容皝。李咏经过武兴（令支城东）时，慕容皝的司令官（都尉）张萌，生擒李咏。段辽再派老弟段兰，率步骑兵混合兵团数万人，进驻柳城（辽宁省朝阳市西南）西方回水（已进入宇文部落疆界），宇文部落（内蒙古老哈河上游）酋长宇文逸豆归，攻击安晋（三三三年八月所筑），作为段兰声援。慕容皝率步骑兵五万人，攻击柳城，段兰没有交战，即行撤退。慕容皝率大军援救安晋，宇文逸豆归抛弃辎重逃走，慕容皝派军政官（司马）封奕，率轻装备骑兵追击，大破宇文兵团。慕容皝对将领们说：“这两个土匪头（指段兰及宇文逸豆归），师出无功，感到没有面子，势将再发动一次攻击，应该在柳城（辽宁省朝阳市西南）左右设下埋伏，等待他们进入圈套。”命封奕率骑兵数千人，埋伏马兜山（应在朝阳市附近）。

秋季，七月，段辽果然率数千骑兵，深入劫掠，封奕伏兵发动，大破段辽军，斩段辽将领荣伯保。

6 晋帝国前司法部长（廷尉）孔坦逝世（年五十一岁）。孔坦病重时，庾冰前往探视，忍不住流泪，孔坦慨然说：“大丈夫就要死亡，不问他救国救民的意见，怎么反而像小儿女一样，哭了起来？”庾冰恳切道歉。

7 九月，晋帝国辽东公（首府棘城）慕容皝，派秘书长（长史）刘斌，和兼公爵府禁卫官司令（郎中令）、辽东郡（辽宁省辽阳市）人阳景，送晋帝国副使徐孟等（参考去年〔三三五〕十二月），返回首都建康（江苏省南京市）。

8 冬季，十月，晋帝国广州（州政府设番禺〔广东省广州市〕）州长（刺史）邓岳，派大营指挥官（督护）王随等，攻击夜郎郡（贵州省关岭县）、兴古郡（云南省开远市东北），先后夺取（二郡原属成汉帝国）。中央加授邓岳当宁州（云南省）军区司令官（督宁州）。

9 成汉帝国（首都成都〔四川省成都市〕）皇帝（三任隐帝）李期（本年二十四岁），因侄儿国务院执行长（尚书仆射）、武陵公李载，特别有才干，深怀嫉妒，遂诬以谋反，诛杀李载。

10 十一月，晋帝国皇帝司马衍，下诏命建威将军司马勋（时驻武当〔湖北省丹江口市西北〕），率军进入汉中郡（陕西省汉中市）。成汉帝国汉王李寿，击败司马勋；遂委派汉中郡郡长，留下边防部队驻坊南郑（汉中郡郡政府所在县），然后大军撤退（李寿驻防涪城〔四川省绵阳市〕，参考前年

〔三三四〕十月）。

11 北方鲜卑部落酋长索头郁鞠，率部众三万篷帐，投降后赵帝国（首都邺城〔河北省临漳县邺城镇〕）。后赵帝国封索头郁鞠等十三人当亲赵王，把他们的部众散布到冀州（河北省中部）、青州（山东省北部）等六州。

12 后赵帝国首领（三任武帝）、摄政天王石虎（本年四十二岁），在襄国（河北省邢台市）兴筑太武殿，在首都邺城（河北省临漳县邺城镇）兴筑东宫、西宫（太子石邃住东宫，石虎住西宫）。

十二月，全都落成。

太武殿仅殿基就高二丈八尺，长六十五步，宽七十五步，全用大理石砌成。底层是地下室，可容纳武装卫士五百人。用油漆注入瓦缝之间，椽头用黄金装饰，柱头用白银装饰，珍珠织成帘幕，璧玉砌成墙壁，巧夺天工，极为精致。寝殿的设备有白玉床、流苏帐（并列下垂的装饰物，称“流苏”），帐顶上装饰黄金做的莲花。

石虎又命在显阳殿（主殿）之后，再兴建九个殿，挑选官员和民间女子，把它们填满。仅头戴珠玉、身穿绸缎的，就有一万余人。又教导宫女学习占卜算卦、骑马射箭。设立“女总监”（女太史），训练女技工，使她们操作劳动，跟男人一样。又组成一千人的妇女骑兵警卫队，头戴紫巾，脚穿绸裤，腰系丝带，脚登五色彩纹皮靴，手执羽扇，演奏军乐。石虎出游或欢宴时，就带她们一同出动。在大量的人力浪费下，帝国全境大旱成灾，黄金一斤，只能买到粟米二斗，人民愁苦哀号。但石虎仍不断发动战争，不断兴筑庞大的土木工程，赋税劳役，永无停止之日（人民一旦被派差伕劳役，或筑宫殿，或修城墙，不但没有工资，还要自带粮食。不幸受伤，也要自己医治。而材料则由地方政府无条件供应，全由人民负担。此所以帝王每次兴建宫殿，而必有人劝阻的缘故。如果政府发给工资，情形就完全不同)。

石虎派营门官（牙门）张弥，把洛阳（河南省洛阳市东白马寺东）的巨钟和悬钟的巨架（钟虡）、九条雕龙、铜人（翁仲）、铜骆驼（铜驼）、风神（飞廉），都迁移到首都邺城（以上各种铜像，都是曹魏帝国二任帝曹叡从长安迁到洛阳，或在洛阳另铸。参考二三七年）。用四个轮子都缠裹丝网的大车运送（轮上缠丝网，减少震动），车轮辗过的车辙，宽达四尺，深达二尺。其中有一个巨钟，沉没在黄河里，政府招募三百名水手，潜水寻找，用竹片编织成的绳索，把它绑住，岸上用一百头牛，拉动辘轳（汲水用的绳架），才算把它拉出来，另外再造可以容纳一万斛重量的巨船，载运过河。运到邺城（河北省临漳县邺城镇）后，石虎大喜若狂，下命赦免二年以下有期徒刑的罪犯；文武百官，都赏赐谷物布匹；人民都赏赐美酒一壶。

石虎接受皇家御库房管理官（尚方令）解飞的建议，在邺城（河北省临漳县邺城镇）南方，把石头投入漳河（流经邺城西北），打算建立吊桥。人工及经费，浪费数千万亿，而吊桥无法建成，被征调的工人饥饿（自备食粮已尽），无力工作，工程才被迫停止。时天下荒旱，石虎命各州州长、各郡郡长，率饥民到深山采摘橡果，到沼泽捕捉鱼虾，帮助解除饥馑，而采摘或捕捉到手的橡果、鱼虾，又被权势之家和豪门夺取，人民毫无所得。

13 最初，日南郡（越南广平省）酋长范稚，有一位奴仆范文，常常跟随商人，到中国做生意。后来，前往林邑王国（越南中部），教导林邑国王范逸，建筑城墙碉堡、皇宫宝殿，以及各种工具器械，范逸对他至为宠爱信任（林邑王国，本是东汉王朝的象林县〔越南维川县〕；后因民变，东汉政府放弃领土〔参考一三八年五月〕，不久演变为林邑王国。四三年，马援攻击徵侧姐妹，在象林县南界，树立两铜柱记功），任命他当大将。范文遂陷害范逸的儿子们，以致这些儿子们有的被放逐，有的自动逃亡。

本年（三三六），范逸逝世，范文派人到其他国家迎接范逸的儿子返国继位，然后把毒药放在椰子酒里，毒死。范文遂自称林邑国王，出兵攻击大岐界、小岐界、式仆、徐狼、屈都、乾鲁、扶单等国（今地全都不详，但可推测都是位于越南南部或柬埔寨的部落），全都消灭。

范文拥有部众四五万人，派使节向中国（晋帝国）进贡。

14 后赵帝国左劳工营总管（左校令）成公段（成公，复姓），制造“双重铁盘”，放到悬挂旗帜的高杆顶端，距地面十余丈。上盘放置一个巨大蜡烛，下盘容纳卫士（铁盘或铜盘之上，放置大蜡烛，可以理解。不知还要住人干什么），摄政天王石虎试看了之后，大为高兴。

石虎肆暴

导读

中国的暴君群，一半以上集中在大分裂时代。大分裂时代的特征之一是，短命王国不断兴起，也不断覆亡。我们不知道是不是因为暴君的缘故，促使王国短命；或是因为王国短命的缘故，产生暴君。只知道任何一个暴君，都要付出代价，可能是他的王国消灭，也可能是他和他的家属被诛杀（中国历史上只有一个暴君没有付出代价，那就是明王朝第一任皇帝朱元璋）。

三世纪七〇年代孙皓先生的暴行，曾造成震撼，而石虎先生的暴行，要超过孙皓百倍。不同的是，孙皓的暴行孙皓自己知道，而石虎的暴行石虎自己不知道，他像一头野猪一样，靠本能活命，没有人告诉他人的价值，所以他的那些贵为帝王的儿子们，事实上不过一群小野猪而已。

石虎仅只是一个代表，大分裂时代包括君王在内的国家领导人物中，英雄寥寥，君子无几，而恶棍却层出不穷。在所谓仁君之下，中国人的灾难已经可观：现在，骑到头上的竟是名正言顺的暴君，中国人就更悲怆。史书上一行一字，背后都有千万惨绝人寰的生离死别，不忍卒读！

柏杨　一九八五·八·一五

目录

晋帝国

◎ 石虎篡位。

◎ 前燕帝国崛起。

◎ 石虎攻昌黎大败。

◎ 成汉帝国政变。

◎ 李寿篡位。

◎ 君士坦丁逝世，临终受洗当基督徒。儿子君士坦都继位。

三三七年 丁酉

晋	咸康	三年
成汉	玉恒	三年
后赵	建武	三年
前凉	太元	十四年
前燕	文明王	四年

（大黄帝侯子光龙兴元年）

1 春季，正月庚辰日（正月戊子朔，没有庚辰），后赵帝国（首都邺城〔河北省临漳县邺城镇〕）太保（上三公之三）夔安等，文武官员五百余人，在金銮宝殿上请求摄政天王石虎，改称皇帝尊贵绰号，正在此时，高插天际、豪华壮观的"双重铁盘"发生意外，蜡烛脂油从上盘流下，灌进下盘，烫死二十余人。石虎大感扫兴，腰斩成公段（成公段负责制双重铁盘，参考去年〔三三六〕十二月）。

二月二十五日，石虎（本年四十三岁）依照周王朝制度，改称天王

（三任武帝），在首都邺城（河北省临漳县邺城镇）南郊，正式登极，大赦。封王后郑樱桃当天王皇后，太子石邃当天王皇太子；其他儿子封亲王的，都降成郡级公爵；皇族封亲王的，都降成县级侯爵；文武百官，依照等级，各有封赏。

2 晋帝国（首都建康〔江苏省南京市〕）教育总监（国子祭酒）袁瓌、祭祀部长（太常）冯怀，认为江左（即江东，江苏省南部太湖流域）逐渐安定，请求兴建学校，晋帝（九任成帝）司马衍（本年十七岁）批准。

正月四日（原文误置于二月，据《晋书·成帝纪》改），设立国立大学（太学），延聘教师，招收学生。可是，高级知识分子都沉醉在《老子》《庄子》学说之中，儒家系统的经典，始终不能振兴。袁瓌，是袁涣的曾孙（袁涣，参考一九六年十一月）。

3 三月，晋帝国所封辽东公（首府棘城〔辽宁省义县西〕）慕容皝，在段家部落（首府令支〔河北省迁安市〕）乙连城（辽宁省喀喇沁左翼县境）之东，兴筑好城（今地不详），命折冲将军兰勃留守，对乙连城施加压力。

夏季，四月，段家部落酋长段辽，用数千车辆组成的车队，运送粮秣到乙连城，兰勃攻击，全部抢走。

六月，段辽派他的堂弟扬威将军段屈云，率精锐骑兵，乘夜袭击慕容皝的儿子慕容遵据守的兴国城（今地不详），慕容遵击破段屈云。

最初，北平郡（河北省遵化市）人阳裕，自事奉段疾陆眷，直到事奉段辽，历经五世（段疾陆眷——段涉复辰——段末柸——段牙——段辽），都受到尊重礼敬。段辽不断跟慕容皝冲突，缠战不休，阳裕向段辽进言说："亲近仁爱的人，和睦邻居，是国家的至宝。何况，慕容家跟我们世世都是姻亲，双方不是舅舅，就是外甥。而慕容皝既有才能，又有德望。我们跟他结仇，没有一个月没有战事，人民力量已尽，而所得到的利益，不能补偿损失。我恐怕国家的灾难，从此开始。但愿双方都能够检讨自己的过失，恢复从前的和好，用以安定国家，休养人民。”

段辽听不进去，把阳裕外放当北平郡（河北省遵化市）郡长（相）。

4 后赵帝国皇太子石邃，以骁勇善战，闻名于世。老爹石虎，对他至为宠爱，常对文武百官说：“司马家父子兄弟（晋王朝皇族），骨肉互相残杀，才使我得到今天这样地位。像我，我怎么能杀阿铁（石邃乳名）？”可是，不久，石邃骄横傲慢，荒淫残忍；他最喜爱的一件事是，教美女盛装打扮，然后斩首，洗去鲜血，把人头放到盘子上，跟宾客们传递观赏；最后割裂她的尸体，煮吃她尸体上的肉。河间公石宣、乐安公石韬（二人是石邃的老弟），也都受到石虎的宠爱，石邃对这两位老弟，恨入骨髓，当作仇人。石虎整天饮酒和玩弄美女，荒废政事，喜怒无常。曾命石邃裁决国务院（尚书）奏章，遇到石邃向他报告时，石虎就大发雷霆，说：“这种小事，报告干什么？”有时没有报告，也大发雷霆，说：“为什么不报告！”辱骂、鞭打，每月都发生两三次。石邃暗暗告诉他的顾问官（中庶子）李颜等说：“官家（皇帝）真难侍候，我打算做挛鞮冒顿（匈奴汗国二任单于）做过的事（挛鞮冒顿弑父自立，参考前二〇一年五月），你们追随不追随？”李颜等惊恐，把身子伏在地上（古代席地而坐），不敢说一句话。

秋季，七月，石邃声称有病，不处理公事，却暗中率太子宫文武官员五百余人，在李颜别墅，大摆筵席，宣布行动计划，说：“我打算到冀州（州政府设信都〔河北省衡水市冀州区〕）诛杀河间公（石宣），不服从命令的，诛杀。”出发后走了数华里，大家都骑马逃散。李颜跪下叩头劝阻，石邃也昏醉得人事不省，才转回程。石邃的娘亲郑樱桃听到消息，秘密派宦官去责备他，石邃大怒，竟把宦官处死。佛图澄（参考前年〔三三五〕九月）曾经警告石虎：“陛下不可以常去东宫（太子宫）。”此时，石虎正打算去东宫探望石邃的病，忽然想起佛图澄的话，走到半途，即行折返。可是，不久，就瞪大眼睛，向自己号叫说：“我是天下之主，怎么父子都不相信！”派最亲信的宫廷女秘书（女尚书），前往观察。石邃召唤女秘书（女尚书）到面前讲话，抽出佩剑，把她砍死。

石虎大为震怒，逮捕李颜等审问，李颜据实报告，石虎遂斩李颜等三十余人。把石邃囚禁东宫，但不久又赦免他，在太武殿东堂召见石邃，石邃只向老爹行了一礼，对自己的过失，一句不提，更没有一句道歉请罪的话，一会工夫，回头就走。石虎派人从后追赶，提醒他：“太子应拜见皇后（石邃的娘亲郑樱桃），怎么可以说走就走！”石邃不理，大踏脚步而去。石虎怒火冲天，罢黜石邃，贬作平民。当天夜间，诛杀石邃，连同石邃的正妻张妃，以及儿子、女儿二十六人，同时处决，装在一个庞大的棺材中埋葬。再诛杀太子宫官属跟党羽二百余人；罢黜皇后郑樱桃当东海太妃。

石虎封次子石宣当天王皇太子，石宣的娘亲、昭仪杜珠当天王皇后。

5 后赵帝国安定郡（甘肃省镇原县东南屯字镇）人侯子光，自称是佛的儿子，声称从大秦国（罗马帝国）前来，要当小秦国（中国）的君王，聚集部众数千人，据守杜南山（终南山），称大黄帝，改年号龙兴。后赵帝国大将石广讨伐，斩侯子光。

6 九月，晋帝国所封辽东公慕容皝的部将、镇军大将军府左秘书长（镇军左长史。慕容皝是镇军大将军）封奕等，联合劝说慕容皝自称燕王；慕容皝接受。于是，设置各种官署机构，任命封奕当宰相（国相）、韩寿当军政官（司马）、裴开当祭祀部长（奉常）、阳骛当京畿总卫戍司令（司隶）、王寓当交通部长（太仆）、李洪当司法部长（大理）、杜群当国务院总理（纳言令）；宋该、刘睦、石琮，当高级咨询官（常伯）；皇甫真、阳协，当散骑侍从官（冗骑常侍）；宋晃、平熙、张泓，当将军；封裕当主任记录官（记室监）。李洪，是李臻的孙儿（李臻，参考三〇九年十二月）；宋晃，是宋奭的儿子（宋奭，参考三一三年四月）。

冬季，十月十四日，慕容皝登极（一任文明帝。本年慕容皝四十一岁），正式称燕王国，大赦。

十一月甲寅日（十一月癸未朔，没有甲寅），追尊老爹慕容廆为武宣王，嫡母段女士为武宣后；封自己正妻小段女士当王后，世子慕容儁为王太子，一切依照曹操当初辅佐东汉王朝、司马懿当初辅佐曹魏帝国时前例（五胡乱华十九国第五国出现。五胡乱华十九国中，国号“燕”的，有五个之多，只好各加上一字，称为“前燕”“后燕”“北燕”“西燕”“南燕”，作为分别；又因不久〔三五二年十一月〕就改成帝制，所以开始时就称之为“帝国”。本年，五国并存）。

7 段家部落（首府令支）酋长段辽，不断侵略后赵帝国（首都邺城）边界。前燕王（首都棘城）慕容皝，派扬烈将军宋回，前往后赵帝国，呈递降书，请求后赵政府出军讨伐段辽，慕容皝愿率全国所有部队，跟后赵兵团会师；并把老弟宁远将军慕容汗，送到邺城（河北省临漳县邺城镇），作为人质。

后赵天王石虎大为高兴，用厚重的礼物，回报慰问，并不肯接受人质，送回慕容汗。秘密约定明年（三三八）发动攻击。

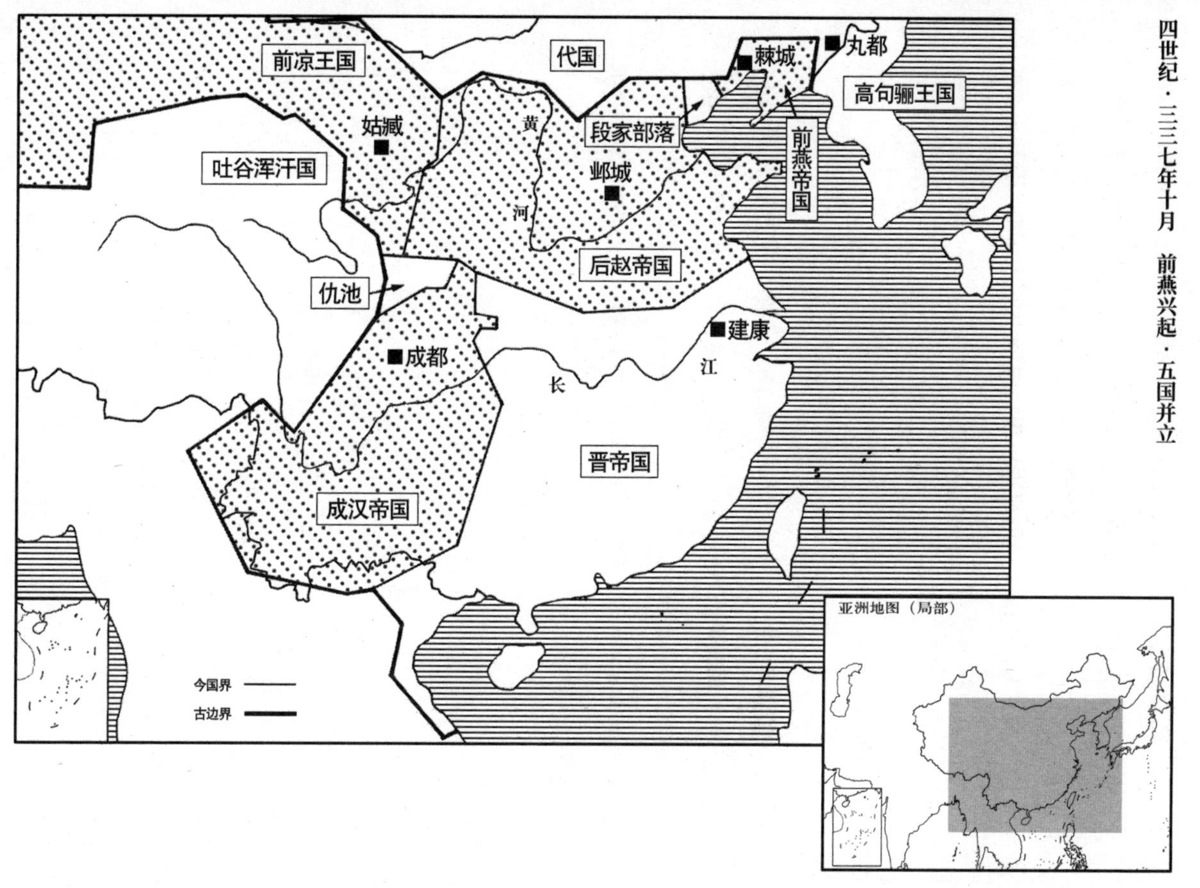

四世纪·三三七年十月 前燕兴起·五国并立

8 本年（三三七），后赵帝国将领李穆，在大宁（河北省张家口市）收容逃亡的代王拓跋翳槐（参考三三五年十二月），拓跋翳槐旧有部落，多数回归他领导之下。现任代王拓跋纥那不能支持，投奔前燕王国（首都棘城），代国人民再尊奉拓跋翳槐当代王，修筑盛乐（内蒙古和林格尔县），作为首府（二五八年，拓跋力微迁到盛乐。三一三年，拓跋猗卢筑盛乐城，称“北都”。三二四年，首府曾迁至东木根山〔内蒙古兴和县北〕，三二七年又迁至大宁〔河北省张家口市〕。本年〔三三七〕，迁回盛乐）。

9 “氐王”（首府仇池〔甘肃省西和县南〕）杨毅的族兄杨初，袭杀杨毅，吞并杨毅所有部众，自称仇池公，向后赵帝国（首都邺城）称臣。（“仇池”自从在《资治通鉴》上出现迄今，可以发现它是大分裂时代一个奇异的地方政权。它因力量太小，不得不不断的向邻居屈膝臣服。但也因地势太险而又太荒僻，所以也一直保持它的半独立或全独立状态。）

三三八年
戊戌

晋　咸康　四年
成汉　玉恒　四年
　　汉兴　元年
后赵　建武　四年
前凉　太元　十五年
前燕　文明王　五年
（代王拓跋什翼犍建国元年）

1 春季，正月，前燕王国（首都棘城〔辽宁省义县西〕）国王（一任文明帝）慕容皝（本年四十二岁），派司令官（都尉）赵槃，前往后赵帝国，商定会师日期。

后赵帝国（首都邺城〔河北省临漳县邺城镇〕）天王（三任武帝）石虎（本年四十四岁），将对段家部落（首府令支〔河北省迁安市〕）酋长段辽，发动灭国性攻击，招募骁勇壮士三万人，全部任命当龙腾警卫官（龙腾中郎）。正巧，段辽派堂弟段屈云，袭击后赵帝国幽州（河北省北部），幽州（州政府设蓟县〔北京市〕）州长（刺史）李孟，退守易京（河北省雄县西北）。石虎遂任命桃豹当横海将军、王华当渡辽将军，率海军从漂渝津（应在河北省黄骅市境）出海；支雄当龙骧大将军、姚弋仲当冠军将军，率步骑兵混合兵团七万人，担任前锋，向段辽发动攻击。

三月，赵banner返棘城（辽宁省义县西）；前燕王慕容皝立即率军攻击并劫掠段家部落首府令支（河北省迁安市）以北各城，段辽准备迎战。慕容翰说："而今，赵军（后赵帝国军）正在我们南方，应该倾全力抵抗；反而跟燕国（前燕王国）交兵，燕王（慕容皝）亲自率军，部下全是精锐。我们万一失利，将用什么对付南方敌人？"段兰大怒说："我从前被你耽误过一次（参考三三四年二月），才造成今天的灾难，现在，再也不跳你的圈套！"率所有能作战的部众，出动追击。慕容皝设下埋伏，等待段兰投入，大破段兰军，杀数千人，掳掠五千余篷帐，和以万为单位计算的牲畜，凯旋而回。

后赵天王石虎，进驻金台（即黄金台，姬平尊崇郭隗处，参考前三一二年。今河北省易县东南）。支雄长驱直入，收复蓟县（北京市）。段辽所任命的渔阳郡（北京市密云区）、上谷郡（河北省怀来县）、代郡（河北省蔚县）郡长，先后投降；支雄一连夺取四十余城。北平郡（河北省遵化市）郡长（相）阳裕，率部众数千家，撤退到燕山（河北省玉田县北）自保。后赵帝国将领恐怕他以后成为灾祸，打算进攻。石虎说："阳裕是一个知识分子，爱惜名节，不过认为投降是一种耻辱而已，没有什么反击能力。"放弃燕山，抵达徐无（北平郡郡政府所在县）。段辽因老弟段兰之败，不敢迎战，率领妻子、家属、贵族，一千余家，放弃首府令支（河北省迁安市），逃往密云山（北京市密云区南八公里，又名横山）。临走时，握住慕容翰的手臂，流泪说："不听你的话，自己使自己败亡，我固然应该如此，可是却使你失去立身的场所，深感惭愧。"慕容翰遂向北投奔宇文部落（内蒙古老哈河上游）。

段辽左右秘书长（左右长史）刘群（刘琨的儿子）、卢谌、崔悦等，封闭仓库，请求投降（刘群等投奔段家部落，参考三一八年四月及五月）。石虎派将领郭太、麻秋，率轻装备骑兵二万人，追击段辽，抵达密云山，俘虏段辽的娘亲和妻子，杀三千人。段辽单身匹马逃往更险要的地方自保，派他的儿子段乞特真，上奏章跟呈献名马给后赵帝国，石虎接受。

石虎居住令支（河北省迁安市）宫殿，依照功劳大小，封爵赏官。把段家部落居民二万余户，分别迁到司州（河北省南部）、雍州（陕西省中部）、兖州（山东省西部）、豫州（河南省东部），高级知识分子有才干有品德的，全部优待任用。阳裕到大营门外投降，石虎责备他说："你从前当奴隶强盗时，跑得远远的，如今却以士大夫身份，前来找我。是你深知道天命，还是你再没有地方可逃？"阳裕说："我从前事奉王浚，不能对他有帮助，才逃奔段家（参考三一四年三月），而今又不能保全。陛下的天网高高张开，笼罩四海，幽州（河北省北部）、冀州（河北省中部）英雄豪杰，没有人不望风归附，跟我并肩共事，没有什么觉得惭愧。至于是生是死，全由陛下决定。"石虎大为高兴，任命阳裕当北平郡（河北省遵化市）郡长。

2 夏季，四月三日，晋帝国（首都建康〔江苏省南京市〕）任命已自封燕王的慕容皝，当征北大将军、幽州（河北省北部）全权州长（牧），兼平州（辽宁省）州长（刺史）。

3 成汉帝国（首都成都〔四川省成都市〕）皇帝（三任隐帝）李期（本年二十六岁），骄傲暴虐，一天比一天不可理喻，诛杀的人很多，而且没收他们的财产和妇女，高级官员很多人失去安全感。汉王李寿，一向地位尊贵，拥有威名。李期跟建宁王李越，都心存忌惮。李寿恐惧不能逃脱一死，所以，每次到首都成都朝见时，总是教部下谎报敌军入侵，李寿即借口边疆情况紧急，告辞北返（李寿驻屯涪城〔四川省绵阳市〕）。

最初，巴西郡（四川省阆中市）隐士龚壮的老爹、叔父，都被李特（一任武帝李雄的老爹）诛杀。龚壮打算报仇，所以多少年都不脱丧服。李寿几次重金礼聘，龚壮都不接受。现在，龚壮认为时机已经成熟，于是晋见李寿，李寿向他秘密询问保命方法，龚壮说："巴蜀（四川省）人民，本都是晋国（晋帝国）属下，大王如果能起兵攻取成都，作为晋国（晋帝国）的藩属，谁不抢先为大王当前锋？如此，则福分流传给子孙，英名永远不朽，岂只是免除今天的大祸而已。"李寿同意。秘密跟秘书长（长史）略阳郡（甘肃省天水市东）人罗恒、巴西郡（四川省阆中市）人解思明，计划攻击成都。

皇帝李期也略微听到风声，几次都派寝殿侍奉宦官（中常侍）许涪，前往李寿大营，观察动静；又毒死李寿的养弟安北将军李攸。李寿假造了一份妹夫任调的信，信上说皇上即将逮捕李寿。李寿的部众相信，李寿遂率步骑兵一万余人，从涪城（四川省绵阳市）出发，直袭成都。向部众许诺：只要进入成都，城中所有政府的和人民的财物，由他们随意抢劫；任命部将李奕当前锋。李期想不到李寿会真的动手，所以从来没有戒备。李寿的世子李势，当翊军指挥官（翊军校尉），大开城门，迎接叛军进城。李寿遂完全占领成都，驻军宫门。李期派高级咨询官（侍中），慰劳李寿。李寿上书指控建宁王李越，国务院总理（尚书令）景骞，国务院执行官（尚书）田褒、姚华，寝殿侍奉宦官（中常侍）许涪，以及征西将军李遐、将军李西等，

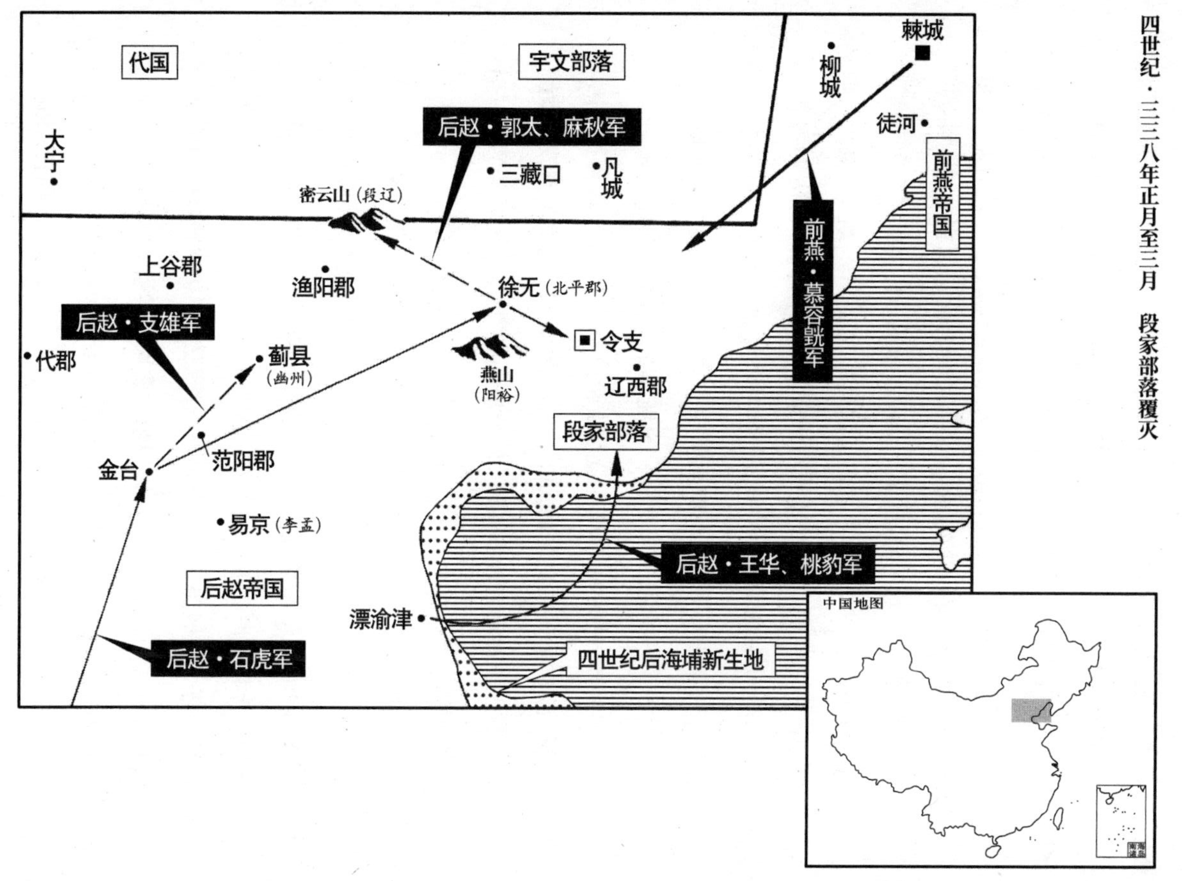

代国
宇文部落
棘城
柳城
徒河
前燕帝国
后赵·郭太、麻秋军
大宁
三藏口
凡城
密云山（段辽）
前燕·慕容皝军
上谷郡
渔阳郡
徐无（北平郡）
后赵·支雄军
令支
代郡
蓟县（幽州）
燕山（阳裕）
辽西郡
段家部落
金台
范阳郡
易京（李孟）
后赵·王华、桃豹军
后赵帝国
漂渝津
后赵·石虎军
四世纪后海埔新生地
中国地图

奸诈邪恶，扰乱政令；于是，全部逮捕诛杀。李寿下令大军抢劫，数日之后才恢复正常秩序。李寿假传任太后圣旨，罢黜李期当邛都县公，囚禁在另外一处宫殿。追称二任帝李班绰号为哀皇帝（李班被杀，参考三三四年十月）。

罗恒、解思明、李奕等，都建议李寿自称镇西将军、益州（四川省中部）全权州长（牧）、成都王，归降晋帝国，作为藩属，把李期送往建康（晋首都，江苏省南京市）。但任调及军政官（司马）蔡兴、高级咨询官（侍中）李艳等，则建议李寿继承宝座，继续称帝。李寿命占卜决定，占卜先生说："可以当几年天子。"任调大喜说："当一日天子就够了，何况当几年！"解思明说："几年天子，比百世封国国君怎么样？"李寿说："'早上听到真理，晚上死掉也没有关系。'"（"朝闻道，夕死可矣。"《论语》孔丘语。）遂登上帝位（四任昭文帝），改称汉帝国，大赦，改年号汉兴（之前是玉恒四年，之后是汉兴元年）。用安车满载金银绸缎，前往迎接龚壮担任太师（上三公之一）。龚壮誓言不再当官，对李寿的馈赠，一件也不接受。

李寿（本年三十九岁）改建皇家祭庙，追尊老爹李骧为献皇帝，娘亲昝女士当皇太后（昝，姓。音zǎn〔攒〕），封正妻阎女士为皇后，世子李势为皇太子。把原来的皇家祭庙，改称大成庙（李慕生李特、李骧，李特生李雄，李骧生李寿。李雄与李寿是同祖父的堂兄弟）。对帝国原来制度，多有改变。任命董皎当相国，罗恒当国务院总理（尚书令），解思明当广汉郡（四川省广汉市）郡长，任调当镇北将军、梁州（州政府设晋寿〔四川省广元市西南〕）州长（刺史），李奕当西夷保安司令（西夷校尉），堂侄李权当宁州（州政府设滇池〔云南省昆明市晋宁区〕）州长（刺史）。三公、部长、州长、郡长，都由李寿从前官属接任；李雄时代的旧部、近亲，以及当初流亡时代的"六郡难民"（李特、李骧兄弟率领进入益州〔四川省中部〕的故旧），都被疏远。

邛都县公李期叹息说："我是天下之主，今天却当一个小县的公爵，不如一死。"

五月，李期上吊身死（年二十六岁）。李寿给他一个绰号幽公，用亲王的礼仪安葬。

4 后赵天王石虎，认为前燕王（首都棘城）慕容皝，并没有跟后赵兵团会师，反而提前对段辽采取军事行动，只顾自己抢夺人口财产，独享成果；应该予以惩罚，遂准备攻击慕容皝。天文台长（太史令）赵揽劝阻说："天际星象显示，本年（三三八）的星座，正巧守护古燕王国地区，我们出军，一定没有战功。"（《晋书·天文志》："岁星曰东方春木，其所居久，其国有德厚，五谷丰昌，不可伐。"不懂。）石虎大怒，鞭打赵揽。

慕容皝得到消息，动员戒备；撤销六部部长，又撤销国务院（纳言）、高级咨询官（常伯）、散骑侍从官（冗骑常侍官）。后赵帝国大军数十万人，满山遍野向北推进，前燕帝国官员和人民，大为震恐。慕容皝对燕国（北京市）郡长（内史）高诩说："我们怎么办？"高诩说："赵兵团（后赵帝国军）虽然强大，但不必忧虑，我们只要固守城池，再强大的兵团也没有用。"

石虎派出使节，前往前燕王国各地，号召汉人及蛮夷等归降，效果丰富，前燕帝国成周郡（辽宁省锦州市境）郡长（内史）崔焘、居就（辽宁省辽阳市东南）县长游泓、武原（成周郡郡政府所在县）县长常霸、东夷保安司令（东夷校尉）封抽、军事总监（护军）宋晃等，都起兵响应；后赵帝国仅只招降，就取得三十六个城池。游泓，是游邃的侄儿（游邃，参考三一三年四月）。冀阳郡（辽宁省朝阳市西）流亡客击杀郡长宋烛，向后赵帝国投降。宋烛是宋晃的堂哥。营丘郡（辽宁省凌海市）郡长（内史）鲜于屈，也派人前往后赵帝国呈递降书，所属武宁（营丘郡郡政府所在县）县长、广平郡（河北省曲周县东北）人孙兴，号召官民起事，宣布鲜于屈的罪状，把鲜于屈逮捕诛杀，然后紧闭城门固守。朝鲜（乐浪郡〔侨郡〕郡政府所在县）县长、昌黎郡（辽宁省义县）人孙泳，率部众抵抗后赵兵团，当地豪门王清等，密谋响应后赵，孙泳逮捕王清，斩首；王清同党数百人，十分惶恐，请求处分，孙泳全都释放，使他们参加城防，共同守卫。乐浪郡（侨郡，辽宁省义县境）郡长鞠彭，因境内各城全都叛变，选拔故里乡亲壮士二百余人，逃往首都棘城（鞠彭率乡里一千余家投奔慕容廆，参考三一九年十二月）。

五月九日，后赵帝国大军逼近前燕王国首都棘城（辽宁省义县西），前燕王慕容皝打算逃亡（后赵大军还没有攻击，前燕帝国几乎全境都叛，只剩下首都一个孤城），作战官（帐下将）慕舆根劝阻说："赵国（后赵帝国）强大，我们衰弱，你只要迈出一只脚，他们的大功就等于完成。一旦再把我们的人民组织起来，到那时候，兵强马壮，粮秣充足，就再没有人可以抵挡。我认为，赵国（后赵帝国）就是盼望大王放弃首都逃走，为什么要跳进他们的圈套？而今，我们严守这座坚城，可以增加百倍力量，即令他们疯狂急攻，我们照样可以支持。然后，密切注意形势，观察变化，抓住机会，再行出击，谋取胜利。实在事不可为，再走不晚。为什么望风而逃，做出非亡不可的蠢事！"慕容皝才打消逃亡念头。然而，恐惧之情，仍显露在脸上。玄菟郡（辽宁省沈阳市）郡长、河间郡（河北省献县）人刘佩说："强大的盗寇（后赵兵团），就在城外，军心民心，都恐怖到极点，人人张惶失措。大局是平安或是危险，全在大王一人身上。既到今天，大王已无法推卸责任，应该庄敬自强，激励将士们的斗志，不可以露出弱点。事情已万分危急，我请求出城作一次攻击，即令不能创造奇迹，但是可以促使人心安定。”遂精选骑兵敢死队数百人，出城突袭，所向无敌，斩杀及俘获不少敌人而回，士气大振。慕容皝向封奕请教，封奕回答说：“石虎的凶暴，实在过分，天上神灵和地下人民，共同痛恨。灾祸败亡，随时都会发生。而今，抽空他的国家，把所有军队都投入远方，攻击和防守的形势，完全不同，兵马虽强，不能造成伤害。屯兵在坚城之下，日子一久，内部一定发生问题，我们唯一要做的，就是严密防守，等待机会。”慕容皝心意才算安定。也有人劝慕容皝投降的，慕容皝说：“我正要夺取天下，投什么降？”

后赵围城军发动猛烈攻击，从四面八方，像蚂蚁般攀城而上，慕舆根等将领，昼夜奋战，支持十余日，后赵围城军不能攻克。

五月十三日，后赵军撤退。慕容皝派他的儿子慕容恪，率骑兵二千人追击，后赵军失败，被杀及被俘三万余人；霎时间，后赵大营崩溃，各军在惊恐中抛弃铠甲，四散逃命。只有游击将军石闵一军，保持完整。石闵的老爹石瞻，内黄（河南省内黄县西）人，本姓冉，后赵帝国一任帝（明帝）石勒击破“乞活”（并州难民集团）陈午时（参考三一一年九月），俘虏冉瞻，命石虎收养当自己的养子，改姓石。石瞻生石闵（冉闵），石闵（冉闵）骁勇善战，又精于运用计谋，石虎对他十分宠爱，当作亲生孙儿一般看待。（胡三省原注：“石勒养石虎，自灭后嗣。石虎养石闵〔冉闵〕，不但自灭后嗣，连全民族都被杀光。这是天道”。）

石虎返首都邺城（河北省临漳县邺城镇），任命刘群当立法院总立法长（中书令）、卢谌当立法院主任立法官（中书侍郎）。氐民族部落酋长蒲洪，因战功加授“使持节”（一级权力，平时可杀郡长以下官员）、六夷军区司令长官（都督六夷诸军事）、冠军大将军，封西平郡公。石闵（冉闵）提醒石虎说："蒲洪神志矫健，而且得到部下效死忠心，几个儿子，都有超出常人的才干，手中又掌握五万人的强大兵团，防地接近京师（蒲洪驻枋头〔河南省淇县东南淇门渡〕，参考三三三年十月。枋头跟首都邺城，航空距离六十五公里）。应该秘密铲除，用以安定国家。"石虎说："我正要依靠他们父子，夺取吴（晋帝国）、蜀（成汉帝国），怎么可以杀他！"待蒲洪越发优厚。

前燕王慕容皝，派军分别讨伐叛变的城池，一一克服。拓边拓到凡城（河北省平泉市南），叛将崔焘、常霸，投奔后赵帝国首都邺城（河北省临漳县邺城镇）；封抽、宋晃、游泓，投奔高句骊王国（首都丸都〔吉林省集安市〕）。慕容皝赏赐鞠彭、慕舆根等，并对叛徒严加惩治，诛杀很多。人事官（功曹）刘翔为他们申诉理由，多数得以不死。

后赵帝国攻击棘城（辽宁省义县西）时，前燕王国右军政官（右司马）李洪的老弟李普，认为棘城一定陷落，劝李洪逃走避祸。李洪说："天道深远幽暗，难以探测。人事变化无常，也不易先知。而且，受到国家的委任，不可以轻举妄动，自找后悔。"李普坚持，李洪说："你如果认为你的判断万无一失，你就自己逃生。我受慕容家的大恩，在大义上不可以离开，只有死在这里。"跟李普流泪诀别。李普遂投降后赵帝国，随后赵兵团撤退，死在稍晚发生的丧乱之中。而李洪的忠贞不贰，获得美名。

后赵帝国天王石虎，派渡辽将军曹伏，率青州（山东省北部）部队，进驻海岛（不知什么海岛），运送米谷三百万斛供应。又出动运输船三百艘，运送米谷三十万斛到高句骊王国（首都丸都），派农耕区总管（典农中郎将）王典，率一万余人的部众，在沿海一带垦荒耕种；又命青州州政府（设广固〔山东省青州市〕）建造船舰一千艘，准备攻击前燕帝国。

5 后赵帝国皇太子石宣，率步骑兵二万人，攻击朔方（黄河河套地区）鲜卑民族斛摩头部落，大胜，杀四万余人（四万余人之死，是一场可怕的屠杀）。

6 后赵帝国冀州（河北省中部）所属八个郡，发生严重蝗灾，京畿总卫戍司令（司隶）请处罚郡长县长，天王石虎说："这是我领导无方之故，却打算把责任推到郡长县长身上，岂是古代天子引咎自责的本意！京畿总卫戍司令（司隶）平常没有正直的言论，纠正我的过失，竟然企图借这个机会，陷害无辜。撤销他的铨叙资格和爵位，以平民身份当官（仍当京畿总卫戍司令〔司隶〕）。"

石虎派襄城公石涉归、上庸公石日归，率军驻防长安（陕西省西安市）。二人控告镇西将军石广，对人民宽大有恩，阴谋叛变。石虎召见石广，等石广抵达首都邺城（河北省临漳县邺城镇）时，斩首。

7 五月十六日，晋帝国（首都建康〔江苏省南京市〕）擢升宰相（司徒）王导当太傅（上三公之二），兼全国各军区总司令长官（都督中外诸军事），郗鉴当全国武装部队总司令（太尉），庾亮当最高监察长（司空）。

六月，再擢升王导当丞相，撤销宰相府（司徒府），并入丞相府。

王导性情宽厚，所信任的将领赵胤、贾宁，多半不遵守国家法令，政府高级官员，深感忧虑。最高监察长（司空）庾亮写信给武装部队总司令（太尉）郗鉴说："主上（司马衍）自从八九岁起，入宫则生活在宫女宦官群中，出宫则只看到武官和一些小人物。读书时没有人教他如何发言，如何断句；治理国家时，也没有遇到有见识有才干的正人君子。嬴政（秦王朝一任帝）打算使他的人民愚昧无知，天下人都认为不可以，何况有人打算使他的君王愚昧无知？

而今，皇上的年龄逐渐长大，应该把政权交还。偏偏有人不但不肯交还政权，反而利用刚刚当上太傅（上三公之二）的尊位，豢养大批流氓无赖。阁下跟我二人，同时受到托孤重任，面对大奸大恶，不能扫除，将有什么面目见先帝（八任帝司马绍）于地下？”打算跟郗鉴联合起兵，罢黜王导；郗鉴不同意。南蛮保安司令（南蛮校尉）陶称，是陶侃的儿子（陶侃，参考三三四年六月），把庾亮的阴谋，泄露给王导。有人劝王导暗中准备，王导说：“我跟庾亮利害一致，祸福相同，没有根据的闲话，智慧的人听到，不会传播。即令发生你所说的事，庾亮要来，就让他来，我正好可以换上平民衣帽，返回私宅，有什么可害怕的？”又写信给陶称（南蛮保安司令部设江陵〔湖北省江陵县〕），嘱咐：“庾公是皇上（司马衍）的娘舅，应该好好事奉他。”征西将军府军事参议官（征西参军）孙盛，向庾亮秘密进言：“王导一直想辞去官职，退休世外，怎么肯做世人肮脏的勾当！这一定是奸邪小人，从中挑拨离间。”庾亮才决定不再行动。孙盛，是孙楚的孙儿（孙楚，参考二九〇年五月）。这时，庾亮虽然身在外地（时自江陵〔湖北省江陵县〕迁至武昌〔湖北省鄂州市〕），但遥控中央政府。既据守长江上游，又手握强大军队，摇尾分子马屁精，多数都去投靠。王导心里感到委屈，有一次，一阵西风吹起灰尘，王导用扇子遮住面孔，慢条斯理说：“庾亮的灰尘，把人污染。”

王导是历史上最成功的官场巨混之一，在攫取自己利益的私欲中，坚持使用亡国的方法治国。他追求的只是表面安定，对内脏的溃烂，视若无睹，因为他就是使内脏溃烂的主凶。他反对改革，并且用儒家恐惧改革的心理，对所有的事，都大和稀泥。

庾亮因为年纪太轻，更事太少，所以闯下苏峻反弹的大祸，这使他的判断及能力，无法受到尊重，因之也无法掀起反王导的政变。当人们习惯于和稀泥的政治运转方式时，就找不到国家衰弱的第一因，所以对王导一直保持敬意。庾亮的计划如果实施，早早把王导逐出政府，励精图治，晋帝国可能复兴，人民痛苦可能减少。可惜，庾亮不是适当的人选。

王导任命江夏郡（湖北省云梦县）人李充，当丞相府秘书（丞相掾），李充因当时风俗崇尚虚无浮华，遂著《求学箴言》。认为：老子说："弃绝仁义，人民才能恢复孝顺慈爱。"难道是仁义灭绝了之后，孝顺慈爱才能产生？只因为实践仁义的人太少，而打着仁义招牌干坏事的人太多，圣人对这种情形，当然责备。一般人只看到外貌，很难看到实质，追逐外貌形象越迫切，离开实质真理越遥远。所以发表求学箴言，解除蒙蔽。主要论点是："我们忧虑虚名扩张，也忧虑真理废弃。应该尊敬的真理，反而受到贬损；应该贬损的虚名，反而受到尊敬。没有仁爱，万物不能成长；没有正义，人就没有羞耻之心。所以，仁义绝对不可以弃绝，应弃绝的是那些伤害仁义的事物。"

8 成汉帝国（首都成都）西夷保安司令（西夷校尉）李奕的堂兄、广汉郡（四川省广汉市）郡长李乾，打小报告检举说：有高级官员阴谋罢黜皇帝，另立新君。

秋季，七月，成汉帝（四任昭文帝）李寿（本年三十九岁）命皇子李广，跟当权官员在金銮宝殿上，发誓结盟。调任李乾当汉嘉郡（四川省雅安市名山区北）郡长，任命李闳当荆州（四川省东南部）州长（刺史），镇守巴郡（重庆市）。李闳，是李恭的儿子（李恭，是李攀的老弟；参考三〇一年十月）。

八月，成汉帝国大雨，久久不停，人民饥馑，瘟疫流行。成汉帝李寿命文武百官直言指摘政治上的过错。隐士龚壮，呈递“亲启密奏”，说：“陛下起兵的时候，上指星辰，明确的告知天地；并跟大家用血涂唇，共同盟誓：革命成功后，即归降晋国（晋帝国），作为藩属。天心喜悦，人心鼓舞，大功终于告成。可是参与善后的人士，对此事不够了解，认为应该暂时执行皇帝职权。而今，连绵大雨，一百余天，饥馑和瘟疫，同时交集，可能就是上天借此提醒陛下。我愚昧的认为，应该遵守从前的盟誓，尊奉建康（晋首都，江苏省南京市），晋国（晋帝国）一定不会爱惜高官贵爵，和隆重的位置，回报你所建立的盖世大功。虽然在阶层上降低一等（不能再称皇帝）；然而，子子孙孙传递下去，福分永保无穷，岂不更好！或许有人说，梁州（四川省东北部及陕西省南部）、益州（四川省中部）人民，在归附晋国（晋帝国）后，虽然得到荣耀；可是，六郡人士，却会受到损失（李特率秦州〔甘肃省南部〕六郡难民逃荒，建立成汉帝国，这些人现在都封王封侯，成为成汉帝国统治阶层）。要知道，从前公孙述（成家帝国一任帝）在巴蜀（四川省）时，外地人当权（荆邯、王元、田戎、延岑，都非本土）。刘备（蜀汉帝国一任帝）在巴蜀（四川省）时，楚王国故土上的人当权（庞统、黄忠、董和、刘巴、马良、马谡、吕乂、廖立、李严、杨仪、魏延、蒋琬、费祎、董允，也都非本土）。等到吴汉、邓艾西上讨伐（参考三六年、二六三年），全体屠灭，刀枪之下，还分什么原居留民或作客羁旅？议论的人不追求平安稳固的基础，只苟且贪恋目前的名分和官位。认为刘家（蜀汉帝国）亡后，郡长县长，岂不照样保留州郡政府原职？殊不知道，那是发生在国家覆亡、君王变更之后，怎能跟今天大义起事，主人荣耀、臣民显达相比？议论的人抨击我，说我会成为法正（法正建议刘璋投降，参考二一四年闰五月），我蒙陛下大恩，准许我退休田野，至于荣华富贵、金钱俸禄，不管它们来自汉国（成汉帝国）或来自晋国（晋帝国），我都不接受，我为什么要学法正？”李寿看到后，心中惭愧，秘密收藏，不对外宣布。

9 九月，成汉帝国国务院执行长（仆射）任颜谋反，被杀。任颜，是一任帝（武帝）李雄正妻任太后的老弟。皇帝李寿遂乘机把李雄所有的儿子，全部屠灭。

10 冬季，十月，晋帝国宫廷禁卫官司令（光禄勋）颜含，因年老退休。当时中央政府正在议论一件事，有人主张：王导，是皇帝（司马衍）的师傅，名高位尊，文武官员见了王导，应该向他行跪拜敬礼。祭祀部长（太常）冯怀，询问颜含的意见，颜含说：“王导虽然贵重，但在礼节上，不能对某一个人特别突出。跪拜敬礼，或许只是你们的事情，我已经老了，不知道现在刮的什么风！”不久，他告诉别人说：“我曾经听说，关于攻击别人国家的事，不去询问有仁心的人。最近，冯怀提出摇尾动作的细节，征求我的意见，难道我心里也有邪念！”从前，郭璞曾经和颜含见面，打算给颜含算上一卦（郭璞早于三二四年五月逝世，本年因颜含退休，一并追叙）。颜含说：“寿命靠天，官位靠人，自己努力而上天仍不赐给你，那是命运。坚持立场而不能获得人们对他的了解，那是性格。我自有我的命运和性格，用不着求神问鬼。”退休二十余年，九十三岁时才逝世。

11 代王（首府盛乐〔内蒙古和林格尔县〕）拓跋翳槐的老弟拓跋什翼

犍，在后赵帝国（首都邺城）当人质（参考三二九年十二月）。本年（三三八），拓跋翳槐患病，命各部落酋长拥立拓跋什翼犍。拓跋翳槐逝世，各部落酋长梁盖等，因国家刚刚丧失领袖，而拓跋什翼犍身在遥远的后赵帝国首都邺城（河北省临漳县邺城镇。邺城跟盛乐之间，航空距离五百公里），不一定可以返回。即令可以返回，等他到时，恐怕发生其他变化。于是，计划另行拥戴一个新王。拓跋翳槐的二弟拓跋屈，刚烈凶猛，而又阴险诡诈，不如三弟拓跋孤仁慈忠厚。计议既定，遂共同诛杀拓跋屈，拥戴拓跋孤。

拓跋孤坚持不肯，亲自前往邺城（河北省临漳县邺城镇），自愿留下当人质，交换老哥拓跋什翼犍回国。后赵帝国天王石虎，被他们的手足情深感动，送二人一齐回国。

十一月，拓跋什翼犍在繁畤（山西省浑源县西南）登上代王宝座，建立年号建国，把国土一半，分给拓跋孤。

最初，代王拓跋猗卢去世（参考三一六年三月），内乱不停，部落四散，索头部落遂衰败不能复振，一直等到本年（三三八）拓跋什翼犍（本年十九岁）继位。拓跋什翼犍英勇而有智谋，祖宗传下来的基业，遂逐渐复兴，人民纷纷归附。拓跋什翼犍开始建立现代化政府机构，任命文武官职，分别主持政务：代郡（河北省蔚县）人燕凤当秘书长（长史）、许谦当王府禁卫官司令（郎中令）。开始制定刑法：分叛乱、杀人、奸淫、强盗、偷窃；法律规章及行政号令，简单明了，毫不拖泥带水，没有手续繁琐的毛病，人民乐于接受。于是，东自濊貊（音huì mò〔会默〕。朝鲜半岛东北部），西到破落那（即大宛王国，首都贵山城〔中亚纳曼干市西北卡散赛城〕），南到阴山（黄河河套北），北到瀚海沙漠群北部边缘，全都归服拓跋什翼犍，拥有部众数十万人。

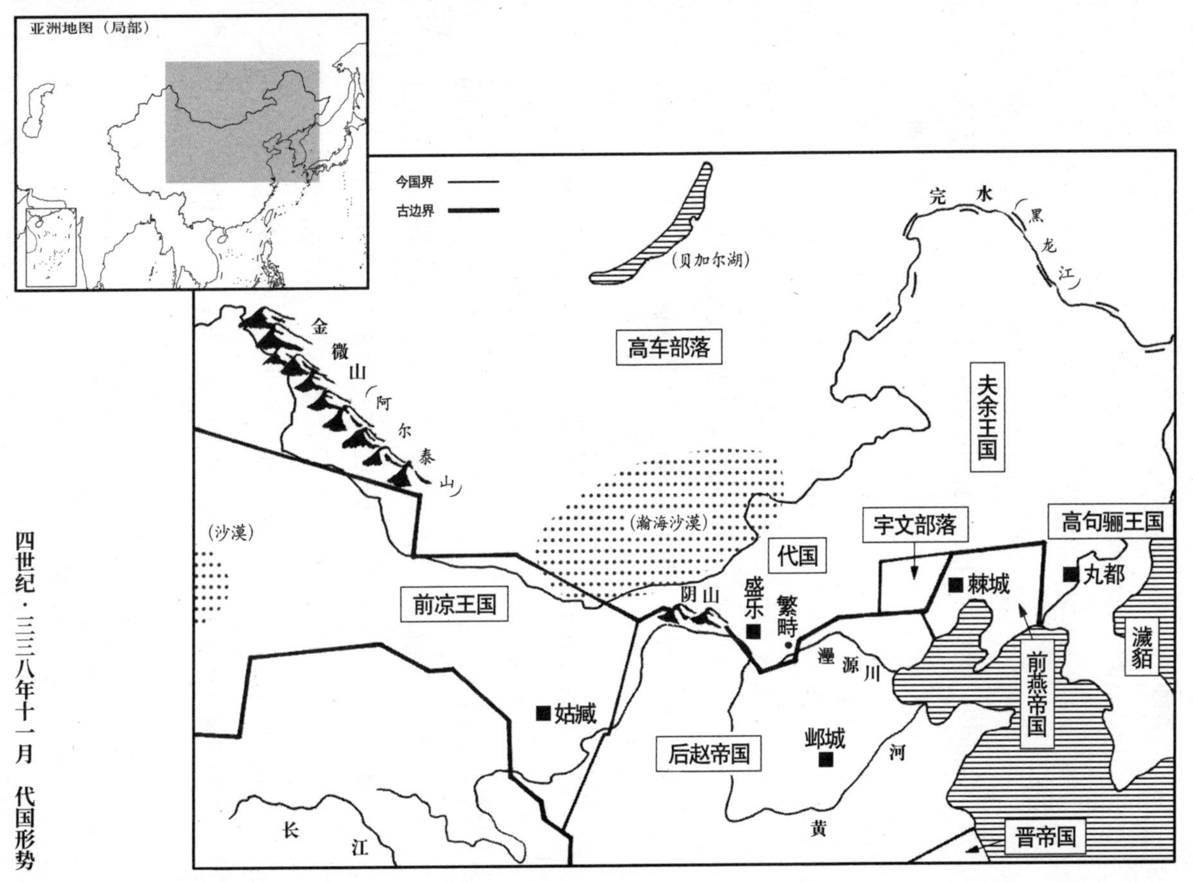

四世纪·三三八年十一月　代国形势

12 十二月，逃亡中的段家部落酋长段辽，从密云山派使节前往后赵帝国（首都邺城）投降，请求派军接迎。然而，不久就又后悔，再派使节到前燕王国（首都棘城）投降，也请求派军接迎。

后赵天王石虎，派征东将军麻秋，率军三万人迎接段辽，警告麻秋说："接受敌人投降，犹如接受敌人挑战，不可以粗心大意。"国务院左秘书长（尚书左丞）阳裕，是段辽的旧部，命阳裕当麻秋的军政官（司马）。

前燕王慕容皝，亲率各将领，迎接段辽，段辽跟前燕帝国将领，秘密计划歼灭后赵兵团。慕容皝命儿子慕容恪率精锐骑兵七千人，埋伏密云山下，攻击麻秋军，追至三藏口（河北省承德市境），杀二万余人。麻秋徒步逃走，才算保得一命。阳裕被前燕兵团俘虏。

后赵帝国将军范阳郡（河北省涿州市）人鲜于亮（鲜于，姓），失去战马，徒步沿山逃亡，筋疲力竭，不能前进，只好停下来，端正的坐在那里休息。前燕军环绕着他，喝令他起立。鲜于亮说："我身是帝国（后赵帝国）尊贵的官员，在大义上不会向小人物屈服。你们要杀我就杀我，不能杀我，就快点走开。"鲜于亮仪容雄伟，气势不凡，前燕军不知道他的身份，有点顾忌，不敢击杀，便报告慕容皝。慕容皝派人送去一匹马迎接，相见长谈，大为高兴，命他当王府左翼侍从官（左常侍），把前平州（辽宁省）州长（刺史）崔毖的女儿嫁给他。

慕容皝获得辽西段家部落全部人力资源，把段辽尊作上宾，任命阳裕担任宫廷禁卫官司令（郎中令）。

后赵天王石虎，听到麻秋兵败消息，大怒，免除麻秋所有官职及爵位。

三三九年 己亥

晋 咸康 五年
成汉 汉兴 二年
后赵 建武 五年
前凉 太元 十六年
前燕 文明王 六年
（代王拓跋什翼犍建国二年）

1 春季，正月二十五日，晋帝国（首都建康〔江苏省南京市〕）大赦。

2 三月乙丑日（三月丙子朔，没有乙丑），晋帝国（首都建康）广州（广东省及广西）州长（刺史）邓岳，率军攻击成汉帝国（首都成都〔四川省成都市〕）宁州（云南省），成汉帝国建宁郡（云南省曲靖市）郡长孟彦，逮捕宁州（州政府设滇池〔云南省昆明市晋宁区〕）州长（刺史）霍彪，投降（三三三年三月，晋帝国失去宁州，本年〔三三九〕夺回）。

3 晋帝国征西将军庾亮，计划大举北伐，恢复中原，推荐桓宣当沔北（沔水〔汉水〕以北）前锋军区司令长官（都督沔北前锋诸军事）、司州（侨州）州长（刺史），镇守襄阳（湖北省襄阳市）；又推荐老弟、临川郡（江西省抚州市临川区）郡长庾怿，当梁雍军区司令（监梁雍二州诸军事）、梁州州长（刺史），镇守魏兴（陕西省安康市）；西阳郡（湖北省黄冈市黄州区）郡长庾翼，当南蛮保安司令（南蛮校尉），兼南郡（江陵，湖北省江陵县）郡长，镇守江陵；以上都“假节”。又请解除自己豫州（州政府设芜湖〔安徽省芜湖市〕）州长（刺史）兼职，由征虏将军毛宝接任；晋帝（九任成帝）司马衍（本年十九岁）遂下诏，任命毛宝当扬州江西（安徽省全椒县至湖北省黄冈市黄州区之间地区）军区司令（监扬州之江西诸军事），兼豫州（湖北省东部）州长（刺史）；跟新任西阳郡郡长樊峻，率精锐部队一万人，驻防邾城（湖北省黄冈市黄州区，在西阳郡城稍北。豫州州政府遂迁至邾城）。任命建威将军陶称当南翼警卫指挥官（南中郎将）、江夏郡（湖北省云梦县）郡长（相），进驻沔水中游。陶称在武士二百人护卫下，前往武昌（湖北省鄂州市）晋见庾亮。庾亮一向厌恶陶称轻佻狡狯，于是一条条列出陶称罪状，逮捕陶称，斩首（陶称是陶侃的儿子，庾亮对陶侃仍有余恨，而陶称又出卖庾亮给王导。突然诛杀，完全报复私仇。自称或被称宽宏大量的人，事实上却是阴狠之辈）。后来，因魏兴郡（陕西省安康市）距离既远，环境又十分危急，改命庾怿镇守半洲（江西省九江市西北二十公里长江中小岛）。改调武昌郡（湖北省鄂州市）郡长陈嚣，当梁州（州政府设魏兴）州长（刺史），向汉中郡（陕西省汉中市）推进。派军事参议官（参军）李松，进攻成汉帝国所属的巴郡（重庆市）、江阳郡（四川省泸州市）。

夏季，四月，俘虏成汉帝国荆州（州政府设江州〔重庆市〕）州长（刺史）李闳、巴郡（郡政府同设江州）郡长黄植，送往首都建康，呈献捷报。成汉帝国皇帝（四任昭文帝）李寿（本年四十岁），命李奕当镇东将军，接替李闳遗缺，镇守巴郡（重庆市）。

庾亮上疏司马衍，说：“巴蜀（成汉帝国）非常衰弱，而胡蛮（后赵帝国）仍然强大，我打算率十万大军，把司令部移驻到石城（湖北省钟祥市)，派出各军，密布沔水(汉水)、长江一带，开始规划讨伐赵国(后赵帝国)。”司马衍把奏章交由高阶层官员讨论。丞相王导请求批准；全国武装部队总司令(太尉)郗鉴反对，认为：“给养辎重准备不足，不可能采取大规模军事行动。”

祭祀部长(太常)蔡谟也反对，说：

“时运有好有坏，所以，真理有时可以伸张，有时也会受到屈辱。假如不评估强弱，而去轻举妄动，则灭亡之速，等不到天黑，还谈什么建立功勋！现在最高的谋略，莫过于培养威势，以待时机。时机是不是成熟，只看胡蛮(匈奴)的强弱。而胡蛮的强弱，只看石虎的能力。自从石勒(后赵帝国一任帝)起兵，石虎一直是石勒的爪牙，百战百胜，遂征服中原；疆土的面积，跟曹魏帝国相等。石勒死后，石虎挟持继任皇帝，诛杀原有的宰相和大将(指石堪、程遐、徐光)，内部灾难既告解决，又翦除外地敌人，一战夺取金墉(洛阳城西北角)，再战擒获石生，诛杀石聪，容易得如同弯腰捡起一件东西；击败郭权，轻松得好像折断一根枯枝。全国领土，连一寸都没有丧失。从这个观点来看，请问：石虎是有能，或是无能？发表议论的人认为，从前，胡蛮(后赵帝国)攻击襄阳，不能攻克(参考三三五年四月)，遂肯定他们微不足道。问题是，百战百胜的雄师，偶尔不能夺取一城，即认为他无能，就跟射手百发百中，偶尔有一箭不中一样，岂能说他射击拙劣？

“而且，攻击襄阳的主帅石遇，不过一个小部队的将领。我们的守将桓宣，是主帅。石遇所争的，不过边疆上一个城镇，有利就进，否则就退，并不是什么紧急要务。现在，征西将军庾亮，手握重兵，自负英名，亲率大军北伐，打算像卷草席一样，轻易的卷到河南(黄河以南)，石虎一定亲自统率全国军队，一决胜负，岂能用襄阳来比？庾亮要跟石虎对决，请问，庾亮比石生如何？如果专心固守城池，请问，城池比金墉（洛阳城西北角）如何？如果要依靠沔水（汉水），为什么不依靠长江？如果说可以抵挡住石虎，为什么抵挡不了苏峻（参考三二八年正月）？凡此种种，都应一一考虑。

"石生是一名猛将，拥有关中（陕西省中部）精锐部队，庾亮向他们挑战，不可能取得胜利。而且，当石生反抗中央之时，洛阳（河南省洛阳市东白马寺东）和关中（长安，陕西省西安市），同时攻击石虎。而今，三个军区反而全站在石虎这一边（三个军区〔三镇〕：洛阳、长安，以及郭权后来据守的上邽〔甘肃省天水市〕），比起力量，石虎今天是当时的两倍。石生敌不住石虎当年的'一半'，庾亮却打算对抗石虎今年的'两倍'，使我困惑。苏峻的强大，不如石虎，沔水（汉水）的险要，不如长江。长江挡不住苏峻，却打算用沔水（汉水）挡住石虎，也使我困惑。从前，祖逖驻防谯城（安徽省亳州市），在北方开荒屯垦，预防胡蛮（石勒）攻击，特别在耕田界外，构筑阵地（参考三二〇年七月）。谷米快熟的时候，敌人果然前来，于是，强壮的年轻人在界外阵地作战阻截，年老或年幼的则在界内收割，旁边往往准备好火炬，一旦界外阵地被突破，情况紧急，就用火炬把无法运走的稻谷烧成灰烬。这样一连多少年，并没有得到预期的利益。而在那个时候，胡蛮（匈奴）只不过局限在黄河以北，比起今天，不过四分之一。祖逖不能抵抗四分之一，庾亮却打算抵抗四分之四，更使我困惑。

"然而，这还是指庾亮进入中原以后的事，进入中原道途上的危险，仍没有讨论。从沔水西上，河流湍急，岸高如削，我们的船舰必须先后排列一线，逆水而行，首尾势将长达一百华里之遥。如果胡蛮（匈奴）没有子滋甫的那种仁义（前六三八年，楚王国攻击宋国，宋国第二十任国君襄公子滋甫迎战，有人建议乘楚军还没有渡过泓水时攻击，子滋甫拒绝。

楚军既已渡过泓水，还没有集结，有人又提攻击建议，子滋甫又拒绝，结果大败）。乘着我们还没有集结完成，即行发动攻击，将怎么办？而今，我们的疆土，跟胡蛮（后赵帝国）相邻，水陆的形势，完全不同，战斗的方法，也不一样。胡蛮（后赵帝国）如果前来送死，我们现有的武力，抵抗他绰绰有余。可是，如果我们放弃长江险要，向北远征，用我们的缺点（陆战），去攻击敌人最擅长的优势，恐怕不是可以获得胜利的谋略。”

决策阶层官员，都认同蔡谟的分析。晋帝司马衍下诏，不准庾亮移防。

4 前燕王国（首都棘城〔辽宁省义县西〕）前翼参谋长（前军师）慕容评、广威将军慕容军、折冲将军慕舆根、荡寇将军慕舆泥，向后赵帝国（首都邺城〔河北省临漳县邺城镇〕）辽西地区（河北省东北部）攻击，俘虏一千余人家而返。后赵帝国镇远将军石成、积弩将军呼延晃、建威将军张支等追击。慕容评等停军反攻，砍下呼延晃、张支人头。

5 段辽在前燕帝国阴谋叛变，前燕帝国诛杀段辽跟他的党羽数十人，把段辽的人头送给后赵帝国（段家部落〔驻地辽西走廊——河北省东北部及辽宁省西南部〕，自三〇三年闰十二月在《资治通鉴》出现，酋长被晋帝国封辽西公，左右北方局势将近四十年，迄今消灭）。

6 五月，代王（首府盛乐〔内蒙古和林格尔县〕）拓跋什翼犍，在参合陂（内蒙古凉城县西南）招集各部落酋长，讨论奠都灅源川（桑干河），娘亲王女士说：“我们从祖先到现在，都是逐水草而居，迁徙不定，而今国家又逢多灾多难，如果固定在一个城池，一旦发生强盗贼

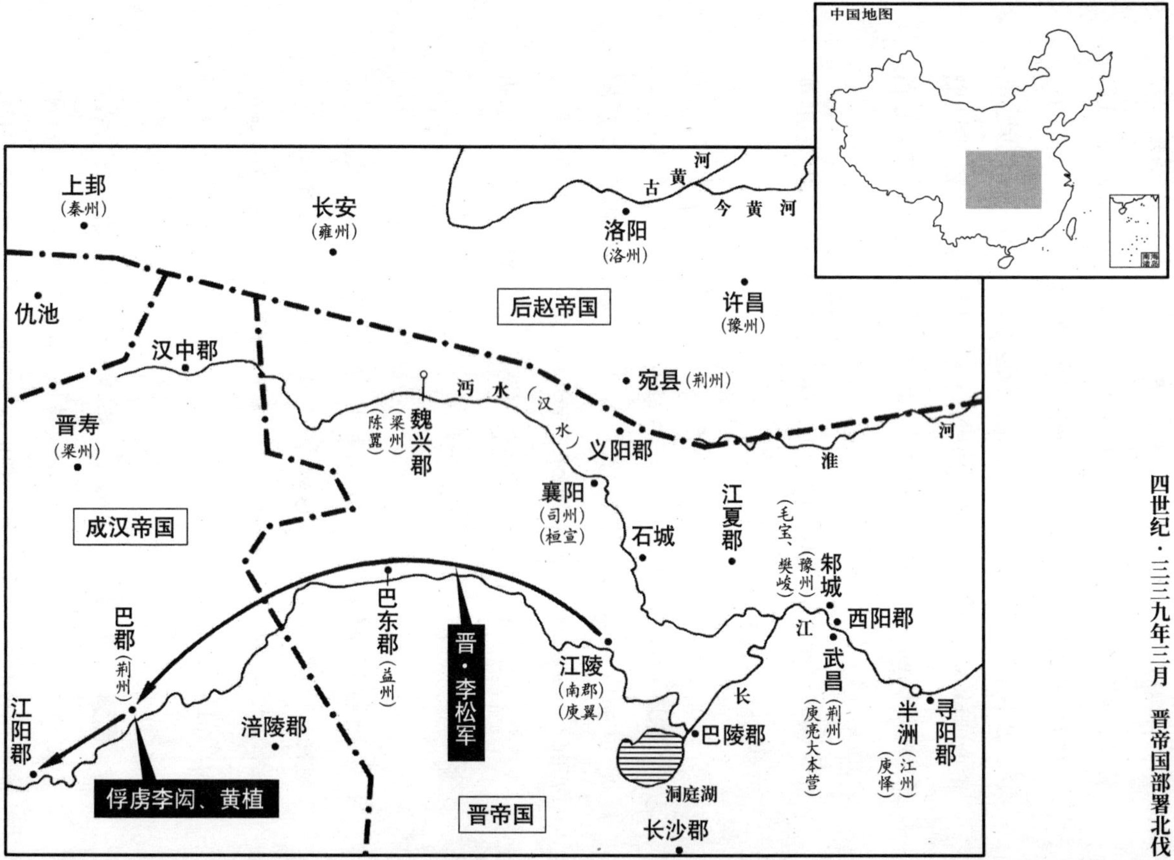

四世纪·三三九年三月　晋帝国部署北伐

中国地图

上邽（秦州）
长安（雍州）
洛阳（洛州）
古黄河
今黄河
许昌（豫州）
仇池
后赵帝国
汉中郡
宛县（荆州）
沔水（汉水）
魏兴郡（梁州）（陈嵬）
义阳郡
河
淮
晋寿（梁州）
襄阳（司州）（桓宣）
江夏郡
石城
成汉帝国
邾城（豫州）（毛宝、樊峻）
西阳郡
江
武昌（荆州）（庾亮大本营）
半洲（江州）（庾怿）
寻阳郡
巴郡（荆州）
巴东郡（益州）
晋·李松军
江陵（南郡）（庾翼）
长
巴陵郡
江阳郡
涪陵郡
洞庭湖
俘虏李闳、黄植
晋帝国
长沙郡

寇突击，往哪里躲避？”拓跋什翼犍遂打消原意。

代国人民对于前来投靠的非鲜卑人，一律称之为“乌桓人”。拓跋什翼犍把“乌桓人”分为二部，每部设立一个总监，监督管理。命老弟拓跋孤当北部总监，儿子拓跋寔君当南部总监。

拓跋什翼犍向前燕帝国求婚，前燕王（一任文明帝）慕容皝（本年四十三岁）把妹妹嫁给他当王后。

7 秋季，七月，后赵帝国（首都邺城）天王石虎（本年四十五岁），任命太子石宣当大单于，使用皇帝的旌旗。

8 七月十八日，晋帝国丞相、始兴公（文献公）王导逝世（年六十五岁），丧葬仪式，效法霍光（参考前六八年三月）及安平王（献王）司马孚（参考二七二年二月）前例，参酌使用天子特有的礼仪。

王导清心寡欲，能够借着别人的辛劳，建立自己功业，平常看不出他对国家有什么裨益，但经年累月下来，也有很大贡献，一连担任三世皇帝的宰相（祖父七任帝元帝司马睿、老爹八任帝明帝司马绍、孙儿九任帝成帝司马衍），家里的仓库没有存粮，身上的衣服，只有一件是绸缎制成。

最初，王导跟庾亮，向皇帝司马衍共同推荐首都建康市长（丹阳尹）何充，作为自己副手，并且说：“我如果死亡，但愿何充能进入宫廷，事奉陛下，则国家可以没有危险。”因此，加授何充国务院文官部长（吏部尚书）。等到王导逝世，司马衍下诏征召庾亮当丞相、京畿总卫戍司令（扬州刺史），主管政府机要（录尚书事）；庾亮坚决推辞。

七月十九日，司马衍下诏擢升何充当中央军事总监（护军将军）；庾亮的老弟、会稽郡（浙江省绍兴市）郡长（内史）庾冰当立法院总立法长（中书监），兼京畿总卫戍司令（扬州刺史），兼主管政府机要（参录尚书事）。

庾冰既到中央，身负重任，处理政务，辛苦不分昼夜，礼遇政府的贤能官员，提拔年轻的后进人才；无论政府民间，大家都异口同声赞美，肯定他是一位贤能的宰相。起先，王导辅佐皇帝的时候，无论对什么事，都宽大处理。而庾冰则用刑罚建立威严，首都建康市长（丹阳尹）殷融劝他，庾冰说：“以前任宰相（王导）的贤能，已经无法承受过度宽大的后果，何况我的能力不足！”范汪对庾冰说：“最近天象变异，你有阻止奸谋的责任。”庾冰说：“天象奥秘难测，我怎么可能知道？唯一的方法是尽我的力量。”又调查户口（不知是全国或仅限京畿），查出隐藏没有列册的户口一万余人，全部编入屯垦部队，开荒耕田。庾冰喜爱追究事情发生的原因，以致流于苛刻琐碎。后来，庾冰忽然改变态度，又作过度的放松。宽严简繁，只看庾冰他个人的高兴或不高兴，于是，法律政令，没有用处，等于虚设。

9 八月十日，晋帝国取消丞相，恢复宰相（司徒）。

10 晋帝国全国武装部队总司令（太尉）、南昌公（文成公）郗鉴病重（时驻京口〔江苏省镇江市〕），把军政大事托付给秘书长（长史）刘遐（非徐州州长刘遐，参考三二六年六月），上书司马衍，请求退休，并且说：“我所统率的部属，大多数都是北方人，有的是被强迫、被裹挟到南方，有的是新近归附；人们怀念故乡，都渴望回归本土。是我宣扬政府的恩德，分析什么是善、什么是恶，拨付给他们田地和住宅庄院，才逐渐的稍稍安定。听说我患病在床，人心恐惧震骇。如果在这时候教他们北渡长江，一定引起灾难（当时有人主张全国武装部队总司令部〔太尉府〕应移江北）。祭祀部长（太常）蔡谟，平易忠贞，正直干练，素有很好人望，我建议用他当军区司令长官（都督）、徐州（州政府设京口）州长（刺史）。”司马衍下诏，任命蔡谟当全国武装部队总司令部参谋长（太尉军司），加授高级咨询官（侍中）。

八月辛酉日（八月癸酉朔，没有辛酉），郗鉴去世（年七十一岁），中央即任命蔡谟当征北将军、徐兖青军区司令长官（都督徐兖青三州诸军事）、徐州（州政府设京口）州长（刺史），“假节”（三级权力）。

当时，首都东区卫戍司令（左卫将军）陈光，向中央请缨，要求讨伐后赵帝国。司马衍下令陈光攻击寿阳（寿阳即寿春〔安徽省寿县〕。事实上到本世纪〔四〕七〇年代时，十四任帝〔简文帝〕司马昱登极，他的娘亲叫郑阿春〔参考三七二年七月〕，才把“寿春”改作“寿阳”，这又是一则避讳的趣事）。蔡谟上书说：

“寿阳（寿春，安徽省寿县）城池小而且坚固，自寿阳（寿春）到琅邪（山东省临沂市），城堡紧连，互相可以看见（寿春〔寿阳〕于三二八年七月祖约部众溃散后，被后赵帝国占领）。只要有一个城池受到攻击，其他城池一定支援。而且我们行军五十余日，前锋还没有到达，消息已经传开，盗贼（后赵帝国）的驿马邮递，一天能走一千华里；黄河以北的主力部队，有足够的时间来救。

“过去，即令是名将白起、韩信、项羽那样的勇不可当，仍然要破坏桥梁、焚烧船舰、背水筑阵（《战国策》：白起攻击楚王国，不攻城池，只求深入；破坏桥梁、焚烧船舰，表示没有退路，战败即死。项羽救钜鹿〔河北省平乡县〕，击碎饭锅、焚烧船舰；参考前二〇七年十二月。韩信背水列阵；参考前二〇四年十月）。而今，我们却想把船舰停在小岛，率军攻城，面对强敌，又担心后路被切断，这正是兵法最大的禁忌。如果攻城不能攻克，胡蛮（后赵帝国）援军忽然抵达，恐怕定会发生荀林父不知道如何是好，船上断指可以用手捧起来的狼狈场面（纪元前五九七年，楚王国在郯邑〔河南省郑州市〕大破晋军，晋军元帅荀林父震惊得不知道如何是好，下令：“先逃回黄河北岸的，有赏！”战士争船，手攀船舷不放，船上人刀斧砍下，人死河中，手指坠落船舱，捧都捧不完。参考一九五年十二月注）。而今，陈光所率领的全是保卫京师宫廷的精锐部队，最好是使他们有征伐之名，没有作战之实。现在却要他们困顿在坚城之下，用国家训练装备最好的皇家禁卫部队，去攻击贼寇（后赵帝国）的一个小小的三等边城。得到它，利益太小，对敌人却没有什么伤害。一旦失败，则灾难会转严重，招致更多贼寇（后赵帝国）的追击。我深怕不是良好的计谋。”

出军行动才停止。

11 最初，晋帝国全国武装部队总司令（太尉）陶侃，驻防武昌（湖北省鄂州市。参考三三〇年五月），有人认为长江北岸有邾城（湖北省黄冈市黄州区），应派军把守。陶侃对这类建议，一概不理，但坚持这种论调的人，日益增多。陶侃遂到北岸打猎，把将领们带到邾城，告诉他们说：“我之所以在险要地方修筑防御工事，抵抗强敌，完全利用长江的形势。邾城被隔在长江北岸，背后没有仗恃，面前却是各部落蛮夷（指西阳〔湖北省黄冈市黄州区〕夷）。蛮夷地区很多事情有利可图，官民们为了满足私欲，会不停的索求；最后，蛮夷无力负担，为了自救，一定主动邀请盗匪（后赵帝国）对付我们。这是招惹灾祸的办法，不是抵抗强敌的办法（百姓人所受灾难，几乎全由贪污而起，连小小邾城的得失，都由贪污决定）。而且，东吴帝国时，驻防邾城的军队，有三万人之多。现在，我们纵然派军把守，对帝国也没有丝毫裨益。如果羯蛮（后赵帝国）露出败征，有可乘之机，邾城也不可能成为我们的前进基地。”

等到庾亮镇守武昌（湖北省鄂州市），终于派毛宝、樊峻，进驻邾城（参考本年〔三三九〕三月）。后赵帝国天王石虎，大为厌恶，命国务院总理（尚书令）夔安当总司令官（大都督），率石鉴、石闵（冉闵）、李农、张貉、李菟等五位将军，统军五万人，南下攻击晋帝国荆州（湖北省及湖南省）及扬州（安徽省中南部及浙江省）北部边疆；另二万人攻击邾城。毛宝急向庾亮求救，庾亮认为邾城城池坚固，短期内不可能被攻破，没有立刻派出援军。

九月，石闵（冉闵）在沔水（汉水）之南，大破晋军，斩将军蔡怀。夔安、李农，攻陷晋军沔南基地（湖北省随州市西南五十公里）。朱保在白石（安徽省含山县西南）大破晋军，斩晋帝国郑豹等五位将军。张貉攻陷邾城（湖北省黄冈市黄州区），杀六千人；晋帝国毛宝、樊峻突围，在渡长江南下时，淹死。夔安攻陷胡亭（湖北省安陆市西北），向江夏郡（湖北省云梦县）挺进。晋帝国义阳将军黄冲、义阳郡（河南省新野县）郡长郑进，都向后赵帝国投降；夔安包围石城（湖北省钟祥市）。晋帝国竟陵郡（郡政府设石城）郡长李阳迎战，击破夔安攻势，杀五千余人，夔安才向后撤退，大掠汉水以东，裹挟七千余户人家，安置在幽州（河北省北部）、冀州（河北省中部）。

前方节节败退时，庾亮仍上书中央，坚持进驻石城（湖北省钟祥市），积极准备北伐，听到邾城（湖北省黄冈市黄州区）陷落，才算停止。上书中央请求降罪，先自己贬谪三等，当代理安西将军（庾亮本是安西将军，贬谪三等后，成为“代理”）。晋帝司马衍下诏，命庾亮恢复原阶。命辅国将军庾怿当豫州州长（刺史），兼宣城、庐江、历阳、安丰军区司令（监宣城庐江历阳安丰四郡诸军事），“假节”，镇守芜湖（安徽省芜湖市）。

12 后赵帝国（首都邺城〔河北省临漳县邺城镇〕）天王（三任武帝）石虎，对皇亲国戚们的横暴放荡，深恶痛绝。擢升金殿监察官（殿中御史）李巨，当总监察官（御史中丞），特别宠爱信任；中外社会秩序，立刻严整。石虎说：“我听说，优秀的官员好像凶猛的老虎，在旷野里随便走走，豺狼就躲得远远的，果然如此。”

石虎任命抚军将军李农“使持节”（平常日子可以诛杀郡长以下），兼辽西（河北省卢龙县）、北平（河北省遵化市）军区司令（监辽西北平诸军事）、征东将军、营州（河北省东北部）全权州长，镇守令支（河北省迁安市）。李农率军三万人，跟征北大将军张举，攻击前燕帝国凡城（河北省平泉市南）。前燕王（一任文明帝）慕容皝任命榼卢城（山海关附近，榼，音kē〔科〕）城主悦绾当御难将军，拨付给他军队一千人，使他镇守凡城（河北省平原县南）。等到后赵兵团抵达凡城，守军将领及官员，大为震恐，打算逃走。悦绾说：“我们接受的命令，就是抵抗盗寇（后赵帝国），死生不变。而且我们在城垒保护下，一人可敌百人。胆敢胡说八道，动摇军心的，斩首！”大家才算安定。悦绾身先士卒，亲自冒着被箭射中、被石击中的危险，苦战抵御。张举等攻击十数天，不能攻克，撤退。

后赵帝国天王石虎因辽西郡（河北省卢龙县）太接近前燕帝国，不断受到攻击，不能安宁，遂把所有居民都迁到冀州（河北省中部）南部。

13 成汉帝国（首都成都）皇帝李寿患病，国务院总理（尚书令）罗恒、广汉郡（四川省广汉市）人解思明，再向李寿建议：早日归降晋帝国，李寿拒绝。李演（身份不详）也上书劝告，李寿大怒，斩李演。

李寿羡慕刘彻（西汉王朝七任帝武帝）、曹叡（曹魏帝国二任帝明帝）的为人，对于老爹李骧（太傅）、堂兄李雄（一任帝武帝）往事，感到羞辱。臣属所呈奏章，不准提及或赞美先世的政治和教化，自认为自己已超过先世。随从官（舍人）杜袭，作诗十首，假托是曹魏帝国时诗人应璩的作品，用以刺激李寿。李寿告诉杜袭：“看了诗篇，完全了解它的含意，如果是现代人的作品，那可是贤明的哲理。如果是古代人的作品，不过是死鬼们平凡的老生常谈。”

14 前燕王（首都棘城〔辽宁省义县西〕）慕容皝，自觉他这个王爵，不是晋帝国皇帝所封，心理上有点欠缺。

冬季，派秘书长（长史）刘翔、军事参议官（参军）鞠运，前往晋帝国首都建康（江苏省南京市），呈献捷报和战利品，并说明自称燕王乃是一种暂时性的权宜之计。同时请求指定一个日期，向后赵帝国（首都邺城）南北夹攻，共同平定中原。

慕容皝攻击高句骊王国（首都丸都〔吉林省集安市〕），军队推进到新城（辽宁省海城市东北），高句骊国王高钊（十六任故国原王）请求和解，大军才返。

慕容皝又命他的儿子慕容恪、慕容霸，攻击宇文部落（内蒙古老哈河上游）的旁支。慕容霸年十三岁（应是十四岁），勇冠三军。

15 前凉王国（首都姑臧）国王（二任文王）张骏（本年三十三岁），兴建学校（辟雍）、皇家大会堂（明堂），作为举行典礼场所。

十一月，张骏任命世子张重华（本年十三岁），主管凉州（甘肃省中部西部）事务。

16 十二月七日，后赵帝国太保（上三公之三）桃豹逝世。

17 十二月十六日，晋帝国任命骠骑将军、琅邪王司马岳（本年十八岁），当高级咨询官（侍中）、宰相（司徒）。

18 成汉帝国西夷保安司令（西夷校尉）李奕，攻击晋帝国所属巴东郡（重庆市奉节县东），守将劳杨战败身死。

四世纪 四〇年代

三四〇—三四九年

- 石虎在邺城、洛阳、长安，大建宫殿。
- 前燕击灭宇文部落。
- 石虎腰斩王波。
- 成汉帝国亡。
- 石虎酷刑杀子。
- 石闵杀胡人二十余万。

- 罗马帝国内战，东帝君士坦丁二世，攻击西帝君士坦斯，兵败身死。

三四〇年 庚子

晋	咸康	六年
成汉	汉兴	三年
后赵	建武	六年
前凉	太元	十七年
前燕	文明王	七年

（代王拓跋什翼犍建国三年）

1 春季，正月一日，晋帝国（首都建康〔江苏省南京市〕）征西将军、都亭侯（文康侯）庾亮逝世（年五十二岁）。晋政府任命中央军事总监（护军将军）、主管政府机要（录尚书）何充，当立法院最高立法长（中书令）。

正月十一日，晋政府再任命南郡（湖北省江陵县）郡长庾翼，当江荆司雍梁益军区司令长官（都督江荆司雍梁益六州诸军事）、安西将军、荆州（湖北省及湖南省）州长（刺史），“假节”，接替庾亮的官位，镇守武昌（湖北省鄂州市）。

当时的人认为庾翼年轻（本年，庾翼三十六岁），担心他不能承担老哥庾亮的重任。庾翼全神贯注，军政两大部门，都严厉分明，数年下来，公私充实富裕，人们称赞他才能出众。

2 正月十二日，晋帝国擢升左特级国务官（左光禄大夫）陆玩，当高级咨询官（侍中）、最高监察长（司空）。

3 北方宇文部落（内蒙古老哈河上游）酋长宇文逸豆归，猜忌流亡客慕容翰的才干和盛大的名望（慕容翰投奔宇文部落，参考前年〔三三八〕三月）。慕容翰为了逃祸，假装疯狂，拼命饮酒，有时候躺到街头巷口，随地拉屎撒尿；有时候披头散发，歌唱呼叫，跪下来叩头，向路人乞求赏一口饭吃。宇文部落上上下下，对这个堕落的流浪汉，都看不起，不再列入看管名册。慕容翰遂到处乞讨，想到哪里，就到哪里，山川形势，默默记在心中。

前燕王国（首都棘城〔辽宁省义县西〕）国王（一任文明帝）慕容皝（本年四十四岁），深知慕容翰并不是卖国叛徒，当初所以逃走，不过是兄弟间的误会（参考三三三年十月）。身虽在异域，心却常怀祖国。得到慕容翰受害报告，派商人王车，前往宇文部落，经商贩卖，暗中跟慕容翰取得联系。慕容翰看到王车，不说一句话，只捶胸点头而已。慕容皝说："慕容翰想回家了。"再派王车前往迎接。慕容翰可以拉动三石多重的强弓，箭尤其长大，慕容皝特别为慕容翰制造称手的弓箭，教王车把它埋在路旁，秘密通知慕容翰。

二月，慕容翰偷到宇文逸豆归的名马，携带两个儿子，到埋藏处取出弓箭，逃走。宇文逸豆归派精悍骑兵一百余人追捕，慕容翰告诉追兵说："我在外作客太久，思念故乡，打算回家，既然已经上马，就没有再回去之理。我从前假装疯狂，不过是愚弄你们，我的本领仍然存在，劝你们不可以紧逼，自取死亡。"追兵没有把慕容翰放到眼里，迳行突击。慕容翰说："我住在你们国家，多少年来，有一种依恋不舍之情，所以，我不打算射杀你们。现在，你们在距离我一百步地方，把刀插到地面，我一箭射中时，你们就应该回去。我如果射不中，你们不妨再追。"追兵解下佩刀，插到地上，慕容翰一箭射出，正中刀环，追兵大为震骇，撤退而去。

慕容皝听到慕容翰回来，大喜过望，待他至为优厚。

4 二月十一日，太微星旁，出现孛星（天上太微星就是地上天子。而在本世纪〔四〕，地上天子这么多，不知道指的是哪一个）。

5 三月二十九日，晋帝国大赦。

6 成汉帝国（首都成都〔四川省成都市〕）攻陷晋帝国的丹川（今地不详，应在建宁郡〔云南省曲靖市〕境内）。晋帝国建宁郡（云南省曲靖市）郡长孟彦（孟彦降晋，参考去年〔三三九〕三月），及守将刘齐、李秋，全被斩首。

7 代王拓跋什翼犍，建都云中郡的盛乐宫（内蒙古和林格尔县。参考三三七年十一月）。

8 后赵帝国（首都邺城〔河北省临漳县邺城镇〕）天王（三任武帝）石虎（本年四十六岁），写信给成汉帝国（首都成都〔四川省成都市〕）皇帝（四任昭文帝）李寿（本年四十一岁），盼望缔结联盟，瓜分位于长江以南的晋帝国（首都建康）。李寿大为高兴，派散骑侍从官（散骑常侍）王嘏、寝殿侍奉宦官（中常侍）王广，到后赵帝国访问。隐士龚壮劝阻，李寿不理，而且大肆建造船舰，磨利武器，积储粮秣。

秋季，九月，命国务院总理（尚书令）马当，担任六军司令长官（六军都督），集结战士七万余人，建立水上舰队，在首都成都，举行盛大阅兵典礼；战鼓声和号令声，盈满岷江。李寿在城墙上检阅，油然兴起吞并晋帝国的雄心壮志。解思明警告说："我们的国家太小，兵力太弱，吴会（江东）路途遥远而又艰险，征服他们，很不容易。"李寿遂命高阶层官员，对军事形势，作一评估，龚壮说："陛下连胡蛮（后赵帝国）都可以通使，为什么不能跟晋国（晋帝国）通使？胡蛮（后赵帝国）是一群豺狼，如果灭掉晋国（晋帝国），我们就不得不把他当作天子，面对北方，向他朝拜。如果以平等的地位跟他争夺全中国的领导权，因强弱相差太大，我们就会立刻陷入危亡。虞国、虢国的往事，是明显的警戒（春秋时代，晋国〔山西省新绛县〕十九任国君〔献公〕姬诡诸，打算消灭虞国及虢国。遂把名马璧玉，送给虞国〔山西省平陆县东北〕，请求借路攻击虢国〔河南省三门峡市东南〕。晋军于灭掉虢国，凯旋回军时，顺便再灭掉虞国，取回前所馈赠的名马璧玉。参考《左传》前六五八年）。但愿陛下深思熟虑。"文武官员都认为龚壮的分析正确，李寿遂打消出征计划。士卒高喊万岁！

龚壮认为，人类的行为，没有比"忠""孝"更为重要，既已报杀父杀叔之仇（参考前年〔三三八〕四月），更打算使李寿归降晋帝国。然而，在这点上，李寿不能接受。龚壮遂假装耳聋，双手发抖，拿不稳东西，告辞中央，回到家园（巴西郡〔四川省阆中市〕），在读书写字中寻求乐趣，终身不再去成都。

9 后赵帝国国务院总理（尚书令）夔安逝世。

10 后赵天王石虎，下令司州（河北省南部）、冀州（河北省中部）、青州（山东省北部）、徐州（江苏省北部）、幽州（河北省北部）、并州（山西省中部）、雍州（陕西省中部），七州人民，每家五个壮年男子（壮丁）中，抽调三人；四个壮年男子中，抽调二人；加上首都邺城（河北省临漳县邺城镇）旧有的驻屯军队，数目高达五十万人。又集结战舰一万艘，从黄河直入渤海，运输粮秣一千一百万斛，储存乐安城（河北省乐亭县）。把辽西郡（河北省卢龙县）、北平郡（河北省遵化市）、渔阳郡（北京市密云区）各郡居民一万余户，强行迁徙，分别安置到兖州（山东省西部）、豫州（河南省东部）、雍州（陕西省中部）、洛州（河南省中部）。从幽州（州政府设蓟城〔北京市〕）直到东方的白狼（辽宁省喀喇沁左翼县西南），扩大军事开荒垦田。搜括民家所有马匹，人民胆敢隐藏马匹，拒不捐献的，腰斩。于是，聚马四万余匹，在宛阳（邺城西宛阳观）举行盛大阅兵典礼，准备攻击前燕帝国。

前燕王慕容皝，对他的将领们说："石虎自以为乐安城（河北省乐亭县）重重防守，就可以保护北边安全。所以蓟城（北京市）南北，一定没有戒备，我们如果由小路袭击蓟城，可以完全击破。"

冬季，十月，慕容皝率领各军，从蠮螉塞（居庸关。蠮螉，音yē wēng〔椰翁〕）进入长城，奇袭后赵帝国后方，沿途遇到要塞，一一摧毁，生擒将领；大军长驱直入，抵达蓟城（北京市）。后赵帝国幽州（州政府蓟城）州长（刺史）石光，拥有武装部队数万人，紧闭城门，不敢出战。前燕兵团遂攻破武遂津（河北省武强县东北），进入高阳郡（河北省博野县东南）。大军所至，纵火焚烧囤积的粮食草料，掳掠裹挟三万余户人家北返。

四世纪·三四〇年十月　慕容皝奇袭后赵

中国地图

宇文部落

代国

前燕·慕容皝军

棘城

前燕帝国

大宁

凡城

白狼

军事屯田区

蠮螉塞

渔阳郡

令支（营州）

代郡

蓟城（幽州）

北平郡

辽西郡

乐安

石光紧闭城门，不敢出击

渤海

高阳郡

勃海郡

武遂津

信都（冀州）

古黄河

今黄河

东莱郡

后赵帝国

广固（青州）

济南郡

邺城

宛阳

碻磝

鄄城（兖州）

后赵前进大本营

石光被指控畏缩懦弱，召回京师（首都邺城）。

11 后赵天王石虎，任命三子秦公石韬，当全国武装部队总司令（太尉），跟太子石宣，每隔一天，轮流裁决国务（尚书）奏章。二人独断专行，说赏就赏，说罚就罚，不再报告石虎。宰相（司徒）申钟进言说："赏赐和刑罚，是君王手中最重要的权柄，不可以交给别人，目的在于从小地方起，就加以防范，变乱还没有行动前，就使它化解。太子（帝位合法继承人）的主要职责，是照顾老爹的饮食，不应该参与政治。已被贬成平民的石邃，就是因为参与政治，招来失败（参考三三七年七月），倾覆的车辆，仍倒在不远的地方。而且由两个对立的政令系统，分割大权，很少不造成大祸。爱他们而不用适当的方法，恰恰是害他们。"石虎不同意。

礼宾宦官总监（中谒者令）申扁，聪明伶俐，口才敏捷，受到石虎宠爱，太子石宣也跟他亲密，命他主管宫廷机要。石虎既不过问国事，石宣、石韬又都喜爱酗酒、打猎。于是任官封爵，生杀予夺，全由申扁决定，大权在握。部长级以下官员，看到申扁车辆扬起的灰尘，都下拜叩头。

太子宫总管（太子詹事）孙珍，染上眼疾，向高级咨询官（侍中）崔约，乞求药方，崔约嘲弄说："在你眼眶里撒泡尿，自然痊愈。"孙珍说："眼眶里怎么能撒尿？"崔约说："你眼眶深陷，正好容纳一泡尿。"（汉人眼骨平坦，胡人以及西方白人眼眶下凹。）孙珍怀恨在心，报告石宣，偏偏石宣在兄弟中，眼眶下凹最深，充分显示羯人特色；听到报告后，怒不可遏，把崔约父子诛杀；三公、部长级以下官员，对孙珍畏惧，不敢抬眼相看。

燕公石斌，监督边陲州郡，特别喜爱打猎，常常把城门钥匙带在自己身上，随时出入。征北将军张贺度每每劝阻，石斌大为愤怒，凌辱张贺度。石虎得到消息，派立法院初级助理官（主书）礼仪（礼，姓），“持节”，前往监督。石斌不接受约束，斩礼仪；又打算斩张贺度，张贺度下令戒严自卫，飞骑上奏。石虎派国务院执行官（尚书）张离，率武装骑兵，把石斌押回京师（首都邺城），打三百皮鞭，免除官职，逐回私宅，诛杀他的亲信十余人。

12 前凉王国（首都姑臧〔甘肃省武威市〕）国王（二任文王）张骏（本年三十四岁），派总务官（别驾）马诜，向后赵帝国（首都邺城）进贡，但奏章上措辞傲慢；石虎大怒，打算斩马诜。高级咨询官（侍中）石璞，劝阻说：“我们最大的敌人，必须先要除去的，是晋国（晋帝国）。河西走廊（前凉王国）一带，荒僻简陋，用不着在意。今天诛杀马诜，势必讨伐张骏，兵力便会分割为二，建康（晋首都，江苏省南京市）就可能再多延几年寿命。”石虎才停止。石璞，是石苞的曾孙（此石苞非后赵帝国皇族。参考二六八年九月）。

13 当初，成汉帝国（首都成都）将领（荆州〔州政府设江州，重庆市〕州长〔刺史〕）李闳，被晋帝国俘虏（参考去年〔三三九〕四月），辗转逃到后赵帝国（首都邺城）。成汉帝李寿，写信给后赵帝国皇帝石虎，请求遣送李闳回国，信封上写“赵王石君”，石虎不大高兴，交付高阶层官员讨论，立法院总立法长（中书监）王波说：“不妨命李闳用他的生命发誓：‘假如回到巴蜀（成汉帝国），当联络皇家宗族，归降王化（后赵帝国）。’如果他实践承诺，则用不着派一兵一卒，坐在这里就收复梁州（陕西省南部及四川省东北部）、益州（四川省中部）。如果他反悔，我们也不过损失一个逃犯而已，对我们国家，有什么伤害？李寿既然登上皇帝宝座，我们如果向他下达诏书，他一定也会对我们下达诏书，不如也学他的办法，给他一封回信。”

正巧，挹娄王国（乌苏里江流域）向后赵帝国进贡“楛矢石砮”（楛，音hù〔户〕；楛木，产于北方的荆类植物，楛矢，楛木做的箭。砮，音nǔ〔努〕；一种可当作箭头的石头）。王波建议转赠给成汉帝国，说：“使他们知道我们的国威，已使远方臣服。”石虎批准。送李闳返国，致送丰富的礼物。李闳抵达首都成都后，李寿下诏说：“羯蛮（石虎所属的种族）的使节，前来朝见，进贡他们所造的楛木弓箭。”石虎接到报告，大为生气，剥夺王波所有铨叙资格，暂时以平民身份当官。

三四一年 辛丑

晋	咸康	七年
成汉	汉兴	四年
后赵	建武	七年
前凉	太元	十八年
前燕	文明王	八年

（代王拓跋什翼犍建国四年）

1 春季，正月，前燕王国（首都棘城〔辽宁省义县西〕）国王（一任文明帝）慕容皝（本年四十五岁），命唐国郡（辽宁省喀喇沁左翼县境）郡长（内史）阳裕等，在柳城（辽宁省朝阳市西南）北方、龙山西方（朝阳市），兴筑皇家祭庙，和皇宫宝殿，命名龙城（"柳城"因距"龙城"咫尺，从此柳城即被龙城取代）。

2 二月一日，日蚀。

3 前燕王慕容皝的使节刘翔（参考前年〔三三九〕十月），抵达晋帝国首都建康（江苏省南京市），晋帝（九任成帝）司马衍（本年二十一岁）接见，问候说："慕容皝平安！"刘翔回答说："我被派遣动身的那天，慕容将军（慕容皝任镇军大将军）身穿正式官服，在庭院用正式朝拜仪式，送出奏章。"

刘翔要求晋帝国加授慕容皝"最高统帅"（大将军）头衔，和颁发"燕王"印信。参与讨论的人，都认为："前例，最高统帅（大将军）从不驻防边疆。而且，两汉王朝、曹魏帝国以来，跟皇家不同姓的人，不能封王。刘翔的请求，不可以应许。"刘翔说："自从刘渊（汉赵帝国一任帝）、石勒（后赵帝国一任帝）作乱，长江以北，全都陷入盗贼之手，堂堂中华高阶层官员，没有听说有谁奋起手臂，挥动戈矛，去击败叛徒。只有慕容将军父子（慕容廆、慕容皝），同心合力，仍不遗忘晋国（晋帝国），用少数的人，击破众多的强敌，屡屡歼灭对方，使石虎（后赵天王）心生畏惧，把沿边居民，分别移到三魏（三魏：魏郡〔河北省临漳县邺城镇〕、阳平郡〔河北省馆陶县〕、广平郡〔河北省曲周县东北〕）。使自己的国土退缩一千华里，而把蓟城（幽州州政府所在城，北京市）当作北境。功勋如此壮烈；中央（晋政府）竟然爱惜大海之北的土地，不能把它当作采邑，原因何在？从前，刘邦（西汉王朝一任帝）对王位毫不爱惜，加授给韩信、彭越，所以才能完成帝王大业。项羽（西楚王国一任王）把印信刻好，却不能决断的交给别人，终于覆亡（参考前二〇三年二月）。我的内心，并不是一定要办成这件事，而是认为，贤明政府使忠义的藩属疏远，四海之大，就不能用来鼓励别人！"

国务院执行官（尚书）诸葛恢，是刘翔的姐夫，单独而强烈的反对，认为："蛮夷互相攻击，唯一获得利益的是中国。只有名分和官位（名器），不可以轻易给人！"对刘翔说："即令慕容皝能除掉石虎，不过是另一个石虎，政府何必依赖他！”刘翔说：“连寡妇都忧虑国家的灾难，而今，晋国（晋帝国）正在危急，你的地位，跟‘八元’‘八恺’（参考一八四年五月注）相等，难道对帝国一点忧虑都没有？假如当初言靡在鬲国（山东省商河县）不能建立功劳，姒少康如何使夏王朝中兴（纪元前二十二世纪，夏王朝大臣后羿，驱逐五任帝姒相，自己登极〔六任帝〕。后来，后羿的大臣寒浞，再杀后羿；寒浞登极〔七任帝〕，派军追杀姒相，姒相的妻子逃到有仍〔山东省济宁市〕，生下遗腹子姒少康。大臣言靡，投奔鬲国〔山东省商河县〕，集结残余部众，拥护姒少康，最后终于击斩寒浞，姒少康登极〔八任帝〕，收回帝位。这段往事，在历史上称“少康中兴”）？姜小白（桓）、姬重耳（文）在战场上不能取得胜利，则周王朝的人全体都得把衣襟开到左边（汉人衣襟开在右边，蛮夷衣襟开在左边）。慕容将军（慕容皝）头枕矛戈，等待天明，立志铲除凶恶叛徒，你却用邪恶的心肠，说出这种使人困惑的话，嫉妒忠良，从中挑拨离间。中国之所以不能早日统一，正因为有你这一类人当权！”然而，刘翔留在晋帝国首都建康（江苏省南京市）一年有余，政府官员议论纷纷，不能决定。

刘翔于是游说寝殿侍奉宦官（中常侍）郁弘说：“石虎地盘，包括八州，武装部队，有一百万人，志在吞并长江、汉水，从最大的索头部落（代国）、宇文部落（内蒙古老哈河上游），以及所有小国，没有一个不曾臣服，只剩下慕容将军（慕容皝）拥护天子。一番忠诚，直贯天日，如果不能得到特别的荣耀，恐怕天下忠臣义士，都要变心，再没有敬重晋国（晋帝国）的人了。从前，公孙渊对东吴帝国没有一点帮助，东吴帝孙权，还封他燕王，更加‘九锡’（参考二三三年三月）。而今，慕容将军（慕容皝）屡次击败盗贼（后赵帝国）凶锋，威望远震秦陇（陕西省中部及甘肃省南部）。石虎最近还特别派出有身价的重要使节，甜言蜜语，携带厚重礼物，打算加授慕容将军（慕容皝）曜威大将军，封辽西王。慕容将军（慕容皝）嫌弃石虎不是正统，坚决推辞，不肯接受，想不到政府竟然如此吝啬一个虚名，使忠良沮丧，这岂是为国家长程利益着想。以后再去追悔，已来不及。”

郁弘进宫把这话转报给皇帝司马衍，司马衍的意思也愿答应。正巧，慕容皝上疏（专呈皇帝的奏章），严厉攻击：“庾家班专权弄势，制造祸乱，要求罢免斥退，安定国家。”又写信给庾冰，责备他掌握国家最高主权，不能为国家雪耻。庾冰大为恐惧，因慕容皝身处绝远的天涯地角，根本无法控制。遂跟何充联名上疏，请求批准刘翔的奏章。

二月十六日（原文“乙卯”，据《晋书·成帝纪》改），加授慕容皝“使持节”（一级权力）、最高统帅（大将军）、黄河北军区司令长官（都督河北诸军事），兼幽州（河北省北部）全权州长（牧）、大单于，封燕王。各种仪仗用物，及法令典章，都特别优待。又加授世子慕容儁“假节”（三级权力）、安北将军、东夷保安司令（东夷校尉）、封左贤王。赏赐军事辎重及武器，以千万计算（“千万”不知是千万钱？或是千万件），又加封功臣一百余人。命刘翔当代郡（河北省蔚县）郡长（空头官衔。此时代郡属后赵），封临泉乡侯，加授编制外散骑侍从官（员外散骑常侍）；刘翔坚不接受。

刘翔痛恨晋帝国高级知识分子的骄傲奢侈，沉迷酒宴，行为放荡，而且以此互相夸耀。于是，在一个权贵毕集的宴会上，对何充等说：“四海之内，版图动荡，转眼之间，已超过三世（一世十二年），皇家祖庙和天神农神祭坛，全成废墟，人民生活在水深火热之中，这正是政府心如火焚之时，忠臣献出生命之际。可是，各位在长江南岸，却欢乐度日，尽情享受，任性淫乱，认为浪费糜烂是一种荣耀，傲慢怪诞才是贤能人才，听不到公正直率的言论，看不到战争征伐的功劳，不知道你们用什么方法光复故土，拯救人民？”何充等面有愧色。

司马衍下诏，派兼任藩属事务部长（兼大鸿胪）郭希，“持节”（二级权力），前往棘城（前燕首都，辽宁省义县西），册封慕容皝“燕王”爵位，随同刘翔北上。政府高阶层官员在码头上，摆下筵席，为他们饯行。刘翔对大家说：“从前，姒少康（夏王朝八任帝）只有五百人，就消灭寒浞（夏王朝七任帝）。姒勾践依靠会稽（浙江省绍兴市）一个小地方，就向强大的吴王国，反击报复（参考前四七三年）。野草都应早日铲除，何况敌寇死仇？而今，石虎（后赵天王）、李寿（成汉帝），都有吞并的企图，晋国（晋帝国）皇家部队，即令不能肃清北方（后赵帝国），也应该把注意力集中巴蜀（成汉帝国）。一旦石虎先行下手，把李寿征服，盘踞险要地区，面对东南（晋帝国），到那时候，即令再智慧的人兴起，都无法挽救。”中央军事总监（中护军）谢广说：“这正是我的心愿。”

4 三月五日，晋帝司马衍正妻杜陵阳逝世（年二十一岁）。

夏季，四月五日，把杜陵阳安葬在兴平陵（江苏省南京市北鸡笼山，司马衍预设墓地）。

5 晋帝司马衍下诏：上自亲王、公爵，下到最底层平民，现在居住什么地方，什么地方就是他的籍贯，登记在白纸制成的户籍簿上（八王之乱后，亲王、公爵、平民，大批迁到长江以南，认为不久即可返乡，所以一直保持北方原有籍贯，现在一律落实。但仍用白纸户籍簿记载，以别于原居民的黄色户籍簿）。

6 秋季，七月，晋帝国使节郭希随同刘翔，抵达前燕王国（首都棘城）。前燕王慕容皝任命刘翔当东夷军事总监（东夷护军），兼最高统帅府秘书长（大将军长史）；任命唐国郡（辽宁省喀喇沁左翼县境）郡长（内史）

阳裕当左军政官（左司马）；王府图书管理官（典书令）李洪当右军政官（右司马）；首都棘城警备区司令（中尉）郑林当参谋主任（军咨祭酒）。

7 八月一日，晋帝国东海王（哀王）司马冲（参考三一一年四月）逝世（年三十一岁）。

8 九月，代王拓跋什翼犍，在首府故城南八华里，再筑盛乐城（内蒙古和林格尔县）。

拓跋什翼犍的正妻慕容女士（慕容皝的妹妹）逝世。

冬季，十月，匈奴部落酋长刘虎（盘踞黄河河套地区），攻击代国西部。拓跋什翼犍派军队迎击，大破刘虎军。刘虎逝世，儿子刘务桓继位，派人到代国要求和解，拓跋什翼犍把女儿嫁给刘务桓。刘务桓又向后赵帝国（首都邺城〔河北省临漳县邺城镇〕）进贡，后赵帝国任命刘务桓当平北将军，封左贤王。

9 后赵帝国（首都邺城）横海将军王华，率舰队从海上袭击前燕帝国（首都棘城）的安平（辽宁省丹东市），攻破城池。

10 前燕王慕容皝，任命慕容恪当渡辽将军，镇守平郭（辽宁省盖州市）。自从慕容翰、慕容仁之后，镇守的将领，才能都十分平庸。等到慕容恪到职，安抚旧民，照顾新附，不断击败高句骊王国（首都丸都〔吉林省集安市〕）的入侵部队。高句骊王畏惧，不敢再行冒犯。

11 二月，晋帝国（首都建康）兴平伯爵（康伯）陆玩逝世（年六十四岁）。

12 成汉帝国（首都成都〔四川省成都市〕）皇帝（四任昭文帝）李寿（本 686
年四十二岁），任命他的太子李势，兼任最高统帅（大将军），主管政府机要（录尚书事）。

最初，成汉帝国一任帝（武帝）李雄，因为节俭宽厚，深得人民拥戴。等到李闳、王嘏从邺城（后赵首都，河北省临漳县邺城镇）返回（参考去年〔三四〇〕十月），对邺城的繁荣富庶，和宫殿的堂皇，大为赞赏，指出：石虎完全靠刑罚诛杀，才能控制全国。李寿对这些十分羡慕；于是，调查首都成都邻近各郡民家，家有三个男人的，一律强迫迁入成都，使京师市容，呈现繁荣充实。并扩大修建宫殿，制造珍贵用具。部属有人犯了小过，立即处死，用来建立自己的威严。国务院左执行长（左仆射）蔡兴、右执行长（右仆射）李嶷，都因直言劝告，受到诛杀。人民被田赋差役重重压榨，叹息呼喊的声音，盈满道路，希望变天的人，越来越多。

三四二年 壬寅

晋	咸康	八年
成汉	汉兴	五年
后赵	建武	八年
前凉	太元	十九年
前燕	文明王	九年

（代王拓跋什翼犍建国五年）

1 春季，正月一日，日蚀。

2 正月七日，晋帝国（首都建康〔江苏省南京市〕）大赦。

3 晋帝国豫州（州政府设芜湖〔安徽省芜湖市〕）州长（刺史）庾怿，送给江州（州政府设寻阳〔江西省九江市〕）州长（刺史）王允之美酒，王允之疑心酒里有毒，倒给狗喝，狗立刻毒发毙命。王允之秘密奏报，皇帝（九任成帝）司马衍（本年二十二岁）说："大舅（庾亮）已经乱一次天下（指苏峻之乱，参考三二七年十月），难道小舅（庾怿）也打算再乱一次？"

二月，庾怿饮下鸩酒，自杀（年五十岁）。

4 三月，晋帝国把武悼皇后杨芷的牌位，送到一任帝（武帝）司马炎祭庙中，配享香火（杨芷之死，参考二九二年，迄今五十年）。

5 晋帝国安西将军、荆州（湖北省及湖南省）州长（刺史）庾翼，镇守武昌（湖北省鄂州市），住宅不断有奇异鬼怪的事件发生，打算把将军府及州政府迁到乐乡（湖北省松滋市东北）。征虏将军府秘书长（征虏长史）王述，送给立法院总立法长（中书监）庾冰一份备忘录，说："乐乡距武昌（湖北省鄂州市）一千余华里（航空距离二百八十公里），部属数万人之多，一旦迁移，修筑城池，公私都辛劳困扰。而产自江州（江西省及福建省）的物资，要逆长江而上数千华里，才能运送到乐乡（湖北省松滋市东北）供应，费用和人力消耗，都会加倍。而且，武昌（湖北省鄂州市）位居长江险要的中心，不仅仅只控制上游的局势，一旦发生紧急情况，无论是出动军队赴援，或等待拯救，都不困难。如果迁移到乐乡（湖北省松滋市东北），远在西方边陲，万一长江下游有事，首尾不相连接，无法救助。独当一面的高级将领，必须据守要害之地，作为内外的屏藩，使那些野心分子不知道如何下手。从前，秦王朝一任帝嬴政，警觉到：'亡秦的，是胡。'遂派出大军，攻击匈奴（参考前二一四年），结果转化成为刘邦、项羽叛变的资源。周王朝十一任王（宣王）姬靖，对一首歌谣：'桑木弓，箕草袋'深为厌恶，结果逼出褒姒之乱（纪元前八世纪，周王朝十一任王〔宣王〕姬靖在位时，有民谣说："月亮将升，太阳将坏，桑木做成强弓，箕草编成箭袋，周王朝不再存在。"姬靖遂禁止买卖桑弓箕袋，有一对夫妇，不知道禁令，妻被捕杀，丈夫逃亡，逃到河边，捡起一个被抛到河里，行将淹死的女娃——褒姒。以后，褒姒嫁给十二任王〔幽王〕姬宫涅，周王朝中衰。参考二八四年正月注）。所以，通达明理的正人君子，只走光明的直路。驱祸避凶之类的小动作，都不应考虑采取。采取的应是竭尽我们人事的努力，和思量国家长程利益。”

政府议论，都同意王述的见解，庾翼遂停止迁徙。

6 夏季，五月乙卯日（五月丁巳朔，没有乙卯），晋帝司马衍（九任成帝）患病。

六月五日，司马衍病重。有人伪造国务院公文书，下令皇宫宫门，禁止宰相入宫，文武百官全都惊骇变色。庾冰说：“其中一定有诈！”严厉追查，果然是诈。司马衍生有二子：司马丕、司马奕，都在怀抱之中。庾冰知道他们兄弟当权的日子很久（自三二五年九月起，至本年〔三四二〕已十八年），恐怕皇帝到了下一代，亲属越加疏远，可能被别人挑拨离间（司马丕、司马奕，有他们自己的舅父）。于是强调：国家面对强大的敌人，应该由年纪大的人接替君王，因请指定同一娘亲的老弟琅邪王司马岳当继承人，司马衍批准。立法院最高立法长（中书令）何充说：“父亲传给儿子，是从前君王旧有的前例。改变它的人，很少不产生祸乱。所以姬发（周王朝一任王武王）不把王座交给圣明的老弟姬旦（周公），并不是不爱老弟姬旦。而今琅邪王（司马岳）登极，皇上（司马衍）亲生的娃儿怎么办？”庾冰不理。

司马衍下诏，立皇弟司马岳当继承人，并命司马奕入继琅邪王（哀王）司马安国（司马衍堂兄）为子。

六月七日，庾冰、何充、武陵王司马晞、会稽王司马昱、国务院总理（尚书令）诸葛恢，同时接受皇帝托妻付子的遗诏。

六月八日，司马衍逝世（年二十二岁）。司马衍五岁登上宝座，不直接处理国事，等年龄渐长，具有克勤克俭的美德。

六月九日，琅邪王司马岳（年二十一岁）登皇帝位（十任康帝）。大赦。

六月十四日，封司马衍的儿子司马丕当琅邪王、司马奕当东海王。

司马岳为老哥司马衍守丧期间，闭嘴不说一句话，把政府交付给庾冰、何充。

秋季，七月一日，将司马衍安葬兴平陵（江苏省南京市北鸡笼山）。司马岳步行送丧，亲送灵柩到阊阖门（宫城〔台城〕南面东门），才坐上素色车轿，抵达墓园，下葬之后，司马岳在金殿召见大臣，庾冰、何充，也都在座。司马岳说："我之能够继承皇家大业，都是二位的力量。"何充说："陛下像龙一样飞跃天际，全是庾冰的功劳。如果采纳我的建议，看不到目前的太平盛世。"司马岳面上有惭愧颜色。

七月四日，任命何充当骠骑将军，兼徐州以及扬州晋陵郡（京口，江苏省镇江市）军区司令长官（即徐州〔江苏省长江以北〕及扬州的一个郡〔晋陵郡〕），兼徐州州长（刺史）；镇守京口（江苏省镇江市）；为的是躲开庾家班。

7 冬季，十月，前燕王国（首都棘城）国王（一任文明帝）慕容皝（本年四十六岁），从棘城（辽宁省义县西）迁都龙城（辽宁省朝阳市。参考去年〔三四一〕正月）。赦免境内罪犯。

建威将军慕容翰，向慕容皝进言说："宇文部落（内蒙古老哈河上游），强盛的时间太久，不断的成为我们的祸患。现在，宇文逸豆归篡夺政权（参考三三三年八月），人心不服。再加上宇文逸豆归性情昏庸，将帅又都不是适当人选，军队没有训练，已丧失保护自己的能力。我停留在他们那里的日子很长，了解他们的地理形势。虽然跟遥远的羯蛮强盗（后赵帝国）勾结，可是两地相隔，声势无法结合，对拯灾救难，没有裨益。今天如果出击，保证可以百战百胜。问题在于高句骊（首都丸都〔吉林省集安市〕），距离我们最近，一直打我们的主意，他们警觉到宇文部落如果灭亡，下一个灾祸就会降临他们头上，势必乘我们后方空虚，大军深入，攻击我们后方。留守的军队少，不足以抵抗；留守的军队多，又减少前方力量。所以，高句骊才是真正的心腹之患，应该早日铲除。观察他们的形势，我推断，只须要发动一次攻击，便可克复。宇文逸豆归不过一个性格保守的匪徒而已，绝不可能遥远出征，来维护他的长程利益。攻击高句骊后，回头再攻取宇文部落，易如反掌。两国一旦扫平，我们就可以获得直到东海边所有利益，国富兵强，又消除了后顾之忧，然后才可以专心图谋中原。”慕容皝说：“好主意。”

于是，开始计划攻击高句骊王国。高燕两国之间，有南北两条道路，北边道路平坦，南边道路险要，大家打算由北道挺进。慕容翰说：“盗贼（高句骊王国）用常情判断他的敌人，认为一定会走北道；因之，他们北道的戒备，一定坚强；南道的戒备，一定松懈。皇家精锐军队应从南道进击，才可以大出他们意外，丸都（高句骊首都·吉林省集安市）会很快陷落。另外派遣一小部分部队，从北道推进，即令有什么失利，它的心脏已经崩溃，四肢无能为力。”慕容皝接受。

十一月，慕容皝亲自率精锐四万人，从南道东下，命慕容翰、慕容霸当先锋；另派秘书长（长史）王寓等，率别动部队一万五千人，从北道东下；向高句骊王国发动总攻。高句骊王国国王高钊（十六任故国原王）果然派老弟高武，率精锐国防军五万人，前往北道迎战；而高钊自己率留守部队老弱残兵，在南道布防。慕容翰等前锋部队先到，跟高钊会战，慕容皝主力军陆续赶到，投入战场。左侍从官（左常侍）鲜于亮说："我本是一个俘虏，蒙大王把我当作'国士'相待（参考三三八年十二月），大恩不可不报。今天，正是我一死之日。"率几个骑兵，直冲高句骊阵地，战马所到之处，无不摧毁夺取，高句骊战线动摇，前燕大军乘势猛攻，高句骊军大败。前燕左秘书长（左长史）韩寿，斩高句骊大将阿佛和度加，各军紧追不舍，遂进入丸都（高句骊首都，吉林省集安市）。国王高钊单人匹马逃走；前燕轻车将军慕舆泥追击，俘虏高钊的太后娘亲周女士，跟高钊的王后妻子，然后回军。而正在这时候，前燕北道军统帅王寓等，全军覆没，败报传来，慕容皝不敢继续深入。只派人招降高钊，高钊不理。

慕容皝准备班师，左秘书长（左长史）韩寿说："高句骊国土（吉林省东部及朝鲜半岛北部），我们不可能派军驻防。而今，国王逃走，人民星散，事实上都躲到深山峻谷，等待我们撤退后，再重新集结，收拾残留下来的剩余物资，仍足以给我们制造灾祸。我建议，挖出高钊老爹（十五任美川王高乙弗利）的尸首，连同高钊娘亲，一齐运回我们国土，等他诚心归附，然后送回，用恩德和信义待他，这是上策。"慕容皝听从，遂挖掘高乙弗利墓园，把尸首装上囚车，搜括王国国库累世以来收集的稀世之宝，俘虏裹挟男女五万余人，焚烧皇宫宝殿，摧毁丸都城池，凯旋龙城（辽宁省朝阳市）。

8 十二月二十九日，晋帝司马岳，封正妻褚蒜子当皇后。征召褚蒜子的老爹、豫章郡（江西省南昌市）郡长褚裒（音póu〔抔〕）回京（首都建康），担任高级咨询官（侍中）、国务院执行官（尚书）。褚裒认为自己是皇后的父亲，不愿留在中央政府任职，苦苦要求外出，遂加授建威将军、江州（江西省及福建省）州长（刺史），镇守半洲（江西省九江市西北二十公里长江中小岛）。

9 后赵帝国（首都邺城〔河北省临漳县邺城镇〕）天王（三任武帝）石虎（本年四十八岁），在邺城兴筑高台巨楼四十余座。又修建洛阳（河南省洛阳市东白马寺东）、长安（陕西省西安市）两京古老的宫殿，驱使工匠四十余万人（不供给饮食，不供给医药，奴隶不如）。又打算从邺城修筑高架大道，直到襄国（后赵故都，河北省邢台市）。又下诏黄河以南四州（洛州〔河南省中部〕、豫州〔河南省东部〕、徐州〔江苏省北部〕、兖州〔山东省西部〕），准备大军南伐晋帝国（首都建康）时所需物资；下诏并州（山西省中部）、朔州（黄河河套地区）、秦州（甘肃省南部）、雍州（陕西省中部），准备大军西征前凉王国（首都姑臧〔甘肃省武威市〕）时所需物资；又下诏青州（山东省北部）、冀州（河北省中部）、幽州（河北省北部），准备大军东征前燕王国（首都龙城）时所需物资。全国一律“三五发兵”（家有三个壮汉，征召二人；家有五个壮汉，征召三人）。各州仅为军人制造铠甲武器的工匠，就有五十余万人；担任船夫的，也有十七万人；被水淹死，或被虎豹豺狼吞食的，高达三分之一。再加上公爵（王子王孙）、侯爵，以及州长、郡长、县长等贪污图利，人民丧失他们赖以谋生的产业，陷于忧愁困苦。贝丘（山东省临清市）人李弘，乘人民愤怒，宣称自己的姓名应验“神秘预言书”上的预言，联络党羽，结合同志，设立文武百官。事情发觉，被杀，连累数千户人家。

石虎喜爱游猎，毫无克制，早上出去，晚上回来。又喜爱穿平民服装，出外游荡，或暗中亲自视察各种工程进度和劳役情况。高级咨询官（侍中）京兆郡（陕西省西安市）人韦謏，劝阻说：“陛下忽略天下人民托付给你的重任，轻易的走到手拿刀斧的人群中间，万一突然发生狂人袭击的事变，即令有再大的智慧、再大的勇力，又有什么用？而且，劳苦差役，没有完结之日，人民耕田收获的工作，全部荒废，悲叹呼喊之声，盈满道路，稍有仁心的君主，不忍心如此。”石虎赏赐给韦谀谷米和绸缎布匹，可是，劳役和兴建各项工程，更加紧迫，石虎私出游荡，依然如故。

秦公石韬，受石虎宠爱，太子石宣既妒又恨，国务院右执行长（右仆射），兼军事部长（五兵尚书）张离，打算进入石宣的摇尾系统，于是，警告石宣说：“现在各位爵爷拥有的部队人数，都超过限额，应该逐渐减少，用来加强根基。”石宣遂教张离上疏（奏章）说：“秦公（石韬）、燕公（石斌）、义阳公（石鉴）、乐平公（石苞），都有权设立官员一百九十七人、卫士二百人。所属武装部队，准予保留三分之一，剩余的三分之二，约五万人，全部配属太子宫。”于是引起所有公爵的怨恨，兄弟之间，仇恨更深。

青州（山东省北部）州政府（设广固〔山东省青州市〕）上疏说：“济南郡（山东省济南市）平陵县（山东省济南市章丘区）城北的石雕虎像，一夜之间，迁移到城东南，沿途有野狼狐狸约一千余只的足迹跟随，踏出一条小路。”石虎大喜说：“石雕虎像，就是我石虎，从西北迁移到东南，就是上天准备使我平定江南（晋帝国）。现在，下令各州，所有征召的丁壮，明年全部集结，我当亲自率领六军，完成上天交付我的神圣任务。”文武百官，全都祝贺，呈递《皇德颂》的，有一百零七人。石虎下诏：“接到召集令的战士，每五人应捐献战车一辆、牛两头、米十五斛、绸缎十匹。拒不缴纳的，斩首！”人民困苦，甚至卖掉亲生儿子，用以供应军需，但仍不能达到规定标准，纷纷在路旁树上，上吊自缢，尸体悬挂，沿途相望。

三四三年 癸卯

晋	建元	元年
成汉	汉兴	六年
后赵	建武	九年
前凉	太元	二十年
前燕	文明王	十年

（代王拓跋什翼犍建国六年）

1 春季，二月，高句骊王国（首都丸都〔吉林省集安市〕）国王（十六任故国原王）高钊，派他的老弟，前往前燕王国（首都龙城〔辽宁省朝阳市〕）朝见，称臣，投降，进贡的奇禽异兽以一千头为单位计算。前燕王（一任文明帝）慕容皝（本年四十七岁）遂把高钊老爹（十五任美川王高乙弗利）的尸首送还（参考去年〔三四二〕十一月），但仍留下高钊的娘亲当人质。

2 宇文部落（内蒙古老哈河上游）酋长宇文逸豆归，派他的宰相莫浅浑，率军进攻前燕王国。前燕将领互相竞争迎战，前燕王慕容皝不准。莫浅浑认为慕容皝对他恐惧，不敢出动，遂饮酒打猎，不再戒备。慕容皝命慕容翰反击，莫浅浑大败，仅逃出一命，部队全被俘虏。

3 晋帝国（首都建康〔江苏省南京市〕）安西将军、荆州（州政府设武昌〔湖北省鄂州市〕）州长（刺史）庾翼，为人慷慨激昂，醉心建立功业。琅邪郡（侨郡，江苏省句容市北）郡长（内史）桓温，是桓彝的儿子（桓彝死于苏峻之难，参考三二八年六月），娶南康公主司马兴男（八任帝司马绍的女儿）。桓温豪迈爽朗，有魄力气度。庾翼跟他十分友爱，互相期许勉励，立志澄清四海。庾翼曾经向前任帝（九任成帝）司马衍推荐说："桓温有英雄才具，希望陛下不要把他当作平凡之辈看待，也不要把他当作一个普通妹夫，应该把他当作方叔、邵虎（周王朝十一任王〔宣王〕姬靖在位时〔前九世纪〕，南方蛮夷〔荆蛮〕背叛，姬靖派方叔讨伐平服。东方蛮夷〔淮夷〕背叛，由邵虎镇压；二人齐被称为中兴名将），交付他中兴大任，一定会建立功勋，使国家渡过难关。"

当时，杜乂、殷浩，都有盖世的才华名望，但庾翼对二人并不重视，说："杜乂、殷浩这一类人，最好是放到阁楼上归档，等天下太平时，再慢慢讨论他们能够担任什么职位！"殷浩隐居在墓园里，政府不断征召他出来担任国家官职，他全都拒绝，长达十年之久，人们把他比作管仲（春秋时代齐国国务官）、诸葛亮（蜀汉帝国丞相）。江夏郡（湖北省云梦县）郡长（相）谢尚、长山（东阳郡郡政府所在县，浙江省金华市）县长王濛，都经常窥探他的行止，从他的一举一动，推测帝国的兴亡。二人曾经一同拜访殷浩，发现殷浩有安邦定国的大志，回来之后，互相说："殷浩如果不出来领导政府，谁救天下苍生？"谢尚，是谢鲲的儿子（谢鲲，参考三二二年正月）。庾翼邀请殷浩当军政官（司马）。晋帝（十任康帝）司马岳（本年二十二岁）下诏：任命殷浩当高级咨询官（侍中），兼安西将军府参谋长（安西军司），殷浩不接受。庾翼写信给殷浩说："王衍的美名远离事实，他虽然表面上在谈道理，实际上却专搞浮华虚无（参考三一一年四月）。有智慧有品德的君子，遇到风云际会之日，应立功于世，怎么可以如此？"殷浩仍然坚持隐居，不肯出来。

殷浩的老爹殷羡，当长沙郡（湖南省长沙市）郡长（相），贪赃枉法，凶暴残忍。立法院总立法长（中书监）庾冰，写信给庾翼，请庾翼照顾殷羡。庾翼回信说："殷羡骄傲蛮横，大概他觉得他有一个好儿子可以仗恃，我也因此劝告大家，对他稍稍宽大容忍。观察帝国政治，财大势大的官宦豪门，常是人民的祸害。有时执行法律，只敢制裁无钱无权的贫寒之家。像前些时石头（建康城西北）仓库的食米，被盗卖一百万斛，明明是一批强悍的将领干的勾当政府，却不敢追查，结果仅把仓库主任斩首，搪塞责任。山遐当余姚（浙江省余姚市）县长时，向二千户官宦豪门之家，追缴所欠国家的捐税，有权势的人联合起来，把他赶走，使山遐连睡觉都不能安枕。虽然是前任宰相（王导）昏庸荒谬，然而，帝国大势已去，不能复兴，实由于此。我们兄弟，不幸陷在这种漩涡之中，无法跳出流行的风气之外。应用冠冕堂皇的手段，治理帝国。荆州（湖北省及湖南省）共辖二十余郡，只有长沙郡政绩最是恶劣，面对罪恶而不罢黜，跟只杀仓库主任，有什么分别？"山遐，是山简的儿子（山简，参考三一二年四月）。

从庾翼这封短笺，可看出晋帝国的全貌：文官贪污，武官横暴，人民有苦无处申诉，跟石虎统治之下的后赵帝国，没有分别。王导小有才气，应付官场，谋求私人利益，是一个顶尖高手；面对国家和水深火热中的小民，他已没有余

力关心。不过，历史书上，对他却留下不少好评，原因何在？似乎很简单，历史是由知识分子动笔记载的，而当时的知识分子，一旦当了官，立刻就凶狠贪污，用小民卖儿卖女的钱，过豪华生活。饮水思源，想到全是王导的好处，自然笔下生花。至于山遐之类，为小民利益奋斗，小民既不识字，又没有力量，纵有千万歌颂感谢，又有谁知道？

庾翼以消灭后赵帝国（首都邺城〔河北省临漳县邺城镇〕）和成汉帝国（首都成都〔四川省成都市〕），当作自己的重大责任，派出使节，北方邀请前燕王（首都龙城）慕容皝，西方邀请前凉王（首都姑臧〔甘肃省武威市〕）张骏，商定日期，大军同时进攻，中央政府官员，都认为困难重重；只有庾冰赞成；桓温和谯王司马无忌，也都赞成。司马无忌，是司马承的儿子（司马承死于王敦之难，参考三二二年四月）。

秋季，七月，后赵帝国汝南郡（河南省息县）郡长戴开，率军队数千人，到武昌（湖北省鄂州市）向庾翼投降。

七月八日，晋帝司马岳下诏：准备光复中原！庾翼打算动员所能动员的全部兵力，大举北伐。上疏（奏章）推荐桓宣当司雍梁三州及荆州四郡军区司令长官（都督司雍梁三州、荆州之四郡诸军事），兼梁州（州政府设襄阳〔湖北省襄阳市〕）州长（刺史），向丹水（河南省淅川县西南）进发，桓温当前锋司令，“假节”，率军进入临淮郡（江苏省盱眙县）。征集所属六个州的奴仆，以及车辆和牛驴骡马（庾翼兼江荆司雍梁益军区司令长官，参考三四〇年正月）。人民开始怨恨。

4 代王（首府盛乐〔内蒙古和林格尔县〕）拓跋什翼犍，再向前燕王国求婚（拓跋什翼犍是慕容皝的妹婿，妻子于去年〔三四二〕九月逝世），前燕王慕容皝命拓跋什翼犍献马一千匹，作为聘礼。拓跋什翼犍不肯，态度倨傲无礼，不像是晚辈女婿。

八月，慕容皝派世子慕容儁，率前翼总参谋长（前军师）慕容评等，攻击代国；拓跋什翼犍率部落逃走。前燕兵团没有收获，班师。

5 成汉帝国（首都成都〔四川省成都市〕）皇帝（四任）李寿逝世（年四十四岁）。绰号昭文皇帝、祭庙称中宗。太子李势（年不详）继位（五任），大赦。

6 后赵帝国（首都邺城〔河北省临漳县邺城镇〕）皇太子石宣，攻击鲜卑族斛谷提部落（不知斛谷提在何地），大破斛谷提军，杀三万人。

7 宇文部落（内蒙古老哈河上游）酋长宇文逸豆归，逮捕故段家部落酋长段辽的老弟段兰，送给后赵帝国（段兰战败，参考三三八年三月。段家部落覆亡，段兰投奔宇文部落），并呈献骏马一万匹。

后赵帝国天王（三任武帝）石虎（本年四十九岁），命段兰率他的鲜卑旧部五千人，驻屯段家部落故首府令支（河北省迁安市）。

8 晋帝国江荆司雍梁益军区司令长官庾翼（时驻武昌〔湖北省鄂州市〕），打算把司令部向北移到襄阳（湖北省襄阳市），恐怕中央政府不准，于是上疏（奏章）请求移到安陆（湖北省云梦县）；晋帝司马岳跟当权官员，都派人前来禁止行动，庾翼违抗诏旨，径行出发，走到夏口（湖北省武汉市），再上疏（奏章）请求镇守襄阳。

庾翼这时有武装部队四万人，司马岳下诏，加授庾翼全国征剿总司令长官（都督征讨诸军事。司令部设襄阳）。在此之前，车骑将军、京畿总卫戍司令（扬州刺史）庾冰，屡次请求外放，担任独当一面的地方大员。

于是，八月二日，司马岳命庾冰当荆江宁益梁交广七州、及豫州四郡等军区司令长官（都督荆江宁益梁交广七州、豫州之四郡诸军事），兼江州（江西省及福建省）州长（刺史），“假节”，镇守武昌（湖北省鄂州市），作庾翼的后援。征调徐州（州政府设京口〔江苏省镇江市〕）州长（刺史）何充，当扬豫及徐州琅邪郡（侨郡，江苏省句容市北）军区司令长官，兼京畿总卫戍司令（扬州刺史），主管政府机要（录尚书事），辅佐皇帝。任命琅邪郡（侨郡，江苏省句容市北）郡长（内史）桓温，当青徐兖军区司令长官，兼徐州州长（刺史）。调任江州州长（刺史）褚裒（时驻半洲），当首都卫戍司令（卫将军），兼立法院最高立法长（中书令）。

冬季，十一月二十二日，大赦。

三四四年 甲辰

晋	建元	二年
成汉	汉兴	七年
	太和	元年
后赵	建武	十年
前凉	太元	二十一年
前燕	文明王	十一年

（代王拓跋什翼犍建国七年）

1 春季，正月，后赵帝国（首都邺城〔河北省临漳县邺城镇〕）天王（三任武帝）石虎（本年五十岁），在太武殿大宴文武百官，有白雁一百余只，降落在可以跑马的大道之南，石虎下令射杀，一时箭落如雨，竟没有射中一只。石虎惊异，此时，各州军队集结的约一百余万。天文台长（太史令）赵揽，秘密报告石虎说：“白雁聚集在宫廷之中，预告宫廷不久就空，不适合南下。”石虎相信，遂亲自到宣武观，举行盛大阅兵典礼后，下令复员。

2 成汉帝国（首都成都〔四川省成都市〕）改年号太和（之前是汉兴七年，之后是太和元年）。皇帝（五任）李势，尊娘亲阎女士为皇太后，封正妻李女士为皇后。

3 前燕王国（首都龙城〔辽宁省朝阳市〕）国王（一任文明帝）慕容皝（本年四十八岁），跟左军政官（左司马）高诩，打算攻击宇文部落（内蒙古老哈河上游）酋长宇文逸豆归。高诩说："宇文部落强盛如昔，今天不把它征服，定有后患。讨伐它一定取胜，但对我们的主帅，却有不利影响。"出来后告诉别人说："我这次出军，一定不再回来，然而，忠臣不作逃避。"（传统史书上常有这种莫名其妙的预言。）

慕容皝亲自率军进攻宇文逸豆归，命慕容翰当前锋将军，刘佩当慕容翰的助手。命慕容军、慕容恪、慕容霸，及折冲将军慕舆根，分别率军，三道同时并进。高诩动身时，不回家跟妻子告辞，仅派人回家传话，即行出发。

宇文逸豆归派南罗（今地不详）城主涉夜干，率精兵迎战。慕容皝派人飞奔前方，警告慕容翰说："涉夜干勇不可当，最好稍稍躲避。"慕容翰说："宇文逸豆归把全部落所有精锐，一扫而空的全交给涉夜干，涉夜干一向以勇敢闻名于世，宇文部落的命脉，全在他身上，我如果把他击败，宇文部落用不着进攻，就会从内部自己溃烂。而且，我了解涉夜干这个人，徒有虚名，并没有实际能力，对付他很简单，不应该躲避，那样做，反而摧毁我们自己的士气。"于是，会战。慕容翰亲自冲锋，涉夜干应战，慕容霸发动侧击，拦腰攻入，遂斩涉夜干。宇文兵团发现涉夜干被杀，立刻溃散，前燕军乘胜追击，遂攻陷首府（今地不详）。宇文逸豆归逃往北方沙漠，以后就死在那里，宇文部落从此烟消云散。慕容皝把宇文部落的家畜、辎重、资产，全部接收；部众五千余篷帐，则强迫迁到昌黎郡（辽宁省义县）；前燕帝国疆土遂扩充一千余华里，涉夜干所驻的南罗城（今地不详），改名威德城，命老弟慕容彪驻防；然后班师。高诩、刘佩都被流箭射死。

高诩有丰富的天文知识，慕容皝曾对他说："你有好书不肯献给我，怎么叫做尽忠？"高诩说："我曾经听说，君王掌握形势，干部执行任务。掌握形势的安逸，执行任务的辛苦。所以，姬弃（周王朝始祖后稷）播种耕田，伊祁放勋（黄帝王朝六任帝尧帝）并不参与。占卜算卦，天文气象，早晨夜晚，都要观察，至为劳苦，君王地位尊贵，不适合学习。而且，你什么时候又用得着？"慕容皝无法回答。

最初，宇文逸豆归事奉后赵帝国（首都邺城），至为谨慎，进贡的使臣，不绝于路。等到前燕帝国发动攻击，后赵帝国天王石虎，派右将军白胜、并州（山西省中部）州长（刺史）王霸，从甘松（今地不详）出军营救，大军到达时，宇文部落已经覆亡。遂攻击威德城（南罗城），不能攻克，班师。慕容彪追击，击败白胜兵团。

慕容翰在攻击宇文部落战役中，被流箭射中，卧床养伤，很长一段时间，不能起身。后来伤势好转，在家中庭院，试着骑马。于是有人向前燕王慕容皝打小报告，说慕容翰私自练习骑马，可能发动政变。慕容皝虽然利用慕容翰的英勇和谋略，然而心里却对慕容翰一直十分忌惮，遂令慕容翰自杀。慕容翰说："我身负重罪，出奔逃命（参考三三三年十月），不久又被接回（参考三四〇年正月），今天才死，已经太晚。然而，羯虏盗贼（后赵帝国），横跨中原，我不自量，打算为国家效力，统一中原，这个志向不能完成，空留余恨，只能归诸天命如此。"服下毒药而死。

柏杨曰

慕容翰一代英雄，却陷于悲剧。当慕容皝初登宝座时，明知不相容，为了保命，不得不逃，但仍心怀祖国，阻止段兰大军进击，此志此情，上感苍天。可是段家部落覆亡，宇文部落狂虐，虽然想当一介平民，而不可得，终于仍回到当初所恐惧的环境，在迭建大功之后，还是死于慕容皝之手。

最大的悲剧是命运的悲剧，慕容翰的智勇，可以旋乾转坤，但无法消除慕容皝丧失宝座的恐惧。慕容皝固然无一可取，但专制政治是制造悲惨历史的根源，使人民水深火热，无法自救，使英雄泪流满面，死不瞑目。

4 代王（首府盛乐〔内蒙古和林格尔县〕）拓跋什翼犍，派他的部落酋长（大人）长孙秩，前往前燕帝国（首都龙城），迎娶妻子。

5 夏季，四月，前凉王国（首都姑臧〔甘肃省武威市〕）将领张瓘，在三交城（陕西省宝鸡市西），击败后赵帝国（首都邺城）将领王擢。

6 最初，后赵帝国中央禁军总监（领军将军）王朗，向天王石虎报告：“隆冬之际，雪深天寒，可是皇太子（石宣）却命人上山，砍伐修建太子宫的树木，拖进漳水（流经邺城西北），顺流漂浮而下，再捞出使用。参与劳役的有数万人，悲号叹息的声音，盈满道路，陛下最好是乘着出游视察时，使它停工。”石虎采纳，太子石宣遂把王朗恨入骨髓。正巧，荧惑星一直停留在房星之旁（不懂），石宣命天文台长（太史令）赵揽，报告石虎说：“房星是‘天王’之星，而荧惑星却到了旁边，恐怕有大的灾难，应该找一位尊贵的姓‘王’的官员，来承当这场灾难。”石虎说：“谁最恰当？”赵揽说：“最尊贵的官员，没有人超过王朗。”石虎爱惜王朗，命赵揽再推荐一个次一等的人选，赵揽霎时间无法反应，顺口说：“其次只有立法院总立法长（中书监）王波！”

石虎下诏，追究王波建议把“楛矢石砮”赠送成汉帝国（首都成都）的过失（参考三四〇年十月），腰斩王波，连同王波的四个儿子的尸首，全投入漳水（流经邺城西北）。不久，石虎又怜悯王波惨死，下诏追命王波当最高监察长（司空），封他的孙儿当侯爵。

7 后赵帝国（首都邺城）平北将军尹农，攻击前燕帝国（首都龙城）的凡城（河北省平泉市南），不能克服，撤退。

8 成汉帝国（首都成都）天文台长（太史令）韩皓，上疏说：“荧惑星接近房星，显示皇家祖庙，将要没有人保护。”成汉帝李势，命文武官员讨论。相国董皎、高级咨询官（侍中）王嘏，认为：“景（一任帝李雄的老爹〔景帝〕李特）、武（一任武帝李雄）创立大业，献（李特老弟，四任帝李寿的老爹〔献帝〕李骧）、文（四任昭文帝李寿）继承基础，至亲骨肉，血缘并不疏远，不应该断绝关系，废除祭祀（李寿别立皇家祭庙，参考三三八年四月）。”李势下令，改祭祀李特（景帝）、李雄（一任武帝），称他们也是成汉帝国的皇帝。

9 晋帝国（首都建康〔江苏省南京市〕）征西将军庾翼，派梁州（州政府襄阳〔湖北省襄阳市〕）州长（刺史）桓宣，攻击后赵帝国（首都邺城）将领李罴驻防的丹水（河南省淅川县西南），被李罴击败。庾翼贬桓宣当建威将军。桓宣惭愧愤怒，患病。

秋季，八月七日，桓宣逝世。庾翼命长子庾方之，当义城郡（湖北省丹江口市）郡长，接管桓宣留下的部众。又任命军政官（司马）应诞，当襄阳郡（湖北省襄阳市）郡长。军事参议官（参军）司马勋，当梁州州长（刺史），驻屯西城（陕西省安康市。梁州州政府自襄阳迁至此）。

立法院最高立法长（中书令）褚裒，坚决辞让主管政府机要（录尚书事）。

闰八月十四日，晋帝（十任康帝）司马岳（本年二十三岁）下诏，命褚裒当左将军，兼兖州及徐州琅邪郡军区司令长官（都督兖州、徐州之琅邪诸军事），兼兖州州长（刺史），驻防金城（江苏省句容市北，琅邪郡〔侨郡〕也设此）。

10 晋帝司马岳病重。庾冰、庾翼，打算拥戴会稽王司马昱（八任帝司马绍的老弟）当继承人。立法院总立法长（中书监）何充，建议应立皇子司马聃；司马岳批准。

九月二十四日，封司马聃当皇太子。

九月二十六日，司马岳在式乾殿逝世（年二十三岁）。

九月二十七日，何充宣布遗诏，奉迎皇太子司马聃登极（十一任穆帝）；大赦。因为这个缘故，庾冰、庾翼，对何充十分痛恨。司马聃尊皇后褚蒜子为皇太后。这时，司马聃年才二岁，皇太后褚蒜子临朝执行皇帝职权（称制）。加授何充主管政府机要（录尚书事）。何充自己请求：既然主管政府机要（录尚书事），就不应再负责立法院事务。诏书批准，何充辞去立法院总立法长（中书监），改授高级咨询官（侍中）。

何充认为：左将军褚裒，是皇太后褚蒜子的老爹，最好由褚裒主持中央政府。遂上疏推荐褚裒参与主管政府机要（参录尚书）。小皇帝司马聃下诏：任命褚裒当高级咨询官（侍中）、首都卫戍司令（卫将军）、主管政府机要（录尚书事）；“持节”、军区司令长官（督）、州长（刺史），仍然照旧。褚裒认为自己是皇家最近的亲戚，恐怕受到猜疑和攻击，上疏坚决要求留在地方政府，不愿前来中央。于是，司马聃再下诏，改授褚裒当徐兖青及扬州二郡军区司令长官（都督徐兖青三州、扬州之二郡诸军事），兼首都卫戍司令（卫将军），兼徐、兖二州州长（刺史），镇守京口（江苏省镇江市）。国务院（尚书）奏请：“褚裒见皇太后（女儿褚蒜子），公堂之上，应行臣属的跪拜礼节；家庭聚会，褚裒自是老爹。”批准。

冬季，十月二十三日，把前任皇帝司马岳安葬在崇平陵（江苏省南京市东蒋山西南）。

11 晋帝国江州（江西省及福建省）州长（刺史）庾冰患病，皇太后褚蒜子征召庾冰回首都建康，主持中央政府，庾冰辞让。

十一月九日，庾冰逝世（年四十九岁）。征西将军庾翼为了奔丧，特留下儿子庾方之当建武将军，驻防襄阳（湖北省襄阳市）。庾方之年纪还轻，庾翼命军事参议官（参军）毛穆之当建武将军府军政官（建武司马），辅佐庾方之。毛穆之，是毛宝的儿子（毛宝在邾城死难，参考三三九年九月），庾翼遂把司令部撤回夏口（湖北省武汉市。迁至襄阳事，参考去年〔三四三〕八月）。诏书命庾翼再任江州（江西省及福建省）军区司令官（督江州），兼豫州（州政府设芜湖〔安徽省芜湖市〕）州长（刺史）。庾翼辞让豫州州长（刺史），再一次准备移驻乐乡（湖北省松滋市东北），诏书不准。庾翼遂修护武器，开田垦荒，储蓄粮秣，准备下一次的北伐行动。

12 后赵天王石虎，在灵昌津（河南省卫辉市东古黄河渡口）建立黄河大桥，把石头投入中游，企图筑成桥柱。然而，投下石头后，水势湍急，立即卷走，根本沉不到河底，前后五百多万个人工，大桥始终无法建成。石虎怒不可遏，诛杀工程设计师，然后停止。

三四五年 乙巳

晋　永和　元年
成汉　太和　二年
后赵　建武　十一年
前凉　太元　二十二年
前燕　文明王　十二年
（代王拓跋什翼犍建国八年）

1 春季，正月四日，晋帝国（首都建康〔江苏省南京市〕）皇太后褚蒜子，在太极殿上设置白纱帷帐，怀抱娃儿皇帝（十一任穆帝）司马聃（本年三岁），登殿主持早朝会报。

2 后赵帝国（首都邺城〔河北省临漳县邺城镇〕）义阳公石鉴，镇守关中（陕西省中部），差役频繁，赋税沉重。文武官员有长头发的，都被强拔下来，编成帽穗；用不完的，就发给宫女。秘书长（长史）把拔下来的头发，奏报天王（三任武帝）石虎（本年五十一岁），石虎征调石鉴返回邺城（河北省临漳县邺城镇）。命乐平公石苞，代替他驻防长安（陕西省西安市）。征发雍州（陕西省中部）、洛州（河南省中部）、秦州（甘肃省南部）、并州（山西省中部）等十六万人（十六万人自带口粮，没有工资，没有医药），整修长安未央宫。

石虎喜欢打猎，到了晚年，身体发胖，体重增加，无法跨上马背；于是，特别制造猎车一千辆，定期的集合出发。北自灵昌津（河南省卫辉市东古黄河渡口），南到荥阳（河南省荥阳市），东到阳都（山东省沂南县南），划作皇家狩猎区（从荥阳到阳都，航空距离四百五十公里，这可是人类有史以来最大的人工猎场，而且正位于中国人口最稠密的精华地带）。派监察官（御史）负责安全工作，皇家狩猎区饲养的野兽，跟皇家官员一样尊贵，人民冒犯野兽，情节重大时，可能判处死刑。民间有美女，或健壮的牛马，监察官（御史）想夺取便夺取，胆敢拒绝，立刻就被指控“犯兽”——犯了冒犯野兽之罪。因此被诛杀的，前后有一百余人。

柏杨曰

“犯兽”竟然成为一种罪行，真是石虎一项伟大发明。不过，事实上，每个朝代都有特定的兽，拦路蹲在那里，像一具神像，至为庄严肃穆。人民最大的任务是向它叩头膜拜，嘶喊万岁。如果一不小心，碰了它一下，或者家有美女牛马、奇异珍宝，而被诬指碰了它一下，灾难可是急如闪电。

帝王、礼教、军阀，是古代的兽被犯后所爆发的杀伤力，十分可怕。“江山代有野兽出，各蹲路口数十年”。什么时候“犯兽”不成为罪行，中国人才有尊严。

石虎征调各州民伕二十六万人，修建洛阳宫（河南省洛阳市东白马

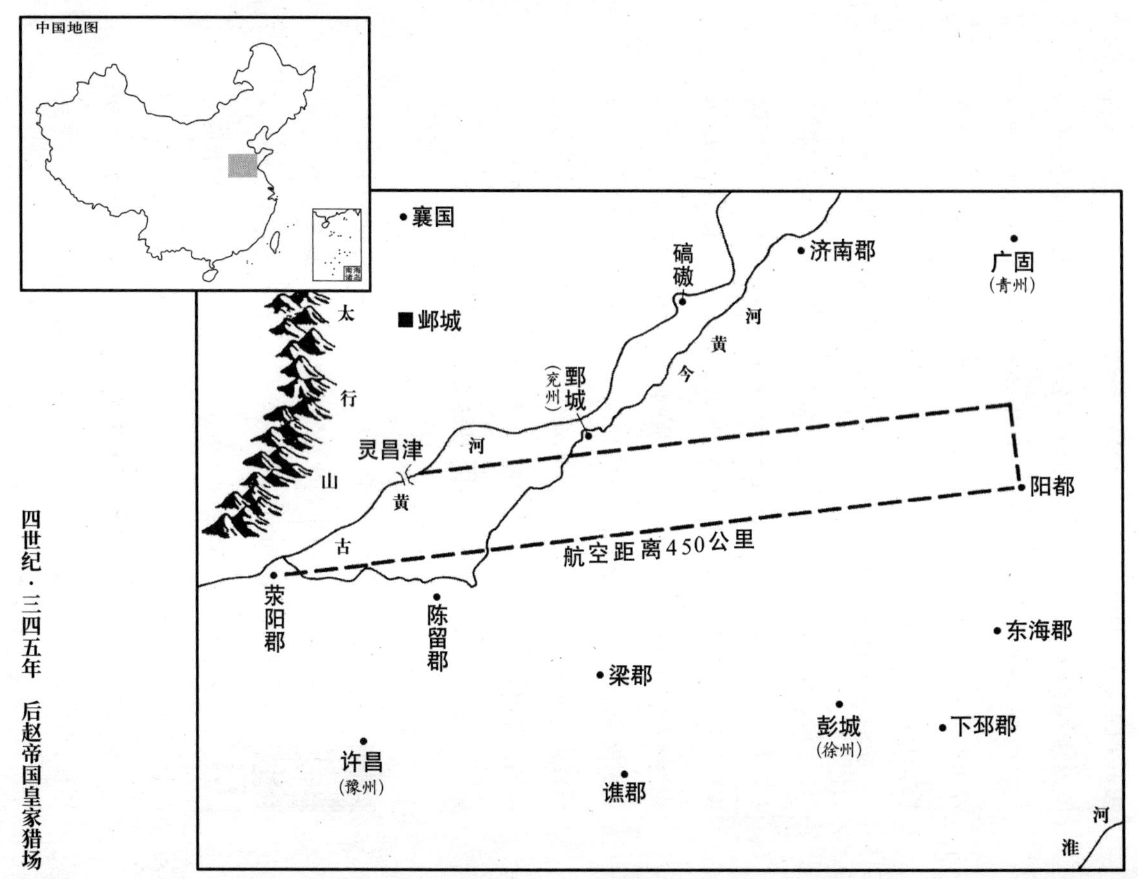

四世纪·三四五年　后赵帝国皇家猎场

寺东），强征人民耕牛二万头，交付朔方（黄河河套地区）畜牧官。皇宫小老婆群，增加到二十四等；东宫（太子宫）小老婆群，增加到十二等；公国侯国七十余封国的小老婆群，则保持九等；大肆掠取平民的女儿，多达三万余人，分为三个等级，分配到皇宫、东宫，以及公爵、侯爵。皇太子（石宣）跟各公爵直接掠取的美女，又将近一万人。郡长、县长，努力搜索美女，已经结婚的美女，则强行夺取；诛杀她的丈夫，以及美女自杀的，有三千余人。美女被送到邺城（河北省临漳县邺城镇）后，石虎登上高台，亲自鉴定她们的容貌等级。被认为才干超群（也就是掠夺美女最多）的官员，封侯爵的有十二人。古楚王国地区（安徽省北部及河南省南部），以及扬州（安徽省中部）、徐州（江苏省北部）小民，逃亡背叛，几乎一空（逃入晋帝国）；郡长、县长，被指控不能安抚人心，下狱诛杀的，有五十余人。最高国务官（金紫光禄大夫）逯明，乘着侍奉石虎的机会，恳切进言，石虎暴跳如雷，下令龙腾警卫官，把逯明拉杀（拉杀，死刑的一种，摧断肋骨而死）。

3 前燕王国（首都龙城〔辽宁省朝阳市〕）国王（一任文明帝）慕容皝（本年四十九岁），把耕牛租给贫民，使他们耕种皇家农庄，抽取收获的十分之八，作为田赋；贫民使用自己耕牛的，抽取收获的十分之七。记录军事参议官（记室参军）封裕上书规劝，认为：

“上古时代，十成收获，只缴一成捐税，是天下最公平的法则。后来，到了曹魏帝国和晋王朝，仁政萎缩。然而，租用政府田地和耕牛的，也不过抽取十分之六，自备耕牛的，对半平分，仍不致于抽取十分之七或十分之八。自从本世纪（四）一〇年代以来，四海之内，分崩离析。武宣王（慕容廆）用恩德安抚人民，汉人和蛮族，从遥远的万里之外，有的更背着老人，抱着小孩，前来归附，好像娃儿之扑到爹娘怀抱。所以，户口较之从前，增加十倍，而没有田产的，约占十分之三四。

“等到大王继承正统，在南方击败赵国（后赵帝国，参考三三八年五月），在东方吞并高句骊（参考三四二年十一月），在北方消灭宇文部落（参考去年〔三四四〕正月），开拓疆域三千华里，增加人民十万户人家。正应完全废除御花园、皇家农庄，交给新归附的人民；没有耕牛的，赏赐给他耕牛，更不应该抽取重税。而且，殿下的人民，使用殿下的耕牛，耕牛虽在人民之手，仍是殿下的耕牛，岂会属于别人！如果这样，则军旗指向南方的时候，人民谁不担着饮食，前来迎接皇家部队？谁还跟石虎守在一起？

“河川沟渠，有湮没或堵塞的，政府都应使它畅通，旱天用来灌溉，积水之日用来宣泄。一个男人不耕田，就可能有人挨饿，何况游手好闲的人高达数万，怎么能够家给户足？而今，官员人数太多，白白浪费国家粮食俸禄。假如才干不能胜任，应该澄清淘汰。从事工业商业，谋取小利的人民，应该限制他们的数目。在学校读书的学生，三年而成绩仍不够水准，是在那里凭空阻挡英才上进之路，也应该教他回去务农。

“殿下圣明的恩德，十分宽厚，应广泛的听取大家意见。军事参议官（参军）王宪、国务官（大夫）刘明，都在言语上违反旨意；主管官员判处二人死刑。殿下虽然宽恕，饶他们不死，但仍免除官职、剥夺政治权利。要求别人直言，却惩罚直言，跟前去南越（南岭以南），却往北走一样，一定不能完成心愿。右秘书长（右长史）宋该等摇尾拍马，轻率的弹劾直言之士，自己没有骨头，反而忌恨别人有骨头，掩住君王的耳目，是天下最大的不忠。”

慕容皝下令，说：“看到封裕的奏章，使我深感恐惧。国家的根本是人民，人民的命脉是粮食；现在，把皇家农庄全部撤销，土地发给没有田可耕的农民。实在贫苦的，由政府发给他耕牛。财力稍微宽裕，愿使用政府耕牛的，则依照曹魏帝国及晋王朝往日办法办理。河川沟渠对农田有裨益的，由地方政府随时保养。而今，军事仍然紧张，征伐频繁，官员的数目，一时不能减少，等到平定中原，当再慢慢考虑。工商和学生人数，都应该作适当的遴选。

"臣属对君王提出意见，实在是一件困难工作，即令有狂妄之处，也应选择好的采纳。王宪、刘明，虽然犯罪，应该罢黜，但也是因为我没有宽大的度量。现在恢复他们原来官职，仍负责纠察的任务。封先生忠心耿耿，深刻了解君王臣属的道理，赏钱五万。公告内外皆知：有人打算指摘我过失的，不管他的地位高低，身份贵贱，不要有任何忌讳。"

慕容皝非常喜爱文学，常常去学校讲书授课，学生数目有一千余人，难免很多人在那里鬼混，所以封裕提及。

4 晋帝司马聃下诏征召首都卫戍司令（卫将军）褚裒（音póu〔抔〕），要他当京畿总卫戍司令（扬州刺史），主管政府机要（录尚书事）。国务院文官部长（吏部尚书）刘遐、秘书长（长史）王胡之，建议褚裒说："会稽王（司马昱）有品德声望，正好是帝国的姬旦（周公），你应该把政府大权，交付给他。"褚裒遂坚决辞让，仍回到京口（江苏省镇江市）镇守。

夏季，四月二十三日（原文误置于正月，据《晋书·穆帝纪》改），诏书任命会稽王司马昱当抚军大将军，主管国务院六项事务（录尚书六条事）。

司马昱（本年二十七岁）性情淡泊，心清如水，没有政治欲望，特别精于谈论玄虚，平常把刘惔、王濛，以及颍川郡（河南省许昌市东）人韩伯，当作穷嚼蛆的伙伴；又延聘郗超当抚军大将军府秘书（抚军）、谢万当参谋指挥官（从事中郎）。郗超，是郗鉴的孙儿（郗鉴，参考三三九年八月），年少时就气质高雅，不受世俗拘束；老爹郗愔，沉默寡言，与人无争，可是吝啬成性，积蓄到数千万钱。有一次，曾经打开钱库，让作儿子的郗超，随意搬取，郗超把它散发给亲戚朋友，一天就都用光。谢万，是谢安的老弟（谢安，参考三三四年六月），清静豁达，当时也有名声（一群穷嚼蛆之辈，用穷嚼蛆手段主持政府。可是，他们却是晋帝国的精英）。

5 前燕王国（首都龙城〔辽宁省朝阳市〕）的龙山（龙城东）发现黑龙、白龙，头和头接触在一起嬉戏，龙角脱落，才告消失。前燕王慕容皝亲自用太牢（猪羊牛各一）祭祀，赦免全国，命名他所住的新建皇宫为和龙。

6 晋帝国安西将军、都亭侯（肃侯）庾翼，背上长出毒疮，上疏（奏章）推荐儿子庾爰之代理辅国将军、荆州（湖北省及湖南省）州长（刺史），交付他办理身后之事。又上疏推荐军政官（司马）义阳郡（河南省新野县）人朱焘，当南蛮保安司令（南蛮校尉），率一千人驻防巴陵（湖南省岳阳市）。

秋季，七月三日，庾翼逝世（年四十一岁）。

庾翼部将干瓒等叛变作乱，击斩冠军将军曹据。朱焘跟安西将军府秘书长（安西长史）江彬、建武将军府军政官（建武司马）毛穆之、将军袁真，共同诛杀干瓒等。江彬，是江统的儿子（江统，《徙戎论》的作者，参考二九九年正月）。

7 八月，晋帝国豫州（州政府设芜湖〔安徽省芜湖市〕）州长（刺史）路永叛变，投奔后赵帝国（首都邺城）。后赵帝国天王石虎，命路永驻防寿春（后赵扬州州政府所在县，安徽省寿县）。

柏杨曰

苏峻之役，部将路永等发现大势已去，纷纷反正。苏峻失败后，宰相王导，曾经要求赏赐给这批降将官爵。温峤竭力反对，史书记载分明："王导才作罢论。"（参考三二九年三月。）好像他从善如流。可是从本年（三四五）路永再次叛国投敌看起来，王导并没有作罢，只是暂时不提，等温峤劲头一过（温峤一个月后便与世长辞），王导仍然和他的稀泥，这就是政客和官场。

8 晋帝国征西将军庾翼既已逝世，中央政府官员议论，认为庾家弟兄世代都在西部，人民习惯于他们的治理，应该批准庾翼的请求，命庾爰之接替老爹的官职。京畿总卫戍司令（扬州刺史）、主管政府机要（录尚书事）何充说："西部古楚王国土地（湖北省），是帝国的西门，户口有一百万之多。北方紧接强大的胡蛮（后赵帝国），西方跟劲敌巴蜀（成汉帝国）为邻；地势险要，交通困难，周围有一万华里之遥。托付得人，中原可以底定；托付不得人，国家就有忧虑。正是陆抗说的：'西部存则吴国（东吴帝国）存，西部亡则吴国（东吴帝国）亡。'（参考二七四年七月。）怎么可以交给一个连胡子都没有长出来的少年小伙？桓温英勇而有谋略，超过常人，文武双全，西部责任，没有比他更合适的人选。"议论的人担心："庾爰之肯不肯把大权交给桓温？如果武装对抗，恐怕再为国家带来耻辱，诚是可怕。"何充说："桓温足可以克制庾爰之，各位不要忧愁。"

首都建康市长（丹阳尹）刘惔，对桓温的才能，非常欣赏，但是知道桓温有背叛中央的野心，对会稽王司马昱说：“桓温奇才，但千万不可教他驻在形势重要的地方；而且，对他的官位称号，要予以抑制。”因而劝司马昱到长江上游，亲自镇守，自己愿当参谋长（军司），司马昱不接受。刘惔又请求自己前去，司马昱也不准。

八月庚辰日（八月戊戌朔，没有庚辰），晋帝司马聃下诏（司马昱诏）：擢升徐州（州政府设京口〔江苏省镇江市〕）州长（刺史）桓温，当安西将军，“持节”，兼荆司雍益梁宁军区司令长官（都督荆司雍益梁宁六州诸军事），兼南蛮保安司令（南蛮校尉）、荆州（州政府自武昌迁到江陵〔湖北省江陵县〕）州长（刺史）。庾爰之果然不敢拒抗。诏书又任命刘惔当沔中（汉水流域）军区司令（监沔中诸军事），兼义城郡（湖北省丹江口市）郡长，接替庾方之。把庾方之、庾爰之，送到豫章郡（江西省南昌市）。

桓温曾经乘着天降大雪，出去打猎。出发时经过刘惔那里，刘惔看他完全战备行军模样，对他说：“老贼，你这个样子去干什么？”桓温笑说：“我不这个样子，你怎么能够坐在那里穷嚼蛆！”

9 成汉帝国（首都成都〔四川省成都市〕）皇帝（五任）李势的老弟、大将军李广，因李势没有儿子，请求当皇太弟，李势不同意。智囊马当、解思明劝解说：“陛下的兄弟不多，如果因此再有所罢黜，你的地位就会更为孤单危险。”坚持应该允许。李势疑心二人跟李广共同阴谋；于是，逮捕马当、解思明，斩首，屠灭三族。派太保（上三公之三）李奕，袭击李广驻防的涪城（四川省绵阳市），把李广贬作临邛侯，李广自杀。解思明被逮捕时，叹息说：“帝国之所以不亡，因为有我们几个人在；而今，恐怕要完！”跟平常一样，谈笑中被杀。解思明有智慧、有谋略，敢向君王说率直的话；马当一向得到人民敬服，等到二人被处决，官民无不哀痛。

10 冬季，十月，前燕王慕容皝，派老弟慕容恪，攻击高句骊王国（首都丸都〔吉林省集安市〕），攻陷南苏（辽宁省抚顺市境），留下驻防部队而返。

11 十二月，前凉王国（首都姑臧〔甘肃省武威市〕）国王（二任文王）张骏（本年三十九岁），讨伐焉耆王国（新疆焉耆县），焉耆投降。

本年（三四五），张骏分全国为三州：凉州，包括武威郡（甘肃省武威市）等十一郡（武威郡〔甘肃省武威市〕、武兴郡〔武威市西北〕、西平郡〔青海省西宁市〕、张掖郡〔甘肃省张掖市〕、酒泉郡〔甘肃省酒泉市〕、建康郡〔甘肃省酒泉市东南〕、西郡〔甘肃省永昌县西北〕、湟河郡〔青海省化隆县〕、晋兴郡〔青海省民和县〕、广武郡〔甘肃省永登县〕、西海郡〔内蒙古额济纳旗〕；州政府设姑臧〔甘肃省武威市〕），命世子张重华当州长（刺史）。河州，包括兴晋郡（甘肃省临夏市）等八郡（兴晋郡、金城郡〔甘肃省兰州市〕、武始郡〔甘肃省临洮县〕、南安郡〔侨郡〕、永晋郡〔今地不详〕、大夏郡〔甘肃省广河县〕、武成郡〔今地不详〕、汉中郡〔侨郡〕；州政府设金城〔甘肃省兰州市〕），命宁戎保安司令（宁戎校尉）张瓘当州长（刺史）。沙州，包括敦煌郡（甘肃省敦煌市）等三郡，跟西域（新疆及中亚东部）的三大前进营区（敦煌郡、晋昌郡〔甘肃省瓜州县〕、高昌郡〔新疆吐鲁番市东〕；三大前进营：西域总督府〔都护，设海头城·新疆罗布泊西〕、戊己指挥部〔戊己校尉，指挥部所在不详〕、玉门〔甘肃省敦煌市西北〕军事总监〔玉门大护军〕；州政府设敦煌〔甘肃省敦煌市〕），命西胡保安司令（西胡校尉）杨宣当州长（刺史）。张骏自称总司令官（大都督）、最高统帅（大将军），代理国王（假凉王），督理三州。开始设立王府总监（祭酒）、初级禁卫官（郎中）、国务官（大夫）、随从官（舍人）、礼宾官（谒者）等官（以上都是君王才有的部属）。官位名称都效法晋帝国政府，而只在文字上作轻微的改变；张骏的车辆、服装、旗帜，跟君王用的相同。

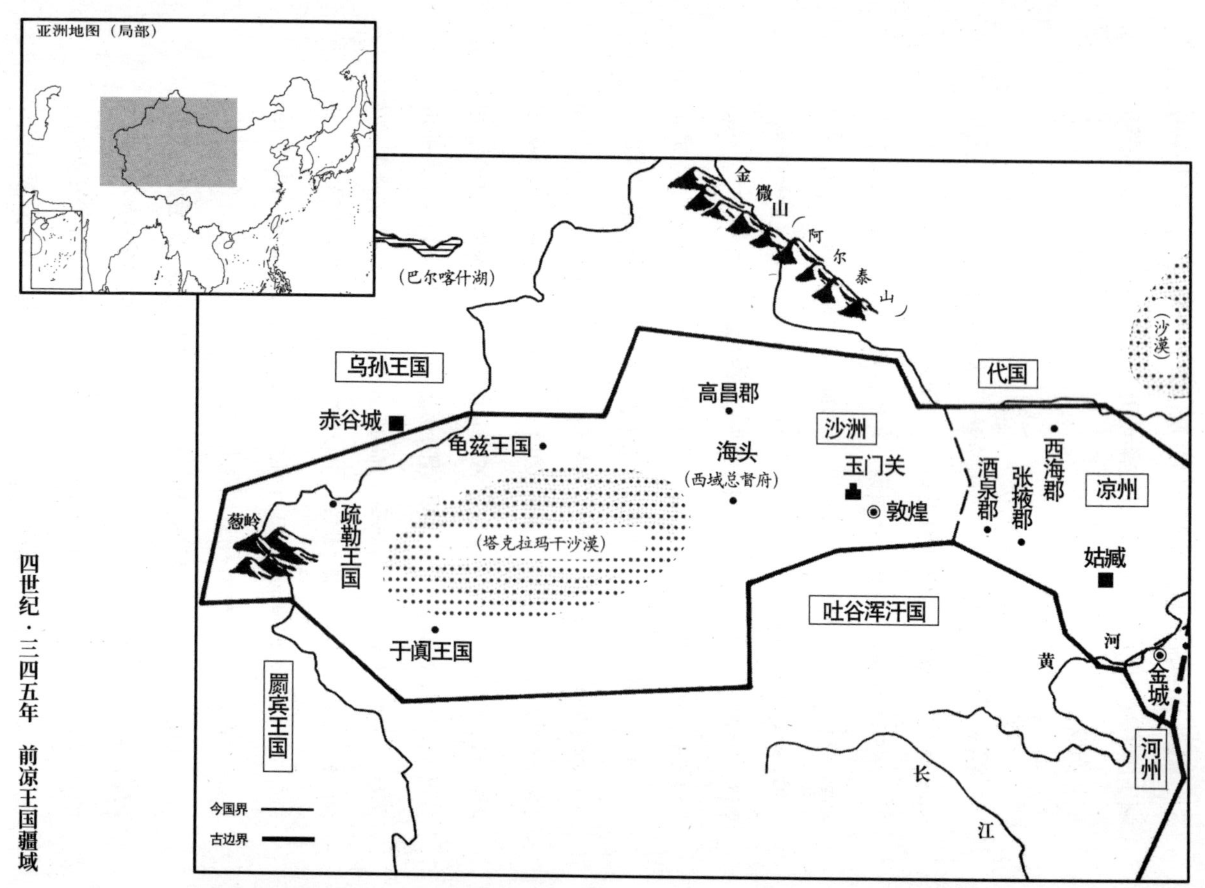

四世纪·三四五年　前凉王国疆域

12 后赵天王石虎，命冠军将军姚弋仲，“持节”，当十郡六夷总司令官（十郡六夷大都督），擢升冠军大将军。姚弋仲清廉勤俭，骨鲠正直，不摆架子，不耍噱头，平易近人，言谈没有忌讳；石虎对他十分敬重，政府重要决策，经常参与，三公、部长级以下官员，对他都很尊敬畏惧。武城（山东省武城县）左翼民兵司令（武城左尉），是石虎最宠爱的小老婆的老弟，曾经闯进姚弋仲军营，骚扰他的部众。姚弋仲逮捕他，责备说：“你的职责是禁止别人为非作歹，自己却压迫善良的小民。我身为大臣，亲眼看见，不能饶你。”下令左右，拖出斩首。民兵司令大为恐惧，用前额撞击地面叩头，鲜血流出，侍从在侧的官员又再三劝阻，才免他一死。

13 前燕王慕容皝，因为古代封国国君登极，都把年号改称元年；于是，不再使用晋帝国年号，称本年为十二年（慕容皝于三三四年继承公爵，三三七年称国王，而于本年〔三四五〕追溯三三四年是“燕王元年”。对于这个逐渐蜕变成独立国家的政权，我们认为它三三四年立国也可，三三七年立国也可，三四五年立国也可，或以三五二年慕容儁称帝之年立国也可。我们采用三三七年开国，理由是慕容皝那一年正式称王）。

14 后赵天王石虎，派征东将军邓恒，率军数万进驻乐安（河北省乐亭县），加强制造攻城用具，作为攻击前燕王国准备。前燕王慕容皝，命慕容霸当平狄将军，驻防徒河（辽宁省锦州市）。邓恒畏惧，不敢进犯。

三四六年 丙午

晋	永和	二年
成汉	太和	三年
	嘉宁	元年
后赵	建武	十二年
前凉	太元	二十三年
	永乐	元年
前燕	文明王	十三年

（代王拓跋什翼犍建国九年）

1 春季，正月一日，晋帝国（首都建康〔江苏省南京市〕）大赦。

正月十四日，京畿总卫戍司令（扬州刺史）、都乡公（文穆公）何充逝世（年五十五岁）。何充有见识、有度量，在政府中脸色端庄，把国家兴衰，当作自己的责任，所任用的官员，都能尽到职责，对自己的亲友从不存私心。

2 最初，夫余王国的根据地，位于鹿山（可能指长白山），受到百济王国（朝鲜半岛西南部）压迫，部众衰落星散，向西北迁移，跟前燕帝国（首都龙城〔辽宁省朝阳市〕）接壤，边界却没有戒备。前燕王（一任文明帝）慕容皝（本年五十岁）派世子慕容儁，率慕容军、慕容恪、慕舆根三位将军，骑兵一万七千人，袭击夫余王国（首都夫余城〔吉林省榆树市〕）。慕容儁仅只名义上总揽全军，实际军事行动，全由慕容恪负责，遂攻陷夫余城，俘虏夫余国王夫余玄，跟部众五万余人，班师。

慕容皝命夫余玄当镇军将军，把女儿嫁给他。

3 二月十九日，晋帝国（首都建康）命左特级国务官（左光禄大夫）蔡谟，兼任宰相（司徒），跟会稽王司马昱共同辅佐皇帝。

皇太后褚蒜子的老爹褚裒，推荐前特级国务官（光禄大夫）顾和、前宰相府左秘书长（司徒左长史）殷浩。

三月十二日，晋帝（十一任穆帝）司马聃（本年四岁）下诏（司马昱诏），命顾和当国务院总理（尚书令），殷浩当建武将军，兼京畿总卫戍司令（扬州刺史）。顾和的娘亲正巧逝世，坚决辞让，对他的亲人说："古人有时脱下丧服，出任国家官职，因为他的才干，足可以承担时代的托付。像我这样的人，如果如此，却只能使孝道有亏，伤风败俗。"有见识的人对他十分称赞。殷浩也坚决辞让，会稽王司马昱写信给殷浩，说："国家正在穷困，危险艰难，已到顶点，你见识深远，是治国的大才，足以引导我们，渡过难关。如果有心退缩，只图满足自己私人的愿望（指隐居），我恐怕天下大事，到此为止。你肯不肯担任官职，影响国家的兴衰存亡，国和家都是一样，你应深切考虑。"殷浩遂就职。

4 夏季，四月一日，日蚀。

5 五月二十三日，前凉王国（首都姑臧〔甘肃省武威市〕）国王（二任文王。晋帝国封西平公〔忠成公〕）张骏，逝世（年四十岁）。所属文武官员，联合拥护世子张重华（本年二十岁），"使持节"、总司令官（大都督）、全国武装部队总司令（太尉）、西羌保安司令（护羌校尉）、凉州（甘肃省中部）全权州长（牧）、西平公、代理国王（三任桓王）。张重华赦免全国；尊嫡母严女士为大王太后、娘亲马女士为王太后。

6 后赵帝国（首都邺城〔河北省临漳县邺城镇〕）禁宫高级侍从宦官（中黄门）严生，厌恶国务院执行官（尚书）朱轨。正巧，天降大雨，久不停止，严生打小报告，诬告朱轨不修道路，而又批评讽刺政府。天王（三任武帝）石虎（本年五十二岁）下令逮捕朱轨，囚禁。氐民族部落酋长蒲洪，规劝说："陛下在襄国（河北省邢台市）、邺城（河北省临漳县邺城镇），已有宫殿，又要修建长安（陕西省西安市）、洛阳（河南省洛阳市东白马寺东）的宫殿，不知道作什么用？陛下制造猎车千辆，周围环绕数千华里，蓄养禽兽。抢夺人民妻子、女儿十余万人，去填满皇宫寝殿。圣明帝王所作所为，难道就是这些？而今，因道路不修，要杀国务院执行官（尚书朱轨）！陛下恩德和政治，都不能长进，上天降雨，七十天之久才停，而放晴不过两天，即令有百万鬼兵，也不能把道路上的泥水全部扫除，何况是人？刑罚如此，怎么面对四海人民和后代子孙？但愿早日停止，撤销皇家狩猎区（参考去年〔三四五〕正月），释放皇宫美女，赦免朱轨，安抚人心。"

石虎虽然不高兴，但也不怪罪蒲洪，并且停止长安、洛阳兴建宫殿工程，但最后还是诛杀朱轨。石虎又颁布"私自批评政府法"，鼓励部属控告长官、奴仆控告主人。气氛恐怖，三公部长级以下所有官员，在朝见皇帝时，只敢互相用眼睛看一下，从不敢互相拜访交谈。

7 后赵帝国（首都邺城）将军王擢，攻击前凉王国（首都姑臧），奇袭武街（甘肃省临洮县南），俘虏驻防的军事总监（护军）曹权、胡宣（前凉王国在黄河之南设五个前进指挥营，武街是其中之一；参考三三〇年五月），强迫七千余家迁移雍州（陕西省中部）。后赵帝国凉州（州政府侨设上邽〔甘肃省天水市〕）州长（刺史）麻秋、将军孙伏都，攻击金城郡（甘肃省兰州市），金城郡郡长张冲投降，前凉王国震动恐惧。

代理国王张重华，动员全国所有武装部队，命征南将军裴恒率领，抵抗后赵大军的进攻。裴恒在广武（甘肃省永登县）设立大营，久久不敢出击。凉州（甘肃省中部）军政官（司马）张耽对张重华说："国家存亡，全看军队。军队胜败，全看将领。而今参与决策的人，推荐元帅，都是论年资、讲关系。当初，韩信崛起，他并没有年资，也没有关系（参考前二〇六年七月）。英明君王任用推荐出来的人选，不应限定非多少年资，或某种关系不可。只要有才干，就应交付给他大事。现在，强人的贼寇（后赵兵团），已侵入国境，各将领在前方，却不能推进，人心震撼不安。主任秘书（主簿）谢艾，文武全才，可以命他统领大军，抵抗赵国（后赵帝国）兵团。"张重华召见谢艾，询问他的方略，谢艾请求拨付士卒七千人，当击破强敌。张重华遂任命谢艾当中坚将军，配备步骑兵联合兵团五千人，使他反击麻秋。谢艾率军从振武出发；夜间，有两只枭鸟在营门啼叫，谢艾说："赌博的时候，拿到'枭牌'的会赢，而今枭鸟飞到营门啼叫，正是克制敌人的预告。"进军，跟后赵兵团会战，大破后赵兵团，杀五千人。张重华封谢艾当福禄伯爵。

麻秋攻陷金城郡（甘肃省兰州市），金城县长、敦煌郡人（甘肃省敦煌

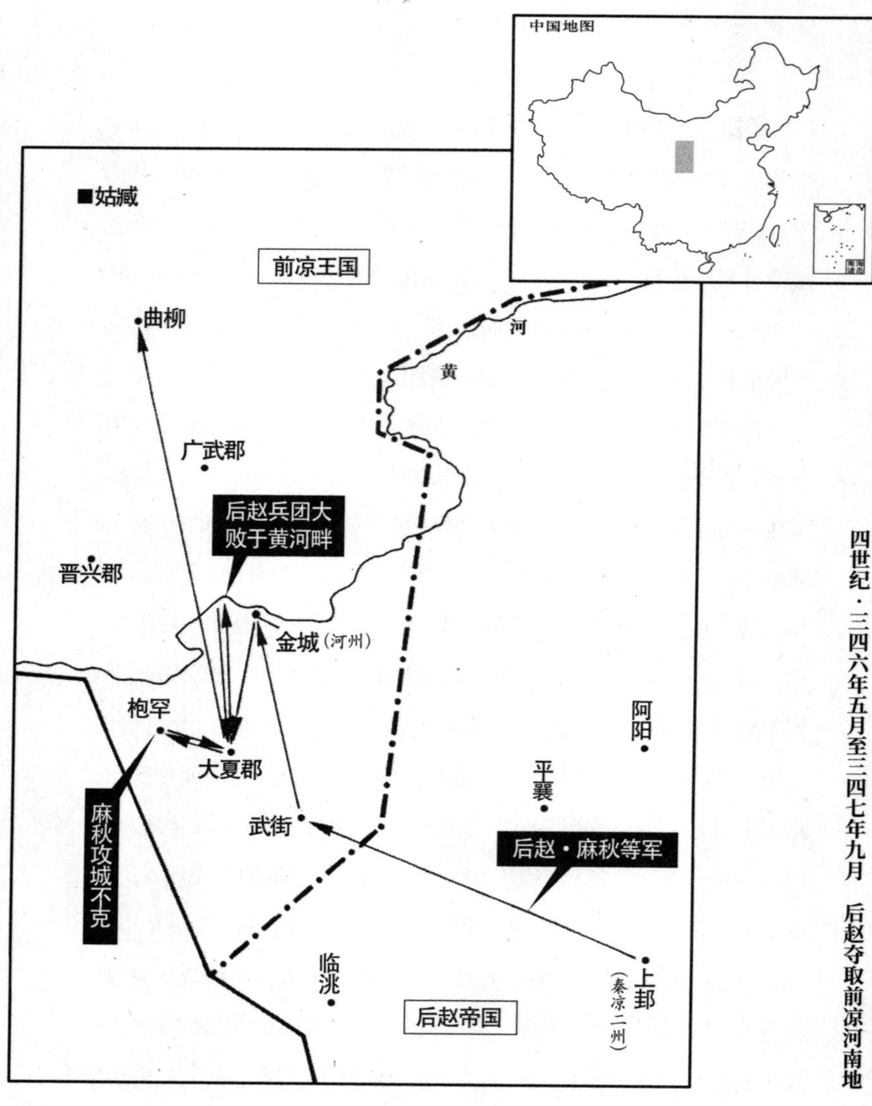

四世纪·三四六年五月至三四七年九月　后赵夺取前凉河南地

市）车济，拒绝投降，用佩剑自杀身死。麻秋继攻大夏郡（甘肃省广河县），前凉王国军事总监（护军）梁式，捆绑郡长宋晏，呈献城池，投降麻秋。麻秋命宋晏写信给宛戍（今地不详）司令官敦煌郡（甘肃省敦煌市）人宋矩，劝宋矩投降，宋矩说："当人家的臣属，功业既不能建立，唯有死节。"先杀妻子，而后割颈自杀。麻秋说："都是义士！"收拾他们的尸体埋葬。

8 冬季，成汉帝国（首都成都〔四川省成都市〕）太保（上三公之三）李奕，在晋寿（成汉梁州州政府所在县，四川省广元市西南）起兵叛变，很多人追随他，一时之间，集结到数万人，南下进攻首都成都。成汉帝（五任）李势登上城墙抵抗，李奕单枪匹马，突击城门，被守门卫士射死，叛军遂告溃散。李势大赦，改年号嘉宁（之前是太和三年，之后是嘉宁元年）。

李势骄傲荒淫，不管国家大事，大多数时间都住在皇宫之中，很少接见三公及部长级官员；对老爹（四任帝李寿）时代的旧有臣僚，既疏远而又忌惮（诛杀马当、解思明引起的后遗症），只信任左右看得见的几个人；告密者和马屁精，同时高升。刑罚残酷，动不动就使人民受苦；于是，无论中央或地方，全都离心离德。成汉帝国境内，从来没有一种被称为獠的蛮夷，而现在忽然大批走出深山，涌向各地。自巴西郡（四川省阆中市）到犍为郡（四川省眉山市彭山区）、梓潼郡（四川省绵阳市），满山满谷，有十余万篷帐，无法控制，成为平地人民的灾难。再加上饥馑，国境之内，一片萧条。

9 晋帝国安西将军桓温，打算消灭成汉帝国，将领、参谋官等，都认为不可思议。江夏郡（湖北省云梦县）郡长（相）袁乔建议说："成就一项伟大事业，普通人简直无法想象。而智慧的人，却有深刻了解，所以，不必等大家一致赞成。天下的灾难，胡蛮（后赵帝国）、蜀中（成汉帝国），两个盗匪集团而已。蜀中（成汉帝国）地势虽然艰险，防守坚固，但国力比胡蛮（后赵帝国）微弱。要想铲除，必须先找容易铲除的对象下手。李势昏暴无道，无论官员和人民，全都不服。而李势仗恃距离我们太远和地势险要，又没有战备措施。最好的战略是，派出精锐部队一万人，轻装备急行军挺进，等到他们发觉，我们已穿过险要，进入平原，可以在一次会战中，擒获对方。蜀中（四川省）土地富饶，人口众多，诸葛亮（蜀汉帝国丞相）曾经用它对抗中原，如果能够得到，实在是帝国最大的收获。议论的人恐怕我们大军西上，胡蛮（后赵帝国）乘机偷袭，这是一项似是而非的判断。胡蛮（后赵帝国）听说我们万里远征，一定会认为：后方必然留有重兵，他们绝不敢动。纵然侵犯，沿长江的边防部队，也足以抵抗，不用忧虑。”桓温接受。袁乔，是袁瓌的儿子（袁瓌事，参考三三七年二月）。

十一月十一日，桓温率益州（州政府设巴东郡〔重庆市奉节县东〕）州长（刺史）周抚、南郡（湖北省江陵县）郡长、谯王司马无忌，向成汉帝国发动大规模总攻。发出奏章后，立即出动（不等批示，即断然实施）。委任安西将军府秘书长（安西长史）范汪，负责留守事务。加授周抚为梁州四郡军区司令长官（都督梁州之四郡诸军事。四郡：汉中郡〔陕西省汉中市〕、梓潼郡〔四川省绵阳市〕、巴西郡〔四川省阆中市〕、阴平郡〔甘肃省文县〕。四郡皆在成汉境内）。命袁乔率二千人当先锋。

中央政府认为：成汉帝国道路遥远而又艰苦，桓温部队人数既少，而又深入敌人国土，大家十分担心。只有刘惔认为一定成功。有人问他根据什么。刘惔说：“根据赌博。桓温，是个赌徒，如果没有必胜把握，绝不会下赌注。怕的是，铲除蜀中（成汉帝国）之后，桓温将利用灭国余威，控制中央。”

三四七年 丁未

晋	永和	三年
成汉	嘉宁	二年
后赵	建武	十三年
前凉	永乐	二年
前燕	文明王	十四年

（代王拓跋什翼犍建国十年）

（皇帝范贲元年）

1 春季，二月，晋帝国（首都建康〔江苏省南京市〕）安西将军桓温大军，抵达青衣（四川省乐山市）。成汉帝国（首都成都〔四川省成都市〕）皇帝（五任）李势，动员全国军队，命他的叔父、首都西区卫戍司令（右卫将军）李福、堂兄镇南将军李权、前将军昝坚（昝，姓。音zǎn〔攒〕）等率领，从山阳（峨眉山之南）向合水（岷江、青衣江合流处。四川省乐山市）挺进，各将领打算在岷江南岸设下埋伏，等待晋军自投罗网。昝坚反对，遂率军从青衣江北鸳鸯碕（今地不详），渡江向犍为郡（四川省眉山市彭山区）进发。

四世纪·三四六年十一月至三四七年三月
桓温灭成汉帝国

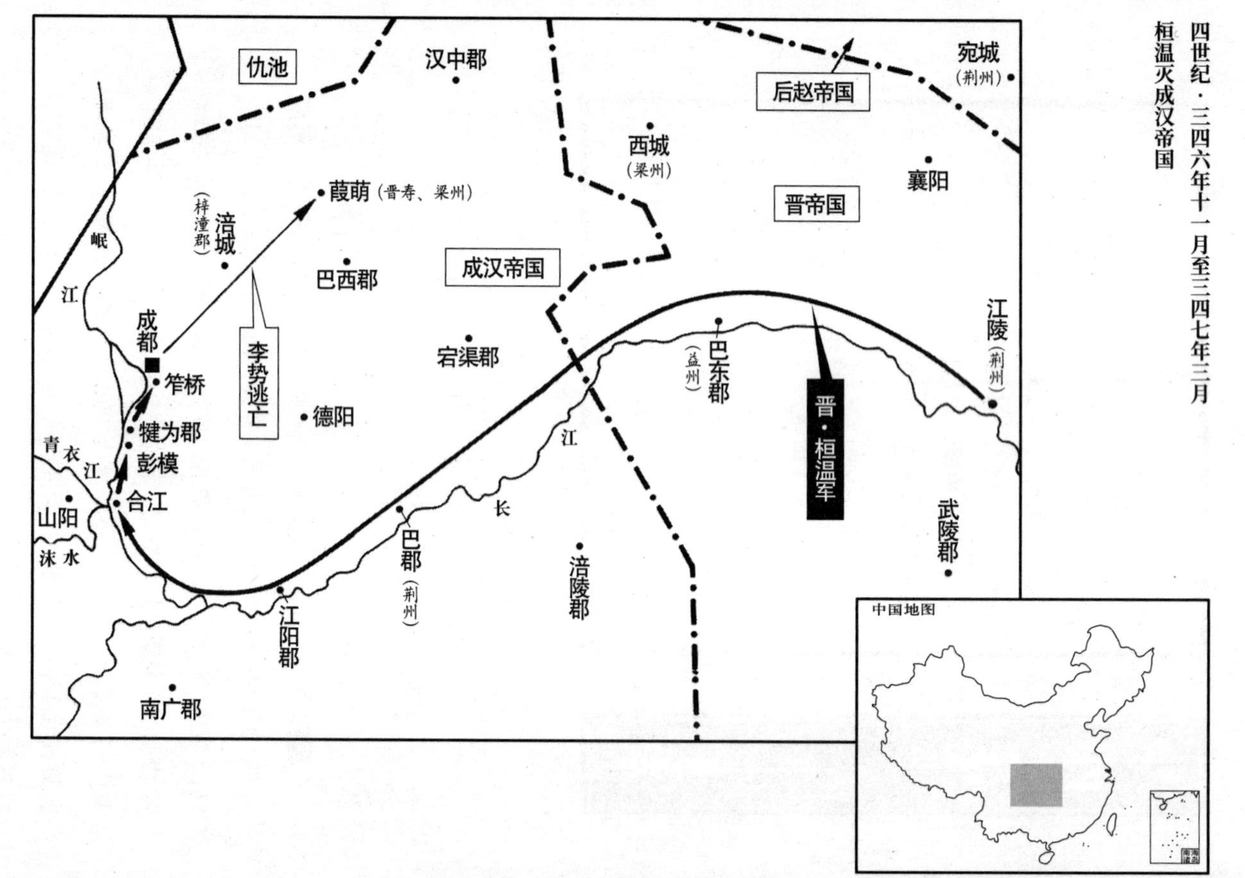

三月，桓温远征军抵达彭模（四川省眉山市彭山区南），有人建议应分为两军，两路并进，用以分散成汉兵团的力量。袁乔警告说："我们一支孤军，在万里之外，深入敌人国土作战，胜利则大功建立，失败则全军覆没，没有人可以活命。自应集中在一起，争取一次会战中的捷报。如果分成两路，军心不能集中，万一有一路失利，大事就不可挽救。不如全军同进，抛弃锅碗瓢盆等煮饭用具，每人身带三天干粮，表示有去无回的决心，胜利才能到手！"桓温采纳。留下军事参议官（参军）孙盛、周楚，率老弱残兵保护辎重；桓温亲率步兵直指成都。周楚，是益州（州政府设巴东郡〔重庆市奉节县东〕）州长（刺史）周抚的儿子。

成汉帝国首都西区卫戍司令（右卫将军）李福，进攻彭模（四川省眉山市彭山区南），晋帝国远征军军事参议官（参军）孙盛等，迎头痛击，击退李福。桓温一直向前推进，遇到成汉镇南将军李权，桓温即行攻击，三战三捷，成汉士卒溃散，逃回首都成都。成汉镇军将军李位都，迎接桓温，投降。成汉前将军昝坚抵达犍为郡（四川省眉山市彭山区），得到消息说：桓温走的是另外一条路，遂撤返首都成都；从沙头津（四川省眉山市彭山区北）渡江北上，等到追及，桓温远征军已在距成都十华里的十里陌进入阵地。昝坚军队大为恐怖，一哄而散。

李势调动残余部队，在首都成都城外的笮桥（成都东南二公里），发动猛烈反攻，桓温远征军前锋失利，军事参议官（参军）龚护战死，流箭落到桓温骑的马头之前。军心震恐，打算撤退。桓温下令敲锣（鸣金），而惊慌过度的传令官却擂起战鼓（敲锣撤退，擂鼓进攻），袁乔拔出佩剑督战，奋不顾身，直前搏斗，粉碎成汉帝国最后抵抗。桓温乘胜追击，直到成都，纵火焚毁城门。成汉官民惊惶震骇，丧失斗志。李势在夜色掩护下，打开东门逃走，投奔葭萌（即晋寿，四川省广元

四世纪·三四七年三月　成汉亡后·四国并立

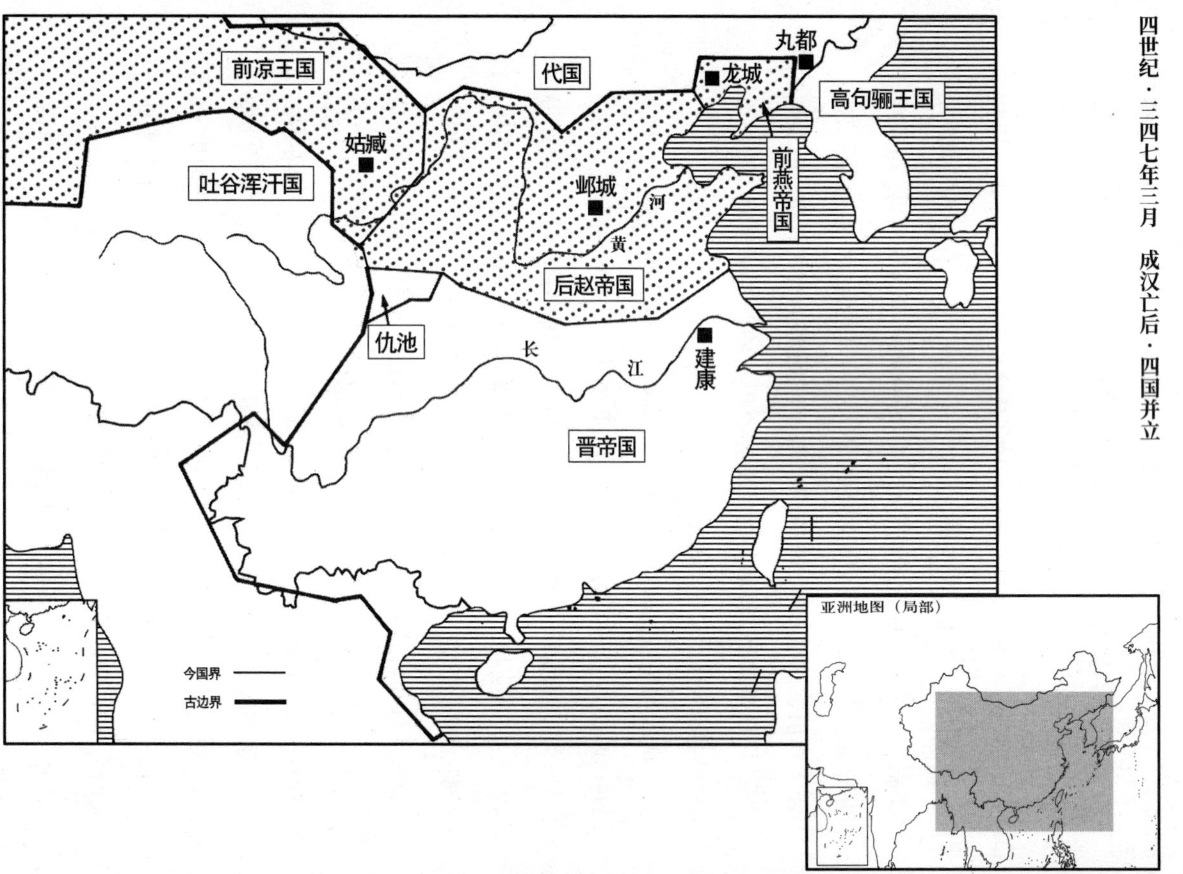

市西南)，派散骑侍从官(散骑常侍)王幼，晋见桓温，呈递降书，李势自称："略阳郡(甘肃省天水市东)人李势，叩头，死罪。"不久，李势用车辆载着空棺，双手绑在背后，亲自到晋帝国远征军大营营门投降。桓温解开他的绳索，焚烧空棺，送李势跟皇族十余人到首都建康(江苏省南京市)。聘请成汉帝国最高监察长(司空)谯献之等，当自己的助理，擢用贤能，表扬善良，巴蜀(四川省)人民十分高兴(成汉帝国立国四十四年〔三〇四至三四七〕，共五任君王，于兹灭亡。五胡乱华十九国中，第一个兴起，第二个结束。本年，中国境内，四国并立：晋帝国、后赵帝国、前凉王国、前燕帝国)。

2 晋帝国日南郡(越南广平省)郡长夏侯览，贪赃枉法，无所不为，敲诈剥削当地的和外来的洋商。又下令征集造船用的器材，声言将有讨伐的军事行动，激起各部落、各邻国的恚恨愤怒。林邑王国(越南中部)国王范文，攻陷日南郡，诛杀守军五六千人，斩夏侯览，把他的尸首祭祀天神。用正式公文通知晋帝国交州(州政府设龙编〔越南河内市东北北宁省〕)州长(刺史)朱蕃，要求撤销日南郡，而以郡北横山(北纬十八度)界线，作为两国的边界。但范文不久撤走，朱蕃命大营指挥官(督护)刘雄，驻防日南郡。

3 故成汉帝国国务院执行长(尚书仆射)王誓、镇东将军邓定、平南将军王润、将军隗文等，先后聚众起兵，反抗晋帝国统治，每人都拥有部众一万余人。晋帝国安西将军桓温，亲自攻击邓定，派袁乔攻击隗文，都把对方击破。桓温命益州(四川省中部)州长(刺史)周抚，镇守彭模(四川省眉山市彭山区南)，击斩王誓、王润。

桓温留成都三十日，整顿远征军后，班师返回江陵(荆州州政府所在县，湖北省江陵县)。

成汉帝国末任帝李势，抵达建康，晋帝国封他归义侯（十五年后的三六一年，李势才逝世，年龄不详）。

夏季，四月二十九日，邓定、隗文等夺取成都。征虏将军杨谦，放弃涪城（梓潼郡郡政府所在县，四川省绵阳市），退守德阳（四川省遂宁市东南）。

4 后赵帝国（首都邺城〔河北省临漳县邺城镇〕）凉州（州政府设上邽〔甘肃省天水市〕）州长（刺史）麻秋，攻击前凉王国（首都姑臧〔甘肃省武威市〕）的枹罕（音fú hǎn〔浮喊〕。甘肃省临夏市）。前凉王国晋昌郡（甘肃省瓜州县）郡长郎坦，考虑到枹罕城池太大，难以防守，打算放弃外城，退保内城。武成郡（今地不详）郡长张悛说："外城一旦放弃，人心一定动摇，大势将去。"宁戎保安司令（宁戎校尉）张璩，接受张悛意见，保卫外城（在此次枹罕保卫战中，张璩是指挥官，郎坦、张悛二郡长配属）。麻秋率部众八万人，把枹罕团团包围，仅只防堵守军突围的壕沟，环绕城池，就有数重。上架云梯，下挖地道，所有攻城方法，同时使用。城中守军宁死不屈，麻秋攻城部队死伤数万人。后赵天王（三任武帝）石虎（本年五十三岁），更派将军刘浑等，率步骑兵二万人，前来会师。郎坦对他的意见不被采用，十分怨恨，教唆士卒李嘉暗中引导后赵军一千余人，攀上城墙；幸而张璩及时发觉，督促各将领苦战，杀二百余人，后赵军才撤退。张璩焚烧敌人的攻城工具，麻秋退守大夏郡（甘肃省广河县）。

后赵天王石虎，任命立法院总立法长（中书监）石宁，当征西将军，率并州（山西省中部）、司州（河北省南部）二州州政府军二万余人，增援麻秋，作麻秋的后继部队。前凉王国代理凉王（三任桓王）张重华（本年二十一岁）的将领宋秦等，率二万户人家，投降后赵帝国。张重华命谢艾"使持节"，当军师将军，率步骑兵混合兵团三万人，临河布阵。谢艾坐马车、戴白帽，战鼓声中，巡视前线。麻秋望见，怒火冲天，说："谢艾不过一个少年书生，穿戴如此模样，是没有把我看到眼里。"（作战时主帅都骑战马，戴头盔。谢艾却乘马车，戴布帽，所以麻秋如此认定。）出动精锐的"黑稍龙骧突击队"三千人，闪电攻击。谢艾左右大为惊骇，有的劝谢艾赶紧骑马，谢艾不理，反而下车，坐在小板凳（胡床）上，指挥布置。"黑稍龙骧突击队"认为定有伏兵，不敢再进。而前凉另一将领张瑁，从小路出兵，已绕到后赵兵团背后，切断归路，后赵兵团只好撤退。谢艾乘机进击，大破后赵兵团，斩后赵将领杜勋、汲鱼（汲，姓），俘虏及格杀一万三千人。麻秋抛弃大军，单人独马，逃回大夏郡（甘肃省广河县）。

五月，麻秋跟援军、征西将军石宁会师，率众十二万人，进驻河南（甘肃省兰州市黄河以南地区）；将军刘宁、王擢，向晋兴郡（青海省民和县）、广武郡（甘肃省永登县）、武街（甘肃省临洮县南），夺取土地，大军挺进到曲柳（甘肃省古浪县境）。张重华命将军牛旋阻截，牛旋逃到枹罕（甘肃省临夏市）。前凉王国首都姑臧（甘肃省武威市）大为震动。张重华打算御驾亲征，谢艾坚决劝阻。总务官（别驾从事）索遐说："君王，是国家的领导中心，不可以轻率行动。"张重华遂再任命谢艾"使持节"、全国征剿总司令长官（都督征讨诸军事）、代理首都卫戍司令（行卫将军）；任命索遐当执法将军（军正将军），率步骑兵二万人抵御。

前凉将领杨康，在沙阜（今地不详）击败刘宁，刘宁退守金城郡（甘肃省兰州市）。

5 六月五日，晋帝国大赦。

6 秋季，七月，林邑王国（越南中部）再攻陷日南郡（越南广平省），格杀晋帝国大营指挥官（督护）刘雄。

7 故成汉帝国将军隗文、邓定，拥戴故国师范长生（参考三〇三年七月）的儿子范贲当皇帝。用奇异的行为，迷惑民众，蜀中（四川省）很多人归附。

8 后赵天王石虎，再派征西将军孙伏都、将军刘浑，率步骑兵二万人，跟麻秋会师，对前凉王国再一次发动灭国性攻击。大军直接渡过黄河，袭击遂城、长最（二地都在今甘肃省永登县一带）。前凉征剿总司令长官（都督征讨诸军事）谢艾，树立大旗，宣誓出军，忽然刮起西北风，军旗顺风指向东南。索遐说："风神已颁下号令，大军直指敌营，上天的意旨如此。"谢艾此时驻屯神鸟（县政府设姑臧〔甘肃省武威市〕）。后赵帝国将军王擢，攻击谢艾兵团的前锋，失利，退回河南（甘肃省兰州市黄河以南地区）。

八月三日，谢艾对麻秋发动反攻，大破后赵兵团，麻秋逃回金城郡（甘肃省兰州市）。天王石虎接到报告后，叹息说："过去，我率领一支军队，平定九州。而今，我用九州的力量，却被枹罕（fú hǎn。甘肃省临夏市）一个小城困住。他们那里有人才，不可以贪心。"

谢艾班师，讨伐叛变的酋长斯骨真等一万余篷帐，全都击破平定。

9 后赵天王石虎，拥有十个州的巨大版图（此指晋王朝时代十九州中的十州：幽州、并州、冀州、司州、豫州、兖州、青州、徐州、雍州、秦州），大肆聚敛金银绸缎，加上外国进贡的奇异珍宝，仓库积存的财富，多到无法计算。然而，石虎仍认为不够，更挖掘前代帝王坟墓，搜括陪葬

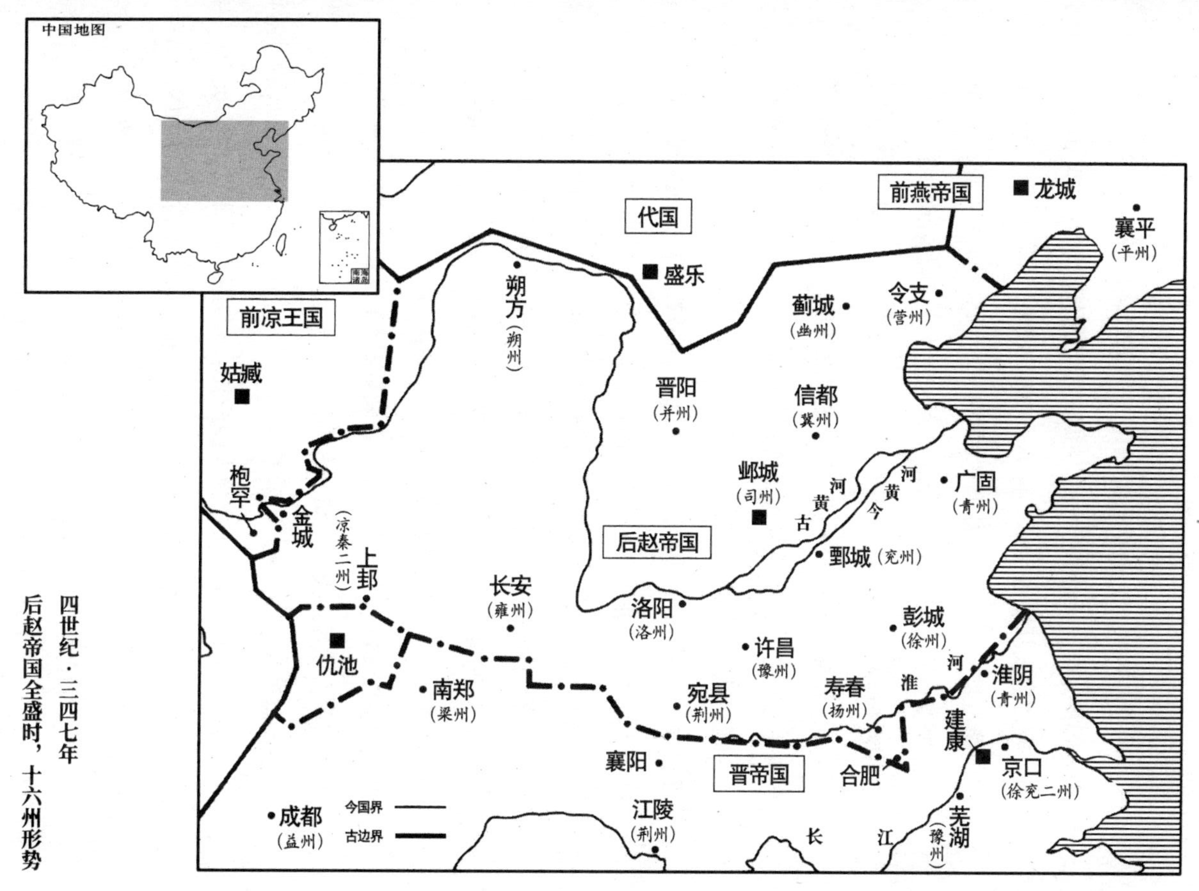

四世纪・三四七年

后赵帝国全盛时，十六州形势

的金银和宝物。

佛教和尚吴进，告诉石虎说："胡人的命运已经衰败，汉人的命运即将好转，要想挫折压制他们的蓬勃生气，应该用残暴的手段，驱使汉人从事苦役。"（佛门子弟竟说出这种话，令人沮丧。）石虎命国务院执行官（尚书）张群，征调首都邺城（河北省临漳县邺城镇）附近各郡汉人男女十六万人、车十万辆，把本郡泥土，运到首都邺城（河北省临漳县邺城镇），兴筑华林园，并在邺城之北兴筑围墙；华林园长宽数十华里。天文台长（太史令）赵揽、申钟、石璞等，先后上疏（奏章）报告天上星辰错乱，地下人民穷苦。石虎大怒，说："华林园围墙早上筑成，我晚上就死，也没有遗恨。"下令张群，不分昼夜赶工。狂风暴雨不断袭击，民伕死亡达数万人。各郡各封国前后进贡青麒麟十六只、白鹿七只。石虎命田猎事务总监（司虞）张曷柱，训练它们挽拉皇帝辇车。扩大朝会时，把它们排列在殿前展示。

九月，石虎命太子石宣出京（首都邺城），向山川神灵祈福，并顺便打猎。石宣乘坐特大号的车辆，用美丽羽毛编成豪华车盖，使用只有皇帝才可以使用的旌旗。十六个军团的士卒十八万人，从金明门（西城门）出发。石虎在后宫登上陵霄观眺望，笑说："我家父子，如此如此，除非是天塌地陷，再没有别的忧愁。我唯一要做的事，就是抱着孙儿游戏，每天快乐无穷。"

石宣所到的地方，一定用人围成长墙，东西南北四面，每面长达一百华里，分别搜索飞禽走兽。黄昏时候，都驱逐到中间。命文武官员用一条腿下跪的姿势，严密的团团包围；燃起火炬，照耀得如同白昼。然后，命勇悍的骑兵一百余人，在中间跑马射箭，石宣跟他的小老婆群，乘坐人力推动的软车，在高处参观，直到野兽死光，才算停止。万一有野兽破围逃走，破围地方的守围人员，如果是有爵位的，则没收他的马匹，教他徒步奔跑一天。如果是没有爵位的，则打一百皮鞭。士卒饿死、冻死，高达一万余人。这次打猎经过的三州（司州〔河北省南部〕、兖州〔山东省西部〕、豫州〔河南省东部〕），共十五郡，政府民间所有积蓄，全都消耗，没有留下任何东西。

石虎再命石韬也出京（首都邺城）祭祀山川祈福，顺便打猎。从并州（山西省中部）直到秦州（甘肃省南部）、雍州（陕西省中部），情形跟他老哥太子石宣相同。石宣对石韬一切排场派头，竟敢跟自己一样，怒不可遏，越发嫉恨。宦官赵生，受石宣宠爱，因此也被石韬讨厌，赵生就委婉的暗示石宣，应该排除石韬；石宣心动，才开始有诛杀的阴谋。

10 后赵帝国（首都邺城）凉州（州政府上邽）州长（刺史）麻秋，对前凉王国（首都姑臧）将领张瑁攻击，击败张瑁，杀三千余人。前凉王国枹罕（fú hǎn。甘肃省临夏市）大营指挥官（护军）李逵，率部属七千余人投降。于是，河南地区（甘肃省兰州市黄河以南）氐部落、羌部落，都归附后赵。

11 冬季，十月十一日，晋帝国（首都建康）派执法监察官（侍御史）俞归，前往前凉王国（首都姑臧），加授代理国王张重华：高级咨询官（侍中）、总司令官（大都督）、陇右关中军区司令官（督陇右〔甘肃省南部〕、关中〔陕西省中部〕诸军事）、最高统帅（大将军）、凉州（甘肃省中部）州长（刺史）、西平公。俞归抵达前凉王国首都姑臧（甘肃省武威市），张重华打算当正式“凉王”，所以不肯接受诏书，命亲信沈猛私下对俞归说：“我家主公（张重华），累世都是晋王朝的忠臣；而今，却连野蛮民族鲜卑（前燕王国）都不如，原因何在？中央政府封慕容皝当燕王（参考三四一年二月），我们主公才不过当最高统帅（大将军），用什么褒扬鼓励忠良？阁下应该在河西（甘肃省中部西部，即前凉王国全境）发表文告，共同推举我们主公当凉王（前凉王）。古人说：臣僚出使在外，只要有利于国家，可以独断专行。”俞归说：“你的话错了。从前，三代之际（三代：夏王朝、商王朝、周王朝），最尊贵的爵位，就是‘公爵’。等到周王朝衰退，吴国、楚国，才改称吴王国、楚王国。但当时的封国国君们，并不认为他们荒唐，因为早就把他们当作蛮夷看待。如果齐国、鲁国也称齐王国、鲁王国，各封国国君，岂不四面进攻？西汉王朝一任帝（高祖）刘邦，封韩信、彭越当王，一会工夫，都被诛杀，只不过是一时变通办法，并不是对韩信、彭越，特别宽厚。皇上（司马聃）因贵主人（张重华）忠心贤能，所以加封‘公爵’，命他担任独当一面的地方大员，宠爱和荣耀，都达到极点。鲜卑不过一小撮蛮夷，怎么能够相比？而且我听说：功劳有大有小，赏赐有轻有重。贵主人刚刚继承政权，就要当‘王’，如果率领河右（河西走廊）部队，东下削平胡羯蛮夷（后赵帝国），修复皇家陵庙，把天子迎回洛阳（晋王朝故都，河南省洛阳市东白马寺东），到那时候，还有什么官衔可以加到头上！”张重华遂停止（停止什么？说不清楚。看以下记载，只是不再请求俞归，不是停止称“代理国王”）。

12 武都郡（甘肃省成县）“氐王”杨初，派使节到晋帝国（首都建康）归降，晋帝国政府下诏，加授杨初“使持节”（一级权力）、征南将军、雍州州长（刺史），封仇池公。

13 十二月，晋帝国振威军事总监（振威护军）萧敬文叛变，击斩征虏将军杨谦，进攻涪城（四川省绵阳市），攻陷，自称益州（四川省中部）全权州长（牧）；攻取巴西郡（四川省阆中市），打通汉中郡（陕西省汉中市）交通线。

三四八年 戊申

晋	永和	四年
后赵	建武	十四年
前凉	永乐	三年
前燕	文明王	十五年

(代王拓跋什翼犍建国十一年)

(皇帝范贲二年)

1 夏季，四月，林邑王国（越南中部）侵略晋帝国（首都建康〔江苏省南京市〕）的九真郡（越南清化市），十分之八九的知识分子和人民，都被屠杀。

2 后赵帝国（首都邺城〔河北省临漳县邺城镇〕）秦公石韬，老爹天王（三任武帝）石虎（本年五十四岁）对他至为宠爱，本打算指定他当皇太子，但是，因皇太子石宣年纪居长，所以一直犹豫，不能决定。石宣有一次曾经违犯石虎的旨意，石虎大怒说："真后悔当初没有教石韬当太子！"石韬从此就更加骄傲蛮横，不把石宣放到眼里。石韬在全国武装部队总司令部（太尉府）兴筑宣光殿，梁长九丈；石宣看到，暴跳如雷（因"宣光殿"的"宣"字，犯了他的名讳），诛杀正在工作的工匠，把梁砍断而去。石韬也暴跳如雷，把梁增长到十丈。石宣认为他的忍耐已到最后限度，对亲信杨杯、牟成、赵生说："那小子耍狠，竟敢如此，你们如果把他杀掉，等我当了皇帝，就把石韬的采邑，封给你们。石韬一死，主上（石虎）一定亲自驾临哀悼，我就借着这个机会，做出惊天动地的大事，一定可以成功。"杨杯等承诺。

秋季，八月，石韬在东明观（邺城东城）跟僚属夜宴，筵席后下榻佛教寺庙。石宣派杨杯等用软梯攀登而入，格杀石韬，把凶器刀箭抛下逃走。第二天，石宣奏报，石虎惊骇悲哀，痛哭气绝，很久才悠悠苏醒。打算亲自前往主持丧礼，最高监察长（司空）李农劝阻说："谋杀秦公（石韬）的，不知道是谁。但有一点可以确定，凶手仍在京师（首都邺城），御驾不应该轻率出动。"石虎才停止，在严密戒备下，石虎登太武殿，举行丧礼。石宣前往石韬灵堂，不哭，口中只"呵""呵"两声，教人掀起被单，观察尸体，发现果然是石韬无误时，呵呵大笑，转身而去；下令逮捕最高统帅府记录军事参议官（记室参军）郑靖、尹武等，准备指控他们谋杀石韬。

石虎疑心石宣暗算石韬，打算召见他，又恐怕他拒绝进宫；于是，诈称石宣的娘亲皇后杜珠哀痛过度，性命垂危。石宣不知道老爹已经疑心凶手是他，进宫朝见，遂被软禁。建兴郡（河北省威县东）人史科，知道谋杀内幕，上疏（奏章）揭发，石虎下令逮捕杨杯、牟成，二人早已逃走。只捉到赵生，加以审问，赵生全盘托出。石虎悲痛愤怒，把石宣囚禁到草席库，用铁环锁住他的下巴；拿起杀石韬的刀箭，舔上面的血，放声大哭，哀恸震动宫殿。高僧佛图澄说：“石宣、石韬，都是陛下的儿子；而今，为了石韬，去杀石宣，是祸上加祸。陛下如果用慈爱的心，宽恕石宣，福气还可能长久，如果一定诛杀，石宣会变成扫帚星，扫除邺城宫殿。”石虎不允。

石虎在首都邺城（河北省临漳县邺城镇）之北，用木柴堆成高台，上面设立木架，架上安装辘轳，垂下绳索。一张长梯，靠在柴堆之旁，把石宣押解到梯子下面。先命石韬的亲信宦官郝稚、刘霸，拔掉石宣的头发，再拔掉石宣的舌头，牵着石宣登上长梯。郝稚把绳子穿过石宣的下巴，由辘轳将石宣绞上柴堆。刘霸就在柴堆之上，用利斧砍断石宣双手双脚，挖出眼珠，剖开小腹，肠胃流出——跟石韬受伤情形一样。然后，四面纵火，烈焰浓烟，上冲云霄，石宣遂被活活烧死。

石虎率领小老婆群昭仪级以下美女数千人，登铜雀台（邺城西北角）遥望。火熄之后，把灰烬分别撒到各城门十字路口。又杀石宣的妻妾儿子九人，石宣的小儿子才数岁，石虎一向疼爱这个幼孙，抱着他哭泣，打算赦免。可是当权的高官们恐惧后患，不接受石虎的决定，就在石虎怀里把娃儿抢走诛杀，娃儿拉住石虎的衣带不放，高声大叫，甚至衣带都被拉断。石虎承受不住幼孙死前惨象的刺激，遂因此生病。石虎把皇后杜珠（石宣娘亲）贬作平民。诛杀太子宫四翼卫队长（四率）以下三百人、宦官五十人，全都使用车裂酷刑，拉断四肢，把尸体投入漳水（流经邺城西北）。东宫（太子宫）改作家畜场，养猪养牛。东宫卫士十余万人，全体放逐凉州（侨州·甘肃省南部）。在事情发生之前，天文台长（太史令）赵揽，曾对石虎说：“皇宫将发生变化，应该戒备。”等到石宣杀石韬，石虎疑心赵揽知情不报；于是，斩赵揽。

3 晋帝国政府（首都建康〔江苏省南京市〕）评定征服成汉帝国功劳，打算封安西将军桓温当豫章郡公。国务院左秘书长（尚书左丞）荀蕤说：“桓温如果收复洛阳（晋王朝故都，河南省洛阳市东白马寺东），将用什么赏他？”于是，擢升桓温当征西大将军，开府仪同三司（权力、属官、派头，跟三公完全一样），封临贺郡公（虽然都是郡级公爵，但豫章郡是一级郡）擢升谯王司马无忌当前将军；擢升袁乔当龙骧将军，封湘西伯爵。荀蕤，是荀崧的儿子（荀崧，参考三〇〇年四月）。

桓温既削平成汉帝国，威名震动内外，中央政府对他既恐惧而又排斥。会稽王司马昱，因京畿总卫戍司令（扬州刺史）殷浩，素来有盛大名望，无论政府及民间，对他都心服口服，当作国家的救星；遂邀请他参与政权，打算对抗桓温。从此，殷浩跟桓温之间，互相猜忌。

殷浩因征北将军府秘书长（征北长史）荀羡、前江州（州政府设寻阳〔江西省九江市〕）州长（刺史）王羲之，一向都有美好名誉，遂擢升荀羡当吴国（江苏省苏州市）郡长（内史）；王羲之当中央军事总监（护军将军），作为自己左右翅膀。荀羡，是荀蕤的老弟。王羲之，是王导的侄儿（王导，参考三三九年七月）。王羲之认为，必须内外和睦，然后国家才可以安定，劝殷浩不应该跟桓温结怨，殷浩不肯接受。

4 前燕王国（首都龙城〔辽宁省朝阳市〕）国王（一任文明帝）慕容皝患病，召见世子慕容儁，吩咐后事说：“而今，中原还没有平定，正需要贤能俊杰帮助，共同经营这个世界。你老弟慕容恪智勇双全，才干足可以担当重任，你要倚靠他，完成我的志愿。”又说：“阳骛品格高尚，行为廉洁，而又忠贞干练，可以托付给他大事，你要善待他。”

九月十七日，慕容皝逝世（年五十二岁）。

5 后赵帝国天王石虎，考虑选立合法继承人，全国武装部队总司令（太尉）张举说："燕公石斌，有战斗谋略；彭城公石遵，有文采品德；只看陛下选择哪一位？"石虎说："你的话引起我的灵感。"戎昭将军张豺说："燕公（石斌）娘亲出身贫贱，而他自己又犯有过失（要杀张贺度，参考三四〇年十月）。彭城公（石遵）娘亲，从前太子石邃事件，同时被罢黜（石邃、石遵，都是郑樱桃所生。罢黜事，参考三三七年六月）。而今，再封他们当太子，恐怕心里不能抹去余恨，陛下应该谨慎考虑。"

最初，石虎攻破上邽（甘肃省天水市。参考三二九年九月），张豺俘虏汉赵帝国末任帝（五任）刘曜最小的女儿安定公主，美丽非凡，遂献给石虎，石虎收作小老婆（昭仪），十分宠爱，生下儿子石世，封齐公。张豺看出，石虎年老而又有病，遂打算拥立石世当合法继承人，希望刘女士因之当皇太后，自己就可以辅政——掌握政权。算盘决定之后，遂向石虎建议说："陛下立了两次太子，因为他们的亲娘都是贫贱的娼妓戏子出身，所以灾祸层出不穷。而今，应该物色娘亲出身高贵的皇子。"石虎说："不要多说，我知道太子在哪里了。"

于是，当下一次在东堂举行高官会议时，石虎说："我打算用纯灰三斛，自己洗清肠肚（北中国农村贫苦，无钱购买肥皂，遂燃烧麦秸成灰，用水过滤，使用滤过的水洗衣服，比用肥皂的效果还好），为什么专生罪恶之子？年过二十，就要谋杀老爹。现在石世才十岁，等他二十岁时，我已老了。"遂跟张举、李农定议，命三公及部长级官员，上疏请求指定石世当太子。农林部长（大司农）曹莫不肯签名，石虎派张豺问他缘故，曹莫叩头说："一个国家的政权，是贵重宝物，不应该托付给儿童，所以不敢签名。”石虎说：“曹莫真是忠臣，然而不了解我的内心；张举、李农知道我的苦衷，可教他们前去说服。”遂封石世当太子，擢升刘昭仪当皇后。

6 冬季，十一月二十六日，前燕王国（首都龙城）把前王慕容皝安葬。世子慕容儁（本年三十岁）登极（二任景昭帝），大赦全国，派使节前往晋帝国首都建康（江苏省南京市）报告丧讯，命老弟慕容交当左贤王，左秘书长（左长史）阳骛当宫廷禁卫官司令（郎中令）。

7 十二月，晋帝国擢升左特级国务官（左光禄大夫）、兼宰相（领司徒）、主管政府机要（录尚书事）蔡谟，当高级咨询官（侍中）、宰相（司徒）。蔡谟上疏坚决辞让，对亲友说：“我要是当宰相（司徒），将被后代嘲笑，在大义上不敢接受。”

三四九年 己酉

晋	永和	五年
后赵	建武	十五年
	太宁	元年
前凉	永乐	四年
前燕	燕王	元年

（代王拓跋什翼犍建国十二年）

（皇帝范贲三年）

1 春季，正月四日，晋帝国（首都建康〔江苏省南京市〕）大赦。

2 后赵帝国（首都邺城〔河北省临漳县邺城镇〕）天王（三任武帝）石虎（本年五十五岁），正式登极，坐上皇帝宝座，大赦，改年号太宁（之前是建武十五年，之后是太宁元年）。皇子原封公爵的，一律晋升王爵。

故东宫（太子宫）卫士高力军团一万余人，放逐凉州（参考去年〔三四八〕八月），走到雍城（陕西省宝鸡市凤翔区），得到石虎登极大赦令不包括他们在内的消息，而且石虎还下诏给雍州（陕西省中部）州长（刺史）张茂，命张茂迅速押送他们西行。张茂把他们仍保留的战马，全部没收，教他们徒步推着小车（鹿车），车上载运政府粮秣，推到放逐所在。高力军团司令定阳（陕西省延安市东南）人梁犊，乘着大家怒火中烧，阴谋武装反抗，重返东方，部众听到消息，高兴得跳跃狂呼。梁犊遂自称晋帝国（首都建康）征东大将军，率领部众攻陷下辨（武都郡郡政府所在县，甘肃省成县）。后赵帝国安西将军刘宁从安定郡（甘肃省镇原县东南屯字镇）出军阻拦，被梁犊击败。高力军团士卒，力大如牛，而又精于射箭，一人的战斗力可以抵挡十余人，虽然没有铠甲武器，可是抢夺民间的斧头，绑在一丈长的木棍上，交战时左右挥舞，好像神灵下世，被攻击的阵地，无不崩溃，政府的驻防士卒，纷纷投入他们行列。于是，一连攻陷郡县、城池，诛杀州长、郡长、县长，长驱直入，向东方挺进。到了长安（雍州州政府所在县，陕西省西安市），部众已滚雪球般，扩大到十万。乐平王石苞（时驻长安），出动所有精锐部队抵御，刚一接触，即行溃败。梁犊遂向东穿过潼关（陕西省潼关县），直指洛阳（河南省洛阳市东白马寺东）。后赵帝石虎任命最高监察长（司空）李农，当总司令官（大都督）、代理最高统帅（行大将军事），率领卫军将军张贺度等步骑兵混合兵团十万人，南下讨伐，在新安（河南省渑池县）会战，李农等大败。再在洛阳会战，李农等又大败，退守成皋（河南省荥阳市西北汜水镇）。

梁犊继续向东进击，掠夺荥阳（河南省荥阳市）、陈留（河南省开封市东）各郡。石虎大为恐惧，命燕王石斌当总司令官（大都督），兼全国各军区总司令官（督中外诸军事），统御冠军大将军姚弋仲（时驻滠头〔河北省枣强县东北〕）、车骑将军蒲洪（时驻枋头〔河南省淇县东南淇门渡〕）等，讨伐梁犊。姚弋仲率他的部众八千余人，从根据地滠头（河北省枣强县

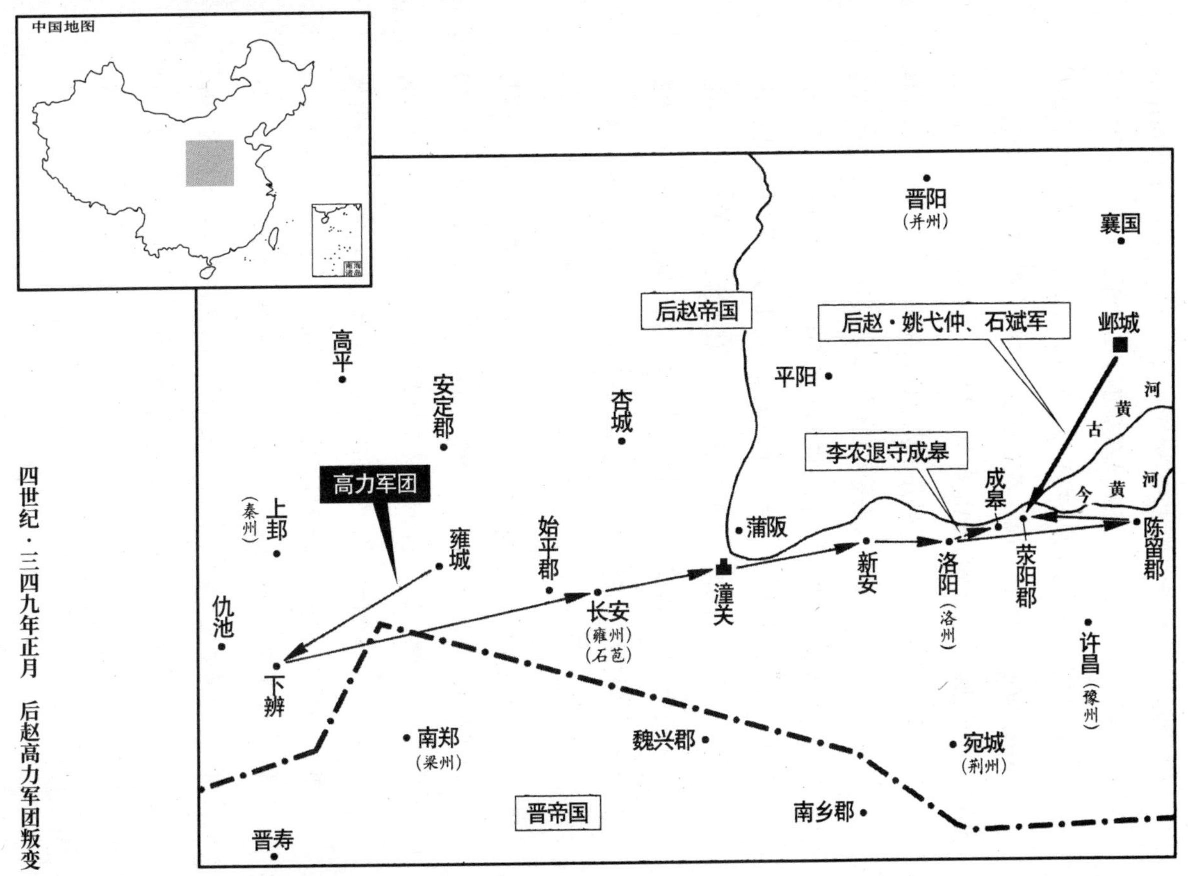

四世纪·三四九年正月　后赵高力军团叛变

东北）抵达首都邺城（河北省临漳县邺城镇），要求面见石虎。石虎病已沉重，不能马上接见，只把姚弋仲领到中央禁军总监部（领军省），送上石虎平常所用的御膳。姚弋仲大怒拒绝，说："主上教我来攻击盗贼，应该当面指示方略，我难道是为了吃这顿饭才来？而且，主上不见我，我怎么知道他是存是亡？"石虎不得已，勉强接见，姚弋仲责备石虎说："是不是儿子死了，心里愁苦？不然，怎么害起来病？儿子小时候不挑选善良的人教导他，才终于使他成为叛逆。既然成为叛逆，把他诛杀，也就算了，又何必愁苦？而且，你长期患病，所立的继承人（石世），年龄太小。你如果不能痊愈，我保证天下立刻大乱，应该担心的是这件事，不是梁犊。梁犊那群人不过穷困已极，想回自己家乡，聚在一起当强盗，所经过的地方，残酷凶暴，这种行径，怎么能够抵达家门（首都邺城）？我这个老羌（姚弋仲是羌人）替你一战解决。"姚弋仲性情耿直，不管对方贫富贵贱，一律称"你"，石虎也不责备（石虎猜忌凶暴，而竟能容忍姚弋仲的耿直，固然是姚弋仲情切理足，忠心不贰；也因为姚弋仲拥有强大善战的羌民族部）。石虎当时就加授姚弋仲"使持节"（一级权力）、征西大将军，赏赐一匹全副武装的战马。姚弋仲身披铠甲，就在大庭跨上马背，对石虎说："你看我老羌，能不能破贼！"扬鞭打马，飞奔而出，不再辞行。遂跟石斌等，在荥阳郡（河南省荥阳市）阻截梁犊，大破高力军团，斩梁犊，班师。分别派军追击梁犊余党，全部消灭。石虎命姚弋仲上殿时不解佩剑，不脱木屐，入朝时不必碎步慢跑（剑履上殿，入朝不趋），封西平郡公。另行擢升蒲洪当车骑大将军、开府仪同三司（宰相级）、雍秦军区司令长官（都督雍秦州诸军事）、雍州（陕西省中部）州长（刺史），封略阳郡公。

始平郡（陕西省兴平市）人马勖，聚众起兵，自称将军，乐平王石苞出军讨伐，消灭马勖，屠杀三千余家。

3 夏季，四月，晋帝国（首都建康）益州（四川省中部）州长（刺史）周抚、龙骧将军朱焘，攻击在成都（四川省成都市）被拥立当皇帝的范贲（参考前年〔三四七〕七月），斩范贲。益州平定。

晋帝国政府派皇家礼宾官（谒者）陈沈，前往前燕王国（首都龙城〔辽宁省朝阳市〕），加授慕容儁"使持节"（一级权力）、高级咨询官（侍中）、总司令官（大都督）、河北（黄河以北）军区司令官（督河北诸军事）、幽州（河北省北部）全权州长（牧），兼平州（辽宁省）全权州长（牧）、最高统帅（大将军）、大单于，封燕王（前燕王）。

4 晋帝国征西大将军桓温，派大营指挥官（督护）滕畯，率交州（越南北部）、广州（广东省和广西）军队，攻击林邑王国（越南中部）国王范文，在卢容（越南顺化市）会战，被范文击败，退回九真郡（越南清化市）。

5 四月九日，后赵帝石虎病重，准备后事，命彭城王石遵当最高统帅（大将军），镇守关右（函谷关以西）；燕王石斌当丞相，主管政府机要（录尚书事）；张豺当镇卫大将军、中央禁军总监（领军将军），兼国务院文官部长（吏部尚书）。同时接受遗诏，辅佐皇帝执政。

刘皇后不愿石斌辅政，恐怕对她的儿子石世有不利的行为，跟张豺商议如何排除石斌。石斌当时驻防襄国（后赵故都，河北省邢台市），刘皇后派人传给石斌一项假的情报，说："主上病势已经减轻，大王如果要打猎，不妨留下来打猎。"石斌就是喜爱打猎，又喜爱饮酒，巴不得留下来狩猎酗酒。刘皇后跟张豺遂假传圣旨，指控石斌没有忠孝之心；下令免除所有官职，返回私宅。命张豺的老弟张雄，率龙腾武士五百人，严密看守。

四月十九日，石遵从幽州（州政府设蓟城〔北京市〕）抵达首都邺城（河北省临漳县邺城镇），石虎下诏（刘皇后诏），命石遵到金銮宝殿接受命令，把中央禁卫军三万人拨配给他，教他前往关右（函谷关以西）到职，石遵哭号流涕而去。当天，石虎病有起色，问说：“石遵来了没有？”左右说：“不但来了，而且也走了。”石虎说：“可惜！我没有见到他。”石虎乘神智清醒，登上太极殿西阁，龙腾警卫官二百余人，在面前下跪。石虎说：“你们要求什么？”大家说：“陛下圣体欠安，应该教燕王（石斌）入宫侍奉，统率天下兵马！”有的人说：“请燕王（石斌）当太子。”石虎说：“燕王（石斌）难道不在皇宫？快教他来。”但左右的人回答说：“燕王（石斌）酒醉不醒，不能进宫。”石虎说：“派辇车接他，我要交给他印信。”可是，没有人理会（皇宫中都是刘皇后的党羽，石虎已经孤立）。而石虎不久又陷昏迷，返回后宫。张豺感到紧张，命张雄假传圣旨，诛杀石斌。

四月二十二日，刘皇后再假传圣旨，任命张豺当太保（上三公之三）、全国各军区总司令长官（都督中外诸军）、主管政府机要（录尚书事），如同霍光前例（霍光辅佐幼主事，参考前八七年）。高级咨询官（侍中）徐统说：“大乱就要爆发，我没有能力阻止。”服毒自杀。

四月二十三日，石虎逝世（年五十五岁）。太子石世登极（四任帝。本年十一岁），尊刘皇后为皇太后。刘太后出临金銮宝殿，行使皇帝职权（称制），命张豺当丞相。张豺辞让，不肯接受，请任命彭城王石遵、义阳王石鉴，分别担任左右丞相，作为安抚，刘太后批准。

张豺跟全国武装部队总司令（太尉）张举，阴谋诛杀最高监察长（司空）李农。张举跟李农友善，秘密通知李农，李农逃往广宗（河北省威县东)，率并州(山西省中部)难民集团(乞活)数万家，退守上白(河北省威县南)自保。刘太后命张举率中央禁卫军，包围上白。张豺命张离当镇军大将军、全国各军区总司令(监中外诸军事)，作为自己副手。

彭城王石遵行抵河内郡(河南省沁阳市)，得到老爹石虎逝世消息。而讨伐梁犊的将领姚弋仲、蒲洪、刘宁，以及征虏将军石闵(冉闵)、武卫将军王鸾等，凯旋班师，正巧也到河内郡，跟石遵在李城(河南省温县)相遇。大家向石遵建议说："殿下年纪最大，而且贤明能干，先帝(石虎)也曾经有意命殿下当继承人(参考去年〔三四八〕九月)。只因为老年时糊涂，被张豺导入歧途。而今，女主(刘太后)主持政府，奸臣当权，上白(河北省威县南)之围，僵持不能解决。京师(首都邺城)守卫，一定空虚。殿下如果能宣布张豺的罪状，擂动战鼓，大张讨伐，还有谁不大开城门，倒拿戈矛，迎接殿下！"石遵同意。

五月，石遵就在李城(河南省温县)起兵反抗中央，率军返首都邺城(河北省临漳县邺城镇)；洛州(州政府设洛阳〔河南省洛阳市东白马寺东〕)州长(刺史)刘国，率洛阳部众到李城(河南省温县)会师。讨伐文告传到邺城，张豺大为惊恐，立即把围攻上白(河北省威县南)的中央禁卫军召回。

五月十一日，石遵反抗军挺进到荡阴(河南省汤阴县)，战士九万人，石闵(冉闵)担任前锋。年纪大的父老辈故旧，跟羯人战士(石勒、石虎同族)，都说："彭城王(石遵)前来奔丧，我们应该出来迎接，不能替张豺守城！"纷纷跳城而出。张豺斩杀阻止，没有效果。而张离也率龙腾武士二千人，砍开城门，迎接石遵。刘太后恐惧，召见张豺，对他悲哭说："先帝(石虎)灵柩还没有埋葬，灾祸竟到如此程度。现在，石世年纪还小，托付给将军，将军有什么办法？我打算加授石遵更高的官位，能不能使他接受？"张豺惊慌恐怖，不知道怎么回答，只说“啊啊”！刘太后遂下诏，任命石遵当丞相、兼最高指挥官（领大司马）、总司令官（大都督）、全国各军区总司令官（督中外诸军）、主管政府机要（录尚书事），“假斧钺”（皇帝诛杀时专用的铜斧）、“九锡”（参考四年）。

五月十四日，石遵抵达安阳亭（安阳县〔河南省安阳市〕驿马车总站），张豺胆战心惊，出城迎接，石遵命左右逮捕张豺。

五月十五日，石遵在严密保护下，军容盛大，从凤阳门（邺城南面西门）进入邺城（河北省临漳县邺城镇），登上太武殿前殿，向老爹石虎灵柩，捶胸顿足，流泪哀伤，一切依照儒家学派礼仪规定，然后退到太武殿东厢房，下令把张豺绑到平乐市场，斩首，屠灭三族。假传刘太后诏令：“石世年纪太小，是先帝（石虎）私心，赐给他继承人的地位。然而，帝国事业，至为重大，不是他所能担当，应命石遵继位。”于是石遵登极（五任帝），大赦，撤回上白（河北省威县南）残余的围城军。

五月十六日，封石世当谯王（石世在位三十三日）；罢黜刘太后当太妃（谯王太妃）。不久，母子二人，都被诛杀。

上白（河北省威县南）之围既然解除，李农返回京师（首都邺城），自请处分，皇帝石遵命他恢复原来官位。石遵尊娘亲郑樱桃当皇太后（参考三三七年二月）；封正妻张女士当皇后，故燕王石斌的儿子石衍当皇太子。任命义阳王石鉴当高级咨询官（侍中）、太傅（上三公之二）；沛王石冲当太保（上三公之三）；乐平王石苞当最高指挥宫（大司马）；汝阴王石琨当最高统帅（大将军）；武兴公石闵（冉闵）当全国各军区总司令长官（都督中外诸军事）、辅国大将军。

五月十九日，首都邺城（河北省临漳县邺城镇）忽然刮起暴风，拔掉树木，摧毁房舍，引起地震；天上雷电交集，降下的冰雹有一升或

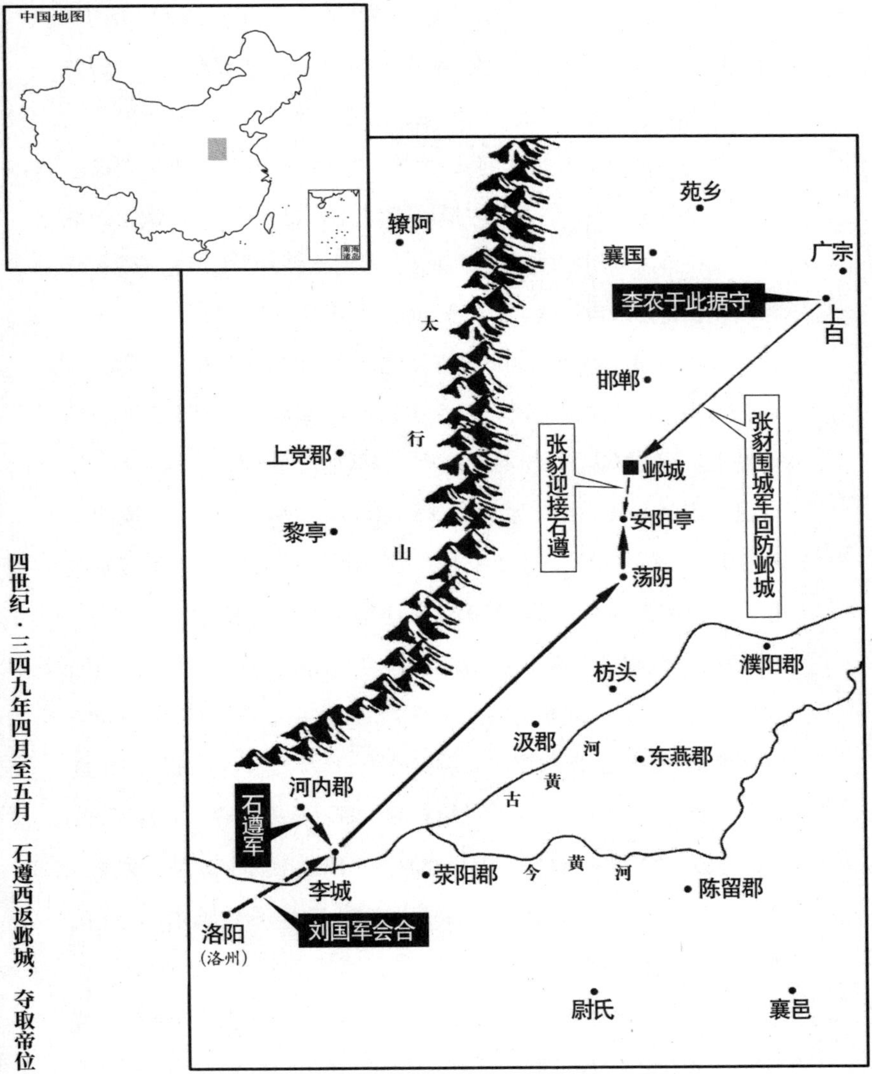

四世纪·三四九年四月至五月　石遵西返邺城，夺取帝位

中国地图
苑乡
辕阿
襄国
广宗
李农于此据守
上白
太
行
山
邯郸
上党郡
张豺迎接石遵
邺城
张豺围城军回防邺城
安阳亭
黎亭
荡阴
濮阳郡
枋头
汲郡
河
东燕郡
黄
古
河内郡
石遵军
李城
荥阳郡
今
黄
河
陈留郡
洛阳
（洛州）
刘国军会合
尉氏
襄邑

一个小瓦罐那么大。皇宫太武殿、晖华殿失火，各宫门及宫内亭台楼阁，烧得片瓦无存，皇家御用车轿衣服等，大半烧掉，金银璧玉，全成灰烬，大火燃烧一月有余，才被扑灭。

当时，沛王石冲镇守蓟城（北京市。应是接替石遵），听到石遵诛杀石世，而自己当皇帝；石冲对僚属说："石世是先帝（石虎）决定的继承人，石遵怎么可以随便罢黜诛杀，罪大恶极。你们现在传令：全体动员，我要亲自讨伐。"于是，命宁北将军沭坚（沭，姓。音shù〔树〕），留守幽州（州政府设蓟城〔北京市〕）。石冲亲自率大军五万人，从蓟城（北京市）南下，传令古燕王国（幽州）、古赵王国（冀州）地区州郡政府，号召勤王。各地军队，纷纷前来会师，等抵达常山郡（河北省正定县），部众已达十余万人，扎营苑乡（河北省邢台市任泽区东北）。正好石遵的大赦令颁到，石冲说："石世、石遵，都是我的弟弟。死的人不能使他复生，活的人为什么自相残杀，我还是回去！"将领陈暹抗议说："石遵篡夺政权，谋杀皇上，由自己去当，罪行难恕。大王旌旗如果指向北方，我的战车仍将继续南下。等我平定京师（首都邺城〔河北省临漳县邺城镇〕），活捉石遵，然后再回来迎接大王。"石冲遂决定进军。石遵写信，派将军王擢送给石冲，解释政变情形，石冲不理。石遵命武兴公石闵（冉闵），以及李农，率精锐部队十万人，讨伐石冲，在平棘（河北省赵县）会战，石冲军大败，石闵（冉闵）追击，在元氏（河北省元氏县）生擒石冲，命他自杀；坑杀石冲军士卒三万余人。

武兴公石闵（冉闵）向石遵建议："蒲洪，是人中豪杰。现在坐镇关中（陕西省中部），我恐怕秦州（甘肃省南部）、雍州（陕西省中部），不再是帝国的领土。这虽是先帝（石虎）临终时下达的命令（参考本年〔三四九〕三月）；然而，陛下既已登极，自可以改变。"石遵认为正确，免除蒲洪"雍秦军区司令长官"（都督雍秦州诸军事），其他官职仍然保持。蒲洪大怒，立即返回枋头（河南省淇县东南淇门渡），派人前往晋帝国（首都建康），要求归降（蒲洪从三三三年十月起，即驻屯枋头）。

6 前燕帝国（首都龙城〔辽宁省朝阳市〕）平狄将军慕容霸，上疏前燕王（二任景昭帝）慕容儁（本年三十一岁），说："石虎极度凶恶残暴，连上天都对他弃绝；残余的灰烬（指石遵），不过仅能生存而已，想不到自己人更把自己人当作鱼肉，互相屠杀。而今，中国（中原）人民，像头下脚上的倒悬在那里，渴望仁慈的人施予救助。我们大军一旦入境，各地势必纷纷放下戈矛刀枪。"北平郡（河北省遵化市）郡长（太守）孙兴，也上疏说："石家班内部大乱，我们正应该抓住时机，进军中原。"慕容儁因为国家新近遭到重大丧事（指去年〔三四八〕九月慕容皝逝世），不肯允许。慕容霸快马加鞭，前往首都龙城（辽宁省朝阳市），警告慕容儁说："天下最难得到，但最容易失去的，就是时机。万一石家班从衰弱中复兴，或者其他英雄豪杰，乘石家班丧乱，取而代之，掌握现成的基业，跟我们对抗。岂止是失去时机而已，恐怕还要后患无穷。"慕容儁说："邺城（后赵首都，河北省临漳县邺城镇）虽然乱成一团。可是，邓恒（后赵帝国征东将军）据守乐安（河北省乐亭县），军力雄厚，粮秣充足，我们如果对赵国（后赵帝国）发动攻击，东边首先不能通过。只好改走西边的卢龙（卢龙塞，河北省迁西县北），卢龙群山险恶，道路高悬而又窄狭，盗贼（后赵帝国）在山顶使用礌石，就可以切断交通，头尾同时受到灾祸，将怎么解决？"慕容霸说："邓恒虽然有意替石家班据守；可是，将领和士卒，人人心怀归意；大军一旦压境，他们自会瓦解。我请求担任前锋，从东方的徒河（辽宁省锦州市）出发，秘密行动，直指令支（后赵营州州政府所在城，河北省迁安市），大出他们的意料；他们忽然发现，势必震骇惊恐，最了不起，不过紧闭城门，固守待援。等而下之，可能放弃城池，一哄而散，哪有时间阻止我们攻击？然后，殿下可以慢步前行，不会再有什么留难。”

慕容儁仍犹豫不决，询问五材将军封奕的意见，封奕回答说：“战争原理：敌人强大，我们就用智慧；敌人弱小，我们就用武力。所以，大的吞吃小的，犹如豺狼吞吃小猪。用平安代替战乱，好像用太阳融化冰雪。大王自从前世以来，仁爱和恩德，一直累积，兵强马壮。而石虎极尽残暴之能事，死后眼睛还没有闭住，子孙已开始争夺政权，上下混乱。中国（中原）人民，陷于烈火热炭之中，伸长脖子，踮起脚跟，渴望得到援救。大王如果能舞动马鞭，挥军南下，夺取蓟城（后赵幽州州政府所在城，北京市），直扑邺城（后赵首都），展示恩德，炫耀武力，安抚残留下来的人民。谁不扶老携幼，迎接大王？凶党（石家班）望见大王的旌旗，都会像块冰跌到地上一样，霎时粉碎，怎么能够为害我们？”参谋指挥官（从事中郎）黄泓说：“现在，太白星横跨天际，岁星在毕星之北聚集，天下要换领袖，阴国接受命令，一定可以应验。应该迅速出军，上顺天心。”（完全不懂。）折冲将军慕舆根说：“中国（中原）人民，受石家班变乱的困扰，大家全都盼望更动君王，来解救水深火热，这是千年才能遇到一次的良机，不可失去。自从武宣王（慕容廆）以来，我们招贤纳士，使人民获得充分休养，奖励垦荒种田，训练兵马，正是为了今天这种情况。这次不夺取，既怕这样，又惧那样，难道上天的本意，就是不要天下太平，所以才教大王没有统一全国的雄心壮志？”慕容儁大笑，决定出兵。

慕容儁任命慕容恪当辅国将军，慕容评当辅弼将军，左秘书长（左长史）阳骛当辅义将军，称为“三辅”；慕容霸当前锋司令官（前锋都督)、建锋将军。遴选精锐士卒二十余万，动员备战，待机出动。

7 六月，后赵帝国把石虎（三任帝武帝）安葬显原陵（今地不详），绰号称武帝，祭庙称太祖。

8 晋帝国（首都建康）征西大将军桓温，得到后赵帝国（首都邺城）内乱消息，率军进抵安陆（湖北省云梦县），命各将领准备北伐。后赵扬州（州政府寿春）州长（刺史）王浃，献出寿春（安徽省寿县），向晋帝国投降；晋帝国西翼警卫指挥官（西中郎将）陈逵，率军进入寿春。征北大将军褚裒（音póu〔抔〕），上疏请求讨伐后赵帝国（褚裒时驻京口〔江苏省镇江市〕），当天就下令戒严，迳向泗口（泗水注入淮河处，江苏省淮安市淮阴区）出发。中央政府官员认为褚裒身份尊贵（褚裒是皇太后褚蒜子的老爹），责任重大，应该先派一个支队先行。褚裒奏报说："前些时，已派大营指挥官（督护）王颐之等，前往彭城（后赵徐州州政府所在县，江苏省徐州市）。后来，又派大营指挥官（督护）麋嶷，据守下邳（江苏省睢宁县北古邳镇）。现在，主力应火速出发，以造成声势。"

秋季，七月，中央政府加授褚裒为征剿总司令官（征讨大都督），兼徐兖青扬豫军区司令官（督徐兖青扬豫五州诸军事）。褚裒率大军三万人，直指彭城（江苏省徐州市）。北方知识分子及平民，归降的每天都以千为计算单位。

晋帝国政府以及民间，一致认为，中原很快就可以收复。只特级国务官（光禄大夫）蔡谟，对他的亲友说："胡虏（后赵帝国）消灭，当然是一件值得庆贺的事；然而，恐怕政府另有忧患。"那人说："你指的是什么？"蔡谟说："凡是能够顺从天意，利用时机，把人民从艰难困苦中拯救出来，除非是高等圣人和盖世英雄，谁都不能完成。其他泛泛之辈，应该度德量力的去做。观察今天的情势，目前这些人，没有一个有能力完成使命。势必因负荷过重，使人民疲惫劳苦。结果发现自己才疏学浅，谋略简陋，不能达到目的。于是民穷财尽，智慧和勇气，全都枯竭，怎么能不使人为政府忧虑！”

后赵帝国鲁郡（山东省曲阜市）人民五百余家，起兵叛变，投降晋帝国，向褚裒求救。褚裒派部将王龛、李迈，率精锐战士三千人迎接。后赵帝国南方征剿总司令官（南讨大都督）李农，率骑兵二万人，跟王龛在代陂（今地不详）会战，王龛大败，全军覆没。

八月，褚裒退守广陵郡（江苏省淮安市淮阴区）。陈逵得到消息，焚毁寿春（安徽省寿县）积蓄的粮秣辎重，摧毁城墙，逃回晋帝国。褚裒上疏请求贬降自己，晋帝（十一任穆帝）司马聃（本年七岁）下诏不准，命褚裒仍回原防地京口（江苏省镇江市），而只解除征剿总司令官（征讨大都督）官职。当时，河北（黄河以北）大乱，知识分子和平民二十余万人，渡黄河南下，打算回归晋帝国。不料褚裒已经撤退，声威形势，不能相接，无法自救，几乎死光。

9 后赵帝国乐平王石苞，阴谋率关右（函谷关以西）部众，袭击首都邺城（河北省临漳县邺城镇）。左秘书长（左长史）石光、军政官（司马）曹曜等，坚决反对，石苞大怒，一口气诛杀石光等一百余人。石苞性情贪婪残忍，而又没有谋略，雍州（陕西省中部）有见识的豪杰之士，知道他不会成功，大家都派遣使节，前往晋帝国（首都建康）报告消息，晋帝国梁州（州政府设南郑〔陕西省汉中市〕）州长（刺史）司马勋，率军向关中（陕西省中部）挺进（司马勋，是司马懿侄儿济南王司马遂的曾孙）。

10 武都郡（甘肃省成县）“氐王”杨初，袭击后赵帝国西城（甘肃省礼县东北），攻克。

11 九月，前凉王国（首都姑臧〔甘肃省武威市〕）官员，向代理国王（三任桓王）张重华（本年二十三岁）献上尊贵绰号：丞相、凉王（前凉王）、雍州全权州长（牧）、秦州全权州长、凉州全权州长。张重华不断用金钱、绸缎，赏赐给左右受宠爱的亲信。又喜爱赌博、下棋，影响他处理公事。高等顾问官（征事）索振规劝说："先王（历代祖先）早晚克勤克俭，充实政府仓库，为的是大仇未报，大耻未雪，志在平定四海。殿下继位之初，强寇侵略压迫（后赵帝国攻击，参考三四六年五月、及前年〔三四七〕四月至八月），侥幸的靠着重赏，征求到敢死勇士，也不过仅只保住王国不亡。现在，政府仓库积蓄已空，而强寇仍在，怎么可以轻易浪费，赏赐给没有功劳的人？从前，刘秀（东汉王朝一任帝光武帝）亲自处理繁重的国家大事，奏章呈到宫门，不到一天就得到批示，所以才能完成汉王朝的中兴大业。而今，奏章呈递上去，就搁置在那里，少则一月，多则三月。人民的苦情，不能上达，被诬陷的囚犯，沉冤监狱，恐怕不应该是圣明君子所做的事情。"张重华向索振道歉。

12 晋帝国（首都建康）梁州（州政府设南郑〔陕西省汉中市〕）州长（刺史）司马勋，穿过骆谷（陕西省周至县西南），击破后赵帝国（首都邺城）的长城守卫基地（长城戍，在陕西省周至县西南），在悬钩（今地不详）扎营，距长安（陕西省西安市）二百华里，派人事官（治中）刘焕，续向长安进攻，斩后赵陪都长安市长（京兆尹）刘秀离；又攻陷贺城（今地不详）；三辅（大长安地区）英雄豪杰，很多聚众起兵，诛杀郡长、县长，响应司马勋，约有三十余个堡寨，部众多达五万人。后赵帝国乐平王石苞，只好

四世纪·三四九年六月至十月　晋帝国北进受挫

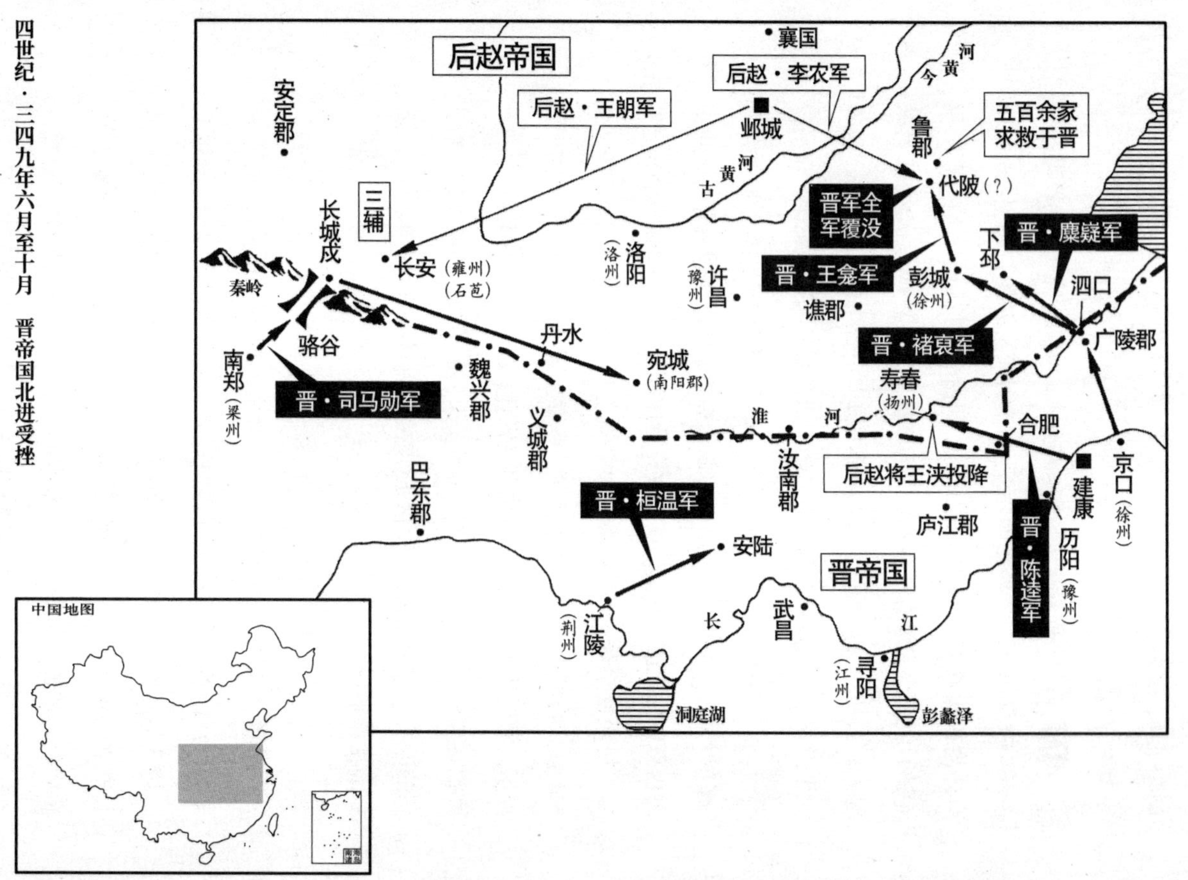

暂时打消攻击邺城（河北省临漳县邺城镇）阴谋，派将领麻秋、姚国等，率军抵抗司马勋。后赵帝（五任帝）石遵，派车骑将军王朗，率精锐骑兵二万人，宣称讨伐司马勋。在进入长安后，劫持石苞，送回邺城（河北省临漳县邺城镇）。司马勋兵力太少，畏惧王朗，不敢前进。

冬季，十月，司马勋放弃悬钩，回军攻陷宛城（河南省南阳市），斩后赵帝国南阳郡（郡政府设宛城）郡长袁景，返回梁州（州政府设南郑）。

13 最初，后赵帝石遵，在李城（河南省温县）起兵誓师时，对武兴公石闵（冉闵）说："好好努力，等事情成功，封你当太子。"可是事情成功后，封石衍当太子（石衍是石家血统，石闵〔冉闵〕非石家血统，本不姓石，参考三三八年五月。罗马帝国皇帝可以由义子继承，中国义子在继承权上，没有地位，石遵、石闵〔冉闵〕都应知道：石闵〔冉闵〕没有可能当太子）。石闵（冉闵）仗恃功劳，打算控制中央政府，石遵不肯。石闵（冉闵）素来骁勇，屡次建立战功，无论四夷和汉人将领，对他都心怀畏惧。石闵（冉闵）既然当全国各军区总司令长官（都督中外诸军事），从中央到地方，总揽全国军权，遂用心结交金殿卫士，奏请把他们全体都擢升为编制外殿中将军，封关外侯（最低级准侯爵，在关内侯之下）。石遵不疑心有什么不对劲，反而在名单上注出各人的优点缺点，加以褒贬，人家十分不满。立法院最高立法长（中书令）孟准、首都东区卫戍司令（左卫将军）王鸾，建议石遵稍稍剥夺石闵（冉闵）的军权，石闵（冉闵）越发怨恨现状，盼望发生新的变化。孟准等都劝石遵诛杀石闵（冉闵）。

十一月，石遵召集义阳王石鉴、乐平王石苞、汝阴王石琨、淮南王石昭等入宫，在皇太后郑樱桃面前，举行秘密会议，说："石闵（冉闵）叛逆的形迹，逐渐显露，现在打算把他处决，大家意见如何？"石鉴等都说："应该处决。"郑樱桃说："李城（河南省温县）回军时，没有棘奴（石闵〔冉闵〕乳名），哪有今天？即令有一点骄傲放纵，怎么可以说杀就杀。”石鉴出宫后，派宦官杨环，骑马飞报石闵（冉闵）。石闵（冉闵）反应迅速强烈，立即劫持最高监察长（司空）李农，跟首都西区卫戍司令（右卫将军）王基，密商罢黜石遵。遂派将军苏彦、周成，率武装士兵三千人，突入皇宫，在金雀台（南台）逮捕石遵。石遵正跟一位美女在玩“弹棋”（据说西汉王朝十二任帝成帝刘骜，喜爱踢球，有人认为踢球是一种体力劳动，不适合帝王身份。刘骜就命他们制造一种体力不劳动的游戏，遂有“弹棋”出现。两人对局，黑白棋子各六枚，刘贡父诗：“汉皇初厌蹴鞠劳，侍臣始作弹棋戏。”规则已经失传），问周成说：“谋反的是谁？”周成说：“义阳王石鉴，应该继承大位。”石遵说：“我还成了今天这个样子，石鉴能维持几天？”叛军把石遵带到琨华殿，格杀（石遵在位一百八十三日）。又格杀皇太后郑樱桃、张皇后、皇太子石衍、孟准、王鸾，以及最高国务官（上光禄大夫）张斐。

石鉴登极（六任帝），大赦。任命武兴公石闵（冉闵）当最高统帅（大将军），晋封武德王；最高监察长（司空）李农当最高指挥官（大司马），二人同时主管政府机要（并录尚书事）。郎闿最高监察长（司空），秦州（甘肃省南部）州长（刺史）刘群当国务院左执行长（尚书左仆射），高级咨询官（侍中）卢谌当立法院总立法长（中书监）。

14 被强迫迁到东方的秦州（甘肃省南部）、雍州（陕西省中部）移民，纷纷西归，返回故居（三二九年九月，石虎灭汉赵帝国，强迁氐人、羌人十五万篷帐到司州〔河北省南部〕、冀州〔河北省中部〕。三三三年十月，石虎破石生，强迁秦州、雍州汉人、氐人、羌人十余万户于关东〔函谷关以东〕。现在后赵帝国内乱爆发，控制力消失）。中途经过枋头（河南省淇县东南淇门渡），大家公推蒲洪（时驻枋头）当领袖，部众多达十余万。蒲洪的儿子蒲健，时在首都邺城（河北省临漳县邺城镇），砍开城门，逃奔枋头。蒲洪的强大部众，对石鉴造成很大压力（枋头跟邺城间航空距离九十公里），石鉴感到恐惧，打算用计谋把蒲洪送得越远越好；遂任命蒲洪当关中军区司令长官（都督关中诸军事）、征西大将军、雍州（陕西省中部）全权州长（牧），兼秦州（甘肃省南部）州长（刺史）。蒲洪召集所有官属，讨论应不应接受这项任命。主任秘书（主簿）程朴，建议跟后赵帝国和解，像列国时代一样，同时并存。蒲洪大发脾气说："我难道不能当天子？说什么列国！"拉出程朴，斩首。

15 晋帝国（首都建康）征北大将军、都乡侯（元侯）褚裒，回军返抵京口（江苏省镇江市），听到很多哭声，此起彼落，询问左右原因，左右回答说："都是代陂（今地不详）阵亡将士的家属。"褚裒惭愧愤恨，一病不起。

十二月七日，褚裒逝世（年四十七岁）。

晋帝国政府命吴国（江苏省苏州市）郡长（内史）荀羡"使持节"（一级权力），兼徐兖及扬州晋陵郡军区司令（监徐兖二州、扬州之晋陵诸军事）、徐州（州政府京口）州长（刺史）。荀羡本年二十八岁，晋帝国"中兴"（逃亡建康）期间，独当一面的地方大员，年龄没有比荀羡更轻的人（二十八岁不是一个政治上和军事上成熟的年龄，说穿了不值一屁，荀羡的妻子是九任帝〔成帝〕司马衍的女儿寻阳公主）。

16 后赵帝国皇帝（六任）石鉴，不能忍受石闵（冉闵）的专横，命乐平王石苞、立法院最高立法长（中书令）李松、殿中将军张才，乘夜攻击住在琨华殿的石闵（冉闵）、李农，战斗惨烈，不能攻克，皇宫中乱成一片。石鉴恐惧，假装大吃一惊，就在西中华门诛杀李松、张才，为了彻底灭口，又斩石苞。

新兴王石祗（音zhī〔只〕），也是石虎的儿子，此时镇守襄国（河北省邢台市），跟姚弋仲、蒲洪联合，传令中央及地方，号召全国人民起义，共同诛杀石闵（冉闵）、李农。石闵（冉闵）、李农，命汝阴王石琨当总司令官（大都督），跟全国武装部队总司令（太尉）张举，及高级咨询官（侍中）呼延盛，率步骑兵混合兵团七万人，分别讨伐石祗等。

中央禁军总监（中领军）石成、高级咨询官（侍中）石启、前任河东郡（山西省夏县）郡长石晖，阴谋诛杀石闵（冉闵）、李农。消息泄露，石闵（冉闵）、李农，把他们全部处死。龙骧将军孙伏都、刘铢等，率羯人武士三千人，在胡天（宫廷官署名）埋伏，也打算诛杀石闵（冉闵）、李农。石鉴此时正在铜雀台（邺城西北角），孙伏都率三十余人，将要登台挟持石鉴，用皇帝号令，发动攻击。石鉴遥遥看见孙伏都正在拆除高架道（阁道），询问缘故。孙伏都说："李农等谋反，已进攻到东掖门，我打算率领卫士讨伐，先行奏明陛下。"这正中石鉴下怀，石鉴说："你是忠臣，好好为皇家努力，我在台上观看，不要担心没有回报。"于是，孙伏都、刘铢，率军攻击石闵（冉闵）、李农，不能攻克，就在凤阳门（邺城南面西门）构筑阵地布防。石闵（冉闵）、李农率数千人摧毁金明门（邺城西门），闯入皇宫；石鉴恐怕被杀，为了表明态度，急派人骑马去叫石闵（冉闵）、李农，开门接见，说："孙伏都谋反，你快去讨伐！"石闵（冉闵）、李农遂击斩孙伏都等，从凤阳门到琨华殿，尸体重叠，血流成河。下令全国："所有夷族，胆敢手拿武器，一律斩首！"胡人或者闯山城门，或者跳墙逃走，多到无法计算（胡三省原注："石闵〔冉闵〕既诛杀孙伏都，又禁蛮夷携带武器，蛮夷知大祸即将临头，所以逃走。"石闵〔冉闵〕是汉人，孙伏都是石家班同族羯人）。

石闵（冉闵）已洞察石鉴肺腑，命国务院执行官（尚书）王简、宫廷供应部长（少府）王郁，率军数千人，把石鉴围困在御龙观，断绝内外交通；饮食用具，都用绳子吊到观上。下令首都邺城（河北省临漳县邺城镇）："近日以来，孙伏都、刘铢叛乱，党羽全部伏诛，奉公守法的善良人民，没有一个人参与。从今天开始，跟皇家一条心的，请留下来；不一条心的，凭各人的意愿，随便前往你们想要去的地方，已下令城门不再禁止。"令下之后，邺城附近一百华里以内的汉人，全都涌到城里；而匈奴人、羯人，却大批离去，几乎填满城门。石闵（冉闵）发现蛮夷绝不可能拥护自己，于是，通令全国："汉人砍下一个蛮夷人头，送到凤阳门，查验属实的，文官升三等，武官全升营门官（牙门）。"于是一场灭种的可怕屠杀开始，第一天，就格杀几万人，石闵（冉闵）亲自率汉人屠杀匈奴人和羯人，不管贵贱，不管男女，不管老幼，全都斩首，最后死亡总数达二十余万，尸首拖到邺城城外，全被野狗豺狼吞食。一些在边疆守卫国土的匈奴人、羯人将士，石闵（冉闵）都通知汉人将帅，就近处死；有些鼻子稍高、胡须稍多的汉人，一半以上都被滥杀。

17 前燕王（首都龙城）慕容儁，派使节前往前凉王国（首都姑臧），邀请前凉王（三任桓王）张重华，共同出军，夹击后赵帝国。

18 高句骊王国（首都丸都〔吉林省集安市〕）国王（十六任故国原王）高钊，把前东夷保安司令（东夷校尉）、军事总监（护军）宋晃，送给前燕帝国（宋晃叛变事，参考三三八年五月十三日）。前燕王慕容儁免他不死，改名宋活，任命当首都龙城警备区司令（中尉）。

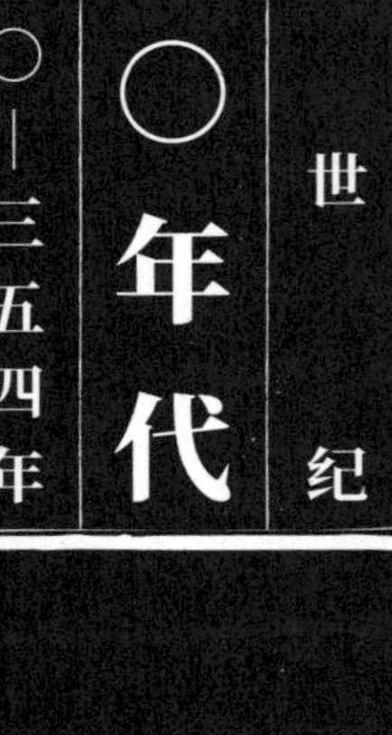

四世纪 五〇年代
三五〇—三五四年

晋帝国

- 冉魏帝国兴起及覆亡。
- 前秦帝国兴起。
- 后赵帝国覆亡。
- 晋殷浩北伐大败。

- 罗马西帝君士坦斯，被部下马格能夏斯刺死。
- 罗马东帝君士坦都，击灭马格能夏斯，再统一帝国。
- 匈奴人（芬人）侵入俄罗斯。
- 奥古斯汀生。

三五〇年 庚戌

晋	永和	六年
后赵	青龙	元年
	永宁	元年
前凉	永乐	五年
前燕	燕王	二年
冉魏	永兴	元年

(代王拓跋什翼犍建国十三年)

(齐王段龛元年)

1 春季，正月，后赵帝国（首都邺城〔河北省临漳县邺城镇〕）最高统帅（大将军）石闵（冉闵），打算彻底消灭石家班的统治痕迹，假托“神秘预言书”上一句话：“继赵李”，取消“后赵”国号，改称卫帝国，不再姓石，改称姓李，大赦，改年号青龙。

于是，太宰（上三公之一）赵庶、全国武装部队总司令（太尉）张举、中军将军张春、特级国务官（光禄大夫）石岳、抚军将军石宁、武卫将军张季，以及公爵、侯爵、部长、指挥官、龙腾警卫官等一万余人，逃往襄国（河北省邢台市），投靠新兴王石祗；汝阴王石琨则出奔冀州（河北省中部）；抚军将军张沈据守滏口（河北省武安市南）；卫军将军张贺度据守石渎（邺城西二十公里）；建义将军段勤据守黎阳（河南省浚县）；宁南将军杨群据守桑壁（河北省平山县东南）；镇南将军刘国据守阳城（河南省登封市东南）；段龛据守陈留（河南省开封市东）；姚弋仲据守滠头（河北省枣强县东北），蒲洪据守枋头（河南省淇县东南淇门渡）；每人都拥有武装部队几万人，反抗李闵（冉闵）。段勤，是段末柸的儿子（段末柸，参考三二五年三月）；段龛，是段兰（参考三四三年八月）的儿子。

车骑将军王朗、将军麻秋，从长安（陕西省西安市）到洛阳（河南省洛阳市东白马寺东）。麻秋接到李闵（冉闵）“诛杀蛮夷令”（参考去年〔三四九〕十二月），把王朗所属部队中的匈奴人和羯人官兵一千余人，全部诛杀。王朗投奔襄国（河北省邢台市），麻秋率军返回邺城（河北省临漳县邺城镇）。蒲洪派他的儿子龙骧将军蒲雄，在中途迎头痛击，生擒麻秋；命麻秋当军师将军。

汝阴王石琨，跟张举、王朗，联军七万人，攻击邺城（河北省临漳县邺城镇）。最高统帅（大将军）李闵（冉闵）率骑兵一千余人，在城北迎战。李闵（冉闵）手拿两面都有刀刃的铁矛，奔驰冲击，马蹄到处，所有的阻拦都被摧毁，杀三千人，石琨等大败而去。李闵（冉闵）与李农率骑兵三万人，攻击张贺度所在的石渎（石渎距邺城只二十公里，正是卧榻之旁）。

闰二月，后赵帝（六任）石鉴，秘密派宦官送信给据守滏口（河北省武安市南）的抚军将军张沈等，命他们乘邺城（河北省临漳县邺城镇）空虚，发动袭击。宦官报告李闵（冉闵）、李农。李闵（冉闵）、李农立即回军，罢黜石鉴，处死（石鉴在位一百零三天，年龄不详），同时把石虎的二十八个孙儿，全部诛杀；石姓皇族，无论老少，一律屠灭。姚弋仲的儿子曜武将军姚益、武卫将军姚若，率禁卫军数千人，砍开城门，投奔根据地滠头（河北省枣强县东北）。姚弋仲讨伐李闵（冉闵），率军进抵混桥（邺城东北）。

宰相（司徒）申钟等，向李闵（冉闵）呈献皇帝尊贵绰号，李闵（冉

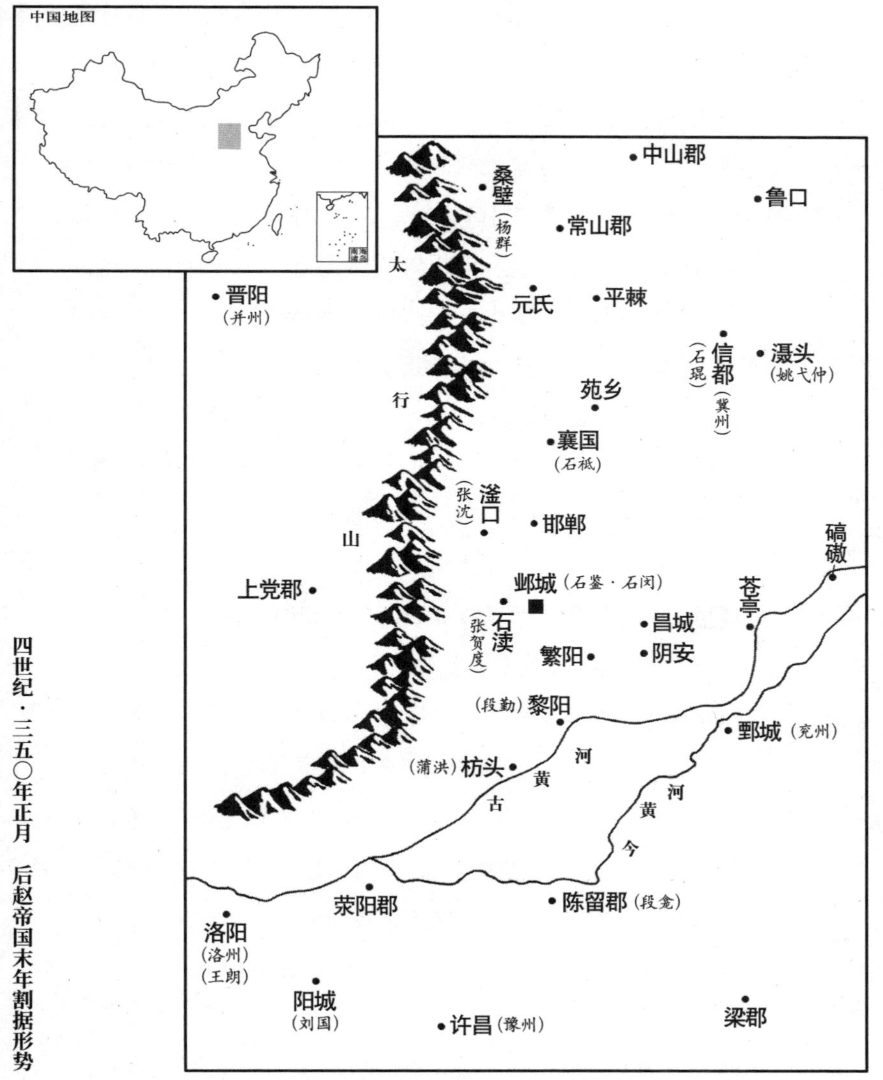

四世纪·三五〇年正月　后赵帝国末年割据形势

闵）让给李农，李农坚决推辞。李闵（冉闵）说：“我们原来就是晋国（晋帝国）的臣民；而今，晋国（晋帝国）仍然存在。我的意思是，我跟各位分别割据州郡，自己称自己是‘州长’‘郡长’，封自己当‘公爵’‘侯爵’，呈递奏章，迎接晋国（晋帝国）皇帝还都洛阳（晋王朝故都，河南省洛阳市东白马寺东）。”国务院执行官（尚书）胡睦说：“陛下（李闵〔冉闵〕）圣明的恩德，上应天心，应该登上宝座。晋国（晋帝国）已经衰弱微小，逃窜长江荒域，怎么能够率领天下英雄豪杰，统一中国？”李闵（冉闵）说：“胡执行官（尚书）的话，可以说是：真正把握时机，知道天命所在。”遂登极自称皇帝（一任），大赦，改年号永兴，国号大魏（五胡乱华十九国第六国出现。中国历史上称“魏”的国号，有四个之多，所以我们称五胡乱华十九国的“魏”为“冉魏”。此时，中国境内，五国并立）。

2 晋帝国（首都建康〔江苏省南京市〕）政府得到中原（华北大平原）大乱消息，再一次准备收复失土。

闰二月十八日，任命京畿总卫戍司令（扬州刺史）殷浩，当中军将军、“假节”（三级权力）、扬豫徐兖青军区司令长官（都督扬豫徐兖青五州诸军事）。封蒲洪为氐王、“使持节”（一级权力）、加授征北大将军、黄河北军区司令长官（都督河北诸军事）、冀州州长（刺史），封广川郡公；蒲健“假节”、右将军、黄河北征剿前锋司令（监河北征讨前锋诸军事），封襄国公（去年〔三四九〕五月蒲洪投降，今年〔三五〇〕晋帝国才回报）。

3 羌氐两大族群领袖姚弋仲、蒲洪，都有夺取关右（函谷关以西）的雄心壮志。姚弋仲（时驻滠头〔河北省枣强县东北〕）派他的儿子姚襄，率军五万人，攻击蒲洪（时驻枋头〔河南省淇县东南淇门渡〕）。蒲洪迎头痛击，大破姚襄军，格杀及俘虏三万余人。蒲洪遂自称总司令官（大都督)、最高统帅(大将军)、大单于、三秦王,改姓苻(蒲洪因“神秘预言书”上有句:“草付应王”,才生改姓灵感)。命南安郡(甘肃省陇西县东南)人雷弱儿当辅国将军;安定郡(甘肃省镇原县东南屯字镇)人梁楞当前将军,兼左秘书长(左长史);冯翊郡(陕西省大荔县)人鱼遵(鱼,姓)当右将军,兼右秘书长(右长史);京兆郡(陕西省西安市)人段陵当左将军,兼左军政官(左司马);天水郡(甘肃省天水市)人赵俱、陇西郡(甘肃省陇西县)人牛夷、北地郡(陕西省铜川市耀州区)人辛牢,都当参谋指挥官(从事中郎);另一氐部落领袖毛贵,当单于的辅佐宰相(单于辅相)。

4 前燕帝国(首都龙城〔辽宁省朝阳市〕)国王(二任景昭帝)慕容儁(本年三十二岁),向后赵帝国发动大规模攻击,三路并进:慕容霸率军二万人,由东方挺进,出徒河(辽宁省锦州市);慕舆于由西方挺进,出蠮螉塞(居庸关);慕容儁亲率主力,由中央挺进,出卢龙塞(河北省迁西县北)。命慕容恪、鲜于亮当前锋;慕舆泥开凿山道;世子慕容晔留守首都龙城(辽宁省朝阳市),王府秘书长(内史)刘斌当农林部长(大司农),跟王府图书管理官(典书令)皇甫真,主管留守府事务。

慕容霸大军抵达三陉(河北省滦州市),后赵帝国征东将军邓恒惶恐,焚烧仓库,放弃乐安(河北省乐亭县)逃走,跟幽州(河北省北部)州长(刺史)王午,共同保卫蓟城(幽州州政府所在县,北京市)。前燕帝国徒河(辽宁省锦州市)南部民兵司令(南部都尉)孙泳,急急进入乐安,扑灭残火,抢救粮食和绸缎。慕容霸遂征集乐安、北平郡(河北省遵化市)二地军队及粮秣,跟慕容儁在临渠(河北省香河县)会师。

三月,前燕兵团抵达无终(天津市蓟州区);王午留下他的将领王佗率数千人保卫蓟城(北京市),自己偕同邓恒,退守鲁口(河北省饶阳县)。

三月五日,慕容儁攻陷蓟城,生擒王佗,斩首,慕容儁打算把王佗的士卒一千余人，全部坑杀。慕容霸劝阻说：“赵国（后赵帝国）政府残忍暴虐，大王出动大军讨伐，为的是把水深火热中的人民拯救出来，安抚中州（中原）。而今，刚刚得到蓟城（北京市），就先坑杀士卒，恐怕不是王师的好名声。”慕容儁遂把国都迁到蓟城（北京市），中州（中原）人士投奔归附、请求保护的，相继而至。

前燕兵团抵达范阳郡（河北省涿州市）。后赵范阳郡郡长李产，打算为石姓皇家拒守，可是部下不接受命令，李产只好献出本郡八个县城，投降（八县：涿县〔范阳郡郡政府所在县〕、良乡县〔北京市西南良乡镇〕、方城县〔河北省固安县〕、长乡县〔河北省涿州市东北〕、遒县〔河北省涞水县〕、故安县〔河北省定兴县西〕、范阳县〔河北省定兴县西南固城镇〕、容城县〔河北省容城县〕）。慕容儁命李产仍当郡长。

李产的儿子李绩，在后赵幽州州政府担任总务官（别驾），抛弃家属，追随幽州州长（刺史）王午，撤退到鲁口（河北省饶阳县）。征东将军邓恒对王午说：“李绩故乡在北方（李绩是范阳郡〔河北省涿州市〕人），老爹（李产）已经投降敌人，今天虽然跟我们一起在此，恐怕难以保证他会始终如一，到时候可能受他连累，不如除掉他。”王午说：“这是什么话，天下乱成这个样子，李绩仍一片忠心，为了大义，抛家弃子，情义节操之高，即令是古代烈士，也不能超过，而竟被没有根据的猜疑害死，燕赵地区（河北省）壮士们听到消息，会说我们不过一伙强盗聚在一起罢了，毫无意义。人心一散，不能再度集结，我们可能为了这一件事，坐在这里等待屠杀崩溃。”邓恒遂停止。但王午仍担心各将领有不同意他见解的，或许采取杀害行动，遂命李绩北返。李绩告辞而归，晋见前燕王慕容儁，慕容儁责备他说：“你不知道天命，连老爹都不要了，而去追求虚名，为什么直到今天才来！”李绩回答说：“我眷恋旧的主人（指王午），立志保持小小贞节，此身在哪里，就事奉哪里的君王。殿下正用大义争取天下，我不认为来得太晚。”慕容儁大为高兴，厚厚待他。

慕容儁任命老弟慕容宜当代郡（河北省蔚县）郡长（城郎），孙泳当广宁郡（河北省涿鹿县）郡长（太守）。幽州（河北省北部）所有郡长、县长，全部派定。

三月二十四日，慕容儁命鲜卑中部部落官（俟厘）慕舆句，当蓟中（蓟城〔北京市〕）留守司令官（蓟中留事），而亲自率军攻击邓恒据守的鲁口（河北省饶阳县）。大军到达清梁（河北省保定市清苑区南），邓恒部将鹿勃早（鹿勃，复姓），率数千人向前燕兵团发动夜袭，一半已突入营垒，首先攻击前锋司令官慕容霸，闯进篷帐。慕容霸梦中惊醒，跳起来奋力战斗，亲手斩杀十余人，鹿勃早攻势被阻，不能接近大营，前燕兵团就利用这段时间，完成集结备战。慕容儁对慕舆根说：“盗贼的攻击锐不可当，我们应该暂时避他一避。”慕舆根严肃说：“我们人多，他们人少，无法跟我们对抗，所以才利用夜色掩护挑战，希望侥幸获得胜利。我们寻找盗贼，盗匪却送到面前，正应该迎头痛击，还有什么怀疑？大王只管高枕安卧，我们自会替大王击破强敌！”慕容儁仍然坐立不安，终于由王府秘书长（内史）李洪陪同，离开大营，驻扎野外一座庞大坟塚之上。慕舆根率左右精锐战士数百人，穿过中央营门，直接攻击鹿勃早；李洪安顿了慕容儁后，再集结骑兵部队，回来助战，鹿勃早才被迫撤退。前燕兵团追击四十余华里，鹿勃早仅逃出一命，所率的夜袭部队，差不多死光。

慕容儁率军返蓟城（北京市。慕容儁放弃攻击鲁口〔河北省饶阳县〕，回军，是鹿勃早吓破了他的胆。慕容儁仗虽打胜，余悸仍存）。

5 冉魏帝国（首都邺城〔河北省临漳县邺城镇〕）皇帝（一任）李闵（冉

四世纪·三五〇年二月至三月　前燕大举南下

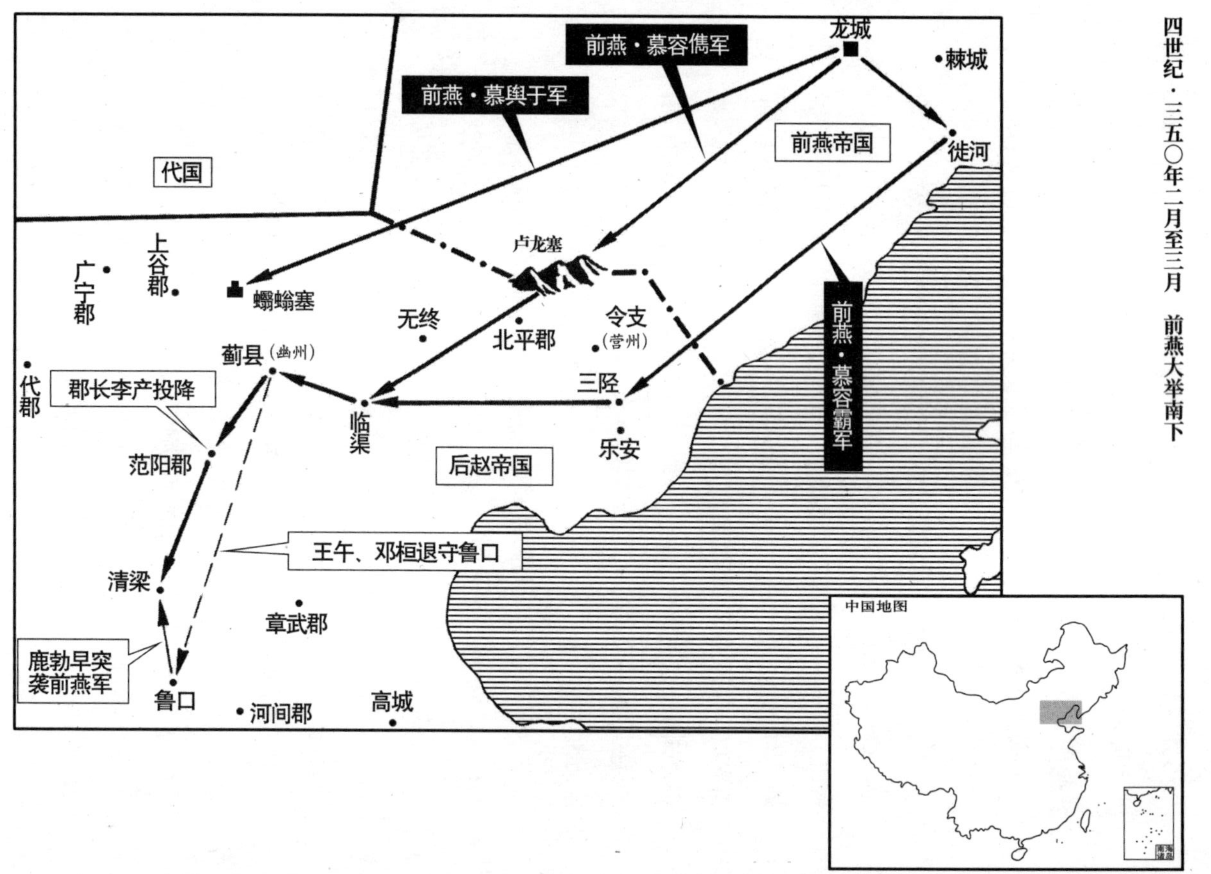

闵)，恢复原姓——冉，尊娘亲王女士为皇太后、封正妻董女士当皇后、长子冉智当皇太子；皇子冉胤、冉明、冉裕，都封亲王。任命李农当太宰(上三公之一)，兼全国武装部队总司令(太尉)，主管政府机要(录尚书事)，封齐王。李农的儿子都封县级公爵。派使臣“持节”，到各割据地区(指张沈、苻洪、姚弋仲等)颁布大赦令，但没有一个人接受。

麻秋向苻洪(蒲洪)建议说：“冉闵、石祗，正在对峙，中原大乱，一时还不能平息。不如先占领关中(陕西省中部)，等基础稳固之后，再向东发展，争取天下最高领导权力，谁能抵挡？”苻洪完全同意。可是不久，麻秋大摆宴席，宴请苻洪，而在酒中放置毒药，打算毒死苻洪之后，夺取苻洪部众。苻洪的世子苻健，逮捕麻秋，斩首。苻洪对苻健说：“我所以没有入关(函谷关)，只因一直认为中州(中原)可以平定，现在不幸，中了这个小无赖的计谋，中州(中原)之事，不是你们兄弟能力所及。我死之后，你们赶快入关！”言毕逝世(年六十六岁)。苻健接替老爹，统御部众，取消总司令官(大都督)、最高统帅(大将军)、三秦王等称号。改用晋帝国的官爵(“假节”、右将军、黄河北征剿前锋司令〔监河北征讨前锋诸军事〕、襄国公)，派他的叔父苻安，前往晋帝国首都建康(江苏省南京市)报告苻洪之丧，并请晋帝国政府颁布新的任命。

6 后赵帝国新兴王石祗，在襄国(河北省邢台市)即位称帝(七任帝)，改年号永宁。任命汝阴王石琨当相国，凡是被六夷控制的州郡，都起兵响应(六夷：匈奴、羯、氐、羌、鲜卑、巴蛮)。

石祗任命姚弋仲(时驻滠头〔河北省枣强县东北〕)当右丞相，封亲赵王，待以特别优厚的礼仪。姚弋仲的儿子姚襄，勇敢而又有谋略，知识分子和平民，对他都十分敬爱，要求姚弋仲指定姚襄当合法继承人，姚弋仲因姚襄不是长子，所以不同意，但请求的每天都有

四世纪·三五〇年三月

冉魏建国、石祇襄国称帝·五国并立

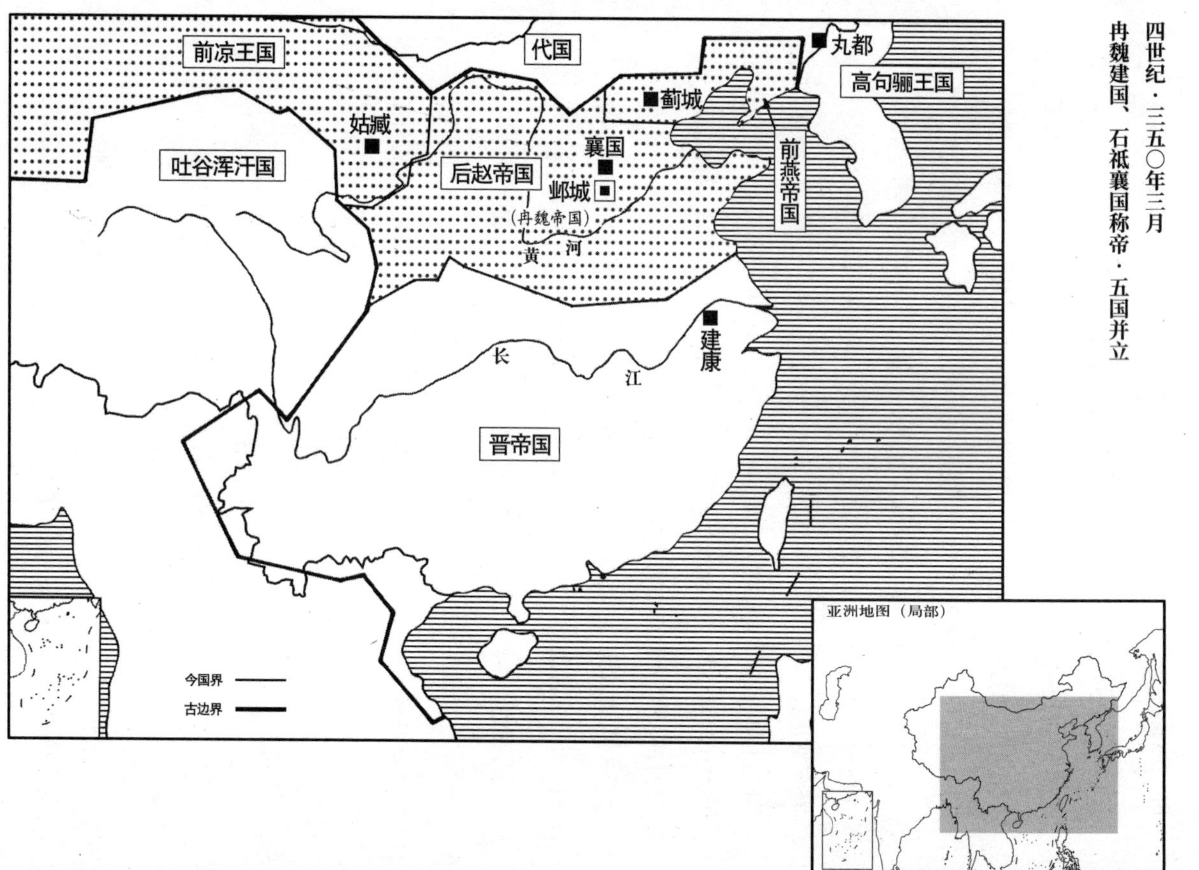

几千人，姚弋仲就教他带兵。石祗任命姚襄当骠骑将军、豫州（河南省东部）州长（刺史），封新昌公。又任命苻健（时驻枋头〔河南省淇县东南淇门渡〕）当黄河南军区司令长官（都督河南诸军事）、镇南大将军、开府仪同三司（宰相级）、兖州（山东省西部）全权州长（牧）、略阳郡公。

夏季，四月，后赵帝石祗派汝阴王石琨，率军十万人，攻击冉魏帝国（首都邺城）。

7 冉魏帝国（首都邺城）皇帝（一任）冉闵（石闵），诛杀齐王李农跟李农的三个儿子，连同国务院总理（尚书令）王谟、高级咨询官（侍中）王衍、寝殿侍奉宦官（中常侍）严震、赵升（冉闵诛杀李农的原因不详，但不管什么原因，诛杀生死与共的盟友，而且是突然发动，说明冉闵的愚暴，比石虎还要严重）。冉闵派使节到长江北岸，通知晋帝国（首都建康）说："蛮夷叛逆，扰乱中原，而今已经伏诛。如果有力量讨伐，不妨派军北来。"晋帝国政府没有反应（这是一场天翻地覆的变局，超过晋帝国穷嚼蛆群的知识，不知道如何反应）。

8 五月，晋帝国庐江郡（安徽省舒城县）郡长袁真，攻击冉魏帝国的合肥（安徽省合肥市），攻陷，把居民掳回江南（长江以南）。

9 六月，后赵帝国（首都襄国〔河北省邢台市〕）汝阴王石琨，进驻邯郸（河北省邯郸市），镇南将军刘国，从繁阳（河南省内黄县）率军前来会师。冉魏帝国（首都邺城）首都卫戍司令（卫将军）王泰迎击，大破石琨兵团，杀一万余人，刘国退回繁阳。

10 最初，段兰在令支（河北省迁安市）逝世（宇文部落出卖段兰，送往后赵帝国事，参考三四三年八月），儿子段龛（参考本年〔三五〇〕正月）接管老爹军权，乘后赵帝国石姓皇族内乱，率部众南下。

秋季，七月，段龛自陈留郡（河南省开封市东）向东移动，占领广固（青州州政府所在城，山东省青州市），自称齐王。

11 八月，前燕帝国代郡（河北省蔚县）人赵榼（音kè〔克〕），率三百余家叛变，归附后赵帝国并州（山西省中部）州长（刺史）张平。前燕王慕容儁把广宁郡（河北省涿鹿县）、上谷郡（河北省怀来县）两郡居民，迁到徐无（北平郡郡政府所在县，河北省遵化市）；把代郡（河北省蔚县）居民，迁到凡城。（河北省平泉市南。胡三省原注："恐怕他们再叛归后赵，所以强行迁徙。"）

12 后赵帝国（首都襄国）车骑将军王朗离开长安（陕西省西安市）时（参考本年〔三五〇〕正月），军政官（司马）杜洪，接管长安，自称晋帝国征北将军、雍州州长（刺史），任命冯翊郡人张琚当军政官（司马），关西（函谷关以西）蛮夷人及汉人，纷纷响应。刚接受晋帝国（首都建康）官爵的襄国公苻健，打算夺取长安，恐怕杜洪知道他的阴谋。于是，苻健决定接受后赵帝国（石祇所授）的官爵（黄河南军区司令长官、镇南大将军、开府仪同三司、兖州全权州长、略阳郡公）；命赵俱当河内郡（河南省沁阳市）郡长，驻防温县（河南省温县西），牛夷当安集将军，驻防怀县（河南省武陟县），在根据地枋头（河南省淇县东南淇门渡），大肆兴筑宫殿，督促人民种麦耕田，表示决心久留于此，无意西归；有些聪明人知道这不过只是伪装，不肯浪费力气，拒绝耕种，苻健把那些聪明人一律诛杀示众。在一切准备妥当后，苻健再自称是晋帝国征西大将军、关中军区司令长官（都督关中诸军事）、雍州州长（刺史）。任命武威郡（甘肃省武威市）人贾玄硕当左秘书长（左长史），略阳郡（甘肃省天水市东）人梁安当右秘书长（右长史），段纯当左军政官（左司马），辛牢当右军政官

（右司马），京兆郡（陕西省西安市）人王鱼、安定郡（甘肃省镇原县东南屯字镇）人程肱、胡文等当参谋主任（军咨祭酒）；所有部众，男女老幼，全体拔营西上。任命鱼遵当前锋，进抵盟津（孟津，河南省洛阳市孟津区东黄河渡口），临时修筑浮桥渡河。苻健派老弟辅国将军苻雄，率五千人从潼关（陕西省潼关县）西上；侄儿扬武将军苻菁，率军七千人从轵关（河南省济源市西）西上，临分别时，苻健握住苻菁的手，说："事情如果不能顺利，你死河北，我死河南，从此不再相见。"苻菁即渡黄河。苻健下令烧毁浮桥，然后随南路军苻雄西进。

据守长安的杜洪得到消息，写一封信给苻健，侮辱诟骂。任命张琚的老弟张先当征虏将军，率军一万三千人，在潼关（陕西省潼关县）之北迎战。张先军大败，逃回长安，杜洪紧急征召关中（陕西省中部）所有的武装部队拒抗。杜洪的老弟杜郁，劝杜洪迎接苻健，杜洪不接受（一封傲慢的信，使他无法转身回头）。杜郁遂率他的部队，归降苻健。

苻健派苻雄夺取渭河以北城池。氐部落酋长毛受驻扎高陵（陕西省西安市高陵区）、徐磋驻扎好畤（陕西省乾县）、羌部落酋长白犊驻扎黄白（陕西省三原县东北），每人都有部众数万，大家一齐斩杀杜洪派出的官员，投降苻健，送儿子充当人质。苻菁、鱼遵所经过的城池村落，没有一个不降。杜洪才开始恐惧，只有固守长安。

13 后赵帝国（首都襄国）将军张贺度、段勤、刘国、靳豚等，在昌城（河南省南乐县境）会师，准备攻击邺城（河北省临漳县邺城镇）。冉魏帝冉闵，亲自出战，在苍亭（山东省阳谷县北古黄河渡口）接触，张贺度等大败，死二万八千人。冉闵追击，追到阴安（河南省清丰县北），斩靳豚，把靳豚所有部众俘虏而回。冉闵武装部队三十余万，大军出动时，旌旗招展，战鼓雷鸣，连绵一百余华里，即令是石虎（后赵帝国三任帝）父子最强盛时的军容，也不能超过。

晋帝国建都洛阳时代（晋王朝）的散骑侍从官（散骑常侍）、陇西郡（甘肃省陇西县）人辛谧，享有盛大的美名，历经汉赵帝国及后赵帝国，每次延聘他当官，他都不肯接受。冉闵用最恭敬的礼仪，聘他当祭祀部长（太常），辛谧写信给冉闵，说："事物发展到顶点，就会反弹。功业达到巅峰，就有危险。陛下的功业已经完成，应该乘着军事上的大捷，回归晋王朝（晋帝国）。一定会有许由、伯夷的廉洁，赤松子、姬乔的年寿。"（赤松子，上古时代神农氏的天文部长〔雨师〕，能跳到火里不会烧死，平常吃璧玉维生，常常到昆仑山，住在西王母石房子里，作她的贵宾。神农氏最小的女儿追随他，也成了神仙。到了黄帝王朝四任帝姬夋时，赤松子再度担任天文部长〔雨师〕。姬乔事，参考三〇一年三月注。）信发出后，绝食而死。（即令冉闵回归晋帝国，怎能有"许由、伯夷的廉洁"？传统知识分子一旦引经据典，只求展示知道得多，往往不顾事实。）

14 九月，前燕王慕容儁，南下冀州（河北省中部），夺取土地，攻克章武郡（河北省大城县）、河间郡（河北省献县）。

最初，勃海郡（河北省南皮县）人贾坚，从小就崇尚气节。后赵帝国时，担任宫廷保安司令（殿中督），后赵帝国覆亡后（此时后赵帝国并没有覆亡，而只是邺城〔河北省临漳县邺城镇〕政府覆亡），贾坚离开冉魏帝冉闵，返回乡里，仍掌握部众数千家。前燕帝国辅弼将军慕容评，南下夺取土地，抵达勃海郡，派人招降贾坚，贾坚拒绝，慕容评攻击，生擒贾坚。前燕王慕容儁任命慕容评当章武郡（河北省大城县）郡长，封裕当河间郡（河北省献县）郡长。慕容儁跟慕容恪，都爱贾坚是一位将才。当时，贾坚年已六十余岁。慕容恪听说他精于射箭，就牵一条牛，站在一百步之外，请贾坚试射，贾坚说："年轻时候，我可以故意使箭射不中，现在年老，已不能射不中！"连发两箭，一箭轻拂牛背，一箭轻擦牛腹，牛毛射落，而肌肤不伤，上下箭痕，一模一样，观众佩服他的奇妙。慕容儁任命贾坚当乐陵郡郡长，郡政府设高城（河北省盐山县。乐陵郡郡政府原设厌次〔山东省阳信县东南〕）。

15 苻菁跟张先在渭水北岸会战，生擒张先，三辅（大长安地区）各郡县城寨，全都归附。

冬季，十月，苻健长驱直入长安（陕西省西安市）。杜洪、张琚，投奔司竹（陕西省周至县东南司竹镇）。

16 前燕王慕容儁返首都蓟城（北京市），留各将领守卫，再返故都龙城（辽宁省朝阳市），晋谒皇家坟墓及祭庙。

17 十一月，冉魏帝冉闵，率步骑兵混合兵团十万人，攻击后赵帝国首都襄国（河北省邢台市）。加授他的儿子冉胤大单于、骠骑大将军，把投降过来的匈奴部队一千人，配属冉胤营下。特级国务官（光禄大夫）韦謏（音xiǎo〔小〕）劝阻，说："匈奴和羯人，都是我们的死仇，而今前来归附，不过为了暂时保住一命。万一发生变化，后悔就来不及。请诛杀或驱逐这些投降的匈奴，不再要'单于'名号，从根本上防止灾祸发生。"冉闵正打算安抚结纳匈奴羯人，听到韦謏的话，大为愤怒；斩韦謏跟他的儿子韦伯阳。

18 十一月甲午日（十一月戊戌朔，没有甲午），自称晋帝国征西大将军的苻健，进入长安，因民心怀念晋帝国，于是派军事参议官（参军）杜山伯，前往建康（晋首都，江苏省南京市），向晋帝国呈献战果，并跟正牌的征西大将军桓温，建立私人友谊。秦州（甘肃省南部）、雍州（陕西省中部）两州的汉人和蛮夷，都向他归附。

后赵帝国凉州州长（刺史）石宁，孤独的据守上邽（后赵凉、秦二州州政府所在县，甘肃省天水市），不肯投降。

十二月，苻雄进击，斩石宁。

19 晋帝国政府任命蔡谟当宰相（司徒），命令发表，已经三年，而蔡谟始终不肯就职（参考前年〔三四八〕十二月），诏书屡次颁布，皇太后褚蒜子也派使节表示诚意，蔡谟仍不肯就职。于是，晋帝（十一任穆帝）司马聃（本年八岁）亲自登上金銮宝殿的高台，派高级咨询官（侍中）纪据、禁宫咨询官（黄门郎）丁纂，征召蔡谟。蔡谟陈述他病情沉重，派主任秘书（主簿）谢攸出来辞让。从早上直到下午，使节往返十余趟；蔡谟始终坚持。本年（三五〇），司马聃年才八岁，累得十分困倦，问左右侍从说："召见的那个人怎么到现在还不来，在这里要等到什么时候才完？"褚蒜子看出君臣都疲惫不堪，就说："蔡谟一定不来，就应该退朝。"

中军将军殷浩遂奏请免除国务院文官部长（吏部尚书）江虨官职。会稽王司马昱下令国务院："蔡谟傲慢，违抗君王，没有当一个臣属的礼貌，如果在上位的君王卑微屈膝，在下位的人又不能奉行大义，就难以推行国家政令。"三公、部长级官员遂弹劾："蔡谟狂妄，对君王轻视，罪状跟叛逆相同，请准予交付司法部（廷尉），依法处刑。"蔡谟大为恐惧，率子弟到宫门下跪叩头，又自行到司法部（廷尉）等候惩处。殷浩打算诛杀，正巧徐州（州政府设京口〔江苏省镇江市〕）州长（刺史）荀羡入京（首都建康），殷浩询问荀羡的意见，荀羡警告说："蔡谟今天斩首，明天就会有姜小白（桓）、姬重耳（文）兴兵问罪。"殷浩才停止。最后，由司马聃下诏（殷浩诏），免除蔡谟所有官爵，贬作平民。

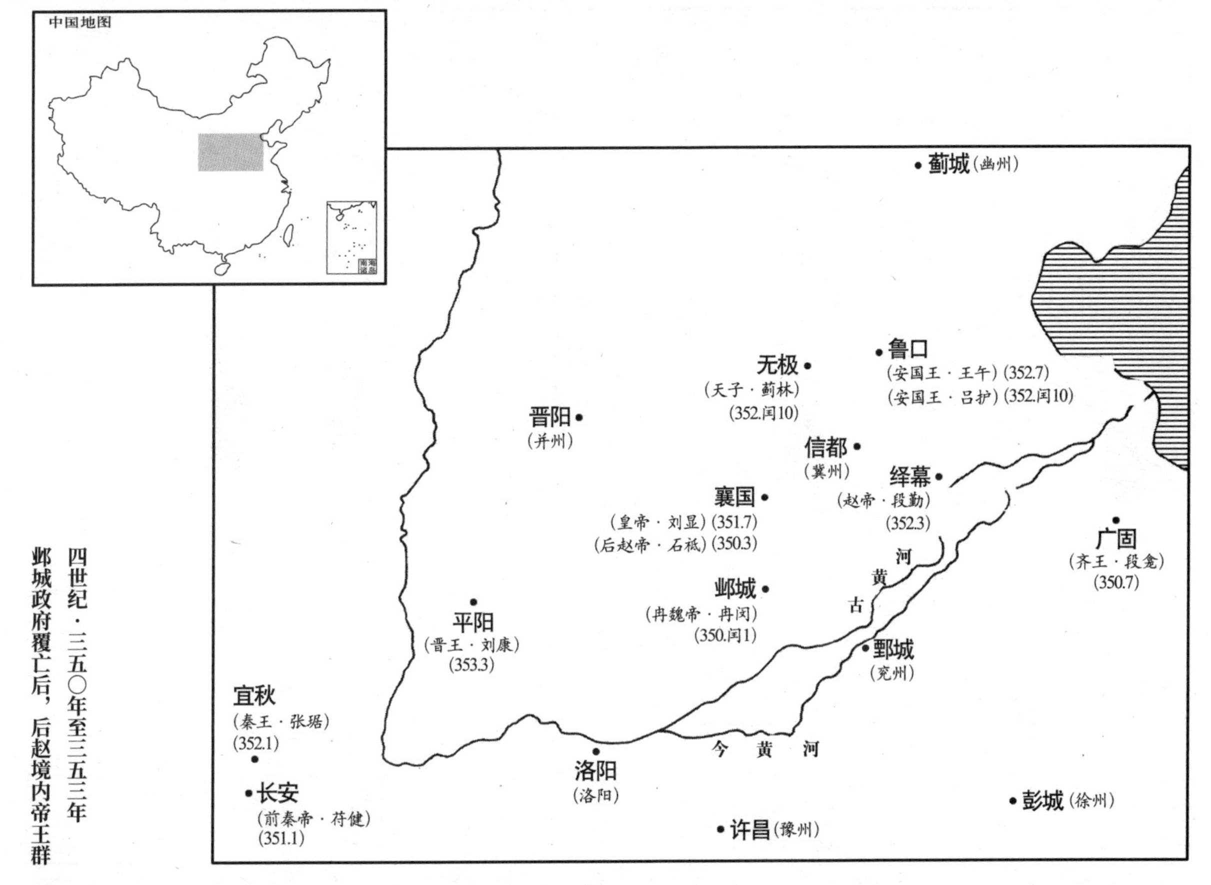

四世纪·三五〇年至三五三年
邺城政府覆亡后，后赵境内帝王群

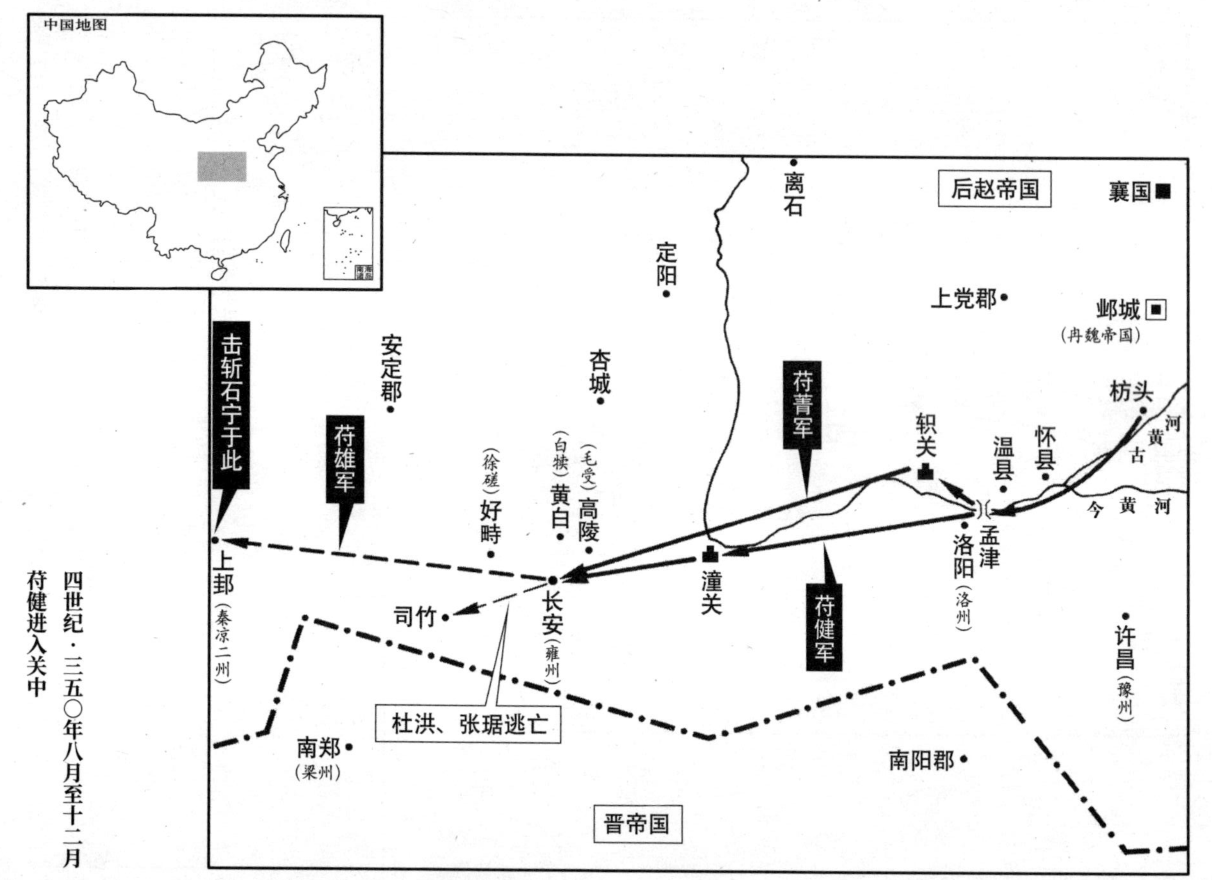

四世纪·三五〇年八月至十二月
苻健进入关中

三五一年 辛亥

晋	永和	七年
后赵	永宁	二年
前凉	永乐	六年
前燕	燕王	三年
冉魏	永兴	二年
前秦	皇始	元年

(代王拓跋什翼犍建国十四年)
(齐王段龛二年)
(皇帝刘显元年)

1 春季，正月一日，日蚀。

2 自称晋帝国（首都建康〔江苏省南京市〕）征西大将军的苻健（时驻长安〔陕西省西安市〕），他的左秘书长（左长史）贾玄硕等，请求苻健依照刘备称汉中王前例（参考二一九年七月），上疏（表）晋帝国政府，拥戴苻健当关中军区司令长官（都督关中诸军事）、最高统帅（大将军）、大单于、秦王。苻健大怒说："我只配当秦王，对不对？派到晋国（晋帝国）

四世纪·三五一年正月　前秦建国·六国并立

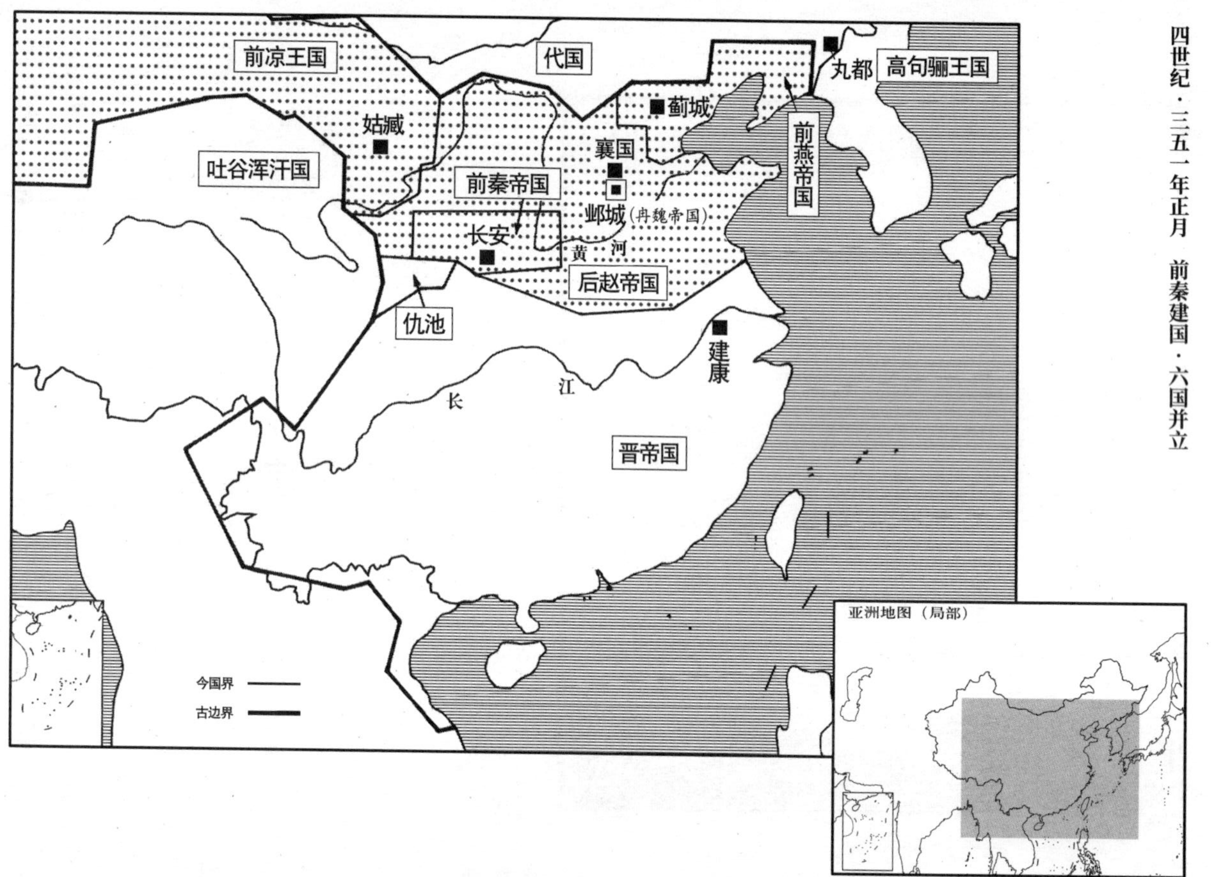

的使节，还没有回来，我的官爵，不是你们这种人所能知道。”不久，苻健秘密命右秘书长（右长史）梁安，暗示贾玄硕等，联名向苻健奉上皇帝尊贵绰号；苻健再三推辞谦让，最后才勉强答应。

正月二十日，苻健（本年三十五岁）登极，自称天王（一任景明帝。五胡乱华十九国时代蛮夷领袖，对“天王”的兴趣很浓，大概是一种自卑情意结，总要通过“天王”这一阶，才敢再当皇帝）、大单于，国号大秦，大赦，定本年年号皇始（五胡乱华十九国第七国兴起。历史上称“秦”的政权有四，我们称苻健建立的这个政权为“前秦帝国”，作为分别）。追尊老爹苻洪为武惠皇帝，祭庙称太祖；封正妻强女士（强，姓）当天王后；长子苻苌当太子、苻靓当平原公、苻生当淮南公、苻觌当长乐公、苻方当高阳公、苻硕当北平公、苻腾当淮阳公、苻柳当晋公、苻桐当汝南公、苻廋（音sōu〔搜〕）当魏公、苻武当燕公、苻幼当赵公。任命皇弟苻雄当全国各军区总司令长官（都督中外诸军事）、丞相，兼车骑大将军、雍州（陕西省中部）全权州长（牧）、东海公；皇侄苻菁当卫大将军、平昌公，负责保卫二宫（皇宫及太子宫）；雷弱儿当全国武装部队总司令（太尉），毛贵当最高监察长（司空），略阳郡（甘肃省天水市东）人姜伯周当国务院总理（尚书令），梁楞当国务院左执行长（左仆射），王堕当国务院右执行长（右仆射），鱼遵当太子太师（太子三师之一），强平当太傅（上三公之二），段纯当太保（上三公之三）；吕婆楼当散骑侍从官（散骑常侍）。姜伯周，是苻健的舅父。强平，是天正后强女士的老弟。吕婆楼，是略阳郡（甘肃省天水市东）氐民族部落酋长。

3 占领广固（青州州政府所在城，山东省青州市）的齐王段龛（段龛入青州，参考去年〔三五〇〕七月），献出青州（山东省北部），归降晋帝国（首都建康）。

二月十三日，晋帝国任命段龛当镇北将军，封齐公。

4 冉魏帝国（首都邺城〔河北省临漳县邺城镇〕）皇帝（一任）冉闵（石闵），围攻襄国（后赵帝国首都，河北省邢台市），一百余日之久，后赵帝（七任）石祇，无法对抗，情势危急，遂撤销皇帝称号，改称赵王（后赵王）。派全国武装部队总司令（太尉）张举，前往前燕帝国（首都蓟城〔北京市〕），请求救兵，承诺送上传国玉玺；另派中军将军张春，前往滠头（河北省枣强县东北），向姚弋仲请求救兵。姚弋仲派他的儿子姚襄，率骑兵二万八千人赴援，告诫姚襄说："冉闵弃绝仁义，屠灭石家满门（参考前年〔三四九〕十二月），我受人家（指石虎）优厚相待，应该替他复仇，可是年纪太老（本年七十一岁），又有病在身，不能亲自前往。你的才干超过冉闵十倍，如果不把冉闵生擒活捉，不要回来见我。"姚弋仲也派人往前燕帝国，请求支援。前燕王（二任景昭帝）慕容儁（本年三十三岁）派御难将军悦绾（悦，姓），率军三万人，跟姚襄会师。

冉闵得到慕容儁即将出军救援后赵帝国消息，派最高指挥部参谋指挥官（大司马从事中郎）、广宁郡（河北省涿鹿县）人常炜，担任使节，往前燕帝国要求和解。慕容儁命封裕质问常炜说："冉闵，是石家的养子，忘恩负义，犯上作乱，怎么敢随便当皇帝？"常炜说："子天乙（汤）放逐姒履癸（桀），姬发（武王）讨伐子受辛（纣），建立商王朝和周王朝的皇家大业。曹操被宦官收养，没有人知道他的亲爹是谁，可是他终于开创曹魏帝国。如果不是上天之命，怎么能够成功？用这些事类推，何必多问？"封裕说："人们传言，冉闵当初登极时，用黄金塑造自己的人像，占卜成败，而人像始终没有铸成，有没有这回事？"常炜说："从没有听说有这回事。"封裕说："南方来的人都这么讲，为什么还要掩饰？"常炜说："奸邪诈伪的人，假托天命，迷惑大众，才假造祥瑞、符信，算卦占卜，来提高自己的身价。我们皇上（冉闵）手握符信玉玺，身居中州（中原），承受天命，没有任何怀疑。为什么把真的当作假的，乱铸什么金像？”封裕说：“传国玉玺究竟在什么地方？”常炜说：“在邺城（河北省临漳县邺城镇）。”封裕说：“张举却说在襄国（河北省邢台市）。”常炜说：“屠杀匈奴、羯人那天（参考前年〔三四九〕十二月），邺城的人没有留下一个，即令有逃得一死的，也都躲在水沟里。张举怎么知道玉玺在哪里？他前来求救，为了达到目的，信口开河，什么话都说得出来，何况一个玉玺？”

慕容儁仍认为张举的话可靠，把木柴堆到常炜身旁，命封裕用私人关系引诱他，说：“老哥应该再三深思，不要弄到最后，烧成一堆焦灰。”常炜严肃回答说：“石家班残忍凶暴，石虎亲率大军，围攻贵国首都（故都棘城），虽然不能攻克，终于撤退（参考三三八年五月）；然而，征服你们的决心，并没有改变。后来大量运送粮秣和武器辎重到东北边界，并不是用来帮助你们，而是用来消灭你们（参考三四〇年九月）。我们皇上（冉闵）翦除石姓家族，虽然并不是为了贵国，然而一个臣属和一个孝子的心灵，听到仇敌覆亡，将会有什么样的感受？怎么反过来站在仇敌立场，责备我们，岂不是十分怪诞！我曾经听说，人死之后，骨肉入土，灵魂升天。承蒙你的恩惠，请多加木柴，快点纵火，使我能早日控诉给上天。”

慕容儁左右请求诛杀常炜，慕容儁说：“他不惜为他的君王牺牲生命，是一位忠臣。而且，冉闵有罪，跟使节有什么关系？”放他出来住进宾馆。当天晚间，再派常炜的同乡赵瞻，前往访问慰劳，规劝常炜说：“你为什么不说实话，大王（慕容儁）十分恼怒，打算把你送到辽海（渤海湾）之滨，碣石（河北省昌黎县北）之边，怎么办？”常炜说：“我自从把头发扎起来（成童），对平民都不欺骗，何况对君王！为了迎合别人的意思，扭曲自己的良心，我的本性使我无法做到。我说的都是实话，即令沉到东海，不敢逃避。”遂躺下来，面对墙壁，不再跟赵瞻交谈。赵瞻把全部谈话报告慕容儁，慕容儁就把常炜囚禁龙城（辽宁省朝阳市）。

5 后赵帝国（首都襄国〔河北省邢台市〕）并州（山西省中部）州长（刺史）张平，派使节投降前秦帝国（首都长安）。前秦帝国天王（一任景明帝）苻健，任命张平当最高统帅（大将军）、冀州全权州长（牧）。

6 前燕王慕容儁，由龙城（辽宁省朝阳市）返回首都蓟城（北京市）。

7 三月，后赵帝国骠骑将军姚襄（时驻滠头〔河北省枣强县东北〕）、汝阴王石琨（时驻信都〔冀州州政府所在县，河北省衡水市冀州区〕），分别率军救援首都襄国（河北省邢台市）。冉魏帝冉闵，派车骑将军胡睦，在长芦水（河北省新河县境，今已湮没）迎击姚襄；将军孙威在黄丘（河北省辛集市境）迎击石琨；二人都大败逃回，率领的士卒几乎全部死光。

冉闵准备亲自出征，首都卫戍司令（卫将军）王泰劝阻说：“襄国（后赵首都，河北省邢台市）还没有攻下，而他们的援兵却纷纷抵达，我们如果出战，一定前后受到夹攻，这是危险的局面。不如采取守势，严密防范，先顿挫他们的锐气，然后慢慢等待时机，再行出击。而且，陛下亲自作战，如果有万一的失误，大事就不可挽回。”冉闵打算停止。可是，道士法饶进言说：“陛下包围襄国（河北省邢台市），超过一个年头（自去年〔三五〇〕十一月围攻至今），没有得到一尺一寸土地，而今贼寇前来，再躲躲闪闪，不敢出击，怎么能鼓舞士气？我夜观天象，太白星进入昴星座，一定会诛杀胡王（昴七星，代表胡人），百战百胜，不可失去良机。”冉闵怦然心动，卷起袖子，厉声呐喊说：“我决定出战，胆敢打击民心士气的，斩首！”遂率所有部队，出京（首都邺城）迎战姚襄、石琨。而前燕帝国御难将军悦绾，正巧也率前燕援军抵达，跟冉魏大营相距只有数华里，悦绾派出少数骑兵，四面散开，拖着扫帚奔驰，使尘土漫天飞扬，冉魏兵团看到，大为恐惧。姚襄、石琨、悦绾，三面夹击。后赵王石祗率军出襄国城，攻击冉魏兵团背后，冉魏兵团大败，瓦解，冉闵率骑兵十余人，奔回邺城。留守邺城新近归降的匈奴部队长栗特康等，乘势兵变，展开大规模报复性的血腥屠杀，生擒大单于冉胤及国务院左执行长（左仆射）刘琦，投降后赵帝国；后赵王石祗斩冉胤、刘琦。车骑将军胡睦、最高监察长（司空）石璞、国务院总理（尚书令）徐机、立法院总立法长（中书监）卢谌等，以及各级将士，被诛杀的高达十余万人。冉闵秘密进城，没有人知道，邺城人心震恐，传言冉闵已经战死。射击兵团指挥官（射声校尉）张艾，请冉闵亲自出面，以安定人心。冉闵接受，谣言才归平息。冉闵用五马分尸的酷刑，处死法饶父子；追赠韦谀宰相（大司徒。韦谀建议尽杀胡人事，参考去年〔三五〇〕十一月）。姚襄返滠头（河北省枣强县东北），姚弋仲对他没有生擒冉闵，大为震怒，打姚襄一百棍。

最初，冉闵在后赵帝国当最高统帅（大将军）时，把所有仓库积存，全部散发，用来树立他私人恩惠；跟羌人、匈奴人互相攻击，没有一个月没有战争。后赵帝国力量巅时，被强迫迁到中原青州（山东省北部）、雍州（陕西省中部）、幽州（河北省北部）、荆州（河南省南部）四州的移民，有汉人、有氐人、有羌人、有匈奴人，共数百万（石勒南下，迁荆州居民，参考三一〇年十月。夔安大掠汉水以东，参考三三九年九月。石虎破曹嶷，迁青州居民，参考三二三年八月。破刘胤、石生，迁雍州居民，参考三二九年九月、三三三年十月。破段匹磾，及被前燕帝国击败，迁幽州居民，参考三二一年三月、三三八年五月）。因后赵帝国瓦解，法令没有人执行，于是，各人奔回故里，道路上前后交错，互相格杀抢劫，能够平安回到家乡的，不过十分之二三（数百万人死）！中原大乱，紧接而来的是大饥馑、大瘟疫，人与人之间，吞吃对方尸体（人间惨事），农田荒芜，没有人耕种。

后赵王石祗，派他的将领刘显，率七万人大军，攻击邺城（冉魏首都·河北省临漳县邺城镇），在明光宫扎营，距邺城二十三华里，冉魏帝冉闵，大为惊恐，召见王泰，打算共同商量对策，王泰对他上次建议被拒绝一事，仍记恨在心，声称身上刀伤很重，不能前往。冉闵亲自到他家，问他的意见，王泰仍坚持伤势太重，冉闵勃然大怒，回宫后，对左右说："这个巴蛮奴才，你老子难道非你不能活命？等我先灭匈奴（指刘显），再杀王泰。"率所有部队出战，大破刘显军，追击到阳平郡（河北省馆陶县），杀三万余人。刘显恐惧，秘密派出使节，请求投降，承诺回去后诛杀石祗，作为晋身之阶。

冉闵遂班师。有人告发（"有人型"）王泰打算叛变投奔前秦帝国（首都长安）。冉闵遂斩王泰，屠灭三族。

8 前秦帝国（首都长安），天王（一任景明帝）苻健，分别派使节到各地慰问人民的困苦，延聘才能优越的人士到政府供职，减少人民沉重的赋税，放宽有关离宫的禁令，废除对民生没有裨益的设施，禁止豪华奢侈的奇装异服，凡是后赵帝国政府对人民不利的暴政，完全撤销。

9 逃到司竹（陕西省周至县东南司竹镇）的杜洪、张琚（参考去年

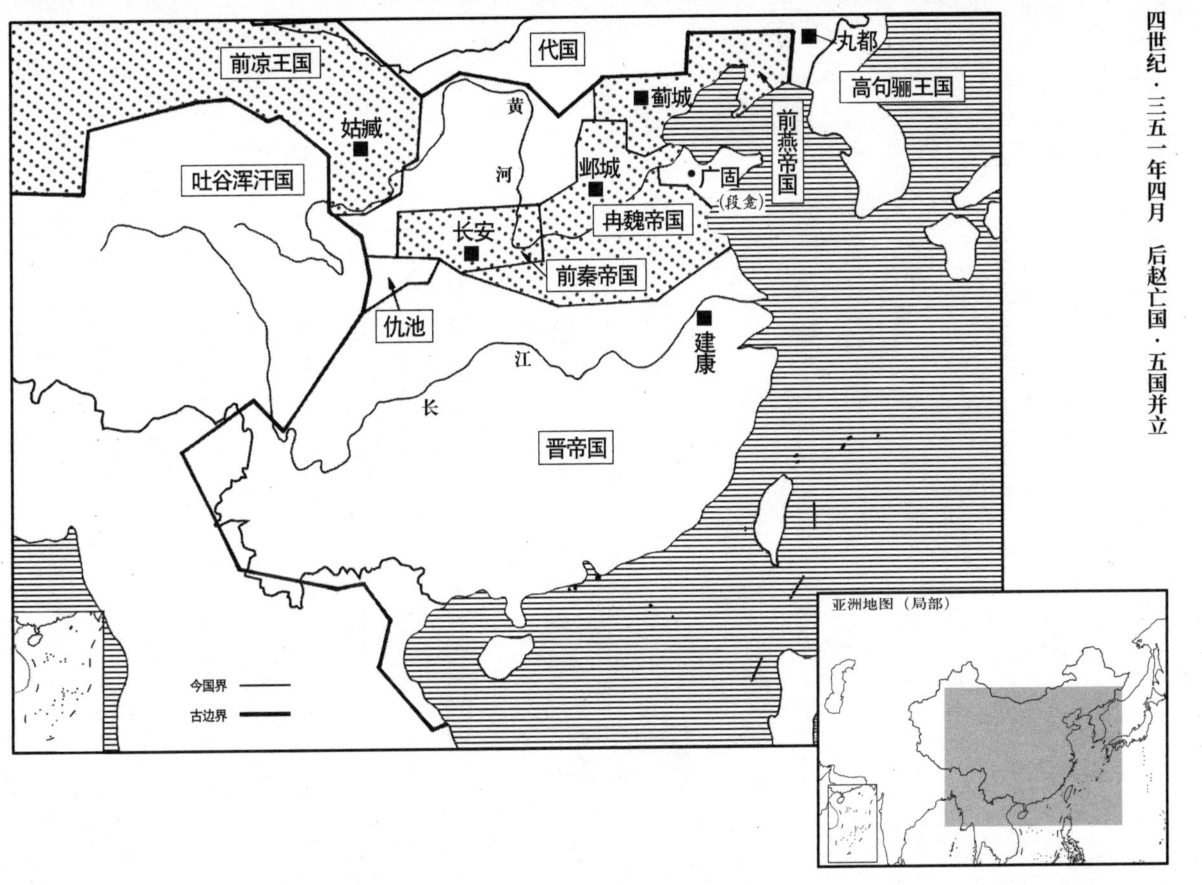

四世纪·三五一年四月　后赵亡国·五国并立

〔三五〇〕十月），派使节邀请晋帝国（首都建康）梁州（州政府设南郑〔陕西省汉中市〕）州长（刺史）司马勋。

夏季，四月，司马勋率步骑兵混合兵团三万人北伐，前秦天王苻健在五丈原（陕西省眉县西北）迎击，司马勋屡战屡败，只好撤回南郑（梁州州政府所在县）。

苻健对总立法长（中书令）贾玄硕，开始时只提议尊奉自己当秦王，而没有提议尊奉自己当皇帝，记恨在心，而且越想越怒不可遏。遂命人告发贾玄硕私通司马勋。逮捕贾玄硕，连同他所有的儿子，全部诛杀。

一个人的言谈行为，一旦被无限上纲的作恶意诠释，天下就没有不可诛杀的人。忠臣义士和亲密战友，随时都会变成叛逆，伏尸刑场。

10 后赵帝国（首都襄国）勃海郡（河北省南皮县）人逄约（逄，姓。音páng〔旁〕），因后赵帝国已乱，率领部众数千家，归附冉魏帝国（首都邺城），冉魏政府任命逄约当勃海郡郡长。后赵政府任命的郡长刘准，是刘隗的侄儿（刘隗投奔后赵帝国，参考三二二年三月）；乡土豪门封放，是封奕的堂弟，另行保卫别的城池，率军自守。冉魏帝冉闵，任命刘准当幽州州长（刺史），跟逄约把勃海郡从中间瓜分。

前燕王慕容儁，派封奕讨伐逄约，派昌黎郡（辽宁省义县）郡长高开，讨伐刘准、封放。高开，是高瞻的儿子（高瞻忧死，参考三一九年十二月）。

封奕率军直抵逄约营前，派人告诉逄约说："我们本来同一乡里（封奕原是勃海郡人，三一一年投奔慕容廆，参考该年十二月），可是隔绝已经太久（整整四十年），相会不易。时势变迁，利害对错，各人有各人的看法，不是靠辩论可以决定。我只盼望你能出营，单独会见，纾解渴慕之情。”逄约一向尊敬封奕，遂即出营，在营门外跟封奕相见，各人都命随从卫士退避，仅二人单身匹马，面对交谈。封奕因谈起平生际遇，谈毕之后，封奕说：“我跟你世世代代，都是同乡，情谊十分厚重，唯一的盼望是，使你享受无穷的福分，如今既有机会见面，不可以不把话说完。冉闵利用石家班内乱，接收现成的基业，依照道理，天下人都应该佩服他的强盛。可是，事情却恰恰相反，战乱不过才刚开始，由此可看出：天命不能用人力争取。燕王（慕容儁）世代累积恩德，伸张大义，讨伐叛乱，所向没有敌手，现在已经迁都蓟城（北京市），南面接近古赵魏地区（河北省中部南部），远近人民，扶老携幼，纷纷归附。人民再难忍受水深火热的痛苦，一致盼望施行仁政的君王。冉闵的灭亡，就在早晚之间。成功失败的形势，十分明显。而且，燕王（慕容儁）开创帝王大业，虚心礼贤下士。阁下如果能改变主意，则功劳可以上比周勃、灌婴，荣耀可以传到后代。何必要当一个亡国的将领，困守孤城，等待一定不可避免的灾祸！”逄约听到后，心情惆怅，不能回答一语。封奕马伕张安，勇猛有力，封奕事前已经告诉他应该怎么做，于是，乘着逄约精神不能集中之际，张安突然进袭，抓住逄约的马缰，挟持逄约，奔回大营。既到大营，封奕请逄约坐下，对他说：“看你犹豫，不能一下决定，所以代你决定。绝不是要俘虏你去换功名，而是要保全你以安定人民。”

高开军抵达勃海郡（河北省南皮县），刘准、封放，开城迎降。前燕王慕容儁任命封放当勃海郡郡长，刘准当左军政官（左司马）、逄约当军事参议官（参军事），因逄约受骗被俘，改他的名字叫逄钓。

11 后赵帝国将领刘显返首都襄国（河北省邢台市）后，诛杀后赵王石祗、丞相乐安王石炳、太宰（上三公之一）赵庶等十余人，把人头送到冉魏帝国首都邺城（河北省临漳县邺城镇。后赵帝国立国三十三年〔三一九至三五一〕，共七任君主，于兹灭亡。五胡乱华十九国中第三个兴起，也第三个结束的短命王国。后赵帝国亡后，中国国土上五国并立：晋帝国、前凉王国、前燕王国、冉魏帝国、前秦帝国）。骠骑将军石宁（非凉州州长石宁，参考三五〇年十二月），逃奔柏人（河北省隆尧县西）。

冉魏帝冉闵，把石祗的人头在热闹的大道上，用火焚烧。任命刘显当上大将军、大单于、冀州全权州长（牧）。

12 五月，后赵帝国兖州（山东省西部）州长（刺史）刘启，从鄄城（兖州州政府所在县，山东省鄄城县北）投奔晋帝国（首都建康）。

13 秋季，七月，刘显率军忽然再度进攻邺城（冉魏首都·河北省临漳县邺城镇），冉魏帝冉闵迎战，击败刘显军。刘显回襄国（河北省邢台市）后，就登上宝座，自称皇帝（国号年号，史书都无记载）。

14 八月，冉魏帝国所属徐州（州政府设廪丘〔山东省郓城县西北〕）州长（刺史）周成、兖州（州政府设鄄城〔山东省鄄城县北〕）州长（刺史）魏统、荆州（州政府设宛县〔河南省南阳市〕）州长（刺史）乐弘、豫州（州政府设许昌〔河南省许昌市东〕）全权州长（牧）张遇，分别献出州政府所在地廪丘、许昌等，归降晋帝国（首都建康）。平南将军高崇、征虏将军吕护，逮捕洛州（州政府设洛阳〔河南省洛阳市东白马寺东〕）州长（刺史）郑系，献出城池，也归降晋帝国。

15 前燕王慕容儁，派辅国将军慕容恪攻击冉魏帝国中山郡

（河北省定州市），辅弼将军慕容评攻击冉魏帝国幽州州长（刺史）王午据守的鲁口（河北省饶阳县）。冉魏中山郡郡长上谷郡（河北省怀来县）人侯龛，紧闭城门固守。慕容恪向南侵入常山郡（河北省正定县）夺取土地，大军在九门（河北省石家庄市藁城区西北）扎营，冉魏赵郡（河北省高邑县）郡长、辽西郡（河北省卢龙县）人李邽，献出全郡投降，慕容恪优厚安抚，率同李邽的军队，回军围攻中山郡（河北省定州市），侯龛才开城投降，慕容恪进入中山郡，把旧有将领，以及土著豪族数十家，强迫迁到首都蓟城（北京市），其他居民，丝毫不受惊扰，军令严明，一草一木都不侵犯（五千年历史中，中国人很少遇到有纪律的军队，偶尔有这种奇遇，史籍必然大书特书，可悲可哀）。慕容评大军抵达南安（今地不详），王午派部将郑生迎战，慕容评击斩郑生。

御难将军悦绾从襄国（河北省邢台市）返首都蓟城（北京市），前燕王慕容儁才知道传国玉玺不在襄国，于是斩故后赵帝国求救使节张举，释放冉魏帝国使节常炜（二人事，参考本年〔三五一〕二月）。常炜有四个儿子、两个女儿，都在中山郡（河北省定州市），慕容儁教他们到蓟城看望老爹。常炜上疏（奏章）谢恩，慕容儁亲笔写回信说："你本来不在乎一死，我只是跟你有乡里之情（原籍都属幽州），才对你保全。而今大乱之中，你的儿女一齐前来看你，岂不是上天怜悯！上天尚且如此，何况于我！"赏赐给他一位美女当小老婆、米谷三百斛（战乱之中，粒米都似黄金），使他定居凡城（河北省平泉市南）。

任命北平郡（河北省遵化市）郡长孙兴，当中山郡（河北省定州市）郡长，孙兴擅长于慰问安抚，中山郡遂归平安。

16 冉魏帝国据守上党郡（山西省黎城县西南）的乌桓部落酋长库傉官伟（库傉官，三字姓），率领部众，投降前燕。

17 故后赵帝国右丞相姚弋仲（时驻滠头〔河北省枣强县东北〕），派使节前往晋帝国（首都建康），请求归降。

冬季，十月，晋帝国政府加授姚弋仲："使持节"（一级权力）、六夷总司令官（六夷大都督）、长江以北军区司令官（督江北诸军事）、车骑大将军、开府仪同三司（宰相级）、大单于，封高陵郡公。任命他的儿子姚襄："持节"（二级权力）、平北将军、并州（山西省中部）军区司令长官（都督并州诸军事）、并州州长（刺史），封平乡县公。

18 前燕帝国（首都蓟城）军事参议官（参军事）逄约（逄钓），逃回勃海郡（河北省南皮县），集结旧有部属，叛离前燕。乐陵郡（河北省盐山县）郡长贾坚，派人传话给乡人，分析成败利害。逄约部众溃散，逄约投奔晋帝国（首都建康）。

19 吐谷浑汗国（青海省）可汗（三任）慕容叶延逝世，子慕容碎奚继位（四任）。

20 最初，晋帝国征西大将军桓温，听到后赵帝国石姓皇族互相残杀、内乱已起消息，上疏请求出军，夺取中原（桓温上疏时间，大概在进驻安陆的前年〔三四九〕六月）。迄今两年有余，中央仍没有任何指示。桓温知道政府仗恃殷浩，跟自己对抗，内心十分愤恨；然而，他一向知道殷浩的为人，因此也毫不在意。只因国内没有发生其他事情，数年以来，一直保持平衡。中央对桓温，也只维持君臣名义，保持形式上的联系。西方八个州的人力、物力资源，中央全不能过问（八州：荆州〔湖北省及湖南省〕、司州〔侨州〕、雍州〔侨州〕、益州〔四川省中部〕、梁州〔四川省东北部及陕西省南部〕、宁州〔云南省〕、交州〔越南北部〕、广州〔广东省及广西〕)。桓温屡次请求北伐，晋帝(十一任穆帝)司马聃(本年九岁)都下诏(殷浩诏)不准。

十二月十一日，桓温忍无可忍，遂呈递奏章，请求北伐，并于当天采取行动，率大军四五万人，顺长江而下，驻屯武昌(湖北省鄂州市)，中央震动恐惧。殷浩打算辞职，避免跟桓温公开冲突。又打算用“驺虞幡”(参考二九一年六月)阻止桓温前进。国务院文官部长(吏部尚书)王彪之，对会稽王司马昱说：“这都是只为自己打算，不为国家打算，不为殿下打算的计谋。如果殷浩辞职，人心动摇，大局一定瓦解。只剩下天子孤单单坐在金銮宝殿之上，到那个时候，必须有人承当重担，不是你是谁？”又对殷浩说：“桓温如果上疏指控罪人，你就是第一个。阁下身负政府重任，猜忌已经形成，就是想当一个平民，岂能保住活命？应该用宁静的心情，等待事情的发展。先请‘相王’(当宰相的亲王司马昱)亲笔写一封信给桓温，开诚布公，向他分析成败的契机，他一定会班师而回。如果不能阻止，我们再请皇上(司马聃)颁下诏书。如果仍不能阻止，到时候再用大义制裁。为什么无缘无故，先手忙脚乱，自己发疯？”殷浩说：“对一件大事，决定因应之道，自是困难。近日来使人深感烦闷，听到你的设计，心胸才觉开朗。”王彪之，是王彬的儿子(王彬，参考三二二年二月)。

抚军大将军府军政官(抚军司马)高崧(司马昱是抚军大将军)，向司马昱建议：“大王应该写信给桓温，分析出兵的利弊，他自当折回。如果他拒绝，我们再发动讨伐，谁是王师？谁是叛逆？立刻显明。”就当面代司马昱起稿说：“贼寇(后赵帝国)的灾难应该平定，时机的来临应该掌握，这实在是治理国家的远程谋略，和安定天下的伟大计划，能够完成这项任务的，除了你，还能有谁？但是，兴师动众，必须粮秣辎重充足，作为基础。而粮秣辎重，运输艰苦，连古人都感到困难，不可以一开始就轻忽它们，不加以深思熟虑。我过去所以一直迟疑不决，原因正是在此。然而，一种突发性的非常举动，一定使大家惊骇恐惧、议论纷纷，想阁下也听到不少。人们为了不愿失去既得利益，往往什么事都做得出来。可能有些人利用情势，制造骚扰，虽然只是暂时，会立刻溃散。可是，政府的声望和实力，都将受到伤害，国家大事，也将跟随而去。这都是因为我个人愚昧不明，而又性情懦弱所致，恩德和信誉，还不能受到信任，也不能使民心镇静、国家平安。所以，对内深感惭愧，对外辜负良友。我跟阁下，职务上虽然有中央与地方之别，但安定皇家、保卫帝国，目标却是一致。天下安危，只在能不能开诚布公，我们应该先计划安定国内，然后再向外发展，促使皇家基业日益兴盛，伟大正义更将弘扬天下。我对阁下的盼望，就是这一点点诚挚的心意，岂可以因为恐怕引起你的猜疑，而不向你尽言！”桓温即上疏惶恐道歉，回军基地（江陵，湖北省江陵县）。

柏杨曰

司马昱署名的这封信，是政治杰作，婉转陈词，力量等于百万大军，可以作为模范文选。当然，桓温的本意也就是要吓殷浩一跳，而他已达到目的。

由桓温这次兴兵，说明晋帝国前途茫茫，连被称为一代枭雄的桓温，都有严重的无力感。三四九年，后赵帝国正在土崩瓦解，那时候如果北伐，成功的可能性远超过以后的任何时机，晋政府却派出瘟生褚裒，招来惨败。为什么不派桓温？只不过怕他野心勃勃，一旦收复中原，统一全国，势将立刻失控！时至今日，保护一小撮人的政权最最重要，救国救民，不过在写政治文章时，才亮相示众。

我们不敢保证桓温在光复山河后，不夺取政权。同样也不敢保证褚裒在光复山河后，也不夺取政权。褚裒没有光复中原的能力，所以驯顺；一旦他有光复中原的能力，恐怕谁都挡不住他坐上宝座，这是封建专制社会根本无法解开的一个结。因之晋帝国掌握中央政府权柄的人，拼命阻挠桓温北伐，而北伐却是全国上下每天义愤填膺，嚷嚷呐喊的。实在是一项伟大讽刺。

21 晋帝司马聃，将举行南北郊祭祀天神地神大典。会稽王司马昱询问王彪之说：“郊祭应不应大赦？”王彪之说：“自从中兴以来，郊祭几乎每一次都有大赦，我愚昧的认为非常不恰当。凶恶顽劣的人，认为郊祭之后，定会有赦，一定心存侥幸，抢先下手杀人！”司马昱采纳他的意见。

22 前燕王（首都蓟城）慕容儁，前往故都龙城（辽宁省朝阳市）。

23 丁零部落（时驻中山郡〔河北省定州市〕西部山区一带）酋长翟鼠，率领他的部众，投降前燕王国（首都蓟城）。前燕政府封翟鼠为归义王。

三五二年 壬子

晋 永和 八年
前凉 永乐 七年
前燕 燕王 四年
元玺 元年
冉魏 永兴 三年
前秦 皇始 二年
（代王拓跋什翼犍建国十五年）
（齐王段龛三年）
（皇帝刘显二年）
（秦王张琚建昌元年）
（赵帝段勤元年）
（安国王王午元年）
（天子苏林元年）
（安国王吕护元年）

1 春季，正月一日，日蚀。

2 前秦帝国（首都长安〔陕西省西安市〕）丞相苻雄等，请天王（一任景明帝）苻健（本年三十六岁）正式称皇帝尊贵绰号，依照两汉王朝、晋王朝前例（一开始就当皇帝），不必依照后赵帝国前例（先称“国王”，后称“天王”，最后才称“皇帝”）。苻健接受，遂即登极，坐上皇帝宝座，大赦。所封公爵，都晋升王爵。并且认为，“单于”是天下四夷的最高领袖，皇帝不应该兼任，遂把“单于”称号，加授给太子苻苌。

3 晋帝国（首都建康〔江苏省南京市〕）梁州（陕西省南部及四川省东北部）州长（刺史）司马勋，既被前秦帝国逐回汉中（陕西省汉中市），杜洪、张琚，遂驻防宜秋（陕西省泾阳县西北）。杜洪自认为家世高贵，出身名门（杜洪家世不详），很瞧不起张琚。张琚遂斩杜洪，自称秦王，改年号建昌。

4 去年（三五一）称帝的刘显（时在襄国〔河北省邢台市〕），攻击常山郡（河北省正定县），冉魏帝国（首都邺城〔河北省临漳县邺城镇〕）皇帝（一任）冉闵（石闵），命最高统帅（大将军）蒋幹，辅佐太子冉智，留守邺城，亲自率八千人骑兵部队，前往援救。刘显的最高指挥官（大司马）、清河王刘宁，献出枣强（河北省枣强县）投降。冉闵遂攻击刘显的野战部队，大败刘显；冉闵追击，刘显逃回襄国（河北省邢台市）。刘显的最高统帅（大将军）曹伏驹，大开城门，迎接冉闵，冉闵遂斩刘显，并斩刘显的三公、部长级以下官员一百余人，纵火焚毁襄国宫殿，把居民强行迁到邺城（河北省临漳县邺城镇）。

后赵帝国汝阴王石琨，带着他的妻子、小老婆，投奔晋帝国（首都建康。石琨应自信都〔河北省衡水市冀州区〕出发）。晋帝国把石琨绑到建康街市，斩首，石姓家族，遂完全灭绝。

石琨投奔前燕王国，可能不死；投奔前秦帝国，也可能不死；投奔北方荒漠的代国，更可能不死。只有投奔晋帝国，铁定的非绑赴刑场、斩首示众不可。而石琨却偏偏选择了晋帝国。悲剧的症结在于石琨不知道历史，在他有生之年，晋帝国是唯一和平共存的邻邦。苦县屠杀（参考三一一年四月）、两京陷落（参考三一一年六月、三一六年十一月），都发生在石琨出生之前，或出生之后不久，他既没有记忆，也不关心，但历史不因你主观漠视而不存在，石琨终于一头撞入血海深仇的司马家族虎口，代他伯父（石勒）、老爹（石虎），接受惩罚。

5 晋帝国（首都建康〔江苏省南京市〕）国务院左秘书长（尚书左丞）孔严，向中军将军殷浩建议说："最近以来，人民情绪激动（指对桓温大军东下的反应），实在教人寒心，不知道你用什么方法使大家恢复安宁？我愚昧的认为，政府高级官员的职责，应该明白划分：韩信、彭越专管军事，萧何、曹参，专管政治。内外工作，各人尽各人的责任。深切的想到廉颇、蔺相如委曲求全的大义（参考前二七九年），陈平、周勃化敌为友的谋略（参考前一八八年），使高阶层之间，和睦无间，然后才可以'保皇'（保卫皇族）'定功'（安定国家。春秋时代楚王国六任王庄王芈旅，认为武德有七：禁暴〔不准扰民〕、戢兵〔保持和平〕、保皇〔保卫皇族〕、定功〔安定国家〕、安民〔维持治安〕、和众〔干部和睦〕、丰财〔社会富庶〕）。观察近来向我们归降的人（指段龛、周成、张遇等），都人面兽心，贪利贪权，不知道什么是仁义，很难用大义感化他们。"殷浩不接受。孔严，是孔愉的侄儿（孔愉，参考三一三年八月）。

殷浩上疏请求北伐，准备使大军从许昌（河南省许昌市东）、洛阳（河南省洛阳市东白马寺东）出发；晋帝（十一任穆帝）司马聃（本年十岁）下诏（司马昱诏）允许（桓温请求北伐，拖延二年有余，没有下文；而殷浩一请便准，司马昱致桓温信中的粮秣转运问题，也忽然解决。内斗之激烈，跃然纸上）。任命安西将军谢尚、北翼警卫指挥官（北中郎将）荀羡，同时担任大军总指挥（督统），进驻寿春（安徽省寿县）。谢尚对待新归附的豫州全权州长（牧）张遇（时驻许昌），态度傲慢，使张遇怒不可遏；于是，关闭许昌城门，起兵叛变，派他的将领上官恩，占领洛阳。新归附的荆州州长（刺史）乐弘（时在宛县，参考去年〔三五一〕八月），也在仓垣（河南省开封市东北）阻截晋帝国大营指挥官（督护）戴施。殷浩大军不能前进。

三月，晋帝国政府命徐州（州政府设京口〔江苏省镇江市〕）州长（刺史）荀羡，进驻淮阴（江苏省淮安市淮阴区），不久，加授荀羡：青州军区司令（监青州诸军事），兼兖州州长（刺史），镇守下邳（江苏省睢宁县北古邳镇）。

6 三月十六日，前燕王国（首都蓟城〔北京市〕）国王（二任景昭帝）慕容儁（本年三十四岁），返首都蓟城（北京市），开始把一部分军人家属，从故都龙城（辽宁省朝阳市）迁到蓟城。

7 故后赵帝国右丞相、羌民族酋长姚弋仲（时驻滠头〔河北省枣强县东北〕），有儿子四十二人，等到患病，对儿子们说："石家待我们很厚，我本来要一直为他们尽力，可是石家已经覆灭，中原无主。我死之后，你们要尽快回归晋王朝（晋帝国），坚守臣属的气节，不要做出不义的事。"姚弋仲逝世（年七十三岁），儿子姚襄封锁死讯，不对外发布，率部众六万户人家南下，攻破阳平郡（河北省馆陶县）、元城（河北省大名县东北）、发干（山东省冠县东），扎营碻磝津（山东省聊城市茌平区西南黄河渡口），任命太原郡（山西省太原市）人王亮当秘书长（长史），天水郡（甘肃省天水市）人尹赤当军政官（司马），太原郡人薛瓒、略阳郡人（甘肃省天水市东）权翼当军事参议官（参军）。

姚襄跟前秦帝国（首都长安）军会战，大败，丧失三万余户（超过全部的一半，失败至惨）。继续南下，抵达荥阳（河南省荥阳市），才给老爹姚弋仲发丧。而又跟前秦帝国将领高昌、李历，在麻田（洛阳至荥阳一带）

四世纪·三五二年三月　姚襄投奔晋帝国

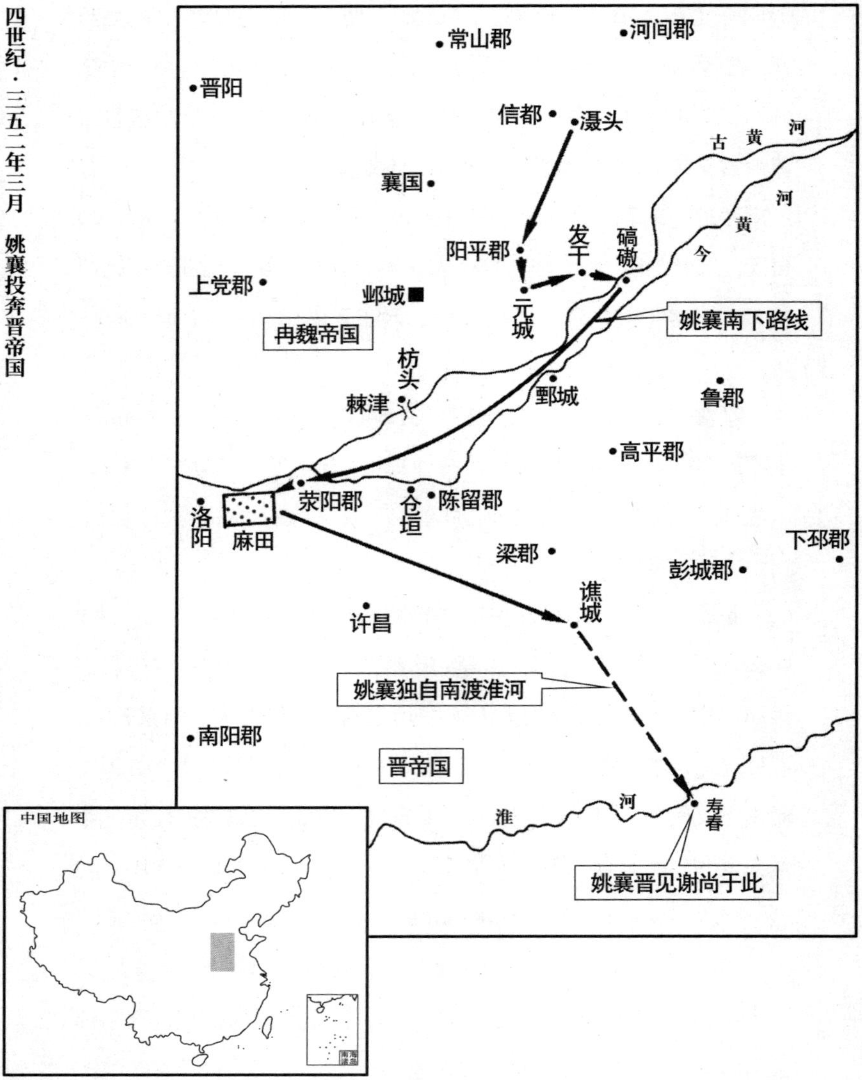

常山郡
河间郡
晋阳
信郡
滠头
古黄河
今黄河
襄国
阳平郡
发干
碻磝
元城
上党郡
邺城
冉魏帝国
姚襄南下路线
枋头
棘津
鄄城
鲁郡
高平郡
荥阳郡
仓垣
陈留郡
洛阳
麻田
梁郡
下邳郡
彭城郡
谯城
许昌
姚襄独自南渡淮河
南阳郡
晋帝国
淮河
寿春
姚襄晋见谢尚于此
中国地图
南海诸岛

会战。姚襄的坐骑被流箭射死，老弟姚苌把自己的战马交给姚襄。姚襄说："你怎么逃生？"姚苌说："只要有阿哥你在，那些小丑不敢动我一根毫毛！"正巧救兵赶到，姚襄、姚苌都得脱身。

军政官（司马）尹赤投奔前秦帝国，前秦政府任命尹赤当并州州长（刺史），镇守蒲阪（山西省永济市）。

姚襄终于率领部众，回归晋帝国，送他的五弟到晋帝国当人质。晋帝司马聃下诏（司马昱诏），命姚襄驻屯谯城（安徽省亳州市）。姚襄单人匹马，渡淮河南下，到寿春（安徽省寿县）晋见安西将军谢尚。谢尚早就听过姚襄的大名，撤除武装卫士，身穿平民便服相见，双方欢乐高兴，好像久别的老友。姚襄学问渊博，擅于谈论，江东（晋帝国）人士，对他都十分尊重。

8 冉魏帝冉闵，既攻克襄国（河北省邢台市），遂使部队在常山郡（河北省正定县）、中山郡（河北省定州市）诸郡之间，游动谋食。故后赵帝国立义将军段勤，集结匈奴人、羯人一万余人，据守绎幕（山东省平原县西北），自称赵帝。

夏季，四月五日，前燕王慕容儁，派辅国将军慕容恪等，向冉魏帝国发动总攻；平狄将军慕容霸等，攻击段勤。冉魏帝冉闵，决定亲自出军决战，最高统帅（大将军）董闰、车骑将军张温，规劝说："鲜卑人（前燕王国）乘胜进军，兵锋锐不可当，而且他们的人多，我们的人少，应该暂时躲避，等他们骄傲惰怠的时候，我们再增加援军，发动反击。"冉闵大怒说："我正打算俘虏这批人马，削平幽州（河北省北部），诛杀慕容儁。何况，只不过遇到慕容恪，就不敢露面，人们将怎么评论？"宰相（司徒）刘茂、特进（朝会时位置仅次于三公）郎闿，互相说："君王此次出征，一定不会回来，我们为什么坐在这里等待侮辱诛死？”二人一齐自杀。

冉闵大军进驻安喜（河北省定州市东十五公里），慕容恪也率军赶到。冉闵拔营前往常山郡（河北省正定县），慕容恪尾追而至，在魏昌（河北省无极县东北）的廉台村，两军会战十个回合，前燕兵团不能获胜。冉闵一向以勇悍善战，闻名于世，部队又全是精锐，前燕军心恐惧。慕容恪巡视阵地，对将士们说：“冉闵有蛮力而没有智慧，不过一个单打独斗的莽汉。他的部队武器虽然精良，可是士卒都疲惫不堪，实际上已不能继续战斗，一下子就可以击破！”冉魏兵团多是步兵，前燕兵团多是骑兵，冉闵率领部队向附近树林移动，前燕兵团军事参议官（参军）高开，对慕容恪说：“我们骑兵，利于平地作战，冉闵步兵一旦进入树林，我们就对他无可奈何。应该派轻装备骑兵阻截，发动攻击后，假装战败逃走，必须把他们引诱到平地，然后才可以歼灭！”慕容恪接受。

冉魏兵团果然被屡战屡败的前燕骑兵，诱道进入平地。慕容恪把主力分作三部，对将领们说：“冉闵性情轻率而又凶猛，又自己了解军队数目居于劣势，一定跟我们以死相拼，我们在中央大营集结强大兵力，等他突击。决战一旦开始，你们攻击他的侧翼，没有不夺取的道理。”挑选鲜卑射击手五千人，用铁链连环锁住战马，结成方阵，发动攻击（马其顿王国及罗马帝国，都以“方阵”之故，使他们的军团无敌天下，但以步兵为主。骑兵方阵，而又用索链，使人想到十二世纪〔八百年后〕金帝国的“拐子马”）。冉闵平常所骑的骏马名“朱龙”，能日行一千华里，冉闵左手拿两刃长矛，右手拿带钩铁戟，挥舞如风，攻击前燕兵团阵地，斩杀三百余人；看到统帅大旗，知道中央大营所在，直冲而前。前燕兵团的伏兵，从两翼突然发动夹击，冉魏兵团大败。前燕兵团把冉闵密密包围，有数重之多，冉闵仍突破重围，向东逃走，约走二十余华里，“朱龙”忽然倒毙，冉闵跌下马背，被前燕士卒生擒。前燕兵团诛杀冉魏帝国国务院执行长（仆射）刘群（刘琨的儿子）；而生擒董闰、张温，连同冉闵，一齐送到首都蓟城（北京市）。冉闵的儿子冉操，得到消息，逃奔鲁口（河北省饶阳县）。前燕帝国军事参议官（参军）高开，重伤逝世，慕容恪进驻常山郡（河北省正定县）。前燕王慕容儁，命慕容恪镇守中山郡（河北省定州市）。

四月二十日，冉闵被押解到蓟城（北京市）；前燕王慕容儁下令大赦，教冉闵站到面前，责骂说：“你本是一个奴仆蠢材，怎么敢狂妄的自称帝王？”冉闵说：“天下大乱，像你们这种禽兽蛮族之类的东西，还自称帝王，何况我——中原英雄，为什么不可以？”慕容儁老羞成怒，打冉闵三百皮鞭，送到龙城（辽宁省朝阳市）囚禁。

平狄将军慕容霸，大军抵达绎幕（山东省平原县西北），自称赵帝的段勤，跟老弟段思聪，献出城池投降。

四月二十五日，前燕王慕容儁派辅弼将军慕容评，跟首都蓟城警备区司令（中尉）侯龛，率精锐骑兵部队一万人，攻击冉魏帝国首都邺城（河北省临漳县邺城镇）。

四月癸巳日（四月庚申朔，没有癸巳），慕容儁抵达邺城。冉魏帝国最高统帅（大将军）蒋幹，以及太子冉智，闭城抵抗，但城外都向前燕兵团投降；刘宁（刘显的清河王）跟老弟刘崇，率匈奴骑兵三千人，投奔晋阳（并州州政府所在县，山西省太原市）。

9 前秦帝国（首都长安）任命张遇（时驻许昌〔河南省许昌市东〕）当征东大将军、豫州全权州长（牧）。

10 五月，前秦帝（一任景明帝）苻健，攻击自称秦王的张琚所

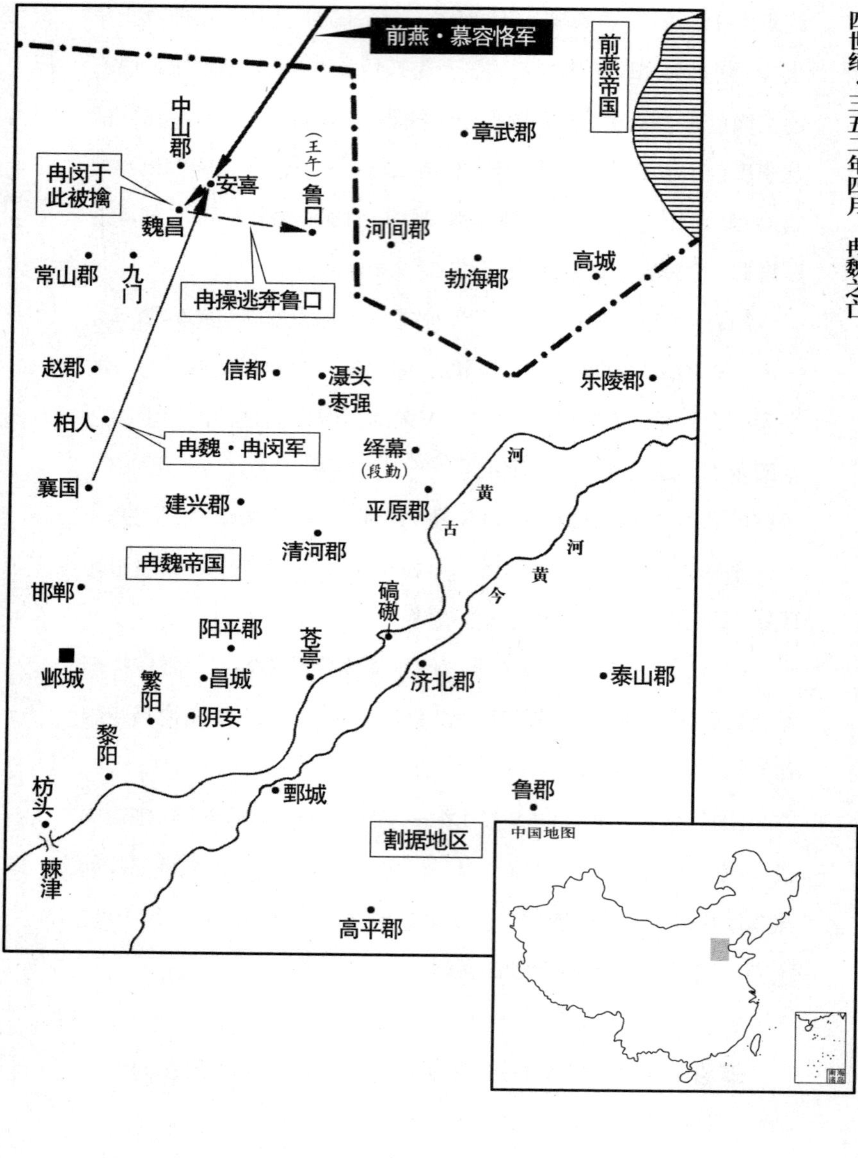

前燕·慕容恪军
前燕帝国
中山郡
冉闵于此被擒
安喜
魏昌
（王午）鲁口
章武郡
河间郡
勃海郡
高城
常山郡
九门
冉操逃奔鲁口
赵郡
信都
滠头
枣强
乐陵郡
柏人
冉魏·冉闵军
绎幕（段勤）
襄国
建兴郡
平原郡
古黄河
清河郡
冉魏帝国
今黄河
邯郸
碻磝
阳平郡
茌亭
邺城
昌城
繁阳
阴安
济北郡
泰山郡
黎阳
枋头
鄄城
鲁郡
棘津
割据地区
高平郡
中国地图

据守的宜秋（陕西省泾阳县西北），斩张琚。

11 冉魏帝国首都邺城（河北省临漳县邺城镇）大饥馑，人民互相格杀吞食，后赵帝国时代从各方遴选送来的宫女（参考三四五年正月），被饥饿的兵卒屠宰煮吃，几乎全都吃尽（当初用杀夫杀父手段，把她们聚集邺城，穿绫罗绸缎，吃山珍海味，来时二十岁左右计算，此时不过二十五六岁，竟遭饥民饿卒屠戮。人吃人！五千年历史，多少使人痛彻心腑的惨事）。最高统帅（大将军）蒋幹，命高级咨询官（侍中）缪嵩、太子宫总管（詹事）刘猗，带着奏章，投降晋帝国（首都建康），向安西将军谢尚（时驻寿春〔安徽省寿县〕）求救。

五月二日，前燕王慕容儁，派广威将军慕容军、殿中将军慕舆根、右军政官（右司马）皇甫真等，率步骑兵二万人，支援慕容评围城军，攻击邺城（河北省临漳县邺城镇）。

12 五月三日，前燕帝国（首都蓟城）在故都龙城（辽宁省朝阳市）斩冉魏帝（一任）冉闵（年不详）。正巧大旱成灾，又发生蝗虫灾害。前燕王慕容儁心神不安，认为是冉闵的鬼魂作祟（音suì〔岁〕），又派使节向冉闵祭祀，追封冉闵为悼武天王。

13 最初，晋帝国安西将军谢尚（时在寿春〔安徽省寿县〕），派大营指挥官（督护）戴施，前往据守枋头（河南省淇县东南淇门渡），戴施得到冉魏帝国最高统帅（大将军）蒋幹发出的求救消息，遂从仓垣（河南省开封市东北）挺进到棘津（河南省卫辉市东古黄河渡口），留住蒋幹的使节缪嵩、刘猗，要求邺城（河北省临漳县邺城镇）送出传国玉玺。刘猗命缪嵩返回邺城，向蒋幹提出报告。蒋幹怀疑谢尚压根不能救援，沉吟犹豫，无法决定。

六月，戴施率精锐勇士一百余人，进入邺城（河北省临漳县邺城镇），声称协防三台（三台，参考三〇八年十一月注），欺骗蒋幹说："现在，燕贼（前燕帝国）正在城外，道路不通，玉玺不敢贸然呈送（此时慕容儁仍是晋帝国封爵，大军南下，正是为皇家讨贼，戴施却跟"贼"勾结，而称自己的友军是"贼"。大局混乱，敌我关系，瞬息百变，只能在实质上求了解）。你最好先拿出来交付给我，我自会派人快马呈报天子，天子知道玉玺在我这里，相信阁下出自至诚，一定会大量增加援军和粮秣。"蒋幹认为合理，就把玉玺交给戴施。戴施宣称要派大营指挥官（督护）何融出城迎接粮秣，遂命何融秘密把传国玉玺，送到枋头。（胡三省原注："在此之前，因无玉玺之故，中原各国称晋帝国皇帝是'白版天子'。玉玺于今归还，意义自然十分重大。蔺相如'完璧归赵'〔参考前二八三年〕，赵王国国王还擢升蔺相如；戴施使传国玉玺于失去五十年后，物归原主，却没有听说晋政府有什么公开重要的赏赐。"柏杨按：一个政府一旦害了老昏病，就应赏不赏，应罚不罚，最后一口气接不上，死掉。）

六月六日，蒋幹率精锐部队五千人，及晋帝国部队出战，前燕帝国辅弼将军慕容评迎击，大破魏晋联军，杀四千人，蒋幹好不容易逃脱回城。

14 六月二十六日，前秦帝国皇帝苻健，返首都长安（从宜秋回军）。

15 晋帝国（首都建康）安西将军谢尚、平北将军姚襄（二人时驻寿春），联合攻击前秦帝国（首都长安）豫州全权州长（牧）张遇据守的许昌（河南省许昌市东）。前秦帝苻健，派丞相、东海王苻雄，卫大将军、平昌王苻菁，前往关东（函谷关以东）夺取土地，得到晋军消息，率步骑兵混合兵团二万人，支援张遇。

四世纪·三五二年正月至六月
殷浩第一次北伐

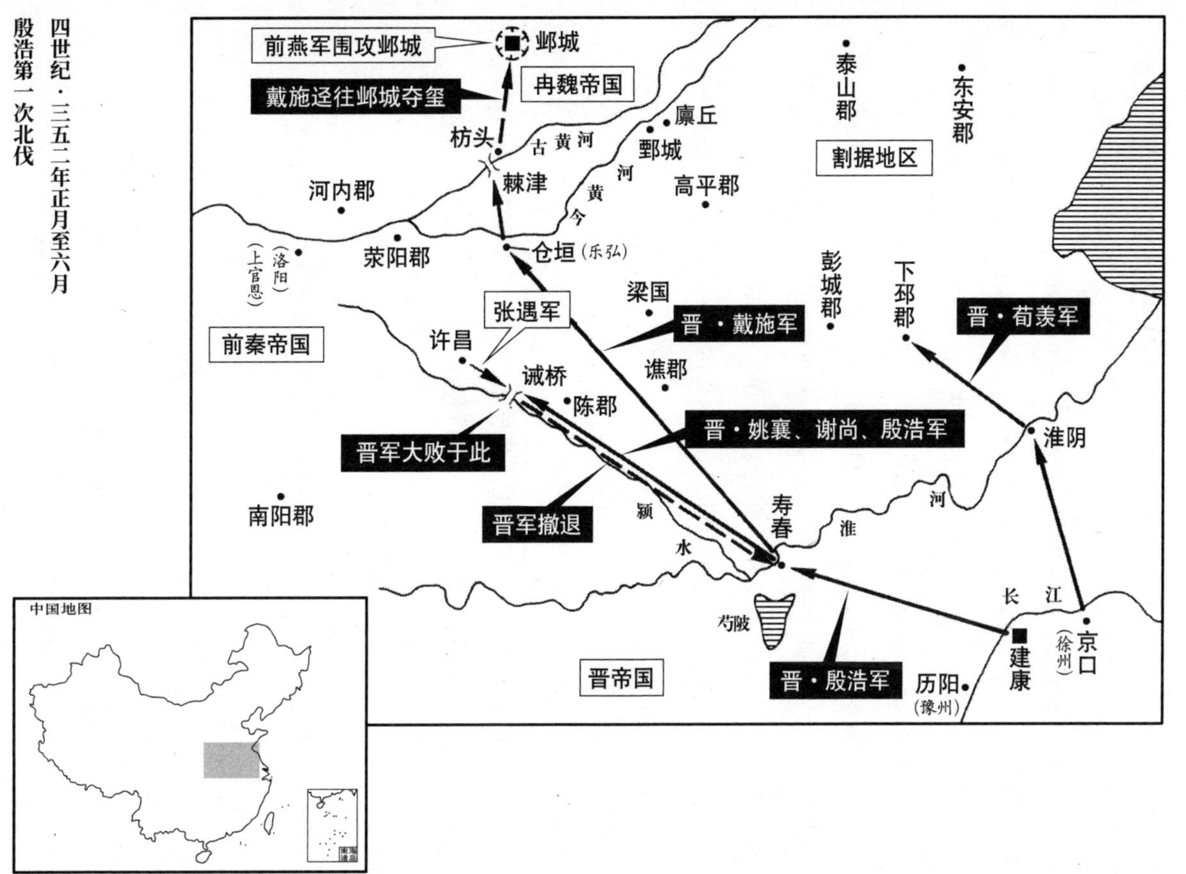

六月二十九日，两国主力在颍水上的诫桥（应在许昌市西北）会战，晋军大败，死亡一万五千人，谢尚逃回淮南郡（寿春，安徽省寿县）。姚襄抛弃辎重，护送谢尚到芍陂（寿县西南安丰塘镇），谢尚把善后事情，全部交付姚襄。（胡三省原注："谢尚大败，姚襄了解晋帝国之不可靠，遂生远走高飞之心，更何况殷浩又火上加油。"）殷浩听到谢尚溃败消息，率军退守寿春（安徽省寿县。第一次北伐如此结束）。

秋季，七月，前秦帝国丞相苻雄，把张遇以及陈郡（河南省周口市淮阳区）、颍川郡（河南省许昌市东）、许昌（颍川郡郡政府所在县）、洛阳（河南省洛阳市东白马寺东）等地居民五万余户，强行迁到关中（陕西省中部）。前秦帝国政府任命首都西区卫戍司令（右卫将军）杨群，当豫州州长（刺史），镇守许昌（河南省许昌市东）。

晋帝国谢尚，贬号建威将军。

16 故后赵帝国西翼警卫指挥官（西中郎将）王擢（时在陇西〔陇山以西〕一带），派人向晋帝国（首都建康）投降，晋帝国政府任命王擢当秦州州长（刺史）。

17 七月十日，晋帝国任命武陵王司马晞当太宰（上三公之一）。

18 七月二十九日，前燕王慕容儁，前往中山郡（河北省定州市）。

19 据守鲁口（河北省饶阳县）的冉魏帝国幽州州长（刺史）王午，得到冉魏兵团覆没消息，当时，征东将军邓恒，已经逝世（二人退保鲁口事，参考前年〔三五〇〕三月）。王午遂自称安国王。

八月十一日，前燕王慕容儁，派辅国将军慕容恪、封奕、阳骛，向王午进攻。王午紧闭城门固守，但把冉操（冉闵的儿子，参考本年〔三五二〕四月）交付给前燕兵团，前燕兵团在城外收割掠夺农田的庄稼，然后撤退。

20 八月十三日，冉魏帝国外籍兵团指挥官（长水校尉）马愿等，大开首都邺城（河北省临漳县邺城镇）城门，迎接围城的前燕兵团。最高统帅（大将军）蒋幹，及晋帝国大营指挥官（督护）戴施，从城上垂下绳索，顺绳爬下，逃奔仓垣（河南省开封市东北）。

前燕王国辅弼将军慕容评，把冉魏帝国皇后董女士、太子冉智、全国武装部队总司令（太尉）申钟、最高监察长（司空）条枚等（条，姓），以及皇帝御用的车轿、衣服（当是后赵帝国的遗物），送到首都蓟城（北京市）；冉魏帝国国务院总理（尚书令）王简、左执行长（左仆射）张乾、右执行长（右仆射）郎肃，都自杀身死。前燕王慕容儁，对外宣称：董皇后呈献出传国玉玺，封董皇后为奉玺君、冉智为海宾侯，任命申钟当最高统帅府右秘书长（大将军右长史）。命慕容评镇守邺城（冉魏帝国立国三年〔三五〇至三五二〕，共一任君主，于兹灭亡。五胡乱华十九国中，冉魏帝国是第六个兴起，第四个结束的短命王国。冉魏亡后，中国境内四国并立：晋帝国、前凉王国、前燕王国、前秦帝国）。

21 晋帝国征西大将军桓温，命梁州（州政府设南郑〔陕西省汉中市〕）州长（刺史）司马勋，协助益州（州政府设成都〔四川省成都市〕）州长（刺史）周抚，讨伐萧敬文据守的涪城（四川省绵阳市。萧敬文叛变事，参考三四七年十二月），斩萧敬文。

22 晋帝国安西将军谢尚，从枋头（河南省淇县东南淇门渡）把传

四世纪·三五二年八月 冉魏亡国·四国并立

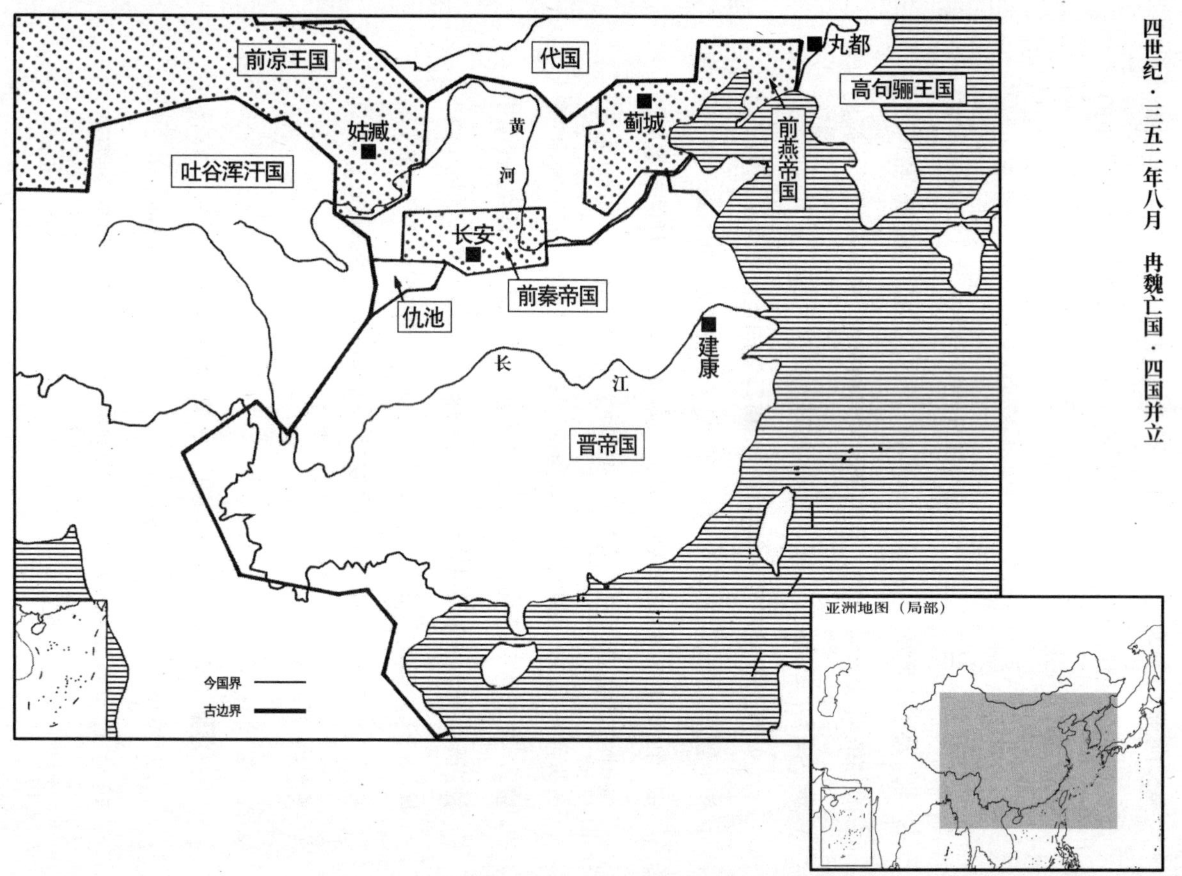

国玉玺送到首都建康（江苏省南京市），文武百官全体祝贺。

23 前秦帝国（首都长安）任命雷弱儿当最高指挥官（大司马），毛贵当全国武装部队总司令（太尉），张遇当最高监察长（司空）。

24 晋帝国中军将军殷浩第一次北伐时，右军将军王羲之，曾写信劝阻，殷浩不理，结果没有成功。现在，殷浩积极筹备发动第二次北伐，王羲之再写信给殷浩，说：

"我们仅拥有小小的江左（江东，江苏省南部太湖流域），天下人都为我们能不能自保，感到忧心，长久以来，都是如此。竭尽全力去战场建立武功，不应由我们承担。近来，身负重要责任的国家领导人，没有经过深谋远虑，就挖掘国家的根基，各随自己的心愿，想怎么做，就怎么做。结果，不但没有收到一点成绩，反而使天下面临土崩瓦解的危机。当权人士，怎么能不受四海责备？而今，在外大军残破，在内资源枯竭。保卫淮河，已不能想象，不如回头保卫长江。监督各个将领，各人回到各人防地；长江以北地区，能在表面上服从晋王朝（晋帝国），就足够了。承认错误，责备自己，一切从头改革，减轻人民的赋税差役，帮助人民重新建立家业，这样才有可能解救人民头下脚上、被倒挂起来的痛苦。阁下是平民出身，背负国家兴亡重任，担当维护正统的大责，却失败到如此地步。恐怕政府所有官员，没有人能分担你承受的抨击。如果认为上次北伐所引起的后果仍然不够严重，而去追求更多的奇迹，宇宙虽大，你将到什么地方躲藏？无论智慧的人或愚蠢的人，对你都不能了解。"

王羲之再写信给会稽王司马昱说：

“作为一个臣属，谁不愿尊奉自己的君王，使国家兴隆，媲美前世；何况又遇到千载难逢的良机！可是，如果没有这种力量，怎么能不管轻重，任意处理？现在虽然有使人振奋的良机，然而，从内部检查，会发现可忧的程度，远超过可喜。成功不能预料，人民已被屠杀净光，劳苦差役没有完的时候，人民负担反而更一天比一天加重。用我们现在故吴王国（江苏省南部）、故越王国（浙江省北部）一小块地方，去图谋夺取天下十分之九，如果不亡，难道还有第二条路？当权人士竟然不想想自己的智慧，不想想自己的力量，只一味盲动，不到失败，誓不停止，全国人民无不感慨叹息，却不敢表达。过去的事已无法挽回，未来的事还可以挽救，希望殿下再三思量。先有不能战胜敌人时的准备，等到基础稳固，再去打别人的主意不晚。如果不如此，恐怕麋鹿游荡，不仅限于原野（指宫殿将化成荒凉废墟，野兽出入）。希望殿下暂时停止你的玄虚清谈，来解救国家危机，使亡者复存、灾祸转为福分。”

司马昱不接受。

九月，殷浩进驻泗口（泗水注入淮河处，江苏省淮安市淮阴区），派河南郡郡长戴施，据守石门（河南省荥阳市北），荥阳郡郡长刘遁，据守仓垣（河南省开封市东北）。殷浩因军费浩繁，撤销国立大学，遣散所有学生，学校教育，从此停止。

三三七年，晋帝国在百废待举中，建立学校，迄今（三五二年）十六载，突然被废。军费固然浩繁，但四世纪时一个大学的开支，不过数百人膳食而已，能有几何？却迫不及待的先把它取消。中国知识分子之受迫害，不仅来自非知识分子的武夫，同时更来自高级知识分子官僚。武夫有时候还有内疚，也会受到抨击；而官僚却拥有深厚的理论根据，封学校，禁书刊，压制言论、捕人杀人，无不义正词严。

殷浩封闭学校、遣散学生，军费浩繁不过是一个借口，真正的理由，恐怕是，他这个平民出生的高官，好不容易挤到贵族阶层，实在不愿再受新生代知识分子的冲击，所以他在自己幸运的成功之后，还要防止别人幸运，他不是要消灭世家豪门，反而是要使包括他在内的世家豪门的地位，更为稳固。所以他必须摧毁新生代知识分子的制造所。

中国知识分子的灾难，大多数都来自做官的知识分子。

25 冬季，十月，晋帝国安西将军谢尚（时驻寿春〔安徽省寿县〕），派冠军将军王侠，进攻许昌（前秦豫州州政府所在县，河南省许昌市东），攻克。前秦帝国所任命的豫州州长（刺史）杨群，退守弘农郡（河南省灵宝市东北）。晋帝国政府召回谢尚，任命他当御前监督官（给事中），驻防石头（建康城西北）。

26 十月十一日，前燕王慕容儁，返首都蓟城（北京市）。

27 故后赵帝国将领，拥兵占据州郡的，各自派出使节，向前燕帝国投降。前燕王慕容儁任命王擢当益州州长（刺史）、夔逸当秦州州长（刺史）、张平当并州州长（刺史）、李历当兖州州长（刺史）、高昌当安西将军、刘宁当车骑将军。

28 前燕帝国辅国将军慕容恪，驻军安平（博陵郡郡政府所在县，河北省安平县），积储粮秣，制造攻城武器，将对自称安国王的王午（时驻鲁口〔河北省饶阳县〕），发动攻击。

闰十月一日，中山郡（河北省定州市）人苏林，在无极（河北省无极县）聚众起兵，自称天子。慕容恪从鲁口（河北省饶阳县）回军讨伐苏林。

闰十月三日，前燕王慕容儁派广威将军慕舆根，协助慕容恪，联军进攻，斩苏林。而在此时，王午被他的部将秦兴谋杀，另一部将吕护再击斩秦兴，也自称安国王。

29 前燕帝国所有官员，联名向前燕王慕容儁，奉上尊贵绰号（“尊号”，指天王及皇帝），慕容儁接受。

十一月十二日，设立文武百官，擢升燕王府宰相（国相）封奕当全国武装部队总司令（太尉）左秘书长（左长史）阳骛当国务院总理（尚书令）、右军政官（右司马）皇甫真当国务院左执行长（尚书左仆射）、王府图书管理官（典书令）张悕当国务院右执行长（尚书右仆射）。其他文武官员，分别等级，一一任命。

十一月十三日，慕容儁登上皇帝宝座（二任景昭帝），大赦，宣称得到传国玉玺，改年号元玺（之前是燕王四年，之后是元玺元年）。追尊祖父慕容廆“高祖”“武宣皇帝”，老爹（一任帝）慕容皝“太祖”“文明皇帝”。这时，晋帝国（首都建康）使节恰巧在蓟城（北京市），慕容儁对他说：“回去报告你们的天子，这里人才缺乏，我被中原人士推举，已当上中国皇帝！”把司州（州政府设邺城〔河北省临漳县邺城镇〕）改称中州；在龙都（故都龙城，辽宁省朝阳市）设立留守政府，任命玄菟郡（辽宁省沈阳市）郡长乙逸，当留守政府执行官（尚书），专门处理留守政府事务。

30 前秦帝国丞相苻雄，攻击前燕帝国支持的益州州长（空头官衔）王擢，王擢不能抵抗，放弃陇西郡（甘肃省陇西县），投奔前凉王国。苻雄班师，驻防陇东郡（甘肃省平凉市西北）。

前凉王国（首都姑臧〔甘肃省武威市〕）国王（三任桓王）张重华（本年二十六岁），任命王擢当征虏将军、秦州州长（刺史），对王擢特别优待（用以对抗前秦帝国西进）。

三五三年 癸丑

晋　永和　九年
前凉　永乐　八年
前燕　元玺　二年
前秦　皇始　三年
（代王拓跋什翼犍建国十六年）
（齐王段龛四年）
（安国王吕护二年）
（晋王刘康元年）

1 春季，正月一日，晋帝国（首都建康〔江苏省南京市〕）大赦。

2 二月十七日，前燕帝国（首都蓟城〔北京市〕）皇帝（二任景昭帝）慕容儁（本年三十五岁），封他的正妻可足浑女士当皇后（可足浑，三字姓），世子慕容暐当皇太子，自故都龙城（辽宁省朝阳市）南下，迁入蓟城皇宫。

3 前凉王国（首都姑臧〔甘肃省武威市〕）国王（三任桓王）张重华（本

年二十七岁），派将军张弘、宋修，会同王擢，率步骑兵一万五千人，攻击前秦帝国（首都长安〔陕西省西安市〕）。前秦帝国丞相苻雄、首都卫戍司令（卫将军）苻菁，联合抵抗，在龙黎（陕西省千阳县南）会战，大败前凉军，杀一万二千人（前凉全军不过一万五千人，竟死一万二千人，只剩下三千人逃命，失败极惨）。生擒张弘、宋修；王擢放弃秦州（州政府设上邽〔甘肃省天水市〕），逃回首都姑臧（甘肃省武威市）。

前秦帝国皇帝（一任景明帝）苻健（本年三十七岁），任命中央禁军总监（领军将军）苻愿当秦州州长（刺史），镇守上邽（甘肃省天水市）。

4 三月，晋帝国（首都建康〔江苏省南京市〕）交州（州政府设龙编〔越南河内市东北北宁省〕）州长（刺史）阮敷，讨伐林邑王国（越南中部），击破五千余个营垒。

5 曾任后赵帝国皇城保安司令（卫尉）、常山郡（河北省正定县）人李犊，聚集数千人，背叛前燕帝国（首都蓟城）。

6 西域（新疆及中亚东部）匈奴人刘康，声称是故汉赵帝国末任（五任）皇帝刘曜的儿子，在平阳（山西省临汾市）聚众起兵，自称晋王。

夏季，四月，前秦帝国（首都长安）首都东区卫戍司令（左卫将军）苻飞出军讨伐，生擒刘康。

7 晋帝国擢升安西将军谢尚，当国务院执行长（尚书仆射）。

8 五月，前凉王张重华，派征虏将军王擢率军二万人，攻击上邽（前秦秦州州政府所在县，甘肃省天水市）；秦州（甘肃省南部）各郡县，多数响应。前秦帝国秦州州长（刺史）苻愿战败，逃回首都长安（陕西省西安市）。张重华遂上疏给晋帝国政府（首都建康），请求同时出兵，夹击前秦帝国。晋帝（十一任穆帝）司马聃（本年十一岁）下诏（司马昱诏），擢升张重华当凉州（甘肃省中部）全权州长（牧）。

9 前燕帝国皇帝慕容儁，派首都卫戍司令（卫将军）慕容恪，讨伐李犊（时占据常山郡〔河北省正定县〕），李犊投降。慕容恪乘势向东挺进，攻击安国王吕护（参考去年〔三五二〕闰十月）占据的鲁口（河北省饶阳县）。

10 六月，前秦帝国（首都长安）首都东区卫戍司令（左卫将军）苻飞，攻击"氐王"杨初根据地仇池（甘肃省西和县南），被杨初击败。丞相苻雄、平昌王苻菁，率步骑兵四万人，进驻陇东郡（甘肃省平凉市西北）。

前秦帝苻健，把最高监察长（司空）张遇的继母韩女士，收纳入宫，当小老婆群的"昭仪"，很多次在大庭广众中，对张遇说："你可是我养的儿子。"张遇深感羞耻。这时前秦帝国的精锐主力，都在苻雄手中，驻防在外，张遇遂秘密结交关中（陕西省中部）英雄豪杰，打算消灭苻姓家族，然后，献出土地，向晋帝国（首都建康）投降。

秋季，七月，张遇跟禁宫侍从（黄门）刘晃，阴谋在深夜袭击苻健，刘晃在约定时间，打开宫门，迎接张遇军队。不巧，临时苻健派刘晃到外地出差，刘晃坚决推辞，实在推辞不掉，才不得不去。张遇还不知道，在约定的时刻，率军抵达宫门，而宫门不开，事情遂告败漏，张遇被杀。然而，已引起大规模变乱，孔持在池阳（陕西

四世纪·三五三年七月　关中割据形势

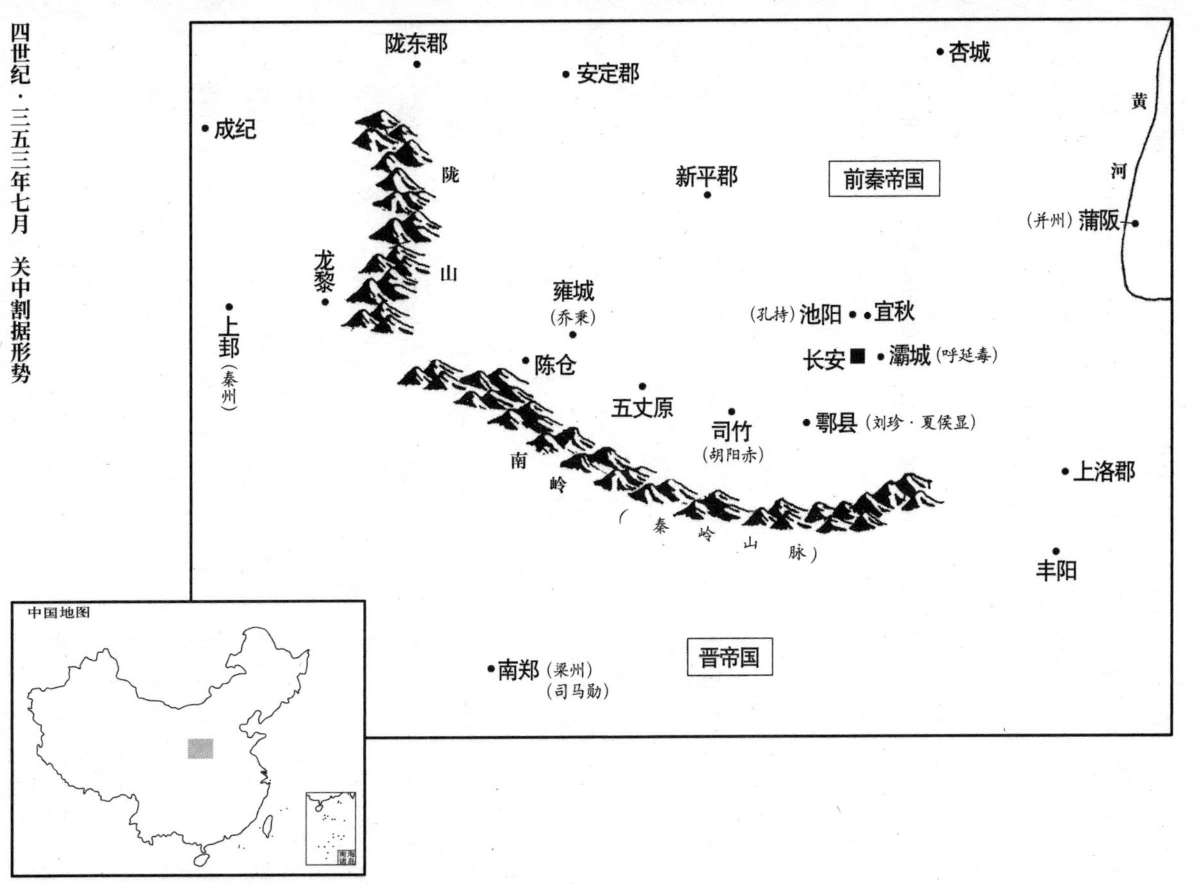

省泾阳县），刘珍、夏侯显在鄠县（陕西省西安市鄠邑区），乔秉在雍城（陕西省宝鸡市凤翔区），胡阳赤在司竹（陕西省周至县东南司竹镇），呼延毒在霸城（陕西省西安市东北），纷纷聚众起兵，武装部队数万人，各人都派使节到晋帝国（首都建康）请求军事支援。

11 前秦帝国擢升国务院左执行长（左仆射）鱼遵当最高监察长（司空）。

12 九月，前秦帝国丞相苻雄，率军二万人，返首都长安；派平昌王苻菁夺取上洛郡（陕西省商洛市商州区），在丰阳川（陕西省山阳县）设立荆州州政府，任命步兵指挥官（步兵校尉）金城郡（甘肃省兰州市）人郭敬，当荆州州长（刺史）。苻雄和清河王苻法、首都东区卫戍司令（左卫将军）苻飞，分别讨伐孔持。

13 晋帝国平北将军姚襄，驻防历阳（安徽省和县），因为前燕帝国（首都蓟城）及前秦帝国（首都长安），势力强大，所以无意北伐大业，而夹着淮河两岸，开荒垦田，训练战士。中军将军殷浩时驻寿春（安徽省寿县），对姚襄部众的强盛，十分厌恶，于是，逮捕姚襄的几位弟弟，还屡次派刺客向姚襄狙击，而刺客却把内情都告诉姚襄。安北将军魏统逝世（魏统降晋，参考前年〔三五一〕八月），老弟魏憬接管老哥部队。殷浩密令魏憬率五千人袭击姚襄。姚襄迎战，斩魏憬，把魏憬的部众全部吞并。殷浩得到消息，更加倍厌恶，命龙骧将军刘启，镇守谯城（安徽省亳州市），调姚襄到梁国（河南省商丘市）蠡台（河南省虞城县）；上疏（奏章）推荐姚襄当梁国（河南省商丘市）郡长（内史）。

魏憬子弟不断往返寿春，姚襄心中怀疑畏惧，派军事参议官

四世纪·三五二年九月至三五三年十月
殷浩第二次北伐

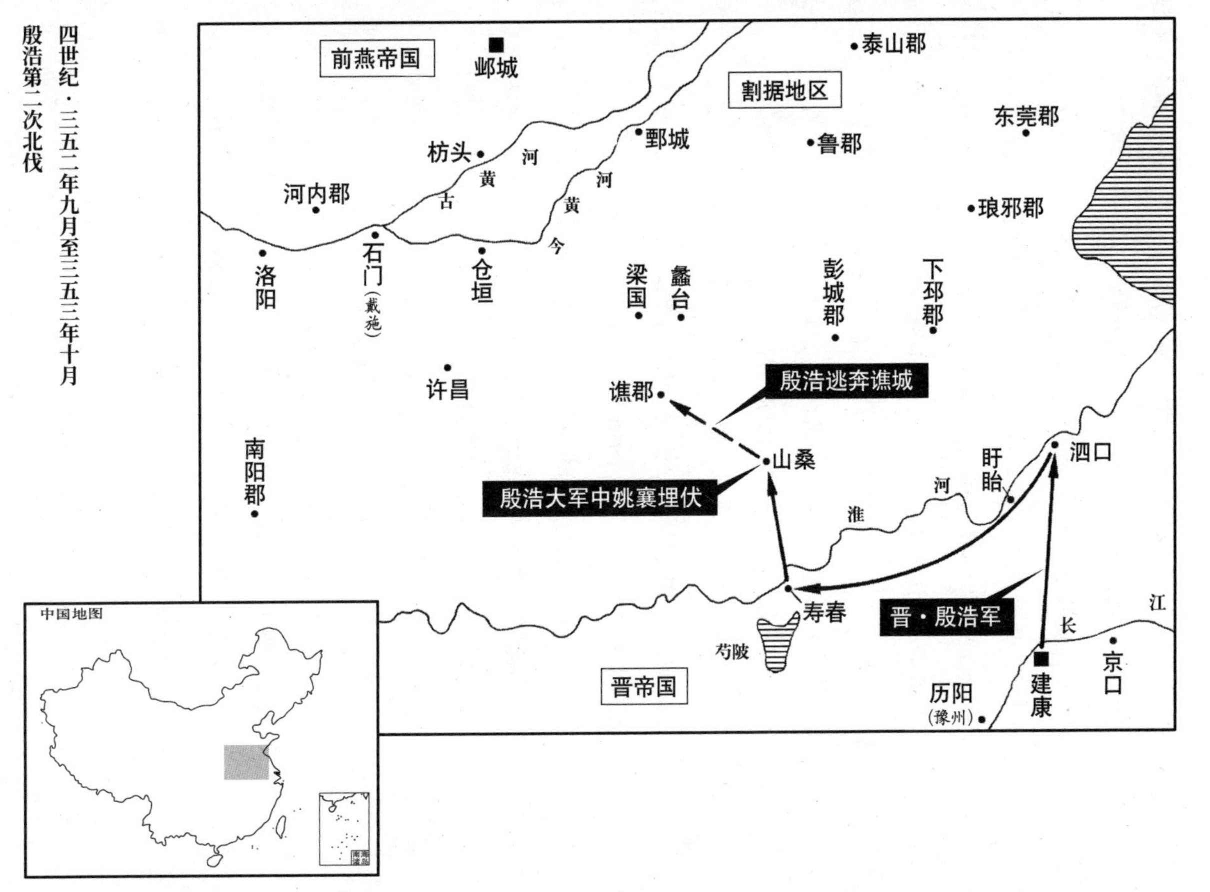

(参军)权翼，晋见殷浩，殷浩说："我跟姚襄，都是天子驾下的臣属，祸福与共。可是姚襄每每独断专行，违反相辅相成的道理，岂是原来的本意？"权翼说："姚将军英雄盖世，手下强兵数万，所以从遥远的北方，投奔晋国(晋帝国)，为的是晋国政府清明，国家领导人贤能之故。而今，将军(殷浩)轻率的相信挑拨离间的谗言，跟姚将军发生误会。我认为开始猜忌的，是你不是他。"殷浩说："姚襄豪放任性，想活人就活人，想杀人就杀人！又教无赖掠夺我的马。当一个臣属，难道应该这样？"权翼说："姚襄回归祖国，怎么肯杀无罪之人？至于犯法的恶徒，法律不容，杀了有什么关系！"殷浩说："那么，掠夺战马这件事，怎么解释？"权翼说："将军(殷浩)曾经说过，姚襄英雄，难以控制，终于要讨伐他，所以需要战马自卫。"殷浩笑说："怎么会到那个地步！"

最初，殷浩秘密派人，诱惑前秦帝国重臣梁安、雷弱儿，使他们谋杀皇帝苻健，承诺事情成功之后，由他们主持关右(函谷关以西)。雷弱儿假装允许，而且请殷浩派军接应。正在这时候，殷浩得到张遇事变，以及苻健侄儿、辅国将军苻黄眉，从洛阳(河南省洛阳市东白马寺东)西奔消息，认为梁安等大事已成。

冬季，十月，殷浩自寿春(安徽省寿县)率大军七万人，大举北上，打算攻占洛阳(晋王朝故都，河南省洛阳市东白马寺东)，修复皇家祖先的坟墓。国务院文官部长(吏部尚书)王彪之，上书给会稽王司马昱，认为："雷弱儿等或许内含诈欺，殷浩不应轻率前进。"司马昱拒不接受。

殷浩命姚襄担任前锋，姚襄立即率军北上，估计殷浩快要从后面赶到，遂命他的部队夜间逃亡，秘密埋伏，等待猎物。殷浩得到报告，急行追击，走到山桑(安徽省蒙城县北)，姚襄发动伏兵进袭，殷浩军崩溃，辎重全部丧失，殷浩逃到谯城（安徽省亳州市）防守。姚襄斩杀及俘虏一万余人，接收殷浩北伐兵团全部武器，命老哥姚益固守山桑（安徽省蒙城县北），姚襄进入淮南（淮河以南）。会稽王司马昱对王彪之说："你的预言每次都会应验。张良、陈平（二人均是西汉王朝初期宰相），也不能比得过你。"（王彪之怀疑雷弱儿，没有怀疑姚襄，不能谓之预言应验。）

14 前凉王（首都姑臧）张重华患病，儿子张曜灵才十岁，立作世子（合法继承人），赦免罪犯。张重华庶兄、长宁侯张祚，有勇力、有才干，而又精于谄媚，内内外外，对他一致赞许。跟张重华的亲信赵长、尉缉等，海誓山盟，结成异姓兄弟。民兵司令（都尉）常据，曾经请张重华把张祚逐出中央，张重华说："我正打算教张祚担任姬旦（周公）角色，辅佐幼子，你说的是什么话？"

军师将军谢艾，因为保卫枹罕（音fú hǎn〔浮喊〕。甘肃省临夏市）功劳（参考三四七年四月），很受张重华的宠爱，引起左右亲信嫉恨，用各种方法说谢艾如何如何的坏，于是，命谢艾出外当酒泉郡（甘肃省酒泉市）郡长。谢艾上疏警告说："有权的奸佞控制政府，国家将有危险，请准我回京（首都姑臧）侍奉左右。"又指控说："长宁侯张祚跟赵长等，将发动变乱，应该把他们驱逐。"

十一月十日，张重华病重，亲手下令，征召谢艾当首都卫戍司令（卫将军），兼全国各军区总司令（监中外诸军事），辅佐幼君。张祚、赵长，密不宣布。

十一月十八日，张重华逝世（年二十七岁），世子张曜灵继位（四任哀王），称最高指挥官（大司马）、凉州州长（刺史）、西平公。赵长假传张重华的遗令，任命长宁侯张祚，当全国各军区总司令长官（都督中外诸军事)、抚军大将军，辅政。

15 晋帝国中军将军殷浩，命部将刘启、王彬之，进攻姚益据守的山桑(安徽省蒙城县北)，姚襄从淮南(淮河以南)反击，斩刘启、王彬之(刘启，是刘演的老弟，参考三一六年四月)。姚襄遂进占芍陂(寿县西南安丰塘)。

16 后赵帝国末年，乐陵郡(山东省阳信县东南)人朱秃、平原郡(山东省平原县)人杜能、清河郡人(山东省临清市)丁娆(音ráo〔饶〕)、阳平郡人(河北省馆陶县)孙元，各自拥有武装部队，占据城池。现在，先后向前燕帝国投降。前燕帝慕容儁，任命朱秃当青州州长(刺史)、杜能当平原郡郡长、丁娆当立节将军、孙元当兖州州长(刺史)，而各留在自己的军营(留在自己军营，而不能到职，则州长、郡长，不过一个空衔，用以消化割据武力)。

17 前秦帝国丞相苻雄，攻陷池阳(陕西省泾阳县)，斩孔持。

十二月，清河王苻法、首都东区卫戍司令(左卫将军)苻飞，攻陷鄠县(陕西省西安市鄠邑区)，斩刘珍、夏侯显。

18 晋帝国平北将军姚襄渡淮河南下，进驻盱眙(江苏省盱眙县），招集裹挟流亡的难民，部众已到七万人，分别委派郡长、县长，开荒垦田，鼓励农耕，种植桑麻（姚襄雄才大略，先使基础深厚，如假以时日，势不可当）。派人前往首都建康，指控殷浩罪状，并自己请求处分。晋帝司马聃下诏（司马昱诏），命谢尚当江西（巢湖流域）、淮南（淮河以南）军区司令长官（都督江西、淮南诸军事），兼豫州州长（刺史），镇守历阳（安徽省和县。因姚襄敬重谢尚〔参考去年〔三五二〕三月〕，所以由谢尚出面安抚）。

19 前凉王国右秘书长（右长史）赵长等建议，认为："时局仍很艰难，祸乱仍没有平定，应该由年纪大的人当君王。张曜灵年纪太幼，请立长宁侯张祚。"而张祚早就受嫡母（张重华的娘亲）马太后的宠爱（事实上是，张祚跟马女士早就通奸），马太后遂批准赵长的建议。罢黜张曜灵，改封凉宁侯。任命张祚当总司令官（大都督）、最高统帅（大将军）、凉州（甘肃省中部）全权州长（牧）、凉公。张祚既掌握权力，立刻纵情任性，奸淫横暴，诛杀张重华的正妻裴王后及谢艾。

20 前燕帝国首都卫戍司令（卫将军）慕容恪、抚军将军慕容军、左将军慕容彭等，屡次推荐禁宫咨询官（给事黄门侍郎）慕容霸（一任文明帝慕容皝的儿子，参考三三九年冬季），有盖世才干，应担当重大责任。

本年（三五三），前燕帝慕容儁，任命慕容霸"使持节"（一级权力）、安东将军、北冀州（河北省中部）州长（刺史），镇守常山郡（河北省正定县）。

三五四年 甲寅

晋　　永和　　十年
前凉　　和平　　元年
前燕　　元玺　　三年
前秦　　皇始　　四年
（代王拓跋什翼犍建国十七年）
（齐王段龛五年）
（安国王吕护三年）

1 春季，正月，前凉王国（首都姑臧〔甘肃省武威市〕）首领、凉公张祚，登极称国王（五任威王），把本年（三五四）的建兴四十二年，改称和平元年（前凉王国张姓家族，始终跟晋帝国当权的高级知识分子，有密切友谊，这友谊用张姓家族的金银财宝培养，所以由晋帝国史学家执笔的史书，对前凉初期的政治立场，多有掩饰，如坚称张姓家族一直用晋六任帝司马邺的“建兴”年号，以彰显他们的忠贞〔参考三一八年三月〕，事实不然，从以后出土或出现的文物上，发现每任王都有自己的年号：一任张茂年号永元、二任张骏年号太元、三任张重华年号永乐，知识分子竟敢如此蛮横的抹杀史实，又怎能怪暴君抹杀知识分子的人头）。封正妻辛女士当王后，儿子张太和当太子，老弟张天锡当长宁侯，另一子张庭坚当建康侯、张曜灵老弟张玄靓当凉武侯，设立文武百官，在首都南北郊区，祭祀天神地神，都用皇帝专用的音乐和仪式。国务院执行官（尚书）马岌，恳切劝阻，免职。国务院助理官（郎中）丁琪，也规劝说："我们自从武公（张轨）以来，世世代代，对晋王朝（即晋帝国，首都建康〔江苏省南京市〕）遵守臣属的节操，忠贞不贰，五十余年。所以能用一个州（凉州）的人力，对抗天下最强大的盗匪（指汉赵帝国等），战争虽然每年不断，人民都不疲惫。殿下的功业和恩德，并不高过祖先，却迫不及待的发动革命，我看不出这样做的道理。知识分子和人民所以服从领导，四方远近所以肯来归附，正因为我们尊奉晋王朝政府。而今宣布独立，无论内外，都将引起离心离德，怎么再能凭借一个角落，抵抗天下强敌？"

张祚大怒，把丁琪绑到宫门之外，斩首。

2 归附晋帝国的降将周成（冉魏帝国徐州刺史，参考三五一年八月）叛变，从宛城（河南省南阳市）袭击洛阳（河南省洛阳市东白马寺东）。

正月十三日，河南郡（郡政府洛阳）郡长戴施，逃出洛阳，投奔鲔渚（鲔，音wěi〔伟〕，河南省巩义市西南）。

3 前秦帝国（首都长安〔陕西省西安市〕）丞相苻雄，攻陷司竹（陕西省周至县东南司竹镇），胡阳赤逃奔霸城（西安市东北），投靠呼延毒（参考去年〔三五三〕七月）。

4 晋帝国（首都建康〔江苏省南京市〕）中军将军、京畿总卫戍司令（扬州刺史）殷浩，连年北伐，屡次受到挫败，粮秣武器，丧失净光。无论政府民间，一片愤怒怨恨。征西大将军桓温，遂乘此机会，上疏（奏章）指控殷浩罪状，要求罢黜。中央不得已，把殷浩贬作平民，放逐东阳郡（浙江省金华市）的信安县（浙江省衢州市）；从此，中央以及地方大权，全归桓温。

殷浩自幼跟桓温齐名，暗中却不停竞赛，一争高低，但桓温一向瞧不起殷浩。殷浩既被放逐，虽然心里的忧愁怨恨，从不流露到脸面上，可是，却常用手指在空中书写："咄咄怪事。"（咄，音duō〔多〕。）很久之后，桓温对他的秘书（掾）郗超说："殷浩德行高洁，言谈清晰，当初如果教他担任国务院总理（令）或执行长（仆），足可以作文武百官的表率。政府交付给他的任务，不适合他的才干。"桓温打算推荐殷浩当国务院总理（尚书令），写信征求他的意见，殷浩大为高兴，一口承诺，将要回信，可是担心回信写得不恰当，封口后又拆开，拆开后又封口，反复折腾了十几次，最后精神恍惚，竟把一张空白信纸装到信封里。桓温看到怪诞的空白回信，大为愤怒，从此跟殷浩断绝关系，殷浩最后逝世在他的贬所。晋政府擢升前会稽郡（浙江省绍兴市）郡长（内史）王述，当京畿总卫戍司令（扬州刺史）。

殷浩在没有担任政府官职时，人们对他有殷切的盼望，认为："殷浩如果不出来领导国家，谁救苍生？"（参考三四三年二月。）两次战败而又贪恋权位，不肯去职，人们用同样的迫切心情叹息："殷浩已经出来领导国家，谁救苍生？"名和实的落差，竟如此之巨。

殷浩掀起万人倾慕的壮阔景观，自有他动人心弦之处，其实，他所表现的，不过一堆“大话”“空话”“马屁话”，以及当时最流行的“穷嚼蛆话”而已。他创造了奇迹，却没有能力保持奇迹！殷浩之后，多少“英明领袖”，都跟殷浩一样，开始时享有高度的声誉，最后落入谷底，使中国人在不断的兴奋与沮丧中循环，受尽煎熬。

5 二月十一日（原文“乙丑”，据《晋书·穆帝纪》改），晋帝国征西大将军桓温，出动大军北伐。桓温亲自率步骑兵混合兵团四万人，从江陵（湖北省江陵县）出发。舰队从襄阳（湖北省襄阳市）穿过均口（湖北省丹江口市，均水注入汉水处），抵达南乡（即顺阳郡，河南省淅川县南）；陆军从淅川（河南省淅川县）前往武关（陕西省商南县西南）。

命梁州（州政府设南郑〔陕西省汉中市〕）州长（刺史）司马勋，从子午谷（陕西省宁陕县）北上，进攻前秦帝国。

6 前燕帝国（首都蓟城〔北京市〕）首都卫戍司令（卫将军）慕容恪，围攻鲁口（河北省饶阳县）。

三月，攻陷鲁口。安国王吕护（参考前年〔三五二〕闰十月），投奔野王（河南省沁阳市），派老弟吕送奏章给前燕帝国，请求宽恕，前燕政府任命吕护当河内郡（郡政府设野王）郡长。

7 晋帝国平北将军姚襄（时驻盱眙〔江苏省盱眙县〕），派人向前燕帝国投降（姚襄自知晋帝国不会容他）。

8 前燕帝国皇帝（二任景昭帝）慕容儁（本年三十六岁），任命慕容评当镇南将军、秦雍益梁江扬荆徐兖豫军区司令长官（都督秦雍益梁江扬荆徐兖豫十州诸军事），暂时镇守洛水流域。任命慕容强当前锋司令官（前锋都督）、荆徐及淮河沿岸司令官（督荆徐二州、缘淮诸军事），进驻河南（黄河以南）。

9 晋帝国征西大将军桓温的另一部将，攻击上洛郡（陕西省商洛市商州区），生擒前秦帝国荆州（州政府设丰阳〔陕西省山阳县〕）州长（刺史）郭敬。晋军进攻青泥（陕西省蓝田县〔古蓝田东〕），击破抵抗，司马勋遂在前秦帝国西方土地上，抢劫掠夺。前凉王国秦州（州政府所在不详）州长（刺史）王擢，进攻陈仓（陕西省宝鸡市东陈仓镇），响应桓温。前秦帝（一任景明帝）苻健（本年三十八岁），派太子苻苌、丞相苻雄、淮南王苻生、平昌王苻菁、北平王苻硕，率大军五万人在峣柳（即峣关）集结，准备迎战桓温。

夏季，四月二十二日，桓温远征军主力，抵达蓝田（陕西省蓝田县），跟前秦兵团会战。前秦淮南王苻生单枪匹马，冲锋陷阵，杀进杀出十数次，格杀晋军很多将士。然而桓温督战奋击，前秦兵团大败。将军桓冲又在白鹿原（蓝田县西），击败前秦帝国丞相苻雄。桓冲，是桓温的老弟。桓温转战前进。

四月二十五日，推进到霸上（陕西省西安市东灞河畔）。前秦帝国太子苻苌等，撤退到城南，前秦帝苻健，跟老弱残兵六千人，坚守首都长安小城，动员所可能动员的精锐部队三万人，命最高指挥官（大司马）雷弱儿等，跟苻苌会师，共同抵抗桓温。三辅（大长安地区）郡县都向桓温投降。桓温安抚人民，使他们恢复生产。人们有的带着牛肉，有的拿着美酒，争相迎接慰劳，男女在道路两旁参观，有些老年人激动得双目流泪，哭泣说：“想不到今天，再看到晋政府大军。”

前秦帝国丞相苻雄，率骑兵七千人，袭击进入子午谷（陕西省宁陕县）的司马勋，大破晋军，司马勋撤退到女娲堡（今地不详）。

10 四月戊申日（四月戊寅朔，没有戊申），前燕帝国大规模任官封爵。前燕帝慕容儁封抚军将军慕容军当襄阳王，左将军慕容彭当武昌王；擢升首都卫戍司令（卫将军）慕容恪当最高指挥官（大司马）、高级咨询官（侍中）、总司令官（大都督）、主管政府机要（录尚书事），封太原王；擢升镇南将军慕容评当宰相（司徒）、骠骑将军，封上庸王；封安东将军慕容霸当吴王、左贤王慕容友当范阳王、散骑侍从官（散骑常侍）慕容厉当下邳王、散骑侍从官（散骑常侍）慕容宜当庐江王、宁北将军慕容度当乐浪王。又封皇弟慕容桓当宜都王、慕容逮当临贺王、慕容徽当河间王、慕容龙当历阳王、慕容纳当北海王、慕容秀当兰陵王、慕容岳当安丰王、慕容德当梁公、慕容默当始安公、慕容偻当南康公。又封皇子慕容咸当乐安王、慕容亮当勃海王、慕容温当带方王、慕容涉当渔阳王、慕容玮当中山王。擢升国务院总理（尚书令）阳骛当最高监察长（司空），仍兼国务院总理（尚书令）。

慕容儁命冀州州长（刺史）、吴王慕容霸，把州政府迁到信都（河北省衡水市冀州区。去年〔三五三〕慕容霸当北冀州州长，州政府设常山〔河北省正定县〕，参考去年十二月）。最初，前燕王（一任文明帝）慕容皝对慕容霸的才能，至为惊奇，所以给他一个名字：“霸”，准备教他当合法继承人（世子）。文武百官纷纷规劝，才算停止，然而受到的宠爱，超过当世子的慕容儁，所以慕容儁对这位老弟，十分厌恶。继承王位之后，因慕容霸曾经从马上跌下，撞掉门牙，就把他改名慕容䂊（音quē〔缺〕）。后来，因为“神秘预言书”上“䂊”是个应验祥瑞的字，所以又把他的名字改作慕容垂。现在，擢升慕容垂当高级咨询官（侍中），主持留守政府机要（录留台事），驻守故都龙城（辽宁省朝阳市）。慕容垂不久就得到东北人民的拥戴，慕容儁越发厌恶，再把他召回首都蓟城（北京市）。

11 五月，晋帝国江西（巢湖流域）逃荒难民首领郭敞等，生擒陈留郡郡长（内史）刘仕（大分裂时代，州郡政府所在地变化无常，此时陈留郡郡政府暂设在谯城〔安徽省亳州市〕），投降刚归附前燕帝国的姚襄。首都建康（江苏省南京市）震动惊骇，任命国务院文官部长（吏部尚书）周闵，当中军将军，进驻中堂（江苏省南京市江宁区）。豫州（州政府历阳）州长（刺史）谢尚，从历阳（安徽省和县）回军，保卫京师（首都建康），沿长江两岸，进入紧急状态，严密戒备。

12 前凉王国秦州（州政府不详）州长（刺史）王擢，攻陷陈仓（陕西省宝鸡市陈仓镇），斩前秦帝国扶风郡（陕西省眉县）郡长（内史）毛难。

13 北海郡（山东省昌乐县东南）人王猛，从小喜爱读书，性情坦荡洒脱，志向远大，不斤斤计较琐碎的事务。当时人对他都很轻视，而王猛毫不在意，自得其乐。因天下大乱，所以隐居华山（西岳，陕西省华阴市南）。听说桓温大军入关（函谷关），就穿着平常穿的粗布衣服，前往晋谒。手扪虱子，侃侃而谈（穿粗衣，扪虱子，英雄本色，固可敬佩，但也可看出他当时的穷苦），讨论天下时局，旁若无人。桓温大为惊异，问说："我奉天子（司马聃）之命，率精锐远征军十万人，为人民扫除残余的盗贼（前秦帝国）。可是，三秦（陕西省中部）英雄豪杰，却没有人前来，什么原因？"王猛说："阁下从遥远的数千里之外，深入敌人国土，长安（前秦首都，陕西省西安市）近在咫尺，大军却不肯渡过灞水，人民不知道阁下到底有什么打算，所以没有人投效。”桓温沉默不能作答，慢慢说：“江东（江苏省南部太湖流域）没有人能跟你相比！”任命王猛当参谋主任（军谋祭酒）。

柏杨曰

桓温显然在等待前秦帝国内溃之后，再行进军，而关中（陕西省中部）英雄豪杰，显然在等待桓温大军渡过灞水之后，才能对晋帝国远征军战力加以肯定，才愿在前秦帝国心脏造成内溃。稍后枋头之役（参考三六九年四月至九月），桓温距前燕帝国首都邺城（河北省临漳县邺城镇）近在咫尺，同样也是这般僵持。他的能力到此为止，无法提升。

桓温跟前秦帝国丞相苻雄，在白鹿原（陕西省蓝田县西）会战；晋军不利，死亡一万余人。最初，桓温作战计划中最重要的一点是要收割前秦帝国土地上的小麦，作为军粮，想不到前秦帝国在晋军抵达前，就把所有小麦割光，田野一片荒凉，晋帝国远征军的粮秣供应，开始不足。

六月一日，桓温撤退，裹挟关中（陕西省中部）居民三千余户而回。任命王猛当大营高级指挥官（高官督护），邀请他一块南下，王猛辞让。

刘邦不失韩信，刘备不失诸葛亮，石勒不失张宾，而桓温却失王猛。事实上，不是桓温放弃王猛，而是王猛放弃桓温。一夕长谈的结果，王猛假如对桓温不过分失望，不会放弃追随。比起当初诸葛亮追随刘备时，桓温此时环境，可

四世纪·三五四年三月至六月　桓温第一次北伐

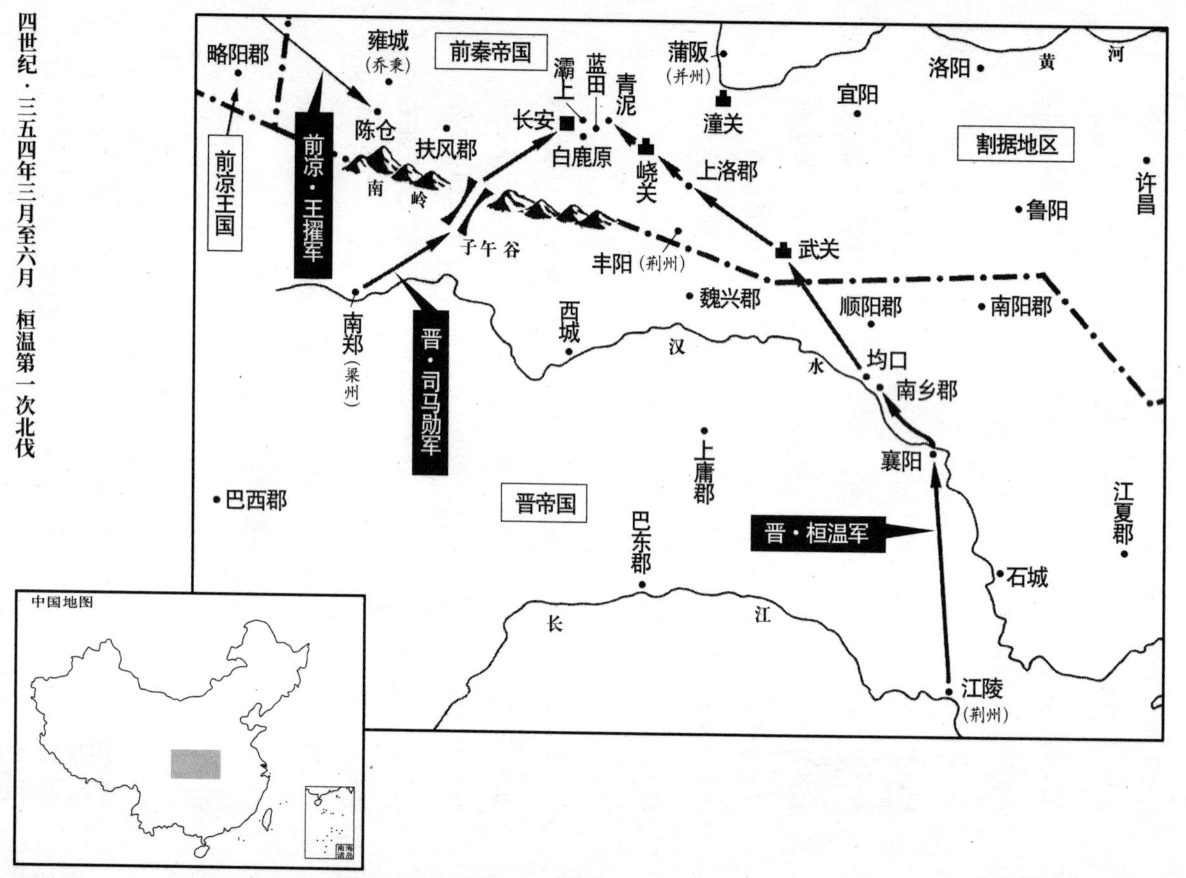

比刘备好出千倍。

呼延毒率部众一万人，会同桓温撤退。前秦帝国太子苻苌等，尾随晋帝国远征军追击。晋军屡战屡败，等撤退到潼关（陕西省潼关县），逃亡及战死的以万为计算单位。

桓温驻屯霸上（陕西省西安市东灞河畔）时，顺阳郡（河南省淅川县南）郡长薛珍，劝桓温进逼长安，桓温不接受，薛珍率一支别动部队进击，大有斩获。等到桓温撤退，薛珍才不得不跟着撤退。薛珍在大庭广众中，常和盘托出，夸耀自己的勇敢，责备桓温过分小心。桓温遂斩薛珍。

从一个沙粒，可以看世界。从桓温之斩薛珍，可以看出桓温的见识胸襟，不过袁绍、赵染之类，不足以开创一个新的局面。他拥有灭国之威，尚且如此，其他人物，可想而知。

大分裂时代的现象之一是：人才寥寥可数。

14 前秦帝国丞相苻雄，攻击晋帝国梁州（州政府南郑）州长司马勋，和前凉王国秦州（州政府不详）州长王擢共同据守的陈仓（陕西省宝鸡市陈仓镇）。司马勋逃回汉中郡（陕西省汉中市），王擢逃回略阳郡（甘肃省天水市东）。

15 前秦帝国任命特级国务官（光禄大夫）赵俱，当洛州州长（刺史），镇守宜阳（河南省宜阳县西）。

16 前秦帝国丞相、东海王（敬武王）苻雄，进攻乔秉（参考去年〔三五三〕七月）的根据地雍城（陕西省宝鸡市凤翔区）。

六月二十日，苻雄逝世。前秦帝苻健痛哭吐血，说：“难道上天不教我平定四海？为什么这么早夺走苻雄！”追赠苻雄为魏王，葬礼完全依照晋王朝安平王（献王）司马孚前例（参考二七二年二月）。苻雄是开国元勋，权势上比君王，可是他谦虚仁爱，对人恭敬有礼，从不违法乱纪，所以苻健对他十分尊重，常说：“苻雄，是我的姬旦（周公）！”儿子苻坚继承东海王的爵位，苻坚孝顺爹娘，自幼心怀大志，度量开阔，学问渊博，而又有才干，喜爱结交英雄豪杰。吕婆楼、强汪，以及略阳郡人梁平老，都跟他亲善。

17 前燕帝国乐陵郡（山东省阳信县东南）郡长慕容钩，是慕容翰的儿子（慕容翰之死，参考三四四年正月），跟青州（山东省北部）州长（刺史）朱秃（参考去年〔三五三〕十一月），同时驻防厌次（乐陵郡郡政府所在县，山东省阳信县东南）。慕容钩仗恃自己是皇家贵族，经常侮辱朱秃（老爹慕容翰何等英明，生此蠢子）。朱秃忍无可忍。

秋季，七月，朱秃发动袭击，斩慕容钩，投奔齐王——但已接受晋帝国封为齐公的段龛（时驻广固〔山东省青州市〕，参考三五〇年七月）。

18 前秦帝国太子苻苌，续攻乔秉的基地雍城（陕西省宝鸡市凤翔区）。

八月，斩乔秉。关中（陕西省中部）全部平定。

前秦帝苻健奖赏抗拒桓温的功劳：擢升雷弱儿当丞相，毛贵当太傅（上三公之二），鱼遵当全国武装部队总司令（太尉），淮南王苻生当中军大将军，平昌王苻菁当最高监察长（司空）。

苻健辛苦的处理政务，屡次延请三公、部长级官员，磋商探讨治理国家的方法。紧接在后赵帝国奢侈、凶虐的暴政之后，前秦帝国宽厚、简洁、节俭，尊崇儒家学派知识分子。因之，人民都十分高兴。

19 八月十一日，前燕帝慕容儁，下诏大规模调动军队。因八月十一日在干支上是“丙戌”，所以称“丙戌调动”（“丙戌举”）。

20 九月，晋帝国征西大将军桓温，从前秦帝国战场上率大军回国，晋帝（十一任穆帝）司马聃（本年十二岁）派高级咨询官（侍中）、禁宫咨询官（黄门），前往襄阳（湖北省襄阳市），慰劳桓温。

21 前燕帝国有人检举禁宫咨询官（黄门侍郎）宋斌等，阴谋叛变，拥护海宾侯冉智（故冉魏帝国太子）当君王。宋斌、冉智等全被诛杀。宋斌，是宋烛的儿子（宋烛死难事，参考三三八年五月）。

22 前秦帝国太子苻苌在抵抗桓温战役中，身中流箭。冬季，十月，苻苌逝世，绰号献哀（献哀太子）。

23 前燕帝慕容儁，前往龙城（辽宁省朝阳市）。

24 晋帝国征西大将军桓温北伐入关（函谷关）时，前凉王国秦州（州政府不详）州长（刺史）王擢，派人报告前凉王张祚，说明桓温精于指挥大部队作战，而且志向难以预料。张祚大为恐慌，同时畏惧王擢叛变（认为有被桓温收买的可能性），派人行刺王擢，偏偏事情败露，张祚更六神无主，遂公开宣称：要集结大军，大举东征（攻击前秦帝国）。实际上只是使大军处于应变状态，紧急时向西退守敦煌郡（甘肃省敦煌市）。正巧，桓温撤退，张祚才算停止。不久，张祚派秦州州长（刺史）牛霸等率军三千人进攻王擢，击破王擢军。

十一月，王擢率领他的部队，投降前秦帝国，前秦帝国任命王擢当国务院执行官（尚书）；任命上将军啖铁当秦州州长（刺史。啖，氐人姓）。

25 前秦帝苻健的叔父、武都王苻安，从晋帝国返国（苻洪死后派遣，参考三五〇年三月），中途被已投降前燕帝国的姚襄俘虏，命他当洛州（州政府设洛阳〔河南省洛阳市东白马寺东〕）州长。

十二月，苻安逃回前秦帝国，苻健命苻安当最高指挥官（大司马）、骠骑大将军、并州州长，镇守蒲阪（山西省永济市）。

26 本年（三五四），前秦帝国大饥馑，谷米一升值布一匹。